ŒUVRES COMPLÈTES
DE
WALTER SCOTT

TRADUCTION NOUVELLE

PAR M. L. VIVIEN;

AVEC UNE NOTICE BIOGRAPHIQUE ET LITTÉRAIRE SUR WALTER SCOTT,
LES PRÉFACES, INTRODUCTIONS, ETC., ETC.,
DE LA DERNIÈRE ÉDITION D'ÉDIMBOURG;

ET UNE COLLECTION DE 100 GRAVURES NOUVELLES,

VUES, PORTRAITS, CARTES,

Et 30 Gravures sur bois tirées hors du texte sur papier de Chine.

---

22 A 24 VOL. GRAND IN-8 SUR CAVALIER VÉLIN.

PARIS.
P. M. POURRAT ET Cⁱᵉ, ÉDITEURS,
RUE DES PETITS-AUGUSTINS, 5.
M DCCC XXXVII.

ŒUVRES COMPLÈTES

DE

WALTER SCOTT

TRADUCTION NOUVELLE

PAR LOUIS VIVIEN

AVEC TOUTES LES NOTES, PRÉFACES, INTRODUCTIONS ET MODIFICATIONS AJOUTÉES
PAR L'AUTEUR A LA DERNIÈRE ÉDITION D'ÉDIMBOURG;
DE NOUVELLES NOTES HISTORIQUES ET LITTÉRAIRES PAR LE TRADUCTEUR, ET UNE PRÉFACE GÉNÉRALE

PAR M. JULES JANIN.

TOME PREMIER.

Ire PARTIE.

PARIS. — IMPRIMERIE DE CASIMIR,
Rue de la Vieille Monnaie.

SIR WALTER SCOTT.

WALTER SCOTT

Traduction Nouvelle

par Louis Vivien.

WAVERLEY.

P. M. POURRAT ET Cⁱᵉ ÉDᵗˢ

Rue des Petits Augustins, 5.

WALTER SCOTT

TRADUCTION NOUVELLE

Par Louis VIVIEN.

WAVERLEY.

PARIS
P. M. POURRAT et Cie, ÉDITEURS,
RUE DES PETITS-AUGUSTINS, 5.
M DCCC XXXVIII.

PRÉFACE DU TRADUCTEUR.

Une nouvelle traduction de Walter Scott pourrait sembler une entreprise inutile, sinon téméraire; je dois donc compte au public des motifs qui ont inspiré celle-ci et des principes qui m'ont dirigé dans son exécution.

Je ne sais quel Anglais, faisant l'énumération des grands écrivains de la France, omettait d'y comprendre Molière. On lui fait remarquer cette omission. — « Oh! répond-il, Molière n'est Français que par la naissance; son génie est universel, et sa gloire appartient au monde entier. » Sans prétendre placer Walter Scott sur une ligne aussi élevée, il faut bien reconnaître que son immense popularité a cessé depuis longtemps d'être confinée dans les étroites limites de son île natale, et que son nom, dont la place est maintenant marquée parmi les plus grands noms littéraires du dix-neuvième siècle, n'est aujourd'hui ni moins connu ni moins admiré en France qu'en Angleterre ou en Écosse. C'est que, s'écartant du sentier battu par la tourbe des romanciers, Walter Scott s'est frayé une route où nul ne l'avait précédé, où nul encore ne l'a suivi que de loin; c'est qu'il ne s'est pas borné à placer dans un cadre plus ou moins neuf une série d'aventures plus ou moins ingénieuses, plus ou moins agréables, plus ou moins communes : son génie puissant et incisif a sondé jusqu'aux replis les plus cachés du cœur humain, et nul écrivain n'a jamais su mieux que lui en mettre à nu les sentiments les plus intimes. Peintre brillant et léger en même temps qu'observateur profond, unissant à l'imagination du poëte le savoir de l'érudit, quelquefois s'élevant à la gravité sévère de l'historien et du moraliste, mais plus souvent répandant à flots les trésors de cette gaieté communicative que les Anglais ont baptisée du nom d'*humour* et dont il est doué à un degré éminent ; possédant au plus haut point cette magie de style qui donne le relief et la vie aux choses absentes et aux temps passés ; sachant nuancer avec un art et une vérité admirables les touches de ses portraits et de ses descriptions ; toujours attachant parce qu'il est toujours vrai, toujours vrai parce que toujours la nature est son maître et son modèle, Walter Scott s'adresse, en effet, non pas seulement à une nationalité bornée, mais à tout ce qui peut sentir, à tout ce qui peut comprendre le vrai et le beau dans l'art et dans la nature.

Il existe déjà deux traductions françaises du grand romancier écossais : l'une est de M. Defauconpret ; l'autre, beaucoup plus récente, porte le nom de M. Albert Montémont. Celle-ci ne mérite pas de nous occuper sérieusement ; elle nous montre presque constamment Walter Scott à travers une version d'un style si lourd et si barbare, que ce serait grande merveille si les rayons même du génie de l'original parvenaient parfois à percer l'épais enduit de la copie. C'est donc seulement à la traduction de M. Defauconpret que nous devons nous arrêter pour expliquer les motifs de la nôtre.

M. Defauconpret est le premier qui ait fait connaître Walter Scott en France ; c'est dans sa version, dont la publication remonte à dix-huit ans environ, qu'il a été lu par le plus grand nombre de ceux à qui Walter Scott n'est pas resté étranger. Un style facile, et qui laisse rarement sentir l'entrave du traducteur ; une diction pure, qui même n'est pas dénuée d'une certaine élégance : tels sont les titres auxquels se recommande cette version. Exécutée avec une rapidité prodigieuse, à une époque où il s'agissait de prévenir une concurrence funeste aux intérêts commerciaux des éditeurs français, on peut dire qu'elle offre, eu égard à ces circonstances, un rare exemple de facilité et de correction. Mais malgré le talent véritablement remarquable dont le traducteur a fait preuve, et que je me plais à reconnaître, il n'a pu échapper aux conséquences peut-être inévitables d'une telle précipitation. Avant d'avoir ouvert l'original, je croyais connaître Walter Scott; je n'en connaissais que l'ombre. Sans parler des omissions nombreuses, mutilations dont quelques-unes semblent avoir été volontaires; sans parler des altérations de toute sorte, et des innombrables contre-sens qui ne peuvent s'expliquer que par la rapidité d'un travail forcé, il règne dans la presque totalité de la traduction de M. Defauconpret un oubli déplorable des formes de langage qui conviennent à chaque interlocuteur, et que l'auteur a si admirablement nuancées. Le style du traducteur est pur et correct, mais d'une pureté blafarde et décolorée, d'une correction banale qui s'est appliquée à Walter Scott comme elle se serait appliquée au premier romancier venu dont le traducteur aurait eu à faire passer les œuvres dans notre langue. On serait tenté de croire parfois que le traducteur a voulu *expurgare* son auteur et lui prêter partout et à propos de tout un *beau langage!* Walter Scott, si pur, si élégant, si éloquent même et si élevé quand le sujet et la situation le comportent, Walter Scott, lorsqu'il change de style, lorsqu'il devient familier, bas même quelquefois, ne le fait pas sans être guidé par le goût sûr d'un artiste consommé, et il y a un véritable vandalisme à polir ce qu'il n'a pas voulu rendre poli. La plume d'un interprète aurait dû reculer devant de tels sacriléges, qui défigurent gratuitement l'original, en lui enlevant trop souvent le cachet distinctif de son génie et de sa manière.

Si Walter Scott eût été un de ces écrivains sans signification littéraire, un de ces auteurs de *cabinets de lecture* comme ceux dont les ouvrages sans avenir et sans portée viennent alimenter chaque jour la dévorante et insatiable avidité d'un lecteur blasé, à qui tout convient pourvu que ce soit, je ne dirai pas neuf, mais nouveau; si Walter Scott eût été un de ces auteurs, une nouvelle traduction de ses œuvres eût été en effet complétement inutile. Telle qu'elle est, la version existante eût parfaitement suffi et à la valeur de l'original, et à l'exigence du *consommateur*. Mais Walter Scott n'a de romancier que le titre. Walter Scott est un grand écrivain et un grand poëte, et c'est comme tel qu'il doit être traduit. Il n'est pas permis d'altérer, de dénaturer ses productions, plus qu'il ne le serait d'altérer, de dénaturer les productions des grands écrivains classiques. Walter Scott a une manière et un style à lui, dont un traducteur doit s'étudier consciencieusement à saisir et à reproduire les nuances multiples, loin de les passer sous un niveau commun et vulgaire. Tel est le sentiment général dont j'ai été inspiré dans le cours de mon travail.

On a, depuis quelques années, tant abusé des théories en général, que je me garderai bien de tracer ici celle de l'art du traducteur, tel que je le conçois et que je le sens. Je ne puis me dispenser cependant de dire quelques mots des principes généraux que je me suis constamment efforcé de mettre en pratique. Sans prétendre rendre mon auteur mot à mot, méthode qui ne conduit le plus souvent qu'à une égale perversion des deux idiomes, je me suis religieusement attaché à concilier, à rapprocher autant que possible, le génie toujours différent, souvent opposé des deux langues. Souvent forcé de m'éloigner de la construction grammaticale, je me suis du moins tenu toujours aussi près que possible du contour général de la période ; sans violenter la phrase française, je me suis constamment étudié à l'assouplir, à la contourner, à la mouler, si je puis dire, sur les formes et les saillies de la phrase originale, de manière à en présenter une contre-épreuve fidèle, et à réfléter, autant que le permettait la nature parfois rétive de notre idiome, le génie particulier et la manière de l'auteur anglais. Le style noble n'est pas difficile à rendre ; la difficulté véritable se rencontre dans le style familier. C'est là qu'abondent les idiotismes dont la traduction littérale est souvent impossible, et dont les équivalents sont loin d'être aisés à raconter. C'est là surtout qu'échoue presque constamment la traduction de notre prédécesseur ; c'est l'écueil que j'ai eu le plus constamment en vue. Lorsque la littéralité eût été barbare, lorsqu'il m'a semblé que s'attacher au mot c'était tuer l'esprit, je ne me suis plus demandé comment Walter Scott s'était exprimé dans son propre idiome, mais bien comment, voulant rendre la même idée, il se fût exprimé dans le nôtre. Telle est, je crois, en pareil cas, la véritable fidélité du traducteur. Je ne saurais me flatter d'avoir constamment réussi, mais je puis du moins me rendre cette justice que mon travail a toujours été le résultat d'une étude consciencieuse, et j'ose croire ne pas avoir complétement manqué mon but, qui était de restituer dans notre langue à l'illustre poëte d'Abbotsford le caractère original dont la traduction précédente l'avait presque constamment dépouillé.

Un des traits distinctifs du style descriptif de Walter Scott, trait qui lui donne souvent une analogie frappante avec le style homérique, c'est l'emploi fréquent des épithètes. Qu'il dépeigne un de ses personnages ou un des sites sauvages de sa romantique Écosse, Walter Scott sait faire ressortir avec un art, un fini et une vérité admirables, non-seulement les traits saillants et caractéristiques, mais jusqu'aux moindres contours, jusqu'aux nuances les plus fugitives du portrait ou du paysage. Il ne décrit pas, il peint. Ce mouvement, cette animation, ce relief magique du style descriptif de Walter Scott, c'est surtout par les épithètes qu'il y atteint : chacune d'elles est une touche quelquefois délicate, mais toujours juste et nécessaire, par laquelle l'habile écrivain fascine son lecteur, et, lui faisant oublier à la fois l'auteur et la fiction, place devant lui le tableau réel et vivant des temps, des lieux et des hommes. On ne saurait croire à quel point, sous ce rapport, M. Defauconpret s'est éloigné de l'original. Toutes les fois qu'une accumulation d'épithètes lui a paru difficile à encadrer dans sa phrase, il les a supprimées sans scrupule. C'est ainsi que d'un style nerveux, plein de feu et d'originalité, il est arrivé à ne faire souvent qu'un style effacé, sans chaleur et sans individualité, où tout est sacrifié à l'inerte correction d'une élégance académique.

J'ai dit quels principes m'ont dirigé dans mon travail. Nous n'avions de Walter Scott qu'une traduction tronquée et décolorée ; j'en ai voulu donner une version réellement littéraire. Aurais-je réussi? ce n'est pas à moi de prononcer ; mais mon travail est là, et j'appelle sur lui, loin de le redouter, l'examen sévère et consciencieux des juges compétents. Si j'ai atteint mon but, j'aurai enrichi notre littérature d'un ouvrage qu'elle réclamait et dont je m'estimerais heureux de l'avoir dotée. Le rôle d'un traducteur est un rôle obscur et modeste; mais il me semble qu'il y aurait quelque honneur à ne pas être resté trop au-dessous de la tâche difficile de reproduire fidèlement un écrivain tel que Walter Scott.

Cette traduction, faite sur le texte de l'édition générale de 1829, donnée à Édimbourg par l'auteur lui-même, sera d'ailleurs la première complète de notre auteur. Non-seulement elle renferme toutes les notes, préfaces et introductions ajoutées par Walter Scott à cette édition générale de 1829, mais elle comprend, outre les romans proprement dits et les œuvres poétiques, les œuvres mêlées, en prose et en vers, les divers essais biographiques et littéraires sur les principaux écrivains anglais, essais qui forment en quelque sorte un cours complet de littérature anglaise; les essais sur la chevalerie, le théâtre et le roman ; les lettres sur la démonologie et la sorcellerie, l'histoire et les antiquités provinciales d'Écosse, les récits de mon grand-père, et les *mémoires sur la vie de sir Walter Scott*, que publie en ce moment, à Londres, son gendre J. G. Lockhart, d'après les papiers mêmes de Walter Scott. Les œuvres réellement *complètes* de notre auteur formeront aussi quatre séries distinctes : 1° les romans; 2° les œuvres poétiques ; 3° les mélanges; 4° les œuvres historiques. Pour faciliter l'acquisition de l'ouvrage, les éditeurs ont laissé au public la faculté de ne souscrire à volonté que pour une ou pour plusieurs séries.

J'avais eu d'abord l'intention de placer en tête de chacun des ouvrages de Walter Scott une notice littéraire qui eût été le complément de celles qu'a données l'auteur lui-même dans sa grande édition de 1829; mais cette tâche s'est trouvée remplie par les mémoires biographiques et littéraires que publie, sur son illustre beau-père, M. J. G. Lockhart. Ces mémoires seront placés en tête de notre édition.

J'ai peu de choses à dire des notes assez nombreuses que j'ai cru nécessaire de joindre à ma traduction. Ces notes, généralement très-courtes et qui sont rejetées au bas des pages, sont de deux sortes. Les unes sont purement littéraires et philologiques; les autres sont historiques, ou destinées à expliquer en peu de mots des usages locaux, des mœurs, des traditions, auxquels notre auteur fait fréquemment allusion, et qui eussent pu, sans cette explication sommaire, embarrasser souvent le lecteur français. J'ai tâché, quant à ces notes, d'éviter également la profusion et la parcimonie. Je n'ai voulu qu'être utile ; puissé-je avoir réussi !

Il ne me reste plus, en finissant, qu'à rendre grâces à l'esprit libéral dans lequel les éditeurs, MM. Pourrat frères, ont conçu cette entreprise. Ils ont voulu que Walter Scott reçût enfin chez nous un accueil digne de nous et de lui, et dans leurs mains habiles, le livre s'est enrichi de tous les trésors de la typographie et de la gravure. Les artistes les plus renommés de la capitale ont été appelés à concourir à cette *illustration*, qui doit, aux yeux des gens du monde, ajouter un nouveau prix aux œuvres de l'illustre auteur de WAVERLEY.

22 octobre 1837.

AVERTISSEMENT

MIS EN TÊTE

DE LA DERNIÈRE ÉDITION D'ÉDIMBOURG.

UNE des occupations de l'AUTEUR DE WAVERLEY, depuis quelques années, a été de revoir et de corriger la volumineuse série de romans publiés sous ce nom, afin que, s'ils devaient jamais paraître comme ses productions avouées, il les eût rendus dignes jusqu'à un certain point de la faveur avec laquelle ils ont été accueillis dès l'origine. Pendant longtemps, toutefois, rien n'annonça que l'édition améliorée et illustrée qu'il méditait dût paraître de son vivant. Mais la suite d'événements qui a occasionné la découverte du nom de l'auteur lui ayant nécessairement rendu une sorte de contrôle paternel sur ces ouvrages, il est naturellement amené à les faire réimprimer sous une forme plus correcte et, il l'espère, plus parfaite qu'ils ne l'ont été jusqu'à présent, tandis que son âge et sa santé lui permettent encore de s'acquitter de cette tâche. Tel étant son dessein, il est nécessaire d'exposer en peu de mots le plan de l'édition projetée.

De ce que cette édition doit être revue et corrigée, il ne faut pas conclure qu'on doive essayer de rien changer au fond du récit, au caractère des personnages, à l'esprit du dialogue. Sur tous ces points, sans nul doute, il y aurait ample matière à correction ; — mais où tombe l'arbre il doit rester. Toute tentative, même bien fondée, de prévenir la critique en altérant les formes primitives d'un ouvrage qui déjà est aux mains du public, est rarement heureuse. Dans la fiction la plus improbable, le lecteur veut encore un certain air de vraisemblance, et ne souffre pas que les incidents d'un récit qui lui est familier soient altérés pour complaire au goût des critiques, ou au caprice de l'auteur lui-même. Cette manière de penser est si naturelle qu'on peut l'observer même chez les enfants, qui ne peuvent endurer qu'un conte de nourrice leur soit répété autrement qu'ils ne l'ont entendu d'abord.

Mais sans altérer en quoi que ce soit ni le fond ni la forme du récit, l'auteur a saisi cette occasion de faire disparaître les fautes typographiques et les *lapsus calami*. Que de telles fautes se glissent dans des ouvrages de cette nature, c'est ce dont on ne peut s'étonner quand on songe que les éditeurs avaient intérêt à faire réimprimer à la hâte une suite d'éditions des divers romans, lors de leur première apparition, et que l'auteur n'a pas toujours eu la possibilité de surveiller ces réimpressions. On ose espérer que l'édition actuelle sera pure de fautes de cette sorte.

L'auteur a en outre hasardé quelques corrections d'un caractère différent, lesquelles, sans modifier la composition originale au point de jeter le trouble dans les souvenirs du lecteur, ajouteront, s'il ne se trompe, quelque chose à l'effet du dialogue, des récits ou des descriptions. Opérer çà et là quelques élagages, quand le style s'est trouvé redondant, resserrer ce qui était diffus, jeter de la vigueur sur ce qui était languissant, remplacer une épithète fausse ou douteuse par une autre mieux appropriée : voilà en quoi ont consisté ces corrections ; — altérations légères, semblables, en un mot, à ces dernières touches d'un artiste qui contribuent à rehausser et à terminer un tableau, quoique des yeux inexercés puissent difficilement se rendre compte en quoi elles consistent.

La préface générale de la nouvelle édition, et les notices qui servent d'introduction à chaque ouvrage, contiendront l'exposé des circonstances relatives à la première publication des divers romans, toutes les fois qu'elles paraîtront de nature à intéresser par elles-mêmes et à être rendues publiques. L'auteur se propose aussi de joindre à cette édition les diverses légendes, traditions de famille ou faits historiques peu connus qui ont servi de base première à ces fictions ; de parler avec quelque détail des lieux où la scène en a été placée, quand ces lieux ne sont pas complètement imaginaires, ainsi que des incidents particuliers qui seraient fondés en fait ; enfin, d'y ajouter un glossaire plus étendu, aussi bien que des notes explicatives des anciens usages et des superstitions populaires auxquels il est fait allusion dans les récits.

Au total, on espère que sous leur nouveau costume les romans de l'auteur de Waverley [1] n'auront, aux yeux du public, rien perdu de leur attrait, en raison des illustrations qu'il y a ajoutées, et de la révision attentive à laquelle il les a soumis.

ABBOTSFORD, *janvier* 1829.

[1] *Waverley-Novels.* C'est sous ce titre que pendant treize ans l'Écosse et l'Angleterre ont désigné les délicieuses productions dont l'auteur, caché sous divers pseudonymes, ne fut enfin connu avec certitude qu'en 1827, par suite de la désastreuse faillite du libraire de sir Walter Scott, qui entraîna dans sa chute la fortune entière de l'illustre romancier, et l'obligea de recommencer à soixante ans une carrière déjà si bien remplie. (**L. V.**)

PRÉFACE GÉNÉRALE[1].

eeeeeeeeee

> Dois-je donc dévoiler le tissu de mes folies?
> *Richard II*, acte 4.

AYANT entrepris de rendre compte, dans une introduction, des compositions qui sont ici présentées au public avec des notes, l'auteur, sous le nom duquel elles sont réunies pour la première fois, sent qu'il s'est imposé la tâche délicate de parler de lui ou de ce qui le concerne personnellement plus peut-être qu'il ne serait convenable et prudent. Dans le cas actuel, il court le risque de se trouver vis-à-vis du public dans la situation de la femme muette du livre d'histoires facétieuses, dont le mari, après avoir dépensé la moitié de sa fortune pour la guérir de son infirmité, est disposé à donner l'autre moitié à qui la remettra dans son premier état. Mais c'est un risque inséparable de la tâche que l'auteur a entreprise, et tout ce qu'il peut promettre, c'est d'être aussi peu égoïste que la situation le permettra. On regardera peut-être comme signe d'une assez mauvaise disposition à tenir parole, que s'étant introduit lui-même à la troisième personne, il commence dès le second paragraphe à faire usage de la première. Mais il lui paraît que le semblant de modestie qui ressort du premier mode d'écrire est plus que balancé par l'inconvénient qui y est attaché dans un dicours de quelque étendue, celui de la froideur et de l'affectation, inconvénient qu'on peut remarquer plus ou moins dans tous les ouvrages où il est fait usage de la troisième personne, depuis les *Commentaires de César* jusqu'à l'autobiographie d'*Alexandre le Correcteur*.

Il me faudrait remonter aux premières années de ma vie si je vou-

---

[1] Cette préface, comme on le voit par l'avertissement qui précède, a été écrite pour l'édition générale donnée à Édimbourg par l'auteur lui-même, à partir de 1829. (L. V.)

lais rappeler mes premiers exploits comme conteur; — je crois, au reste, que quelques-uns de mes premiers compagnons d'école peuvent encore rendre témoignage des dispositions singulières que je montrais pour ce talent, alors que les applaudissements de mes camarades étaient la seule compensation des affronts et des punitions qu'encourait le futur romancier pour avoir perdu son temps et fait perdre celui des autres, durant les heures que réclamaient nos devoirs. Mon plus grand plaisir des jours de congé était de m'échapper avec un ami de choix qui partageait mon goût, et tour à tour de raconter ou d'écouter les histoires les plus bizarres que nous pussions imaginer. Chacun à notre tour nous faisions d'interminables récits de chevaliers errants, de batailles et d'enchantements, récits que nous renvoyions d'un jour à l'autre, selon que l'occasion se présentait, et que nous ne songions jamais à mener à fin. Comme nous gardions un strict secret sur l'objet de ces relations intimes, elles prirent tous les caractères d'un plaisir caché. Nous choisissions habituellement, pour nous livrer à nos luttes d'imagination, de longues promenades à travers les sites solitaires d'Arthur's Seat, de Salisbury Crags, de Braid Hills et autres places semblables du voisinage d'Édimbourg[1]; le souvenir de ces jours de fête se présente à moi comme une fraîche oasis dans le pèlerinage sur lequel j'ai à reporter ma vue. J'ajouterai seulement que mon ami vit encore, gentleman heureux et honoré, mais trop occupé d'affaires plus graves pour me remercier si je le désignais plus clairement comme le confident de mes mystères d'enfance.

A l'époque où, passant de l'enfance à l'adolescence, la jeunesse veut de plus sérieuses études et des occupations plus graves, une longue maladie me rejeta, comme par une sorte de fatalité, dans le royaume des chimères. Un vaisseau que je m'étais rompu était, en grande partie du moins, la cause de cette maladie, et pendant longtemps un repos absolu et le silence me furent sévèrement prescrits. Durant plusieurs semaines je fus strictement confiné dans mon lit, ne pouvant parler qu'à voix basse, ne recevant pour toute nourriture qu'une ou

---

[1] Dans un des premiers chapitres de l'une de ses plus riches compositions, *le Cœur de Mid-Lothian*, l'auteur s'est complu à décrire quelques-uns des sites qu'il rappelle ici, et il s'y reporte avec bonheur sur ces promenades romantiques de sa jeunesse, dont ils furent le théâtre favori. (L. V.)

deux cuillerées de riz bouilli, et n'ayant pour toute couverture qu'une légère courte-pointe. Si le lecteur veut bien songer que j'étais alors un jeune homme en pleine croissance, doué d'une vivacité, d'une impatience et d'un appétit de quinze ans, et naturellement souffrant beaucoup de la sévérité de ce régime, que des rechutes fréquentes rendaient indispensable, il ne sera pas surpris que j'aie été livré à moi-même en tout ce qui concernait la lecture (qui était presque ma seule distraction), et moins encore que j'aie abusé de l'indulgence qui laissait ainsi l'emploi de mon temps à ma disposition.

Il existait alors à Édimbourg un cabinet de lecture fondé, si je ne me trompe, par le célèbre Allan Ramsay, et qui, outre une collection très-respectable de livres de toute nature, était, comme on pouvait s'y attendre, particulièrement riche en ouvrages d'imagination. Il en renfermait des échantillons en tout genre, depuis les romans de chevalerie et les lourds in-folios de Cyrus et de Cassandre jusqu'aux ouvrages les plus récents et les plus à la mode. Je me lançai sans boussole ni pilote sur cet immense océan de lecture; et si ce n'est lorsque quelque âme charitable voulait bien faire avec moi une partie d'échecs, il m'était loisible de me livrer exclusivement à la lecture du matin au soir. Par une indulgence mal entendue peut-être, mais bien naturelle dans ma situation, il me fut permis de choisir à mon gré mes sujets d'étude, comme on passe aux enfants leurs caprices pour les empêcher de mal faire. Comme ni mes goûts ni mon appétit n'étaient satisfaits sur rien autre chose, je me dédommageai en devenant un glouton de livres. Aussi je crois avoir dévoré presque tous les romans, les vieilles comédies et les poëmes épiques de cette collection formidable, et sûrement j'amassai alors sans m'en douter des matériaux pour la tâche que ma destinée a été d'accomplir.

Je n'abusai cependant pas absolument de la liberté qui m'était accordée. Une fréquentation familière des miracles spécieux de la fiction amena enfin une sorte de satiété, et je commençai par degrés à chercher dans les histoires, dans les mémoires, les voyages et ouvrages semblables, des événements presque aussi merveilleux que ceux qu'enfantait l'imagination, et qui de plus avaient l'avantage d'être en grande partie vrais. Les deux années, ou à peu près, que je passai ainsi livré à moi-même, furent suivies d'une résidence temporaire à la campagne, où je me serais de nouveau trouvé bien isolé, sans la distraction que me fournit une bibliothèque bonne quoique ancienne. Je ne puis donner une idée plus juste de la manière capricieuse et irrégulière dont j'usai de cet avantage qu'en rappelant au lecteur les études inconstantes de Waverley dans une situation semblable[1] ; les passages relatifs à ce cours d'études aventureux de notre héros me furent inspirés par mes propres souvenirs. — Il est bien entendu que la ressemblance ne s'étend pas plus loin.

Le cours du temps amena pour moi la grâce d'une santé bien rétablie et d'une force physique à un degré qui n'avait jamais été attendu ni espéré. Les études sévères, nécessaires à me rendre apte à la profession à laquelle j'étais destiné, occupaient la plus grande partie de mon temps ; la société de mes amis et de ceux en compagnie desquels je devais entrer dans le monde, remplissait, avec les amusements ordinaires de la jeunesse, les intervalles de mes travaux. J'étais dans une situation qui me rendait indispensable un labeur sérieux ; car, d'un côté, ne possédant aucun de ces avantages particuliers qu'on suppose aider à un avancement rapide dans la carrière du barreau, et, d'un autre côté, ne voyant pas d'obstacles extraordinaires qui dussent arrêter mes progrès, je pouvais raisonnablement m'attendre à réussir selon le plus ou moins de peine que je prendrais pour me mettre à même de remplir l'office d'avocat plaidant.

Je n'ai pas à raconter dans la notice actuelle comment le succès de quelques ballades eut pour effet de changer le plan et l'avenir de ma vie, et de convertir un laborieux légiste de quelques années de stage en un poursuivant littéraire. Il suffira de dire que j'avais pris depuis plusieurs années ce nouveau caractère, avant que je songeasse sérieusement à m'essayer dans un ouvrage d'imagination en prose, quoiqu'un ou deux de mes essais poétiques ne diffèrent de véritables romans qu'en ce qu'ils sont écrits en vers. Je dois cependant faire remarquer que, vers cette époque (hélas ! il y a trente ans), j'avais nourri l'ambitieux désir de composer une histoire de chevalerie, qui devait être dans le genre du *Château d'Otrante*[2], avec force héros de la frontière[3] et maint incident surnaturel. Le hasard m'ayant fait retrouver, parmi de vieux

---

[1] *Voyez* le chap. 3 de *Waverley*.

[2] *Castle of Otranto*, par Horace Walpole. *Voyez* l'essai critique de Walter Scott sur cet ouvrage, dans sa *Biographie des romanciers* jointe à cette édition. (L. V.)

[3] *Borders*, pays frontière entre l'Écosse et l'Angleterre. (L. V.)

papiers, un chapitre de cet ouvrage projeté, je l'ai joint à cette Introduction, pensant que quelques lecteurs pourraient voir avec curiosité les premiers essais de composition romantique d'un auteur qui depuis a tant écrit dans ce genre[1]. Et ceux qui se plaignent, non sans raison, de la multiplicité des romans qui ont suivi *Waverley*, peuvent bénir leur étoile et penser qu'ils l'ont échappé belle, puisque le commencement de l'inondation qui a failli avoir lieu dans la première année du siècle a été reculé de quinze ans.

Je ne repris jamais ma première ébauche, sans pourtant abandonner l'idée d'une composition d'imagination en prose; mais je résolus de donner un autre tour au plan de l'ouvrage.

Mes souvenirs de jeunesse m'avaient fourni le fond des descriptions de sites et de coutumes de l'Highland[2] répandues dans le poëme intitulé *la Dame du Lac;* elles firent une impression si favorable que je songeai à essayer en prose quelque chose dans le même genre. J'avais parcouru assez longtemps les Highlands, à une époque où ils étaient beaucoup moins accessibles et moins visités qu'ils ne l'ont été depuis, et j'avais connu plusieurs des anciens soldats de 1745, qui, de même que la plupart des vétérans, étaient aisément amenés à recommencer leurs batailles en faveur d'un auditeur attentif comme je l'étais. Je pensai donc naturellement que les anciennes traditions et l'esprit belliqueux d'un peuple qui, au milieu d'un siècle et d'un pays civilisés, conserve une si forte empreinte des coutumes d'une société primitive, devaient fournir un heureux sujet de roman, si le conteur ne gâtait pas le récit.

Ce fut dans cette disposition d'esprit que, vers l'année 1805, je jetai sur le papier le tiers environ du premier volume de *Waverley*. Le livre fut annoncé comme devant être publié par feu M. John Ballantyne, libraire à Édimbourg, sous le titre de *Waverley, ou il y a cinquante ans*, — titre modifié ensuite en *il y a soixante ans*, pour faire correspondre la date de la publication avec l'époque où la scène est placée. J'en étais, je crois, au septième chapitre, lorsque je communiquai mon ouvrage à un critique de mes amis, dont l'opinion ne fut pas favo-

---

[1] *Voyez* ce fragment dans l'Appendice n° 1, à la fin du volume.

[2] Le haut pays. Ce nom désigne la partie septentrionale et occidentale de l'Écosse, par opposition à la partie basse du sud-est, ou le Lowland (basse-terre). (L. V.)

rable. Ayant acquis alors quelque réputation comme poëte, je ne me souciais pas de risquer de la perdre en essayant des compositions d'un nouveau genre. Je mis donc de côté l'ouvrage commencé, sans objections comme sans regret. Je dois ajouter que, quoique la sentence de mon spirituel ami ait été depuis cassée par le public, on n'en peut rien imputer à son bon goût; car le spécimen soumis à sa critique n'allait que jusqu'au départ du héros pour l'Écosse, et conséquemment n'avait pas atteint la partie de l'histoire qui, finalement, fut trouvée la plus intéressante.

Quoi qu'il en soit, ce commencement de manuscrit fut mis de côté dans le tiroir d'un vieux pupitre qui, à mon arrivée à Abbotsford, en 1811, fut relégué dans un grenier avec d'autres meubles hors d'usage, et y fut entièrement oublié. Ainsi, quoique parfois, au milieu d'autres travaux littéraires, ma pensée se reportât sur la continuation du roman commencé, ne pouvant, après l'avoir vainement cherché dans tous les meubles que j'avais sous la main, retrouver ce que j'en avais déjà écrit, et trop paresseux pour essayer de le récrire de mémoire, je finis par n'y plus songer.

Deux circonstances, en particulier, rappelèrent cependant à mon souvenir le manuscrit égaré. La première fut la renommée étendue et bien méritée de miss Edgeworth, dont les romans irlandais ont tellement contribué à faire connaître aux Anglais le caractère de leurs gais et bons voisins d'Irlande, qu'on peut dire avec vérité qu'elle a plus fait pour compléter l'Union, que peut-être tous les actes législatifs dont ce grand fait politique a été suivi.

Sans être assez présomptueux pour espérer atteindre à l'inépuisable *humour*, au pathétique, à la délicatesse et au tact admirable dont sont empreintes chacune des pages de mon aimable amie, je sentais que l'on pouvait tenter pour mon pays quelque chose d'analogue à ce que miss Edgeworth avait si heureusement exécuté pour l'Irlande; — quelque chose qui présentât mes compatriotes à leurs frères d'Angleterre sous un jour plus favorable que celui où ils avaient été placés jusqu'alors, et qui tendît à exciter de la sympathie pour leurs vertus et de l'indulgence pour leurs faiblesses. Je pensai aussi que ce qui me manquait en talent pouvait être en partie compensé par la connaissance intime que j'avais acquise du sujet, ayant parcouru la plus grande partie de l'Écosse, tant des Highlands que des Lowlands;

ayant vécu familièrement avec les derniers débris de l'ancienne race écossaise, aussi bien qu'avec les Écossais modernes; m'étant enfin depuis mon enfance trouvé en contact continuel avec toutes les classes de mes compatriotes, depuis le pair d'Écosse jusqu'au laboureur. Ces idées me revenaient souvent à l'esprit, et constituaient une des parties de mon ambitieuse théorie, quelque éloigné que j'en sois resté dans l'exécution.

Mais ce ne furent pas seulement les triomphes de miss Edgeworth qui excitèrent mon émulation et stimulèrent mon indolence. Je me trouvai engagé dans un travail qui fut pour moi comme un morceau d'essai, et me donna l'espoir que je pourrais avec le temps acquérir quelque habileté dans le métier d'auteur de romans, et y être estimé un artisan passable.

Dans les années 1807 et 1808, j'entrepris, à la sollicitation de John Murray, d'Albemarle-street, d'éditer quelques productions posthumes de feu M. Joseph Strutt, artiste et antiquaire distingué, parmi lesquelles se trouvait un roman inachevé intitulé *Queenhoo-Hall*. La scène du roman était placée sous le règne de Henri VI, et l'ouvrage avait pour but de peindre les manières, les coutumes et le langage de l'époque. Les vastes connaissances que M. Strutt avait acquises sur de tels sujets en compilant son laborieux *Horda Angel Cynnan*, ses *Royal and ecclesiastical Antiquities*[1], et son *Essay on the Sports and Pastimes of the people of England*[2], lui avaient rendues familières les diverses connaissances en antiquités nécessaires pour la composition de son roman projeté; et quoique le manuscrit portât les marques de précipitation et d'incohérence naturelles dans un premier jet, il révélait (du moins dans mon opinion) une grande puissance d'imagination.

L'ouvrage étant inachevé, je crus devoir, comme éditeur, y ajouter un dénouement simple et rapide, tel qu'il semblait pouvoir être déduit du plan tracé par M. Strutt. Ce chapitre complémentaire est joint aussi à la présente Introduction[3], par la même raison qui a déterminé à y comprendre le premier fragment. C'était un nouveau pas dans ma carrière de romancier, et le principal objet de cette Introduction est d'en conserver les traces.

[1] Antiquités royales et ecclésiastiques.
[2] Essai sur les exercices et passe-temps du peuple anglais.
[3] Voyez l'Appendice, nº II, à la fin du volume.

Queenhoo-Hall n'obtint cependant pas un grand succès. Je crus en voir la raison dans le plan même de l'auteur. Il me sembla qu'en vieillissant trop son langage, en déployant avec trop de complaisance ses connaissances d'antiquaire, l'ingénieux auteur avait créé lui-même un obstacle à sa réussite. Toute œuvre destinée à l'amusement du lecteur doit offrir un langage aisé à comprendre ; et lorsque, comme il arrive parfois dans Queenhoo-Hall, l'auteur s'adresse exclusivement aux antiquaires, il doit s'attendre à être mis de côté par la généralité des lecteurs, avec le reproche que Mungo, dans le *Cadenas*[1], fait à la musique mauritanienne : « Que signifie moi entendre, si moi non comprendre ? »

Je crus possible d'éviter cette erreur, et, en donnant à un ouvrage semblable une allure plus légère et plus aisément accessible à la compréhension générale, d'échapper à l'écueil sur lequel avait échoué mon prédécesseur ; mais, d'un autre côté, je fus tellement découragé par la froideur avec laquelle avait été reçu le roman de M. Strutt, que je commençai à croire que les mœurs du moyen-âge n'avaient pas l'intérêt que je leur avais attribué[2], et je fus amené à croire qu'un roman dont le sujet serait emprunté aux événements plus modernes des hautes terres d'Écosse aurait plus de chances de popularité qu'un récit de chevalerie. Ma pensée se reporta donc encore une fois sur celui que j'avais commencé, et le hasard me rendit enfin mes feuilles égarées.

Il arriva que j'eus besoin de quelques ustensiles de pêche pour l'usage d'un de mes hôtes ; je songeai alors au vieux pupitre dont j'ai parlé, et dans lequel je renfermais habituellement les objets de cette nature. Je le déterrai, non sans peine, et en cherchant des lignes et des appâts, le manuscrit depuis si longtemps perdu s'offrit à moi. Je me mis immédiatement à l'œuvre pour le terminer sur mon plan primitif ; et

---

[1] *Padlock.*

[2] Sir Walter Scott lui-même a depuis lors réfuté ce doute de la manière la plus complète et la plus brillante dans plusieurs de ses compositions, et notamment dans son admirable épopée d'*Ivanhoe*, où les connaissances variées de l'antiquaire sont si heureusement fondues dans une fable attachante, et où le moyen-âge tout entier, depuis le serf dégradé jusqu'au trône du monarque, semble exhumé, plein de vie, de mouvement, de fraîcheur et d'intérêt, par la baguette d'un puissant magicien, de la poussière des tombeaux et du linceul épais de l'oubli. C'est que l'érudition de l'antiquaire ne suffisait pas à la tâche : il fallait le génie créateur et l'imagination vivifiante du poëte. (L. V.)

ici, je dois avouer avec franchise que la manière dont je procédai à mon travail ne méritait guère le succès que le roman obtint ensuite. L'histoire de Waverley fut conçue dans son ensemble d'une façon si imparfaite, que je ne puis dire en avoir tracé d'avance un plan général. La suite d'aventures de Waverley, dans ses excursions à travers le pays, en compagnie du cateran highlandais Bean Lean, n'est pas disposée avec beaucoup d'art. Cette manière s'accommodait mieux, toutefois, à la route que je voulais suivre, et me laissait la liberté d'introduire des descriptions de sites et de mœurs qui durent à leur vérité un intérêt auquel, sans cela, le talent de l'auteur aurait bien pu ne pas atteindre; et quoiqu'en d'autres cas j'aie eu à me reprocher plus d'un péché de cette sorte, je ne crois pas que, dans aucun autre de mes romans, j'aie autant abusé de la liberté sans règle que j'avais prise dans celui-ci.

Parmi d'autres bruits sans fondement, on a dit que la propriété du manuscrit de *Waverley* avait été offerte à un prix très-bas, pendant qu'il était sous presse, à divers libraires de Londres. Il n'en est rien. MM. Constable et Cadell, qui publiaient le livre, étaient les seules personnes qui en connussent le contenu, et ils en offrirent, dans le cours de l'impression, une somme considérable, qui, toutefois, fut refusée, l'auteur ne voulant pas abandonner son droit de propriété sur l'ouvrage.

La source de l'histoire de *Waverley*, et les faits particuliers sur lesquels mon récit est fondé, sont exposés dans l'Introduction spéciale mise, dans cette édition, en tête du roman; je n'ai pas à m'y arrêter ici.

Waverley fut publié en 1814, et comme le titre ne portait pas de nom d'auteur, l'ouvrage, abandonné à lui-même, eut à faire son chemin dans le monde sans aucune des recommandations habituelles. Pendant quelque temps, ses progrès furent assez lents; mais, au bout des deux ou trois premiers mois, sa popularité s'était accrue à un point qui eût satisfait les espérances de l'auteur, eussent-elles été beaucoup plus élevées qu'elles ne le furent jamais.

Le nom de l'auteur inconnu fut l'objet d'une vive curiosité, mais sur ce point on n'obtint aucune information certaine. Mon premier motif pour publier l'ouvrage sous le voile de l'anonyme fut que, faisant sur le goût du public une expérience qui pouvait très-bien ne pas réussir, je ne voyais pas la nécessité d'assumer les risques d'une chute. Dans cette vue, de grandes précautions furent prises pour conserver le secret. Mon ancien ami et compagnon d'études, M. James Ballantyne, qui imprima ces romans, s'était exclusivement chargé de correspondre avec l'auteur, qui, de cette façon, ne profitait pas seulement de son habileté comme imprimeur, mais aussi de ses talents comme critique. Le manuscrit original, ou, pour employer l'expression technique, la *copie*, était transcrite sous les yeux de M. Ballantyne par une personne de confiance. Pas une indiscrétion ne fut commise pendant les nombreuses années que durèrent ces précautions, quoique différents copistes aient été employés successivement. On tirait régulièrement une double épreuve; l'une était transmise à l'auteur par M. Ballantyne, et les corrections que j'y pouvais faire étaient reportées de sa propre main sur la seconde épreuve, pour l'usage des compositeurs, de sorte que même les épreuves corrigées de l'auteur n'entrèrent jamais dans les ateliers de l'imprimerie. Par là furent entièrement mises en défaut les investigations les plus minutieuses que la curiosité put inspirer.

Mais si la raison du secret gardé par l'auteur de *Waverley*, alors qu'on pouvait douter quel accueil serait fait à l'ouvrage, paraît assez naturelle, on pourra regarder comme plus difficile de justifier la continuation de ce désir d'incognito, lorsque des éditions subséquentes, qui se succédèrent à des époques assez rapprochées, au nombre de onze ou douze mille exemplaires, eurent prouvé le succès du livre. Je regrette de ne pouvoir donner à cet égard de réponse satisfaisante. J'ai déjà dit ailleurs que je ne puis guère alléguer, pour justifier mon désir de conserver l'anonyme, de meilleure raison que celle de Shylock : « c'était mon caprice. » On voudra bien remarquer que je ne pouvais ressentir le stimulant ordinaire qui fait aspirer après la réputation : le désir de faire parler de soi. De réputation littéraire, j'en avais assez, méritée ou non, pour satisfaire un esprit plus ambitieux que le mien, et en m'engageant dans cette nouvelle lutte, je pouvais être regardé comme m'exposant à perdre plus que je ne pouvais gagner. Je n'étais influencé non plus par aucun de ces motifs qui, à une époque moins avancée de ma vie, eussent sans doute agi sur moi. Mes liaisons d'amitié étaient formées, — ma place dans la société fixée; j'avais atteint la moitié de ma course. Ma position dans le monde, plus élevée que je ne le méritais peut-être, l'était certainement autant que je pouvais le désirer, et nul succès littéraire, quelque brillant fût-il, ne pouvait guère ni changer ni améliorer ma position personnelle.

Je n'étais donc pas aiguillonné par l'ambition, stimulant ordinaire en de tels cas; et cependant je ne voudrais pas être accusé d'une indifférence inconvenante et déplacée pour les applaudissements du public. Je n'en ressentais pas une moindre gratitude parce que je ne la proclamais pas; — comme l'amant qui cache dans son sein le gage d'amour de sa maîtresse en est aussi fier, quoiqu'il s'en montre moins vain, que celui qui le déploie à tous les regards. Loin d'avoir été dans ce fâcheux état d'esprit, j'ai rarement éprouvé un plaisir plus vif que lorsqu'à mon retour d'une excursion de plaisir, je trouvai *Waverley* au zénith de sa gloire, et la curiosité publique en pleine activité pour découvrir le nom de l'auteur. La connaissance que j'avais de l'approbation générale ressemblait à la propriété d'un trésor caché, qui n'est pas moins précieux pour son maître que si le monde entier l'en savait possesseur. Un autre avantage ressortait encore du secret que je gardais : je pouvais paraître sur la scène, ou m'en retirer à mon gré, sans attirer sur moi l'attention autrement que par des conjectures. J'aurais pu d'ailleurs, comme auteur déjà connu avec avantage dans une autre branche de littérature, être accusé de mettre trop souvent à l'épreuve la patience du public; mais l'*Auteur de Waverley* était à cet égard aussi inaccessible aux traits de la critique que l'ombre d'Hamlet à la pertuisane de Marcellus[1]. Peut-être ce mystère même et les discussions qui, de temps à autre, s'élevaient sur ce sujet, contribuaient-ils puissamment, en tenant constamment en haleine la curiosité publique, à entourer d'un intérêt toujours égal ces fréquentes publications. Il y avait là, quant au nom de l'auteur, un secret que chaque production nouvelle pouvait aider à pénétrer, quoique, à d'autres égards, elle pût être inférieure à celles qui l'avaient précédée.

Peut-être m'accuserait-on d'affectation si j'alléguais, comme une des raisons de mon silence, une secrète aversion pour toute discussion personnelle touchant mes travaux littéraires. C'est, en tout cas, une situation périlleuse pour un auteur de se trouver continuellement au milieu de gens pour lesquels ses écrits sont un sujet de conversation fréquent et familier, et dont le jugement doit être nécessairement partial à l'égard des ouvrages composés dans leur propre cercle. Les habi-

---

[1] Allusion à la première scène de l'*Hamlet* de Shakspeare. (L. V.)

tudes d'importance personnelle qu'une telle position donne à un auteur répugnent fortement à tout esprit juste; car la coupe de la flatterie, si elle ne réduit pas, comme celle de Circé, les hommes au niveau des brutes, ne peut manquer, quand on y boit avec avidité, de rabaisser au rang des sots l'homme le meilleur et le plus habile. Ce risque était en partie prévenu par le masque dont j'étais couvert; et mon amour-propre était ainsi abandonné à son cours naturel sans être accru par la partialité de mes amis ou l'adulation des flatteurs.

Si l'on me demande d'autres raisons de la conduite que j'ai longtemps tenue, je ne puis que me reporter à l'explication produite par un critique aussi bienveillant qu'ingénieux : c'est que l'organisation intellectuelle du romancier doit être caractérisée, pour parler le langage des crâniologistes, par un développement extraordinaire de la passion pour le mystère. Je soupçonnerais, en effet, quelque disposition naturelle de ce genre; car dès l'instant où je vis la curiosité générale mise en jeu à mon égard, j'éprouvai, à la tenir en défaut, une secrète satisfaction dont je ne saurais trop rendre compte quand j'en considère le peu d'importance.

Mon désir de conserver l'incognito, comme auteur de ces romans, me plaça plus d'une fois dans une situation embarrassante vis-à-vis de ceux qu'une liaison intime avec moi autorisait à me poser la question en termes directs. Je n'avais alors que trois partis à prendre. Il fallait ou livrer mon secret,—ou répondre en termes équivoques,—ou enfin nier hardiment et avec fermeté. Le premier parti était un sacrifice que je ne reconnaissais à personne le droit de m'arracher, puisque j'y étais seul intéressé. Répondre en termes équivoques, c'était m'exposer au soupçon humiliant de me laisser volontiers attribuer un mérite (s'il y en avait) que je n'osais réclamer ouvertement; ou bien ceux qui m'auraient mieux apprécié auraient dû regarder une réponse ambiguë comme un aveu indirect. Je me crus donc en droit, comme un accusé devant ses juges, de refuser mon témoignage contre moi-même, et de nier tout net ce qu'on ne pourrait prouver contre moi. J'avais toutefois l'habitude d'ajouter à ma dénégation que, dans le cas même où j'eusse été l'auteur de ces ouvrages, je me serais cru tout à fait en droit de protéger mon secret par un refus de mon propre témoignage, alors qu'il m'était demandé pour aider à la découverte de ce que j'aurais voulu tenir caché.

La vérité est que je n'ai jamais prétendu ni espéré celer mes rapports de parenté avec ces romans à aucun de ceux qui vivaient avec moi sur le pied de l'intimité. Les coïncidences qui existaient nécessairement entre les anecdotes racontées, les particularités d'expression, les opinions exprimées dans ces histoires, et celles que devait présenter la conversation privée de l'auteur, doivent avoir été trop grandes et trop nombreuses pour que mes connaissances les plus intimes aient pu douter de l'identité de leur ami avec l'*Auteur de Waverley*, et je pense que tous en effet en étaient moralement convaincus. Mais tant que moi-même gardais le silence, leur croyance ne pouvait avoir aux yeux du monde beaucoup plus de poids que celle des autres; leurs opinions et leurs arguments pouvaient être taxés de partialité, ou mis en opposition avec des arguments et des opinions différents. Et d'ailleurs, la question n'était pas tant si je serais généralement désigné comme l'auteur de ces romans malgré mes dénégations, que si mon aveu de paternité, dans le cas où je le ferais, serait suffisant pour me mettre en possession incontestée de ce titre.

On m'a souvent questionné sur des circonstances supposées où j'aurais été, disait-on, sur le point d'être découvert; mais comme je maintenais mon terrain avec le sang-froid d'un vieux légiste, je ne sache pas avoir éprouvé jamais ni trouble ni embarras à cet égard. Dans les *Conversations de lord Byron* publiées par le capitaine Medwyn, celui-ci raconte qu'ayant un jour demandé à mon noble et illustre ami « s'il était certain que ces romans fussent de sir Walter Scott? » lord Byron répondit : « Scott lui-même s'est avoué l'auteur de *Waverley* dans la boutique de Murray. Je lui parlais de ce roman, et j'exprimais le regret que son auteur n'en eût pas reporté la scène à une époque plus rapprochée de la révolution. Scott, qui n'était pas sur ses gardes, répondit : — Oui, j'aurais pu le faire, mais... et il s'arrêta. Il essaya vainement de se reprendre, parut confus, et ne sortit d'embarras que par une retraite précipitée. » Je n'ai nul souvenir de cette scène, et je croirais qu'en pareil cas j'aurais été plus disposé à rire qu'à montrer de la confusion, car je n'aurais certainement pas espéré faire prendre le change à lord Byron. Je savais d'ailleurs, par la manière dont il s'exprimait constamment à ce sujet, que son opinion était bien arrêtée, et que toutes mes dénégations ne lui auraient paru qu'une affectation déplacée. Je ne prétends pas que la scène n'ait pas eu lieu, mais seulement qu'il serait difficile qu'elle se fût passée exactement comme on la apporte, sans que j'en eusse conservé quelques souvenirs positifs.

Dans un autre passage du même volume, on rapporte que lord Byron aurait exprimé la supposition que si je ne me reconnaissais pas pour l'auteur de *Waverley*, c'est que j'avais conçu quelques craintes que le livre n'eût déplu à la famille régnante. Tout ce que je puis dire, c'est que cette appréhension est la dernière que j'eusse ressentie, comme le prouve assez la dédicace de ces volumes [1]. Les victimes de cette triste période ont été honorées, sous le règne précédent et sous le règne actuel, de la protection compatissante de la famille royale, dont la magnanimité peut bien pardonner aux autres un soupir qu'elle ne refuse pas elle-même à la mémoire de courageux adversaires, qui furent mus par l'honneur et non par la haine.

Tandis que ceux qui entretenaient des relations habituelles avec l'auteur réel de ces romans n'hésitaient pas à lui en attribuer la propriété littéraire, d'autres, tenant une place distinguée dans les rangs de la critique, se livraient avec une patience persévérante à la recherche des traits caractéristiques qui pouvaient en trahir l'origine. Parmi ceux-ci, un gentleman, également remarquable par le ton de sa critique généreuse et bienveillante, par la finesse de ses raisonnements et l'exquise politesse de ses investigations, déploya non-seulement un puissant discernement, mais un excellent ton de critique qui eût mérité d'être appliqué à un sujet plus important, et qui, je n'en doute pas, gagna à son opinion la plupart de ceux qui regardaient la chose comme digne de leur attention [2]. L'auteur ne pouvait se plaindre de ces lettres, non plus que d'autres tentatives du même genre, quoique son incognito en fût menacé. Il avait défié le public à une partie de cache-cache, et s'il était découvert dans sa cachette il devait supporter la honte de sa défaite.

Il circula naturellement bien des suppositions diverses; quelques-unes étaient fondées sur des rapports inexacts de choses qui pouvaient être vraies en partie, d'autres sur des circonstances qui n'avaient nul rapport à la question, d'autres encore sur les inventions de quelques personnes importunes qui s'imaginaient peut-être que le meilleur moyen de forcer l'auteur à se découvrir était d'attribuer à son silence quelque cause peu honorable et qu'on n'eût pu avouer.

---

[1] Walter Scott avait dédié ses romans, lors de leur publication en une édition générale, à feu Sa Majesté Georges IV. (L. V.)

[2] *Letters on the Author of Waverley* (Lettres sur l'Auteur de Waverley). Rodwell et Martin. Londres, 1822.

On peut aisément croire que cette espèce d'inquisition fut traitée avec mépris par celui qui en était l'objet. Parmi ces rumeurs il en fut une seulement qui, sans être mieux fondée que les autres, s'approchait cependant de la probabilité, et même aurait pu jusqu'à un certain point se trouver vraie.

Je veux parler de la supposition qui attribuait une grande partie, sinon tous ces romans, à feu Thomas Scott, esq., du 70° régiment, alors au Canada. Ceux qui se souviendront de lui conviendront aisément qu'à des talents naturels égaux au moins à ceux de son frère aîné, il joignait une verve d'*humour* et une connaissance profonde du cœur humain qui faisaient de lui un des hommes les plus recherchés dans le monde, et que l'habitude de la composition était la seule chose qui lui manquât pour en faire un écrivain non moins distingué. L'*Auteur de Waverley* avait tellement cette persuasion, qu'il pressa vivement son frère d'en faire l'essai, disposé volontiers à prendre toute la peine de la correction des feuilles et de la surveillance de l'impression. M. Thomas Scott se montra d'abord tout à fait disposé à écouter cette proposition, et déjà même il s'était fixé sur le choix du sujet et du héros. Ce héros eût été une personne que mon frère et moi avions parfaitement connue, dans les premières années de notre jeunesse, pour avoir déployé une grande énergie de caractère. M. Thomas Scott voulait faire émigrer en Amérique son jeune ami et lui faire affronter les dangers et les fatigues du Nouveau-Monde avec l'intrépidité dont, enfant, il avait fait preuve dans son pays natal. M. Scott aurait sûrement réussi, familiarisé comme il l'était avec les mœurs des Indiens natifs, celles des anciens colons français du Canada et des *Brûlés* ou habitants des bois, et ayant su observer avec soin ce que, je n'en doute pas, il eût su aussi retracer avec force et avec expression. En un mot, l'auteur est persuadé que son frère se fût fait un nom honorable dans cette carrière neuve et féconde, où depuis lors M. Cooper a obtenu tant de triomphes. Mais déjà la santé de M. Thomas Scott déclinait sensiblement, et il se fût senti tout à fait incapable de se livrer à un travail littéraire, alors même qu'il eût pu se plier à l'entreprendre. Je ne crois pas qu'il ait jamais écrit une seule ligne de l'ouvrage projeté, et il ne me reste que la triste satisfaction de consigner dans l'appendice[1] l'anecdote qui devait en être la base.

[1] N° III.

Je puis ajouter à cela que je comprends aisément comment le bruit général qui attribuait à mon frère une part dans la composition de ces ouvrages put, d'après quelques circonstances, prendre une certaine consistance, notamment de ce que vers ce temps j'eus occasion de lui faire parvenir, par suite d'affaires de famille, des sommes assez importantes. D'ailleurs, s'il arrivait que des gens montrassent une curiosité trop grande sur un tel sujet, mon frère était homme à s'amuser de leur crédulité.

Je puis faire remarquer que tandis que la paternité de ces romans était de temps à autre chaudement controversée en Angleterre, les libraires étrangers ne montraient à cet égard aucune hésitation, et attachaient mon nom à tous ces ouvrages, ainsi qu'à d'autres sur lesquels je n'avais aucun droit.

Les volumes auxquels ces pages servent de préface ont donc pour seul auteur celui qui les reconnaît aujourd'hui, sauf toutefois les citations avouées et les plagiats involontaires et non prémédités dont peut difficilement se garantir celui qui a beaucoup lu et beaucoup écrit. Les manuscrits originaux existent tous, et sont entièrement écrits (*horresco referens*) de la main de l'auteur, si ce n'est que durant les années 1818 et 1819, affecté d'une maladie grave, il fut obligé de réclamer le secours d'une main amie.

Vingt personnes au moins ont possédé mon secret, soit qu'il ait dû nécessairement leur être confié, soit que le hasard les en ait rendues dépositaires; j'ai à les remercier de la fidélité avec laquelle toutes me l'ont gardé, jusqu'à l'époque où le dérangement des affaires de mes éditeurs, MM. Constable et compagnie, et la communication de leurs livres de compte, qui en fut la conséquence nécessaire, rendirent l'incognito désormais impossible. Les particularités relatives à mon aveu public ont été consignées dans l'Introduction des *Chroniques de la Canongate*.

L'avertissement préliminaire qui précède cette préface a donné l'esquisse du plan de cette édition. J'ai quelque raison de craindre que les notes qui accompagnent chaque roman, dans l'édition actuelle, ne semblent parfois trop mélangées et trop personnelles. On peut m'excuser en ceci. D'abord la publication devait être posthume; et puis ne doit-on pas pardonner aux vieillards de parler un peu longuement, eux à qui le cours de la nature ne laisse plus que peu de temps à parler? En préparant la présente édition, j'ai rendu compte, autant que je l'ai pu, de la nature de mes matériaux et de l'usage que j'en ai fait ; et il n'est pas probable que jamais je soumette ces romans à une nouvelle révision, ou même que je les relise désormais. J'ai donc mieux aimé m'exposer au reproche d'une abondance excessive dans les nouveaux éclaircissements ajoutés à cette édition, que de laisser au lecteur le droit de se plaindre de leur insuffisance. Il reste à éprouver si le public, semblable à un enfant à qui l'on fait voir une montre, trouvera encore, après s'être rassasié de la vue extérieure, quelque intérêt nouveau à examiner les rouages intérieurs livrés à son examen.

Que *Waverley* et ses successeurs aient eu leurs jours de faveur et de popularité, c'est ce que je dois reconnaître avec une sincère gratitude ; l'auteur s'est étudié, avec la prudence d'une beauté dont le règne a déjà été bien long, à suppléer par l'art aux charmes qui n'ont plus pour eux la fraîcheur de la nouveauté.

De plus amples explications relatives à cette édition regardent les éditeurs et non l'auteur ; celui-ci a donc maintenant accompli la tâche qu'il s'était proposée dans cette Introduction. Si, comme un enfant gâté, il a joué quelquefois avec la faveur publique, et si parfois il en a abusé, il sent du moins qu'il a droit d'être cru, quand il se disculpe de l'accusation d'avoir en aucun temps été insensible à son indulgence.

ABBOTSFORD, 1er *janvier* 1829.

PRÉFACE

DE LA TROISIÈME ÉDITION.

CETTE légère esquisse des anciennes mœurs de l'Écosse a reçu du public un accueil plus favorable que l'auteur n'eût osé le prévoir ou l'espérer. Il a entendu, avec un mélange de satisfaction et d'humilité, attribuer son ouvrage à plus d'un nom respectable. Des considérations, qui lui semblent puissantes dans sa situation particulière, l'empêchent de délivrer, en plaçant son nom au frontispice du livre, les noms de ces gentlemen du soupçon qui les a atteints : de sorte que, quant à présent du moins, il doit demeurer incertain si WAVERLEY est l'œuvre d'un poëte ou d'un critique, d'un homme de loi ou d'un homme d'église, ou si l'écrivain, pour employer la phrase de mistress Malaprop, est « comme Cerbère : — trois personnes en une. » Ne voyant rien dans l'ouvrage même (si ce n'est peut-être sa frivolité) qui l'empêche de trouver un père consentant à le reconnaître, l'auteur laisse à la candeur du public à choisir dans le nombre des circonstances particulières à différentes situations de la vie celle qui peut le déterminer à supprimer son nom dans l'occasion actuelle. Il peut être un écrivain débutant dans la carrière, et qui ne veut pas afficher un caractère auquel il n'est pas accoutumé ; ou bien peut-être est-ce un auteur blanchi sous le harnais, et qui, honteux d'apparitions trop fréquentes, a recours à ce mystère, comme l'héroïne de l'ancienne comédie avait recours au masque pour attirer l'attention de ceux à qui son visage est devenu trop familier. Ce peut être un homme de profession grave, à qui la réputation d'auteur de romans pourrait nuire ; ce peut être un homme du monde, en qui la prétention d'écrire paraîtrait pédantesque. Peut-être est-il trop jeune pour prendre le titre d'auteur, peut-être est-il assez vieux pour qu'il croie sage d'y renoncer.

L'Auteur de Waverley a entendu faire à son ouvrage le reproche que dans le personnage de Callum Beg et dans le compte rendu par le baron de Bradwardine des légères atteintes portées par les Highlanders à la propriété d'autrui, il s'était montré sévère et même injuste envers leur caractère national. Rien ne pourrait être plus éloigné de sa volonté et de ses intentions. Le caractère de Callum Beg est celui d'un esprit naturellement audacieux et tourné au mal, et poussé par la situation où il se trouve à un genre particulier de méfaits. Ceux qui ont parcouru les curieuses *lettres écrites des Highlands*, vers l'année 1726, y ont pu trouver des exemples de ces caractères féroces qui tombent sous l'observation d'un auteur, quoiqu'il fût aussi injuste de regarder de tels scélérats comme représentants des Highlanders de l'époque, que de voir dans les meurtriers de Marr et de Williamson ceux des Anglais de l'époque actuelle. Et quant aux déprédations qu'on suppose avoir été commises par quelques-uns des insurgents de 1745, on doit songer que bien que le passage de cette malheureuse armée n'ait été marqué ni par la dévastation ni par le meurtre, mais qu'il y ait régné, au contraire, un ordre et une tranquillité dignes d'étonnement, une armée ne saurait cependant traverser un pays d'une manière hostile sans y laisser quelques traces déplorables de son passage. Plusieurs des faits de la nature de ceux que leur reproche, en plaisantant, le baron, furent réellement imputés aux insurgents highlandais, ainsi que l'attestent un grand nombre de traditions, et celle, en particulier, qui se rapporte au Chevalier du Miroir [1].

---

[1] Une relation populaire en vers des événements de l'époque, où l'on trouve diverses particularités singulières, et qui est encore très-répandue parmi les classes inférieures, donne une idée juste de la conduite des montagnards quant à la licence militaire dont il est question. Comme cette pièce est peu connue et n'est pas dénuée de bon sens, nous nous hasardons à l'insérer ici.

L'AUTEUR A TOUT LE MONDE EN GÉNÉRAL.

« Maintenant, bon lecteur, j'ai à vous ouvrir ma pensée tout entière, du cœur et de la plume. Pas de conteste, pas de reproches, car il n'y a pas un mot à changer. — Écoutez donc :

« Des deux côtés il y eut des méchants. J'en ai vu qui tuaient de sang-froid ; ce n'étaient pas des gentilshommes, mais des sauvages et des rustres de la plus vile espèce. Ils n'étaient pas irrités contre les blessés ; ils tuaient par plaisir !

« A Preston même et à Falkirk, avant que cette fatale nuit fût devenue noire, que de cris poussèrent les blessés que l'on perçait à coups de poignard ! Les sauvages et les Turcs les eussent laissés mourir en paix.

« Malheur à ce zèle furieux ! frapper les blessés sur le champ de bataille ! Il est juste qu'on lui rende la pareille, à qui l'a fait ; cela apprend à être cruel contre ceux qui l'ont été.

« J'ai vu ceux qu'on appelle Voleurs des Montagnes arracher les brogues [1] des jambes des Lowlanders [2], manger leurs choux et leur soupe, et jeter les plats par la fenêtre ; prendre les coqs, les poules, les moutons et les porcs, et tout cela sans rien payer.

---

[1] Sorte de brodequins. (L. V.)
[2] Habitants des basses-terres. (L. V.)

PRÉFACE DE LA TROISIÈME ÉDITION.

« J'ai vu un Highlander, c'était un vrai drôle, avec un ruban de boudins attaché à un bâton, le jeter sur son épaule, sauter comme un fou, faire jurer Maggy, franchir le fumier et le trou à fumier, et s'échapper en courant.

« Reprochez-leur cela, souvent ils vous diront : — « Vraiment *son* ventre est creux, « et vous ne voulez ni *lui* donner ni *lui* vendre : *elle*[1] prend. Allez dire au roi Shorge et « à Shordy's Willie[2] qu'il faut qu'*elle* mange. »

« J'ai vu les soldats, à Linton-bridge, parce qu'un homme n'était pas whig, ne lui laisser dans sa maison rien à manger ni à boire, brûler son chapeau et sa perruque, et le rosser sans merci.

« Et dans les Highlands on fut si rude, qu'un ne leur laissa ni pain ni vêtements, et que pour finir on brûlait leurs maisons : c'était un cheval pour un poulain. Comment eût-*elle* été bonne, en pensant à cela ?

« Et après tout, ô honte et douleur! maltraiter sans pitié quelques-uns d'entre eux, pis que n'auraient fait des brigands, leurs nobles même et leurs chefs! Les tortures papistes, je crois, ne surpassent pas de telles cruautés.

« Et même ce qui se fit ouvertement à Carlisle, dans le plus chaud de leur rage, alors que la miséricorde fut tenue en cage et la pitié étouffée ; et voyant chacun approuver de telles cruautés, je secouai la tête.

« Tant de malédictions, si peu de prières, et quelques-uns poussant des cris de triomphe! Ce jour-là on traita les Écossais rebelles comme on aurait traité des bestiaux menés à la boucherie ; aussi combien des autres beuglaient comme des bœufs qu'on égorge!

« Ainsi donc, hélas! ô mes chers compatriotes, ne recommencez pas de telles scènes. Ne soyez plus altérés de vengeance ni de combats. Prêtez aux Anglais, empruntez-leur, et plus d'animosité !

« Leurs vanteries et leurs défis ne valent pas un zeste ; notre roi est le meilleur de la famille. Il est bon d'être sobre et prudent, pour vivre en paix ; car j'en vois beaucoup qui pour avoir été fanfarons se sont fait casser la tête. »

---

[1] Les montagnards emploient souvent, en parlant d'eux-mêmes, la troisième personne du singulier au lieu de la première, et le féminin pour le masculin. (L. V.)
[2] Au roi Georges et à Guillaume son fils. (L. V.)

INTRODUCTION.

L E plan de cette édition m'amène à rendre compte ici des incidents sur lesquels est fondé le roman de WAVERLEY. Ils ont déjà été communiqués au public par feu mon regrettable ami William Erskine, esq. (plus tard lord Kinneder), dans l'examen des *Récits de mon hôte* pour le *Quarterly Review*, en 1817. Le critique tenait ces détails de l'auteur lui-même. Ils ont ensuite été insérés dans la préface des *Chroniques de la Canongate*. Ils sont ici restitués à leur véritable place.

L'échange de protection mutuelle entre Waverley et Talbot, auquel se rattache toute l'intrigue du roman, me fut suggéré par un de ces faits qui adoucissent les traits mêmes de la guerre civile; et comme il est également honorable aux deux partis, nous n'hésitons pas à les nommer. Quand les Highlanders, le matin de la bataille de Preston (1745), exécutèrent leur charge mémorable sur le corps d'armée de sir John Cope, une batterie de quatre pièces de campagne fut enlevée d'assaut par les Camérons et les Stewarts d'Appine. Feu Alexandre Stewart d'Invernahyle était un des premiers à l'attaque. Remarquant un officier de l'armée royale qui, dédaignant de chercher, comme tout ce qui l'entourait, son salut dans la fuite, restait immobile, son épée à la main, et semblait déterminé à défendre jusqu'à l'extrémité le poste qui lui avait été confié, le gentilhomme highlandais lui cria de se rendre : pour toute réponse il reçut un coup d'épée qu'il para avec sa targe. L'officier se trouva alors sans défense, et la hache d'armes d'un gigantesque Highlander (le meunier d'Invernahyle) était levée sur sa tête : M. Stewart le décida enfin à se rendre. Il veilla sur les bagages de son ennemi, protégea sa personne, et finalement obtint sa liberté sur parole. L'officier était le colonel Whitefoord, gentilhomme de l'Ayrshire, d'un caractère honorable, jouissant d'une grande influence, et chaudement attaché à la maison de Hanovre ; cependant telle était la confiance qui s'était établie entre ces deux hommes honorables, malgré la différence de leurs principes politiques, qu'au moment où la guerre civile était dans toute sa fureur, et que tous les officiers de l'armée highlandaise qu'on parvenait à saisir étaient exécutés sans merci, Invernahyle retournant dans les Highlands pour en ramener de nouvelles recrues, n'hésita pas à rendre une visite à celui qui naguère avait été son captif, et passa alors un jour ou deux dans l'Ayrshire au milieu des amis whigs du colonel Whitefoord, avec autant d'agrément et de bonne humeur que si tout avait été en paix autour de lui.

Lorsque la bataille de Culloden eut ruiné les espérances de Charles-Édouard et dispersé ses adhérents proscrits, ce fut au tour du colonel Whitefoord d'employer tout son crédit pour obtenir la grâce de M. Stewart. Il alla trouver le *lord Justice clerk*, et le lord Avocat, et toutes les autorités du gouvernement, et partout il lui fut répondu par la communication d'une liste sur laquelle (comme le bon vieux gentilhomme avait coutume de s'exprimer) Invernahyle était marqué *du signe de la bête*, comme sujet indigne de faveur et de pardon.

Enfin le colonel Whitefoord s'adressa au duc de Cumberland en personne[1] : là aussi il reçut un refus positif. Alors il se borna à demander, pour le présent, qu'on épargnât la famille, la femme, les enfants et les propriétés d'Invernahyle. Cette dernière demande lui fut encore refusée par le duc; sur quoi le colonel Whitefoord, tirant son brevet de son sein, le déposa sur la table devant Son Altesse royale, et lui demanda avec émotion la permission de quitter le service d'un souverain qui ne savait pas épargner un ennemi vaincu. Le duc fut frappé et même ému de cette action. Il pria le colonel de reprendre sa commission, et accorda la protection sollicitée. Elle arriva juste à temps pour sauver la maison, les récoltes et le bétail d'Invernahyle de la fureur des soldats, qui étaient occupés à saccager ce qu'on était convenu d'appeler *le pays ennemi*. Un petit détachement était campé sur les propriétés d'Invernahyle, lesquelles furent épargnées par les soldats, tandis qu'ils livraient au pillage toute la contrée environnante, et se livraient activement à la recherche des chefs de l'insurrection, et en particulier de Stewart. Il était beaucoup plus près d'eux qu'ils ne le soupçonnaient; caché dans une caverne (comme le baron de Bradwardine), il se trouva pendant assez longtemps à si peu de distance des sentinelles anglaises, qu'il pouvait entendre leurs appels. Sa nourriture lui était apportée par une de ses filles, jeune enfant de huit ans, que mistress Stewart fut

---

[1] Le fils du roi. (L. V.).

contrainte de charger de cette commission ; car ses mouvements, et ceux de tous les membres plus âgés de la famille, étaient soigneusement observés. Avec une adresse au-dessus de son âge, l'enfant avait habitué les soldats, qui l'avaient prise en amitié, à la voir rôder parmi eux, et saisissant quelque instant où on ne prenait pas garde à elle, elle se glissait dans le bois et y déposait les provisions dont elle était chargée, à un endroit convenu où son père venait les prendre. Pendant plusieurs semaines, la vie d'Invernahyle ne fut soutenue que par ces secours précaires; il avait été blessé à Culloden, et les fatigues qu'il endurait aggravaient encore ses souffrances corporelles. Lorsque les soldats eurent éloigné leurs quartiers, il échappa à un autre danger d'une manière remarquable.

Comme il se hasardait alors à aller de nuit jusqu'à sa maison, d'où il sortait dès le matin, il fut surpris un jour de très-bonne heure par un parti ennemi, qui fit feu sur lui et se mit à sa poursuite. Le fugitif ayant été assez heureux pour échapper à leurs recherches, ils revinrent à la maison, et accusèrent la famille de donner asile à un des traîtres proscrits. Une vieille eut la présence d'esprit de leur soutenir que l'homme qu'ils avaient vu était le berger. — Pourquoi ne s'est-il pas arrêté quand nous l'avons appelé? dit le soldat. — Il est sourd comme un tas de tourbe, le pauvre homme! répondit l'adroite domestique. — Qu'on l'envoie chercher sur-le-champ. — Le véritable berger fut, en conséquence, amené de la montagne; mais comme en chemin on avait eu le temps de lui faire sa leçon, il était, en arrivant, aussi sourd qu'il le fallait pour soutenir son rôle. Plus tard, Invernahyle fut compris dans l'acte d'amnistie.

L'auteur l'a beaucoup connu, et lui a souvent entendu raconter ces faits. C'était un digne échantillon du vieux caractère highlandais, issu de vieille souche, noble et courtois dans ses manières, et d'une bravoure toute chevaleresque. Il avait été *dehors*[1], je crois, en 1715 et 1745, et avait joué un rôle actif dans les scènes de troubles dont l'Écosse fut le théâtre dans l'intervalle de ces deux ères mémorables. Parmi d'autres exploits dignes de souvenir qu'on m'a cités de lui, j'ai entendu raconter un combat singulier à la claymore entre lui et le célèbre Rob-Roy Mac Gregor, au clachan de Balquidder[2].

---

[1] *To be out*, être dehors, phrase consacrée pour désigner ceux qui avaient suivi les drapeaux des deux *prétendants*, Jacques III et Charles-Édouard. (L. V.)

[2] *Voyez* sur ce duel l'Introduction de *Rob-Roy*, page xxxvi. (L. V.)

Invernahyle se trouvait à Édimbourg à l'époque où Paul Jones se montra dans les eaux du Frith ; et quoique alors ce fût un vieillard, je le vis en armes, et l'entendis se féliciter (pour employer ses paroles) à la perspective « de tirer encore une fois sa claymore avant de mourir. » Dans le fait, en cette occasion mémorable, où la capitale de l'Écosse fut menacée par trois misérables sloops ou bricks, à peine en état de mettre à sac un village de pêcheurs, ce fut le seul homme qui parut songer à la résistance. Il offrit aux magistrats, si on pouvait lui fournir des claymores et des dirks [1], de trouver assez d'Highlanders, parmi les basses classes, pour tailler en pièces tous les hommes d'équipage que les navires pourraient envoyer contre une ville pleine de ruelles étroites et tortueuses, dans lesquelles les marins se disperseraient vraisemblablement pour le pillage. J'ignore si son plan fut suivi ; je serais plutôt porté à croire qu'il parut trop hasardeux aux autorités constituées, lesquelles, même alors, pouvaient ne pas être fort désireuses de voir des armes aux mains des Highlanders. Un violent vent d'ouest qui survint et dura plusieurs jours aplanit la difficulté, en balayant hors du Frith Paul Jones et ses bâtiments.

S'il y a quelque chose d'humiliant dans ce souvenir, ce n'est pas sans plaisir qu'on le rapproche de ceux de la dernière guerre, alors qu'Édimbourg, outre les troupes régulières et la milice, fournit un corps volontaire de cavalerie, d'infanterie et d'artillerie, composé de plus de six mille hommes, tout prêt à recevoir et à repousser une force bien autrement formidable que celles de l'aventureux Américain [2]. Le temps et les circonstances changent le caractère des nations et le destin des cités ; et un Écossais ressent quelque orgueil à penser qu'avant de descendre au tombeau il a vu le caractère indépendant et mâle de son pays, prêt à confier le soin de sa défense aux bras de ses propres enfants, recouvrer l'éclat qu'il avait perdu pendant un demi-siècle.

On trouvera d'autres illustrations sur *Waverley* dans les notes mises au bas des pages ; celles qui ont paru trop longues pour être ainsi placées ont été rejetées à la fin du volume.

---

[1] La *claymore* est la grande et lourde épée, et le *dirk* le poignard des Highlanders. (L. V.)
[2] Ce passage nous rappelle les plaisantes lamentations du pacifique Oldbuck, dans *l'Antiquaire*, sur l'esprit belliqueux qui est venu tout à coup enflammer toutes les classes des habitants de Fairport, à l'époque où la côte orientale d'Écosse fut menacée de l'invasion française à laquelle notre auteur fait ici allusion. (L. V.)

WAVERLEY,

OU

IL Y A SOIXANTE ANS.

Quel roi sers-tu, Bézonien? Parle, ou meurs!
Henry IV, seconde partie.

CHAPITRE PREMIER,

SERVANT D'INTRODUCTION.

Le titre de cet ouvrage n'a pas été choisi sans la grave et solide délibération que tout homme sage doit apporter aux choses importantes. Sa première dénomination elle-même, ou sa dénomination générale, a été le résultat de réflexions et de recherches peu communes, quoique, à l'exemple de mes prédécesseurs, j'eusse pu me borner à m'emparer des noms les plus sonores et les plus harmonieux qu'offrent la topographie et l'histoire de l'Angleterre, pour en faire, à la fois, le titre de mon livre et le nom de mon héros. Mais, hélas! qu'auraient pu attendre mes lecteurs des titres chevaleresques de Howard, Mordaunt, Mortimer ou Stanley, ou des syllabes plus douces et plus sentimentales de Belmour, Belville, Belfield et Belgrave, si ce n'est des pages vides et futiles comme celles qui, depuis cinquante ans, ont été ainsi baptisées? Je dois avouer avec modestie que je me méfie trop de mon mérite pour le placer gratuitement en opposition avec des préventions reçues. Semblable au chevalier dont l'écu sans devise se présentait pour la première fois dans la lice, j'ai donc choisi pour mon héros un nom sans tache, *Waverley*, un nom dont le son ne réveille aucune idée de bien ni de mal, sauf celle que le lecteur croira devoir y attacher ensuite. Mais mon second titre, mon titre complémentaire, était une affaire bien autrement difficile; car, quelque court qu'il soit, on peut le regarder comme astreignant l'auteur à un mode particulier de disposer sa scène, de tracer ses caractères, de conduire ses aventures. Si, par exemple, j'avais annoncé sur mon frontispice : « Waverley, histoire du temps jadis, » quel lecteur de romans ne se serait attendu à trouver un château à peine inférieur à celui d'Udolphe, dont l'aile orientale aurait été depuis longtemps inhabitée, et les clefs ou perdues ou confiées à la garde de quelque sommelier âgé ou d'une vieille femme de charge, qui, d'un pas tremblant, aurait dû conduire le héros ou l'héroïne, vers le milieu du second volume, à travers les appartements en ruines? N'aurait-on pas, dès le titre, entendu le cri du hibou et le chant du grillon? M'aurait-il été possible, avec les moindres égards pour le décorum, d'introduire dans mon ouvrage quelque scène plus animée que celle que pourrait fournir la grosse gaîté d'un valet rustre mais fidèle, ou les récits verbeux de la femme de chambre de l'héroïne, répétant les histoires de sang et d'horreur qu'elle a entendu raconter dans l'antichambre? Ou si mon titre eût porté : « Waverley, roman tiré de l'allemand, » quelle imagination assez obtuse ne se serait aussitôt représenté un abbé dissolu, un duc oppresseur, et une association secrète et mystérieuse de Rose-Croix et d'Illuminés, avec tous leurs attributs de capuchons noirs, de cavernes, de poignards, de machines électriques, de trappes et de lanternes sourdes? Et si j'eusse mieux aimé intituler mon ouvrage : « Histoire sentimentale, » n'aurais-je pas, dès l'abord, fait pressentir une héroïne avec une profusion de cheveux bruns et une harpe, douce consolation de ses heures solitaires, qu'elle trouve toujours heureusement le moyen de transporter du château à la chaumière, quoiqu'elle-même soit parfois obligée de sauter par la fenêtre d'un second étage, et que plus d'une fois elle s'égare dans ses courses, isolée et à pied, sans autre guide qu'une paysanne haute en couleurs dont elle peut à peine comprendre le jargon? Ou bien encore, si mon Waverley eût été intitulé : « Histoire contemporaine, » n'aurais-tu pas attendu de moi, lecteur bénévole, une esquisse piquante du monde à la mode, avec quelques anecdotes scandaleuses de la vie privée, couvertes d'un voile transparent, ou mieux encore, présentées sans voile; une héroïne de Grosvenor-square et un héros des clubs Barrouche ou *four-in-hand* [1], avec un assortiment de figures secondaires, choisies parmi les élégants de *Queen-Anne-street-East* [2] ou les héros brillants du *Bow-street office* [3]? Je pourrais continuer de faire ressortir l'importance d'un titre, en même temps que je déploierais ma connaissance intime des ingrédients particuliers nécessaires à la composition des diverses sortes de nouvelles et de romans; mais c'en est

---

[1] L'auteur cite un quartier *fashionable* et deux clubs à la mode de Londres. (L. V.)

[2] Rue bourgeoise de Londres. (L. V.)

[3] Bureau de police, où sont amenés les perturbateurs, les filous et les autres industriels de bas étage. (L. V.)

assez, et je ne veux pas tenir plus longtemps en suspens mon lecteur, impatient sans doute de connaître le choix auquel s'est arrêté un auteur si profondément versé dans les différentes branches de son art.

En fixant la date de mon histoire soixante ans avant l'époque où j'écris (1ᵉʳ novembre 1805[1]), je préviens donc mes lecteurs qu'ils ne trouveront dans les pages suivantes ni un roman de chevalerie, ni une histoire de mœurs modernes ; que mon héros n'aura pas la poitrine bardée de fer, comme autrefois, non plus qu'il ne portera de fer aux talons de ses bottes, comme c'est aujourd'hui la mode de Bond-street[2] ; enfin que mes demoiselles ne seront ni enveloppées d'un manteau de pourpre, comme lady Alice dans une vieille ballade, ni réduites à la nudité primitive d'une moderne fashionable dans un rout. D'après l'époque que j'ai choisie, le critique judicieux peut déjà prévoir que l'objet de mon histoire est moins une peinture de mœurs qu'une peinture des hommes. Une histoire de mœurs, pour être intéressante, doit ou se rapporter à une antiquité assez éloignée pour commander notre vénération, ou être un reflet animé de ces scènes qui se passent chaque jour sous nos yeux et sont intéressantes par leur nouveauté même. La cotte de mailles de nos pères, et la pelisse à triple fourrure de nos *beaux* modernes, peuvent ainsi, quoique à des titres bien différents, convenir également pour l'ornement d'un personnage fictif ; mais qui voudrait, désirant que le costume de son héros fasse impression, l'accoutrer de l'habit de cour sans collet, à larges manches et à poches basses du règne de Georges II? On en peut dire autant, et avec une égale vérité, du château gothique, qui, avec le demi-jour de ses vitraux peints, son toit sombre et haut, sa massive table de chêne garnie de hures de sanglier et de romarin, de paons et de faisans, de grues et de jeunes cygnes, est d'un excellent effet dans une description fictive. On peut aussi retracer avec beaucoup de succès l'image animée d'une fête moderne, telle que celles dont nous trouvons chaque jour des descriptions dans la partie du journal qui porte le titre spécial de *Miroir de la Fashion;* et si nous opposons ces descriptions, ou l'une d'entre elles, à la splendeur cérémonieuse d'un repas donné il y a soixante ans, nous reconnaîtrons aisément combien le peintre des mœurs antiques et celui des usages de la fashion moderne ont d'avantages sur l'écrivain qui retrace ceux de la précédente génération.

On saura donc que, prenant en considération les désavantages inséparables de cette partie de mon sujet, j'ai résolu de les éviter autant que possible, en faisant reposer l'effet de mon récit sur le caractère et les passions des personnages ; — ces passions qui sont les mêmes dans tous les états de la société, et qui ont également agité le cœur hu-

---

[1] Au sujet de ces dates, le lecteur voudra bien se rappeler ce qui est dit dans la Préface générale. (L. V.)

[2] La rue Vivienne de Londres. (L. V.)

main sous le corselet d'acier du quinzième siècle, sous le manteau de brocart du dix-huitième, ou sous le frac bleu et le gilet de piqué blanc de l'époque actuelle¹. Il est hors de doute que ces passions prennent nécessairement un reflet des mœurs et des lois; mais les armoiries restent les mêmes, pour employer la langue du blason, quoique le fond puisse être non-seulement différent, mais opposé par les teintes. La colère de nos ancêtres, par exemple, était colorée de *gueules*² : elle éclatait en actes de violence ouverte et sanguinaire contre les objets de sa fureur; nos dispositions malveillantes, obligées de chercher pour se satisfaire des voies plus détournées, et de miner les obstacles qu'elles ne peuvent renverser à force ouverte, seront plutôt représentées par un fond *sable*³. Mais au fond, l'impulsion est la même dans les deux cas. Le pair orgueilleux, qui ne peut ruiner son voisin que légalement, par d'interminables procès, est le véritable descendant du baron qui livrait aux flammes le château de son rival, et lui brisait le crâne s'il tentait de se soustraire à l'incendie. C'est au grand livre de la Nature, toujours le même dans six mille éditions, soit en lettres gothiques, soit sur papier vélin et satiné, que je me suis hasardé d'emprunter un chapitre pour le soumettre au public. Quelques contrastes favorables se sont présentés à moi dans l'état de société des parties septentrionales de la Grande-Bretagne à l'époque où j'ai placé mon histoire, et pourront servir à la fois à donner plus de variété et de force à la partie morale de mon plan, que je serais disposé à en considérer comme la plus importante; quoique je sente combien je resterai loin de mon but si je ne parviens à amuser en même temps qu'à instruire, — tâche un peu plus difficile à atteindre dans cette génération critique, qu'elle ne l'était *il y a soixante ans*.

¹ Hélas! ce costume, si respectable et si distingué en 1805, a maintenant autant vieilli que l'auteur de *Waverley* lui-même. Le lecteur fashionable voudra bien y substituer un gilet de velours ou de soie pourpre brodé, et un habit de telle nuance qu'il lui plaira. (W. S.)

² Couleur rouge ou sang. (L. V.)

³ Le noir du blason. (L. V.)

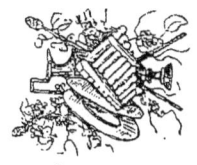

CHAPITRE II.

WAVERLEY-HONNEUR. COUP D'OEIL EN ARRIÈRE.

Il y a donc soixante ans qu'Édouard Waverley, le héros du récit qui va suivre, prit congé de sa famille pour rejoindre le régiment de dragons dans lequel il venait d'obtenir une commission. Ce fut un triste jour au château de Waverley-Honneur, celui où le jeune officier se sépara de sir Everard, l'oncle âgé et plein d'affection au titre et aux domaines duquel il devait succéder. Une dissidence d'opinions politiques avait depuis longtemps séparé le baronnet de son plus jeune frère Richard Waverley, père de notre héros. Sir Everard avait hérité de toutes les prédilections, de tous les préjugés des torys et de la haute église qu'avaient professés ses aïeux et qui avaient distingué la maison de Waverley depuis la grande guerre civile[1]. Richard, au contraire, plus jeune de dix ans, se vit réduit à la fortune d'un cadet de famille[2], et jugea qu'il n'y avait pour lui ni honneur ni profit à jouer le rôle d'un Will Wimble[3]. Il s'aperçut de bonne heure que, pour arriver au but dans la course de la vie, il fallait ne s'embarrasser que du moindre poids possible. Les peintres parlent de la difficulté de rendre l'expression complexe de plusieurs passions agitant au même instant une physionomie : il ne serait pas plus aisé à un moraliste d'analyser les motifs compliqués qui se combinent pour déterminer nos actions. Richard Waverley avait lu, et l'histoire, non moins que ses raisonnements, le convainquirent, comme dit la vieille chanson, que

> Soumission est duperie,
> Dire bah! n'est pas résister.

Cependant la raison eût probablement combattu, et sans doute l'eût emporté sur les préjugés héréditaires, si Richard avait pu prévoir que son frère aîné, prenant à cœur un désappointement de jeunesse, serait encore garçon à soixante-douze ans. La perspective d'une succession,

---

[1] La révolution de 1649. (L. V.)

[2] On sait qu'en Angleterre, la fortune et les titres des familles nobles passent exclusivement au fils aîné. (L. V.)

[3] Personnage de la création d'Addison dans le *Spectator*. C'est un cadet de famille qui met tous ses soins à se rendre agréable et nécessaire à ceux qui l'entourent. (L. V.)

quelque éloignée qu'elle eût été, eût pu dans ce cas le déterminer à traîner la plus grande partie de sa vie comme « Maître Richard, au château, frère du baronnet, » dans l'espoir qu'avant d'en atteindre le terme il serait distingué par le titre de « sir Richard Waverley de Waverley-Honneur, » héritier d'un domaine princier et d'une haute influence politique comme chef des intérêts provinciaux dans le comté où était situé ce domaine. Mais c'était un événement auquel Richard ne pouvait s'attendre à son entrée dans le monde, alors que sir Everard, dans la fleur de la jeunesse, pouvait hardiment aspirer à toutes les alliances, que sa recherche s'adressât à la beauté ou à la fortune, et que son prochain mariage était en effet un texte qui, une fois l'année régulièrement, amusait le voisinage. Son frère cadet ne vit d'autre route praticable pour arriver à l'indépendance que de compter sur lui-même, et d'adopter un *credo* politique plus conforme à la raison, ainsi qu'à ses propres intérêts, que la foi héréditaire de sir Everard dans la haute église et la famille des Stuarts. Il débuta donc dans sa carrière par une rétractation, et entra dans le monde comme whig déclaré et ami de la maison de Hanovre.

Les ministres de Georges Ier apportaient un soin prudent à diminuer la phalange de l'opposition. L'aristocratie tory, dont l'éclat était un reflet du soleil de la cour, s'était peu à peu réconciliée avec la nouvelle dynastie[1]. Mais la riche noblesse provinciale d'Angleterre, classe qui conservait, avec beaucoup des anciennes mœurs et de l'intégrité primitive, une forte dose d'obstination et de préjugés inflexibles, se retranchait dans une opposition boudeuse et hautaine, et jetait plus d'un regard de regret et d'espérance sur Bois-le-Duc, Avignon et l'Italie[2]. L'accession d'un proche parent de l'un des fermes et inflexibles opposants fut considérée comme un moyen de déterminer de nouvelles conversions, et en conséquence Richard Waverley obtint une part de la faveur ministérielle plus que proportionnée à ses talents et à son importance politique. On s'aperçut cependant qu'il était loin de manquer d'habileté pour les affaires publiques, et lorsque sa première admission au lever du ministre eut été négociée, son succès fut rapide. Sir Everard apprit par les papiers publics, d'abord que Richard Waverley, écuyer, était député du bourg ministériel de Barterfaith[3]; ensuite, que Richard Waverley, écuyer, avait pris une part distinguée, comme soutien du gouvernement, à la discussion du bill de l'excise ; enfin, que Richard Waverley, écuyer, venait d'être honoré d'un de ces emplois

---

[1] *Voyez* la note A, fin du volume, dans laquelle nous avons tracé un rapide aperçu des événements politiques auxquels fait allusion le début de *Waverley*. (L. V.)

[2] Lieux où le chevalier de Saint-Georges, ou, comme on l'a nommé, l'ancien Prétendant, tenait sa cour exilée, selon les lieux de résidence que sa situation le forçait de choisir. (W. S.)

[3] Foi-troquée. Il va sans dire que c'est un nom symbolique. (L. V.)

dans lesquels le plaisir de servir son pays est accompagné d'autres avantages importants, lesquels, pour être rendus plus agréables, se renouvellent régulièrement tous les trimestres.

Quoique ces événements se fussent suivis de si près que la sagacité d'un moderne éditeur de gazette eût prévu les deux derniers en annonçant le premier, ils ne parvinrent cependant à sir Everard que graduellement et en quelque sorte distillés goutte à goutte par le froid et tardif alambic des *Lettres hebdomadaires de Dyer*[1]. Car on peut faire remarquer en passant qu'au lieu de ces malles-postes par le moyen desquelles chaque ouvrier peut, à son club à six pence, apprendre tous les soirs, par vingt canaux contradictoires, les nouvelles de la capitale, un seul courrier par semaine apportait alors à Waverley-Honneur un seul journal hebdomadaire, lequel, après avoir satisfait la curiosité de sir Everard, de sa sœur et de son vieux sommelier, passait régulièrement du château au rectorat[2], du rectorat chez le squire[3] Stubb, à la Grange, de la demeure du squire à la jolie maison blanche de l'intendant du baronnet, bâtie dans les bruyères; enfin de chez l'intendant à un cercle étendu de commères et de compères, dont les mains dures et calleuses le mettaient assez ordinairement en lambeaux un mois environ après son arrivée.

Dans le cas actuel, cette lente succession de nouvelles tourna à l'avantage de Richard Waverley; car, si le total de ces énormités eût frappé du même coup les oreilles de sir Everard, il n'y a guère de doute que le nouvel employé du gouvernement eût eu quelque raison de regretter le succès de sa politique. Le baronnet, quoique le plus doux des hommes, n'était pas sans avoir en lui quelques points irritables, et la conduite de son frère l'avait profondément blessé. Le domaine de Waverley n'était enchaîné par aucune substitution (car jamais il n'était venu à la pensée d'aucun de ses précédents propriétaires qu'un de leurs descendants pût se rendre coupable des atrocités dont les *Lettres de Dyer* accusaient Richard), et en eût-il existé une, le mariage du propriétaire aurait pu devenir funeste à un héritier collatéral. Ces diverses idées fatiguèrent longtemps l'esprit de sir Everard, sans amener cependant de conclusion arrêtée.

Il examina son arbre généalogique, qui, blasonné de nombreux emblèmes d'honneur et d'exploits héroïques, était suspendu sur la

---

[1] *Dyer's Weekly Letter*. Ce fut longtemps l'oracle de la haute noblesse provinciale du parti tory. L'ancienne *News-Letter* (Lettre-Gazette) était écrite à la main par des commis, et les copies en étaient adressées aux souscripteurs. L'éditeur politique allait puiser ses nouvelles dans les lieux de réunions publiques, tels que les cafés, et souvent il réclamait une gratification supplémentaire, en considération des frais extraordinaires nécessités par la fréquentation de ces lieux à la mode. (W. S.)

[2] La cure ou presbytère. (L. V.)

[3] *Squire*, écuyer, est le titre immédiatement inférieur à celui de baronnet. (L. V.)

boiserie bien vernie de sa grande salle. Les descendants les plus directs de sir Hildebrand Waverley, à défaut de ceux de son fils aîné Wilfred, dont sir Everard et son frère se trouvaient les seuls représentants, étaient, comme l'en informait ce registre respecté (et comme il le savait fort bien d'ailleurs), les Waverleys de Highley-Park, comté de Hants, avec lesquels la branche principale, ou plutôt le tronc même de la maison, avait rompu tout rapport depuis le grand procès de 1670.

Ce rameau dégénéré avait commis une autre offense contre la tête et la source de sa noblesse, par le mariage de son représentant avec Judith, héritière d'Olivier Bradshawe d'Highley-Park, dont les armoiries, les mêmes que celles de Bradshawe le régicide, avaient été écartelées avec l'ancien écusson des Waverleys. Mais ces offenses s'étaient effacées du souvenir de sir Everard, dans la chaleur de son ressentiment; et si l'homme de loi Clippurse [1], vers lequel il avait dépêché son groom, était arrivé une heure plus tôt, il aurait eu à dresser un acte de substitution de la seigneurie et du manoir de Waverley-Honneur, avec toutes ses dépendances. Mais une heure de froide réflexion est beaucoup, quand elle est employée à peser les inconvénients respectifs de deux mesures dont aucune ne nous plaît intérieurement. L'homme de loi Clippurse trouva son patron plongé dans une méditation profonde, qu'il était trop respectueux pour troubler autrement qu'en exhibant son papier et son écritoire de cuir, annonçant ainsi qu'il était prêt à minuter les ordres de Son Honneur. Cette petite manœuvre embarrassa sir Everard, qui y vit comme un reproche de son indécision. Il regardait l'attorney [2], et allait laisser échapper l'ordre arrêté sur ses lèvres, quand le soleil, se dégageant d'un nuage, répandit tout à coup sa lumière accidentée à travers les vitraux peints du sombre cabinet où ils étaient assis. Les yeux du baronnet, en se levant vers cette clarté splendide, se portèrent sur l'écusson central où étaient peintes les armes mêmes qu'un de ses ancêtres portait, disait-on, sur le champ de bataille d'Hastings : trois hermines passant, argent, sur un champ d'azur, avec sa devise appropriée, *Sans tache*. — Périsse notre nom, s'écria sir Everard, plutôt que de voir cet ancien et loyal symbole uni aux insignes déshonorés d'un perfide Tête-Ronde !

Tout ceci fut l'effet du passage subit d'un rayon de soleil, qui donna à peine le temps à l'homme de loi Clippurse de retailler sa plume. La plume fut taillée en vain. L'attorney fut congédié, avec ordre de se tenir prêt au premier appel.

L'apparition de l'homme de loi Clippurse au château donna lieu à de nombreuses conjectures dans cette portion du monde dont Wa-

[1] Rogne-Bourse.
[2] Procureur.

verley-Honneur formait le centre : mais les politiques les plus pénétrants de ce *microcosme* tirèrent encore de pires conséquences pour Richard Waverley d'un mouvement qui suivit de près son apostasie. Ce ne fut rien moins qu'une excursion du baronnet, dans sa voiture à six chevaux, avec quatre domestiques en riches livrées, pour rendre une visite de quelque durée à un noble pair résidant aux confins du comté, d'une descendance sans tache, ferme dans les principes tories, et l'heureux père de six filles accomplies et à marier.

La réception de sir Everard dans cette famille fut aussi favorable qu'on peut l'imaginer ; mais malheureusement son choix se porta sur lady Emily, la plus jeune des six sœurs, laquelle reçut ses soins avec un embarras qui montrait assez que, si elle n'osait les refuser, elle en éprouvait un tout autre sentiment que celui du plaisir.

Sir Everard ne put s'empêcher de remarquer quelque chose de peu ordinaire dans l'émotion et la crainte que laissait apercevoir la jeune personne aux avances qu'il hasardait ; mais sur l'assurance, qu'en mère prudente lui donna la comtesse, que cet embarras était l'effet naturel d'une éducation retirée, le sacrifice se serait accompli, comme il est arrivé sans doute en beaucoup de circonstances semblables, si une de ses aînées n'avait pris sur elle d'avouer à l'opulent prétendant que les affections de lady Emily s'étaient portées sur un jeune officier de fortune son proche parent. Sir Everard reçut avec une émotion réelle cette révélation qui lui fut confirmée, dans un entretien privé, par la jeune personne elle-même, que la crainte du courroux de son père rendait toute tremblante.

L'honneur et la générosité étaient les attributs héréditaires de la maison de Waverley. Avec une bonne grâce et une délicatesse dignes d'un héros de roman, sir Everard abdiqua toute prétention à la main de lady Emily. Il eut même, avant de quitter Blandeville-Castle, l'adresse d'arracher le consentement du père à l'union de sa fille avec l'objet de son choix. De quels arguments se servit-il à cet effet, c'est ce qu'on ne peut exactement connaître, car on n'a jamais supposé à sir Everard de bien puissants moyens de persuasion ; mais, immédiatement après cette transaction, le jeune officier s'éleva dans l'armée avec une rapidité bien supérieure à l'avancement ordinaire de ceux qui pour tout patronage n'avaient que leur mérite, et cependant on ne lui en connaissait pas d'autre.

Le choc que reçut sir Everard en cette occasion, quoique amorti par la conscience d'une action généreuse, influa sur le reste de sa vie. Sa résolution de mariage avait été prise dans un accès d'indignation ; les soins d'une cour assidue convenaient mal à la dignité et à l'indolence de ses habitudes ; il venait d'échapper au risque d'épouser une femme qui ne l'aurait jamais aimé, et son orgueil ne pouvait être très-flatté du dénouement de son amour, son cœur même n'en eût-il pas souffert. Le résultat de tout ceci fut qu'il reprit le chemin de Waverley-Honneur sans avoir reporté ses affections sur un second objet, malgré les soupirs et les airs langoureux de la belle rapporteuse, qui avait révélé, poussée par une pure amitié de sœur, le secret de l'attachement de lady Emily; en dépit aussi des signes de tête, des coups d'œil significatifs et des insinuations de la mère, et des graves éloges que le comte accordait tour à tour à la prudence, au bon sens et aux admirables dispositions de sa première, de sa seconde, de sa troisième, de sa quatrième et de sa cinquième fille. La pensée de son amour malheureux fut pour sir Everard, comme pour beaucoup d'autres doués comme lui d'un caractère à la fois réservé, fier, susceptible et indolent, un avertissement de ne plus s'exposer à l'avenir à une mortification semblable, en abordant de nouveau une tâche aussi pénible qu'infructueuse. Il continua de vivre à Waverley-Honneur sur le style d'un ancien gentilhomme anglais, riche et de noble origine. Sa sœur, miss Rachel Waverley, présidait à sa table, et ils devinrent par degrés, lui un vieux garçon, elle une vieille fille, les plus doux et les meilleurs des sectateurs du célibat.

La véhémence du ressentiment de sir Everard contre son frère ne tarda pas à s'affaiblir; néanmoins son antipathie pour le whig et l'homme en place, si elle ne fut pas assez puissante pour le pousser de nouveau à quelque mesure directe préjudiciable aux intérêts de Richard dans la succession du domaine de la famille, continua de maintenir entre eux de la froideur. Richard connaissait assez et le monde et le caractère de son frère, pour savoir que des avances indiscrètes et précipitées ne pourraient que changer un mécontentement tout passif en un principe plus actif. Ce fut donc le hasard qui amena enfin entre eux un renouvellement de relations.

Richard avait épousé une jeune femme d'un rang élevé, dans l'espoir que sa fortune et l'influence de sa famille pourraient servir à son avancement. Du chef de sa femme, il devint possesseur d'un domaine assez important, éloigné de quelques milles seulement de Waverley-Honneur. Le petit Édouard, le héros de notre histoire, alors dans sa cinquième année, était leur seul enfant. Il arriva un matin qu'il s'écarta avec sa bonne à un mille de distance de l'avenue de Brere-Wood-Lodge, où résidait son père. L'attention de la bonne et de l'enfant fut attirée par une voiture attelée de six vigoureux chevaux noirs à longue queue, et ornée d'assez de dorures et de ciselures pour faire honneur à l'équipage même du lord maire. Cette voiture attendait son maître, qui inspectait à peu de distance les progrès d'une ferme à demi bâtie. J'ignore si l'enfant avait eu pour nourrice une Galloise ou une Écossaise, et comment un écusson blasonné de trois hermines s'associait dans sa tête avec une idée de propriété personnelle; mais il n'eut pas plutôt aperçu cet emblème de la famille, qu'il réclama ob-

CHAPITRE II.

stinément le splendide véhicule sur lequel il se déployait. Le baronnet revint au moment même où la bonne s'efforçait vainement de faire renoncer l'enfant à sa détermination de s'approprier la voiture dorée. La rencontre eut lieu dans un heureux moment pour Édouard, car précisément son oncle venait de contempler avec un sentiment d'envie les enfants joufflus du robuste fermier dont l'habitation s'élevait sous sa direction. Dans le chérubin à face rosée et rebondie qui était devant lui, ayant ses yeux et portant son nom, et possédant un titre héréditaire à sa parenté, à son affection, à son appui, grâces à un lien aussi sacré aux yeux de sir Everard que la jarretière ou le manteau bleu[1], la Providence semblait lui avoir accordé l'objet le plus propre à remplir le vide de ses affections et de ses espérances. Sir Everard revint au château de Waverley sur un cheval de main qui était toujours tenu prêt, tandis que l'enfant et sa bonne retournaient dans la voiture à Brere-Wood-Lodge, porteurs d'un message qui ouvrait à Richard Waverley une voie de réconciliation avec son frère aîné.

Leurs relations, cependant, quoique ainsi renouvelées, furent plutôt empreintes de civilité cérémonieuse que de cordialité fraternelle; mais elles suffisaient aux désirs des deux parties. Dans la société fréquente de son petit neveu, sir Everard jouissait de l'espoir, si doux à son orgueil héréditaire, de voir se perpétuer son lignage, en même temps qu'il y trouvait où reposer ses affections douces et bienveillantes. Quant à Richard Waverley, il voyait, dans l'attachement croissant de l'oncle pour le neveu, le moyen d'assurer à son fils, sinon à lui-même, la succession au domaine héréditaire, succession qu'il eût plutôt compromise qu'avancée, il le sentait bien, par les tentatives d'intimité plus étroite qu'il aurait pu faire près d'un homme du caractère et des opinions de sir Everard.

Ainsi, par une sorte de compromis tacite, il fut permis au petit Édouard de passer au château la plus grande partie de son temps, et il paraissait également cher aux deux familles, quoique à tous autres égards leurs relations mutuelles se bornassent à quelques messages de politesse et à un petit nombre de visites encore plus cérémonieuses. L'éducation de l'enfant était dirigée tour à tour selon les goûts et les opinions de son oncle et de son père. Mais nous allons en parler plus amplement dans le chapitre suivant.

[1] Le manteau bleu est un des insignes de l'ordre de la jarretière. (L. V.)

CHAPITRE III.

ÉDUCATION.

L'ÉDUCATION de notre héros, Édouard Waverley, ne fut pas dirigée dans un très-grand esprit de suite. Dans son enfance, sa santé souffrait, ou était supposée souffrir (ce qui revient exactement au même) de l'air de Londres; aussi, dès que ses fonctions au parlement ou la poursuite de quelqu'un de ses plans d'intérêt ou d'ambition appelaient son père dans la capitale, où il passait huit mois de l'année, Édouard était conduit à Waverley-Honneur, et, en changeant de résidence, éprouvait en même temps un changement complet de maîtres et de leçons. Son père eût pu prévenir cet inconvénient en lui donnant un précepteur permanent. Mais il avait pensé qu'un précepteur de son choix n'eût pas sans doute été vu de bon œil à Waverley-Honneur, et que, d'un autre côté, laisser un tel choix à sir Everard, c'eût été s'imposer un hôte désagréable, sinon un espion politique. Il obtint donc de son secrétaire particulier, jeune homme de goût et de talent, qu'il consacrerait une heure ou deux à l'éducation d'Édouard tant qu'ils résideraient à Brere-Wood-Lodge, et laissa l'oncle de l'enfant responsable de ses progrès en littérature pendant son séjour au château.

A certains égards, il n'y manquait pas de moyens d'instruction. Le chapelain de sir Everard, ci-devant membre de l'université d'Oxford, dont il avait dû sortir par suite de son refus de prêter serment à l'avénement de Georges Ier, n'était pas seulement un excellent humaniste; il était, en outre, raisonnablement versé dans les sciences, et possédait plusieurs langues vivantes : mais il était vieux et indulgent, et l'interrègne périodique durant lequel Édouard échappait entièrement à sa discipline occasionnait un tel relâchement d'autorité, qu'il était en grande partie permis au jeune homme d'étudier comme il lui plairait, ce qui lui plaisait et quand il lui plaisait. Cette absence de règle aurait pu être pernicieuse pour un enfant de compréhension faible, qui, redoutant le travail qu'exige l'étude, l'aurait entièrement négligée dès qu'il n'aurait plus senti l'autorité d'un maître; et elle aurait pu le devenir également pour un jeune homme en qui le tempérament eût eu plus de force que l'imagination et la pensée, et qui, sous

CHAPITRE III. 13

l'irrésistible influence d'Alma[1], se fût livré du matin au soir au plaisir de la chasse. Mais le caractère d'Édouard Waverley était éloigné de ces deux extrêmes. Sa puissance de conception était si grande et si peu commune qu'elle avait presque le caractère de l'intuition, et le soin principal de son maître était de l'empêcher, comme dirait un chasseur, de dépasser le gibier, c'est-à-dire d'acquérir des connaissances d'une manière légère, superficielle et sans méthode. Et ici le professeur avait encore à combattre une autre propension, trop souvent unie à une imagination brillante et à l'éclat du talent : — je veux dire cette disposition à l'indolence, qui ne peut être stimulée que par de puissants attraits, et qui abandonne une étude dès qu'elle n'offre plus d'aliment à la curiosité, que le plaisir de surmonter les premières difficultés est satisfait et le charme de la nouveauté épuisé. Édouard ouvrait avec ardeur tous les auteurs classiques dont son précepteur lui proposait la lecture, se rendait assez familier avec le style de l'écrivain pour le suivre et le comprendre, et n'achevait le volume qu'autant qu'il l'amusait ou l'intéressait. Mais vainement essayait-on d'arrêter son esprit sur des distinctions critiques de philologie relatives aux différences des idiomes, à la beauté d'une expression heureuse, aux combinaisons artificielles de la syntaxe. — Je puis lire et comprendre un auteur latin, disait le jeune Édouard avec la confiance et la présomption téméraire d'un écolier de quinze ans ; ni Scaliger ni Bentley ne pouvaient faire davantage. Hélas ! tandis qu'on le laissait ainsi lire pour son seul amusement, il ne songeait pas qu'il perdait l'occasion introuvable d'acquérir des habitudes d'application constante et sérieuse, et l'art de maîtriser, de diriger, de concentrer la force de son esprit sur des recherches suivies, — art bien autrement essentiel que cette érudition classique elle-même, vers laquelle sont dirigées nos premières études.

Je sais qu'ici on peut me rappeler la nécessité de rendre l'instruction agréable à la jeunesse, et me citer le miel du Tasse mêlé à la potion préparée pour un enfant ; mais un siècle où les enfants sont initiés aux connaissances les plus arides par la méthode insinuante des jeux instructifs n'a guère à craindre les conséquences d'un enseignement trop sérieux ou trop sévère. L'histoire d'Angleterre est maintenant réduite en jeu de cartes, — les problèmes de mathématiques en casse-tête et en énigmes, — et les difficultés de l'arithmétique peuvent être suffisamment surmontées, nous en sommes assurés, par quelques heures d'application par semaine à une édition nouvelle et compliquée du royal jeu de l'oie. Encore un pas, et les dix commandements ainsi que le *Credo* seront enseignés de la même manière, sans qu'il soit besoin de cet air de gravité, de ce ton décent et posé, et de cette

---

[1] *Alma mater*, la nature. (L. V.)

pieuse attention qu'on exigeait jusqu'ici des enfants bien élevés du royaume. Ce pourrait être, toutefois, un sujet de sérieuse considération, d'examiner si ceux qui sont habitués à n'acquérir l'instruction que par des moyens d'amusement ne peuvent pas en venir à repousser ce qui se présente sous les dehors de l'étude; si ceux qui apprennent l'histoire par les cartes ne seraient pas amenés à préférer le moyen à la fin; enfin, si ceux à qui nous aurions enseigné la religion sous la forme d'un jeu ne seraient pas bientôt tentés de se faire un jeu de la religion. Quant à notre jeune héros, à qui il était permis de ne chercher son instruction que suivant l'impulsion de son esprit, et qui, conséquemment, ne la recherchait qu'autant qu'il y trouvait son amusement, cette indulgence de ceux qui devaient le diriger fut suivie de funestes conséquences, dont l'influence se fit longtemps sentir par la suite sur son caractère, son bonheur et son rôle dans le monde.

La puissante imagination d'Édouard et son goût pour la littérature, quelles que fussent la vivacité de la première et l'ardeur du second, loin de pouvoir remédier à ce mal, semblèrent plutôt en accroître et en irriter la violence. La bibliothèque de Waverley-Honneur, vaste salle d'architecture gothique, avec doubles arceaux et une galerie, renfermait une collection de livres aussi nombreuse et aussi mêlée qu'avait pu la former, dans l'espace de deux siècles, une famille qui avait toujours été opulente, et qui naturellement avait été disposée, comme marque de splendeur, à garnir ses rayons de tous les ouvrages du jour, sans beaucoup de choix ni de discernement. Édouard put errer sans contrainte dans ce vaste royaume. Son précepteur avait ses propres études. Si la politique de l'église et les controverses théologiques, jointes à l'amour d'un savant *far niente*, ne le détournaient pas, aux heures déterminées, d'inspecter les progrès de l'héritier présomptif de son patron, elles le disposaient du moins à saisir toutes les excuses possibles pour se dispenser d'une surveillance active et régulière sur les études générales de son élève. Sir Everard n'avait jamais été homme d'étude, et il partageait avec sa sœur, miss Rachel Waverley, l'opinion commune que la lecture, quelle qu'elle soit, est incompatible avec l'oisiveté, et que suivre des yeux les caractères de l'alphabet est déjà en soi-même une tâche méritoire, sans considérer autrement quelles idées ou quelles connaissances elle peut procurer. Ainsi donc, avec un désir de distraction qu'une meilleure discipline eût bientôt converti en soif d'apprendre, le jeune Waverley se lança sur cet océan de livres, comme un vaisseau sans pilote et sans gouvernail. Rien peut-être ne se fortifie par l'indulgence plus que l'habitude de lire sans suite et sans règle, surtout avec de telles facilités de s'y livrer. Je crois qu'une des raisons qui font que tant d'exemples d'érudition se rencontrent dans les rangs les moins élevés de la société, c'est que, à dispositions égales, le pauvre studieux ne peut satisfaire que dans un cercle limité sa passion pour les livres, et qu'il est forcé de se rendre maître du peu qu'il en possède avant de pouvoir en acquérir d'autres. Édouard, au contraire, semblable à l'épicurien qui ne daignait prendre qu'une bouchée de chaque pêche, du côté seulement coloré par le soleil, quittait un livre dès qu'il cessait de lui plaire ou d'exciter son intérêt; et la conséquence nécessaire de cette habitude de n'y chercher que ce genre de plaisir fut de le lui rendre de jour en jour plus difficile, jusqu'à ce que sa passion pour la lecture, comme tous les goûts extrêmes, produisît par une satisfaction trop aisée une sorte de satiété.

Avant d'en être venu là, cependant, il avait parcouru et entassé dans sa mémoire, qui était des plus heureuses, un mélange varié de connaissances curieuses, mais mal digérées. Dans la littérature anglaise, il possédait Shakspeare et Milton, les vieux auteurs dramatiques, un grand nombre de passages intéressants et pittoresques des anciennes chroniques, et il s'était surtout familiarisé avec Spenser, Drayton et d'autres poëtes qui se sont exercés sur les fictions romanesques, de tous les thèmes ceux qui séduisent le plus aisément une jeune imagination, avant que les passions éveillées demandent une poésie plus sentimentale. A cet égard, sa connaissance de la langue italienne lui ouvrit une plus vaste carrière. Il avait lu tous les poëmes romantiques qui, depuis Pulci, ont été l'exercice favori des beaux-esprits de l'Italie, et n'avait pas négligé le plaisir que lui promettaient les nombreux recueils de *nouvelles* qu'a produits, à l'imitation du *Décaméron*, le génie élégant, mais luxurieux, de cette contrée. Dans la littérature classique, Waverley avait fait les progrès ordinaires et lu les auteurs habituels. Le français lui avait offert une suite presque inépuisable de mémoires, à peine plus véridiques que des romans, et de romans assez bien écrits pour être difficilement distingués des mémoires. Les pages éblouissantes de Froissart, avec ses descriptions de combats et de tournois, qui font battre le cœur et fascinent la vue, étaient au nombre de ses lectures de prédilection; dans celles de Brantôme et de De la Noue il apprenait à comparer le caractère libre quoique superstitieux des seigneurs de la ligue, avec la disposition austère, rigide et parfois turbulente du parti huguenot. L'espagnol avait fourni sa part à cet assemblage de notions chevaleresques et romantiques, et l'ancienne littérature des peuples du Nord n'avait pas échappé à l'étude de quelqu'un qui lisait plutôt pour exciter son imagination que pour perfectionner son jugement. Et cependant, avec cette masse de connaissances qui ne sont le partage que du petit nombre, Édouard Waverley pouvait sans injustice être taxé d'ignorance, car il était presque absolument étranger à ce qui ajoute à la dignité de l'homme, et le rend propre à occuper avec distinction une situation élevée dans la société.

La surveillance de ses parents, quoique rarement exercée, aurait pu encore prévenir la dissipation d'esprit, résultat inévitable d'un cours de lecture aussi irrégulier ; mais sa mère mourut dans la septième année qui suivit la réconciliation des deux frères, et Richard Waverley, qui, depuis cet événement, résida le plus habituellement à Londres, était trop occupé de ses projets d'ambition et de fortune pour s'inquiéter beaucoup des études d'Édouard, se contentant d'entendre dire que c'était un grand amateur de livres, et que probablement il était destiné à devenir évêque. S'il eût pu connaître et analyser les rêves d'avenir de son fils, il en eût tiré une conclusion tout autre.

CHAPITRE IV.

CHATEAUX EN ESPAGNE.

'Ai déjà donné à entendre que le goût capricieux, difficile et dédaigneux, résultat d'une surabondance de lectures frivoles, n'avait pas seulement rendu notre héros inapte à de sérieuses et graves études, mais qu'il l'avait même dégoûté jusqu'à un certain point de ce qui jusqu'alors lui avait plu.

Il était dans sa seizième année. Ses habitudes concentrées et son amour pour la solitude devinrent alors si prononcés, qu'ils excitèrent en sir Everard une affectueuse inquiétude. Il essaya de combattre ces dispositions en engageant son neveu dans l'exercice de la chasse, que lui-même, dans sa jeunesse, avait regardé comme le premier des plaisirs. Édouard, en effet, s'y livra avec ardeur pendant une saison ; mais quand la pratique lui eut fait acquérir quelque dextérité, il cessa d'y trouver du plaisir.

Le printemps suivant, la lecture de l'amusant ouvrage du vieil Isaac Walton poussa Édouard à devenir « un frère de l'hameçon. » Mais de toutes les distractions que l'industrie a imaginées pour le soulagement de l'oisiveté, la pêche est la moins propre à amuser un homme à la fois indolent et impatient : la ligne de notre héros fut donc bientôt mise de côté. La société et l'exemple, qui, plus que toute autre chose, maîtrisent et gouvernent la pente naturelle de nos passions, eussent pu avoir leur effet habituel sur le jeune visionnaire; mais il y avait peu de voisinage, et les jeunes squires du canton, élevés près de leurs parents, n'étaient pas d'une classe à former les compagnons habituels d'Édouard, et bien moins encore à exciter son émulation dans la pratique de ces passe-temps qui, pour eux, étaient les affaires sérieuses de la vie.

Il y avait bien aussi un petit nombre de jeunes gens d'une meilleure éducation et d'un caractère plus libéral; mais notre héros se trouvait aussi en quelque sorte exclu de leur société. Après la mort de la reine Anne, sir Everard avait résigné son siége au parlement, et à mesure que, ses années croissant, le nombre de ses contemporains diminuait, il s'était graduellement retiré du monde; de sorte que quand, par quelque circonstance particulière, Édouard se trouvait réuni à des jeunes gens de son rang, et dont l'esprit avait été enrichi et développé par une éducation complète, il sentait son infériorité vis-à-vis d'eux, non pas tant par le manque de connaissances que par le défaut d'habitude de diriger et de coordonner celles qu'il avait acquises. Une susceptibilité profonde et chaque jour croissante ajoutait à son aversion pour la société. L'idée d'avoir commis le plus léger solécisme en politesse, soit réel, soit imaginaire, était pour lui un supplice; car peut-être une faute réelle ne cause-t-elle pas à certains caractères un sentiment aussi vif de honte et de remords que celui que fait éprouver à un jeune homme modeste, sensible et sans expérience, la conscience d'avoir négligé l'étiquette ou encouru le ridicule. Où nous sommes mal à l'aise, nous ne pouvons être heureux; il n'est donc pas surprenant qu'Édouard Waverley ne se crût pas fait pour le monde, et le prît en aversion, uniquement parce qu'il n'avait pas encore acquis l'habitude d'y vivre avec aisance et bien-être, et de savoir s'y plaire en plaisant aux autres.

Les heures qu'il passait près de son oncle et de sa tante étaient employées à écouter les récits souvent répétés de la vieillesse conteuse. Ici même encore, son imagination, faculté prédominante de son esprit, était fréquemment excitée. Les traditions de famille et les histoires généalogiques, sujets sur lesquels roulaient la plupart des discours de sir Everard, sont tout l'opposé de l'ambre. Précieuse par elle-même, cette substance renferme ordinairement des insectes, des pailles, et d'autres bagatelles, tandis que ces études, insignifiantes et sans valeur, si on les envisage isolément, ont néanmoins pour résultat utile de perpétuer beaucoup de ce qui est rare et curieux dans les anciens usages, et de conserver un grand nombre de faits intéressants et minutieux qui, sans cet intermédiaire, ne seraient pas venus jusqu'à nous. Si donc Édouard Waverley bâillait parfois aux sèches nomenclatures de sa ligne généalogique et des diverses alliances de ses ancêtres, s'il pestait intérieurement contre l'impitoyable exactitude des déductions interminables du digne sir Everard relatant les différents degrés d'affinité qui existaient entre la maison de Waverley-Honneur et les illustres barons, chevaliers et squires auxquels elle était alliée; si (nonobstant ses obligations envers les trois hermines passant) il maudissait quelquefois, au fond de son cœur, avec toute l'amertume d'Hotspur[1], le jargon héraldique, ses griffons, ses taupes, ses serpents et ses dragons, il y avait des moments où ces récits intéressaient son imagination, et le dédommageaient de l'attention qu'il y avait donnée.

Les hauts faits de Wilibert de Waverley dans la Terre Sainte, sa longue absence et ses périlleuses aventures, sa mort supposée et son retour le soir même où la fiancée de son cœur avait épousé le héros qui l'avait protégée contre les insultes et l'oppression durant l'absence de Wilibert ; la générosité avec laquelle le croisé abandonna ses droits et fut chercher dans un cloître du voisinage cette paix qui n'a pas de terme[2] ; — ces récits et d'autres semblables enflammaient son cœur et faisaient étinceler son regard. Ce n'était pas avec moins d'émotion qu'il écoutait sa tante, miss Rachel, raconter la constance et les douleurs de lady Alice Waverley durant la grande guerre civile. La physionomie bienveillante de la vénérable demoiselle prenait une expression plus majestueuse lorsqu'elle racontait comment Charles, après la bataille de Worcester, se réfugia pendant un jour à Waverley-Honneur, et comment, lorsqu'une troupe de cavalerie s'approcha pour fouiller le château, lady Alice envoya à leur rencontre son plus jeune fils à la tête d'une poignée de domestiques, avec ordre de sacrifier sa vie s'il le fallait pour gagner une heure, et donner au roi le temps de s'échapper. — Dieu la récompense ! ajoutait mistress Rachel en fixant ses yeux sur le portrait de l'héroïne ; la sûreté de son prince lui coûta cher, car elle la paya de la vie de son fils chéri. On le ramena ici prisonnier et mortellement blessé ; et vous pouvez suivre encore les traces de son sang depuis la porte de la grande salle, le long de la petite galerie, jusqu'au salon où on le déposa et où il rendit l'âme aux pieds de sa mère. Mais une consolation fut échangée entre eux ; car il comprit, au regard de sa mère, que le but de sa résistance désespérée était atteint. — Ah ! continuait miss Rachel, je me rappelle bien avoir vu quelqu'un qui l'avait connu et qui l'avait aimé ! Par amour pour lui, miss Lucy Saint-Aubin vécut et mourut fille, quoiqu'une des plus belles et des plus riches héritières du pays ; tout le monde la recherchait, mais elle porta toute sa vie le deuil de son pauvre William, car ils étaient fiancés, quoique non mariés, et

---

[1] Allusion à un passage de l'*Henry IV* de Shakspeare. (L. V.)

[2] Il existe une tradition de famille analogue dans la famille des chevaliers de Bradshaigh, propriétaires de Haigh-hall dans le Lancastre, et l'aventure, m'a-t-on dit, y est représentée sur les vitraux peints d'une des fenêtres. La ballade allemande du *noble Moringer* roule sur un fond semblable. Mais sans doute bien des incidents de ce genre durent se présenter à une époque où, par suite de l'éloignement des lieux et de la rareté des communications, de faux bruits touchant les croisés absents se répandaient aisément, et quelquefois peut-être étaient trop légèrement accueillis chez eux. (W. S.)

Walter Scott lui-même a plus tard tiré un heureux parti de cette donnée, dans son *Fiancé* (*the Betrothed*), une des deux nouvelles de la série intitulée *Récits des Croisés*. (L. V.)

elle ne l'avait pas quitté quand elle mourut en ... je ne me souviens plus de la date. Mais je n'ai pas oublié qu'au mois de novembre de l'année même de sa mort, comme elle se sentait faiblir, elle désira être emportée encore une fois à Waverley-Honneur; elle y visita toutes les places où elle s'était trouvée avec mon grand oncle, et fit enlever tous les tapis, afin de suivre les marques de son sang; et si les larmes eussent pu les effacer, il n'en resterait plus aujourd'hui, car il n'y avait pas un œil sec dans toute la maison. Vous auriez cru, Édouard, que les arbres mêmes pleuraient sur elle, car leurs feuilles tombaient autour d'elle sans qu'il fît le moindre souffle de vent, et dans le fait, on voyait bien à son air qu'elle ne les verrait pas reverdir.

Après de telles légendes, notre héros se retirait à l'écart pour se livrer aux rêveries qu'elles excitaient en lui. Dans un angle de la vaste et sombre bibliothèque, sans autre lumière que la lueur vacillante des tisons à demi consumés de son immense et lourde cheminée, il passait des heures entières à ces opérations de magie interne qui évoquent et mettent en quelque sorte sous les yeux du rêveur les événements passés ou des faits imaginaires. Alors s'élevait dans son attirail splendide la fête nuptiale du château de Waverley; puis la forme haute et amaigrie de son maître véritable, enveloppé de ses habits de pèlerin, et assistant, spectateur ignoré, au festin de son héritier supposé et de sa fiancée infidèle; et le choc électrique produit par la découverte; le mouvement tumultueux des vassaux courant aux armes; la surprise du marié; la terreur et la confusion de la fiancée; la douleur avec laquelle Wilibert reconnut que son cœur aussi bien que sa bouche avait consenti à ce mariage; l'air de dignité mêlé de tristesse profonde avec lequel il remit dans le fourreau son épée qu'il en avait à demi sortie, et dit adieu pour jamais à la demeure de ses pères. Alors la scène changeait, et son imagination docile à sa volonté se représentait la tragédie de sa tante Rachel. Il voyait lady Waverley assise dans son oratoire, l'oreille tendue à chaque son, le cœur en proie à une double agonie, tantôt écoutant l'écho décroissant des pas du cheval du roi, puis, quand il avait cessé de se faire entendre, croyant discerner, dans le moindre souffle qui agitait les arbres du parc, le bruit du combat éloigné. Soudain s'élève un murmure sourd comme la course précipitée d'un torrent débordé; il grossit, il s'approche, et Édouard peut distinguer clairement le galop des chevaux, les cris et les acclamations des hommes, qui se précipitent vers le château en échangeant des coups de pistolet. La dame se lève vivement, — un domestique consterné accourt vers elle... Mais pourquoi poursuivre une telle description?

Comme cette vie du monde idéal offrait chaque jour plus de charmes à notre héros, toute interruption lui devenait de jour en jour plus désagréable. Le domaine étendu qui entourait le château, et qui, excédant de beaucoup les dimensions d'un parc, était ordinairement désigné par le nom de *Chasses de Waverley* [1], avait été originairement une forêt ; quoique semé de vastes clairières, où venaient se jouer les jeunes daims, il conservait encore l'aspect sauvage de son caractère primitif. Il était coupé de larges avenues, qu'en beaucoup d'endroits les broussailles avaient envahies, et où les beautés des anciens jours avaient coutume de s'arrêter pour voir les lévriers courre le cerf ou pour essayer elles-mêmes de l'atteindre d'une flèche. On montrait encore un endroit marqué par un monument gothique couvert de mousse, et qui retenait le nom de *Station de la Reine*, où, disait-on, Élisabeth elle-même avait percé sept chevreuils de ses propres flèches. C'était le but favori des promenades de Waverley. D'autres fois, avec son fusil et son épagneul, qui lui servaient de prétexte aux yeux des autres, et un livre dans sa poche, qui peut-être lui servait de prétexte pour lui-même, il avait coutume de suivre une de ces longues avenues, qui, après une montée de quatre milles, se rétrécissait graduellement en un sentier difficile et encaissé, débouchant tout à coup, après avoir traversé le défilé rocailleux et boisé appelé Mirkwood-Dingle [2], sur un petit lac profond et sombre, nommé, pour la même raison, Mirkwood-Mere [3]. Là s'élevait, dans les anciens temps, une tour solitaire au front d'un rocher presque entouré par l'eau, et qui avait reçu le nom de forteresse de Waverley [4], parce que, dans les circonstances périlleuses, elle avait souvent servi de refuge à la famille. Là, durant les guerres de York et de Lancastre, ceux qui les derniers osèrent soutenir la cause de la Rose Rouge continuèrent une guerre d'escarmouches et de pillage, jusqu'à ce que la forteresse fût réduite par le célèbre Richard de Gloucester. Là aussi, un parti de cavaliers se maintint longtemps sous Nigel Waverley, frère aîné de ce William, dont sa tante Rachel avait raconté le triste sort. C'était dans ces lieux qu'Édouard aimait « à se livrer aux écarts tour à tour tristes et riants de sa pensée [5], » et, semblable à l'enfant entouré de ses joujoux, choisissait et disposait, parmi les images splendides et les vains emblèmes dont son imagination était meublée, des visions aussi brillantes, mais non moins fugitives, que celles d'un ciel éclairé par les dernières lueurs du soleil couchant. Nous allons voir dans le chapitre suivant quel fut l'effet de ces habitudes sur son humeur et sur son caractère.

[1] *Waverley-chase.*
[2] Vallée-du-Bois-sombre.
[3] *Mere* signifie lac. (L. V.)
[4] *Strength of Waverley.*
[5] Citation de Shakspeare. On la retrouvera dans l'Introduction de *Quentin Durward* (page XXIII), où l'auteur en a fait le texte d'un quiproquo plaisant qu'il a mis dans la bouche de son vieil et original émigré. (L. V.)

CHAPITRE V.

CHOIX D'UN ÉTAT.

Après les détails minutieux dans lesquels je suis entré sur les occupations de Waverley, et sur la direction qu'elles imprimèrent inévitablement à son esprit, le lecteur croira peut-être pouvoir apercevoir déjà, dans le récit suivant, une imitation du roman de Cervantes. Mais par cette supposition il ferait injure à ma prudence. Mon intention n'est pas de suivre les traces de cet inimitable auteur, ni de peindre cette perversion de l'intelligence qui dénature les objets dont les sens perçoivent l'image; je veux seulement décrire cette aberration de jugement plus commune, qui à la vérité voit les choses dans leur réalité, mais qui leur communique la teinte d'une imagination romantique. Édouard Waverley était si éloigné d'attendre une sympathie générale pour sa manière de sentir, il était si éloigné de voir, dans l'état de choses du monde réel, le fondement de ces visions qu'il aimait à caresser, que ce qu'il craignait le plus au monde était de voir pénétrer les sentiments qui étaient le fruit de ses rêveries. Il ne souhaitait pas non plus un confident à qui il eût pu les confier; et il sentait si bien le ridicule qui s'y attachait, que s'il eût dû choisir entre une punition à laquelle on eût pu se soumettre sans ignominie, et l'obligation de rendre un compte calme et froid du monde idéal au sein duquel il passait la meilleure partie de ses jours, je crois qu'il n'eût pas hésité à se prononcer pour le premier châtiment. Cette vie tout intérieure lui devint doublement précieuse quand avec le cours des années il sentit l'influence des passions naissantes. Des formes féminines d'une grâce exquise et d'une beauté ravissante commencèrent à se mêler à ses aventures idéales, et il ne tarda pas à regarder autour de lui pour comparer les créations de son imagination avec les femmes du monde réel.

La liste des beautés qui chaque dimanche déployaient leurs atours à l'église paroissiale de Waverley n'était ni nombreuse ni choisie. La plus passable était sans contredit miss Sissly, ou, comme elle aimait mieux être appelée, miss Cecilia Stubbs, fille du squire Stubbs de la Grange. Je ne sais si c'était « par le plus grand hasard du monde, » phrase qui, dans une bouche féminine, n'exclut pas toujours la préméditation, ou par une simple conformité de goûts, que miss Cecilia rencontrait assez souvent Édouard dans ses courses favorites à travers les Chasses de Waverley. Il n'avait pas encore osé l'aborder, mais ces rencontres n'avaient pas laissé de produire leur effet. Un amant romanesque est un idolâtre d'une sorte étrange, qui ne s'inquiète pas toujours de quel bois il forme l'objet de son adoration ; du moins, si la nature a gratifié cet objet d'une proportion raisonnable de charmes personnels, il peut aisément jouer le rôle du joaillier et du derviche dans le conte oriental[1], et la doter richement, en puisant dans les trésors de son imagination, d'une beauté surnaturelle et de tous les dons de l'esprit.

Mais avant que les charmes de miss Cecilia Stubbs l'eussent érigée en une véritable déesse, ou l'eussent pour le moins élevée au niveau de sa sainte patronne, mistress Rachel Waverley conçut quelques soupçons qui la déterminèrent à prévenir la prochaine apothéose. En de telles affaires, les plus simples et les moins soupçonneuses des femmes ont toujours (Dieu les bénisse !) une finesse instinctive de perception qui va parfois jusqu'à leur faire découvrir des penchants qui n'ont jamais existé, mais qui manque rarement aussi de leur signaler ceux qui existent en effet. Miss Rachel s'attacha très-prudemment non à combattre, mais à éluder le danger imminent, et elle insinua à son frère qu'il était nécessaire que l'héritier de son nom vît un peu plus le monde que ne le comportait sa résidence continue à Waverley-Honneur.

Sir Everard ne voulut pas d'abord entendre parler d'une proposition qui allait le séparer de son neveu. Il convenait qu'Édouard était un peu entiché de ses livres ; mais la jeunesse, il l'avait toujours entendu dire, était la saison d'apprendre, et quand sa fureur pour les lettres serait apaisée et sa tête assez garnie de connaissances, son neveu se livrerait aux plaisirs de la chasse et aux occupations de la campagne. Lui-même, disait-il, avait souvent regretté de n'avoir pas, tandis qu'il était jeune, consacré quelque temps à l'étude : il n'en aurait été ni moins bon tireur, ni chasseur moins adroit, et il eût pu faire retentir les voûtes de Saint-Étienne de harangues plus étendues que ce Non ! chaleureux qu'il opposait, quand il était membre du parlement, sous l'administration de Godolphin, à chaque proposition du gouvernement.

Cependant les inquiétudes de tante Rachel lui prêtèrent assez d'adresse pour arriver à son but. Il n'y avait pas un représentant de leur famille qui n'eût visité les pays étrangers ou servi son pays dans l'armée, avant de se fixer pour le reste de sa vie à Waverley-Honneur ; et elle en appelait, pour la vérité de son assertion, à l'arbre généalogique, autorité que sir Everard n'avait jamais récusée. Bref, il fut proposé à

---

[1] *Voyez* le conte des *Sept amants* de Hoppner. (W. S.)

CHAPITRE V.

M. Richard Waverley que son fils voyageât, sous la direction de son gouverneur actuel, M. Pembroke, avec un entretien convenable fourni par la libéralité du baronnet. Le père ne vit pas d'objection à cette ouverture; mais, sur la mention accidentelle qu'il en fit à la table du ministre, cet important personnage prit un air grave. Il en expliqua la raison dans un entretien privé. La direction fâcheuse des idées politiques de sir Everard, fit observer Son Excellence, rendait hautement inconvenant qu'un jeune gentilhomme de tant d'espérances voyageât sur le continent avec un gouverneur qui sans doute serait choisi par son oncle, et qui dirigerait ses courses sur les instructions qu'il en aurait reçues. Quelle pourrait être la société de M. Édouard Waverley à Paris? quelle serait sa société à Rome, où toutes sortes de piéges lui seraient tendus par le Prétendant et ses fils? — c'étaient là des points dignes de la considération de M. Waverley. Ce qu'il pouvait dire, c'est que, sachant combien Sa Majesté appréciait les mérites de M. Richard Waverley, il ne doutait pas que son fils, s'il voulait entrer au service pour quelques années, ne pût compter sur une compagnie dans un des régiments de dragons récemment arrivés de Flandre.

Une telle insinuation ainsi appuyée ne pouvait être négligée sans danger; et Richard Waverley, quoique avec grande appréhension de heurter les préjugés de son frère, jugea qu'il ne pouvait faire autrement que d'accepter la commission qui lui était ainsi offerte pour son fils. Il est vrai qu'il comptait beaucoup, et avec raison, sur la tendresse de sir Everard pour Édouard, et il n'était pas probable qu'il lui en voulût d'une démarche qu'il aurait faite par une soumission légitime à l'autorité paternelle. Deux lettres, l'une pour le baronnet, l'autre pour Édouard, annoncèrent cette détermination. La dernière communiquait simplement le fait, et indiquait à son fils les préparatifs nécessaires pour rejoindre son régiment. Dans la lettre adressée à son frère, Richard employait plus de phrases et de circonlocutions; il convenait avec lui, dans les termes les plus flatteurs, qu'il était à propos que son fils vît un peu plus le monde, et il lui exprimait son humble gratitude pour ses offres généreuses; mais il éprouvait le profond regret qu'il ne fût malheureusement pas maintenant au pouvoir d'Édouard de se conformer exactement au plan conçu par son meilleur ami, par son bienfaiteur. Lui-même avait vu avec peine l'inactivité d'Édouard à un âge où déjà ses ancêtres avaient porté les armes; Sa Majesté elle-même avait daigné s'informer si le jeune Waverley n'était pas en Flandre à un âge où son grand-père avait déjà versé son sang pour son roi dans la grande guerre civile. Cette question avait été accompagnée de l'offre d'une compagnie de cavalerie. Que pouvait-il faire? Il n'aurait pas eu le temps de consulter son frère, lors même qu'il eût pu penser qu'il pût faire quelques objections à ce que son neveu suivît la glorieuse carrière de ses ancêtres; en un mot, Édouard était maintenant le capitaine Waverley (les grades intermédiaires de cornette et de lieutenant ayant été franchis très-rapidement) dans le régiment de dragons Gardiner, qu'il devait rejoindre, dans le cours du mois, à Dundee, en Écosse, où il tenait ses quartiers.

Sir Everard Waverley reçut cette nouvelle avec un mélange d'émotions diverses. A l'époque de l'accession de la maison de Hanovre, il s'était retiré du parlement, et sa conduite, pendant la mémorable année 1715, n'avait pas été tout à fait exempte de soupçons. On avait parlé de revues secrètes de tenanciers et de cavaliers, au clair de la lune, dans les Chasses de Waverley; il avait été question aussi de certaines quantités de carabines et de pistolets achetés en Hollande, mais interceptés par la vigilance d'un officier de l'excise à cheval, lequel, en récompense de son zèle, fut plus tard berné dans une couverture pendant une nuit obscure, par une troupe de vigoureux paysans. Il avait même été dit que, lors de l'arrestation de sir William Windham, chef du parti tory, une lettre de sir Everard avait été trouvée dans la poche de sa robe de chambre; mais il n'y avait pas néanmoins d'acte de rébellion ouverte sur lequel on pût baser une accusation, et le gouvernement, satisfait d'avoir réprimé l'insurrection de 1715, ne crut ni prudent ni sage d'étendre sa vengeance au delà des malheureux gentilshommes qui avaient pris les armes.

Sir Everard n'avait pas semblé justifier, par ses appréhensions de conséquences personnelles, les bruits répandus parmi ses voisins. Il était notoire qu'il avait aidé de sa bourse plusieurs des malheureux Écossais et Northumbriens qui, faits prisonniers à Preston dans le Lancastre, étaient emprisonnés à Newgate et à Marshalsea, et c'étaient son homme de loi [1] et son avocat ordinaire qui avaient pris en main la défense de quelques-uns de ces infortunés gentilshommes lors de leur mise en jugement. On supposait cependant généralement que sir Everard, si les ministres eussent possédé quelque preuve positive de sa participation à la rébellion, n'eût pas osé braver ainsi le gouvernement existant, ou que du moins il ne l'eût pas fait impunément. Les sentiments qui alors avaient dicté sa conduite étaient ceux d'un jeune homme et d'une époque d'agitation. Depuis ce temps le jacobitisme de sir Everard avait toujours été en s'affaiblissant, comme une flamme qui s'éteint faute d'aliment. Ses principes torys et épiscopaux étaient bien, à la vérité, tenus de temps à autre en haleine par les élections et les sessions trimestrielles; mais ses idées touchant la *légitimité* étaient en quelque sorte tombées en désuétude. Cependant il lui en coûtait cruellement de voir son neveu servir sous la dynastie de Brunswick; d'autant plus qu'indépendamment de la haute idée qu'il avait dans sa conscience de l'autorité paternelle, il était impossible, ou du moins il eût été fort imprudent, de lui opposer

---

[1] Sollicitor.

sa propre autorité. Cette contrariété concentrée produisit plus d'une exclamation douloureuse, qui furent mises sur le compte d'un début d'accès de goutte; jusqu'à ce que, s'étant fait apporter l'annuaire militaire, le digne baronnet se consola en y trouvant les noms des descendants de plusieurs maisons d'un *loyalisme* éprouvé, les Mordaunt, les Granville, les Stanley. Évoquant alors toutes ses impressions de grandeurs de famille et de gloire militaire, il conclut, par une logique un peu à la Falstaff, que, dans un moment où la guerre était imminente, quelque honte qu'il y eût à servir ailleurs que du bon côté, la honte serait plus grande encore de rester inactif que de se ranger sous les bannières de l'usurpation, si noires qu'elles fussent. Quant à tante Rachel, son plan n'avait pas eu tout à fait l'issue désirée; mais il lui fallut bien se soumettre à la nécessité, et sa mortification, déjà détournée par l'occupation que lui donnèrent les équipages de campagne de son neveu, fut grandement affaiblie par le plaisir qu'elle se promettait de le voir briller sous son grand uniforme.

Édouard Waverley lui-même reçut cet avis inattendu avec autant d'émotion que de surprise. Ce fut en lui, pour employer l'expression d'un de nos beaux poëmes anciens, « comme un feu de bruyères, » qui enveloppe de fumée une colline solitaire, en même temps qu'il l'éclaire d'une sombre flamme. Son précepteur (je devrais plutôt dire M. Pembroke, car il prenait rarement ce titre de précepteur) ramassa dans la chambre d'Édouard quelques fragments de vers irréguliers, qu'il paraissait avoir composés sous l'impression des pensées tumultueuses soulevées en lui par cette page du livre de sa vie ainsi tournée tout à coup. Le docteur, admirateur de toute poésie composée par ses amis et tracée en lignes bien alignées commençant par une majuscule, communiqua ce trésor à tante Rachel, qui, ses lunettes encore obscurcies par les larmes, le plaça dans son livre de souvenirs [1], parmi un choix de recettes de cuisine et de médecine, de textes favoris de fragments de sermons épiscopaux, et un petit nombre de chansons d'amour et de chansons jacobites qu'elle avait fredonnées dans sa jeunesse. C'est de ce recueil que fut extrait l'essai poétique de son neveu, quand il fut communiqué, avec d'autres papiers authentiques relatifs à la famille Waverley, à l'éditeur indigne de cette mémorable histoire. Si ces vers n'offrent pas un grand intérêt au lecteur, ils serviront du moins, mieux que tout ce qu'on pourrait dire, à lui faire apprécier l'agitation et le trouble des pensées de notre héros.

« Naguère, une soirée d'automne étendait son aile sur le vallon romantique de Mirkwood-Mere; le lac réfléchissait, miroir fidèle, et la pourpre des nuages, et l'or du soleil couchant. Le promontoire et la rive déployaient leur image, riante et calme, sur le cris-

---

[1] *Common-place book*, répertoire. C'était l'album d'un temps moins raffiné que le nôtre. (L. V.)

tal de l'onde, et le roc et la tour que le temps a marquée des traces de son passage, et l'arbre séculaire et la fleur gracieuse, se dessinaient avec tant de vérité sur la molle surface des eaux, qu'on eût dit qu'elles recouvraient un monde affranchi de trouble, de travaux et de soucis, un monde meilleur que le monde terrestre !

« Mais le sifflement lointain des vents vint éveiller le génie du lac. Il entendit le sourd gémissement des chênes, et revêtit aussitôt son noir manteau, comme, au signal du combat, le guerrier se couvre de son armure. Puis, bientôt pressé de plus près par l'ouragan, il agite sa chevelure écumeuse, son front sillonné de rides profondes et ses joues noircies, et ordonne à son empire liquide de faire retentir sa voix tonnante. Les vagues enflées vont en tournoyant se briser sur la rive ; et cet heureux monde idéal s'évanouit, et ces royaumes d'une félicité féerique sont anéantis.

« Et pourtant j'éprouvai à ce changement tumultueux une sorte de plaisir sombre, étrange. Pendant cette lutte des éléments, debout sur la tour en ruines, je sentais mon cœur battre avec plus de force, comme pour répondre à des sons plus sublimes ; jouissant de ces puissants mugissements, j'avais cessé de regretter la scène plus calme qui les avait précédés.

« Ainsi vient éclater au milieu des vains songes de la jeunesse la voix retentissante de la vérité ; et les visions que nous avons caressées disparaissent comme le paysage que reflètent les eaux du lac, aussi beau mais non moins fugitif que celui qu'a détruit l'orage automnal. — Que chaque forme séduisante, évoquée par l'imagination, disparaisse ainsi, alors que les rêves d'amour et de beauté font place à l'honneur et aux armes ! »

En simple prose, car peut-être ces strophes le disent moins nettement, l'idée passagère de miss Cecilia Stubbs s'effaça du cœur du capitaine Waverley, au milieu de l'agitation qu'y excitèrent ses nouvelles destinées. Miss Cecilia se montra cependant dans toute sa splendeur au banc de son père, le dimanche suivant, qui fut le dernier où il entendit le service divin dans la vieille église de la paroisse ; Édouard lui-même, en cette occasion, s'était laissé persuader par les instances de son oncle et de sa tante Rachel (sans beaucoup de peine, s'il faut dire la vérité), de s'y montrer en grand uniforme.

Il n'est pas de meilleur antidote contre la propension à concevoir des autres une trop haute idée, que d'en avoir en même temps de nous-mêmes une excellente. Miss Stubbs avait eu recours à tout ce que l'art peut ajouter à la beauté ; mais, hélas ! paniers, mouches, frisure, robe neuve de vraie soie française, tout fut perdu pour un jeune officier de dragons qui portait pour la première fois son chapeau galonné, ses grandes bottes et son sabre. Je ne sais si, pareil au champion d'une ancienne ballade,

« Tout dévoué à l'honneur, il ne pouvait plier devant l'amour ; pas une dame, dans la contrée, n'aurait eu le pouvoir d'émouvoir son cœur de glace ; »

ou si les larges et brillantes broderies d'or qui couvraient sa poitrine défiaient l'artillerie des regards de Cecilia : mais pas un des traits qui lui furent décochés ne put l'atteindre.

« Mais je vis où tomba le trait de Cupidon : ce ne fut pas sur une fleur modeste¹, mais sur un robuste paysan, la fleur du canton, Jonas Bulbertfield, le fils de l'intendant. »

Demandant pardon pour mes vers héroïques (que je ne suis pas toujours maître de réprimer), j'ai le regret d'annoncer que mon histoire doit prendre ici congé de la belle Cecilia, laquelle, comme mainte autre fille d'Ève, après le départ d'Édouard et la perte de certaines illusions dont elle s'était bercée, se résigna tranquillement à un pis-aller, et, six mois après, donna sa main au susdit Jonas, fils de l'intendant du baronnet et (perspective non à dédaigner) héritier d'une fortune d'intendant, outre la forte probabilité de succéder à l'office de son père. Le squire Stubbs fut poussé par tous ces avantages, non moins que sa fille par le teint vermeil et les formes mâles du prétendant, à passer plus légèrement sur l'article de la naissance, et le mariage se conclut. Personne n'en parut plus ravi que tante Rachel, qui, jusque-là, n'avait pas vu d'un bon œil la présomptueuse demoiselle (autant, du moins, que le permettait sa nature bienveillante), mais qui, à l'entrée du nouveau couple à l'église, honora la mariée d'un sourire et d'une grande révérence, en présence du recteur, du vicaire, du sacristain, et des fidèles réunis des paroisses de Waverley et Beverley.

Je demande pardon, une fois pour toutes, à ceux de mes lecteurs qui ne prennent un roman que pour y trouver une distraction, de les fatiguer si longtemps de vieilles querelles politiques, de whigs et de tories, de hanovriens et de jacobites. La vérité est que je ne puis leur promettre que sans cela cette histoire sera intelligible, pour ne pas dire vraisemblable. Mon plan exige que j'explique les motifs sur lesquels l'action repose ; et ces motifs se déduisent naturellement des opinions, des préjugés, des disputes du temps. Je ne convie pas mes belles lectrices, à qui leur sexe et leur impatience naturelle donnent surtout le droit de se plaindre de ces détails, à prendre place avec moi dans un char volant traîné par des hippogriffes ou mû par enchantement. Le mien est une humble chaise de poste anglaise, montée sur quatre roues et roulant sur le grand chemin du roi. Ceux à qui un tel équipage déplairait peuvent le quitter au premier relais, et attendre le moyen de transport plus rapide que peut leur offrir le tapis d'Hussein ou la guérite volante de Malek le tisserand². Ceux qui voudront bien rester avec moi seront exposés parfois à l'ennui inséparable des routes monotones, des montées rapides, des fondrières et des autres obstacles terrestres ; mais, avec des chevaux passables et un con-

---

¹ Walter Scott parodie ici un passage de Shakspeare, célèbre en Angleterre (*Songe d'une nuit d'été*, acte II), où le poëte feint que la flèche de Cupidon, n'ayant pu effleurer le cœur de la reine Élisabeth, est allée tomber sur une fleur des champs appelée en anglais *love in idleness*, loisir d'amour. (L. V.)

² Dans *les Mille et une Nuits*. (L. V.)

ducteur honnête (comme disent les *avis au public*), je m'engage à les amener aussitôt que possible dans une contrée plus romantique et plus pittoresque, pourvu que mes compagnons veuillent bien patienter durant mes premiers relais[1].

CHAPITRE VI.

LES ADIEUX DE WAVERLEY.

En entrant dans la bibliothèque, le soir de ce dimanche mémorable, sir Everard faillit surprendre notre jeune héros s'escrimant avec la vieille épée de sir Hildebrand, qui, conservée comme héritage de famille, était habituellement suspendue au-dessus de la cheminée de la bibliothèque, sous un portrait équestre du chevalier, dont les traits étaient presque entièrement cachés sous la profusion de ses cheveux bouclés, comme le bucéphale qu'il montait sous l'ample manteau de l'ordre du Bain dont la figure était revêtue. Sir Everard entra, et après avoir jeté un regard sur le portrait et un second sur son neveu, entama un petit discours, qui bientôt cependant retomba dans le naturel et la simplicité de son ton habituel, dont une émotion peu commune l'avait fait sortir en cette occasion. — Neveu, dit-il... et se reprenant aussitôt, comme pour corriger sa phrase, il continua : Mon cher Édouard, c'est la volonté de Dieu, et c'est aussi la volonté de votre père, auquel, après Dieu, votre devoir est d'obéir, que vous nous quittiez pour prendre la profession des armes, dans laquelle tant de vos ancêtres se sont distingués. J'ai fait toutes les dispositions nécessaires pour que vous puissiez entrer en campagne comme il convient à leur descendant, et à l'héritier probable de la maison de Waverley; sur le champ de bataille, monsieur, vous vous souviendrez quel nom vous portez. Mais souvenez-vous aussi, Édouard, mon cher enfant, souvenez-vous que vous êtes le dernier de cette race, et que le seul espoir de son existence à venir repose sur vous; ainsi donc, autant que le devoir et l'honneur le permettront, évitez le danger, — j'entends le danger inutile, — et ne fréquentez pas les libertins, ni les joueurs, ni les whigs, dont il est à craindre qu'il ne se trouve un trop grand nombre dans

[1] Ces chapitres préliminaires ont été critiqués comme traînants et inutiles; cependant il s'y trouve des circonstances que l'auteur n'a pu prendre sur lui de retoucher ou de supprimer. (W. S.)

CHAPITRE VI.

le service où vous allez entrer. Votre colonel est, dit-on, un excellent homme, — pour un presbytérien; mais vous n'oublierez pas votre devoir envers Dieu, l'église d'Angleterre et le... Cette lacune eût dû être remplie, selon la formule, par le mot *roi;* mais comme par malheur ce mot comportait un double sens fort embarrassant, l'un se rapportant au roi *de fait,* l'autre au roi *de droit,* le chevalier donna une autre conclusion à sa phrase : — votre devoir envers l'église d'Angleterre et toutes les autorités constituées. Puis, n'osant se lancer dans une plus longue harangue, il conduisit Édouard aux écuries, pour lui montrer les chevaux destinés à sa campagne. Deux étaient noirs (la couleur du régiment) : c'étaient deux magnifiques chevaux de bataille; trois autres, également vigoureux et pleins de feu, étaient destinés pour la route ou pour ses domestiques. Deux de ceux du château devaient le suivre en cette qualité; un troisième valet, s'il était nécessaire, pourrait être pris en Écosse.

— Vous partirez avec une suite bien peu nombreuse, continua le baronnet, comparée à celle de sir Hildebrand, quand il passa en revue devant la porte du château un corps d'hommes à cheval plus nombreux que tout votre régiment. J'aurais désiré que ces vingt jeunes gens de mes domaines qui se sont enrôlés dans votre compagnie vous eussent accompagné jusqu'en Écosse. C'eût été quelque chose, du moins; mais on dit que ce cortége serait regardé comme inusité de nos jours, où l'on cherche par tous les moyens à rompre les liens de dépendance naturelle entre les vassaux et leurs seigneurs.

Sir Everard avait fait de son mieux pour corriger cette disposition contre nature. Il avait en quelque sorte doré la chaîne qui devait unir les recrues à leur jeune capitaine, non-seulement par un copieux repas de bœuf et d'ale, en guise de festin d'adieu, mais encore par une distribution pécuniaire plus propre à maintenir, pendant la route, le goût de la bonne chère que celui de la discipline. Après avoir inspecté les équipages, sir Everard ramena son neveu à la bibliothèque, où il lui remit une lettre soigneusement pliée, entourée, suivant l'ancien usage, d'un fil de soie écrue, et scellée du cachet bien empreint des armes de Waverley. Cette lettre était adressée, avec toutes les formalités voulues : *A Cosmo Comyne Bradwardine, esq. de Bradwardine, à sa demeure principale de Tully-Veolan, comté de Perth, North-Britain. — Pour lui être remis par le capitaine Édouard Waverley, neveu de sir Everard Waverley de Waverley-Honneur, baronnet.*

Le gentleman que désignait cette longue suscription, et dont nous aurons plus à dire par la suite, avait pris les armes en 1715 pour la famille exilée des Stuarts, et fut fait prisonnier à Preston dans le Lancastre. Il était d'une très-ancienne famille, mais son patrimoine était quelque peu embarrassé. C'était un lettré, suivant les notions écossaises de la littérature; c'est-à-dire que son savoir était plus diffus que bien digéré, et que c'était plutôt un *liseur* qu'un grammairien. On rapporte un exemple peu commun de son amour pour les classiques. Sur la route de Preston à Londres, il avait su trouver moyen d'échapper à ses gardes ; mais ayant été trouvé rôdant près de la place où on avait passé la nuit précédente, il fut reconnu et repris. Ses compagnons, et son escorte elle-même, étonnés de cette imprudence, ne purent s'empêcher de lui demander pourquoi, se voyant libre, il n'avait pas fait de son mieux pour gagner un lieu de sûreté ? à quoi il répondit que tel avait bien été son dessein, mais que, de bonne foi, il était revenu chercher son *Tite-Live*, qu'il avait oublié dans le trouble de sa fuite[1]. La simplicité de cette réponse frappa l'homme de loi qui, comme nous l'avons dit, avait pris en main la défense de quelques-uns de ces malheureux, aux dépens de sir Everard, et peut-être de quelques autres du parti. Lui-même était d'ailleurs un admirateur de l'historien de Padoue ; et quoique probablement son zèle ne l'eût pas à beaucoup près emporté aussi loin, eût-il même été question de recouvrer l'édition de Sweynheim et Pannartz (qu'on regarde comme l'édition *princeps*), il n'en estima pas moins le dévouement de l'Écossais, et en conséquence il travailla si bien à écarter et à atténuer les dépositions, à découvrir les vices de procédure, *et cætera*, que finalement il parvint à sauver Cosmo Comyne Bradwardine de certaines conséquences très-fâcheuses d'une comparution par-devant notre souverain seigneur le roi à Westminster.

Le baron de Bradwardine, car telle était la dénomination qu'il recevait généralement en Écosse (quoique ses intimes, d'après le lieu de sa résidence, eussent coutume de le nommer Tully-Veolan, ou, plus familièrement, Tully), ne se vit pas plutôt *rectus in curiâ*[2], qu'il prit la poste et accourut présenter ses respects et ses remerciements à Waverley-Honneur. Une égale passion pour la chasse, et la similitude des opinions politiques, cimentèrent son amitié avec sir Everard, nonobstant la différence de leurs études et de leurs habitudes à d'autres égards ; et après plusieurs semaines passées à Waverley-Honneur, le baron partit avec force protestations d'estime, et en engageant instamment le baronnet à lui rendre sa visite, pour jouir avec lui du plaisir de la chasse aux grouses[3] sur ses bruyères du Perthshire, à la saison prochaine. Peu de temps après, M. Bradwardine envoya d'Écosse une somme destinée à rembourser les frais de son procès devant la haute cour du roi à Westminster ; et quoique cette somme fût loin d'être aussi imposante, réduite en dénominations anglaises, qu'elle l'était en livres, shillings et pence d'Écosse[4], elle fit, sous cette forme

---

[1] *Voyez* note B, à la fin du volume.
[2] Hors de cour.
[3] Coqs de bruyère. (L. V.)
[4] La monnaie d'Écosse, quoique portant les mêmes titres que celle d'Angleterre, ne

originale, un si formidable effet sur l'esprit de Duncan Macwheeble, l'homme de confiance du laird, son bailli et son homme de ressources, qu'il en eut un accès de colique qui lui dura cinq jours, seulement et entièrement occasionné, dit-il, par la douleur de se voir le malheureux instrument par le moyen duquel une telle somme d'argent devait sortir de son pays natal pour passer aux mains de ces perfides Anglais. Mais le patriotisme, s'il est le plus beau masque d'autres sentiments, en est souvent aussi le plus suspect; et beaucoup de gens qui connaissaient le bailli Macwheeble prétendaient que ses expressions de regret n'étaient pas entièrement désintéressées, et qu'il eût beaucoup moins regretté l'argent donné à ces *fripons* de Westminster, s'il n'eût pas dû sortir du domaine de Bradwardine, qu'il s'était accoutumé à regarder comme son propre fonds. Mais le bailli protestait de son désintéressement absolu :

« Je gémis pour l'Écosse et non pour moi ! »

Le laird ne songeait qu'à la joie de voir son digne ami, sir Everard Waverley de Waverley-Honneur, remboursé des avances qu'il avait faites pour le compte de la maison de Bradwardine. Il importait, disait-il, à l'honneur de sa famille et à celui de toute l'Écosse que ces avances fussent remboursées incontinent, et c'eût été une honte pour la nation qu'une telle obligation fût ajournée. Sir Everard, accoutumé à traiter avec indifférence des sommes beaucoup plus considérables, reçut cette remise de 294 livres sterling 13 shillings 6 pence, sans se douter que les deux nations fussent intéressées à ce paiement, et probablement il n'y eût nullement songé, si le bailli Macwheeble avait eu l'idée d'apaiser sa colique en interceptant le subside. Il s'ensuivit entre Waverley-Honneur et Tully-Veolan l'échange annuel d'une courte lettre, d'une bourriche et d'une couple de barils, les exportations anglaises consistant en fromages forts et en ale encore plus forte, en faisans, en pièces de venaison; et les retours d'Écosse se composant de grouses, de lièvres blancs, de saumon salé et d'usquebaugh [1], le tout envoyé et reçu comme autant de gages d'une amitié constante entre les deux nobles maisons. Il en résultait naturellement que l'héritier présomptif de Waverley-Honneur ne pouvait visiter l'Écosse sans être muni de lettres de créance pour le baron de Bradwardine.

Cette affaire réglée et arrêtée, M. Pembroke manifesta le désir d'avoir avec son cher élève une entrevue d'adieu particulière. Les

représente pourtant, sous le même nom, que le vingtième de la valeur de celle-ci. Ainsi la livre d'Écosse (*pound*) ne vaut qu'un shilling d'Angleterre (environ 1 franc 25 cent.); le shilling d'Écosse ne vaut qu'un penny anglais (à peu près 10 cent.), et ainsi de suite. (L. V.)

[1] Eau-de-vie d'orge fermentée. (L. V.)

exhortations que le digne homme adressa à Édouard pour l'engager à persister dans une vie pure, une morale sévère, et dans les principes de la religion chrétienne, à fuir la société profane des railleurs et des hommes à conscience facile, beaucoup trop nombreux dans l'armée, ne furent pas exemptes de ses préjugés politiques. Il avait plu au Ciel, disait-il, de placer les Écossais (sans doute en expiation des péchés de leurs ancêtres en 1642[1]) dans un plus déplorable état d'obscurité que ce malheureux royaume d'Angleterre lui-même. Là, du moins, quoique le candelabre de l'église anglicane eût été jusqu'à un certain point éloigné de sa place, il répandait encore pourtant une lumière vacillante; il y avait encore une hiérarchie, quoique schismatique, et déchue des principes posés par les pères de l'église d'Angleterre, Sancroft et ses frères; il y avait une liturgie, quoique cruellement pervertie dans quelques-unes des prières principales. Mais en Écosse c'était une obscurité absolue. A l'exception de quelques débris souffrants, dispersés, persécutés, les chaires étaient abandonnées aux presbytériens, et, il le craignait, aux sectaires de toute espèce. Il était de son devoir de fortifier son cher élève contre des doctrines religieuses et politiques si perverses et si pernicieuses, qu'il serait inévitablement contraint d'entendre professer de temps à autre.

Ici M. Pembroke produisit deux énormes liasses de papiers, chacune desquelles paraissait contenir toute une rame de manuscrit écrit très-serré. C'était le travail de toute la vie du digne homme; et jamais labeur et zèle ne furent perdus d'une manière plus absurde. Il était une fois allé à Londres dans l'intention de mettre son ouvrage en lumière, par l'intermédiaire d'un libraire de *Little Britain*[2], bien connu pour vendre des livres de cette sorte, et auquel on l'avait prévenu de se présenter avec une phrase particulière et un certain signe, qui semblent avoir été à cette époque des moyens de reconnaissance entre les jacobites initiés. Dès que M. Pembroke eut prononcé le *schibboleth*[3] avec le geste approprié, le bibliopole le salua, malgré ses réclamations, du titre de docteur, et le faisant entrer dans son arrière-boutique, il commença ainsi, après avoir inspecté tous les recoins et toutes les cachettes possibles et impossibles : — Hé, docteur ! — Hé bien ? — Tout est sous la rose[4], — tout est bien joint ; — il n'y a pas ici un trou à loger un rat hanovrien. Qu'y a-t-il? — Eh! quelque heureuse nouvelle de nos amis d'outre-mer? — Comment se porte le digne roi de France? — Où

---

[1] Époque du commencement de la *grande guerre civile*, qui se termina par la mort de Charles Ier sur l'échafaud, et l'établissement de la république sous Cromwell. L'histoire reproche aux Écossais d'avoir livré Charles à ses ennemis, en 1647. (L. V.)

[2] Quartier de Londres où sont établis beaucoup de libraires. (L. V.)

[3] Allusion à un passage du Livre des Juges, dans lequel ce mot sert d'épreuve et de signe de reconnaissance entre les tribus. (L. V.)

[4] *To be under the rose*, phrase proverbiale, être caché. (L. V.)

peut-être venez-vous plus récemment de Londres? Il faut que Rome agisse, enfin; — l'Église doit rallumer sa chandelle à la vieille lampe. — Hé? — quoi, de la réserve? Je ne vous en aime que mieux ; mais ne craignez rien.

Ce ne fut pas sans peine que M. Pembroke mit fin à un déluge de questions accompagnées de signes, de mouvements de tête et de clignements d'yeux. Ayant enfin fait comprendre au libraire qu'il lui faisait beaucoup trop d'honneur en le prenant pour un agent de la royauté exilée, il lui expliqua sa véritable affaire.

L'homme aux livres se mit alors, d'un air beaucoup plus rassis, à examiner les manuscrits. Le premier avait pour titre : *Dissidence des dissidents, ou la compréhension réfutée; montrant l'impossibilité d'aucune composition entre l'Église et les Puritains, Presbytériens et autres sectaires; avec des preuves tirées des Écritures, des Pères de l'Église et des plus purs Théologiens controversistes.* Le libraire opposa à cet ouvrage une fin de non-recevoir bien positive. — Bonnes intentions, dit-il, et savant, sans doute; mais le temps est passé. Imprimé en caractères menus, cela ferait au moins huit cents pages, et ne couvrirait jamais les frais. — Il demandait bien pardon; — il aimait et honorait de toute son âme la véritable Église, et si c'eût été un sermon sur le martyre, ou quelque pamphlet à douze pence, — il eût aventuré quelque chose pour l'honneur de la robe. — Mais allons, continua-t-il, voyons l'autre : *Le droit héréditaire démontré.* — Ah! il y a quelque sens dans celui-ci. Hem! — hem! — hem! — Tant de pages, tant de papier, lignes serrées... Ah! — Je vous dirai pourtant, docteur, qu'il faudrait élaguer quelque chose du latin et du grec ; — c'est lourd, docteur, diablement lourd, — je vous demande pardon ; — et si vous jetiez là-dedans quelques grains de poivre de plus... Je ne suis pas de ceux qui censurent leur auteur ; — j'ai publié Drake, et Charlwood-Lawton, et le pauvre Amkurst[1]. — Ah! Caleb! — Caleb! — Hé bien! c'était une honte de laisser le pauvre Caleb mourir de faim, quand nous avons parmi nous tant de gras recteurs et de squires fortunés. Je lui donnais à dîner une fois par semaine ; mais, le Seigneur vous protège ! qu'est-ce qu'une fois par semaine, quand un homme ne sait où aller les six autres jours? — Au surplus, il faut que je fasse voir le manuscrit au petit Tom Alibi, l'homme de loi, qui est chargé de toutes mes affaires contentieuses. — Il faut nous tenir sous le vent ; — la canaille a été fort peu civile la dernière fois que j'ai monté à la cour du vieux palais ; — tous whigs et têtes-rondes, tous guillaumistes et rats de Hanovre.

Le lendemain, M. Pembroke retourna chez l'éditeur ; mais il se trouva que l'avis de Tom Alibi l'avait décidé à ne pas se charger de l'ouvrage. — Ce n'est pas que je ne consentisse volontiers à aller —

---

[1] *Voyez* la note C, à la fin du volume.

qu'allais-je dire? — à aller aux colonies pour la cause de l'Église ; — mais, mon cher docteur, j'ai une femme et des enfants. Seulement, pour vous prouver ma bonne volonté, je recommanderai l'affaire à mon voisin Trimmel ; — il est célibataire et va se retirer des affaires : de sorte qu'un voyage aux Indes-Occidentales n'aurait pas pour lui les mêmes inconvénients. Mais M. Trimmel ne fut pas plus traitable, et M. Pembroke, peut-être heureusement pour lui-même, fut contraint de rapporter à Waverley-Honneur, soigneusement empaqueté dans sa valise, son traité défensif des principes véritables et fondamentaux de l'Église et de l'État.

Comme il paraissait probable que le public serait privé, par la lâche couardise des libraires, du bénéfice de ses élucubrations, M. Pembroke résolut de copier, pour l'usage de son élève, ces deux formidables manuscrits. Il sentait qu'il avait été indolent comme précepteur, et en outre, sa conscience lui reprochait d'avoir cédé aux recommandations de M. Richard Waverley, de n'inculquer à son élève aucun principe en opposition à l'organisation actuelle de l'Église et de l'État. — Mais à présent, se dit-il, je puis, sans manquer à ma parole, fournir au jeune homme les moyens de juger par lui-même, et je n'aurai à craindre que les reproches qu'il sera en droit de me faire, pour lui avoir tenu si longtemps cachée la lumière que cette lecture fera jaillir dans son esprit. — Tandis qu'il se livrait ainsi à ses rêves d'auteur et de politique, son cher néophyte, ne voyant rien de bien attrayant dans le titre des deux traités, effrayé d'ailleurs de l'épaisseur des manuscrits et de la masse d'écriture compacte qu'ils renfermaient, les déposa tranquillement dans un coin de sa malle.

Les adieux de tante Rachel furent brefs et pleins d'affection. Elle recommanda seulement à son cher Édouard, que probablement elle jugeait être quelque peu impressionnable, de se tenir en garde contre la fascination des beautés écossaises. Elle convenait que la partie septentrionale de l'île renfermait quelques anciennes familles ; mais elles étaient toutes whigs et presbytériennes, à l'exception des Highlandaises ; et quant à celles-ci, elle était forcée de dire qu'il devait y avoir peu de délicatesse chez les dames, là où le costume habituel des hommes était, lui avait-on assuré, très-singulier, pour ne pas dire plus, et nullement bienséant. Elle conclut par une affectueuse et touchante bénédiction, et donna au jeune officier, en gage d'estime, une bague de diamants de grand prix (ornement que portait fréquemment alors le sexe masculin), en même temps qu'une bourse remplie de larges pièces d'or, qui étaient aussi plus communes, il y a soixante ans, qu'elles ne l'ont été de nos jours

CHAPITRE VII.

GARNISON DE CAVALERIE EN ÉCOSSE.

Le lendemain matin, agité de sentiments divers parmi lesquels dominait une impression d'inquiétude presque solennelle, qu'éveillait en lui l'idée de se voir désormais en grande partie livré à lui-même, Édouard Waverley quitta le château au milieu des bénédictions et des larmes des vieux serviteurs de la famille et des habitants du village, et des adroites sollicitations de quelques-uns de ceux-ci pour des grades de sergents, de caporaux, et autres faveurs de même nature, les solliciteurs assurant « qu'ils n'auraient jamais consenti à laisser partir comme soldats Jacob, et Giles, et Jonathan, si ce n'eût été pour accompagner Son Honneur, comme leur devoir les y forçait. » Édouard, comme l'y obligeait son devoir, se débarrassa des postulants avec moins de promesses qu'on ne l'eût attendu d'un jeune homme si peu fait au monde. Après une courte excursion à Londres, il se rendit à cheval, manière de voyager alors générale, jusqu'à Édimbourg, et de là à Dundee, port de mer de la côte orientale du comté d'Angus [1], où son régiment se trouvait cantonné.

Il entra alors dans un monde nouveau, où, pour un temps, tout fut beau, parce que tout était inconnu. Le colonel Gardiner, officier commandant du régiment, était lui-même un objet d'étude pour un jeune homme à la fois curieux d'apprendre et d'un esprit romanesque. Il était de grande taille, bien fait, actif, quoique déjà avancé en âge. Dans sa jeunesse il avait été ce que, par manière de palliatif, on appelle un jeune homme *très-gai*, et d'étranges histoires avaient circulé au sujet de sa conversion soudaine du doute, sinon de l'incrédulité, à une disposition d'esprit sérieuse et même enthousiaste. On disait tout bas qu'une communication surnaturelle, perceptible même pour les sens extérieurs, avait produit cet étonnant changement; et quoique quelques-uns parlassent du prosélyte comme d'un enthousiaste, personne ne le suspectait d'hypocrisie. Cette circonstance mystique et singulière donna au colonel Gardiner un intérêt particulier et solennel aux yeux du jeune Édouard [2]. On croira sans peine que les officiers d'un régiment commandés par une personne si respectable formaient une so-

---

[1] Sur le Frith ou embouchure de la Tay, au nord d'Édimbourg. (L. V.)

[2] *Voyez* la note D, à la fin du volume.

ciété plus tranquille et moins désordonnée que ne l'est d'habitude un corps militaire, et que par-là Waverley échappa à quelques tentations auxquelles sans cela il eût pu se voir exposé.

Cependant il avançait dans son éducation militaire. Déjà bon cavalier, il fut alors initié dans l'art du manége, qui, porté à sa perfection, réalise presque la fable du centaure, le cheval paraissant dirigé par la seule volonté de celui qui le monte, plutôt que par aucun mouvement extérieur ou par aucun signe visible. Il reçut aussi des instructions sur ses devoirs d'officier ; mais je dois avouer qu'après le premier élan, ses progrès, quant à ce dernier objet, furent moins rapides qu'il ne l'eût cru et qu'il ne le désirait. Les fonctions d'un chef militaire, les plus imposantes de toutes aux yeux de ceux à qui elles sont étrangères, parce qu'elles sont accompagnées d'un grand appareil extérieur, sont en elles-mêmes une tâche aride et abstraite, reposant essentiellement sur des combinaisons arithmétiques dont l'application demande une attention sérieuse, beaucoup de sagacité et un grand sang-froid. Notre héros était sujet à des absences, pendant lesquelles ses méprises excitaient tantôt le rire, tantôt lui attiraient des reproches. Cette circonstance lui fit sentir péniblement son infériorité dans les qualités qui semblaient surtout mériter et obtenir l'estime dans sa nouvelle profession. En vain il se demandait pourquoi ses yeux ne pouvaient juger des distances et de l'espace aussi bien que ceux de ses camarades ; pourquoi il ne réussissait pas toujours à classer dans sa tête les divers mouvements partiels qui doivent concourir à l'exécution d'une évolution particulière ; pourquoi enfin sa mémoire, si sûre en d'autres cas, ne retenait fidèlement ni les phrases techniques, ni les points minutieux de l'étiquette et de la discipline des camps. Naturellement modeste, Waverley ne tomba pas dans l'erreur présomptueuse de ceux qui regardent comme au-dessous d'eux ces règles minutieuses du devoir militaire, et qui se croient nés pour être généraux, parce qu'ils ne peuvent être que de médiocres subalternes. La vérité est que ses lectures vagues et mal dirigées, agissant sur une disposition naturellement rêveuse et concentrée, lui avaient donné cette habitude d'esprit indécise et irrésolue qui s'oppose le plus à une étude suivie et à une attention soutenue. Cependant le temps lui pesait lourdement : les gentilshommes du voisinage, mal disposés pour le Gouvernement, n'accueillaient pas volontiers les militaires, et les citadins, à peu près exclusivement livrés aux affaires du négoce, n'étaient pas pour Waverley une société qui pût lui plaire. Le retour de l'été, et le désir de voir l'Écosse plus qu'il ne pouvait le faire dans une simple excursion aux environs de ses quartiers, le déterminèrent à demander un congé de quelques semaines. Il résolut de visiter d'abord l'ancien ami et correspondant de son oncle, se réservant de prolonger ou d'abréger son séjour chez lui d'après les circonstances. Naturellement il voyagea à cheval et suivi d'un seul domestique. Il passa la première nuit dans une misérable auberge dont l'hôtesse n'avait ni bas ni souliers, et dont l'hôte, qui se donnait à lui-même du gentilhomme, se montra assez mal disposé envers le nouvel arrivant, qui ne l'avait pas invité à partager son souper [1]. Le jour suivant, Édouard parcourut un pays ouvert et sans enclos, et s'approcha graduellement des Highlands du Perthshire, qui d'abord n'étaient apparus que comme une ligne bleuâtre se dessinant à l'horizon, mais qui maintenant se détachaient en masses gigantesques, dont le front sourcilleux semblait défier le pays plat qui s'étendait au-dessous d'elles. Presque au pied de cette barrière imposante, mais encore dans le Lowland ou bas pays, résidait Cosmo Comyne Bradwardine de Bradwardine, et, s'il fallait en croire la vieillesse en cheveux blancs, là avaient constamment demeuré ses ancêtres, depuis l'époque du bon roi Duncan.

CHAPITRE VIII.

UN MANOIR ÉCOSSAIS IL Y A SOIXANTE ANS.

L était près de midi quand le capitaine Waverley entra dans le village ou plutôt dans le hameau aux maisons éparses de Tully-Veolan, à peu de distance duquel était située l'habitation du propriétaire. Les cabanes semblaient misérables à l'extrême, pour des yeux surtout habitués à la riante propreté des cottages anglais. Elles se dressaient, sans aucun égard pour la symétrie, de chaque côté d'une espèce de rue irrégulière et non pavée, où les enfants, presque dans l'état de nudité primitive, gisaient étendus comme si l'on avait voulu les faire fouler aux pieds du premier cheval qui viendrait à passer. De temps à autre, à la vérité, quand un tel accident semblait imminent, quelque vieille grand'mère qui avait l'œil sur eux s'élançait comme une sibylle en fureur de l'un de ces misérables réduits, avec sa coiffe serrée, sa quenouille et son fuseau, se précipitait au milieu du chemin, et arrachant celui qu'elle surveillait du milieu des marmots à face hâlée, le saluait d'un vigoureux soufflet et l'emportait à sa prison, le petit drôle à chevelure fadasse criant pendant ce temps de toute la force de ses poumons, et répondant par ses braillements aigus aux remontrances grondeuses de la matrone irritée. Une autre partie dans ce concert était tenue par les glapissements continus d'une troupe de chiens errants,

---

[1] *Voyez* la note E, à la fin du volume.

qui, grognant, aboyant et hurlant, se précipitaient sur les talons des chevaux. Ce dernier inconvénient était alors si général en Écosse, qu'un touriste français, lequel, comme d'autres voyageurs, voulait absolument trouver une raison satisfaisante à tout ce qu'il voyait, avait consigné sur ses tablettes, comme un des souvenirs notables de la Calédonie, que le Gouvernement entretenait dans chaque village un relais de chiens appelés *collies*[1], dont l'office était de chasser en avant les chevaux de poste (trop affamés et trop épuisés pour se mouvoir sans un tel *stimulus*) d'un village à l'autre, jusqu'à ce que leur incommode escorte les eût conduits au terme de leur relais. Le mal et le remède (si remède il y a) existent encore : mais nous nous sommes éloignés de notre objet actuel par cette digression, que j'ai jetée en passant à la seule considération des collecteurs du *dog-bill*[2] de M. Dent.

Tandis que Waverley continuait sa route, çà et là un vieillard, courbé par les fatigues non moins que par les années, la vue affaiblie par l'âge et par la fumée, s'avançait d'un pas tremblant jusqu'à la porte de sa chaumière, pour examiner les habits de l'étranger et l'allure des chevaux, et allait ensuite se réunir près de la forge à un petit groupe de voisins pour s'évertuer avec eux sur le lieu d'où l'étranger pouvait venir, et sur celui où il pouvait se rendre. Trois ou quatre villageoises qui revenaient de la source ou du ruisseau, leurs cruches ou leurs seaux sur la tête, offraient un coup d'œil plus agréable, et, avec leur robe mince et courte et leur unique jupon, leurs bras, leurs jambes et leurs pieds nus, leur tête découverte et leurs cheveux en tresses, elles présentaient quelque ressemblance avec les femmes des paysages italiens. Un amateur du pittoresque n'aurait rien trouvé à redire à l'élégance de leur costume non plus qu'aux contours de leur taille; quoiqu'à vrai dire, un simple Anglais, qui cherche partout le *confortable*, mot particulier à sa langue natale, eût pu désirer que leurs vêtements fussent plus amples, leurs jambes et leurs pieds quelque peu protégés contre les intempéries, leur tête et leur teint quelque peu abrités du soleil, et peut-être même eût pensé que leurs habits et leurs personnes eussent considérablement gagné à une abondante application de l'eau de leurs fontaines, avec un *quantùm sufficit* de savon. Dans son ensemble, la scène était affligeante, car au premier coup d'œil elle annonçait la stagnation d'industrie, sinon d'intelligence. La curiosité elle-même, le sentiment le plus vif des désœuvrés, semblait, dans le village de Tully-Veolan, participer à l'indolence générale : les chiens seuls montraient quelque chose de son activité; chez les villageois, c'était un sentiment tout passif. Ils s'arrêtaient pour contempler le beau jeune officier et son domestique, mais sans ces mouvements animés et cet

---

[1] C'est en Écosse le nom générique des chiens de la campagne. (L. V.)
[2] Loi sur les chiens.

air d'empressement, indices de l'avidité avec laquelle ceux qui vivent chez eux dans une aisance monotone recherchent les objets de distraction extérieure. Cependant, examinée de plus près, la physionomie du peuple était loin d'annoncer l'indifférence ou la stupidité : leurs traits étaient rudes, mais remarquablement intelligents; leur expression grave était tout l'opposé de l'idiotisme, et dans le nombre des jeunes femmes, un artiste en aurait distingué plus d'une dont le profil et la stature rappelaient ceux de Minerve. Les enfants aussi, malgré leur peau brunie par l'air et leur chevelure blanchie par le soleil, avaient une apparence et des manières pleines de vie et d'intérêt. Il semblait, au total, que la pauvreté et l'apathie, sa compagne trop habituelle, se fussent réunies pour dégrader le génie naturel et les notions acquises d'une population robuste, intelligente et réfléchie.

Quelques pensées de ce genre traversaient l'esprit de Waverley tout en poussant lentement son cheval le long de la rue inégale et caillouteuse de Tully-Veolan, interrompu seulement dans ses méditations par les soubresauts que faisait de temps en temps son cheval, aux attaques répétées de ces cosaques de race canine, les *collies* dont nous avons parlé. Le village avait plus d'un demi-mille d'étendue, les chaumières étant irrégulièrement séparées les unes des autres par des jardins ou *yards*[1], comme les nommaient les habitants, d'étendue variée, où (car il y a de cela soixante ans) la pomme de terre, maintenant universelle, était encore inconnue, mais qui étaient peuplés de gigantesques *kails* ou choux, entourés de bouquets d'orties, et où se montraient çà et là et la ciguë aux larges ombelles, et le chardon national[2], ombrageant un quartier du petit enclos. Le terrain accidenté sur lequel était bâti le village n'avait jamais été nivelé, de sorte que ces enclos offraient à l'œil toutes sortes de déclivités, tantôt s'élevant en terrasses, ailleurs se creusant en fosses à tanneur. Les murailles en pierre sèche qui protégeaient, ou qui plutôt (tant elles étaient pitoyablement dégradées) semblaient protéger ces jardins suspendus de Tully-Veolan, laissaient place entre eux à d'étroites ruelles conduisant à la prairie commune, où le labeur réuni des villageois faisait croître en planches alternatives du seigle, de l'avoine, de l'orge et des pois, mais chacune d'étendue si minime, qu'à une certaine distance la variété peu profitable de cette surface ressemblait au livre d'échantillons d'un tailleur. Çà et là, mais en très-petit nombre, on apercevait derrière les chaumières un misérable appentis ou *wigwam*

---

[1] *Yard*, en anglais, signifie *cour*; mais nous ferons remarquer que dans quelques-unes de nos provinces du Nord on donne aussi aux petits jardins clos, attenants aux habitations villageoises, le nom de *courtils*, ce qui est évidemment le *yard* ou *cour* (ou plutôt *court*) d'Écosse. C'est sûrement de là que sera venu le nom de *courtilière*, qu'on donne à un des insectes (le taupe-grillon) qui fait le plus de ravage dans les jardins. (L. V.)

[2] Le chardon entre dans les armes d'Écosse. (**L. V.**)

construit en terre, en pierres sans ciment, et en tourbe, où les plus riches pouvaient abriter peut-être une vache affamée ou un cheval maigre et chétif. Presque toutes les maisons étaient protégées en front par un énorme amas de tourbe noirâtre, entassé d'un côté de la porte, tandis que de l'autre côté s'élevait, comme par une noble émulation, le tas de fumier de la famille.

A une portée d'arbalète environ de l'extrémité du village apparaissaient les enclos orgueilleusement appelés le parc de Tully-Veolan, et qui consistaient en un certain nombre de pièces de terre de forme carrée, entourées et divisées par des murs de pierre de cinq pieds de haut. Au centre de la barrière extérieure était la première porte de l'avenue, laquelle s'ouvrait sous un arceau crénelé au sommet, et qu'ornaient deux larges blocs de pierre mutilés et injuriés par le temps. S'il fallait en croire la tradition du village, ces deux blocs avaient représenté autrefois, ou du moins avaient été destinés à représenter deux ours rampants, supports des armes de la famille de Bradwardine. L'avenue sur laquelle cette porte donnait entrée était droite et de longueur médiocre, se prolongeant entre deux rangées de marronniers séculaires alternant avec des sycomores, et dont les larges têtes se déployaient avec un tel luxe de végétation que leurs rameaux pressés formaient une voûte entièrement fermée au-dessus de l'avenue qu'elles ombrageaient. En arrière de ces rangs d'arbres vénérables, et courant dans une direction parallèle, étaient deux murs élevés, d'une apparence non moins antique, et que recouvraient le lierre, le chèvrefeuille et d'autres plantes grimpantes. L'avenue semblait peu fréquentée, et à peu près exclusivement par des piétons; de sorte qu'étant fort large, et jouissant d'un ombrage perpétuel, elle était couverte d'une herbe épaisse et luxuriante, à l'exception d'un étroit sentier tracé de la porte supérieure à la porte inférieure par le petit nombre de passagers qui le suivaient de temps à autre. Cette seconde porte, comme la première, était pratiquée dans un mur orné de sculptures grossières, et crénelé à sa partie supérieure; au-dessus de ce second mur, et à demi cachés par les arbres de l'avenue, on apercevait les toits raides et élevés et les étroits pignons du manoir, avec des espèces de dentelures en escalier et des tourelles à chaque angle. Un des deux battants de la seconde porte était ouvert, et comme le soleil donnait en plein dans la cour qu'elle précédait, une longue trace lumineuse s'en échappait et se prolongeait sous la sombre et noire avenue. C'était un de ces effets qu'un peintre aime à rendre, et il se mariait heureusement avec la clarté incertaine et brisée qui se frayait difficilement passage entre les rameaux de la voûte obscure qui s'arrondissait au-dessus de la large et verdoyante allée.

La solitude et le calme de la scène avaient quelque chose de monastique; et Waverley, qui avait remis son cheval à son domestique à l'entrée de la première porte, descendait doucement l'avenue, jouissant de la douce fraîcheur de l'ombre, et si agréablement absorbé dans les idées placides de repos et de retraite que faisait naître ce lieu paisible et retiré, qu'il oublia la misère et la boue du village qu'il venait de quitter. L'intérieur de la cour pavée répondait bien au reste de la scène. La maison, qui paraissait consister en deux ou trois corps de bâtiments à angles droits, étroits, élevés et surmontés de toits à pente rapide, formait un des côtés de la cour. Elle avait été construite à une époque où les châteaux-forts avaient cessé d'être nécessaires, et où les architectes écossais n'avaient pas encore acquis l'art de disposer une habitation commode. Les fenêtres étaient innombrables, mais très-petites; le toit présentait des espèces d'avances de forme irrégulière, appelées *bartizans*, et à chacun des angles, qui étaient en grand nombre, était adossée une tourelle plus semblable à une poivrière qu'à une tour gothique. La façade ne promettait pas non plus une grande sécurité contre une attaque. Des barbacanes y étaient pratiquées pour la mousqueterie, et les fenêtres inférieures étaient garnies d'étançons en fer, probablement pour se mettre à l'abri des bandes de bohémiens errants ou des visites déprédatrices des catérans[1] highlandais du voisinage. Les écuries et les autres bâtiments de service occupaient un second côté de la cour carrée. Les écuries n'étaient autre chose que des voûtes basses percées d'étroites ouvertures en guise de fenêtres, et ressemblant, comme le dit le valet d'Édouard, « plutôt à une prison pour des meurtriers, des voleurs, et autres gens de même sorte jugés aux assises, qu'à un lieu destiné à un bétail chrétien. » Au-dessus de ces cachots décorés du nom d'écuries, étaient les greniers ou *girnels*, et d'autres offices auxquels donnaient accès des montées extérieures d'une lourde maçonnerie. Deux murs crénelés, l'un faisant face à l'avenue, l'autre séparant la cour du jardin, complétaient l'enclos.

La cour aussi avait ses ornements : dans l'un des angles s'élevait un vaste pigeonnier en forme de tonneau, semblable, par la forme et les proportions, au curieux édifice appelé le *Four d'Arthur*[2], qui aurait mis à l'envers la cervelle de tous les antiquaires anglais, si le digne homme qui en était propriétaire ne l'eût fait abattre pour en employer les matériaux à la réparation des assises d'une écluse voisine. Ce colombier, *colombarium*, comme le nommait M. Bradwardine, n'était pas une petite ressource pour un laird écossais de ce temps, dont les rentes étaient accrues par les contributions levées sur les fermes par ces fourrageurs ailés, et par la conscription à laquelle ils étaient soumis à leur tour au profit de sa table.

Dans un autre angle de la cour était une fontaine, où un ours énorme

---

[1] Pillards, voleurs de bestiaux. (L. V.)

[2] *Arthur's Oven.*

en pierre se dressait au-dessus d'un large bassin, dans lequel sa gueule versait l'eau. Ce morceau d'art faisait l'admiration du pays à dix milles à la ronde. Il ne faut pas omettre de faire remarquer que des ours de toute sorte, grands et petits, entiers ou tronqués, se voyaient partout, sculptés au-dessus des fenêtres et au sommet des pignons, terminant des gouttières et supportant les tourelles, avec l'ancienne devise de la famille, Beware the Bar [1], gravée au-dessous de chaque image de l'animal hyperboréen. La cour était spacieuse, bien pavée et d'une propreté parfaite, des sorties étant probablement pratiquées derrière les écuries pour enlever les fumiers. Tout respirait la solitude, et le silence n'était troublé que par le bruit continu de la fontaine ; dans son ensemble, cette scène était de nature à entretenir l'idée d'un cloître dans l'imagination de Waverley. —Avec la permission du lecteur, nous terminerons ici un chapitre consacré à des choses inanimées [2].

CHAPITRE IX.

ENCORE LE MANOIR ET SES ENVIRONS.

APRÈS avoir satisfait sa curiosité en examinant pendant quelques minutes les objets qui l'entouraient, Waverley saisit le marteau massif de la porte principale des bâtiments, dont l'architrave portait la date de 1594. Mais aucune réponse ne lui fut faite, quoique les coups retentissants fissent résonner les nombreux appartements de la maison, et que l'écho, répété par les murs de la cour, se prolongeât au loin, effrayant les pigeons dans leur vénérable rotonde, et, malgré la distance, jetant même encore une fois l'alarme parmi les chiens du village, qui s'étaient endormis chacun sur son fumier. Fatigué du fracas qu'il faisait et des sons inutiles qui répondaient au bruit, Waverley commençait à croire qu'il

---

[1] *Beware the bear*, gare à l'ours.

[2] Je n'ai eu en vue, dans cette description de Tully-Veolan, aucune maison en particulier ; mais les traits essentiels se retrouvent dans diverses anciennes habitations écossaises. La maison de Warrender sur Burntsfield Links et celle d'Old Ravelston, appartenant, la première à sir Georges Warrender, la seconde à sir Alexandre Keith, ont fourni plusieurs traits au tableau tracé dans le texte. La maison de Dean, près d'Édimbourg, a aussi plusieurs points de ressemblance avec Tully-Veolan. Cependant l'auteur a été informé que la maison de Grandtully a plus de rapport qu'aucune des autres avec celle du baron de Bradwardine. (W. S.)

était arrivé au château d'Orgoglio, où le prince Arthur victorieux trouva une réception semblable :

« Ses appels bruyants retentissaient dans le château, mais personne ne semblait vouloir répondre à ses cris. Partout régnait un silence solennel; pas une voix ne se faisait entendre; pas un être humain ne paraissait sous les voûtes ni dans la grande salle. »

S'attendant presque à voir apparaître « un vieillard chargé d'ans, à la barbe de neige, » qu'il pourrait questionner sur cette maison déserte, notre héros se détourna vers une petite porte en chêne bien garnie de clous, pratiquée dans le mur de la cour, à l'angle même qu'il faisait avec la maison. Malgré cette apparence fortifiée, elle n'était fermée qu'au loquet; il l'ouvrit, et se trouva dans un jardin qui lui présenta un coup d'œil agréable [1]. La face méridionale de la maison, tapissée d'arbres fruitiers en espalier et d'un grand nombre d'arbustes toujours verts, étendait son front irrégulier, mais vénérable, le long d'une terrasse en partie dallée, en partie sablée, en partie bordée de fleurs et d'arbrisseaux choisis. De cette terrasse on descendait, par trois rampes composées chacune de plusieurs degrés, et placées l'une au centre, les autres aux deux autres extrémités, dans ce qu'on pouvait nommer le jardin proprement dit; le bord en était défendu par un parapet en pierre avec une lourde balustrade, ornée d'espace en espace de grotesques figures d'animaux accroupis, parmi lesquels l'ours favori se représentait fréquemment. Placé au milieu de la terrasse, entre une porte vitrée ouvrant de la maison et la rampe centrale, un gigantesque animal de cette dernière espèce portait sur sa tête et sur ses pattes de devant un large cadran solaire, sur lequel étaient tracés plus de diagrammes que les connaissances mathématiques d'Édouard ne lui permettaient d'en déchiffrer.

Le jardin, qui semblait tenu avec un grand soin, abondait en arbres à fruits, et offrait une profusion de fleurs et d'arbres verts taillés en figures grotesques. Il était disposé en terrasses superposées, qui descendaient depuis le mur occidental jusqu'aux rives d'un large ruisseau. L'aspect de ce cours d'eau était calme et paisible dans tout l'espace où il bordait le jardin, dont il formait la limite de ce côté; mais arrivé à l'angle extrême, il franchissait avec bruit une forte vanne en écluse, cause de sa tranquillité momentanée, et là il formait une cascade dominée par un pavillon d'été octangulaire, surmonté d'un ours doré en guise de girouette. Après cet exploit, le ruis-

[1] On peut voir à Ravelston un jardin semblable, que le goût du propriétaire, parent et ami de l'auteur, sir Alexandre Keith, chevalier-maréchal d'Écosse, a judicieusement conservé. Ce jardin, cependant, aussi bien que la maison, sont de moindres dimensions que ne sont supposés avoir été la maison et le jardin du baron de Bradwardine. (W. S.)

seau, reprenant son caractère naturel, impétueux et rapide, échappait aux yeux et s'enfonçait dans la profondeur d'une vallée boisée, du milieu de laquelle s'élevaient, au-dessus des arbres, les ruines d'une tour massive, habitation primitive des barons de Bradwardine. La rive opposée du ruisseau, vis-à-vis du jardin, déployait aux yeux une prairie étroite ou un *haugh*, comme on dit en Écosse, qui servait de terrain pour étendre le linge ; plus loin, le sol était couvert d'arbres antiques.

La scène, quoiqu'agréable, n'égalait pas tout à fait les jardins d'Alcine ; ce qui lui manquait, cependant, ce n'étaient pas les *due donzellette garrule* [1] de ce paradis enchanté, car sur la pelouse que nous avons mentionnée, deux jeunes filles aux jambes nues, debout l'une et l'autre sur deux larges cuves, faisaient avec leurs pieds l'office d'une de nos nouvelles machines à laver. Comme les nymphes d'Armide, cependant, elles n'attendirent pas l'hôte qui s'approchait, pour le saluer de leurs chants harmonieux : effrayées à la vue du bel étranger qu'elles apercevaient sur l'autre rive, elles laissèrent tomber leurs vêtements (pour être exact, je devrais dire leur *seul* vêtement), qu'elles avaient relevés pour procéder plus commodément à leurs occupations, et qui laissaient leurs jambes un peu trop exposées à la vue, et, en poussant l'exclamation perçante de *Eh, sirs* [2] ! d'un ton qui tenait le milieu entre la modestie et la coquetterie, elles s'échappèrent, dans des directions différentes, avec la rapidité de la biche.

Waverley commençait à désespérer de pouvoir être admis dans cette demeure solitaire et comme enchantée, quand un homme parut, se dirigeant vers lui, dans une des allées du jardin où il était encore. Pensant que ce pouvait être un jardinier ou quelque domestique attaché à la maison, Édouard descendit de la terrasse dans l'intention d'aller à sa rencontre ; mais la figure s'approchait toujours, et longtemps avant qu'Édouard pût discerner ses traits, il fut frappé de la bizarrerie de son costume et de ses gestes. Quelquefois cet être singulier tenait ses mains croisées sur sa tête, à la manière d'un jogue indien dans une attitude de pénitence ; d'autres fois il les balançait perpendiculairement à ses côtés, comme des branches de pendules ; tantôt, enfin, il les croisait sur sa poitrine par un mouvement rapide et répété, semblable à celui par lequel un cocher de fiacre supplée habituellement à l'exercice du fouet, lorsque, par un beau jour de gelée, ses chevaux restent inoccupés sur la place. Sa démarche n'était pas moins singulière que ses gestes. Parfois il sautait à cloche-pied pendant un temps assez long, d'abord sur le pied droit, puis sur le pied gauche ; ensuite rapprochant et collant l'une à l'autre ses deux jambes,

---

[1] Les deux jeunes filles au doux babil.

[2] *Eh, messieurs !* cri de surprise familier aux Écossais, comme chez nous *ah dame !* (L. V.)

il avançait ainsi en sautant à pieds joints. Son costume était d'ailleurs antique et extravagant : il consistait en une espèce de jaquette grise, dont les manches tailladées, à parements rouges, laissaient voir une doublure de même couleur ; les autres parties de son vêtement étaient aussi d'une couleur correspondante, sans oublier une paire de bas écarlate et un bonnet pareil, fièrement surmonté d'une plume de dindon. Édouard, qu'il ne paraissait pas avoir aperçu, put bientôt voir sur sa physionomie la confirmation de ce que sa démarche et ses gestes lui avaient fait supposer. Ce ne paraissait être précisément ni l'idiotisme ni la folie qui donnaient cette expression égarée, mobile et indéfinie à une figure qui était naturellement belle, mais quelque chose qui semblait tenir de l'un et de l'autre, quelque chose où la simplicité de l'idiot était mêlée à l'extravagance d'un cerveau dérangé. Il chantait avec feu, et non sans un certain goût, un fragment de vieille ballade écossaise [1] :

« Amant perfide, as-tu donc joué ainsi l'amour près de moi, l'été durant, parmi les fleurs ? Je te rendrai la pareille, quand seront venus l'hiver et ses frimas. Si tu ne reviens, mon amour, si tu ne reviens près de moi, comme tu rôdes auprès des autres jeunes filles, je sourirai, moi, à d'autres garçons. »

Ici levant les yeux, qu'il avait jusque-là tenus constamment baissés pour voir si ses pieds suivaient bien la mesure, il aperçut Waverley et ôta immédiatement son bonnet, avec mainte démonstration grotesque de surprise, de respect et de salutations. Édouard, sans beaucoup espérer recevoir une réponse à des questions raisonnables, lui demanda si M. Bradwardine était chez lui, et où il pouvait trouver quelque domestique. L'autre répondit — semblable à la sorcière de Thalaba « tous ses discours étaient en chants : » —

« Le chevalier, dans la montagne, fait retentir son cor ; la dame est au bois verdoyant, à tresser sa guirlande. Le berceau de la charmante Hélène est tapissé de mousse, pour que les pas de lord William ne soient entendus que d'elle. »

Ceci n'apprenait pas grand'chose à Waverley ; réitérant alors sa question, il reçut une réponse articulée avec tant de rapidité et dans un dialecte si singulier, que le seul mot qu'Édouard put y saisir fut celui de *sommelier*. Waverley lui demanda donc de le conduire près du sommelier ; sur quoi le fou, avec un regard et un signe d'intelligence pour l'engager à le suivre, se mit à sauter et à cabrioler en descendant l'allée par laquelle il était venu. — Singulier guide, pensa Édouard, et qui ne ressemble pas mal à un des pauvres clowns de Shakspeare ! Il n'est pas trop prudent de me confier à sa conduite ; mais de plus sages que moi ont été menés par des fous.

[1] La strophe suivante est réellement empruntée à une ancienne ballade, sauf une légère altération dans le trait final. (W. S.)

Cependant ils atteignirent l'extrémité de l'allée, où, se détournant subitement vers un petit parterre de fleurs abrité à l'est et au nord par une haie d'ifs serrés, ils trouvèrent un vieillard travaillant habit bas. Son extérieur laissait douter si c'était un jardinier ou un domestique d'un rang plus élevé : son nez rubicond et sa chemise à manchettes appartenaient à un homme de cette dernière classe, mais son visage hâlé et brûlé par le soleil, non moins que son tablier gris, semblaient indiquer

Un confrère d'Adam cultivant son jardin.

Le majordome, car telle était sa qualité, sans contredit le second dignitaire de la baronnie (et comme premier ministre de l'intérieur au-dessus même du bailli Macwheeble, surintendant de la cuisine et du cellier), — le majordome déposa sa bêche, remit à la hâte son habit, et, en lançant au guide d'Édouard un regard courroucé, probablement en raison de ce qu'il introduisait ainsi un étranger, tandis qu'il était livré à ces occupations laborieuses, et que sans doute il regardait comme dérogeantes, il demanda quels étaient les ordres du gentleman. Ayant appris que son nom était Waverley, et qu'il désirait présenter ses respects à son maître, la physionomie du vieillard prit une expression de gravité respectueuse. — Il pouvait prendre sur sa conscience de dire que Son Honneur aurait un extrême plaisir à le voir. Monsieur Waverley ne voudrait-il pas, après la route qu'il avait faite, accepter quelques rafraîchissements? Son Honneur était avec les gens qui étaient en train d'abattre la Sorcière-Noire ; les deux garçons jardiniers (appuyant sur le mot *deux*) avaient eu ordre de le suivre, et il avait voulu s'amuser un moment à travailler au parterre de miss Rose, afin d'être prêt à recevoir au besoin les ordres de Son Honneur. Il était passionné pour le jardinage, mais il avait peu de temps pour se livrer à cette distraction.

— Il ne saurait, en aucun cas, y travailler plus de deux jours par semaine, dit le conducteur fantastique de Waverley.

Un coup d'œil sévère du sommelier réprima cette intervention; et l'interpellant du nom de Davie Gellatley, il lui ordonna, d'un ton qui n'admettait pas de réplique, d'aller chercher Son Honneur à la Sorcière-Noire, et de l'informer qu'un gentilhomme du Sud était arrivé au château.

— Ce pauvre garçon peut-il être chargé d'une lettre? demanda Édouard.

— En toute sûreté, monsieur, pourvu qu'elle soit adressée à quelqu'un qu'il respecte. Mais je ne me hasarderais guère à lui confier un long message de vive voix, — quoiqu'il y ait en lui plus de malice que de folie.

Waverley remit ses lettres de crédit à M. Gellatley, qui parut con-

CHAPITRE IX.

firmer la dernière observation du sommelier, en faisant à celui-ci, pendant qu'il était tourné d'un autre côté, une grimace donnant à ses traits quelque ressemblance avec la face grotesque qui orne la culasse d'une pipe allemande ; après quoi, prenant d'une façon bizarre congé de Waverley, il partit en gambadant pour aller remplir sa mission.

— C'est un *innocent*, monsieur, dit le sommelier ; il y en a dans presque toutes les *villes* du pays, mais le nôtre est traité mieux qu'aucun des autres. Il avait l'habitude de travailler assez bien pendant un tour de cadran ; mais il secourut miss Rose qui avait été effrayée par le nouveau taureau anglais du laird de Killancureit, et, depuis ce temps, nous l'appelons Davie Do-Little[1]. Nous pourrions aussi bien l'appeler Davie Do-Naething[2], car depuis qu'il a eu ce bel habit, pour amuser Son Honneur et ma jeune maîtresse (les grands ont leurs fantaisies), il ne fait rien autre chose que de sauter et de gambader par la *ville*, sans rendre le moindre service, si ce n'est qu'il amorcera les lignes de Son Honneur, ou préparera ses appâts, ou peut-être qu'à ses moments perdus il pêchera un plat de truites. Mais voici miss Rose ; je puis prendre sur moi de répondre qu'elle sera charmée de voir quelqu'un de la famille de Waverley dans la maison de son père à Tully-Veolan.

Mais Rose Bradwardine mérite de son historien indigne quelque chose de mieux que d'être introduite à la fin d'un chapitre.

On peut remarquer, au surplus, que dans ce colloque Waverley apprit deux choses : d'abord qu'en Écosse une maison isolée est appelée *ville*[3] ; ensuite que le mot *innocent* désigne un fou[4].

---

[1] Davie *fait-peu*.
[2] Davie *fait-rien*.
[3] *A town;* par analogie sans doute à la *villa* italienne. (L. V.)
[4] J'ignore depuis quand l'ancienne coutume d'entretenir des fous a cessé d'être en vigueur en Angleterre. Swift a fait l'épitaphe du fou du comte de Suffolk, —

« Dont le nom était Dickle Pearce. »

En Écosse, cet usage subsista jusqu'à une époque assez avancée du siècle dernier ; on conserve encore, à Glammis-Castle, le costume d'un de ces bouffons : il est très-beau et orné d'un grand nombre de clochettes. Il n'y a guère que trente ans qu'un individu de ce genre se tenait encore près du buffet d'un seigneur écossais du premier rang ; il se mêlait parfois à la conversation, mais il poussa la plaisanterie un peu trop loin en faisant des propositions à une des jeunes personnes de la famille, et en affichant dans l'église les bans de leur mariage. (W. S.)

CHAPITRE X.

ROSE BRADWARDINE ET SON PÈRE.

Miss Bradwardine n'avait que dix-sept ans; cependant, aux dernières courses du comté, dans la ville de ***, sa santé ayant été proposée avec celle d'un cercle de beautés, le laird de Bumperquaigh[1], perpétuel porteur des toasts et croupier du club de Bautherwhillery, non-seulement répondit par un *bis* à la santé proposée, en vidant une pleine rasade de bordeaux contenant une pinte, mais, avant de faire sa libation, salua la divinité à qui s'adressait l'hommage du nom de *Rose de Tully-Veolan*[2]. Dans cette joyeuse occasion, une triple acclamation fut poussée par tous ceux des membres de la respectable assemblée à qui le vin laissait encore la force d'élever la voix. Je puis même assurer que les partners endormis applaudirent en ronflant, et que, bien que de fortes rasades et de faibles cerveaux eussent étendu sur le plancher deux ou trois des assistants, ceux-là même, déchus comme ils l'étaient de leurs siéges d'honneur, et se vautrant,... je ne pousserai pas plus loin la parodie, — proférèrent encore des sons inarticulés, comme pour indiquer leur assentiment à la motion.

Des applaudissements si unanimes ne pouvaient être arrachés que par un mérite bien reconnu; et non-seulement Rose Bradwardine en était digne, mais elle eût mérité l'approbation de gens beaucoup plus à même d'en juger sainement que ceux que rassemblait le club de Bautherwhillery, même avant la discussion du premier *magnum*[3]. C'était en effet une très-jolie fille, selon les idées qu'en Écosse on attache au mot beauté : c'est-à-dire avec une profusion de cheveux or pâle, et une peau qui rivalisait en blancheur avec la neige de ses montagnes. Sa physionomie n'était cependant ni pâle ni mélancolique; ses traits, comme son caractère, étaient pleins de vivacité; son teint, sans être animé, était d'une pureté qui approchait de la transparence, et la plus légère émotion colorait d'une nuance pourprée et ses joues et son cou. Sa taille, quoiqu'au-dessous de la moyenne, était d'une élégance remarquable; tous ses mouvements étaient pleins d'aisance, de

---

[1] Boit-sec.

[2] Il fallait vider autant de verres qu'il y avait de lettres dans la santé portée. (L. V.)

[3] Le *magnum* ou *magnum bonum* est une mesure écossaise qui tient deux *quartes* ou pintes d'Angleterre. (L. V.)

CHAPITRE X.

grâce et de légèreté. Elle s'avançait d'un autre point du jardin pour recevoir le capitaine Waverley, d'un air à la fois modeste et poli.

Après les premières salutations, Édouard apprit d'elle que la *Sorcière Noire,* qui l'avait quelque peu intrigué dans le compte que le sommelier lui avait rendu des occupations actuelles de son maître, n'avait rien de commun ni avec un chat noir ni avec un manche à balai, mais que c'était tout simplement une portion de taillis de chêne qui devait être abattue ce jour-là. Elle offrait, avec une civilité modeste, de conduire l'étranger jusqu'à ce lieu, qui, à ce qu'il paraît, était à peu de distance; mais ils furent prévenus par l'arrivée du baron de Bradwardine en personne : sur l'avis que lui avait apporté David Gellatley, il se hâtait d'accourir, « plein de pensées hospitalières, » arpentant le terrain avec une rapidité et une longueur d'enjambées qui rappelèrent à l'esprit de Waverley le souvenir des bottes de sept lieues du conte de fées. C'était un homme grand, mince, fortement taillé, déjà vieux, à la vérité, et les cheveux blanchis par l'âge, mais dont les muscles, grâce à un exercice constant, avaient conservé la force d'une corde à fouet. Ses vêtements étaient négligés, et rappelaient les modes françaises plutôt que les modes anglaises de l'époque, en même temps que la dureté de ses traits et la raideur perpendiculaire de sa stature lui donnaient quelque ressemblance avec un officier des gardes suisses qui aurait résidé quelque temps à Paris, et y aurait pris le costume, mais non l'aisance des habitants de cette ville. A vrai dire, son langage et ses manières n'étaient pas moins étranges que son extérieur.

Par suite de ses dispositions naturelles pour l'étude, ou peut-être de la coutume tout à fait générale en Écosse de diriger vers la jurisprudence l'éducation des jeunes gens de bonne famille, il avait été élevé pour le barreau. Mais les principes politiques de sa famille lui fermant tout espoir de s'élever dans cette profession, M. Bradwardine voyagea pendant plusieurs années, et fit même avec distinction quelques campagnes au service étranger. Après son démêlé avec la haute cour de justice, en 1715, pour crime de haute trahison, il avait vécu dans la retraite, ne fréquentant guère que ceux de ses voisins qui partageaient ses opinions. Le pédantisme du légiste, allié à la fierté militaire du soldat, pourra rappeler à nos contemporains les jours pleins de zèle du service volontaire, alors que la robe de nos avocats recouvrit souvent un brillant uniforme. Ajoutez à cela les préjugés d'une ancienne origine et de l'opinion jacobite, notablement fortifiés par l'habitude d'une autorité solitaire et isolée, laquelle, bien qu'exercée seulement dans les limites de ses domaines à demi cultivés, y était incontestable et incontestée. Car, ainsi qu'il avait coutume de le faire remarquer, les terres de Bradwardine, Tully-Veolan et autres avaient été érigées en baronnie franche par une charte de David Ier, *cum liberali potestate habendi curias et justicias cum fossâ et furcâ* (c'est-à-dire la fosse et le gibet), *et sakâ et sokâ, et thol et theam, et infang-thief et oufang-thief, sive hand-habendi, sive bak-barand*. Bien peu, s'il y en avait, pouvaient expliquer le sens de ces mots cabalistiques, mais leur signification générale était que le baron de Bradwardine pouvait, en cas de délits, emprisonner, juger et exécuter ses vassaux selon son bon plaisir. Semblable à Jacques Ier, cependant, le possesseur actuel de cette autorité parlait plus volontiers de ses prérogatives qu'il ne les mettait en action; et sauf deux braconniers qu'il fit renfermer dans le donjon de la vieille tour de Tully-Veolan, où ils furent horriblement effrayés par les esprits et presque dévorés par les rats, et une vieille femme qu'il fit mettre aux *jougs* (le pilori écossais), pour avoir dit qu'il y avait dans la salle du château d'autres fous que Davie Gellatley, je ne sache pas qu'il ait jamais été accusé d'avoir abusé de son grand pouvoir. Le sentiment de sa possession ajoutait cependant une nouvelle importance à son langage et à ses manières.

L'accueil qu'il fit à Waverley parut indiquer que la joie sincère de voir le neveu de son ami avait quelque peu troublé la dignité raide et empesée des manières du baron, car des larmes roulaient dans les yeux du vieux gentilhomme, lorsqu'après avoir cordialement secoué la main d'Édouard à la façon anglaise, il l'embrassa sur les deux joues, *à la mode française*[1]; en même temps que la rudesse de son étreinte et la quantité de tabac d'Écosse que fit voler son accolade rendaient également humides les yeux de son hôte.

— Sur l'honneur d'un gentilhomme, cela me rajeunit de vous voir ici, monsieur Waverley! Un digne rejeton de la vieille souche de Waverley-Honneur, — *spes altera*[2], comme dit Maron; — et vous avez le cachet de la famille, capitaine Waverley. Ce n'est pas encore la noblesse de port de mon vieil ami sir Everard; — *mais cela viendra avec le temps*[3], comme disait une de mes connaissances de Hollande, le baron Kikkitbroeck, en parlant de la *sagesse de madame son épouse*[4]. — Ainsi donc vous avez arboré la cocarde? C'est bien, très-bien; quoique j'eusse désiré la voir d'une autre couleur, et qu'il m'eût semblé que sir Everard eût dû penser de même. Mais n'en parlons plus; je suis vieux, et les temps sont changés. — Et comment se porte le digne chevalier baronnet? et la belle mistress Rachel? — Vous riez, jeune homme! c'était bien la *belle* mistress Rachel en l'an de grâce 1716; mais le temps passe, — *et singula prædantur anni*[5], — cela est certain. Mais encore une fois, soyez le bienvenu, et de grand cœur, à ma pauvre maison de Tully-

---

[1] Ces mots sont en français dans le texte.

[2] Un nouvel espoir. Maron est le prénom de Virgile, *Virgilius Maro*. (L. V.)

[3] et [4] Ces mots sont en français dans le texte.

[5] Le temps ruine tout.

CHAPITRE X.

Veolan! — Cours à la maison, Rose, et veille à ce qu'Alexandre Saunderson nous cherche de ce vieux Château-Margaux que j'envoyai de Bordeaux à Dundee en l'année 1713.

Rose partit d'un air assez posé, jusqu'à ce qu'elle eût atteint le premier détour; mais là elle se mit à courir avec la rapidité d'une nymphe, afin qu'après s'être acquittée de la commission de son père elle pût encore trouver le temps de faire quelque toilette et de mettre en évidence tous ses petits atours, occupations pour lesquelles l'heure approchante du dîner ne lui laissait que peu de loisir.

— Nous ne pouvons rivaliser ici avec la recherche de vos tables anglaises, capitaine Waverley, ni vous donner les *epulæ lautiores* [1] de Waverley-Honneur. — Je dis *epulæ* et non *prandium*, parce que la seconde expression est populaire : *epulæ ad senatum, prandium verò ad populum attinet* [2], c'est Suetonius Tranquillus qui l'a dit. Mais j'espère que vous applaudirez à mon bordeaux; *c'est des deux oreilles* [3], comme avait coutume de dire le capitaine Vinsauf; — *vinum primæ notæ*, ainsi que l'avait nommé le principal de Saint-André. Et encore une fois, capitaine Waverley, je suis enchanté au fond de l'âme que vous soyez ici pour boire du meilleur vin que puisse fournir ma cave.

Ce discours, avec les courtes réponses qu'il provoqua nécessairement, les conduisit depuis l'allée où ils s'étaient rencontrés jusqu'à la porte de la maison, où une demi-douzaine de domestiques en livrées antiques, ayant à leur tête Alexandre Saunderson le sommelier, qui avait fait disparaître toutes les souillures de ses travaux de jardinage, les reçurent en grand costume,

« Dans une salle antique tapissée d'arcs et de piques, de vieux boucliers et de corselets, qui avaient supporté plus d'une rude atteinte. »

En grande cérémonie, mais avec une bienveillance encore plus grande, le baron conduisit son hôte à travers plusieurs pièces, et sans s'arrêter dans aucune, jusqu'à la grande salle à manger, lambrissée de chêne peint en noir et tapissée tout à l'entour des portraits de ses ancêtres; une table y était dressée avec six couverts, et un buffet de forme antique était chargé de toute l'ancienne et massive vaisselle plate de la famille de Bradwardine. En ce moment, une cloche se fit entendre à la tête de l'avenue; un vieillard, qui dans les jours de gala remplissait les fonctions de portier, avait pris l'alarme à l'arrivée de Waverley, et reprenant son poste annonçait la venue de quelques autres convives.

---

[1] Les excellents festins.
[2] Les festins pour le sénat, les dîners pour le peuple.
[3] Ces mots sont en français dans le texte.

— C'étaient de fort estimables gens, assura le baron à son jeune ami. — Il y avait le jeune laird de Balmawhapple, surnommé le Fauconnier[1], de la maison de Glenfarquhar, très-adonné aux plaisirs de la chasse, — *gaudet equis et canibus*[2], — du reste, un jeune homme plein de réserve. Il y avait aussi le laird de Killancureit, qui avait dévoué ses loisirs à l'économie rurale et à l'agriculture, et se glorifiait de posséder un taureau d'un mérite sans pareil, tiré du comté de Devon (la *Damnonia* des Romains, s'il faut en croire Robert de Cirencester). Ainsi que vous pouvez déjà le supposer d'après de tels goûts, il est d'extraction roturière : *servabit odorem testa diù*[3], — et je crois entre nous que son grand-père venait du mauvais côté des Borders[4] ; — un Bullsegg, qui vint ici comme intendant, bailli, receveur des rentes ou quelque chose comme cela, du dernier Girnigo de Killancureit, qui mourut d'atrophie. Après la mort de son maître, monsieur, — vous aurez peine à croire un tel scandale, — ce Bullsegg, qui était un grand et bel homme, épousa la veuve, femme encore jeune et amoureuse, et devint ainsi maître du domaine dévolu à cette malheureuse femme par une disposition de son défunt mari, en contravention positive avec une substitution non enregistrée, et au détriment du propre sang et de la chair du donateur, en la personne de Girnigo de Tipperhewit, son cousin au septième degré et son héritier naturel, dont la famille fut tellement appauvrie par le procès qui s'ensuivit, que son représentant actuel est réduit à servir comme simple soldat[5] dans la garde noire highlandaise[6]. Mais ce gentleman, maintenant M. Bullsegg de Killancureit, a du bon sang dans les veines par sa mère et son aïeule, qui étaient l'une et l'autre de la famille de Pickletillim ; il est d'ailleurs aimé et considéré, et sait se tenir à sa place. Dieu nous préserve, capitaine Waverley, nous d'irréprochable lignage, de lui faire sentir notre supériorité, quand peut-être, dans neuf ou dix générations, ses descendants pourront, en un sens, tenir rang avec la vieille noblesse du pays. *Rang* et *ancêtres*, monsieur, seraient les derniers mots qui se trouveraient dans notre bouche, à nous dont l'origine est sans tache, — *vix ea nostra voco*, comme dit Nason[7]. Nous aurons en outre un ecclésiastique de la véritable Église épiscopale d'Écosse (quoique ce soit l'Église persécutée) ; il fut martyre de sa cause après 1715, lorsqu'un attroupement whig détruisit sa

---

[1] *Falconer.*
[2] Aimant les chevaux et les chiens.
[3] Le vase conservera longtemps son odeur.
[4] *Borders*, la frontière scoto-anglaise. On pense bien que, pour un Écossais, le mauvais côté de la frontière, c'est l'Angleterre. (L. V.)
[5] *Private gentleman-sentinel*, simple gentleman-sentinelle.
[6] *Highland Black-Watch.*
[7] Ovide, *Ovidius Naso.* (L. V.)

chapelle, déchira son surplis et saccagea sa maison, où on enleva quatre cuillères d'argent et où l'on mit au pillage ses provisions et son garde-manger, ainsi que deux barils, l'un de petite ale, l'autre d'ale double, outre trois bouteilles d'eau-de-vie [1]. Mon bailli et agent, M. Duncan Macwheeble, sera le quatrième de notre liste. C'est une question, occasionnée par l'incertitude de l'ancienne orthographe, de savoir s'il appartient au clan de Wheedle ou à celui de Quibble [2] ; mais tous deux ont produit des légistes éminents. —

« Tandis qu'il les dépeignait ainsi de nom et de personne, ils entrèrent, et en même temps le dîner fut servi. »

CHAPITRE XI.

LE BANQUET.

Le dîner fut copieux et parfaitement servi, selon les idées écossaises de l'époque : aussi les convives y firent-ils honneur. Le baron mangea comme un soldat affamé, le laird de Balmawhapple comme un chasseur, Bullsegg de Killancureit comme un fermier, Waverley lui-même comme un voyageur, et le bailli Macwheeble comme tous les quatre ensemble. Mais celui-ci, soit par respect réel, soit pour affecter l'humilité convenable à quelqu'un qui se trouve en présence de son patron, se tenait assis sur le bord de sa chaise, laquelle était posée à trois pieds de la table, et dans cette situation communiquait avec son assiette en inclinant vers elle toute la partie supérieure de son corps, à partir du bas de l'épine dorsale, de sorte que la personne placée vis-à-vis ne pouvait voir de lui que le sommet de sa perruque de voyage.

---

[1] Après la révolution de 1688, et en quelques occasions où l'esprit des presbytériens avait été extraordinairement excité contre leurs adversaires, le clergé épiscopal, qui était principalement composé de *non-assermentés*, fut exposé à être insulté (*mobbed*), comme nous dirions aujourd'hui, ou foulés (*rabbled*), comme on disait alors, en expiation de leur hérésie politique. Mais nonobstant l'exaspération qu'aurait pu exciter chez les presbytériens la persécution qu'ils avaient soufferte sous Charles II et son frère, il n'y eut guère d'autres méfaits commis que les légères violences du genre de celles que mentionne le texte. (W. S.)

[2] *To wheedle* veut dire cajoler, gagner par des paroles mielleuses; *to quibble*, signifie chicaner. Il est aisé de sentir maintenant la double pointe du baron, qui joue sur le nom de Mac-Wheeble. *Mac* est, chez les Écossais, la particule de descendance ou de famille. (L. V.)

Cette posture inclinée eût pu être incommode à tout autre qu'au digne bailli; mais une longue habitude la lui avait rendue tellement familière qu'il n'en éprouvait plus la moindre gêne, soit assis, soit en marchant. Dans ce dernier cas, il en résultait sans doute une assez étrange projection vers les personnes qui pouvaient se trouver derrière lui; mais celles-ci étant nécessairement ses inférieures (car M. Macwheeble était très-scrupuleux à céder le pas à tous les autres), il lui importait fort peu quelle conséquence de mépris ou de peu d'égards elles pussent en tirer. Aussi quand il canetait dans la cour, soit en descendant de son vieux poney gris, soit en retournant vers lui, il ne ressemblait pas mal à un chien de tourne-broche marchant sur ses pattes de derrière.

L'ecclésiastique non-conformiste était un vieillard à l'air pensif et intéressant; à le voir, on devinait l'homme qui a souffert pour sa conscience. C'était un de ces hommes

Abandonnant d'eux-mêmes ce qu'on ne leur a pas pris.

Aussi arrivait-il parfois au bailli, quand le baron ne pouvait l'entendre, de railler doucement M. Rubrick, et de lui reprocher l'extrême susceptibilité de sa conscience. On doit avouer, en effet, que le bailli lui-même, quoiqu'au fond du cœur partisan sincère de la famille exilée, avait toujours fort bien su s'accommoder aux différentes vicissitudes de son temps; de sorte que Davie Gellatley disait une fois de lui que c'était un très-bon homme, jouissant d'une conscience singulièrement calme et paisible, *qui jamais ne lui avait causé le moindre tort.*

Quand le dîner fut desservi, le baron annonça la santé du roi, laissant poliment à la conscience de ses convives de boire, selon leurs inclinations politiques, au roi *de fait* ou au roi *de droit.* La conversation devint générale; et bientôt après, miss Bradwardine, qui avait fait les honneurs avec une grâce naturelle et une simplicité charmantes, se retira, suivie peu après de l'ecclésiastique. Le vin, qui justifiait complètement les éloges de l'amphitryon, circula alors abondamment, et ce ne fut pas sans peine que Waverley obtint le privilége de laisser de temps en temps son verre au repos. Enfin, comme il commençait à se faire tard, le baron fit un signe particulier à M. Saunders Saunderson, ou, comme il le nommait en riant, *Alexander ab Alexandro*[1], lequel sortit avec un signe de tête expressif, et se remontra bientôt, la gravité de sa physionomie cachée sous un sourire mystérieux et solennel, et plaça devant son maître une petite cassette en bois de chêne, incrustée d'ornements de cuivre d'un travail curieux. Le baron tira

---

[1] C'est la traduction latine de Saunders Saunderson, c'est-à-dire Saunders fils de Saunders, ce dernier nom étant une abréviation familière en Écosse de celui du héros macédonien. (L. V.)

CHAPITRE XI.

une petite clef, ouvrit la cassette, leva le couvercle, et en sortit une coupe d'or antique d'une forme singulière, représentant un ours rampant, que le baron contempla avec un mélange de respect, d'orgueil et de plaisir, qui rappela involontairement à Waverley le Tom Otter de Ben Jonson, avec son Taureau, son Cheval et son Chien, comme cet original nommait plaisamment ses trois principales coupes à boire. M. Bradwardine, se tournant vers lui avec un air de satisfaction, le pria d'examiner cette curieuse relique de l'ancien temps.

— Elle représente, dit-il, le cimier choisi par notre famille [1] : un ours *rampant*, comme vous voyez, par la raison que ceux qui sont versés dans la science héraldique représentent toujours un animal dans sa posture la plus noble. Ainsi, on figurera un cheval *saillissant*, un lévrier *courant*, et, comme on peut l'inférer, un animal vorace *in actu ferociori*, c'est-à-dire dans la posture d'un animal avide qui déchire et dévore sa proie. Or, monsieur, nous tenons ce très-honorable écusson du *wappen-brief* ou concession d'armoiries faite par Frédéric Barberousse, empereur de Germanie, à mon ancêtre Godmund Bradwardine. C'était le cimier d'un gigantesque Danois qu'il tua en champ clos dans la Terre-Sainte, par suite d'une querelle touchant la chasteté de l'épouse de l'empereur, ou de sa fille, la tradition ne dit pas précisément de laquelle des deux ; et ainsi, comme dit Virgile :

Mutemus clypeos, Danaumque insignia nobis
Aptemus [2].

Quant à la coupe, capitaine Waverley, elle fut faite par ordre de saint Dutac, abbé d'Aberbrothock, qui en fit don à un autre baron de la maison de Bradwardine qui avait vaillamment défendu le patrimoine de ce monastère contre les usurpations de certains nobles. Elle est justement nommée le *bienheureux ours de Bradwardine* (quoique le vieux docteur Doubleit eût coutume de l'appeler en plaisantant *Ursa major* [3]), et dans le bon vieux temps des croyances chrétiennes on lui attribuait certaines vertus d'une nature mystique et surnaturelle. Quoique je ne donne pas dans de tels *anilia* [4], il est certain que cette coupe a toujours été regardée comme un insigne solennel, un héritage précieux de notre maison. Aussi ne s'en est-on jamais servi que dans les grandes occasions, telle que j'estime être l'arrivée sous mon toit de l'héritier de sir Everard, et je vais la vider à la santé et à la prospérité de l'ancienne et très-honorable maison de Waverley.

[1] Les premières armoiries de la chevalerie, avant l'invention des écussons peints, furent les cimiers des casques, qui permettaient de reconnaître les chevaliers couverts de leur armure complète et le visage entièrement caché sous leur visière. (L. V.)

[2] Nous changeâmes de boucliers et prîmes les insignes des Grecs.

[3] La grande Ourse. On sait que la grande Ourse est une constellation voisine du pôle boréal. (L. V.)

[4] *Vieilleries*, contes de vieilles. (L. V.)

Durant cette longue allocution, le baron avait vidé avec attention dans la coupe, qui tenait près d'une pinte anglaise, tout le contenu d'une bouteille de bordeaux couverte de toiles d'araignée; et à la fin de sa harangue, remettant la bouteille au sommelier, pour qu'il la tînt soigneusement dans le même angle avec l'horizon, il avala solennellement le contenu tout entier du *bienheureux ours* de Bradwardine.

Édouard vit avec autant d'horreur que d'appréhension l'animal passer à la ronde, et pensa avec anxiété à la devise tout à fait convenable en ce cas, *gare à l'ours;* mais en même temps il vit clairement qu'aucun des convives ne reculant devant cet honneur extraordinaire qui lui était rendu, un refus de sa part de répondre à leur courtoisie ne pourrait qu'être fort mal reçu. Prenant donc la résolution de se soumettre à ce dernier acte de tyrannie, et de quitter ensuite la table s'il lui était possible, et se confiant d'ailleurs à la force de sa constitution, il fit raison à la compagnie du contenu du *bienheureux ours;* il en ressentit moins d'inconvénient qu'il ne s'y était attendu. Les autres convives, dont le temps avait été plus activement employé, commencèrent à montrer des symptômes de changement d'état : — « le bon vin fit son bon office[1]. » — La glace de l'étiquette et l'orgueil du sang commencèrent à se fondre sous l'action bienfaisante de cette bénigne constellation, et les appellations d'étiquette par lesquelles les trois dignitaires s'étaient jusque-là adressés l'un à l'autre furent remplacées par les abréviations familières de Tully, Bailli et Killie. Lorsque l'ours eut fait encore quelques rondes, les deux derniers, après s'être dit deux ou trois mots à l'oreille, demandèrent (à la grande joie d'Édouard) la permission de proposer le coup de grâce. Le coup de grâce fut en effet proclamé bientôt après, et Waverley en conclut que pour ce soir-là les orgies de Bacchus étaient enfin terminées. Il ne s'était jamais plus trompé de sa vie.

Comme les convives avaient laissé leurs chevaux à la petite auberge du village, ou à la *Change-House,* comme on dit en Écosse, le baron, par politesse, ne pouvait se dispenser de les accompagner jusqu'au haut de l'avenue, et Waverley se joignit à eux, tant par le même motif, que pour jouir, après cette orgie fiévreuse, de la douce fraîcheur d'une soirée d'été. Mais quand on fut arrivé à la cabane de la mère Macleary, les lairds de Balmawhapple et de Killancureit annoncèrent leur intention positive de reconnaître l'hospitalité de Tully-Veolan, en partageant avec leur amphitryon et son hôte, le capitaine Waverley, ce qu'ils nommèrent dans leur langage technique le *deoch an doruis,* ou coup de l'étrier[2], en l'honneur du toit du baron[3].

---

[1] Southey, *Madoc.* (W. S.)

[2] *Voyez* la note F, à la fin du volume.

[3] En l'honneur de la poutre du toit du baron, dit le texte : *of the baron's roof-tree,* Idiotisme écossais pour ce qu'en Angleterre, ainsi qu'en France, on nomme le foyer. (L. V.)

Il faut remarquer que le bailli, sachant par expérience que la bombance du jour, qui jusque-là avait eu lieu aux dépens de son patron, pourrait bien se terminer en partie à ses frais, était remonté sur son poney fourbu; moitié par gaieté de cœur, moitié par crainte d'être mis à contribution, il avait, à coups d'éperons, amené sa bête à prendre une sorte de petit trot boiteux (le galop étant hors de question), et il était déjà loin du village. Les autres entrèrent dans le cabaret, suivis d'Édouard, qui se soumit sans résistance; car son hôte lui avait soufflé à l'oreille que se refuser à une telle ouverture serait se rendre coupable d'une haute infraction aux *leges conviviales*, ou aux règles de la joyeuse compotation. La veuve Macleary paraissait avoir prévu cette visite, et non sans raison; car telle était la conclusion ordinaire de toute réunion de plaisir, non-seulement à Tully-Veolan, mais chez presque tous les gentilshommes écossais, il y a soixante ans. Les convives trouvaient ainsi à la fois le moyen de s'acquitter de leur dette de gratitude envers la bonne réception de leur hôte, d'encourager le trafic de son auberge, de faire honneur au lieu où leurs chevaux trouvaient un asile, et de se dédommager de la contrainte que leur avait imposée l'hospitalité privée, en employant ce que Falstaff appelle la douceur de la nuit dans la joyeuse licence d'une taverne.

En conséquence, dans l'attente où elle était de ces hôtes distingués, la mère Macleary avait balayé sa maison pour la première fois depuis quinze jours, amené son feu de tourbe à une température convenable à la saison, et tel que l'exigeait sa cabane toujours humide, même en plein cœur d'été; mis en évidence sa table de sapin nouvellement lavée, étayé son pied boiteux au moyen d'un fragment de tourbe, disposé enfin quatre ou cinq larges et lourds tabourets aux places les plus favorables que présentait le sol mal uni de sa cabane; et ayant en outre mis son *toy* blanc [1], son *rokelay* [2] et son *plaid* rouge [3], elle attendit gravement la venue de la société, prévoyant bonne consommation et bon profit. Quand tout le monde eut pris place sous les poutres enfumées de la chambre unique de Lucky [4] Macleary, tapissées d'une couche épaisse de toiles d'araignée, leur hôtesse, qui déjà avait pris le mot du laird de Balmawhapple, parut avec un énorme pot d'étain contenant au moins trois quartes anglaises [5], et qu'on appe-

---

[1] Coiffe serrée à l'ancienne mode. (L. V.)

[2] Sorte de mantille. (L. V.)

[3] Le plaid est le vêtement national par excellence des Écossais. C'est une sorte de manteau fait d'une pièce d'étoffe non façonnée, et ordinairement de couleurs bigarrées, qu'hommes et femmes drapent par-dessus les autres parties de leur habillement. (L. V.)

[4] *Lucky* ou *luckie*, terme familier usité en Écosse et qui s'applique principalement aux matrones. Il signifie littéralement *bonne femme*, et équivaut à notre appellation familière *la mère*. (L. V.)

[5] La *quarte* anglaise équivaut à peu près à une de nos pintes. (L. V.)

lait familièrement une poule huppée ¹, plein d'un excellent clairet ² qui venait d'être tiré de la barrique, et qui était encore recouvert de sa mousse pétillante, ou de sa *crême*, comme disait l'hôtesse.

Il fut bientôt évident que les miettes de raison que n'avait pas dévorées l'Ours allaient être achevées par la Poule; mais la confusion qui paraissait devoir régner favorisait la détermination qu'avait prise Édouard de se soustraire à la joyeuse circulation du verre. Les autres commençaient à parler épais et tous à la fois, chacun d'eux prenant le dé de la conversation sans le moindre égard pour son voisin. Le baron de Bradwardine entonnait des chansons à boire françaises et lançait des bribes de latin. Killancureit parlait, sur un ton tristement monotone, de tailles d'arbres ³, de bêtes d'un an, d'antenois, et de moutons, et de bœufs, et de veaux, et de génisses, et d'une loi proposée pour un péage aux barrières; tandis que Balmawhapple, d'un ton qui dominait les deux autres, exaltait ses chevaux, ses faucons et son lévrier appelé le Siffleur ⁴. Au milieu de ce tapage, le baron implora le silence à diverses reprises; et lorsqu'enfin l'instinct d'une déférence polie fut parvenu à le lui faire obtenir pour quelques instants, il se hâta de réclamer leur attention « pour une ariette militaire que se plaisait à chanter le maréchal duc de Berwick; » puis, imitant autant qu'il était en lui le ton et les manières d'un mousquetaire français, il commença immédiatement ⁵ :

> Mon cœur volage, dit-elle,
>   N'est pas pour vous, garçon;
> Est pour un homme de guerre,
>   Qui a barbe au menton.
>   Lon, lon, laridon.
>
> Qui porte chapeau à plume,
> Soulier à rouge talon,
>   Qui joue de la flûte,
>   Aussi du violon.
>   Lon, lon, laridon.

Balmawhapple, n'y pouvant tenir plus longtemps, l'interrompit en annonçant ce qu'il appelait une chanson diablement bonne, composée par Gibby Gaethroughwi't, le joueur de cornemuse de Cupar; et sans plus attendre, il entonna le couplet suivant :

---

¹ *Tappit hen.* Ces pots d'étain ont ordinairement une poule figurée à la charnière de leur couvercle. (L. V.)

² *Claret.* C'est le nom qu'on donne communément au vin de Bordeaux, ou présumé tel. (L. V.)

³ On a censuré ceci comme un anachronisme; on doit avouer en effet que cette branche d'agriculture n'était pas encore connue en Écosse il y a soixante ans. (W. S.)

⁴ *Whistler.*

⁵ Les deux couplets sont en français dans l'original.

CHAPITRE XI.

> C'est aux braes[1] du Glenbarchan,
> Sur le penchant du Killiebraid,
> Que j'allais me mettre à l'affût
> Pour pincer la queue des bécasses.

Le baron, dont la voix était couverte par les accents plus vigoureux et plus retentissants de Balmawhapple, cessa une lutte inutile et se contenta de fredonner son lon, lon, laridon, en jetant un regard de dédain sur l'heureux compétiteur qui avait accaparé à ses dépens l'attention des auditeurs; tandis que Balmawhapple continuait ainsi son couplet :

> Qu'un beau coq noir vînt à partir,
> Mon plomb le rappelait bien vite,
> Et mon heureuse gibecière
> Ne revenait guère sans lui [2].

Après avoir inutilement essayé de se rappeler le second couplet, il recommença le premier; et dans l'enivrement de son triomphe, il déclara « qu'il y avait plus de sens dans sa chanson que dans tous les *derry-dongs*[3] de France, et dans ceux du comté de Fife, par-dessus le marché. » Le baron ne répondit que par une longue prise de tabac et un regard de souverain mépris. Mais les deux nobles alliés, l'*Ours* et la *Poule*, avaient affranchi le jeune laird du respect qu'en d'autres temps il avait pour Bradwardine : il s'écria que le clairet n'était que du *shilpit*[4] et demanda de l'eau-de-vie à grands cris. L'eau-de-vie fut apportée; et alors le démon de la politique se montra jaloux de l'harmonie qui régnait encore dans ce concert hollandais, où une parole de colère ne s'était pas mêlée jusque-là dans l'étrange assemblage de sons qui s'en élevait. Inspiré par ce génie de discorde, le laird de Balmawhapple, hors d'état maintenant de s'arrêter aux signes de tête et aux clignements d'yeux par lesquels le baron de Bradwardine, en considération d'Édouard, avait réprimé jusqu'alors ses tentatives d'aborder une discussion politique, porta d'une voix de stentor une santé « au petit gentilhomme en velours noir qui fit un si bon service en 1702; puisse le cheval blanc se casser le cou sur une butte de sa façon! »

Édouard n'avait pas en ce moment les idées assez nettes pour se rappeler que la chute du roi Guillaume qui occasionna sa mort avait été causée, disait-on, par une taupinière sur laquelle broncha son cheval; cependant il se sentit porté à prendre ombrage d'un toast qui pa-

---

[1] *Braes*, pied des montagnes; quelquefois synonyme de *bruyères*. (L. V.)

[2] *Suum cuique*. Ce fragment appartient à une ballade composée par Andrew Mac Donald, l'ingénieux et malheureux auteur de *Vimonda*. (W. S.)

[3] Pour *Laridon*. (L. V.)

[4] Mot écossais : faible, insipide. (L. V.)

raissait, d'après le coup d'œil particulier dont l'avait accompagné Balmawhapple, avoir un rapport direct et offensant au gouvernement qu'il servait. Mais avant qu'il eût pu prendre la parole, le baron de Bradwardine avait relevé le gant. — Monsieur, dit-il, quels que soient là-dessus mes sentiments, *tanquam privatus*[1], je ne souffrirai pas paisiblement que vous disiez rien qui puisse blesser les honorables sentiments d'un gentilhomme qui est sous mon toit. Monsieur, si vous ne respectez pas les lois de l'urbanité, ne respecterez-vous pas le serment militaire, *sacramentum militare*, par lequel tout officier est lié au drapeau sous lequel il est enrôlé? Voyez ce que dit Tite-Live des soldats qui furent assez malheureux pour *exuere sacramentum*, — c'est-à-dire pour renoncer à leur serment légionnaire; mais vous ne connaissez pas plus l'histoire ancienne que la politesse moderne, monsieur.

— Je ne suis pas aussi ignorant que vous voulez bien le dire, rugit Balmawhapple. Je sais bien que vous voulez parler de la sainte ligue et du Covenant; mais quand tous les whigs de l'enfer auraient pris...

Le baron et Waverley l'interrompirent à la fois, le premier lui disant : —Taisez-vous, monsieur! non-seulement vous montrez votre ignorance, mais vous déshonorez votre pays devant un étranger, devant un Anglais! et Waverley priant en même temps M. Bradwardine de lui permettre de répondre à une insulte qui semblait lui être adressée personnellement. Mais le baron était exalté par le vin, la colère et le mépris, au-dessus de toute considération terrestre.

— Je vous prie de garder le silence, capitaine Waverley; partout ailleurs vous pouvez être *sui juris*, — c'est-à-dire émancipé, et ayant le droit de penser et de vous défendre par vous-même; mais dans mes domaines, dans cette humble baronnie de Bradwardine, et sous ce toit qui est *quasi* mien, puisqu'il est tenu par un tenancier qui ne l'occupe qu'en vertu de tacite réconduction, je suis pour vous *in loco parentis*[2], et tenu de vous protéger contre toute offense. — Et quant à vous, M. Falconer de Balmawhapple, ne vous écartez plus de la ligne des bonnes manières, je vous en avertis.

— Et moi je vous dis, monsieur Cosmo Comyne Bradwardine de Bradwardine et Tully-Veolan, répliqua le chasseur avec un dédain prononcé, que je ferai autant de cas que d'un coq de bruyère de n'importe qui refusera mon toast, que ce soit un whig anglais à courte oreille avec un ruban noir à son chapeau, ou quelqu'un qui déserte ses amis pour briguer la faveur des rats de Hanovre.

En un clin d'œil les deux rapières furent tirées, et quelques passes furieuses échangées. Balmawhapple était jeune, vigoureux, actif; mais le baron, beaucoup plus maître de son arme, aurait, comme sir Toby

---

[1] Comme particulier.
[2] En lieu et place de votre père.

CHAPITRE XI.

Belch, chatouillé les côtes de son adversaire autrement qu'il ne le fit, s'il n'eût été sous l'influence de l'*Ursa major*.

Édouard se précipita pour séparer les combattants; mais la masse épaisse du laird de Killancureit, étendue sur le plancher et contre laquelle il trébucha, l'arrêta au passage. Comment, en un tel moment, Killancureit se trouvait-il dans une pareille posture? c'est ce qu'on n'a jamais su clairement. Quelques gens pensèrent qu'il cherchait à se fourrer sous la table; lui-même prétendit avoir fait un faux pas au moment où, pour prévenir un malheur, il levait un tabouret dans l'intention d'en assommer Balmawhapple. Quoi qu'il en soit, si un secours plus prompt que le sien ou celui de Waverley ne fût arrivé, il y aurait eu certainement du sang versé. Mais le cliquetis bien connu des épées, son qui était loin d'être étranger à sa maison, vint frapper les oreilles de la mère Macleary, tandis qu'elle était tranquillement assise au pied du *hallan*, ou mur en terre en avant du cottage, les yeux collés sur le *Crochet du Sort* [1] de Boston, tandis que ses pensées étaient complètement absorbées par la supputation de l'écot. Elle s'élança hardiment dans l'intérieur, en criant d'une voix perçante et d'un ton suppliant : Vos Honneurs vont-ils s'égorger ici l'un l'autre, et jeter le discrédit sur la maison d'une honnête veuve, quand il y a pour se battre toutes les terres du pays? et elle appuya efficacement sa remontrance en jetant adroitement son plaid sur les épées des deux champions. Les domestiques, qui, par un bien grand hasard, étaient encore passablement de sang-froid, se précipitèrent en même temps entre eux, et avec l'aide d'Édouard et de Killancureit parvinrent à séparer les deux adversaires furieux. Killancureit entraîna Balmawhapple, blasphémant, jurant et menaçant les whigs, les presbytériens et tous les fanatiques d'Angleterre et d'Écosse, depuis John O' Groat's jusqu'au Land's End [2], et parvint, non sans peine, à le placer sur son cheval. Notre héros, avec l'assistance de Saunders Saunderson, escorta le baron de Bradwardine jusqu'au château, mais ne put obtenir de lui qu'il allât se mettre au lit avant qu'il eût débité une longue et docte apologie des événements de la soirée, apologie dont pas un mot, toutefois, n'était intelligible, sauf quelque chose au sujet des Centaures et des Lapithes.

---

[1] *Crook of the Lot*, livre mystique. (L. V.)

[2] C'est-à-dire d'une extrémité à l'autre de la Grande-Bretagne. *John O' Groats*, ou *Johnny Groats*, est un hameau sur le cap Duncansby, pointe N. E. de l'Écosse, en regard des Orcades, et le *Land's End* (littéralement *finis terræ* ou finisterre) est un cap du Cornouailles qui termine l'Angleterre au S. O. (L. V.)

CHAPITRE XII.

REPENTIR ET RÉCONCILIATION.

Averley n'avait pas l'habitude du vin, si ce n'est avec une extrême sobriété : aussi dormit-il profondément jusqu'assez avant dans la matinée du lendemain, et sa première pensée, en s'éveillant, fut un pénible souvenir de la scène de la soirée. Il avait reçu une injure personnelle, — lui, un gentilhomme, un officier, un Waverley ! A la vérité, celui qui la lui avait adressée ne possédait pas alors le peu de raison que la nature lui avait départi ; sans doute aussi qu'en se vengeant de cette insulte il contreviendrait également et aux lois du Ciel et à celles de son pays ; il pourrait enlever la vie à un jeune homme qui peut-être remplissait convenablement ses devoirs sociaux, et plonger sa famille dans la douleur ; cette rencontre pouvait lui être fatale à lui-même : — alternative qui n'a rien d'agréable, même pour le plus brave, lorsqu'elle est pesée en particulier et de sang-froid.

Toutes ces idées se pressaient dans son esprit ; mais la première impression reprenait constamment le dessus avec une force irrésistible. Il avait reçu une insulte personnelle ; il était de la maison de Waverley ; il portait un uniforme. Il n'y avait pas à hésiter. Il descendit à la salle à manger dans l'intention de prendre congé de la famille, et d'écrire à un des officiers de son régiment de venir le rejoindre à une auberge qui se trouvait à mi-chemin de Tully-Veolan et de la ville où ils étaient en garnison, afin qu'il pût envoyer au laird de Balmawhapple un message tel que les circonstances semblaient l'exiger. Il trouva miss Bradwardine occupée à préparer le thé et le café ; la table était chargée de pains chauds de toute sorte, de froment, d'avoine et d'orge, façonnés en pains, en gâteaux et en biscuits, avec des œufs, du jambon de renne, du mouton et du bœuf, du saumon fumé, des marmelades, et toutes les autres friandises qui obligèrent Johnson lui-même à mettre, pour la recherche, un déjeuner écossais au-dessus des déjeuners de tous les pays. Une soupière de porridge d'avoine[1], flanquée d'une cruche d'argent conténant de la crème et du petit-lait mêlés en égales proportions, fut réservée pour le déjeuner du baron ; mais miss Rose apprit à Waverley que son père était sorti de bonne heure, en recommandant de ne pas éveiller son hôte.

Sorte de gruau. (L. V.)

Waverley s'assit presque en silence, et avec un air rêveur et distrait qui ne pouvait donner à miss Bradwardine une opinion favorable de ses talents pour la conversation. Il répondit au hasard à une ou deux observations qu'elle fit en hésitant sur des sujets fort ordinaires; de sorte que se voyant à peu près repoussée dans ses tentatives de bon accueil, et s'étonnant en elle-même qu'un habit rouge ne recouvrît pas de meilleures manières, elle l'abandonna à sa rêverie et le laissa maudire à son aise dans son esprit l'*Ursa major*, constellation favorite du docteur Doubleit, comme la cause de tout le mal qui était déjà arrivé et qui paraissait devoir arriver encore. Tout à coup il tressaillit et le sang lui monta au visage, en apercevant à travers la fenêtre le baron et le jeune Balmawhapple s'avancer en se donnant le bras, et paraissant engagés dans une conversation animée. — Est-ce que M. Falconer a passé la nuit ici? demanda-t-il vivement. Peu satisfaite du ton brusque de cette question, la première que lui eût adressée le jeune étranger, Rose répondit que non, d'un ton assez sec, et la conversation tomba de nouveau.

En cet instant parut M. Saunderson, porteur d'un message de son maître priant le capitaine Waverley de passer dans une autre pièce où il désirait lui parler. Édouard s'y rendit aussitôt. Le cœur lui battait un peu plus fort que de coutume, non de crainte, assurément, mais d'incertitude et d'anxiété. Il y trouva les deux gentilshommes debout et près l'un de l'autre, le front du baron rayonnant d'une dignité empreinte de satisfaction, tandis que la pâleur qui couvrait le visage de Balmawhapple, sans en affaiblir l'expression hardie, semblait produite ou par la mauvaise humeur ou par la honte, ou peut-être par ces deux sentiments à la fois. Le baron passa son bras sous celui du jeune laird, et paraissant ainsi marcher de concert avec lui, tandis que dans le fait il le traînait, il s'avança à la rencontre de Waverley, et, s'arrêtant au milieu de l'appartement, il prit ainsi la parole d'un air solennel : — Capitaine Waverley, mon jeune et estimable ami, M. Falconer de Balmawhapple a eu recours à mon âge et à mon expérience, comme étant ceux d'un homme qui n'est pas tout à fait étranger aux exigences du point d'honneur et aux règles du duel ou *monomachie*, pour être son interprète près de vous dans l'expression des regrets qu'il éprouve au souvenir de certaines circonstances de notre *symposion* [1] de la nuit dernière, lesquelles n'ont pu que vous être hautement déplaisantes, à vous qui servez, quant à présent, sous le gouvernement actuel. Il vous prie, monsieur, de mettre en oubli de pareils solécismes contre les lois de la politesse, comme étant désavoués par sa raison plus saine, et de prendre la main qu'il vous offre en signe d'amitié. Je dois vous assurer qu'il ne faut rien moins que la

---

[1] Festin.

conviction d'être *dans son tort*[1], ainsi que me le disait une fois en semblable occasion un brave chevalier français, M. Le Bretailleur, outre l'opinion qu'il a de votre mérite singulier, pour lui arracher de telles concessions : car lui et toute sa famille sont et ont été, de temps immémorial, *mavortia pectora*, selon l'expression de Buchanan, une race, une tribu hardie et belliqueuse.

Édouard, avec une politesse naturelle, s'empressa d'accepter la main que lui présentait Balmawhapple, ou, pour mieux dire, le baron, en sa qualité de médiateur. — Il lui était impossible, dit-il, de se souvenir de ce qu'un gentilhomme exprimait le regret d'avoir prononcé; et il était tout disposé à imputer ce qui s'était passé à l'influence du banquet trop copieux de la veille.

— Voilà qui est bien dit, reprit le baron : car, sans contredit, si un homme est *ebrius* ou pris de vin, accident qui, en de solennelles et joyeuses occasions, peut et doit se présenter dans la vie d'un homme d'honneur; et si ce même gentilhomme, étant à jeun et de sang-froid, rétracte les injures qu'il a proférées dans son ivresse, il doit être reconnu que *vinum locutum est*[2] : les paroles cessent d'être siennes. Cependant je ne trouverais pas cette excuse suffisante dans le cas d'un homme qui serait *ebriosus*, ou qui s'enivrerait d'habitude; parce que s'il convient à un tel homme de passer la plus grande partie de son temps dans un état d'ivresse, il n'a aucun titre à être dispensé des obligations du code de la politesse, et doit apprendre à se comporter paisiblement et civilement, même sous l'influence du *stimulus* bachique. — Et maintenant allons déjeuner, et ne pensons plus à cette sotte affaire.

Je dois dire, quelque conséquence qu'on en puisse inférer, qu'Édouard, après une explication aussi satisfaisante, fit beaucoup plus d'honneur à l'excellent déjeuner de miss Bradwardine que son début n'avait paru l'annoncer. Balmawhapple, au contraire, semblait abattu et décontenancé; et Waverley remarqua alors pour la première fois que son bras était en écharpe, ce qui rendait compte de la manière gauche et embarrassée avec laquelle il lui avait présenté sa main. A une question de miss Bradwardine à ce sujet, il murmura quelque chose d'une chute de cheval; et impatient en apparence de se soustraire à la fois à ce sujet d'entretien et à la compagnie, il se leva de table dès que le déjeuner fut terminé, salua la société, et refusant l'invitation que lui faisait le baron de rester jusqu'au dîner, il remonta à cheval et reprit le chemin de sa maison.

Waverley annonça alors son intention de quitter Tully-Veolan assez tôt après dîner pour gagner le lieu où il se proposait de passer la

---

[1] Ces mots sont en français dans le texte.
[2] C'est le vin qui a parlé.

nuit; mais l'air de profonde et sincère mortification avec lequel le bon vieux gentilhomme apprit ce projet ne lui laissa pas le courage d'y persister. Le baron n'eut pas plutôt obtenu de Waverley la promesse formelle de prolonger sa visite de quelques jours, qu'il travailla à éloigner les motifs qu'il pensait avoir déterminé son hôte à une plus prompte retraite. — Je ne voudrais pas, capitaine Waverley, que vous eussiez l'opinion que par mon exemple ou mes préceptes je sois un soutien de l'intempérance, quoiqu'il puisse bien se faire que dans notre réunion d'hier soir plusieurs de nos amis, s'ils ne se sont pas trouvés tout à fait *ebrii*, ou ivres, aient été pour le moins *ebrioli*, terme par lequel les anciens désignaient ceux qui étaient entre deux vins, ou, comme le dit votre adage populaire anglais, en demi-pleine mer. Non que je veuille parler de vous, capitaine Waverley, qui, en jeune homme prudent, vous êtes tenu sur la réserve; et on ne saurait le dire non plus de moi, qui, m'étant trouvé à la table de plusieurs grands généraux et maréchaux, à leurs festins d'apparat, ai toujours eu l'art de porter discrètement mon vin, et qui, de toute la soirée, comme vous devez sans doute l'avoir remarqué, n'ai pas excédé les bornes d'une honnête gaieté.

Il n'y avait pas moyen de refuser son assentiment à une proposition si formelle, avancée par celui qui, sans doute, en devait être le meilleur juge, quoique, en ne formant son opinion que sur ses propres souvenirs, Édouard eût affirmé que le baron était non-seulement *ebriolus*, mais prêt à devenir *ebrius;* ou, en bon français, qu'il était le plus ivre de toute la société, sauf peut-être son antagoniste le laird de Balmawhapple. Cependant, après avoir reçu le compliment qu'il attendait, ou plutôt qu'il demandait, sur sa sobriété, le baron continua : — Non, monsieur; quoique je sois d'un fort tempérament, j'abhorre l'ivrognerie et déteste ceux qui boivent le vin *gulæ causâ*, pour la délectation du gosier; quoique pourtant je n'approuve pas la loi de Pittacus de Mitylène, qui punissait d'une peine double tout crime commis sous l'influence de *Liber Pater*, et que je n'admette pas tout à fait la réprobation prononcée par Pline le Jeune, dans le livre quatorze de son *Historia naturalis*. Non, monsieur, je distingue, je fais des différences, et j'approuve le vin tant qu'il ne fait qu'épanouir le visage, ou, selon l'expression de Flaccus [1], *recepto amico* [2].

Ainsi se termina l'apologie que le baron de Bradwardine crut devoir faire de son excès d'hospitalité; et on peut aisément croire qu'Édouard se garda bien de l'interrompre ou de le contredire par une seule parole d'incrédulité.

Il invita ensuite son hôte à une promenade du matin, à cheval, et

---

[1] Horace, *Horatius Flaccus*
[2] Pour la réception d'un ami.

donna ordre que Davie Gellatley les attendît au *dern path*[1] avec Ban et Buscar. — En attendant la saison des chasses, dit-il, je désirerais vous en donner quelque échantillon, et nous pourrons, Dieu aidant, rencontrer un chevreuil. Le chevreuil, capitaine Waverley, peut être chassé en tout temps; car n'étant jamais dans ce qu'on nomme *l'orgueil de graisse*, il n'est jamais non plus hors de saison, quoiqu'il soit vrai de dire que sa venaison n'égale pas celle du daim rouge ou fauve. Mais cette chasse servira à vous faire voir comment courent mes chiens, et en conséquence ils nous suivront avec Davie Gellatley.

Waverley exprima sa surprise qu'on pût se reposer d'un tel soin sur son ami Davie; mais le baron lui donna à entendre que le pauvre garçon n'était ni stupide ni *naturaliter idiota*, comme on dit dans les enquêtes de folie, mais simplement un drôle à cerveau fêlé, en état de parfaitement exécuter toute commission qui se trouverait d'accord avec sa propre humeur, et qui faisait de sa folie un prétexte pour se dispenser des autres. — Il a gagné notre attachement, ajouta le baron, en sauvant Rose d'un grand danger au péril de ses jours; et depuis lors il faut que le coquin mange de notre pain et boive à notre coupe. Il fait ce qu'il peut, ou ce qu'il veut, ce qui pourrait bien être synonyme, si les soupçons de Saunderson et du bailli sont fondés.

Miss Bradwardine apprit de plus à Waverley que ce pauvre garçon était passionné pour la musique, que les airs tristes l'affectaient profondément, tandis qu'au contraire il éprouvait en entendant des airs vifs et animés des accès d'une gaieté extravagante. Il avait à cet égard une excellente mémoire, meublée d'une prodigieuse quantité d'airs et de chansons de toutes sortes, qu'il savait parfois appliquer avec une adresse remarquable, pour faire passer une remontrance, une explication ou une satire. Davie était fort attaché au petit nombre de ceux qui se montraient bons pour lui; mais aussi il ressentait vivement les injures et les mauvais traitements, et, l'occasion s'en présentant, il était assez disposé à s'en venger. Le commun du peuple, qui souvent juge aussi sévèrement ceux de sa classe que ses supérieurs, après avoir montré une grande compassion pour le pauvre *innocent*, tant qu'on l'avait laissé courir en haillons par le village, ne l'avait pas plutôt vu décemment vêtu, ne manquant de rien, et traité même en quelque sorte comme un favori, qu'il s'était rappelé tous les exemples de finesse et d'à-propos, en actions et en reparties, que présentait sa vie, et en avait charitablement déduit l'hypothèse que Davie Gellatley était fou tout juste autant qu'il le fallait pour se dispenser d'un travail rude. Cette opinion n'était pas mieux fondée que celle des nègres, qui, d'après les tours malicieux et la disposition malfaisante des singes, leur supposent le don de la parole, dont ils ne font

---

[1] Le sentier solitaire.

pas usage, disent-ils, pour échapper à l'obligation de travailler. Ici la supposition était tout à fait gratuite : Davie Gellatley était bien au fond ce qu'il paraissait, un cerveau à demi fêlé et incapable d'aucun travail constant et suivi. Il avait précisément assez de saineté de jugement pour rester sur la limite de la démence, et assez d'esprit, quoique bizarre, pour qu'on ne pût l'accuser d'idiotisme. Il ne manquait pas d'adresse dans les exercices de la chasse (dans laquelle nous avons vu des fous véritables exceller), faisait preuve de bonté et d'humanité dans le traitement des animaux dont on lui confiait le soin, montrait des affections vives, une très-grande mémoire, et avait l'oreille musicale.

On entendit en ce moment dans la cour le piétinement des chevaux, et la voix de Davie qui s'adressait en chantant aux deux gigantesques lévriers :

> Partez vite, allez, allez,
> A travers monts et vallées,
> Où le bois est le plus vert,
> Où la source est la plus pure ;
> Où la fougère, plus haute,
> Est plus longtemps, le matin,
> Couverte par la rosée
> Que boit le coq de bruyère
> Et que foulent les lutins.
> Allez aux retraites sombres,
> Belles, fraîches, verdoyantes,
> Où l'œil ne perça jamais.
> A travers monts et vallées,
> Partez vite, allez, allez !

— Les vers qu'il chante, demanda Waverley, appartiennent-ils à l'ancienne poésie écossaise, miss Bradwardine ?

— Je ne crois pas. Cette pauvre créature avait un frère, et le Ciel, comme pour dédommager sa famille de ce qu'il avait refusé à Davie, avait doué ce frère de talents que le pays regardait comme extraordinaires. Un oncle le fit étudier pour l'église d'Écosse ; mais il ne put obtenir de bénéfice, parce qu'il sortait de nos domaines. Il revint de l'université sans espoir et le cœur brisé, et tomba dans un découragement profond. Mon père prit soin de lui jusqu'à sa mort, qui arriva avant qu'il eût atteint sa dix-neuvième année. Il jouait bien de la flûte, et on lui supposait de grandes dispositions pour la poésie. Il était rempli pour son frère d'une affection compatissante, et Davie ne le quittait pas plus que son ombre. Nous pensons que c'est de lui que Davie aura appris un grand nombre d'airs et de fragments de chants qui ne ressemblent pas à ceux du pays ; mais si vous lui demandez d'où il sait une chanson telle que celle dont il vient de chanter un fragment, ou il vous répondra par d'étranges et longs éclats de rire, ou il sanglotera et versera un déluge de larmes. On ne lui a jamais entendu donner à ce sujet aucune explication, ni mentionner une seule fois le nom de son frère depuis sa mort.

— Sûrement on en pourrait apprendre davantage par des questions plus particulières? dit Édouard, dont l'intérêt fut aisément excité par un récit qui touchait au romanesque.

— Cela peut être, répondit Rose; mais mon père ne permettrait à personne d'éveiller sa sensibilité en le questionnant sur ce sujet.

Pendant ce temps le baron, avec l'aide de M. Saunderson, avait mis une paire de bottes fortes de larges dimensions, et invitant notre héros à le suivre, il descendit d'un air martial le grand escalier, frappant à chaque marche, du manche de son fouet de chasse, les appuis de la rampe massive, et fredonnant, de l'air d'un chasseur de Louis XIV :

Pour la chasse ordonnée il faut préparer tout;
Holà! ho! vite, debout! '

CHAPITRE XIII.

UNE JOURNÉE PLUS RAISONNABLE QUE LA PRÉCÉDENTE.

Le baron de Bradwardine, monté sur un cheval actif et parfaitement dressé, et bien assis sur sa selle demi-piquée, avec d'amples housses correspondant avec les couleurs de sa livrée, était un assez bon représentant de l'ancienne école d'équitation. Son habit brodé de couleur claire, sa veste de dessous richement galonnée, et sa perruque à la brigadier surmontée d'un petit chapeau à cocarde bordé d'un galon d'or, complétaient son costume; il était suivi de deux domestiques à cheval, armés de pistolets d'arçon.

Dans cet équipage, il trotta par monts et par vaux, faisant l'admiration de tous ceux qui le virent ainsi passer dans la campagne, jusqu'à ce que, au fond d'une vallée herbeuse, ils trouvèrent David Gellatley tenant en laisse deux lévriers de très-grande taille, et présidant en outre sur une demi-douzaine de chiens de races croisées, et sur autant de jeunes garçons à jambes et à tête nues, lesquels, pour obtenir l'honneur de suivre la chasse, n'avaient pas manqué de lui chatouiller les oreilles de la douce appellation de *maître Gellatley*, quoique probablement il n'y eût pas un seul d'entre eux qui, en d'autres occasions, ne l'eût poursuivi de l'apostrophe de *Davie le fou*. Mais c'est

' Ces deux vers sont en français dans l'original.

là un exemple de flatterie fort ordinaire près des personnes en place, et qui n'est pas absolument confiné parmi les villageois à jambes nues de Tully-Veolan ; c'était une mode commune il y a soixante ans, elle l'est toujours, et le sera dans six cents ans encore, si cet admirable composé de folie et de bassesse qu'on nomme le monde subsiste à cette époque.

Ces *gillies-pieds-nus*[1], comme on les appelait, étaient destinés à battre les buissons ; et ils s'en acquittèrent si bien, qu'après une demi-heure de chasse un chevreuil fut lancé, couru et tué ; le baron suivait la meute sur son cheval blanc, comme jadis le comte Percy, et d'un air majestueux il éventra et dépouilla l'animal abattu (ce qui, fit-il remarquer, était appelé par les chasseurs français *faire la curée*) avec son couteau de chasse baronnial. Après cette cérémonie, il ramena son hôte au château par un chemin sinueux et agréable, commandant une vaste perspective de divers villages et d'habitations isolées. Sur les uns et les autres M. Bradwardine avait toujours à raconter quelque histoire, quelque anecdote généalogique qui, dans sa bouche, revêtaient une forme bizarre due à ses préjugés et à son pédantisme, mais qui souvent aussi prouvaient dans le narrateur beaucoup de bon sens et des sentiments honorables, et qui, si elles n'avaient pas une grande importance, étaient presque toujours réellement curieuses par les détails qui s'y rattachaient.

La vérité est que la promenade parut agréable aux deux cavaliers, parce que chacun d'eux se plut à la conversation de l'autre, quoique leurs caractères et leur manière de penser fussent à beaucoup d'égards totalement opposés. Édouard, le lecteur le sait, avait les sentiments ardents, l'imagination fantasque et romanesque comme avaient été ses lectures, et un penchant décidé pour la poésie. M. Bradwardine était l'opposé de tout cela, et se piquait de parcourir le chemin de la vie avec la raideur empesée et la gravité stoïque qui distinguaient ses promenades de chaque soir sur la terrasse de Tully-Veolan, où, pendant des heures entières, — vrai modèle du vieux Hardyknute, —

« Majestueusement il avançait à l'est, et majestueusement revenait vers le couchant. »

Quant à la littérature, il avait lu les poëtes classiques, sans nul doute, et l'*Epithalamium* de Georges Buchanan, et les *Psaumes dominicaux* d'Arthur Johnstone, et les *Deliciæ poetarum Scotorum*, et les œuvres de sir David Lindsay, et le *Bruce* de Barbour, et le *Wallace* de Harry l'aveugle, et le *Gentle Shepherd*[2], et le *Cherry and the Slae*[3].

[1] Littéralement, *gillies-pieds-mouillés, gillie-wet-foots*. Voici la note que donne à ce sujet sir Walter Scott : « Un garçon highlandais à pieds nus est nommé *gillie-wet-foot*. *Gillie*, en général, signifie serviteur, domestique. »

[2] *Le Gentil berger.*

[3] *Le Cerisier et le Prunier sauvage.*

Mais quoiqu'il eût ainsi sacrifié aux muses une partie de son temps, il eût beaucoup mieux aimé, s'il faut dire la vérité, trouver réduits en simple prose les pieux et sages apophthegmes et les récits historiques renfermés dans ces divers ouvrages. Il lui arrivait parfois de ne pouvoir contenir l'expression de son mépris pour « l'art vain et inutile de faire des vers, » art dans lequel, disait-il, un seul avait excellé de son temps, Allan Ramsay le perruquier [1].

Mais bien qu'Édouard et le baron différassent sur ce sujet *toto cœlo* [2], comme aurait dit le dernier, ils se rencontraient cependant sur le terrain de l'histoire, comme dans un pays neutre sur lequel chacun d'eux revendiquait un intérêt. Le baron, à la vérité, n'encombrait sa mémoire que de faits; il ne s'attachait qu'à l'esquisse nue, froide et décharnée que présente l'histoire. Édouard, au contraire, se plaisait à remplir ces contours et à compléter le tableau en y répandant le coloris d'une imagination vive et chaude, qui donnait la lumière et la vie aux personnages divers du drame des siècles passés. Et néanmoins, avec des goûts si différents, ils contribuèrent puissamment l'un et l'autre à leur amusement réciproque. Les narrations minutieuses de M. Bradwardine et son imperturbable mémoire fournissaient à Waverley des sujets nouveaux du genre de ceux sur lesquels son imagination aimait à s'exercer, et lui ouvraient une nouvelle mine d'incidents et de caractères. De son côté, il rendait en attention le plaisir qui lui était ainsi procuré, chose qu'apprécie tout narrateur, mais qui était surtout précieuse aux yeux du baron, dont cette déférence flattait le sentiment d'importance personnelle; quelquefois aussi les propres communications d'Édouard captivaient l'intérêt de M. Bradwardine, comme confirmant ou complétant ses anecdotes favorites. M. Bradwardine aimait d'ailleurs à rappeler les souvenirs de sa jeunesse, qu'il avait passée dans les camps et sur les terres étrangères, et il avait à raconter une foule de particularités attachantes sur les généraux sous lesquels il avait servi, et sur les actions auxquelles il avait assisté.

Les deux chasseurs revinrent donc à Tully-Veolan enchantés l'un de l'autre, Waverley curieux d'étudier de plus près ce qu'il considérait comme un caractère aussi intéressant que singulier, doué d'une

---

[1] Le baron eût dû se souvenir que le joyeux Allan tirait directement son origine de la maison du noble comte qu'il appelle

Dalhousie, d'une antique origine,
Ma souche, mon orgueil, mon ornement.
(W. S.)

On trouvera, dans les œuvres poétiques de notre auteur, sur l'ancienne littérature et les vieux poëtes de l'Écosse, des renseignements qui nous dispensent de nous étendre ici sur ce sujet. Le lecteur peut aussi consulter, dans le troisième volume du *Voyage historique et littéraire* de M. Amédée Pichot en Angleterre et en Écosse, les lettres qu'il a consacrées au même objet. (L. V.)

[2] De toute l'étendue du ciel.

CHAPITRE XIII.

mémoire qui en faisait un curieux répertoire d'anecdotes anciennes et modernes ; et M. Bradwardine disposé à voir dans Édouard un *puer* (ou plutôt *juvenis*) *bonæ spei et magnæ indolis*[1], un jeune homme affranchi de cette légèreté pétulante qui méprise et ne peut endurer la conversation et les conseils de ses anciens, et tirant de cette disposition d'esprit un heureux présage pour ses succès futurs et sa conduite dans la vie. Il n'y eut d'autre convive que M. Rubrick, dont le savoir et la conversation, comme ecclésiastique et comme lettré, s'harmonisaient on ne peut mieux avec ceux du baron et de son hôte.

Peu de temps après le dîner, le baron, comme pour montrer que sa tempérance n'était pas toute en théorie, proposa une visite à l'appartement de Rose, ou, comme il disait, à son *troisième étage*[2]. Waverley eut à traverser, en conséquence, un ou deux de ces obscurs et longs corridors dont les anciens architectes s'étudiaient à embarrasser les habitants des maisons dont ils traçaient le plan. Arrivé au bout de ce labyrinthe, M. Bradwardine commença à monter deux à deux les marches d'un escalier tournant, étroit et singulièrement escarpé, laissant M. Rubrick et Waverley le suivre plus à loisir, tandis qu'il annoncerait leur approche à sa fille.

Après avoir gravi cette spirale tellement verticale qu'ils en éprouvaient presque des éblouissements, ils arrivèrent à un petit vestibule garni de nattes, qui servait d'antichambre au *sanctum sanctorum* de Rose, et d'où ils passèrent dans son *parloir*[3]. C'était une pièce petite, mais agréable, ouvrant au midi, et tendue de tapisseries ; elle était en outre ornée de deux portraits, l'un de la mère de miss Rose, en costume de bergère et en paniers ; l'autre du baron à l'âge de dix ans, avec un habit bleu, un gilet brodé, un chapeau galonné, une perruque à marteau, et un arc à la main. Édouard ne put retenir un sourire à la vue de ce costume, et à l'étrange contraste que présentait le visage plein, lisse et vermeil qui semblait fixer son regard sur lui, avec les traits amaigris, le menton barbu, les yeux creusés et les joues basanées que les voyages, les fatigues de la guerre et l'âge avaient donnés à l'original. Le baron en rit avec lui. — Réellement, dit-il, ce portrait fut une fantaisie féminine de ma bonne mère : une fille du laird de Tullielum, capitaine Waverley ; je vous ai montré, quand nous avons passé le sommet de Shinnyheuch, la maison qui fut brûlée par les auxiliaires hollandais envoyés ici par le gouvernement en 1715. Je n'ai jamais posé pour mon portrait qu'une seule fois depuis que celui-ci a été peint, et ce fut à la demande spéciale et réitérée du maréchal duc de Berwick.

Le bon vieux gentilhomme n'ajouta pas ce qu'Édouard apprit en-

[1] Un enfant, ou plutôt un jeune homme d'esprit et d'avenir.
[2] Ces mots sont en français dans l'original.
[3] Petit salon de conversation. (L. V.)

suite de M. Rubrick : c'est que le duc lui avait fait cet honneur en considération de ce qu'il était le premier monté sur la brèche d'une forteresse, dans la mémorable campagne de Savoie de 1709, et qu'il s'y était maintenu pendant près de dix minutes avec sa demi-pique, avant qu'aucun des siens l'eût rejoint. On doit au baron cette justice, que, tout en étant suffisamment enclin à s'étendre sur l'importance et la dignité de sa famille, et même à les exagérer, il avait trop de véritable bravoure pour faire jamais l'allusion même la plus légère aux actes de courage personnel dont il eût pu se glorifier.

Miss Rose sortit alors de son appartement intérieur pour recevoir son père et ses amis. Les petits travaux auxquels il était évident qu'elle s'était livrée révélaient un goût naturel qui n'avait besoin que d'être cultivé. Son père lui avait enseigné le français et l'italien, et un certain nombre de classiques dans ces deux langues ornaient ses rayons. Il avait voulu aussi être son précepteur en musique; mais comme il avait débuté par les doctrines les plus abstraites de la science, et que peut-être lui-même ne les possédait pas à fond, les progrès qu'elle y avait faits se bornaient à l'avoir mise à même de s'accompagner sur le clavecin, talent qui, à la vérité, n'était pas alors très-commun en Écosse. En revanche, elle chantait avec goût et sentiment, et avec un respect pour le sens des paroles qui aurait pu être donné en exemple à des dames d'une habileté musicale très-supérieure. Son bon sens naturel lui avait appris que si, comme nous l'assure une haute autorité, « la musique se marie à l'immortelle poésie, » trop souvent l'exécutant établit entre elles un honteux divorce. C'était peut-être par suite de son goût délicat pour la poésie, et de son habileté à en combiner l'expression avec celle de la musique, que son chant faisait éprouver plus de plaisir à tous ceux qui n'étaient pas initiés à cet art, et même à un grand nombre de ceux qui s'y étaient rendus habiles, que n'auraient pu le faire une voix beaucoup plus belle et une exécution plus brillante, que n'eût pas guidé la même pureté de goût.

Une *bartisane* ou galerie saillante, en avant des fenêtres de son parloir, mettait en évidence une autre des occupations de Rose, car elle était garnie d'une foule de fleurs de toute espèce, qu'elle avait prises sous sa protection spéciale. Une tourelle faisant saillie donnait accès à ce balcon gothique, qui dominait la plus belle vue. Les compartiments réguliers du jardin, avec ses hauts murs d'enceinte, ne paraissaient plus, vus de cette hauteur, former qu'un simple parterre; tandis qu'au delà la vue plongeait sur une vallée boisée, où la petite rivière se montrait parfois, pour disparaître ensuite sous l'ombre du taillis. L'œil éprouvait le désir de se reposer sur les rochers qui, çà et là, élevaient du fond de la vallée leurs fronts massifs ou élancés; il pouvait s'arrêter aussi sur la vieille tour, dont les ruines vénérables apparaissaient de ce point dans toute leur dignité, couronnant le sommet sourcilleux d'un promontoire qui dominait la rivière. A gauche, on apercevait deux ou trois chaumières, partie du village : le front de la colline cachait les autres. La vallée, qu'en Écosse on nomme *glen*, se terminait par une nappe d'eau, appelée Loch [1] Veolan, dans laquelle se perdait la petite rivière, et dont la surface étincelait maintenant aux feux du soleil couchant. Au loin, le pays paraissait découvert et accidenté, quoique dénué de bois ; et rien n'y interrompait la vue jusqu'à ce que l'horizon fût limité par une rangée de collines bleuâtres, qui fermaient la vallée [2] du côté du midi. C'était sur ce balcon ravissant que miss Bradwardine avait fait servir le café.

La vue de la vieille tour ou forteresse amena dans la conversation diverses anecdotes et des souvenirs de la chevalerie écossaise, que le baron raconta avec enthousiasme. Le pic saillant d'un roc incliné, qui se projetait non loin de là, avait reçu le nom de *Chaise de Saint-Swithin*. A ce rocher se rattachait une superstition locale, dont diverses particularités curieuses, mentionnées par M. Rubrick, rappelèrent à Waverley les vers cités par Edgar dans le *Roi Lear*. Miss Rose fut priée de chanter une courte ballade dans laquelle ces particularités de la légende avaient été fondues par un poëte de village, qui,

> Ignoré comme ceux dont il reçut la vie,
> N'a, dans ses chants, oublié que son nom.

La douceur de sa voix et la simplicité pleine de charme de sa musique donnèrent à la poésie du ménestrel tout l'avantage qu'il eût pu désirer pour elle, et dont elle avait grand besoin. Je crains bien que, dépouillée de ces accessoires, cette poésie n'ait perdu tout son attrait aux yeux de mes lecteurs, quoique j'aie lieu de croire que la copie suivante en a été quelque peu modifiée par Waverley, pour l'accommoder au goût de ceux qui n'aimeraient pas l'antiquité pure :

La Chaise de Saint Swithin.

« La veille de la Toussaint, avant de te livrer au sommeil, aie soin que ta couche soit bénie ; que le signe de la croix et ton rosaire la sanctifient. Chante l'*Ave*, dis le *Credo*.

« Car la veille de la Toussaint, la sorcière des nuits [3] enfourchera sa monture aérienne, et les neuf démons qui l'escortent fendront l'air à ses côtés ; que le vent souffle doucement ou mugisse avec violence, ils planeront ainsi aux rayons de la lune, ou enveloppés d'un nuage.

[1] Lac. C'est la forme écossaise de l'anglais *lake*. (L. V.)

[2] L'auteur emploie ici le mot écossais *strath*. Le strath est une vallée plus étendue que le *glen* ou vallon, et dont le fond encaisse toujours une rivière. (L. V.)

[3] *Night-hag*. On entend quelquefois par cette expression ce que nos traditions populaires ont nommé le *loup-garou*. (L. V.)

« La châtelaine s'est assise dans la chaise de saint Swithin ; la rosée de la nuit a mouillé ses cheveux, ses joues sont pâles : — mais haute est sa parole, résolu est son regard.

« Elle prononce le charme du hardi Swithin, alors que son pied nu suivit sa route nocturne, qu'il arrêta la sorcière chevauchant à minuit, et que, la forçant de descendre, il lui arracha sa promesse.

« Celui qui ose s'asseoir sur la chaise de saint Swithin, quand la sorcière des nuits traverse les airs agités, qui trois fois l'interpelle en prononçant le charme, celui-là peut demander : il faudra qu'elle réponde.

« Le baron, depuis trois longues années, a suivi son lige, le roi Robert, au milieu des siéges et des combats; on ne sait rien de lui, ni bien ni mal, et la châtelaine voudrait bien connaître quel a été son destin.

« Elle frissonne et s'arrête quand sa bouche dit le charme : — est-ce le cri du capricieux hibou qui s'est fait entendre ? Ces sons perçants, ces rires sinistres, sont-ils la voix du démon qui hante le torrent ?

« Les gémissements du vent tombent et s'apaisent; le torrent mugissant s'est arrêté dans son lit : ce calme est plus effrayant que les rugissements de la tempête. Au milieu du pâle et froid brouillard apparaît l'horrible forme ! »

. . . .

— Je suis fâchée de tromper l'attente de la compagnie, dit miss Rose en s'interrompant, et surtout celle du capitaine Waverley, qui écoute avec une si louable gravité ; ce n'est qu'un fragment, quoiqu'il y ait encore, je crois, d'autres couplets qui racontent comment le baron revint de ses guerres, et comment la châtelaine fut trouvée « froide comme la terre, au seuil de son manoir. »

— C'est une de ces fictions, ajouta M. Bradwardine, par lesquelles l'ancienne histoire des grandes familles fut défigurée dans les temps de superstition; de même que celle de Rome et des autres nations de l'antiquité a eu ses prodiges, monsieur, comme vous pouvez le voir en lisant les anciens historiens, ou le petit ouvrage compilé par Julius Obsequens, et dédié par le savant Scheffer, qui en a donné une édition, à son patron Bénédictus Skytte, baron de Dudershoff.

— Mon père, reprit Rose, se défie étrangement du merveilleux, capitaine Waverley, et il lui est arrivé une fois de rester ferme quand tout un synode de presbytériens était mis en déroute par une apparition soudaine du malin esprit.

Waverley parut désirer plus de détails à ce sujet.

— Dois-je vous raconter mon histoire, comme je vous ai chanté ma ballade ? — soit. — Il y avait une fois une vieille femme appelée Janet Gellatley, qu'on suspectait de sorcellerie, par l'excellente raison qu'elle était très-vieille, très-laide, très-pauvre, et qu'elle avait deux fils, l'un desquels était poëte et l'autre fou, affliction qui lui était survenue, au rapport de tous ses voisins, en punition du péché de sorcellerie. Elle fut renfermée pendant une semaine dans le clocher de l'église de la paroisse.

CHAPITRE XIII.

où on lui donna à peine à manger et où il ne lui fut pas permis de dormir ; tant et si bien qu'elle-même devint aussi convaincue de sa sorcellerie que ceux qui l'en accusaient. Dans cet heureux et lucide état d'esprit, elle fut conduite, pour y décharger sa conscience, c'est-à-dire pour y confesser ouvertement ses sorcelleries, devant l'assemblée des gentilshommes whigs et des ministres des paroisses environnantes, qui eux-mêmes n'étaient pas de grands sorciers. Mon père se rendit à l'assemblée pour veiller à ce que le procès fût instruit équitablement par le clergé, vu que la sorcière était née sur ses domaines. Tandis que l'accusée confessait que l'Ennemi lui apparaissait sous la forme d'un bel homme noir, — ce qui, si vous aviez vu la pauvre vieille Janet et ses yeux chassieux, vous eût donné une assez mince idée du goût du diable, — et tandis que les auditeurs ouvraient de grandes oreilles, et que le greffier écrivait sa déclaration d'une main tremblante, tout à coup, quittant le ton de voix bas et chevrotant dans lequel elle avait parlé jusqu'alors, et poussant un hurlement épouvantable, elle s'écria : Prenez garde à vous ! prenez garde à vous ! je vois le Malin assis au milieu de vous. L'étonnement fut général, et chacun, rempli de terreur, se hâta de prendre la fuite. Heureux ceux qui se trouvaient près de la porte ! Nombreux furent les désastres qui tombèrent sur les chapeaux, les rabats, les manchettes et les perruques, avant que tout le monde fût hors de l'église, où on laissa l'obstiné prélatiste régler les choses entre la sorcière et son admirateur, à ses risques et comme il l'entendrait.

— *Risu solvuntur tabulæ* [1], dit le baron ; quand ils furent revenus de leur terreur panique, la honte les empêcha de donner suite au procès contre Janet Gellatley [2].

Cette anecdote amena une longue discussion sur

<blockquote>
Toutes ces vaines et capricieuses croyances, ces inventions, ces rêves, ces opinions ridicules, ces apparitions, ces visions, ces divinations, ces prophéties, et tout ce qui n'est que fiction, histoires, imposture et mensonge.
</blockquote>

Ce fut par cette conversation, et par les légendes romanesques auxquelles elle donna lieu, que se termina la seconde soirée passée par notre héros au manoir de Tully-Veolan.

---

[1] Le rire met fin au procès.

[2] L'histoire est arrivée, dit-on, dans le sud de l'Écosse ; mais — *cedant arma togæ*, — que la robe ait ce qui lui revient. Ce fut un vieux prêtre qui eut assez de sagesse et de fermeté pour résister à la panique qui avait saisi ses confrères, et qui par là sauva une pauvre créature insensée du sort cruel qui sans cela l'eût atteinte. Les procès en sorcellerie forment un des plus déplorables chapitres de l'histoire d'Écosse. (W. S.)

CHAPITRE XIV.

UNE DÉCOUVERTE. — WAVERLEY DEVIENT COMMENSAL DE TULLY-VEOLAN.

Le lendemain Édouard se leva de bonne heure, et dans sa promenade du matin autour de la maison et dans le voisinage, il se trouva subitement à l'entrée d'une petite cour, vis-à-vis du chenil, où son ami Davie était occupé à donner ses soins aux quadrupèdes confiés à sa charge. Un coup d'œil rapide lui fit reconnaître Waverley ; mais se détournant à l'instant comme s'il ne l'eût pas aperçu, il se mit à chanter quelques couplets d'une vieille ballade :

> L'amour des jeunes gens est plus vif et plus prompt ;
> Entendez-vous chanter l'oiseau joyeux ?
> Mais aussi le vieillard aime plus constamment ;
> La grive dort la tête sous son aile.
>
> La fureur du jeune homme est comme un feu de paille ;
> Entendez-vous chanter l'oiseau joyeux ?
> Mais celle du vieillard est comme un fer ardent ;
> La grive dort la tête sous son aile.
>
> A la table du soir le jeune homme crie fort ;
> Entendez-vous chanter l'oiseau joyeux ?
> Le vieillard, au matin, lui, tire son épée ;
> La grive dort la tête sous son aile.

Waverley ne put s'empêcher de remarquer que Davie semblait donner à ce chant une intention satirique. Il s'approcha donc, et par diverses questions tâcha de tirer de lui l'explication de cette espèce d'allusion détournée. Mais Davie ne se trouvait pas d'humeur à s'expliquer, et il eut assez de finesse pour faire servir sa folie de manteau à sa malice. Édouard ne put rien tirer de lui, excepté que le laird de Balmawhapple était retourné chez lui la veille au matin « ses bottes remplies de sang. » Mais dans le jardin il rencontra le vieux sommelier, qui ne chercha pas à lui cacher plus longtemps qu'ayant été élevé dans la pépinière de MM. Sumack et Cie, à Newcastle, il donnait de temps à autre un coup de bêche aux plates-bandes de fleurs, pour obliger le laird et miss Rose. Après beaucoup de questions, Waverley apprit, avec un pénible sentiment de surprise et de honte, que la soumission de Balmawhapple et ses excuses avaient été la conséquence d'une rencontre qu'avait eue avec lui le baron, avant que son hôte eût quitté le lit, rencontre dans laquelle le plus jeune des deux combattants avait été désarmé et blessé au bras droit.

Grandement mortifié à cette découverte, Édouard courut trouver le baron, et se plaignit vivement de l'injustice qu'il avait commise envers lui en prévenant sa rencontre avec M. Falconer, circonstance qui, en raison de son âge et de sa profession, pouvait être tournée fort à son désavantage. Le baron se justifia beaucoup trop longuement pour que je veuille rapporter ses raisons. Il allégua que la querelle avait été commune entre eux, et que Balmawhapple n'avait pu, d'après le code de l'honneur, éviter de leur donner satisfaction à l'un et à l'autre, ce qu'il avait fait, quant à lui, dans une honorable rencontre, et à l'égard de Waverley par un *palinode*[1] qui rendait inutile le recours aux armes, et qui, ayant été fait et reçu, devait nécessairement assoupir toute l'affaire.

Par cette excuse, ou cette explication, Waverley fut réduit au silence, sinon satisfait; mais il ne put cacher l'expression de quelque rancune contre le *bienheureux ours* qui avait occasionné la querelle, ni s'empêcher de donner à entendre que la qualification révérencieuse n'était guère méritée. Le baron répliqua qu'il ne pouvait disconvenir que l'ours, quoique regardé par les maîtres en blason comme un très-honorable emblème, avait néanmoins dans le caractère quelque chose de féroce, de rude et de grondeur (comme on pouvait le voir dans les *hieroglyphica animalium* d'Archibald Simson, pasteur de Dalkeith), et par là avait été la source d'une foule de dissensions et de querelles qui s'étaient élevées dans la maison de Bradwardine. Je pourrais citer entre autres, continua-t-il, ma malheureuse querelle avec un cousin au troisième degré, du côté de ma mère, sir Hew Halbert, qui fut assez inconsidéré pour tourner en dérision mon nom de famille, comme si c'eût été *quasi Bear-Warden*[2]; plaisanterie fort incivile, car non-seulement elle insinuait que le fondateur de notre maison remplissait les fonctions viles de gardien de bêtes, occupation, vous devez l'avoir remarqué, qui n'est confiée qu'à des gens de la plus basse classe; mais de plus elle semblait inférer que nos armoiries n'avaient pas été conquises par d'honorables actions de guerre, mais conférées par manière de *paranomasia*, ou de jeu de mots, sur notre nom de famille: —sortes d'emblèmes que les Français nomment *armoiries parlantes*, les Latins *arma cantantia*, et vos auteurs anglais *canting heraldry*[3]. C'est là

---

[1] Des excuses.

[2] *Bear-warden*, gardien d'ours.

[3] Blason à double entente.

une espèce de blason plus convenable à des argotiers, à des porte-besace et des mendiants de même sorte, dont le jargon ne consiste qu'en jeux de mots, qu'à l'utile, honorable et noble science du blason, qui destine les emblèmes armoriaux à être la récompense des actions nobles et généreuses, et non à caresser l'oreille par de vains quolibets, tels qu'on en trouve dans les petits livres de facéties[1]. Le baron n'ajouta rien de plus sur sa querelle avec sir Hew, si ce n'est qu'elle fut réglée les armes à la main.

Après les détails minutieux dans lesquels nous sommes entrés sur les distractions de Tully-Veolan pendant les premiers jours qui suivirent l'arrivée d'Édouard, dans le dessein d'en faire connaître au lecteur tous les habitants, il devient moins nécessaire de retracer avec la même exactitude la suite de ses relations. Il est à croire qu'un jeune homme accoutumé à une société plus gaie se serait promptement lassé de la conversation d'un aussi ardent champion de la science héraldique que l'était le baron; mais Édouard trouvait une agréable diversion dans celle de miss Bradwardine, qui écoutait avec empressement ses remarques sur la littérature, et montrait dans ses réponses une grande justesse de goût. La douceur de son caractère l'avait fait se soumettre avec complaisance, et même avec plaisir, au choix de lectures que son père lui avait prescrites, quoiqu'il y eût compris non-seulement plusieurs lourds in-folios d'histoire, mais certains volumes gigantesques de disputes théologiques relatives à l'église épiscopale. En blason, il s'était heureusement borné à lui faire acquérir la légère teinture de cette science que peut donner la lecture des deux in-folios de Nisbett. Rose, à la vérité, était la prunelle même des yeux de son père; son constant enjouement, son attention pour tous ces petits soins si agréables à ceux-là même qui n'auraient jamais songé à les exiger, sa beauté, dans laquelle il voyait revivre les traits d'une épouse bien-aimée, sa piété sincère, son caractère noble et généreux, auraient justifié l'affection la plus aveugle d'un père.

La sollicitude paternelle du baron ne semblait pas s'étendre, néanmoins, jusqu'à l'objet où, dans l'opinion générale, elle est appliquée de la manière la plus efficace; je veux dire en s'occupant de l'établir

---

[1] Quoique les armoiries à double sens soient généralement réprouvées, on en trouve cependant des exemples dans les écussons et les devises de beaucoup d'honorables familles. Ainsi la devise des Vernons, *ver non semper viret*, n'est autre chose qu'un calembourg, de même que celle des Onslows, *festina lente*. Le *periissem ni per iissem* des Anstruthers est sujet à la même observation. Un membre de cette ancienne famille, ayant appris qu'un adversaire avec lequel une rencontre amicale avait été convenue avait résolu de saisir l'occasion favorable de le tuer par surprise, le prévint en lui fendant le crâne d'un coup de sa hache d'armes. Deux bras nerveux, brandissant chacun une de ces armes, forment le cimier ordinaire de la famille, avec cette devise inscrite au-dessus : *Periissem ni per iissem*, c'est-à-dire : « j'aurais péri si je n'étais allé à travers. » (W. S.)

dans le monde, soit par un douaire considérable, soit par un riche mariage. D'après une ancienne disposition, la plus grande partie des immeubles du baron devaient, après sa mort, passer à un parent éloigné, et il y avait lieu de supposer que miss Bradwardine resterait très-maigrement pourvue; car les revenus du bon gentilhomme étaient depuis trop longtemps sous la conduite exclusive du bailli Macwheeble pour qu'on pût fonder de grandes espérances sur sa succession mobilière. Il est vrai que Macwheeble aimait son patron plus que personne après lui-même (à une incommensurable distance, cependant). Il avait pensé qu'il était possible d'éluder la substitution de mâle en mâle, et s'était même, à cet effet, procuré une consultation (sans bourse délier, comme il s'en vantait) d'un membre distingué du barreau d'Écosse, dont il avait su tirer adroitement l'avis, sur ce sujet, dans le cours d'une consultation régulière sur une autre affaire; mais le baron n'avait pas voulu entendre parler un seul instant d'une telle proposition. Il prenait habituellement, au contraire, un plaisir cruel à se glorifier de ce que la baronnie de Bradwardine était un fief mâle, la charte primitive en ayant été concédée à une époque où les femmes n'étaient pas jugées aptes à tenir une concession féodale, parce que, suivant les *Coustumes de Normandie*, « c'est l'homme ki se bast et ki conseille; » ou, selon d'autres autorités encore moins galantes, dont il se plaisait à citer *in extenso* les noms barbares, parce qu'une femme ne pouvait ni servir pendant la guerre son supérieur ou seigneur féodal, à raison du *decorum* de son sexe, ni l'assister de ses avis, à raison de son intelligence bornée, ni garder ses secrets, à cause de la faiblesse de son caractère. Il demandait d'un air triomphant comment il siérait à une femme, et cette femme étant une Bradwardine, d'être vue occupée *in servitio exuendi seu detrahendi caligas post battaliam*, c'est-à-dire à ôter les bottes du roi après un engagement, ce qui était le service féodal auquel l'obligeait l'investiture du fief de Bradwardine. Non, disait-il, il est hors de doute, *procul dubio*, que beaucoup de femmes aussi méritoires que Rose ont été exclues de la succession pour me faire place; et à Dieu ne plaise que je fasse quelque chose qui puisse contrevenir aux dispositions de mes ancêtres, ni blesser les droits de mon parent Malcolm Bradwardine de Inchgrabbit, branche honorable, quoique déchue, de ma famille.

Le bailli ayant, comme premier ministre, reçu de son souverain cette communication décisive, n'osa pas insister davantage sur sa propre opinion; il se contenta, en toute occasion convenable, de déplorer avec Saunderson, le ministre de l'intérieur, l'obstination du laird, et de faire des plans d'union entre Rose et le jeune laird de Balmawhapple, possesseur d'un beau domaine pas trop grevé, et qui était un jeune homme accompli, aussi sobre qu'un saint, — si vous teniez l'eau-de-vie loin de lui, ou lui loin de l'eau-de-vie, — et n'ayant, en somme, d'autres défauts que de fréquenter parfois assez mauvaise compagnie, notamment Jinker le maquignon, et Gibby Gaethroughwi't le joueur de cornemuse de Cupar : — mais ce sont des folies dont il se corrigera, M. Saunderson ; il s'en corrigera, disait le bailli.

— Comme l'ale aigre en été, ajouta Davie Gellatley, qui se trouvait plus près du conclave qu'on ne l'avait soupçonné.

Miss Bradwardine, telle que nous l'avons dépeinte, avec toute la simplicité et la curiosité d'une recluse, saisit avec empressement l'occasion que lui offrait la visite d'Édouard d'étendre ses acquisitions en littérature. Il envoya chercher à ses quartiers quelques-uns de ses livres, qui ouvrirent à Rose des sources de plaisir dont jusque là elle n'avait pas eu idée. Les meilleurs poëtes anglais dans chaque genre et d'autres ouvrages de littérature firent partie de cette précieuse cargaison. Sa musique, ses fleurs même furent négligées, et Saunders non-seulement se plaignit d'un travail pour lequel il recevait maintenant à peine un remerciement, mais il commença même à se mutiner contre la charge qui retombait sur lui. Ces nouveaux plaisirs devenaient de jour en jour plus vifs, partagés comme ils l'étaient par quelqu'un qui avait les mêmes goûts. L'empressement d'Édouard à commenter, à relire, à expliquer les passages difficiles, rendait son assistance inappréciable, et le romanesque de son esprit charmait un caractère trop jeune encore et trop inexpérimenté pour en apercevoir les imperfections. Sur des sujets qui l'intéressaient, et quand il était tout à fait à l'aise, il possédait ce flux d'éloquence naturelle, fleurie même quelquefois, qu'on a supposée aussi puissante que la figure, la mode, la renommée ou la fortune, pour captiver le cœur d'une femme. Il y avait donc, dans ces rapports suivis, un danger chaque jour croissant pour la paix d'esprit de la pauvre Rose, et ce danger était d'autant plus grand, que le baron était beaucoup trop absorbé par ses propres études, et trop enveloppé dans le sentiment de sa dignité, pour concevoir seulement l'idée que sa fille pût y être exposée. Dans son opinion, les filles de la maison de Bradwardine, comme celles des maisons de Bourbon et d'Autriche, étaient placées fort au-dessus du nuage des passions qui peut obscurcir le jugement de femmes d'un rang moins élevé ; elles agissaient dans une autre sphère, étaient gouvernées par d'autres sentiments, et se dirigeaient sur d'autres règles que celles des vaines et capricieuses affections. En un mot, il fermait si résolument les yeux sur les conséquences naturelles de l'intimité d'Édouard avec miss Bradwardine, que tout le voisinage en conclut qu'il les avait ouverts sur les avantages d'un mariage entre sa fille et le riche et jeune Anglais, et qu'on le déclara beaucoup moins fou qu'on n'avait pu le supposer d'après sa conduite en des circonstances où ses intérêts étaient engagés.

Si en effet le baron eût réellement médité une telle alliance, l'indifférence de Waverley eût mis à son projet un insurmontable obstacle. Notre héros, depuis qu'il avait plus librement fréquenté le monde, avait appris à ne penser qu'avec une honte et une confusion extrêmes à sa légende mentale de sainte Cécile, et l'amertume de ces réflexions servit probablement, pour un certain temps du moins, de contre-poids à la disposition naturellement impressionnable de son esprit; et puis Rose Bradwardine, belle et aimable comme nous l'avons dépeinte, n'avait pas précisément ce genre de beauté ou de mérite qui captive à vingt ans une imagination romanesque : elle était trop franche, trop confiante, trop bonne; qualités aimables, sans doute, mais destructives du merveilleux dont une jeune imagination exaltée aime à parer la souveraine de ses pensées. Était-il possible d'incliner le front, de trembler et d'adorer, devant la jeune fille enjouée, quoique timide, qui tantôt demandait à Édouard de lui tailler sa plume, tantôt de lui construire une stance du Tasse, tantôt de lui orthographier un long — très-long mot de la version qu'elle en avait faite? Tous ces incidents ont leur fascination sur l'esprit à une certaine époque de la vie, mais non à celle où le jeune homme, qui vient d'y entrer, aspire après un objet dont l'affection l'ennoblisse à ses propres yeux, plutôt qu'il ne s'abaissera jusqu'à la femme qui cherche en lui la même distinction. Aussi, quoiqu'on ne puisse établir de règle absolue pour une passion si capricieuse, on peut dire qu'un premier amour est fréquemment ambitieux dans son choix, ou, ce qui revient au même, qu'il en choisit l'objet (comme dans la légende de sainte Cécile déjà citée) dans une situation qui laisse pleine carrière à ce *beau idéal* que la réalité d'une vie intime et familière tend plutôt à limiter ou à détruire. J'ai connu un jeune homme très-sensible et plein de qualités, qui fut guéri d'un amour violent que lui avait inspiré une jolie femme dont l'esprit ne répondait pas à la figure, par suite de la permission qu'il avait obtenue de passer près d'elle toute une après-midi. Aussi est-il certain que si Édouard avait eu la même occasion de converser avec miss Stubbs, la précaution de tante Rachel fût devenue inutile, car il aurait tout aussi bien pu devenir amoureux de la laitière. Quoique miss Bradwardine fût une femme toute différente, il paraît probable que l'intimité même de leurs relations prévint en lui d'autres sentiments pour elle que ceux d'un frère pour une sœur aimable et accomplie; tandis que le penchant de la pauvre Rose prenait peu à peu, et à son insu, le caractère d'une affection plus vive.

J'aurais dû dire qu'Édouard, quand il envoya à Dundee chercher ses livres, comme nous l'avons dit, avait demandé et obtenu une prolongation de congé; mais la lettre de son commandant contenait une recommandation amicale de ne pas consacrer tout son temps à la compagnie de personnes qui, tout estimables qu'elles fussent dans un sens général, ne pouvaient être considérées comme amies d'un gouvernement qu'elles avaient refusé de reconnaître en prêtant le serment d'allégeance. La lettre insinuait en outre, quoique d'une manière très-délicate, que bien que des relations de famille pussent être supposées mettre le capitaine Waverley dans la nécessité de voir des gentlemen placés dans ce fâcheux état de suspicion, la situation et les vues de son père devaient cependant l'empêcher de pousser ces relations jusqu'à l'intimité. Enfin on lui donnait à entendre qu'en même temps que ses principes politiques seraient mis en danger par des communications trop suivies avec des personnes de cette nature, il pouvait en outre recevoir de fausses impressions, en matière de religion, des prêtres épiscopaux, qui travaillaient avec tant de malveillance à introduire la prérogative royale dans les choses sacrées.

Cette dernière insinuation conduisit probablement Waverley à les attribuer l'une et l'autre aux préjugés de son commandant. Il sentit que M. Bradwardine avait agi avec la plus scrupuleuse délicatesse, en n'abordant jamais une discussion qui eût la tendance la plus éloignée à influer sur ses opinions politiques, quoique non-seulement il fût un des plus chauds partisans de la famille exilée, mais qu'à différentes époques il eût été chargé par elle de plusieurs missions importantes. Sentant donc bien que sa fidélité politique était de ce côté à l'abri de tout danger, Édouard eût cru faire injure au vieil ami de son oncle en s'éloignant d'une maison où il trouvait plaisir et délassement, uniquement par égard pour une prévention et un soupçon mal fondés. En conséquence, il répondit dans un sens très-général, assurant son commandant que sa *loyauté* ne courait pas le moindre danger, même éloigné, d'être entachée, et il continua de résider à Tully-Veolan, où on lui avait fait un si honorable accueil.

CHAPITRE XV.

UN CREAGH [1] ET SES SUITES.

Édouard était depuis six semaines le commensal de Tully-Veolan, lorsqu'un matin, faisant sa promenade accoutumée avant le déjeuner, il remarqua parmi les habitants du château des signes de perturbation extraordinaires. Quatre laitières à jambes nues, tenant chacune à la main un seau à lait vide, couraient çà et là avec des gestes frénétiques, et en proférant des exclamations bruyantes de surprise, de douleur et de colère. A les voir ainsi, un païen eût pu les prendre pour un détachement des célèbres Bélides [2], échappées à la pénitence de leur tonneau sans fond. Comme on ne pouvait rien tirer de ce chœur désolé, sauf les exclamations de : Dieu nous protége ! — Eh sirs ! — qui n'expliquaient nullement la cause de leur détresse, Waverley se rendit à la première cour, ou *fore-court*, comme on l'appelait, d'où il aperçut le bailli Macwheeble montant l'avenue sur son poney gris, avec toute la hâte dont la bête était susceptible. Il semblait se rendre à un appel très-pressant, et il était suivi d'une dizaine d'habitants du village, qui n'avaient pas grand'peine à le suivre.

Beaucoup trop affairé et trop rempli de son importance pour entrer en explications avec Édouard, le bailli fit appeler M. Saunders, qui parut aussitôt, d'un air à la fois solennel et consterné, et ils entrèrent immédiatement en conférence secrète. Davie Gellatley se montrait aussi dans le groupe, oisif comme Diogène à Sinope, tandis que ses concitoyens se préparaient à soutenir un siége. Ses facultés se réveillaient toujours à chaque événement, heureux ou malheureux, qui occasionnait quelque tumulte ; il se mit à sauter, à danser, à gambader, et à chanter le refrain d'une vieille ballade :

> Tout notre bien est à vau-l'eau,

jusqu'à ce que, passant à trop petite portée du bailli, il reçut du manche de son fouet un avertissement qui convertit ses chants en lamentations.

---

[1] Un *creagh* était une incursion de pillards ; c'est ce que sur les frontières on nommait un *raid*. (W. S.)

[2] Filles de Bélus, ou Danaïdes. (L. V.)

Se dirigeant de là vers le jardin, Waverley y vit le baron en personne, parcourant de long en large, d'un pas pressé et inégal, toute l'étendue de sa terrasse. Un sombre nuage d'indignation et d'orgueil blessé était répandu sur sa physionomie, et tout en lui semblait indiquer que des questions sur la cause de son agitation lui seraient au moins pénibles, sinon blessantes. Waverley se glissa donc dans la maison sans lui adresser la parole, et se rendit à la salle à manger, où il trouva sa jeune amie Rose. Sans montrer la colère de son père, ni l'épaisse importance du bailli Macwheeble, ni le désespoir des filles de la laiterie, elle paraissait soucieuse et contrariée. Un seul mot expliqua le mystère. — Vous ne ferez pas aujourd'hui un déjeuner tranquille, capitaine Waverley; un parti de caterans a fait cette nuit une descente chez nous, et a enlevé toutes nos vaches laitières.

— Un parti de caterans?

— Oui; ce sont des voleurs des montagnes voisines. Nous étions tout à fait tranquilles de leur côté depuis que nous payions le *blackmail* à Fergus Mac-Ivor Vich Ian Vohr; mais mon père a regardé comme indigne de son rang et de sa naissance de se soumettre plus longtemps à ce tribut, et le désastre de cette nuit en est résulté. Ce n'est pas la valeur du bétail qui m'afflige, capitaine Waverley; mais mon père est si furieux de cette insulte, il est si hardi et si bouillant, que je crains qu'il ne veuille tenter de le recouvrer de vive force. Et s'il n'est pas blessé lui-même, il pourra blesser quelques-uns de ces gens féroces, et alors plus de paix entre eux et nous pour le reste de notre vie, peut-être. Nous ne pouvons nous défendre comme autrefois, car le gouvernement a fait enlever toutes nos armes; et mon père est si téméraire!... Oh! que deviendrons-nous? — Ici la pauvre Rose, cédant à ses vives inquiétudes, laissa échapper un déluge de larmes.

Le baron entra en ce moment, et la réprimanda avec plus de rudesse que Waverley ne l'avait jamais vu en montrer à qui que ce fût.

— N'est-ce pas une honte à elle, dit-il, de se montrer ainsi devant un étranger? et ne dirait-on pas qu'elle fond en pleurs pour la perte de quelques têtes de bétail et de vaches à lait, comme si c'était la fille d'un paysan du Chester? — Capitaine Waverley, je vous prie de ne pas mal interpréter sa douleur, qui provient ou doit provenir seulement de ce qu'elle voit les domaines de son père exposés au pillage et aux déprédations de bandes de voleurs et de *sornars*[1], lorsqu'il ne nous est pas permis de garder chez nous une dizaine de mousquets pour nous défendre ou nous venger.

Le bailli Macwheeble entra un moment après, et il confirma ces plaintes par son rapport sur l'état des armes et des munitions. Il in-

---

[1] On peut interpréter le terme de *sornars* par *mendiants valides;* on l'applique plus spécialement à ces visiteurs malvenus, qui se font donner le gîte et la nourriture par force, ou par quelque chose d'approchant. (W. S.)

CHAPITRE XV.

forma le baron, d'un ton de doléance, que quoique les vassaux fussent certainement tout disposés à obéir aux ordres de Son Honneur, il n'y avait aucune chance qu'ils réussissent dans leur poursuite, vu qu'il n'y avait que les domestiques personnels de Son Honneur qui eussent des pistolets et des épées, et que le coup avait été fait par douze Highlanders, complétement armés à la mode de leur pays. — Après cette triste communication, il resta dans une attitude de muet abattement, secouant lentement la tête comme un pendule à ses dernières oscillations, puis demeurant tout à fait immobile, le corps courbé en avant sous un angle plus aigu que de coutume, et la partie postérieure de sa personne se projetant dans la même proportion.

Le baron, cependant, parcourait la chambre dans une indignation silencieuse; arrêtant enfin son regard sur un vieux portrait représentant un homme couvert d'une armure, et dont les traits refrognés se détachaient entre une épaisse chevelure et une barbe énorme, la première retombant en partie sur ses épaules, l'autre descendant de son menton et de sa lèvre supérieure jusqu'au milieu de sa poitrine bardée : — Ce gentilhomme, dit-il, mon grand-père, capitaine Waverley, avec deux cents chevaux qu'il avait levés sur ses propres domaines, défit et mit en déroute plus de cinq cents de ces brigands des Highlands, qui ont toujours été *lapis offensionis et petra scandali*, une pierre d'achoppement et de scandale, pour les basses terres de leur voisinage; — il les battit, dis-je, quand ils eurent la témérité de descendre pour piller ce pays, au temps des guerres civiles, en l'an de grâce 1642. Et aujourd'hui, monsieur, moi, son petit-fils, me voir ainsi outragé par ces indignes mains!

Ici il y eut une pause douloureuse; puis tous ceux qui étaient présents commencèrent, comme il est d'usage en pareil cas, à donner leurs avis contradictoires. *Alexander ab Alexandro* proposa d'envoyer quelqu'un traiter avec les catérans, lesquels, assura-t-il, relâcheraient volontiers leur proie à raison d'un dollar par tête de bétail. Le bailli fut d'avis que cette transaction aurait le caractère du *theft-boot*[1] ou composition de félonie, et il conseilla d'envoyer aux montagnes[2] quelque homme adroit[3] pour faire la meilleure transaction possible, comme s'il traitait pour lui-même, de telle façon que le laird ne parût pas dans toute cette affaire. Édouard proposa d'envoyer requérir à la plus proche garnison un détachement de soldats et le *warrant*[4] d'un magistrat; et Rose, autant qu'elle l'osa, tâcha d'insinuer que le plus sûr expédient serait de payer le tribut arriéré à Fergus Mac-Ivor

---

[1] Littéralement, rachat d'un vol. (L. V.)

[2] Aux vallées, dit le texte : *to the glens*. (L. V.)

[3] *Canny hand*, une main adroite. (L. V.)

[4] Mandat.

Vich Ian Vohr, qui pouvait aisément, personne ne l'ignorait, faire restituer le bétail si on savait se le concilier.

Aucune de ces ouvertures n'obtint l'approbation du baron. L'idée d'une composition, soit directe, soit détournée, était complétement ignominieuse; celle de Waverley montrait seulement qu'il ne connaissait ni la situation du pays ni celle des partis politiques qui le divisaient; et dans l'état de choses entre lui et Fergus Mac-Ivor Vich Ian Vohr, le baron ne lui ferait pas la moindre concession, serait-ce, ajouta-t-il, pour en obtenir restitution in integrum de toutes les vaches et de tous les bœufs, jusqu'au dernier, que ce chef, ses ancêtres et son clan avaient volés depuis le temps de Malcolm Canmore.

Ainsi donc il opina pour la guerre, et il proposa d'envoyer des exprès à Balmawhapple, à Killancureit, à Tullielum et aux lairds exposés aux mêmes déprédations, pour les inviter à se réunir à sa poursuite; et qu'alors, monsieur, ajouta-t-il, ces *nebulones nequissimi*[1], comme les appelle Leslœus, éprouvent le sort de leur prédécesseur Cacus,

« *Elisos oculos, et siccum sanguine guttur*[2]. »

Le bailli, qui était loin de goûter ces dispositions belliqueuses, tira de son gousset une énorme montre, de la couleur et presque de la taille d'une bassinoire d'argent, et fit observer qu'il était plus de midi, et que les caterans avaient été vus dans la passe de Bally-Brough peu de temps après le lever du soleil; de sorte que bien avant que les forces alliées pussent être réunies, eux et leur butin seraient hors d'atteinte et en sûreté dans leurs déserts impraticables, où il ne serait pas plus prudent de les suivre que possible de les atteindre.

Cette observation était irrécusable. Le conseil se sépara donc sans prendre aucune décision, comme il est arrivé à des assemblées plus importantes; seulement il fut arrêté que le bailli enverrait ses trois vaches laitières au château, pour les besoins de la famille du baron, et ferait usage en attendant de petite ale au lieu de lait. Le bailli consentit sans difficulté à cet arrangement, suggéré par Saunders, d'abord par suite de sa déférence habituelle pour la famille, ensuite par la certitude où il était que sa courtoisie lui serait, d'une manière ou de l'autre, récupérée au décuple.

Le baron étant sorti pour donner quelques ordres, Waverley saisit cette occasion pour s'informer si ce Fergus, avec ses noms imprononçables, était le principal homme de police[3] du district?

— L'homme de police! répondit Rose en riant; c'est un gentil-

---

[1] Ces détestables voleurs.
[2] Ses yeux sont arrachés, sa gorge a vomi tout son sang.
[3] *Thief-taker,* celui qui arrête les voleurs. (L. V.)

homme honorable et de grande conséquence, *chieftain* [1] d'une branche indépendante d'un clan puissant des Highlands, et très-respecté, tant à cause de sa propre influence que de celle de ses amis, parents et alliés.

— Hé bien, alors, qu'a-t-il de commun avec les voleurs? Est-ce un magistrat, un juge de paix?

— Ce serait plutôt un juge de guerre, s'il en existait; car c'est un voisin très-peu pacifique pour ceux qui ne sont pas de ses amis, et il entretient une *suite* d'hommes à pied trois fois plus nombreuse que n'est celle de beaucoup de gentilshommes dont les domaines sont trois fois plus étendus. Et quant à ses rapports avec les voleurs, c'est ce que je ne puis trop vous expliquer; tout ce que je puis vous dire, c'est que le plus hardi d'entre eux n'enlèvera jamais un sabot de bétail à quelqu'un qui paie le black-mail à Vich Ian Vohr.

— Et qu'est-ce que c'est que le black-mail?

— C'est une sorte de tribut en argent que les gentilshommes et les propriétaires des basses terres paient à quelqu'un des chefs highlandais, afin qu'il ne leur fasse aucun tort et ne souffre pas non plus que d'autres leur en fassent; et alors, si votre bétail est volé, vous n'avez qu'à lui envoyer un mot, et il saura bien le retrouver; ou bien il ira enlever des vaches dans quelque lieu éloigné où il sera en querelle, et vous les amènera pour vous tenir lieu des vôtres.

— Et cette espèce de Jonathan Wild [2] highlandais est reçu dans la société, et on lui donne le titre de gentilhomme?

— Tellement que la querelle entre mon père et Fergus Mac-Ivor date d'une assemblée de comté où il prétendait prendre le pas sur tous les gentilshommes des basses-terres qui s'y trouvaient, prétention à laquelle mon père fut le seul qui s'opposa. Alors il reprocha à mon père d'être sous sa bannière et de lui payer tribut; et mon père se mit dans une furieuse colère, car le bailli Macwheeble, qui arrange comme il l'entend les choses de cette nature, avait imaginé de lui faire un secret de ce black-mail, et de le passer dans ses comptes sous le couvert d'autres taxes. Il y aurait eu un combat; mais Fergus Mac-Ivor, avec une grande courtoisie, dit qu'il ne lèverait jamais la main contre un homme à cheveux blancs aussi honorable que mon père. — Oh! pourquoi, pourquoi n'ont-ils pas continué d'être amis!

— Et avez-vous jamais vu ce M. Mac-Ivor, si tel est son nom, miss Bradwardine?

— Non, ce n'est pas là son nom; de tout autre que vous, qui êtes Anglais et n'en savez pas davantage, il regarderait le titre de *monsieur*

---

[1] Chef d'une division de clan, par opposition au *chief* ou chef proprement dit, dont le clan tout entier reconnaît l'autorité. (L. V.)

[2] Voleur d'un des romans de Fielding. (L. V.)

comme une sorte d'affront. Les Lowlanders[1] le désignent, comme les autres gentilshommes, par le nom de son domaine, Glennaquoich; les Highlanders l'appellent Vic Ian Vohr, c'est-à-dire Fils de Jean le Grand; nous autres habitants des braes[2], nous lui donnons indifféremment l'un et l'autre nom.

—Je crains de ne pouvoir jamais amener ma langue anglaise à lui donner l'un ou l'autre.

—Mais, continua Rose, c'est un homme dont l'extérieur et les manières sont très-prévenants, et sa sœur Flora est une des jeunes personnes du comté les plus belles et les plus accomplies. Elle a été élevée en France, dans un couvent, et nous étions très-amies avant cette malheureuse querelle. Mon cher M. Waverley, usez de toute votre influence sur mon père pour l'engager à terminer tout cela à l'amiable. Je suis certaine que ce n'est que le commencement de nos troubles, car la résidence de Tully-Veolan n'a jamais été ni sûre ni paisible, tant que nous avons été en guerre avec les Highlanders. J'avais dix ans à peine quand il y eut un engagement derrière le château entre un parti de vingt d'entre eux et mon père à la tête de ses domestiques; les balles brisèrent plusieurs carreaux dans les fenêtres du nord, tant ils étaient près. Trois des Highlanders furent tués; on les apporta ici enveloppés dans leurs plaids, et on les déposa sur les dalles de la grande salle : le lendemain matin, on vit arriver leurs veuves et leurs filles, se tordant les mains, chantant le *coronach*[3] d'une voix lamentable, poussant des cris déchirants, et ils emportèrent les morts, précédés de leurs joueurs de cornemuses. Pendant plus de six semaines, je ne pus dormir sans me réveiller en sursaut; je croyais toujours entendre ces cris terribles, et voir les corps gisant sur les degrés, tous raides et enveloppés dans leurs tartans ensanglantés. Mais depuis ce temps-là un détachement de la garnison de Stirling, muni d'un warrant du lord *justice-clerk*, ou de quelque autre magistrat puissant, est venu enlever d'ici toutes nos armes; comment donc maintenant pourrions-nous nous protéger nous-mêmes, s'ils venaient un peu en force?

Waverley ne put s'empêcher de tressaillir en entendant une histoire qui avait tant de ressemblance avec celles qui jadis avaient bercé ses jours de rêveries. Devant lui était une jeune fille de dix-sept ans à peine, la plus douce de son sexe, soit par les traits, soit par le caractère; et cette jeune fille avait vu de ses propres yeux une scène semblable à celles qu'évoquait autrefois son imagination, comme n'ayant pu se rencontrer que dans les anciens temps; et elle en parlait avec

---

[1] Habitants des basses terres. (L. V.)

[2] Nous avons déjà expliqué le sens de ce mot, qui signifie le *penchant* d'une montagne. Ici il indique la situation du domaine de Bradwardine au *pied* des Highlands, sur les confins des hautes et des basses terres. (L. V.)

[3] Chant funèbre des montagnards. (L. V.)

sang-froid, comme d'une chose qui très-probablement devait encore avoir lieu. Il ressentait à la fois l'impulsion de la curiosité, et ce sentiment d'un danger éloigné qui lui donne encore une nouvelle force. Il aurait pu dire avec Malvolio[1] : « Non, je ne me trompe plus moi-même, en me laissant emporter par mon imagination ! Me voici dans le pays des aventures militaires et romanesques, et il ne reste plus qu'à voir quelle y sera ma part. »

Tout ce qu'il venait d'apprendre touchant l'état du pays lui semblait aussi nouveau qu'extraordinaire. Il avait souvent, à la vérité, entendu parler des voleurs highlandais, mais il n'avait eu jusque-là nulle idée de l'organisation systématique de leurs déprédations, non plus que de la tolérance de beaucoup de *chieftains* highlandais pour ces *creaghs* ou incursions déprédatrices, et même de l'encouragement qu'ils y donnaient, dans le but d'habituer les hommes de leurs clans au maniement des armes, d'entretenir en outre parmi leurs voisins des basses terres une terreur salutaire, et de lever sur eux, comme nous l'avons vu, un tribut en argent pour prix de leur protection.

Le bailli Macwheeble, qui entra bientôt après, s'étendit encore plus longuement sur le même sujet. La conversation de cet honnête gentleman portait tellement le cachet de sa profession, que Davie Gellatley disait de lui un jour que ses discours ressemblaient « à une assignation. » Il assura notre héros que « depuis les plus anciens temps dont on eût souvenir, les voleurs, bandits et maraudeurs des Highlands avaient formé une association commune, en raison de leurs surnoms, pour commettre divers vols, larcins et pillages, au préjudice des gens honnêtes du bas pays ; non-seulement leur enlevant tous leurs biens et propriétés, blé, bestiaux, chevaux, vaches, moutons, mobilier, *et cœtera*, selon leur détestable plaisir, mais encore les faisant prisonniers, les rançonnant, ou les obligeant de livrer caution pour se remettre entre leurs mains à défaut de paiement : toutes choses directement interdites par divers passages du livre des statuts ensemble, et par l'acte de 1567, et autres divers ; lesquels statuts, avec tous ceux qui les avaient suivis ou qui pouvaient s'ensuivre, étaient audacieusement violés et enfreints par lesdits sornars, pillards et hommes sans foi ni loi, réunis en associations dans les susdites intentions de vols, pillages, incendies, meurtres, *raptus mulierum* ou enlèvements de femmes par violence, et autres méfaits semblables sus-énoncés. »

C'était comme un songe pour Waverley que ces actes de violence fussent des choses familières à l'esprit, et qu'on en parlât habituellement

---

[1] Malvolio est un des personnages de la création de Shakspeare. Une fois pour toutes, nous prévenons le lecteur que nous ne croirons pas toujours devoir nous arrêter à indiquer la source des citations de la nature de celle-ci, lesquelles sont empruntées pour la plupart au théâtre de Shakspeare. Nous n'en ferons l'objet d'une note qu'autant que nos remarques pourront servir d'éclaircissement au texte même. (L. V.)

comme de choses tombant dans la règle commune et qui arrivaient journellement dans les environs; et cela sans qu'il eût passé les mers, et tandis qu'il se trouvait encore dans l'enceinte de l'île, si policée d'ailleurs, de la Grande-Bretagne [1].

CHAPITRE XVI.

UN ALLIÉ INATTENDU SE PRÉSENTE.

Lorsque le baron rentra à l'heure du dîner, il avait presque entièrement recouvré son calme et sa bonne humeur. Non-seulement il confirma les récits que Rose et le bailli Macwheeble avaient faits à Édouard, mais il les compléta par plusieurs anecdotes sur l'état des Highlands et de leurs habitants, anecdotes dans lesquelles il avait été lui-même acteur. Il assura que les chefs étaient en général des hommes d'honneur et de haute naissance, dont la parole était une loi pour tous ceux de leur clan. Mais il ne leur sied pas, ajouta le baron, de vouloir, comme cela est arrivé dernièrement, mettre les chimères de leur *prosapia* ou lignage, qui ne s'appuie, la plupart du temps, que sur les extravagantes poésies de leurs *seannachies* ou bardes, en parallèle avec l'authenticité des anciennes chartes et des édits royaux conférés autrefois à d'honorables maisons des basses terres par divers souverains écossais. Telle est pourtant leur *outrecuidance* et leur présomption, qu'ils prétendent rabaisser les possesseurs de titres si incontestables, comme s'ils tenaient leurs domaines dans un parchemin.

[1] Mac Donald de Barrisdale, un des derniers chefs highlandais qui aient appliqué en grand le système d'une déprédation régulière, était un gentilhomme instruit et bien élevé. Il avait fait graver sur sa claymore les vers bien connus :

Hæ tibi erunt artes, pacisque imponere morem,
Parcere subjectis, et debellare superbos.

La levée du black-mail fut, en effet, mise en pratique, avant 1745, par plusieurs chefs de très-haut rang, qui prétendaient par là prêter aux lois l'assistance de leurs bras et de leurs épées, et assurer une protection que ne pouvaient, dans l'état agité du pays, procurer les magistrats. L'auteur a eu sous les yeux un mémoire de Mac Pherson de Cluny, chef de cet ancien clan, d'où il appert qu'il tirait du tribut de protection des sommes très-considérables, qu'acquittaient volontiers quelques-uns même de ses plus puissants voisins. Un gentleman de ce clan, entendant un jour un ministre parler en chaire sur le crime de vol, interrompit le prédicateur pour l'assurer qu'il pouvait se reposer du soin d'appuyer de tels principes sur Cluny Mac Pherson, dont la claymore saurait mieux réprimer les voleurs que les sermons de tous les ministres du synode. (W. S.)

CHAPITRE XVI.

Cette petite sortie expliquait très-bien, en passant, la cause de la querelle survenue entre le baron et son allié highlandais. M. Bradwardine s'engagea ensuite dans des détails pleins d'intérêt sur les mœurs, les coutumes et les usages de cette race patriarcale. Ses paroles piquèrent vivement la curiosité d'Édouard, qui demanda s'il ne serait pas possible de faire sans danger une excursion dans les montagnes voisines, dont il avait déjà eu l'envie de franchir les sombres barrières. Le baron assura son hôte que rien ne serait plus facile, dès que sa querelle serait terminée ; et qu'alors il pourrait lui donner des lettres pour plusieurs chefs importants qui s'empresseraient de l'accueillir avec courtoisie et hospitalité.

Comme ils en étaient sur ce sujet, la porte s'ouvrit tout à coup, et, précédé par Saunders Saunderson, un montagnard complétement armé entra dans la salle. S'il n'avait vu Saunders remplir auprès du belliqueux étranger ses fonctions de maître des cérémonies avec son sang-froid ordinaire, et les figures de M. Bradwardine et de Rose ne trahir aucune émotion, Édouard aurait certainement pensé que c'était une intrusion hostile. Quoi qu'il en soit, il tressaillit à l'aspect, tout nouveau pour lui, d'un montagnard en grand costume national. Le Gaël[1] était un jeune homme, brun, robuste, de petite taille ; les larges plis de son plaid ajoutaient à l'air de vigueur que respirait toute sa personne. Une courte jaquette laissait voir ses jambes nerveuses et bien modelées ; devant lui étaient suspendus une bourse de peau de chèvre, un poignard et un pistolet d'acier, compagnons inséparables du montagnard. Sa toque était surmontée d'une petite plume indiquant ses prétentions à être traité en *duinhé-wassel*, c'est-à-dire à peu près en gentilhomme. Une claymore pendait à son côté ; sur son épaule était passée une *targe*[2]. D'une main il tenait un long fusil espagnol, de l'autre il ôta son bonnet. Le baron, qui connaissait bien les usages des montagnards et la manière de leur parler, lui dit aussitôt avec un air de dignité, mais sans se lever, et tout à fait, pensa Édouard, comme un prince qui reçoit un ambassadeur : — Soyez le bienvenu, Evan Dhu Mac-Combide ; quelles nouvelles de Fergus Mac-Ivor Vich Ian Vohr ?

— Fergus Mac-Ivor Vich Ian Vohr vous salue, baron de Bradwardine et Tully-Veolan, répondit l'ambassadeur en bon anglais. Il regrette qu'un nuage épais se soit interposé entre vous et lui, et vous ait empêché de voir et de considérer l'amitié et l'alliance qui ont toujours existé entre vos maisons ; il désire voir se dissiper ce nuage, et les choses rétablies sur le même pied qu'autrefois entre le clan d'Ivor et la maison de Bradwardine, lorsqu'il y avait entre vous un œuf pour pierre à fusil, et pour

---

[1] *Gaël* ou *Celte* est le nom national des montagnards ou Highlanders de la haute Écosse. (L. V.)

[2] Bouclier montagnard. (L. V.)

épée un couteau de table. Il espère que vous aussi, vous direz que vous regrettez que ce nuage vous sépare, et que désormais personne ne demandera s'il est descendu de la montagne sur la vallée ou s'il s'est élevé de la vallée à la montagne ; car jamais il ne frappe avec le fourreau celui qui n'a pas été frappé avec l'épée, et malheur à qui voudrait perdre son ami pour un nuage orageux d'une matinée de printemps !

Le baron de Bradwardine répliqua, avec toute la dignité convenable, qu'il connaissait le chef du clan d'Ivor pour un véritable ami du roi, et qu'il regrettait qu'un nuage eût existé entre lui et un gentilhomme ayant d'aussi bons principes ; car, ajouta-t-il sentencieusement, quand les hommes s'unissent entre eux, bien faible est celui qui n'a pas de frère.

Tout paraissant arrangé à la satisfaction générale, le baron, afin de solenniser comme il convenait le retour de la paix entre les augustes personnages, fit apporter un flacon d'usquebaugh, en remplit un verre et le but à la santé et à la prospérité de Mac-Ivor de Glennaquoich, marque de politesse à laquelle l'ambassadeur celte répondit aussitôt en se versant une large rasade de la généreuse liqueur, qu'il avala avec accompagnement de bons souhaits pour la maison de Bradwardine.

Après que les préliminaires du traité général eurent été ainsi ratifiés, l'envoyé se retira pour s'accorder avec M. Macwheeble sur quelques articles secondaires dont il ne parut pas nécessaire d'ennuyer le baron. Ces articles avaient probablement rapport à la cessation du tribut, et le bailli trouva sans doute moyen de satisfaire l'allié de la maison sans que son maître pût croire sa dignité compromise. Du moins est-il certain qu'après que les plénipotentiaires eurent vidé à petits coups une bouteille d'eau-de-vie, qui ne sembla pas faire plus d'effet sur deux coffres si bien éprouvés que si on en eût arrosé les deux ours plantés à l'entrée de l'avenue, Evan Dhu Mac-Combide, s'étant muni de tous les renseignements qu'il put se procurer sur le vol de la nuit précédente, annonça l'intention de se mettre immédiatement à la recherche du bétail, qu'il assura n'être pas bien loin. — Ils ont brisé l'os, dit-il, mais ils n'ont pas eu le temps d'en sucer la moelle.

Notre héros, qui avait accompagné Evan Dhu dans ses perquisitions, fut frappé de la sagacité dont il faisait preuve en prenant ses informations, et des conclusions exactes et ingénieuses qu'il en savait tirer. Evan Dhu, de son côté, était évidemment flatté de l'attention de Waverley, de l'intérêt qu'il semblait prendre à ses recherches et de la curiosité qu'il témoignait sur les mœurs et les sites des Highlands. Sans autre cérémonie, il engagea Édouard à venir faire avec lui une petite promenade de dix ou quinze milles dans les montagnes, et voir l'endroit où le bétail avait été conduit. — Si c'est celui que je suppose, ajouta-t-il, de votre vie vous n'en avez jamais vu ni n'en verrez de pareil, à moins que ce ne soit avec moi ou avec quelqu'un des nôtres.

Notre héros sentit sa curiosité vivement excitée à l'idée de visiter la

caverne d'un Cacus highlandais ; il prit néanmoins la précaution de
s'informer s'il pouvait se fier à son guide. On l'assura que s'il y avait
eu le moindre danger à courir, l'invitation ne lui eût pas été faite,
et que tout ce qu'il y avait à craindre, c'était un peu de fatigue ; et comme
Evan lui proposait de passer, en revenant, un jour dans la maison de
son chef, où il serait sûr de trouver un accueil favorable et de bons
traitements, il semblait qu'il n'y eût rien de bien redoutable dans la
course qu'il entreprenait. Rose, à la vérité, devint pâle en apprenant
cette résolution ; mais le baron, qui aimait la curiosité courageuse de
son jeune ami, se garda bien de l'effrayer par le récit de dangers
qui réellement n'existaient pas. On plaça donc un havresac garni de
quelques provisions sur les épaules d'une espèce de garde-chasse
subalterne, et notre héros se mit en route avec son nouvel ami Evan
Dhu, accompagné du garde-chasse en question, et de deux robustes
montagnards de la suite d'Evan, dont l'un portait sur son épaule une
hache à long manche, nommée *hache de Lochaber* [1], et l'autre une
grande carabine. Sur la demande d'Édouard, Evan lui expliqua que
cette escorte martiale n'était nullement nécessaire à sa sûreté ; c'était
seulement, dit-il en ajustant son plaid avec un air de dignité, afin
de pouvoir se montrer décemment à Tully-Veolan, et comme il convenait au frère de lait de Vich Ian Vohr. — Ah ! ajouta-t-il, il faudrait que vous autres, duinhé-wassel saxons (gentilshommes anglais),
pussiez seulement voir le chef avec sa queue !

— Avec sa queue ? fit Édouard d'un ton de surprise.

— Oui ; — c'est-à-dire avec toute sa suite ordinaire quand il va
visiter quelque personne de son rang. Il y a, continua-t-il en s'arrêtant
et se dessinant avec un air de fierté, tandis qu'il comptait sur ses doigts
les divers officiers de la maison de son chef, il y a son *hanchman*, ou
homme de la main droite ; et puis son *barde* ou poëte ; et puis son
bladier ou orateur pour haranguer les grands personnages qu'il visite ;
et puis son *gilly-more* ou écuyer chargé de porter sa claymore, sa targe
et son fusil ; et puis son *gilly-casfliuch* qui le porte sur son dos quand
il y a des torrents ou des ruisseaux à traverser ; et puis son *gilly-com-
strian*, qui mène son cheval par la bride dans les sentiers rudes et
difficiles ; son *gilly-trushharnish*, auquel est confié le havresac ; et le
joueur de cornemuse avec son valet. Outre cela il y a bien encore une
douzaine de jeunes gens qui n'ont rien à faire que de suivre le laird,
le sabre au côté, et d'exécuter les ordres de Son Honneur.

[1] La garde municipale d'Édimbourg était encore, il y a peu d'années, armée de la hache de Lochaber, pour son service officiel. Il y avait au dos de cette arme un crochet, dont les anciens Highlanders se servaient pour s'aider à escalader les murs, en fixant le crochet au sommet de la muraille, et en grimpant à l'aide du manche. La hache de Lochaber, qui était en outre d'un usage très-répandu parmi les montagnards, fut, dit-on, apportée en Écosse de la Scandinavie. (W. S.)

— Et votre chef entretient régulièrement tous ces gens-là? demanda Waverley.

— Tous! répliqua Evan; oui, tous, et bien d'autres encore, qui ne sauraient où reposer leur tête sans la vaste grange de Glennaquoich.

Tout en parlant ainsi de la grandeur du chef en temps de paix et de guerre, Evan Dhu abrégeait la longueur du chemin, jusqu'à ce qu'ils se trouvassent tout près de ces montagnes altières qu'Édouard n'avait encore aperçues que de loin. La nuit tombait quand ils pénétrèrent dans un de ces redoutables défilés qui servent de communication entre le haut et le bas pays. Le sentier, raboteux et escarpé, longeait un précipice entre deux rochers menaçants, et suivait le passage qu'un torrent écumeux, qui grondait au-dessous, semblait s'être creusé depuis des siècles. Quelques rayons du soleil couchant venaient obliquement frapper l'eau dans son lit obscur, et la laissaient voir, tour à tour irritée et vaincue par mille obstacles, s'enfuir en nombreuses cascades. Du sentier au torrent, c'était une pente à pic, où l'on voyait çà et là saillir une pointe de granit ou un arbre rabougri, dont les racines chevelues s'étaient implantées dans les fissures du roc. A droite, au-dessus du sentier, la montagne s'élevait non moins inaccessible; mais sur celle du côté opposé se déployait un rideau de taillis entremêlés de quelques pins.

— C'est ici, dit Evan, le défilé de Bally-Brough. Dix hommes du clan de Donnochie l'ont autrefois défendu contre cent paysans des basses terres. On peut encore voir l'endroit où furent enterrés les morts dans ce petit *corri* ou enfoncement, de l'autre côté du torrent; — si vous avez de bons yeux, vous devez distinguer des places vertes dans les bruyères. — Tenez, voici un *earn*, un aigle, comme vous dites, vous autres gens du Sud; — vous n'avez pas d'oiseaux comme ceux-là en Angleterre. — Il va chercher son souper dans les domaines du laird de Bradwardine, mais je vais lui envoyer un morceau de plomb.

A ces mots il fit feu, mais il manqua le superbe monarque des airs, qui, sans paraître s'apercevoir de l'attentat dirigé contre lui, continua son vol majestueux vers le sud. Mille oiseaux de proie, faucons, milans, corbeaux et corneilles, troublés par la détonation dans l'asile qu'ils s'étaient choisi pour la nuit, s'enfuirent en mêlant leurs cris rauques et discordants aux cent voix des échos qui les renvoyaient, et aux mugissements des torrents rocailleux. Evan, un peu déconcerté d'avoir si mal réussi à donner un échantillon de son adresse, dissimula son désappointement en sifflant le refrain d'un *pibroch*[1] : puis il rechargea son fusil et avança sans rien dire dans le défilé.

Il débouchait sur une étroite vallée entre deux montagnes très-

---

[1] Chanson martiale des montagnards. (L. V.)

élevées et couvertes de bruyères. Nos voyageurs avaient toujours à côtoyer le torrent dans ses détours, et ils durent le traverser en mainte occasion. Chaque fois, Evan Dhu ne manquait pas d'offrir à Édouard le secours de ses compagnons ; mais notre héros, qui avait toujours été un assez bon piéton, refusait cette assistance. Aussi gagna-t-il évidemment dans l'esprit de son guide en montrant qu'il ne craignait pas de se mouiller les pieds. Sans le laisser paraître, Édouard désirait faire revenir Evan de son opinion sur les habitants des basses terres, et particulièrement sur les Anglais, qu'il regardait comme des efféminés. A travers la gorge de ce vallon, ils arrivèrent à un noir marécage, d'une effrayante étendue, tout plein de larges tourbières, qu'ils traversèrent avec de grandes difficultés et non sans danger, par des chemins que le pied d'un montagnard pouvait seul avoir foulés. Le sentier lui-même, ou plutôt la portion de terre plus solide sur laquelle nos voyageurs marchaient tantôt à pied sec, tantôt dans l'eau, était raboteux, rompu, et dans plus d'un endroit marécageux et peu sûr. Parfois le sol devenait si impraticable qu'il fallait sauter d'une butte sur une autre, l'espace qui les séparait ne pouvant supporter le poids d'un homme. C'était chose facile pour les montagnards, qui avaient à leurs pieds des *brogues* ou souliers à semelles minces propres à cet usage, et dans les mouvements une sorte d'élasticité naturelle ; mais Édouard commençait à trouver cet exercice, auquel il n'était pas accoutumé, plus fatigant qu'il ne s'y était attendu. Les pâles lueurs du crépuscule qui les avait guidés à travers ce marais serbonien les abandonnèrent presque entièrement au pied d'une colline rapide et pierreuse, dernier obstacle que nos voyageurs eussent à franchir. Cependant la nuit était belle et assez claire. Waverley, appelant au secours de ses membres fatigués l'énergie de son âme, avançait toujours bravement, quoiqu'au fond du cœur il portât envie à ses compagnons highlandais, qui, sans témoigner la moindre lassitude, continuaient la marche rapide, ou plutôt le trot qui devait, autant qu'il en pouvait juger, leur avoir fait déjà franchir une étendue de quinze milles.

Après qu'ils eurent gravi cette montagne, ils se trouvèrent, en descendant de l'autre côté, dans un bois épais : là, sur quelques paroles d'Evan Dhu à ses domestiques highlandais, le bagage d'Édouard passa des épaules du garde-chasse sur celles d'un des valets, et les trois voyageurs continuèrent leur route, tandis que le garde-chasse, avec un des montagnards, s'engageait dans une autre direction. Waverley, s'étant informé du motif de cette séparation, apprit qu'il fallait que l'homme des basses terres allât passer la nuit dans un hameau à trois milles de là ; car, à moins que ce ne fût quelque ami intime, Donald Bean Lean, l'honnête personne chez qui devait être retrouvé le bétail, ne se souciait guère qu'on approchât de sa retraite. Cette réponse raisonnable fit évanouir un soupçon qui était venu traverser l'esprit d'Édouard quand il s'était vu, à une pareille heure et dans un pareil endroit, privé du seul Lowlander qui l'eût accompagné.

— J'aurais peut-être mieux fait, ajouta presque aussitôt Evan, d'aller moi-même en avant annoncer à Donald Bean Lean notre venue, car l'arrivée d'un *sidier roy* ou soldat rouge pourrait bien lui causer une surprise peu agréable. Et sans attendre de réponse, il se déroba, comme on dit en termes de course, et, prenant le galop, disparut en un instant.

Waverley put alors s'abandonner à ses pensées, car son compagnon à la longue hache parlait très-peu l'anglais. Comme ils traversaient un bois touffu de pins qui semblait ne devoir jamais finir, il était souvent impossible, au milieu de l'épaisse obscurité qui les enveloppait, de distinguer le sentier; cependant le montagnard semblait le trouver d'instinct, sans hésiter un moment; Édouard suivait ses pas d'aussi près qu'il le pouvait.

Après avoir marché longtemps en silence, il se hasarda à demander si le terme du voyage approchait.

— La caverne est à trois ou quatre milles, baragouina le montagnard; mais comme le duinhé-wassel est fatigué, Donald pourrait bien; c'est-à-dire voudra — devra envoyer le *curragh*.

Édouard n'était pas plus avancé. Le *curragh* promis, qu'était-ce? un homme, un cheval, une charrette ou une chaise? Et pas moyen de tirer de l'homme à la longue hache autre chose que cet éternel refrain : — Oui, oui, le *curragh*.

Mais Édouard ne tarda pas à comprendre ce qu'il voulait dire. A la sortie du bois, il se trouva sur le bord d'une large rivière ou d'un lac. Son conducteur lui fit signe de s'asseoir un instant. La lune qui commençait à se lever éclairait faiblement la surface des eaux qui s'étendaient devant eux, et les formes indécises et fantastiques des montagnes dont elles paraissaient environnées. L'air frais et doux d'une nuit d'été rafraîchissait Waverley, après sa rapide et fatigante promenade; et des bouleaux, baignés par la rosée du soir, s'exhalait un parfum délicieux [1].

Notre héros put alors réfléchir sur tout ce que sa position avait de romanesque. Il était assis sur le bord d'un lac inconnu, sous la direction d'un sauvage montagnard dont il ignorait même la langue. Il était venu visiter la caverne de quelque célèbre outlaw [2], d'un autre Robin Hood, peut-être, ou d'un Adam O'Gordon, et cela au milieu de la nuit, à travers mille obstacles et mille fatigues, séparé de son domestique, abandonné par son guide. — Quelle variété d'événements

---

[1] Ce n'est pas le *bouleau pleureur*, espèce la plus commune dans les Highlands, mais le bouleau à feuilles cotonneuses des Lowlands, qui répand ce parfum. (W. S.)

[2] Littéralement *hors la loi*. (L. V.)

propres à exercer une imagination romanesque, et le tout rehaussé encore par un sentiment sinon de crainte, au moins d'incertitude. Une seule circonstance s'accordait mal avec le reste, c'était la cause de son voyage : — les vaches du baron! Mais il s'efforçait d'oublier cet ignoble incident.

Comme il se laissait aller aux rêves de son imagination, son compagnon le toucha légèrement, et lui montrant du doigt l'autre rive du lac, droit devant lui : Voilà la caverne, dit-il. Dans la direction indiquée brillait une petite lueur qui, prenant par degrés plus d'éclat et de volume, parut comme un météore scintillant à l'horizon. Tandis qu'Édouard examinait ce phénomène, un bruit régulier de rames se fit entendre dans l'éloignement, puis se rapprocha peu à peu, et bientôt un coup de sifflet aigu partit du même côté. Son ami à la longue hache répondit aussitôt à ce signal par un sifflet pareil, et une barque, manœuvrée par quatre ou cinq montagnards, aborda dans une petite baie près de laquelle Édouard était assis. Il s'avança à leur rencontre avec son compagnon, et, en un instant, grâce aux soins officieux de deux robustes montagnards, il se trouva commodément assis dans la barque. Il n'y fut pas plutôt qu'ils reprirent leurs rames et fendirent les eaux du lac avec une extrême rapidité.

CHAPITRE XVII.

REPAIRE D'UN VOLEUR HIGHLANDAIS.

Le silence qui régnait dans la barque n'était interrompu que par le son lent et monotone d'une chanson gaëlique que murmurait en forme de récitatif l'homme placé au gouvernail, et dont le mouvement des rames semblait suivre les notes pour frapper l'eau en mesure. La lumière, dont on se rapprochait toujours davantage, brillait à chaque instant d'un éclat plus vif et plus irrégulier. Il devenait facile de reconnaître que c'était un grand feu; mais Édouard ne pouvait distinguer si ce feu était allumé sur une île ou sur la terre ferme. Il lui semblait que cet orbe d'un rouge éclatant reposait sur la surface même du lac, et il se prenait à penser au char embrasé sur lequel le mauvais génie d'un conte oriental parcourt ordinairement la terre et les mers. Comme ils approchaient toujours, la clarté du foyer suffit pour montrer qu'il était allumé au pied d'un énorme et noir rocher qui s'élançait à pic du bord même de l'eau; la cime en était colorée d'un rouge sombre par la réverbération de la lumière, formant ainsi un contraste étrange et saisissant avec le reste du rivage, qu'éclairaient à intervalles inégaux les pâles et faibles rayons de la lune.

La barque toucha le bord, et Édouard put apercevoir que ce grand feu, entretenu par des branches de pins qu'y jetaient deux hommes qu'aux reflets pourprés de la flamme on eût pu prendre pour des démons, était allumé à l'entrée d'une profonde caverne dans laquelle le lac paraissait s'avancer. Édouard conjectura, comme cela était, que ce feu avait été fait pour servir de phare aux bateliers, à leur retour. Ils se dirigèrent droit vers l'entrée de la caverne, puis, quittant leurs rames, ils abandonnèrent la barque à l'impulsion qu'elle avait reçue. L'esquif doubla la pointe ou plate-forme du rocher sur lequel resplendissait le fanal, et, parcourant deux fois encore sa longueur, s'arrêta sous la voûte de la caverne qui déjà s'arrondissait au-dessus de leurs têtes. On y montait, au sortir de l'eau, par cinq ou six larges gradins que présentait le roc, si commodes et si réguliers qu'on eût pu dire que c'était un escalier naturel. Aussitôt de l'eau fut répandue sur le feu, qui s'éteignit en pétillant, et tout rentra dans l'obscurité. Une demi-douzaine de bras vigoureux enlevèrent Waverley de la barque, le mirent sur ses pieds et le portèrent pour ainsi dire jusque dans l'intérieur de la grotte. Ainsi conduit, il fit quelques pas dans les ténèbres, et en avançant vers un bruit de voix qui semblait sortir du sein des rochers, il se trouva tout à coup, au détour d'un angle du souterrain, en présence de Donald Bean Lean et de tout son établissement.

L'intérieur de la caverne, fort élevé en cet endroit, était éclairé par des torches de bois de pin qui répandaient une lumière vive et vacillante accompagnée d'une odeur forte sans être désagréable; à cette clarté se joignait encore celle non moins éclatante d'un large feu de charbon de bois, autour duquel étaient assis cinq ou six montagnards armés, tandis que d'autres, étendus pêle-mêle sur leurs plaids, reposaient au fond de l'antre. Dans une vaste cavité que le voleur appelait facétieusement son *spence* ou garde-manger, étaient suspendus par les pieds un mouton ou une brebis et deux vaches fraîchement égorgées. Le principal habitant de cette singulière demeure, accompagné d'Evan Dhu faisant fonctions de maître des cérémonies, vint à la rencontre de son hôte, auquel il parut tout différent du portrait que celui-ci s'en était fait d'avance. Le métier qu'il exerçait, — le désert qu'il habitait, — les figures belliqueuses et sauvages dont il était environné, tout était fait pour inspirer la terreur. D'après un tel entourage, Waverley s'attendait à trouver un homme à taille de géant, au visage terrible et farouche, tel que Salvator l'aurait choisi pour le placer au milieu d'un de ses groupes de bandits [1].

---

[1] *Voyez* la note G, à la fin du volume.

CHAPITRE XVII.

Donald Bean Lean était tout l'opposé de cela. Il était mince et petit de taille, ses cheveux étaient d'un roux clair, et son teint pâle lui avait valu le surnom qu'il portait de *Bean* ou blanc ; quoiqu'il fût vif, alerte, et bien pris de sa personne, son extérieur, au total, était chétif et insignifiant. Il avait occupé dans l'armée de France un grade inférieur, et pour recevoir son visiteur anglais en grande cérémonie, croyant sans doute lui faire ainsi plus d'honneur, il avait quitté pour le moment son costume des montagnes et pris un vieil uniforme bleu et rouge avec un chapeau à plumes, sous lesquels il était loin de se montrer à son avantage ; il paraissait même si peu en rapport avec tout ce qui l'entourait, que Waverley aurait été tenté de rire si cela n'eût été à la fois incivil et dangereux. Le voleur reçut le capitaine Waverley avec un mélange de politesse française et d'hospitalité écossaise, et parut parfaitement connaître son nom, sa famille, et être surtout informé des principes politiques de son oncle. Il en fit à Waverley de grands compliments, auxquels celui-ci jugea prudent de ne répondre que d'une manière vague.

On se plaça à une distance respectueuse du feu de charbon de bois que la chaleur de la saison rendait insupportable, puis une grande et forte fille highlandaise plaça devant Waverley, Evan et Donald Bean, trois *cogues* ou vases de bois formés de douves cerclées, remplis d'*eanaruich*, espèce de soupe forte, faite avec un morceau particulier de l'intérieur du bœuf. Après ce ragoût grossier, que la fatigue et la faim firent trouver délicieux, des côtelettes grillées sur les charbons furent servies à profusion, et englouties par Evan Dhu et leur amphitryon avec une promptitude vraiment merveilleuse. Édouard ébahi ne savait comment concilier cette voracité avec ce qu'il avait entendu dire de la sobriété des montagnards. Il ignorait que, pour les classes inférieures, c'était là une vertu forcée, et que semblables à certains animaux carnassiers, ceux qui la pratiquaient avaient ordinairement le privilége de pouvoir se dédommager toutes les fois qu'ils en rencontraient l'occasion. D'abondantes libations de whisky couronnèrent le festin. Les montagnards burent sec et copieusement ; pour Édouard, qui avait mêlé un peu d'eau à la liqueur, il ne la trouva pas assez agréable pour être tenté d'y revenir. Son hôte s'excusa beaucoup de ne pouvoir lui offrir de vin.—S'il avait été averti vingt-quatre heures seulement à l'avance, il s'en serait procuré, eût-il fallu faire quarante milles pour en trouver ; mais un gentilhomme ne peut montrer mieux le plaisir que lui cause l'honneur d'une visite, qu'en offrant ce qu'il a de meilleur chez lui. Là où il n'y a pas de noisetier, il ne faut pas chercher de noisettes, et il faut vivre la vie des gens avec qui l'on est.

Se tournant ensuite vers Evan Dhu, Donald déplora avec lui la mort d'un vieillard nommé Donnacha-an-Amrigh, ou Duncan *au bonnet*, « un habile *voyant*, » qui, grâce à la faculté de seconde vue dont il était doué, savait dire du premier coup si les gens que l'on recevait étaient des amis ou des espions.

— Son fils Malcolm n'est-il pas *taishatr* (doué de seconde vue)? demanda Evan.

— Il est loin de valoir son père, répliqua Donald Bean. Ne nous avait-il pas annoncé l'autre jour la visite d'un grand seigneur monté sur un cheval? or, de toute la journée, il ne vint que Shemus Beg, le joueur de harpe aveugle, avec son chien; une autre fois il nous prédit un mariage, et ce fut un enterrement qui eut lieu. Enfin, dans un *creagh* où il nous avait assuré que nous ramènerions cent têtes de bêtes à cornes, nous ne prîmes autre chose qu'un gros bailli de Perth.

La conversation tomba ensuite sur l'état politique et militaire du pays. Waverley fut surpris et même alarmé de voir un homme de cette espèce si exactement informé de la force des garnisons et des divers régiments qui occupaient le nord du Tay. Donald rapporta ponctuellement jusqu'au nombre des recrues que Waverley avait amenées des domaines de son oncle; il remarqua que c'étaient de *gentils hommes* [1], ne voulant pas dire par là de beaux hommes, mais de bons et braves soldats. Il rappela à Édouard une ou deux particularités qui s'étaient passées à une revue générale du régiment, de manière à le convaincre qu'il en avait été témoin oculaire. Pendant ce temps, Evan Dhu avait cessé de prendre part à la conversation, et s'était enveloppé dans son plaid pour goûter un peu de repos. Donald demanda alors à Waverley, d'un ton tout à fait significatif, s'il n'avait rien de particulier à lui dire.

Waverley, surpris et quelque peu alarmé d'une question de cette nature, répondit que sa visite n'avait d'autre motif que le désir de voir le lieu extraordinaire où il faisait sa résidence. Donald Bean Lean le regarda en face pendant un moment et lui dit, avec un mouvement de tête expressif : Vous pourriez bien vous fier à moi, je suis tout aussi digne de votre confiance que le baron de Bradwardine ou Vich Ian Vohr; — mais, n'importe, vous êtes le bienvenu chez moi.

Waverley se sentit saisi d'un frisson involontaire en entendant le langage mystérieux tenu par ce bandit hors la loi, et malgré ses efforts pour maîtriser son émotion, il ne put lui demander le sens de ses paroles. On lui avait préparé dans un coin de l'antre un lit de bruyère fleurie; il s'y jeta, et après s'être couvert de quelques mauvais plaids qu'il put réunir, il resta pendant quelque temps à épier les mouvements des autres habitants de la caverne. Des hommes entraient ou sortaient deux à deux sans autre cérémonie que de dire, en langue gaélique, quelques mots au chef de la bande, ou, quand il dormait, à un grand Highlander qui lui servait de lieutenant et semblait veiller

[1] *Pretty men.*

Waverley.

— Walter Scott. —

pendant son repos. Ceux qui arrivaient paraissaient revenir de quelque excursion dont ils racontaient le résultat; puis, sans plus de façon, ils allaient au garde-manger, coupaient avec leur dirk une part des carcasses qui y étaient suspendues, et après les avoir fait griller, ils se mettaient à manger tout à leur aise. La boisson était dispensée d'une manière plus régulière : c'était ou Donald lui-même, ou son lieutenant, ou la grande fille montagnarde, la seule figure féminine qui se fût encore montrée, qui en faisaient la distribution. Toutefois les rations de whisky auraient paru prodigieuses à tout autre qu'à des montagnards, qui, vivant en plein air, dans un climat humide, pouvaient consommer de grandes quantités de liqueurs spiritueuses sans en redouter pour leur santé ou leur raison les effets ordinaires.

Enfin ces groupes mouvants s'effacèrent aux yeux de notre héros, qui se fermaient peu à peu ; le matin, lorsqu'il les rouvrit, le soleil était déjà élevé sur le lac, quoiqu'il n'arrivât qu'une faible clarté, semblable au crépuscule, dans l'intérieur de l'*Uaimh-an-Ri*, ou Caverne du Roi, comme on appelait pompeusement la demeure de Donald Bean Lean.

CHAPITRE XVIII.

WAVERLEY CONTINUE SON VOYAGE.

Quand Édouard eut recueilli ses souvenirs, il vit avec surprise que la caverne était absolument déserte. S'étant levé et ayant mis quelque ordre dans ses vêtements, il regarda plus attentivement autour de lui ; tout lui parut solitaire comme auparavant. N'eussent été les restes fumants d'un feu presque éteint, tombant en cendre grisâtre, les débris du souper, consistant en os à demi brûlés et à demi rongés, et une couple de barils vides, il ne fût resté aucune trace ni de Donald ni de sa bande. En s'approchant de l'entrée de la caverne, Waverley s'aperçut que la pointe de rocher où se voyaient encore les traces du feu de signal de la nuit était accessible par un étroit sentier, en partie naturel, en partie taillé grossièrement dans le roc, longeant le petit canal qui pénétrait de quelques toises dans l'intérieur de l'antre, où était encore amarré, comme dans un bassin, l'esquif qui l'y avait transporté la nuit précédente. Arrivé sur la petite plate-forme en saillie sur laquelle le fanal avait été établi, il aurait cru impossible d'aller plus loin par terre, s'il ne lui eût paru probable que les habitants de la caverne devaient avoir, pour en sortir, quelque issue autre que le lac. Cherchant donc autour de lui, il découvrit bientôt trois ou quatre gradins pratiqués dans le flanc même du rocher, à l'extrémité de la petite plate-forme, et, s'en servant comme d'un escalier, il gravit par leur moyen autour de la saillie du rocher sur lequel s'ouvrait la caverne; puis, descendant, non sans difficulté, de l'autre côté, il gagna la rive escarpée et sauvage d'un lac des Highlands, d'environ quatre milles de longueur sur un mille et demi de traversée, entouré de montagnes à l'aspect sauvage, dont les flancs étaient couverts de bruyères, et sur la crête desquelles reposait encore le brouillard du matin.

Se retournant alors vers le lieu qu'il venait de quitter, il ne put s'empêcher d'admirer l'adresse qui avait présidé au choix d'une retraite si solitaire et si bien cachée. Le rocher sur le flanc duquel il avait tourné en s'appuyant sur un petit nombre d'entailles maintenant imperceptibles, et qui offraient à peine une place suffisante pour y poser le pied, semblait, vu d'où était Édouard, une énorme masse à pic barrant complètement le sentier qui, dans cette direction, suivait le bord du lac. La largeur du lac ne permettait pas d'apercevoir de l'autre rive l'entrée basse et étroite de la caverne; de sorte qu'à moins que la retraite ne fût cherchée au moyen de barques, ou découverte par trahison, elle pouvait offrir une retraite sûre et secrète à sa garnison, aussi longtemps que les provisions ne lui manqueraient pas. Après avoir satisfait sa curiosité à cet égard, Waverley chercha des yeux, autour de lui, Evan Dhu et son compagnon, qu'il jugeait avec raison ne pouvoir être fort éloignés, n'importe ce que fussent devenus Donald Bean Lean et sa bande, que leur genre de vie rendait naturellement sujets à de soudains changements de résidence. Il aperçut, en effet, à un demi-mille environ de distance, un Highlander (Evan, selon toute apparence) occupé à pêcher à la ligne, et qui était accompagné d'un autre montagnard, qu'à l'arme qui reposait sur son épaule il reconnut pour son ami à la hache.

A une beaucoup moindre distance de l'entrée de la caverne, il entendit en ce moment les sons animés d'une chanson gaëlique. Guidé par ces sons, il trouva dans un enfoncement découvert qu'ombrageait un bouleau aux feuilles argentées, et dont le sol était formé par un sable blanc solide, la demoiselle de la caverne, occupée à préparer de son mieux le repas du matin, composé de lait, d'œufs, de pain d'orge, de beurre frais et de miel. La pauvre fille avait déjà fait, depuis le lever du soleil, une tournée de quatre milles, à la recherche des œufs, de la farine pour ses *cakes* [1], et des autres éléments du déjeuner, toutes friandises qu'il lui avait fallu demander ou emprunter à des cottagers assez éloignés. Les compagnons de Donald Bean Lean

---

[1] Gâteaux, ordinairement de farine d'avoine. (L. V.)

n'usaient guère d'autre nourriture que de la chair des bestiaux qu'ils enlevaient dans les Lowlands; le pain même était une délicatesse à laquelle on songeait rarement, parce qu'il était difficile de s'en procurer, et toutes les recherches domestiques de lait, de volaille, de beurre, et autres semblables, étaient hors de question dans ce camp tartare. Je ne dois pas omettre, cependant, que bien qu'Alice eût consacré une partie de la matinée à rassembler pour son hôte ces provisions que la caverne ne renfermait pas, elle avait aussi trouvé le temps de relever sa personne par sa plus belle parure. Ses atours étaient, au reste, des plus simples; tout son vêtement ne consistait qu'en une sorte de petit corsage rouge et en un jupon très-court, mais le tout fort propre et arrangé avec goût. Une pièce d'étoffe brodée, de couleur écarlate, qu'on nomme *snood*, était destinée à contenir ses cheveux foncés qui s'en échappaient en boucles nombreuses. Elle avait mis de côté le plaid rouge qui complétait son costume, afin d'être plus alerte à servir l'étranger. J'oublierais l'ornement dont Alice était le plus fière, si je ne mentionnais pas une paire de boucles d'oreilles en or, et un rosaire de même métal, que son père (car elle était fille de Donald Bean Lean) avait rapportés de France, butin conquis, probablement, dans quelque bataille ou dans le pillage de quelque ville emportée d'assaut.

Ses formes, un peu fortes peut-être pour son âge, étaient bien proportionnées, et ses manières avaient une grâce simple et naturelle qui n'avait rien de la gaucherie d'une paysanne ordinaire. Les sourires qui laissaient voir un double rang de dents d'une blancheur éclatante, et le regard riant avec lequel elle fit à Waverley ce salut matinal qu'elle ne pouvait traduire en expressions anglaises, auraient pu paraître à un fat, ou même à un jeune militaire qui, sans être tel, aurait eu là conscience d'une tournure agréable, vouloir signifier plus que la courtoisie d'une hôtesse. Je ne prendrai pas sur moi de dire, cependant, que la jeune et vive montagnarde aurait eu pour un vieux et grave gentilhomme, pour le baron de Bradwardine, par exemple, les petits soins qu'elle semblait heureuse d'accorder à Édouard. Elle paraissait impatiente de le voir placé devant le repas qu'elle avait si soigneusement préparé, et auquel elle ajoutait maintenant quelques baies de canneberge cueillies dans un marais voisin. Ayant eu enfin la satisfaction de le voir assis devant son déjeuner, elle se plaça elle-même, avec une humilité affectée, sur une pierre éloignée de quelques pas, et parut attendre avec une grande sollicitude quelque occasion de le servir.

En ce moment, Evan et son satellite revenaient lentement en suivant le contour du lac, le dernier chargé, outre la ligne, d'une énorme truite saumonée, produit de la pêche du matin, tandis qu'Evan s'avançait d'un pas délibéré, et d'un air satisfait de lui-même, vers le lieu où Waverley était si agréablement occupé à expédier son déjeuner. Après les salutations d'usage, et quand Evan, en tournant ses yeux vers Waverley, eut dit à Alice quelques mots gaëliques qui la firent sourire, en même temps qu'ils colorèrent d'une teinte plus foncée sa complexion brunie par l'air et le soleil, il donna ordre qu'on préparât pour le déjeuner le poisson qu'il apportait. Une étincelle, tirée de la pierre de son pistolet, procura une lumière; bientôt quelques branches sèches de sapin furent enflammées, et presque aussi vite réduites en braise ardente, sur laquelle fut étendue la truite coupée en larges tranches. Pour couronner le repas, Evan tira de la poche de sa courte jaquette une large coquille de pétoncle, et des plis de son tartan une corne de bélier remplie de whisky. Il en but une rasade copieuse, en faisant remarquer qu'il avait déjà pris sa goutte du matin avec Donald Bean Lean, avant son départ. Il offrit ensuite le même cordial à Alice et à Édouard, qui le remercièrent l'un et l'autre. Alors, avec l'air de libéralité d'un seigneur, il présenta la coquille à Donald Mahony, son serviteur, qui, sans attendre une seconde invitation, la vida avec délices. Evan, en invitant Waverley à le suivre, se disposa alors à se diriger vers la barque. Pendant ce temps, Alice avait fait un petit paquet de tout ce qui lui avait paru valoir la peine d'être emporté; puis, jetant son plaid autour d'elle, elle s'avança vers Édouard, et avec la plus grande simplicité, en même temps qu'elle lui prenait la main, et qu'elle lui faisait sa petite révérence, elle lui offrit sa joue à baiser[1]. Evan, qui, parmi les belles de la montagne, passait pour un gai compagnon, s'avança à son tour, comme pour réclamer la même faveur; mais Alice, saisissant son panier, s'élança sur le rocher avec la légèreté d'une chevrette, et de là, se retournant vers lui, elle lui adressa en riant quelques mots gaëliques, auxquels il répondit sur le même ton et dans la même langue. S'adressant encore une fois à Édouard, elle lui fit de la main un dernier signe d'adieu; puis elle reprit sa route et se perdit bientôt dans l'épaisseur des halliers, quoique pendant quelque temps encore on entendit les sons de sa chanson joyeuse, tandis qu'elle poursuivait gaiement sa marche solitaire.

Ils rentrèrent alors dans la gorge de la caverne, et montèrent en bateau; le montagnard poussa au large, et profitant de la brise matinale, il hissa une espèce de mauvaise voile, tandis qu'Evan prenait en main le gouvernail et dirigeait leur course, à ce que crut voir Waverley, plutôt en remontant le lac que vers le lieu où il s'était embarqué la nuit précédente. Tandis que la barque glissait sur le miroir argenté des eaux, Evan ouvrit la conversation par l'éloge d'Alice,

---

[1] *She offered her cheek to is salute*, elle offrit sa joue à son *salut*. Cette manière de saluer était autrefois générale, non-seulement en Écosse, mais en Angleterre et même en France. (L. V.)

qui, dit-il, était également *canny*[1] et *fendy*[2], et, par-dessus tout, la meilleure danseuse de *strathspeys*[3] de tout le *strath*[4]. Édouard s'associa à ces louanges en tout ce qu'il en put comprendre, mais il ne put s'empêcher d'exprimer le regret qu'elle fût condamnée à un genre de vie si périlleux et si triste.

— Oich! quant à cela, il n'y a rien dans le Perthshire qu'elle ne puisse avoir, si elle demande à son père de le lui apporter, à moins que ce ne soit trop chaud ou trop lourd.

— Mais être la fille d'un enleveur de bestiaux, — la fille d'un simple voleur!

— Un simple voleur! — non pas. Donald Bean Lean n'a jamais de sa vie *enlevé* moins d'un troupeau.

— L'appellerez-vous donc un voleur extraordinaire?

— Non; — celui qui dérobe la vache d'une pauvre veuve ou le bouvillon d'un paysan, celui-là est un voleur; celui qui enlève un troupeau à un laird sassenach[5] est un gentilhomme bouvier[6]. Et puis, d'ailleurs, prendre un arbre dans la forêt, un saumon dans la rivière, un daim sur la montagne, ou une vache dans une vallée des basses-terres, c'est ce qu'un Highlander ne regardera jamais comme une action honteuse.

— Mais qu'en arriverait-il, s'il était pris dans une de ces expéditions?

— Pour sûr il *mourrait pour la loi,* comme il est arrivé à plus d'un gentilhomme avant lui.

— Mourir pour la loi?

— Sans doute; c'est-à-dire *avec* la loi, ou *par* la loi, et être hissé au haut de la bonne potence de Crieff[7], où est mort son père, ainsi que son grand-père, et où j'espère bien qu'il vivra assez pour mourir lui-même, s'il n'est pas tué d'un coup de fusil ou d'un coup de sabre dans un creagh.

— Vous *espérez* une telle mort pour votre ami, Evan?

— Oui certainement. Voudriez-vous que je désirasse le voir mourir sur une botte de paille humide, là-bas dans sa caverne, comme un chien galeux?

---

[1] Adroite, heureuse. Nous conservons ces mots écossais, qui ne sont pas moins étrangers à l'idiome anglais qu'au nôtre, et qui sont en outre nécessaires pour justifier la remarque qui suit immédiatement. (L. V.)

[2] Habile pourvoyeuse.

[3] Sorte de danse montagnarde, (L. V.)

[4] Nous avons déjà eu précédemment occasion d'expliquer ce mot. Le *strath* est une vallée au fond de laquelle coule une rivière. (L. V.)

[5] *Saxon.* C'est ainsi que les montagnards ou Highlanders désignent les habitants de la Basse-Écosse et même les Anglais, (L. V.)

[6] *Gentleman-drover.*

[7] *Voyez* la note H, à la fin du volume.

— Mais alors que deviendrait Alice?

— En vérité, si un tel accident arrivait, comme son père ne pourrait plus avoir soin d'elle, je ne vois pas ce qui m'empêcherait de l'épouser.

— Galamment raisonné. — Mais en attendant, Evan, qu'est-ce que votre beau-père (puisqu'il doit l'être s'il a le bonheur d'être pendu) a fait des bestiaux du baron?

— Oich! ils trottaient tous devant votre domestique et Allan Kennedy ce matin avant que le soleil eût éclairé le sommet du Ben-Lawers, et ils doivent avoir atteint maintenant la passe de Bally-Brough, dans leur route pour retourner aux parcs de Tully-Véolan. Tout le troupeau y est, moins deux bêtes, qui malheureusement étaient tuées avant mon arrivée hier au soir à Uaimh-an-Ri.

— Et où allons-nous, Evan, si je puis vous faire cette question?

— Où irions-nous, si ce n'est chez le laird même de Glennaquoich? Vous ne penseriez pas être dans son pays sans aller le voir? Il y irait là de la vie d'un homme.

— Et sommes-nous loin de Glennaquoich?

— Guère qu'à cinq bouts de milles, et Vich Ian Vohr viendra au-devant de nous.

Au bout d'une demi-heure de traversée, ils atteignirent la tête du lac; après avoir mis Waverley à terre, les deux Highlanders tirèrent la barque dans une petite crique au milieu des glaïeuls et des roseaux, où elle était parfaitement cachée. Ils portèrent les rames dans une autre cachette, afin, sans doute, que Donald Bean Lean pût retrouver le tout la première fois que ses affaires le ramèneraient en ce lieu.

Nos voyageurs suivirent, pendant quelque temps, un délicieux vallon s'ouvrant entre deux collines, et au fond duquel un étroit ruisseau se frayait son chemin vers le lac. Après avoir marché ainsi jusqu'à une petite distance, Waverley reprit ses questions au sujet de leur hôte de la caverne.

— Réside-t-il toujours dans cette grotte?

— Oh non! Il n'y a pas un homme qui, n'importe quand, puisse dire où il est; il n'y a pas un recoin ignoré, une grotte, un *corry*[1] dans toute la contrée, que Duncan ne connaisse.

— Et d'autres que votre maître lui prêtent-ils l'abri de leur toit?

— Mon maître? — mon *maître* est au Ciel, répliqua Evan d'un ton de hauteur; puis, reprenant aussitôt sa civilité habituelle, il continua: Mais vous voulez dire mon chef. — Non, il n'abrite pas sous son toit Donald Bean Lean, non plus qu'aucun autre qui lui ressemble; il lui accorde seulement (et il souriait en prononçant ces mots) le bois et l'eau.

— J'aurais cru, Evan, que ce n'était pas une grande faveur, car ni l'un ni l'autre ne semblent manquer dans ce pays.

---

[1] On nomme *corry*, dans les Highlands, un petit enfoncement sans issue, une espèce d'impasse naturelle et cachée (L. V.)

— Ah! vous ne comprenez pas. Quand je dis le bois et l'eau, j'entends le lac et la terre. Je m'imagine que Donald serait bientôt joint si le laird se mettait en quête après lui avec une soixantaine d'hommes, là-bas dans le bois de Kailychat, et si nos barques, avec une ou deux vingtaines d'hommes, descendaient en même temps le lac jusqu'à Uaimh-an-Ri, conduites par moi ou par quelque autre gentilhomme.

— Mais dans la supposition où un fort détachement viendrait contre lui du bas-pays, votre chef ne le défendrait-il pas?

— Non, il ne brûlerait pas une amorce pour lui, — s'ils venaient avec la loi.

— Et que ferait Donald, alors?

— Il faudrait qu'il débarrassât le pays de sa personne, et peut-être bien se reploierait-il dans la montagne, sur le Letter Scriven.

— Et si on l'y poursuivait encore?

— Je garantis qu'il irait chez son cousin, à Rannoch.

— Bien; mais si on le suivait à Rannoch?

— C'est ce qui n'est guère croyable, et puis d'ailleurs il n'y a pas, à vrai dire, un Lowlander dans toute l'Écosse qui voulût s'aventurer en ennemi à une portée de fusil au delà du Bally-Brough, à moins qu'il ne fût soutenu par les *sidier dhu.*

— Que nommez-vous ainsi?

— Les *sidier dhu?* Ce sont les soldats noirs; c'est le nom qu'on donne aux compagnies franches qui étaient levées pour maintenir la paix et la loi dans les Highlands. Vich Ian Vohr en a commandé une pendant cinq ans, et moi-même j'y étais sergent, je vous le garantis. On les nomme *sidier dhu* à cause de leurs tartans, comme on appelle vos soldats, — les soldats du roi Georges, — *sidier roy*, ou soldats rouges.

— Bien, Evan; mais quand vous étiez à la solde du roi Georges, vous étiez sûrement aussi des soldats du roi?

— Vraiment, vous pouvez demander cela à Vich Ian Vohr, car nous sommes pour son roi, et nous ne nous soucions guère lequel des deux c'est. En tout cas, personne ne peut dire que nous soyons à présent les soldats du roi Georges, puisque nous n'avons pas vu de son argent depuis une année.

Ce dernier argument n'admettait pas de réplique, et Édouard n'essaya pas d'y répondre, aimant mieux ramener l'entretien sur Donald Bean Lean. — Donald se borne-t-il au bétail, ou bien *enlève*-t-il, comme vous dites, tout ce qui s'offre à lui?

— Oh vraiment, ce n'est pas un homme difficile, et il mettra aisément la main sur tout, mais plus volontiers sur le bétail, les chevaux, ou les chrétiens en vie; car les moutons sont d'une conduite lente, et les meubles sont difficiles à transporter, outre qu'il n'est pas aisé d'en faire argent dans ce pays.

— Mais il enlève des hommes et des femmes?

— Oh oui ! Ne l'avez-vous pas entendu parler du bailli de Perth? Il lui en a coûté cinq cents *merks*[1] avant qu'il pût revoir le sud du Bally-Brough. — Et une fois Donald a joué un bon tour[2]. Il devait y avoir un heureux mariage entre lady Cramfeezer, dans le fond des Mearns (c'était la veuve d'un vieux laird, et elle n'était plus si jeune qu'elle avait été), et le jeune Gilliewackit, qui avait dépensé son argent et son patrimoine en vrai gentilhomme, aux combats de coqs et de taureaux, aux courses de chevaux, et autres choses semblables. Alors, Donald Bean Lean, sachant que le fiancé était couru par la veuve, et désirant accrocher le *cunzie* (c'est-à-dire l'argent), enleva adroitement Gilliewackit, une nuit qu'il revenait chez lui à demi endormi sur son cheval (chargé de plus de malt que de farine[3]); avec l'aide de ses hommes, et la rapidité de l'éclair, il le transporta dans les montagnes, et le premier lieu où l'autre s'éveilla fut la grotte de Uaimh-an-Ri. Là, il y eut longtemps à discuter pour la rançon du futur, car Donald ne voulait pas rabattre un farthing de mille livres...

— Diable !

— Mille livres d'Écosse, s'entend[4]. Et la dame n'eût pu réunir l'argent, eût-elle mis en gage sa dernière robe. On s'adressa au gouverneur du château de Stirling et au major des Gardes-Noires : mais le gouverneur répondit que c'était trop loin dans le nord, et en dehors de son district; et le major, que ses hommes étaient partis chez eux pour la tonte, et qu'il ne les rappellerait pas, pour tous les Cramfeezers de la chrétienté, sans parler des Mearns, avant que les récoltes fussent rentrées, parce que ce serait faire tort au pays. Et tout cela n'empêcha pas Gilliewackit d'attraper la petite vérole. Il n'y avait pas un seul docteur à Perth ou à Stirling qui eût voulu venir près du pauvre garçon; et je ne saurais les en blâmer, car Donald avait été malmené par un de ces docteurs, du côté de Paris, et il avait juré qu'il ferait jeter dans le lac le premier qu'il attraperait au delà de la passe. Cependant, quelques *cailliachs* (c'est-à-dire des vieilles femmes) que Donald avait sous la main soignèrent si bien Gilliewackit qu'entre le grand air de la caverne et le petit-lait nouveau, du diable s'il ne se remit pas aussi bien qu'il aurait pu le faire dans une chambre bien close de vitres et dans un lit entouré de rideaux, avec du vin rouge pour boisson et des viandes blanches pour nourriture. Et Donald eut tant de tracas à cause de tout cela, que quand il vit Gilliewackit sur

---

[1] Livres d'Écosse, environ un shilling anglais. (L. V.)

[2] *Voyez* la note I, à la fin du volume.

[3] *Wi' the malt rather abune the meal*, adage écossais; c'est-à-dire ayant plus bu que mangé. (L. V.)

[4] Nous avons déjà fait remarquer que la livre d'Écosse n'est que la vingtième partie de la livre (sterling) d'Angleterre. (L. V.)

pied et bien portant, il le renvoya libre chez lui, en disant qu'il se contenterait de n'importe ce qu'on voudrait lui donner pour les embarras et les tourments qu'il lui avait occasionnés à un point impossible à dire. Et je ne puis vous dire précisément comment ils s'arrangèrent ; mais ils s'entendirent si bien que Donald fut invité à aller danser à la noce dans ses trews¹ highlandaises, et on dit que jamais, ni avant ni depuis, on n'a entendu tant d'argent sonner dans sa bourse. Et pour couronner le tout, Gilliewackit dit que s'il avait le bonheur de faire partie d'un tribunal où Donald serait en jugement, quelque claire que fût la chose, il ne le déclarerait coupable dans aucun cas, à moins que ce ne fût pour incendie volontaire ou pour cas de meurtre par trahison.

Par ces causeries insignifiantes et décousues, Evan faisait assez bien connaître l'état des Highlands, au grand amusement de Waverley, mais moins peut-être à celui de nos lecteurs. Enfin, après avoir longtemps marché par monts et par vaux, à travers les mousses et les bruyères, Édouard, quoiqu'il ne fût pas étranger à la libéralité écossaise dans la supputation des distances, commença à croire que les cinq milles d'Évan étaient bien près d'être doublés. Sur son observation que les Écossais étaient bien généreux dans la mesure de leurs terres, par comparaison avec le calcul de leur monnaie, Evan répliqua sur-le-champ par la vieille plaisanterie : « Au diable ceux qui ont la plus petite pinte² ! »

En ce moment le bruit d'un fusil se fit entendre, et bientôt après on aperçut un chasseur, avec ses chiens et son domestique, à l'extrémité supérieure de la vallée. — Silence ! dit Dugald Mahony ; c'est le Chef !

— Ce n'est pas lui ! répliqua Evan d'un ton impérieux. Pensez-vous qu'il viendrait à la rencontre d'un *duinhé-wassel* saxon dans un tel équipage ?

Mais quand ils furent un peu plus près, il reprit, d'un air mortifié : — C'est pourtant lui, pour sûr ; et il n'a pas sa *queue* avec lui ! — je ne vois de créature vivante près de lui que Callum Beg.

Dans le fait, Fergus Mac-Ivor, dont un Français aurait pu dire, avec autant de vérité que d'aucun homme des Highlands, *qu'il connaissait bien son monde*³, n'avait pas voulu se donner, aux yeux d'un

---

¹ Sorte de culottes montagnardes ; elles seront bientôt décrites. (L. V.)

² Les Écossais sont généreux dans les mesures de leur pays et de leurs liqueurs : la pinte écossaise répond à deux quartes (ou deux doubles pintes) anglaises, et quant à leurs monnaies, on connaît le couplet :

<blockquote>
Comment ces coquins-là auraient-ils de l'esprit ?
Leur livre ne vaut que vingt pence.
(W. S.)
</blockquote>

³ Il y a en français dans le texte : « qu'il connaît bien ses gens. » (L. V.)

jeune et riche Anglais, une importance hors de saison, en se montrant avec une vaine escorte de Highlanders, que l'occasion n'exigeait pas. Il avait bien senti qu'une telle suite eût, dans ce cas, paru à Édouard plus ridicule que respectable. Peu d'hommes étaient plus que lui jaloux de la puissance féodale et des attributions d'un chef; mais, par cette raison même, il était réservé dans le déploiement des marques extérieures de dignité, si ce n'est dans les occasions et aux moments où elles devaient produire un effet imposant. Ainsi donc, quoique sans doute, s'il eût eu à recevoir un autre chef montagnard, il se fût montré suivi du nombreux cortége qu'Evan avait décrit avec tant de complaisance, il jugea convenable d'aller à la rencontre de Waverley avec un seul domestique, jeune montagnard d'un très-bel extérieur, qui portait la carnassière de son maître et sa claymore, sans laquelle celui-ci sortait rarement.

En s'approchant de Fergus, Waverley fut frappé de la grâce toute particulière et de l'air de dignité de la physionomie du *chieftain*. Sa taille était au-dessus de la moyenne et parfaitement prise, et le costume highlandais, qu'il portait dans sa disposition la plus simple, faisait encore mieux ressortir ses avantages personnels. Il portait les *trews*, ou culottes étroites, faites de tartan en raies croisées, alternativement rouges et blanches; quant au reste, ses vêtements ressemblaient de tout point à ceux d'Evan, sauf qu'il n'avait d'autre arme qu'un dirk [1] très-richement monté en argent. Son page, comme nous l'avons dit, portait sa claymore, et le fusil de chasse qu'il avait en main ne semblait destiné qu'à l'amusement. Dans le cours de sa promenade il s'était borné à tirer quelques jeunes canards sauvages, car, quoique les temps de fermeture de la chasse ne fussent pas connus alors, les petits des grouses étaient encore trop jeunes pour le chasseur. Sa physionomie était décidément écossaise, avec tous les traits caractéristiques du type septentrional; mais elle était si loin, néanmoins, d'en avoir la dureté exagérée, qu'en tout pays il eût été cité comme un très-bel homme. L'aspect martial de sa toque, que surmontait une seule plume d'aigle en signe de distinction, ajoutait encore beaucoup à l'expression mâle de sa tête, qui, en outre, était ornée d'une profusion de cheveux noirs, dont les boucles pressées avaient une grâce naturelle que n'égalèrent jamais les chevelures exposées en vente dans Bond-street [2].

Un air de franchise et d'affabilité ajoutait encore à l'impression favorable produite par son extérieur gracieux et plein de dignité. Et pourtant un physionomiste habile eût été moins satisfait à la seconde vue qu'à la première. Les sourcils et la lèvre supérieure annonçaient l'habitude d'un

---

[1] Poignard highlandais. (L. V.)
[2] Rue à la mode de Londres. (L. V.)

commandement absolu et d'une autorité sans contrôle. Sa politesse elle-même, quoique ouverte, franche et naturelle, semblait indiquer un sentiment intime d'importance personnelle ; et à la moindre contrariété, à la plus légère excitation accidentelle, l'éclair soudain qui brillait dans ses yeux décelait un caractère emporté, fier et vindicatif, sur lequel il semblait exercer un empire absolu, mais qui n'en était pas moins redoutable. La physionomie de Mac-Ivor pouvait, en un mot, être comparée à une riante journée d'été, au milieu de laquelle on peut pressentir, à des signes certains, quoique peu sensibles, qu'il y aura des éclats de foudre et des éclairs avant que la nuit soit venue.

Ce ne fut cependant pas à leur première entrevue qu'Édouard eut occasion de faire ces remarques moins favorables. Le Chef le reçut, comme ami du baron de Bradwardine, avec une expression de bienveillance empressée et de gratitude pour sa visite. Il lui reprocha obligeamment d'avoir choisi pour abri, pendant la nuit précédente, un lieu aussi incommode, et il entra avec lui dans une conversation animée au sujet des arrangements domestiques de Donald Bean, mais sans la moindre allusion à ses habitudes déprédatrices, non plus qu'à l'occasion immédiate de la visite de Waverley, sujets que notre héros, les voyant évités par le Chef, se garda bien d'aborder lui-même. Tandis qu'ils s'avançaient ainsi gaiement vers la maison de Glennaquoich, Evan, qui s'était placé respectueusement à l'arrière-garde, les suivait avec Callum Beg et Dugald Mahony.

Nous saisirons cette occasion de faire connaître au lecteur quelques particularités du caractère et de l'histoire de Fergus Mac-Ivor, particularités dont Waverley n'eut connaissance qu'après une liaison qui eut pendant longtemps, quoique ainsi amenée par le hasard, la plus grande influence sur son caractère, ses actions et ses projets. Mais l'importance de cet objet doit le faire reporter au commencement d'un nouveau chapitre.

CHAPITRE XIX.

LE CHEF ET SON MANOIR.

L'INGENIEUX licencié Francisco de Ubeda, en commençant son histoire de *la Picara Justina Diez*, — qui, pour le dire en passant, est un des livres les plus rares de la littérature espagnole, — se plaint de ce qu'un cheveu s'est attaché à sa plume, et de là passe avec plus d'éloquence que de raison à une apostrophe pathétique qu'il adresse à cet utile instrument, lui reprochant de provenir de l'aile d'une oie, — volatile inconstant de sa nature, habituée qu'elle est à fréquenter indifféremment trois éléments, l'eau, la terre et l'air, et partant, de n'être jamais fidèle à un même objet. Pour moi, je te proteste, ami lecteur, que je diffère essentiellement en ce point de Francisco de Ubeda, et qu'à mes yeux, l'une des qualités les plus précieuses de ma plume, c'est de pouvoir aisément passer du grave au doux, d'une description et d'un dialogue à une peinture de mœurs : en telle sorte, que si ma plume n'a d'autres traits de ressemblance avec l'oie, sa mère, que son amour du changement, je m'estimerai véritablement fort heureux, et j'espère que vous-même, mon digne lecteur, vous n'aurez pas lieu d'en être mécontent. Ainsi donc, du jargon des vassaux highlandais, je passe au caractère de leur chef. C'est un sujet important, et, comme Dogberry, il faut y mettre tout notre savoir.

Un des ancêtres de Fergus Mac-Ivor, environ trois siècles auparavant, avait élevé la prétention d'être reconnu pour chef du clan nombreux et puissant auquel il appartenait, et dont il n'est pas nécessaire de mentionner le nom. Vaincu par un adversaire qui avait la justice, ou du moins la force de son côté, il se dirigea vers le sud avec ses adhérents, en quête d'un nouvel établissement, comme un second Énée. L'état des Highlands du Perthshire favorisa son projet. Un grand baron de ce pays venait de se montrer traître à la couronne ; Ian, c'était le nom de notre aventurier, s'unit à ceux qui avaient commission du roi pour châtier le coupable, et rendit de si bons services, qu'il obtint la concession des terres sur lesquelles lui et sa postérité résidèrent désormais. Il suivit aussi le roi à la guerre dans les fertiles régions de l'Angleterre, où il employa assez activement ses heures de loisir à lever des subsides sur les manants du Northumberland et de Durham, pour pouvoir à son retour élever un donjon de pierre ou forteresse, si fort admiré de ses vassaux et voisins, qu'au lieu du nom de Ian Mac-Ivor, ou Jean, fils d'Ivor, qu'on lui avait donné jusque-là, il fut dès lors distingué dans les ballades et dans les généalogies par le haut titre de *Ian nan Chaistel*, ou Jean de la Tour. Les descendants de ce héros étaient si fiers de leur aïeul, que le Chef régnant portait toujours le nom patronymique de Vich Ian Vohr, c'est-à-dire fils de Jean le Grand; tandis que le clan en général, pour le distinguer de celui dont il s'était séparé, était appelé *Sliochd nan Ivor*, race d'Ivor.

Le père de Fergus, dixième descendant en ligne directe de Jean de la Tour, s'engagea corps et âme dans l'insurrection de 1715, et fut forcé de fuir en France après le malheureux succès de l'expédition tentée cette année en faveur des Stuarts. Plus heureux que d'autres réfugiés, il obtint de l'emploi au service de France, épousa dans ce pays une dame de qualité et en eut deux enfants, Fergus et sa sœur Flora. Ses biens de famille en Écosse avaient été confisqués et mis en vente, mais ils furent rachetés à vil prix au nom du jeune propriétaire, qui revint, en conséquence, habiter ses domaines héréditaires[1]. On ne tarda pas à s'apercevoir qu'il était doué d'une sagacité peu commune et d'une ardeur ambitieuse qui, à mesure qu'il connut mieux le pays, prirent peu à peu un caractère complexe et tout particulier, dont l'Écosse, il y a soixante ans, pouvait seule présenter le type.

Si Fergus Mac-Ivor avait vécu soixante ans plus tôt, il est probable qu'il aurait été dépourvu des manières polies et de la connaissance du monde qu'il possédait alors; au contraire, s'il eût vécu soixante ans plus tard, chez lui l'ambition et l'amour de l'ordre auraient manqué des stimulants qu'il puisait maintenant dans sa situation. C'était, dans sa petite sphère, un politique aussi consommé que Castruccio Castrucci lui-même. Il mit tous ses soins à calmer les inimitiés et les dissensions qui s'élevaient fréquemment parmi les clans des cantons voisins, de sorte qu'il devint l'arbitre ordinaire de leurs querelles. Il consolida son pouvoir patriarcal par autant de dépenses que sa fortune pouvait lui en permettre, et maintint par tous les moyens possibles cette rustique et large hospitalité, attribut qu'on estimait le plus dans un chef. Dans le même but, il attira sur ses domaines une foule d'hommes déterminés et toujours prêts à combattre, mais dépassant de beaucoup le nombre de ceux que le sol pouvait nourrir. Ils appar-

---

[1] Cela arriva dans plusieurs occasions. En effet, ce ne fut qu'après la destruction totale de l'influence du clan, postérieurement à 1745, qu'on put trouver des acquéreurs offrant un prix raisonnable pour les propriétés confisquées en 1715; alors, elles furent mises en vente par les créanciers de la compagnie des Bâtiments d'York, qui avait acquis du Gouvernement le tout, ou la plus grande partie, à très-bas prix. Jusqu'à la première des époques dont nous avons parlé, les préjugés du public en faveur des héritiers des familles frappées de confiscation apportèrent des entraves de toute espèce aux projets d'acquisition de ces sortes de biens. (W. S.)

tenaient pour la plupart à son propre clan, dont pas un membre ne quittait ses terres, quand il pouvait l'empêcher. Il avait de plus, à sa solde, un certain nombre d'aventuriers de la tribu mère, qui abandonnaient un chef moins belliqueux, quoique plus riche, pour prêter hommage à Fergus Mac-Ivor. D'autres, qui n'avaient pas même cette excuse, étaient néanmoins reçus à son service, accessible à tous ceux qui, comme Poins, n'attendaient leur fortune que de leurs bras, et qui voulaient bien prendre le nom de Mac-Ivor.

Il fut à même de discipliner ces forces, lorsqu'il eut obtenu le commandement d'une de ces compagnies franches levées par le Gouvernement pour maintenir la paix des Highlands. Il remplit ces fonctions avec vigueur et courage, et sut faire régner l'ordre le plus parfait dans le district confié à sa garde. Il avait soin de faire entrer ses vassaux à tour de rôle dans sa compagnie, et de les faire servir pendant un certain temps, ce qui donnait à tous successivement une teinture générale de la discipline militaire. Dans ses campagnes contre les bandits, on remarqua qu'il assumait et qu'il exerçait dans toute son étendue le pouvoir discrétionnaire qui, dans l'absence de l'action libre de la loi dans ces contrées, devait naturellement appartenir aux corps militaires appelés à la protéger. Il usait, par exemple, de ménagements extrêmes et suspects envers les *freebooters*[1] qui restituaient leur butin sur sa sommation et offraient de se soumettre en personne, tandis qu'il poursuivait rigoureusement, appréhendait et livrait aux rigueurs de la justice tous les pillards qui osaient mépriser ses avertissements ou ses ordres. D'un autre côté, si quelques officiers de justice, quelques corps de troupes, ou autres, osaient poursuivre sur ses terres des voleurs ou des maraudeurs, sans lui demander son consentement et sa participation, ils étaient bien sûrs d'éprouver quelque notable échec; dans ces occasions, Fergus Mac-Ivor était le premier à s'apitoyer avec eux sur leur défaite, et après quelques légers reproches sur leur témérité, il ne manquait jamais de déplorer l'absence des lois dans le pays. Ces lamentations n'empêchaient pas les soupçons, et l'on représenta les choses au Gouvernement de telle sorte que notre Chef fut privé de son commandement militaire[2].

Quels que fussent en cette occasion les sentiments de Fergus Mac-Ivor, il eut l'art de dissimuler jusqu'à la moindre apparence de mécontentement; mais le pays environnant ne tarda guère à ressentir les mauvais effets de sa disgrâce. Donald Bean Lean et autres de ses pareils, qui, jusque-là, avaient renfermé leurs déprédations dans les districts voisins, parurent désormais s'être établis à poste fixe dans ce *border* maudit, et ils purent continuer leurs ravages sans grande

---

[1] Voleurs de bestiaux. (L. V.)

[2] *Voyez* la note J, à la fin du volume.

opposition, car la petite noblesse des basses terres était généralement jacobite et désarmée. Cette circonstance força un grand nombre des habitants à conclure avec Fergus Mac-Ivor des conventions basées sur le black-mail [1], ce qui non-seulement le constitua leur protecteur, et lui donna une voix prépondérante dans toutes leurs délibérations, mais encore lui fournit des fonds pour défrayer son hospitalité féodale, qu'autrement la cessation de sa paie aurait pu considérablement réduire.

En suivant cette ligne de conduite, Fergus n'avait pas pour unique objet de devenir l'homme important des environs et de régner despotiquement sur un petit clan. Depuis son enfance, il s'était dévoué à la cause de la famille exilée, et s'était persuadé, non-seulement que leur restauration sur le trône de la Grande-Bretagne serait prompte, mais encore que ceux qui les assisteraient seraient élevés en honneurs et en dignités. Ce fut avec cette arrière-pensée qu'il travailla à réconcilier les Highlanders entre eux, et qu'il augmenta autant que possible ses propres forces, pour être prêt à se lever à la première occasion favorable. Ce fut encore dans le même but qu'il se concilia la faveur de tout ce qu'il y avait dans le voisinage de gentilshommes des basses-terres favorables à la bonne cause ; et par la même raison, après sa querelle imprudente avec M. Bradwardine, qui, malgré ses bizarreries, était fort respecté dans le pays, il profita de l'incursion de Donald Bean Lean pour raccommoder l'affaire de la manière que nous avons vue. Quelques-uns, à la vérité, soupçonnèrent qu'il avait fait suggérer l'entreprise à Donald, en vue de se ménager une réconciliation qui, en supposant que cela fût vrai, coûta au laird de Bradwardine deux bonnes vaches à lait. La famille des Stuarts, pour récompenser le zèle qu'il déployait en leur faveur, l'admit fort avant dans la confidence de ses projets, lui envoya de temps à autre quelques subsides en louis d'or, beaucoup de belles paroles, et un parchemin auquel était suspendu un large sceau en cire, portant concession du titre de comte, de par un personnage qui n'était rien moins que Jacques III, roi d'Angleterre et huitième roi d'Écosse, à son amé et féal Fergus Mac-Ivor de Glennaquoich, du comté de Perth, dans le royaume d'Écosse.

Avec la perspective de cette future couronne de comte qui brillait à ses yeux, Fergus donna tête baissée dans les trames secrètes et les complots de cette malheureuse période ; et, comme tous les agents actifs de sa trempe, il n'eut pas de peine à familiariser sa conscience avec certains excès de son parti, dont l'honneur et l'orgueil l'auraient détourné, s'il n'avait eu d'autre objet que la satisfaction directe de son

[1] On a vu précédemment quelle est la nature de cette contribution volontaire payée par les propriétaires et les fermiers des basses terres pour se mettre à l'abri des déprédations des montagnards. (L. V.)

intérêt personnel. Après ce coup d'œil jeté sur un caractère hardi, ambitieux, ardent, mais adroit et politique, nous reprenons le fil interrompu de notre narration.

Pendant ce temps, le Chef et son hôte étaient arrivés au manoir de Glennaquoich, qui comprenait l'habitation de Ian nan Chaistel, tour carrée à l'aspect sauvage, et, de plus, une maison crénelée, édifice à deux étages construit par le grand-père de Fergus à son retour de l'expédition mémorable bien connue des provinces de l'ouest sous le nom de *Highland-Host*[1]. Ce fut à l'occasion de cette croisade contre les whigs et les covenanters de l'Ayrshire, que le Vich Ian Vohr de ce temps, probablement aussi heureux que son prédécesseur l'avait été en rançonnant le Northumberland, avait voulu laisser à sa postérité un édifice rival, comme monument de sa magnificence.

Autour de la maison, qui s'élevait sur une éminence, au milieu d'une étroite vallée des Highlands, rien n'annonçait qu'on se fût occupé de la commodité, encore moins de l'ornement et de la décoration, dont la noblesse a l'usage d'environner ses habitations. Une ou deux enceintes, séparées par des murs de pierres sèches, étaient la seule partie du domaine qui fût fermée; quant au reste, les étroites langues de terre unie qui s'étendaient sur le bord d'un ruisseau offraient un maigre champ d'orge, exposé à de constants ravages de la part des troupeaux de poneys et des bestiaux qui cherchaient sur les collines environnantes une chétive nourriture. De temps à autre, ils faisaient une incursion sur les terres cultivées, d'où ils étaient chassés par les cris bruyants et les hurlements sauvages d'une demi-douzaine de pâtres montagnards qui couraient tous comme des fous, et dont chacun excitait, à grand renfort de voix, un chien famélique à la défense du champ. Un petit bois de bouleaux rabougris s'élevait à peu de distance au-dessus de la vallée; les hautes montagnes, couvertes de bruyères, n'offraient aucune variété de surface, de sorte que l'aspect général du site était plutôt sauvage et désolé que grand et solitaire. Mais tel qu'était ce domaine, nul vrai descendant de Ian nan Chaistel ne l'eût échangé contre Stow ou Blenheim[2].

Néanmoins, devant la porte, s'offrit un spectacle qui, peut-être, aurait fait plus de plaisir au premier propriétaire de Blenheim[3] que le plus beau point de vue du domaine que lui assigna la reconnaissance de son pays. Il consistait en une centaine environ de Highlanders en grand uniforme, et sous les armes; à leur vue, le Chef s'excusa auprès de Waverley d'un air de négligence. — Il avait oublié, dit-il, de le prévenir qu'il avait fait prendre les armes à quelques hommes de son clan, pour s'assurer s'ils étaient en mesure de protéger le pays et de

[1] Armée montagnarde.
[2] Domaines célèbres en Angleterre par leur beauté. (L. V.)
[3] Le duc de Marlborough. (L. V.)

prévenir les accidents de la nature de celui qui, à son grand regret, était arrivé au baron de Bradwardine. Avant qu'il ne les congédiât, peut-être le capitaine Waverley serait-il bien aise de les voir se livrer à une partie de leurs exercices?

Édouard y consentit, et ces hommes exécutèrent avec agilité et précision quelques-unes des manœuvres ordinaires de l'armée. Ils s'exercèrent ensuite individuellement à tirer au blanc, et montrèrent une adresse extraordinaire à se servir du pistolet et de l'arquebuse. Ils visaient debout, assis, baissés, ou couchés à plat ventre, suivant le commandement, sans jamais manquer la targe qui leur servait de but. Ensuite ils se mirent deux à deux pour le maniement de l'arme blanche, et après avoir prouvé en détail leur force et leur dextérité, ils formèrent deux corps, et donnèrent le spectacle d'une petite guerre, dans laquelle ils firent le simulacre de charger, de se rallier, de fuir, de se poursuivre, et représentèrent tous les incidents d'un combat opiniâtre, au son de la grande cornemuse guerrière.

A un signal donné par le Chef, l'escarmouche cessa. Alors se formèrent des parties pour la course, pour la lutte, pour le saut, pour jeter la barre [1], et pour d'autres jeux, dans lesquels cette milice féodale déploya une vivacité, une force et une agilité incroyables, et répondit à l'intention secrète que leur chef avait à cœur, en donnant à Waverley une haute idée de leur mérite comme soldats, et du pouvoir de celui qui d'un signe les faisait obéir [2].

— Et quel est le nombre des braves qui ont le bonheur de vous appeler leur chef? demanda Waverley.

— Pour une bonne cause, et sous un chef aimé, la race d'Ivor est rarement entrée en campagne avec moins de cinq cents claymores. Mais vous savez, capitaine Waverley, que l'acte de désarmement, rendu il y a vingt ans environ, les empêche d'être complètement organisés comme autrefois, et je ne retiens sous les armes que le nombre d'hommes de mon clan suffisant pour défendre mes propriétés ou celles de mes amis, lorsque le pays est troublé par des hommes tels que votre hôte de la nuit dernière : le gouvernement qui nous a privés de tout autre moyen de défense doit souffrir que nous nous protégions nous-mêmes.

— Mais avec de pareilles forces, vous ne tarderiez pas à détruire ou à soumettre des bandes telles que celles de Donald Bean Lean.

— Oui, sans doute ; mais ma récompense serait une sommation de remettre au général Blakeney, à Stirling, le peu d'armes qu'ils nous ont laissées : vous conviendrez que cela ne serait guère politique.

— Mais allons, capitaine, le son des cornemuses m'annonce que le dîner est servi ; — permettez que je vous fasse les honneurs de mon rustique manoir.

---

[1] *To pitch the bar*, lancer une barre de fer à la plus grande distance possible. (L. V.)
[2] *Voyez* la note K, à la fin du volume.

CHAPITRE XX.

UN BANQUET DES HIGHLANDS.

On vint offrir à Waverley, avant son entrée dans la salle du festin, le rafraîchissement patriarcal du bain de pieds, offre que la chaleur étouffante du temps et les terrains marécageux qu'il avait traversés lui firent accepter avec grand plaisir. A la vérité, il ne fut pas servi en cette occasion aussi splendidement que les héros voyageurs de l'Odyssée ; ce ne fut pas une de ces beautés accoutumées

« A réchauffer les membres du voyageur et à verser le baume odoriférant »

qui procéda à la cérémonie de l'ablution et de l'abstersion, mais bien une vieille montagnarde sèche et enfumée, peu sensible en apparence à l'honneur des fonctions qui lui étaient dévolues. — Ne dirait-on pas que nos pères ont fait paître leurs troupeaux ensemble, pour que je vous serve ainsi? murmura-t-elle entre ses dents. Néanmoins, un petit présent eut bientôt réconcilié l'antique cameriste avec cet emploi qui lui semblait au-dessous d'elle ; et, comme Édouard entrait dans la grande salle, elle lui adressa cette bénédiction proverbiale parmi les Gaëls :
— Puisse la main qui s'ouvre être pleine jusqu'aux bords!

La salle du festin occupait tout le premier étage du bâtiment originairement construit par Ian nan Chaistel ; une large table de chêne s'étendait dans toute la longueur. Les apprêts du dîner étaient d'une simplicité toute rustique, et la compagnie nombreuse jusqu'à l'encombrement. Au haut bout de la table prit place le Chef, avec Édouard et deux ou trois visiteurs highlandais des clans voisins ; ensuite venaient les anciens de la tribu de Mac-Ivor, ses *wadsetters* et ses *tacksmen*, comme on les nommait, à qui une partie de ses biens étaient engagés ou loués ; au-dessous d'eux, leurs enfants, neveux et frères de lait ; puis les officiers de la maison du Chef, selon leur rang ; et enfin, tout au bas de la table, les tenanciers attachés à la culture du sol. Au delà même de cette longue perspective, Édouard pouvait apercevoir sur la pelouse, par la porte dont les deux larges battants étaient ouverts, une foule de Highlanders d'une condition encore inférieure, mais néanmoins traités comme hôtes, et admis à prendre part aux faveurs du maître et au régal du jour. Au dernier plan, et s'agitant dans ces limites extrêmes du banquet, on découvrait des groupes mobiles de femmes, d'enfants des deux sexes en haillons, de mendiants jeunes et vieux, d'énormes lévriers, bassets, chiens d'arrêt et autres de race dégénérée, qui tous prenaient à l'action principale un intérêt plus ou moins immédiat.

Cette hospitalité, en apparence illimitée, se renfermait néanmoins dans certaines règles d'économie. On s'était donné quelque peine pour dresser les plats de poisson, de gibier, etc., qui se trouvaient au haut bout de la table, et immédiatement sous les yeux du jeune Anglais; plus bas, on s'était contenté de servir d'énormes quartiers de mouton et de bœuf, qui, n'eût été l'absence du porc[1], abhorré des Highlanders, eussent rappelé la grossière abondance du banquet des amants de Pénélope. Mais le plat central était un agneau d'un an, rôti tout entier, qu'on appelait, en termes techniques, « le pourceau dans la moisson. » On l'avait replacé sur ses pieds, avec un bouquet de persil entre les lèvres; probablement il avait été servi sous cette forme pour flatter l'amour-propre du cuisinier, qui se piquait plus du nombre que de l'élégance des mets dont il garnissait la table de son maître. Les hommes du clan livrèrent de rudes attaques aux flancs du pauvre animal, les uns à l'aide de poignards, les autres avec des couteaux renfermés ordinairement dans la même gaîne que leur dague; et bientôt il n'offrit plus à l'œil que de tristes débris. A l'extrémité de la table étaient servis des mets encore plus grossiers, mais toujours en abondance. Du bouillon, des oignons, du fromage, suffirent, avec les restes du banquet, à régaler les enfants d'Ivor qui festoyaient en plein air.

Les liquides étaient fournis dans la même proportion et en suivant des règles analogues. Aux voisins immédiats du Chef, on distribuait libéralement d'excellents vins de Bordeaux et de Champagne; du whisky pur ou mélangé et de la bière forte servaient de rafraîchissements aux convives qui se rapprochaient des places inférieures. Personne, du reste, ne paraissait se formaliser de cette inégalité de distributions. Chacun des assistants trouvait naturel que son goût se réglât sur le rang qu'il occupait à table : aussi les *tacksmen* et ceux qui dépendaient d'eux déclaraient le vin trop froid pour leur estomac et se faisaient servir, comme par choix, la liqueur qu'on leur avait assignée par économie[2]. Pendant tout le temps du dîner, trois joueurs de cornemuse firent retentir sur leurs instruments criards une mélodie sauvage et guerrière, qui, répétée par les échos de la voûte et mêlée aux rudes accents de la langue celtique, formaient un bruit digne de la tour de Babel : Waverley crut que ses oreilles ne reviendraient jamais de leur assourdissement. Mac-Ivor s'ex-

---

[1] *Voyez* la note L, à la fin du volume.
[2] *Voyez* la note M, à la fin du volume.

cusa de la confusion occasionnée par une réunion si nombreuse, alléguant les exigences de sa position, qui lui imposaient l'obligation impérieuse d'une hospitalité sans bornes. — Tous ces parents robustes et fainéants, dit-il, regardent mes biens comme un dépôt placé entre mes mains pour subvenir à leurs besoins ; c'est à moi de trouver pour eux du bœuf et de l'ale, tandis que les coquins ne feront rien eux-mêmes que s'exercer au maniement de la claymore, rôder dans les montagnes, chassant, pêchant, buvant et faisant l'amour aux filles de la vallée. Mais que faire à cela, capitaine Waverley ? Oiseau de proie, ou montagnard, il faut que chaque être ici-bas vive à sa manière. Édouard fit à son hôte la réponse attendue, en le félicitant d'avoir à sa suite tant de vassaux braves et dévoués.

— Oh ! oui ! repartit le Chef, s'il me prenait envie, comme à mon père, de m'exposer à recevoir un coup sur la tête, ou deux sur le cou, je crois que les coquins ne m'abandonneraient pas. Mais qui songe à cela aujourd'hui, où l'on a pour maxime que — mieux vaut une vieille femme avec une bourse à la main que trois hommes l'épée au côté ? Alors, s'adressant à la compagnie, il proposa la santé du capitaine Waverley, « le digne ami de son bon voisin et allié, le baron de Bradwardine. »

— Il est le bienvenu ici, dit un des anciens, s'il vient de la part de Cosme Comyne Bradwardine.

— Je n'en dis pas autant, répliqua un vieillard qui semblait ne pas se soucier de répondre au toast, je n'en dis pas autant ; — tant qu'il restera une feuille verte dans la forêt, il y aura de la fraude chez un Comyne.

— Il n'y a que de l'honneur chez le baron de Bradwardine, répondit un autre des anciens ; et l'hôte qui vient ici de sa part sera le bienvenu, dût-il se présenter avec du sang sur sa main, à moins que ce ne soit le sang de la race d'Ivor.

Le vieillard, dont la coupe restait pleine, répliqua : — Il n'y a eu que trop de sang de la race d'Ivor sur la main de Bradwardine.

— Ah ! Ballenkeiroch, reprit le premier, vous pensez au coup de carabine parti des domaines de Tully-Veolan, plutôt qu'aux éclairs du glaive qui combattit pour la bonne cause à Preston.

— Et j'ai bien raison, repartit Ballenkeiroch ; le coup de carabine m'a coûté un fils à la belle chevelure, et les éclairs de son épée n'ont guère servi le roi Jacques.

Le Chef expliqua en français à Waverley que le baron avait tué d'un coup de fusil le fils du vieillard dans une rixe, près de Tully Veolan, il y avait sept ans environ ; puis il se hâta de dissiper les préventions de Ballenkeiroch, en l'informant que Waverley était Anglais, et ne tenait, ni par naissance, ni par alliance, à la famille des Bradwardine ; sur quoi, le vieux montagnard leva sa coupe encore pleine, et but avec courtoisie à la santé de l'étranger. Celui-ci rendit cette politesse dans les formes ; alors le Chef fit signe aux joueurs de cor-

CHAPITRE XX.

nemuse de se taire, et dit à voix haute : — Amis, où se cache la chanson, pour que Mac-Murrough ne puisse la trouver?

Mac-Murrough, le *bhairdh* (barde) de la famille, homme d'un âge avancé, répondit immédiatement à cette espèce de défi, et se mit à chanter à voix basse et sur un mouvement rapide une profusion de vers celtiques, reçus par l'auditoire avec des applaudissements enthousiastes. A mesure qu'il avançait dans ses chants, son ardeur semblait s'accroître. D'abord il avait tenu ses yeux fixés vers la terre; peu à peu il les promena autour de lui, comme pour solliciter, et bientôt pour commander l'attention; puis enfin son débit s'anima d'un ton sauvage et passionné, qu'il accompagnait de gestes analogues. Édouard, qui le suivait avec intérêt, crut reconnaître qu'il récitait beaucoup de noms propres, qu'il déplorait les guerriers morts, apostrophait les absents, et animait ceux qui l'entouraient par des exhortations et des prières. Waverley crut même distinguer son nom; et il ne douta plus que sa conjecture ne fût juste, lorsqu'il vit au même moment les yeux de l'assemblée se tourner simultanément vers lui. L'enthousiasme du poëte sembla se communiquer à l'auditoire. Ces visages farouches et brûlés du soleil prirent graduellement une expression plus fière et plus animée; tous se penchèrent vers le barde, quelques-uns levèrent et agitèrent les bras dans une sorte d'extase, d'autres mirent la main sur la garde de leurs épées. Quand le chant cessa, il y eut une pause solennelle, pendant laquelle l'exaltation du poëte et de ses auditeurs rentra peu à peu dans son lit, comme un torrent débordé.

Le Chef, qui pendant cette scène avait paru plutôt observer que partager l'émotion et l'excitation générales, remplit de Bordeaux une petite coupe d'argent placée près de lui. — Porte cela, dit-il à un serviteur, à Mac-Murrough nan Fonn (c'est-à-dire l'*homme des chansons*), et lorsqu'il en aura vidé le contenu, prie-le de garder la coquille de la gourde pour l'amour de Vich Ian Vohr. Ce présent fut reçu par Mac-Murrough avec une profonde gratitude; il but le vin, et baisant la coupe, la serra avec respect dans un des plis que son plaid formait sur sa poitrine. Puis il donna l'essor à une improvisation qu'Édouard, avec raison, supposa être une effusion de reconnaissance et d'éloges pour son maître. Ce second chant fut applaudi, mais ne produisit pas autant d'effet que le premier. Il était aisé de voir, néanmoins, que la générosité du Chef excitait une vive approbation parmi les hommes de son clan. — Maints toasts gaëliques furent alors proposés; Fergus en traduisit ainsi quelques-uns à son hôte :

— A celui qui ne tourne le dos ni à un ami ni à un ennemi. — A celui qui n'abandonna jamais un compagnon. — A celui qui n'a jamais acheté ni vendu la justice. — Hospitalité à l'exilé, mort au tyran! — Aux braves qui portent le *kilt*. — Highlanders, épaule contre épaule! — et autres manifestations énergiques du même genre.

Édouard avait particulièrement à cœur de connaître le sens de la chanson qui avait paru produire un tel effet sur les passions de l'assemblée ; il fit part de sa curiosité à son hôte. — Comme j'ai remarqué, dit celui-ci, que vous aviez laissé passer la bouteille aux trois derniers tours, j'allais vous proposer de venir prendre le thé avec ma sœur, qui est plus en état que moi de vous donner ces explications. Quoique je ne prétende pas empêcher mon clan de se livrer à sa joie ordinaire, je ne suis pas habitué à la partager dans toute son étendue, et je n'ai pas chez moi, ajouta-t-il en souriant, un Ours prêt à dévorer l'intelligence de ceux qui savent en faire bon usage.

Édouard accepta cette proposition avec plaisir, et le Chef, après avoir dit quelques mots à ceux qui l'entouraient, quitta la table, suivi de Waverley. Comme la porte se refermait derrière eux, Édouard entendit boire à la santé de Vich Ian Vohr avec de sauvages et vives acclamations, qui prouvaient la satisfaction de ses hôtes et toute l'étendue de leur dévouement à sa personne.

CHAPITRE XXI.

LA SOEUR DU CHEF.

LE salon de Flora Mac-Ivor était meublé de la manière la plus simple et la plus modeste ; car, à Glennaquoich, on retranchait, autant que possible, sur toute autre espèce de dépense, pour maintenir dans toute sa splendeur l'hospitalité du Chef, et pour retenir et multiplier le nombre de ses vassaux et adhérents. Mais cet esprit de parcimonie ne se faisait nullement sentir dans le costume de miss Flora : il était d'un tissu élégant et même riche, arrangé d'une manière qui tenait à la fois des modes parisiennes et de la simplicité highlandaise, combinées ensemble avec beaucoup de goût. Ses cheveux, que l'art du coiffeur n'avait pas défigurés, retombaient sur ses épaules en boucles noires comme le jais, seulement retenues par un bandeau richement monté en diamants. Elle avait adopté ce genre particulier de coiffure par condescendance pour les préjugés de ses compatriotes, qui ne pouvaient supporter qu'une femme se couvrît la tête avant son mariage.

Flora Mac-Ivor ressemblait d'une manière frappante à son frère Fergus : c'était au point qu'ils auraient pu, en jouant Viola et Sébas-

(Walter-Scott)

Publié par Bouscat F. à Paris

CHAPITRE XXI.

tien[1], produire le même effet merveilleux que faisaient dans ces rôles mistress Henry Siddons et son frère M. William Murray. Ils avaient la même régularité antique et correcte de profil, les mêmes yeux noirs, les mêmes cils, les mêmes sourcils et le même teint, si ce n'est que Fergus avait le visage hâlé par l'exercice, tandis que celui de Flora possédait toute la délicatesse féminine; mais la perfection sévère et un peu dure des traits de Fergus était, dans ceux de Flora, tempérée par la grâce. Leurs voix, dont l'intonation était aussi semblable, différaient de diapason. Celle du frère, surtout lorsqu'il commandait aux hommes de son clan, pendant leurs manœuvres militaires, rappelait à Édouard un passage favori dans la description d'Émétrius :

« On entendait au loin le son de sa voix retentissante comme une trompette au timbre argentin. »

Celle de Flora, au contraire, était douce et moelleuse, — « attribut précieux dans une femme; » mais lorsqu'elle traitait un sujet de prédilection, ce qu'elle faisait souvent avec une éloquence naturelle, elle savait trouver les accents qui frappent et convainquent, aussi bien que ceux de l'insinuation persuasive. L'éclair rapide de cet œil noir et perçant qui, chez le Chef, accusait l'impatience de tout obstacle même matériel, avait acquis chez sa sœur un caractère doux et pensif. Les regards du premier semblaient chercher la gloire, le pouvoir, tout ce qui devait l'élever au-dessus des autres hommes; ceux de Flora, comme si elle avait eu la conscience d'une supériorité d'intelligence, annonçaient plutôt de la pitié que de l'envie pour quiconque ambitionnait une autre distinction. Ses sentiments répondaient à l'expression de sa physionomie. Sa première éducation lui avait inspiré de bonne heure, ainsi qu'à son frère, le dévouement le plus absolu pour la famille des Stuarts. A ses yeux, le devoir du Chef, de son clan, de tout citoyen de la Grande-Bretagne, était de contribuer, au prix des plus grands dangers personnels, à cette restauration que les partisans du chevalier de Saint-Georges n'avaient pas cessé d'espérer. Pour arriver à ce but, elle était prête à tout faire, à tout souffrir, à tout sacrifier; mais son *loyalisme*, plus exalté que celui de son frère, était aussi plus pur. Accoutumé à de petites intrigues, et nécessairement impliqué dans les mille débats d'un misérable égoïsme, ambitieux d'ailleurs par nature, sa foi politique s'était colorée au moins, sinon imprégnée, des vues d'intérêt personnel et d'avancement qui s'amalgament si facilement avec elle; et au moment où il tirerait la claymore, peut-être serait-il difficile de dire s'il pensait plus à faire de Jacques Stuart un roi, qu'un comte de Fergus Mac-Ivor. Il ne s'avouait peut-être pas à lui-même cette alliance de deux mobiles divers; mais elle n'en existait pas moins à un haut degré.

[1] Personnages de *la Soirée des Rois*, de Shakspeare (L. V.)

Le cœur de Flora, au contraire, brûlait de toute la ferveur d'un loyalisme pur et sans alliage de sentiments d'égoïsme; pour elle, se servir de la religion comme d'un masque, afin de cacher des vues ambitieuses et intéressées, n'aurait pas été plus odieux que de les déguiser sous des opinions qu'elle était habituée à confondre avec le patriotisme. De semblables exemples de dévouement n'étaient pas rares parmi les partisans de la dynastie infortunée des Stuarts, et les souvenirs de la plupart de mes lecteurs pourront leur en fournir mainte preuve mémorable : mais des attentions particulières de la part du chevalier de Saint-Georges et de la princesse son épouse pour les parents de Fergus et de sa sœur, et pour eux-mêmes restés orphelins, leur avaient à jamais enchaîné la foi de l'un et de l'autre. Fergus, après la mort de ses parents, avait été quelque temps page d'honneur à la suite de la princesse, de qui sa beauté et sa vivacité naturelles lui avaient toujours valu le traitement le plus honorable. Ses bontés s'étaient aussi étendues sur Flora, élevée d'abord dans un couvent de premier ordre, aux frais de son auguste bienfaitrice, et de là rappelée dans le sein de sa famille, où elle avait passé environ deux ans. Le frère et la sœur conservaient la plus profonde reconnaissance de ces bienfaits.

Après avoir ainsi esquissé le trait principal du caractère de Flora, je puis passer plus légèrement sur le reste. C'était une jeune personne accomplie, et elle possédait ces manières élégantes qu'on pouvait attendre de celle dont les jeunes années s'étaient écoulées près d'une princesse; mais elle n'avait pas appris à substituer les dehors brillants de la politesse à la sincérité des sentiments. Une fois installée dans le manoir solitaire de Glennaquoich, elle s'aperçut qu'elle n'aurait que peu et de bien rares ressources pour la littérature française, anglaise ou italienne ; et pour remplir ses intervalles de loisir, elle en consacra une partie à la musique et aux traditions poétiques des Highlanders ; bientôt cette étude lui fit éprouver de véritables jouissances, que son frère, moins sensible au mérite littéraire, affectait dans des vues de popularité, plutôt qu'il ne les éprouvait réellement. Elle ne fit que s'affermir dans ses projets de recherches par l'extrême plaisir que ses demandes semblaient faire à ceux auxquels elle s'adressait pour recueillir des informations.

L'amour de son clan, attachement presque héréditaire chez elle, était, comme son loyalisme, plus pur que celui de son frère. C'était un politique trop raffiné ; il voyait trop dans son influence patriarcale un moyen de travailler à sa propre grandeur, pour que nous le proposions comme modèle d'un chef highlandais. Flora s'occupait avec la même sollicitude d'entretenir et d'étendre cette influence, mais c'était avec le désir généreux d'affranchir de la pauvreté, ou au moins du besoin et d'une oppression étrangère, ceux que son frère était appelé par sa naissance à gouverner, suivant les idées de l'époque et du pays. Les épargnes de son revenu, car elle avait une petite pension de la princesse Sobieski, étaient consacrées, nous ne dirons pas à ajouter au bien-être des paysans, car c'était un mot qu'ils ne connaissaient guère et qu'ils semblaient même se soucier peu de connaître, mais à soulager leurs plus pressants besoins, dans l'état de maladie ou dans l'extrême vieillesse. En toute autre circonstance, ils travaillaient plutôt à se procurer quelque chose qu'ils pussent partager avec leur chef, en témoignage de leur attachement, qu'ils n'attendaient de lui une assistance quelconque, sauf celle qui résultait pour eux de la rustique hospitalité de son château et du système général de division et de subdivision de ses terres entre eux. Ils avaient pour Flora un vif attachement : aussi Mac-Murrough ayant énuméré, dans un chant de sa composition, les principales beautés du district, et exprimé la supériorité de Flora sur toutes les autres, en terminant par cette image : « C'est au plus haut rameau qu'est suspendue la plus belle pomme, » reçut en cadeau, des hommes du clan, dix fois plus de grains d'orge qu'il n'en fallait pour ensemencer son Parnasse montagnard, *le Champ du Barde*, comme on l'appelait.

Par position autant que par choix, miss Mac-Ivor n'avait qu'une société extrêmement restreinte. Rose Bradwardine était devenue son amie la plus intime ; elle lui était fort attachée, et lorsqu'elles se trouvaient ensemble, elles pouvaient fournir à un artiste deux modèles admirables pour représenter la muse de la gaieté et celle de la mélancolie. Le père de Rose veillait sur elle avec une si tendre sollicitude, et le cercle de ses désirs était si restreint, qu'elle n'en formait aucun qu'il ne fût disposé à satisfaire, et il en était peu qui excédassent les limites de son pouvoir. Il n'en était pas de même de Flora. Encore presque enfant, la métamorphose la plus complète s'était opérée dans sa manière de vivre : des scènes de gaieté et de splendeur avaient fait place à une solitude absolue, à une pauvreté relative ; d'ailleurs, les idées et les vœux dont elle aimait à se repaître portaient sur de grands événements politiques, sur une révolution qui ne pouvait s'accomplir qu'au prix de beaucoup de dangers et de sang, perspective qu'il n'était pas possible d'envisager avec insouciance. Aussi ses manières étaient graves, bien qu'elle contribuât volontiers par ses talents à l'amusement de la société. Cette dernière circonstance la plaçait très-haut dans l'opinion du vieux baron, qui aimait à chanter avec elle quelques-uns de ces duos français entre *Lindor* et *Chloris*, etc., si à la mode vers la fin du long règne de Louis le Grand.

On pensait généralement, sans que personne eût osé le laisser entendre au baron de Bradwardine, que les prières de Flora n'avaient pas peu contribué à calmer la colère de Fergus, lors de leur querelle. Elle prit son frère par le côté sensible, d'abord en insistant sur l'âge du baron, puis en lui représentant qu'il ferait tort au parti et compromettrait sa réputation de prudence, si nécessaire à un agent politique, en persistant à pousser cette affaire jusqu'à l'extrémité. Autrement il est probable qu'elle se serait terminée par un duel, le baron ayant déjà précédemment répandu le sang du clan d'Ivor, bien que l'affaire eût été arrangée dans le moment, et passant d'ailleurs pour manier l'épée avec une adresse dont Fergus lui faisait presque l'honneur d'être jaloux. C'était une raison de plus pour que Flora tînt à les réconcilier, et le Chef se prêta volontiers à un accommodement qui favorisait ses projets ultérieurs.

C'est à cette jeune dame, présidant en ce moment à l'empire féminin de la table à thé, que Fergus présenta le capitaine Waverley, qu'elle reçut avec les politesses d'usage.

CHAPITRE XXII.

POÉSIE HIGHLANDAISE.

Après les premiers compliments, Fergus s'adressa à sa sœur :
— Ma chère Flora, avant que je revienne aux rites barbares de nos ancêtres, je dois vous dire que le capitaine Waverley est un sectateur fervent de la muse celtique, d'autant plus fervent, peut-être, qu'il ne comprend pas un mot de son langage. Je lui ai dit que vous aviez un talent éminent pour les versions de poésie highlandaise, et que Mac-Murrough admire les traductions que vous faites de ses chants d'après le même principe qui en fait admirer l'original au capitaine Waverley, — parce qu'il ne les comprend pas. Aurez-vous la bonté de lire à notre hôte, ou de lui réciter, en anglais, le chapelet extraordinaire de noms que Mac-Murrough enfile en gaëlique?
— Je gagerais ma vie contre une plume de grouse que vous êtes munie d'une version; car je sais que vous êtes de tous les conseils du barde, et que vous connaissez ses poésies longtemps avant qu'il nous les récite dans la grand'salle.

— Pouvez-vous parler ainsi, Fergus? Vous savez combien peu ces vers peuvent avoir d'intérêt pour un étranger, pour un Anglais, alors même que j'aurais, comme vous le prétendez, le talent de les traduire.

— Ils n'en auront pas moins pour lui que pour moi, belle dame. Aujourd'hui vos travaux réunis, car je persiste à croire que vous y avez une part, m'ont coûté la dernière coupe d'argent qu'il y eût dans le château, et je suppose qu'ils me coûteront quelque autre chose la prochaine fois que je tiendrai *cour plénière*, si l'inspiration descend sur Mac-

Murrough; car vous savez notre proverbe : — Quand la main du Chef se ferme, le souffle du barde se glace. — Hé bien! je voudrais qu'il en fût ainsi. Trois choses sont inutiles à un moderne Highlander : — une épée, qu'il ne doit plus tirer ; — un barde, pour célébrer des hauts faits qu'il n'ose plus imiter ; — et une large bourse de peau de chèvre, sans un louis d'or à mettre dedans.

— Hé bien! mon frère, puisque vous trahissez mes secrets, vous ne pouvez vous attendre à ce que je garde les vôtres. Je vous assure, capitaine Waverley, que Fergus est trop fier pour échanger sa claymore contre un bâton de maréchal ; qu'il estime Mac-Murrough un beaucoup plus grand poëte qu'Homère, et qu'il ne donnerait pas sa bourse de peau de chèvre pour tous les louis d'or qu'elle pourrait contenir.

— Bien riposté, Flora : coup pour coup, comme Conan disait au diable[1]. Maintenant vous allez parler bardes et poésie, sinon de bourses et de claymores, tandis que je retourne faire aux sénateurs de la tribu d'Ivor les honneurs de la fin du festin. A ces mots, Fergus sortit.

La conversation continua entre Flora et Waverley; car deux jeunes femmes élégamment vêtues, qui semblaient tenir le milieu entre des femmes de compagnie et des femmes de service, n'y prirent aucune part. L'une et l'autre étaient de fort jolies filles, mais leur beauté ne servait qu'à faire encore mieux ressortir la grâce et les charmes de leur maîtresse. L'entretien suivit le tour que le chef lui avait donné, et Waverley ne fut pas moins surpris qu'intéressé de ce que la dame lui apprit touchant la poésie celtique.

— Le récit des poëmes célébrant les hauts faits des héros, disant les plaintes des amants, racontant les guerres des tribus ennemies, est pendant l'hiver, dans les Highlands, le principal amusement du foyer. Quelques-uns de ces poëmes sont, dit-on, très-anciens, et s'ils sont jamais traduits dans quelqu'un des idiomes de l'Europe civilisée, ils ne pourront manquer de produire une sensation profonde et générale. D'autres, plus modernes, sont composés par ces bardes de famille que les chefs des noms les plus distingués et les plus puissants entretiennent en qualité de poëtes et d'historiens de leurs tribus. Naturellement ces bardes ont un mérite plus ou moins éminent ; mais, quel qu'il soit, une partie doit se dissiper dans la translation, ou être perdu pour ceux qui ne sympathisent pas avec les sentiments du poëte.

— Et votre barde, dont les effusions ont semblé aujourd'hui produire un si puissant effet sur la compagnie, est-il compté parmi les poëtes favoris de vos montagnes?

— C'est une question embarrassante. Sa réputation est haute parmi ses compatriotes, et vous ne devez pas attendre que je le déprécie[2].

---

[1] *Voyez* la note N, à la fin du volume.

[2] Le poëte highlandais était presque toujours improvisateur. Le capitaine Burt en rencontra un à la table de Lovat. (W. S.)

— Mais son chant, miss Mac-Ivor, semblait éveiller l'enthousiasme de tous ces guerriers, jeunes et vieux.

— Ce chant n'est guère autre chose qu'une nomenclature des clans highlandais, distingués chacun par les particularités qui leur sont propres, et une exhortation aux auditeurs de se souvenir des hauts faits de leurs ancêtres, et de les prendre pour modèles.

— Et me suis-je trompé en conjecturant, quelque extraordinaire que la supposition paraisse, qu'il se trouvait dans ses vers quelque allusion à ma personne?

— Votre perspicacité ne vous a pas trompé, capitaine Waverley. La langue gaëlique, étant prodigieusement abondante, est éminemment propre à l'improvisation poétique; et un barde manque rarement d'augmenter l'effet d'un chant prémédité, en y jetant quelques strophes suggérées par les circonstances mêmes dans lesquelles le récit en est fait.

— Je donnerais mon meilleur cheval pour savoir ce qu'un barde highlandais a pu trouver à dire au sujet d'un homme du Sud indigne tel que moi.

— Il ne vous en coûtera pas pour cela une seule touffe de sa crinière. — Ma chère Una!... (Elle dit quelques mots à une des deux jeunes filles, qui fit une révérence et sortit en courant.) — J'ai envoyé Una, continua-t-elle, s'informer près du barde des expressions dont il s'est servi, et je mettrai à vos ordres mon habileté comme drogman.

Una revint au bout de quelques minutes, et répéta à sa maîtresse quelques vers gaëliques. Flora parut réfléchir un instant; puis, en rougissant légèrement, elle se tourna vers Waverley : — Il m'est impossible de satisfaire votre curiosité, capitaine Waverley, sans m'exposer au reproche de présomption. Si vous voulez m'accorder quelques moments pour y penser, je m'efforcerai d'encadrer le sens de ces vers dans une ébauche de version anglaise, que j'ai tentée, d'une partie du chant original. Les devoirs de la table à thé paraissent terminés; et comme la soirée est délicieuse, Una vous montrera le chemin de l'une de mes promenades favorites, où je vous rejoindrai avec Cathleen.

Una, après avoir reçu des instructions dans son langage natal, fit sortir Waverley par un passage autre que celui par lequel il était arrivé à l'appartement. Il entendit de loin les sons de la cornemuse et les applaudissements bruyants qui faisaient retentir la salle du Chef. Ils entrèrent dans la campagne par une poterne, et remontèrent pendant quelques moments la vallée étroite et sauvage dans laquelle était situé le manoir, en suivant le cours d'eau sinueux qui y serpentait. A un quart de mille environ du château, se réunissaient les deux ruisseaux qui par leur jonction formaient cette petite rivière. Le plus large des deux descendait la longue et aride vallée qui s'étendait, sans paraître changer de caractère, aussi loin que les hauteurs qui l'enserraient permettaient à la vue de s'étendre. Mais le second ruisseau, qui avait sa source dans les montagnes situées à gauche du *Strath*, semblait sortir d'une ouverture étroite et sombre, entre deux énormes rochers. Ces deux ruisseaux ne différaient pas moins de caractère. Le cours du plus large était lent, mais perfide, tantôt s'engouffrant en de profonds tournants, tantôt formant des lacs à la surface sombre et dormante; rapide, impétueux, le second s'élançait d'entre les précipices comme un fou furieux échappé de sa prison, rugissant et couvert d'écume.

Ce fut en remontant le cours de ce dernier torrent que Waverley, en chevalier de roman, fut conduit par son guide silencieux, la belle demoiselle highlandaise. Un étroit sentier, qui en beaucoup d'endroits avait été rendu plus praticable pour la commodité de Flora, lui fit traverser un paysage bien différent de la scène qu'il venait de quitter. Autour du château, tout était froid, nu, désolé, et cependant conservait un caractère calme, même au milieu de cette désolation; mais cette étroite vallée, à une aussi faible distance, semblait s'ouvrir dans le pays des fictions. Les rochers prenaient mille formes variées et bizarres. Ici, un roc de dimensions énormes présentait sa masse gigantesque, comme pour arrêter les pas du promeneur, et ce fut seulement quand il se fut approché de sa base que Waverley découvrit le brusque détour du sentier qui tournait ce formidable obstacle. En un autre endroit, les rochers, se projetant des deux côtés de la gorge, s'étaient tellement rapprochés, que deux pins, posés de l'un à l'autre et couverts d'une couche de tourbe, formaient un pont rustique suspendu à la hauteur de cent cinquante pieds au moins, pont dont les bords n'étaient pas garnis d'appuis, et qui avait à peine trois pieds de largeur.

Tandis que Waverley contemplait ce périlleux passage, se dessinant, comme une ligne noire, sur l'étroite portion de l'azur du ciel dont les rochers rapprochés n'interceptaient pas la vue, ce fut avec une sensation d'horreur qu'il vit apparaître sur ce tremblant support Flora et sa suivante, qui semblaient ainsi des êtres d'un autre monde suspendus au milieu des airs. Elle s'arrêta en l'apercevant au-dessous d'elle, et d'un air d'aisance gracieuse qui le fit frémir, elle agita vers lui son mouchoir. Tel était le vertige que lui faisait éprouver la situation de Flora, qu'il lui fut impossible de lui rendre son salut; et jamais il n'éprouva un bien-être plus grand que lorsqu'il lui eut vu franchir l'élévation précaire qu'elle paraissait traverser avec tant d'indifférence, et qu'elle disparut de l'autre côté.

Continuant alors de s'avancer, il passa bientôt sous le pont dont la vue lui avait causé tant de terreur; là, le sentier s'éloignant des bords du ruisseau devint de plus en plus rapide, en même temps que la vallée s'élargissait en un amphithéâtre boisé, que couronnaient les cimes ondoyantes des bouleaux, des jeunes chênes, des coudriers, et çà et là de quelques ifs épars. Les rochers plus écartés montraient toujours au-dessus des arbres leurs têtes hérissées et grisâtres. Plus haut, se projetaient d'autres éminences et des pics élancés, les uns dépouillés, les autres couverts de bois ; ceux-ci arrondis et revêtus de la pourpre des bruyères, ceux-là brisés et hérissés de pointes aiguës. Un détour subit du sentier, qui depuis une centaine de pas avait cessé d'être en vue du ruisseau, plaça tout à coup Waverley en regard d'une cascade romantique. Ce n'était pas tant sa grande élévation ou la masse de ses eaux qui donnaient à cette cataracte un puissant intérêt, que les accidents pittoresques dont elle était accompagnée. Après une chute brisée de vingt pieds environ, l'eau était reçue dans un large bassin naturel qu'elle remplissait jusqu'aux bords, et où elle était si limpide, là où avait cessé le bouillonnement causé par la chute, que, malgré la profondeur considérable du bassin, l'œil pouvait apercevoir au fond le moindre caillou. Tournoyant autour de ce réservoir, les eaux se frayaient une issue par une sorte de brèche de ses parois, et formaient une seconde chute qui semblait aller chercher un abîme ; puis, sortant en vagues pressées du milieu des rochers sombres et luisants qu'elles avaient polis depuis des siècles, elles se précipitaient en murmurant dans le lit qui suivait la pente de la vallée, et y formaient le cours agité dont Waverley venait de remonter la rive[1]. L'encadrement de cette cascade romantique répondait bien à sa beauté ; son caractère sévère et imposant allait presque jusqu'à la grandeur. Les rives, couvertes de mousse et de gazon, étaient ou brisées et interrompues par de larges blocs de rochers, ou décorées d'arbres et d'arbustes, dont une partie avait été plantée sous la direction de Flora, mais avec tant d'art, qu'ils ajoutaient à la grâce du paysage sans en affaiblir la sauvageté romanesque.

C'est là que, semblable à ces formes gracieuses dont le Poussin a paré ses paysages, Flora fut rencontrée par Waverley, occupée à contempler la cataracte. A deux pas en arrière se tenait Cathleen, une petite harpe écossaise à la main, instrument dont Flora avait reçu des leçons de Rory Dall, le dernier harpiste des Highlands occidentaux[2]. Le soleil, dont le disque s'abaissait au couchant, colorait d'une teinte riche et variée tout ce qui entourait Waverley, et semblait ajouter un éclat surhumain à l'expression puissante de l'œil noir de Flora, ajouter à la pureté ravissante de son teint, et rehausser la grâce de sa belle et noble taille. Édouard se dit que, même dans ses rêves les plus exaltés, jamais forme plus suave et plus belle ne s'était offerte à son imagination. Le charme sauvage du lieu, surgissant autour de lui comme par magie, augmenta le sentiment de plaisir et de crainte respectueuse

---

[1] *Voyez* la note O, à la fin du volume.
[2] *Voyez* la note P, à la fin du volume.

avec lequel il s'approcha d'elle, comme d'une belle enchanteresse de Boiardo ou de l'Arioste, qui, d'un signe de tête, eût créé la scène environnante, véritable Eden au sein du désert.

Flora, comme toute autre jolie femme, avait la conscience du pouvoir de ses charmes, et elle se plut à en reconnaître l'effet dans l'abord respectueux et troublé du jeune officier ; mais, douée d'un jugement exquis, elle fit au romantique de la scène, et aux autres circonstances accidentelles, une large part dans l'appréciation des sentiments qui, évidemment, dominaient l'esprit de Waverley, et ignorant la disposition exaltée et impressionnable de son caractère, elle reçut son hommage comme le tribut passager que toute femme, même moins belle qu'elle, eût été en droit d'attendre dans une situation semblable. Sans en éprouver donc d'autre émotion, elle le conduisit jusqu'à un lieu assez éloigné de la cascade pour que le bruit des eaux accompagnât sans les couvrir et sa voix et sa harpe ; là, s'asseyant sur un quartier de roc couvert de mousse, elle prit l'instrument des mains de Cathleen.

— Je vous ai donné la peine de venir jusqu'ici, capitaine Waverley, d'abord parce que j'ai pensé que le paysage vous intéresserait, et puis parce qu'un chant highlandais perdrait encore plus à mon imparfaite traduction, si je ne l'entourais des accompagnements sauvages qui lui conviennent. Pour parler le langage poétique de mon pays natal, le trône de la muse celtique est au sein des brouillards de la montagne écartée et solitaire, et sa voix aime à se mêler au murmure du torrent rocailleux. Celui qui se dévoue à son culte doit préférer le roc aride à la fertile vallée, et la solitude du désert à la salle des festins.

Peu d'hommes eussent entendu cette aimable femme s'exprimer ainsi d'une voix dont le pathétique augmentait encore la douceur, sans s'écrier que la muse qu'elle invoquait ne pouvait être plus dignement représentée ; mais Waverley, quoique la pensée se présentât à son esprit, ne trouva pas le courage de la lui exprimer. L'étrange sensation de plaisir romanesque que produisirent en lui les premiers sons qu'elle tira de sa harpe avaient, en effet, quelque chose de pénible : pour tout au monde il n'eût pas quitté sa place près d'elle ; et cependant il aspirait presque à se trouver seul, afin d'examiner à loisir, pour tâcher de s'en rendre compte, les émotions compliquées dont son cœur était alors agité.

Flora avait remplacé le récitatif monotone et mesuré du barde par un air montagnard d'un caractère noble et élevé qui, dans les anciens âges, avait été celui d'un chant de guerre. A quelques accords sans suite succéda un prélude d'un ton sauvage et singulier, qui s'harmonisait bien avec le bruit éloigné de la cascade et le doux soupir de la brise du soir parmi les feuilles agitées d'un tremble au-dessous duquel était assise la belle harpiste. Les strophes suivantes ne donneront qu'une bien faible idée de la sensation qu'ainsi chantées et accompagnées elles firent éprouver à Waverley :

Le brouillard couronne la montagne, l'ombre s'étend sur la vallée ; mais plus sombre encore est le sommeil des fils du Gaël. L'étranger lui commande ! — Son joug appesanti sur le pays a glacé tous les cœurs, engourdi tous les bras !

Le dirk et la targe sont abandonnés et couverts de poussière ; la claymore jadis sanglante n'est plus rougie que par la rouille. Sur la montagne ou dans la vallée, si un fusil se montre encore, ce n'est que pour faire la guerre à la grouse ou au daim.

Si nos bardes redisaient les hauts faits de nos pères, la rougeur de la honte ou les coups de l'étranger suivraient seuls ses vers. Que nos harpes soient muettes, que le silence remplace nos chants, afin que rien ne nous rappelle notre gloire éteinte.

Mais les heures sombres de la nuit et du sommeil sont écoulées ; l'aurore d'un nouveau jour luit enfin sur nos montagnes. Ses rayons éclairent les pics de Glenaladale, et colorent l'onde agitée de Glenfinnan [1].

O cher et courageux Moray [2], — toi qui foulas si longtemps la terre de l'exil, — aux lueurs de cette aube nouvelle relève l'ÉTENDARD ! Qu'au loin, bien au loin, il soit transporté sur l'aile des vents du nord, comme le dernier rayon du soleil quand la tempête approche !

Et vous, fils des forts, quand va briller cette aurore, faudra-t-il que la harpe du vieillard vienne vous arracher à votre léthargie ? Quand un rayon semblable frappait les yeux de vos pères, il n'était pas un chef qui ne se levât pour vaincre ou pour mourir.

O descendants des rois qui régnèrent dans Islay [3], chefs au cœur altier des clans Ranald, Sleat et Glengarry ! semblables à trois torrents descendus du sommet neigeux de nos montagnes, réunissez-vous ; et devenus irrésistibles par votre union, précipitez-vous sur l'ennemi !

Digne fils de sir Evan, indomptable Lochiel, mets ta targe sur ton épaule et polis ta brillante épée ! Terrible Keppoch, embouche ton redoutable cor, et que le son en retentisse jusqu'à Coryarrick !

Fils sévère de lord Kenneth, noble chef de Kintail, abandonne aux vents le Cerf de ta bannière ! Puisse la race libre et sans peur de Clan Gillean se souvenir de Glenlivat, de Harlaw et de Dundee !

Que le clan de Fingon aux cheveux blanchis, dont la race a donné tant de héros à la terre et tant de martyrs au ciel, s'unisse aux fils renommés de Rorri-Morre, pour couvrir la mer de leurs longues galères et fendre les eaux de leurs rames.

Combien se réjouira Mac-Shimey, quand son chef emprisonnera sous sa toque couronnée d'if les boucles argentées de sa chevelure ! Quels cris de vengeance vont pousser les Alpine opprimés et les Glencoe décimés par le meurtre, quand ils se précipiteront sur l'ennemi !

---

[1] Charles Édouard, le jeune et audacieux aventurier, débarqua à Glenaladale, dans le Moydart, et déploya son étendard dans la vallée de Glenfinnan, autour duquel il rassembla les Mac-Donald, les Camérons, et d'autres clans moins nombreux qu'il avait décidés à se joindre à lui. On y voit encore un monument, avec une inscription latine de feu le docteur Grégory. (W. S.)

Le Moydart est un district maritime situé à l'extrémité S. O. du comté d'Inverness, entre le Loch Shiell et l'océan Atlantique. Glenaladale est sur le Loch Shiell ; la vallée qu'arrose le Glenfinnan est à l'extrémité septentrionale du même lac. (L. V.)

[2] Frère aîné du marquis de Tullibardine ; longtemps exilé, il revint en Écosse avec Charles Édouard, en 1745. (W. S.)

[3] La plus méridionale des îles de l'Écosse occidentale. (L. V.)

Et vous, enfants du brun Dermid, qui chassez le sanglier sauvage, montrez encore la foi sans tache du grand Callum-More! Mac-Neil des îles, et vous Moy du lac, pour l'honneur, pour la liberté, pour la vengeance, — réveillez-vous!

En ce moment un grand lévrier accourut en bondissant du bas de la vallée, et, sautant autour de Flora, interrompit son chant par ses caresses importunes. Mais au son d'un sifflet éloigné l'animal retourna sur ses pas et redescendit le sentier avec la rapidité d'une flèche. — C'est le fidèle compagnon de Fergus, capitaine Waverley, et ce sifflet est son signal. Mon frère n'aime pas la poésie, à moins qu'elle ne soit d'un caractère gai, et il vient fort à propos pour couper court à ma longue énumération de tribus, qu'un de vos impertinents poëtes anglais appelle

« Notre inutile armée de nobles mendiants,
Mac-Leans, Mac-Gregors, Mac-Kenzies. »

Waverley exprima son regret de cette interruption.

— Oh! vous ne pouvez deviner combien vous avez perdu! Le barde, comme c'était son devoir, adressait trois longues strophes à Vich Ian Vohr des Bannières, où il énumérait toutes ses grandes qualités, sans oublier la libéralité qui, par de généreux présents, tient en belle humeur le harpiste et le barde. Vous auriez de plus entendu une admonition pratique au fils de l'étranger aux blonds cheveux, qui vit dans le pays où l'herbe est toujours verte, — qui monte un coursier à la croupe luisante, dont la couleur est semblable à celle du corbeau, et dont le hennissement ressemble au cri de l'aigle avant la bataille. Ce vaillant cavalier est affectueusement conjuré de se souvenir que ses ancêtres furent distingués par leur loyalisme aussi bien que par leur courage. — Vous avez perdu tout cela; mais puisque votre curiosité n'est pas satisfaite, je juge au son lointain du sifflet de mon frère que j'aurai encore le temps de vous chanter les dernières stances, avant qu'il n'arrive se moquer de ma version.

Éveillez-vous sur vos montagnes, dans vos îles éveillez-vous, braves fils des monts, de la mer et des lacs! C'est le son du cor, — mais non le signal de la chasse; c'est l'appel aigu du pibroch, — mais non pour la salle du festin.

C'est l'appel des héros pour la gloire ou le trépas, quand les bannières resplendissantes flottent sur la montagne et les bruyères. Saisissez, à ce signal, le dirk, la claymore et la targe; en marche, et rassemblez-vous! En ligne, et chargez l'ennemi!

Que le glaive étincelant de chacun de vos chefs soit comme celui de Fingal dans sa colère! Qu'en longs torrents de feu le sang parcoure ses veines! Comme vos pères, brisez le joug avilissant de l'étranger, ou sachez mourir comme eux; mais ne le supportez pas plus longtemps!

CHAPITRE XXIII.

WAVERLEY CONTINUE DE RÉSIDER A GLENNAQUOICH.

LORA terminait à peine son chant, que Fergus était devant elle. — Je savais que je vous trouverais ici, leur dit-il, même sans l'assistance de mon ami Bran. Un goût simple, et qui, comme le mien, a maintenant perdu tout son penchant pour le sublime, eût préféré un jet d'eau de Versailles à cette cascade, avec ses accompagnements de rochers et de rugissements; mais celle-ci est le Parnasse de Flora, capitaine Waverley, et cette source est son Hélicon. Ma cave s'en trouverait fort bien si elle pouvait en enseigner à Mac-Murrough, son collaborateur, la vertu inspiratrice; car il vient d'avaler toute une bouteille d'usquebaugh, pour corriger, dit-il, la froideur du bordeaux. — Voyons, que j'en éprouve moi-même l'influence. — Il huma quelques gouttes d'eau dans le creux de sa main, et se mit à chanter, d'un air théâtral :

> O lady of the desert, hail!
> That lovest the harping of the Gael,
> Through fair and fertile regions borne
> Where never yet grew grass or corn [1].

Mais la poésie anglaise ne réussira jamais sous l'influence d'un Hélicon highlandais; — allons, courage!

> O vous qui buvez à tasse pleine
> A cette heureuse fontaine,
> Où on ne voit, sur le rivage,
> Que quelques vilains troupeaux,
> Suivis de nymphes de village
> Qui les escortent sans sabots [2].

— Trève, mon cher Fergus! dit Flora; épargnez-nous ces ennuyeux et insipides personnages de toute Arcadie. N'amenez ici, au nom du Ciel, ni Coridons ni Lindors!

— Hé bien, si vous ne pouvez goûter ni la *houlette* ni le *chalumeau*, je vais prendre le ton héroïque.

---

[1] « Nymphe du désert, salut! toi qui aimes la harpe de Gaël, toi qui naquis dans ces belles et fertiles contrées où ne vint jamais ni herbe ni blé. »

[2] Nous transcrivons textuellement ce couplet, tel qu'il est cité par l'auteur. (L. V.)

— Mon cher Fergus, vous avez certainement puisé votre inspiration à la coupe de Mac-Murrough plutôt qu'à la mienne.

— Je le nie, *ma belle demoiselle* [1], quoique je vous proteste que ce serait des deux celle qui me plairait le plus. Quel est celui de vos romanciers italiens à cerveau fêlé qui a dit :

> Io d'Elicona niente
> Mi curo, in fe di Dio ! Chè il bere d'acque
> (Bea chi ber ne vuol) sempre mi spiacque [2].

Mais si vous aimez mieux le gaëlique, capitaine Waverley, voici la petite Cathleen qui vous chantera *Drimmindhu*. — Allons, Cathleen, *astore* [3], commencez ; ne vous excusez pas près du *Cean-Kinné*.

Cathleen chanta d'une manière très-plaisante une petite chanson gaëlique, exprimant les plaintes burlesques d'un paysan qui a perdu sa vache. Son ton comique fit plus d'une fois rire Waverley, quoiqu'il ne comprît pas un mot de son langage [4].

— Admirable, Cathleen, s'écria le chef ; il faut qu'un de ces jours je vous trouve un beau mari parmi les hommes du clan.

Cathleen rit, rougit, et courut se cacher derrière sa compagne.

Pendant leur retour au château, le chef pressa vivement Waverley de rester avec eux une ou deux semaines, pour assister à une grande partie de chasse à laquelle lui et plusieurs autres gentilshommes highlandais devaient se joindre. Les charmes de la mélodie et ceux de la beauté avaient fait sur le cœur de Waverley une impression trop profonde pour qu'il pût refuser une invitation si agréable. Il fut donc convenu qu'il écrirait un mot au baron de Bradwardine pour lui faire part de son intention de passer une quinzaine à Glennaquoich, et le prier de lui faire tenir par le porteur (un *gilly* du chef) les lettres qui pourraient être arrivées pour lui.

La conversation fut ainsi naturellement amenée sur le baron, que Fergus vanta beaucoup comme gentilhomme et comme soldat. Son caractère fut apprécié avec plus de justesse encore par Flora, qui fit remarquer qu'on trouvait en lui le vrai type de l'ancien *cavalier* [5] écossais, avec toutes ses vertus et ses singularités. — C'est un caractère, capitaine Waverley, continua-t-elle, qui devient de plus en plus rare ; car son côté le plus heureux était un respect de soi-même dont on ne

---

[1] Ces mots sont en français dans le texte.

[2] « Je me soucie fort peu de l'Hélicon, sur ma foi ! Celui qui boit de l'eau (en boive qui voudra !) m'a toujours déplu. »

[3] Expression gaëlique ; ma chère. (W. S.)

[4] Cette ancienne chanson gaëlique est encore bien connue dans les Highlands, ainsi qu'en Irlande. Elle a été mise en anglais et publiée, si je ne me trompe, sous les auspices du facétieux Tom d'Urfey, avec le titre de *Colley ma vache !* (W. S.)

[5] Le mot *cavalier*, dans l'ancienne langue politique de la Grande-Bretagne, est synonyme de *royaliste*, ou plus exactement, *stuartiste*. (L. V.)

s'était jamais écarté avant ces derniers temps. Mais, de nos jours, les gentilshommes que leurs principes ont empêchés de se rallier au gouvernement actuel sont négligés et humiliés, et beaucoup d'entre eux se conduisent en conséquence; comme plusieurs des personnes que vous avez vues à Tully-Veolan, ils adoptent des habitudes et des compagnies dont devraient les éloigner leur naissance et leur éducation. Les cruelles proscriptions de parti semblent dégrader les victimes qu'elles ont flétries, même injustement. Mais espérons qu'un jour plus pur approche, où les gentilshommes de nos provinces pourront se livrer à l'étude sans tomber dans le pédantisme de notre ami le baron, être chasseurs sans les habitudes basses de M. Falconer, et s'occuper d'améliorer leurs domaines sans devenir, comme Killancureit, une véritable brute à deux pieds.

Ainsi Flora prophétisait une révolution que le temps a produite, en effet, mais d'une manière bien différente de ce qu'elle imaginait.

L'aimable Rose fut ensuite mentionnée, avec l'éloge le plus vif de sa personne, de ses manières et de son esprit. — Celui-là, dit Flora, trouvera en Rose Bradwardine un inestimable trésor d'affection, qui sera assez heureux pour en devenir l'objet. Toute son âme est concentrée au foyer domestique, et dans la pratique de ces vertus paisibles dont il est le centre. Son époux sera pour elle ce qu'est maintenant son père, l'objet de tous ses soins, de toute sa sollicitude, de toutes ses affections. Elle ne verra, elle n'agira que pour lui et par lui. Si c'est un homme de sens droit et de vertu, elle partagera ses peines, allégera ses fatigues, partagera ses joies. Si elle tombe en partage à un mari rustre ou indifférent, elle conviendra encore à son goût, car elle ne survivra pas longtemps à ses mauvais traitements. Et combien, hélas! est grande la probabilité que ce triste sort soit celui de ma pauvre amie! — Oh! que ne suis-je reine en ce moment, et que ne puis-je prescrire au plus aimable et au plus digne de mes jeunes sujets d'accepter le bonheur avec la main de Rose Bradwardine!

— Je voudrais qu'*en attendant* vous lui ordonnassiez d'accepter la mienne, dit Fergus en riant.

Je ne sais par quelle singularité ce souhait, quoique exprimé en plaisantant, fit éprouver à Édouard une impression désagréable, malgré son inclination croissante pour Flora, et son indifférence pour miss Bradwardine. C'est là un des inexplicables caprices de la nature humaine, et nous passerons outre sans commentaire.

— La vôtre, mon frère? répondit Flora en le regardant fixement. Non, vous avez une autre fiancée, — l'Honneur; et les dangers que vous aurez à courir à la poursuite de sa rivale briseraient le cœur de la pauvre Rose.

En discourant ainsi ils arrivèrent au château, et Waverley eut bientôt préparé ses dépêches pour Tully-Veolan. Comme il connaissait le baron pointilleux sur les choses de cette nature, il voulut cacheter sa lettre du sceau sur lequel étaient gravées ses armoiries, mais il ne le trouva plus à la chaîne de sa montre; il crut l'avoir oublié à Tully-Veolan. Il parla de cette perte, en empruntant au Chef son cachet de famille.

— Sûrement, dit miss Mac-Ivor, Donald Bean Lean n'aurait pas...

— A cet égard, interrompit son frère, je répondrais de lui sur ma vie; — outre que jamais il n'eût pu se résoudre à laisser la montre en arrière.

— Au surplus, Fergus, et avec toute l'indulgence possible, je suis étonnée que vous puissiez protéger cet homme.

— Le protéger? — Cette bonne sœur voudrait vous persuader, capitaine Waverley, que je lève ce que les gens du vieux temps appelaient un *steakraid*, c'est-à-dire une tranche du *foray*, ou, pour parler clairement, une part du butin, payée par le voleur au laird ou au Chef sur les terres duquel il conduisait sa proie. Oh! il est certain qu'à moins que je ne trouve quelque charme pour enchaîner la langue de Flora, le général Blakeney enverra de Stirling un sergent et un détachement pour s'emparer (et il appuya sur ces mots avec un ton de hauteur et d'emphase ironiques) de Vich Ian Vohr, ainsi qu'ils me surnomment, dans son propre château.

— Notre hôte, Fergus, ne doit-il pas sentir que tout ceci n'est que folie et affectation? Vous avez assez de vassaux à vos ordres sans enrôler des bandits, et quant à votre honneur, il est aussi hors de toute atteinte. Pourquoi ne renvoyez-vous pas une bonne fois de votre pays ce Donald Bean Lean, que je déteste pour ses formes polies et hypocrites encore plus que pour ses rapines? Rien ne pourrait me décider à tolérer un tel homme!

— *Rien*, Flora? fit le Chef d'un ton significatif.

— Rien, Fergus! pas même ce que j'ai le plus à cœur. Épargnez-moi le mauvais présage d'avoir de tels auxiliaires!

— Mais, ma sœur, reprit le Chef en riant, vous ne songez pas à mon respect pour *la belle passion*[1]. Evan Dhu Mac-Combich est amoureux d'Alice, la fille de Donald, et vous ne voudriez pas que je les troublasse dans leurs amours. Il n'y aurait dans tout le clan qu'un cri contre moi. Vous savez que c'est un de leurs sages dictons, « qu'un parent est une partie du corps d'un homme, mais qu'un frère de lait est une partie de son cœur. »

— Bien, bien, Fergus, il n'y a pas à discuter avec vous; mais fasse le Ciel que tout ceci finisse bien!

— C'est un pieux souhait, ma chère et prophétique sœur, et la meilleure manière qu'il y ait au monde de clore un argument douteux. —

---

[1] Ces mots sont en français dans le texte.

Mais n'entendez-vous pas les cornemuses, capitaine Waverley? Peut-être aimerez-vous mieux danser à leur musique dans la grande salle, que d'être assourdi par leur harmonie, sans prendre part à l'exercice auquel elles nous invitent.

Waverley prit la main de Flora. La danse, les chants, les amusements continuèrent, et terminèrent la fête du jour au château de Vich Ian Vohr. Édouard se retira enfin, l'esprit agité par un étrange conflit de sentiments nouveaux pour lui. Pendant quelque temps, ces pensées éloignèrent de lui le sommeil, et le maintinrent dans cette situation qui n'est pas sans charmes, où l'imagination prend le gouvernail, et où l'âme est passivement entraînée au gré d'un flot rapide de réflexions confuses, plutôt qu'elle ne cherche à y résister, à en débrouiller le chaos ou à les soumettre à l'analyse. Il s'endormit à une heure avancée, et rêva de Flora Mac-Ivor.

CHAPITRE XXIV.

UNE CHASSE AU CERF ET SES CONSÉQUENCES.

Ce chapitre sera-t-il long ou court? — c'est une question dans laquelle, ami lecteur, vous n'avez pas voix délibérative, bien que ses *conséquences* puissent vous intéresser; exactement comme lorsqu'il s'agit de l'imposition d'une taxe nouvelle, chose avec-laquelle vous n'avez probablement, ainsi que moi, rien à démêler, sauf cette légère circonstance que vous et moi devrons l'acquitter. Mais certes, vous êtes plus heureux dans le cas dont il s'agit, car, quoique, selon mon bon plaisir, je puisse étendre mes matériaux autant que je le jugerai convenable, je ne puis vous assigner à la Cour de l'Échiquier, si vous ne jugez pas à propos de lire mon récit. Ainsi donc, voyons un peu. Il est vrai que les annales et les documents qui sont entre mes mains disent peu de chose de cette chasse highlandaise; mais je puis trouver ailleurs d'abondants matériaux pour une description. J'ai là sous la main le vieux Lindsay de Pitscottie, avec sa chasse d'Athole, son palais « avec créneaux et solives de bois vert; et toutes les espèces de boissons qu'on peut se procurer dans les bourgs et dans les terres, telles que bière, ale, vin muscat, malvoisie, hypocras et eau-de-vie; joignez-y pain de froment, pain mélangé, pain d'épice, bœuf, mouton, agneau, veau, venaison, oie, marcassin, chapon, lapin, grue, cygne, perdrix, pluvier, canard, cane, coq de bruyère, palmipèdes, bécasse, poule d'eau et coq de la grande espèce ; » sans oublier « la literie dispendieuse, la vaisselle et le linge de table, » ni surtout « les habiles maîtres-d'hôtel, les adroits panetiers, les excellents cuisiniers et confiseurs, avec leurs conserves et leurs sucreries pour le dessert. » Outre les détails que l'on peut puiser à pareille source sur ce banquet montagnard (dont la splendeur fit perdre au légat du pape l'opinion qu'il avait eue jusque-là, que l'Écosse était, à proprement parler, le — le — le dernier bout du monde), — ne pourrais-je d'ailleurs enrichir mes pages de la chasse dans les *braes* de Mar, décrite par Taylor, le poëte marinier, où

« A travers les bruyères, la mousse, les grenouilles, les fondrières et les brouillards, sur les pics escarpés et les montagnes battues de la foudre, les lièvres, les biches, les daims, les chevreuils sont poursuivis par les hommes et les chiens, et deux heures de chasse suffisent pour abattre quatre-vingts belles pièces de gibier. Lowland, tes chasses sont basses comme ton sol [1]; les jeux des Highlands sont grands autant que les cœurs y sont élevés. »

Mais sans mettre davantage mes lecteurs à la torture, ni faire parade plus longtemps de mes lectures, je me contenterai d'emprunter un seul incident à la mémorable chasse de Lude, citée dans l'ingénieux Essai de M. Gunn sur la harpe calédonienne, et de poursuivre le cours de mon récit avec toute la brièveté que me permettront mes habitudes de composition, un peu sujettes à ce que les écoliers appellent des périphrases et des circonlocutions, et le vulgaire du rabâchage.

La grande chasse fut retardée, pour différents motifs, d'environ trois semaines. Dans l'intervalle, Waverley passa le temps à Glennaquoich fort agréablement ; car l'impression que Flora avait produite sur son esprit, lors de leur première entrevue, devenait plus forte de jour en jour. Flora avait précisément le caractère le plus propre à fasciner un jeune homme doué d'une imagination romanesque. Ses manières, son langage, ses talents pour la poésie et pour la musique, ajoutaient aux grâces remarquables de sa personne tout le charme de la variété. Même dans ses heures de gaieté, elle était encore élevée par l'imagination d'Édouard au-dessus des vulgaires filles d'Ève, et elle ne lui semblait s'abaisser que pour un instant aux sujets d'amusement et de galanterie qui semblent toute la vie des autres femmes. Auprès de cette enchanteresse, au milieu des exercices qui remplissaient la matinée, de la musique et de la danse qui égayaient les heures du soir, Waverley était de jour en jour plus charmé de l'hospitalité de Fergus et plus épris de la séduisante Flora.

Enfin arriva l'époque fixée pour la grande chasse, et Waverley partit

---

[1] Le poëte joue ici sur le mot *low*, qui signifie bas (comme dans *low-land*, bas-pays) et, par extension, vil, mesquin, sans valeur; par opposition au mot *high-land*, haut-pays (L. V.)

avec le Chef pour le lieu du rendez-vous, à la distance d'une journée au nord de Glennaquoich. Fergus, en cette occasion, était accompagné d'environ trois cents hommes de son clan, bien armés et complétement équipés. Waverley se prêta aux modes du pays jusqu'à adopter les *trews*[1], les brodequins[2] et la toque (car il ne put se décider à prendre le *kilt*), costume plus commode pour l'exercice auquel il allait se livrer, et qui l'exposerait moins à ces regards d'étonnement et de curiosité dont un étranger est l'objet, lorsqu'ils arriveraient au lieu du rendez-vous. Ils trouvèrent à l'endroit indiqué plusieurs chefs puissants, à chacun desquels Waverley fut présenté dans les formes, et qui tous lui firent un accueil cordial. Leurs vassaux et les hommes de leurs clans, qui, entre autres obligations féodales, étaient tenus de suivre leurs chefs dans ces occasions, y parurent en assez grand nombre pour ressembler à une petite armée. Ces hommes, faisant l'office de traqueurs, se répandirent dans la campagne, formant un cercle qu'on appelait en terme technique le *tinchel*, et qui, se resserrant peu à peu, poussait le troupeau de daims vers le *glen* où les chefs et les principaux chasseurs se tenaient prêts à les recevoir. En attendant, cette troupe d'élite bivouaquait sur la bruyère en fleur, chacun enveloppé dans son plaid ; manière de passer une nuit d'été qui ne parut nullement désagréable à Waverley.

Plusieurs heures après le lever du soleil, rien encore ne troublait le silence et la solitude ordinaires des montagnes et des défilés. Les chefs, ainsi que leurs suivants, se livrèrent à divers passe-temps, parmi lesquels les plaisirs de la conque[3], comme dit Ossian, ne furent pas oubliés. D'autres, « assis à l'écart sur une colline isolée, » étaient probablement engagés dans la discussion des événements politiques et des nouvelles, aussi profondément que les Esprits de Milton dans leurs recherches métaphysiques. Enfin, le signal de l'approche du gibier se fit entendre. Les acclamations lointaines retentissaient de vallée en vallée, à mesure que les diverses troupes de montagnards, gravissant les rochers, se frayant un chemin à travers les taillis, franchissant les ruisseaux guéables, traversant les halliers, se rapprochaient les unes des autres, et resserraient dans un cercle toujours plus étroit les daims étonnés et les autres bêtes fauves qui fuyaient devant eux. De moment en moment partaient des coups de feu que répétaient mille échos. Bientôt les aboiements des chiens vinrent se joindre au bruit général qui allait toujours en augmentant. En-

---

[1] Espèce de caleçon que les Highlandais portent sous leur kilt ou jaquette, et qui ne vient qu'au-dessus du genou. (L. V.)

[2] *Brogues*.

[3] *The joys of the shell*. Les grandes coquilles marines servent de coupes naturelles aux héros d'Ossian. (L. V.)

fin, les premiers daims commencèrent à se montrer, et à mesure que quelques-uns d'entre eux, s'écartant des autres, traversaient en bondissant le défilé par deux ou trois à la fois, les chefs signalaient leur expérience en choisissant les plus belles pièces, et leur dextérité, en les abattant à coups de fusil. Fergus fit admirer la justesse de son coup d'œil, et Waverley, de son côté, fut assez heureux pour se faire remarquer et applaudir de ses compagnons de chasse.

Mais bientôt après le corps principal du troupeau parut à la tête de la vallée, resserré dans un espace très-étroit, et présentant une phalange si formidable que leurs andouillers paraissaient au loin, au-dessus des bords de l'étroit défilé, comme un bouquet de bois sans feuilles. Le nombre en était immense; et en les voyant faire une halte menaçante, dans une sorte d'ordre de bataille, les plus grands d'entre les mâles rangés en avant, les yeux fixés sur le groupe qui leur fermait le passage à la descente du *glen*, les plus expérimentés d'entre les chasseurs prévirent le péril [1]. Cependant une scène de destruction commença de toutes parts. Chiens et chasseurs se mirent à l'œuvre, et le bruit des mousquets se fit entendre dans toutes les directions. Les daims, réduits au désespoir, firent enfin une charge terrible sur le point où s'étaient postés les principaux chasseurs. On cria en gaëlique de se jeter la face contre terre ; mais Waverley, dont les oreilles anglaises ne comprirent point ce signal, faillit payer de sa vie son ignorance du langage dans lequel il fut donné. Fergus, voyant le danger qu'il courait, s'élança sur lui, et le força de se jeter à terre, au moment même où le troupeau fondait sur eux. Le choc était irrésistible, et telle est la gravité des blessures faites par le bois du cerf [1], qu'on peut dire qu'en cette occasion l'agilité du Chef sauva la vie de son hôte. Il le retint d'une main ferme, jusqu'à ce que tout le troupeau de daims eût passé sur eux. Waverley voulut alors se relever, mais il se sentit couvert de contusions, et il ne tarda pas à s'apercevoir qu'il s'était foulé violemment la cheville.

Cet événement troubla les plaisirs de la journée, quoique les Highlanders, accoutumés et préparés à de semblables accidents, n'en eussent aucunement souffert. En un instant on construisit une hutte, où Édouard fut déposé sur une couche de bruyère. Le chirurgien, ou celui qui en remplissait les fonctions, paraissait réunir en sa personne le double caractère de médecin et de sorcier. C'était un vieux montagnard à la peau enfumée, portant une vénérable barbe grise, et couvert pour tout vêtement d'une espèce de sarrau de tartan descendant jusqu'aux genoux, et qui, n'étant pas ouvert par-devant, servait

---

[1] Les coups portés par les bois du cerf passaient pour beaucoup plus dangereux que ceux des défenses du sanglier : —

« Si tu es atteint par les cornes du cerf, on n'a qu'à préparer ta bière ; mais si c'est le sanglier qui t'a blessé, rassure-toi, la main du barbier guérira ta blessure. » (W. S.)

tout à la fois de pourpoint et de haut-de-chausses ¹. Il n'approcha d'Édouard qu'après un grand nombre de cérémonies ; et, malgré les contorsions de douleur de notre héros, ne procéda à aucune opération tendante à le soulager, qu'après avoir fait trois fois le tour de sa couche, en se dirigeant de l'est à l'ouest, suivant le cours du soleil. C'est ce qu'on appelait faire le *deasil*², et l'opérateur ainsi que les assistants semblaient y attacher la plus haute importance pour l'accomplissement de la cure. Waverley, qui souffrait trop pour faire aucune objection, et qui d'ailleurs ne voyait pas de chance d'être écouté, se soumit en silence.

Cette cérémonie dûment terminée, le vieil Esculape, avec une grande dextérité, saigna le patient en lui appliquant une ventouse, et, tout en marmottant quelques paroles en langue gaëlique, fit bouillir sur le feu certaines herbes avec lesquelles il composa un liniment. Il en frotta les parties blessées, sans cesser de murmurer des prières ou des formules magiques, Waverley ne put distinguer lequel des deux, car son oreille ne put saisir que les mots *Gaspard-Melchior-Balthazar-max-prax-fax*, et quelque autre galimatias semblable. La friction ne tarda pas à produire son effet : la douleur et l'enflure diminuèrent, cure que notre héros attribua à la vertu des simples ou à la chaleur produite par le frottement, mais dont tous les assistants, d'une voix unanime, firent honneur aux cérémonies qui avaient accompagné l'opération. On apprit à Waverley que tous les ingrédients avaient été cueillis pendant la pleine lune, et que l'herboriseur, en les ramassant, avait eu soin de réciter sans interruption un charme dont voici la traduction :

« Herbe sainte, salut ! Ce fut en terre sainte,
Au mont des Oliviers, qu'on te trouva d'abord !
Ton suc est souverain pour mainte meurtrissure
Et tu guéris mainte blessure ;
Par Notre-Dame, en son nom révéré,
Je viens t'enlever à la terre ³. »

Édouard remarqua avec quelque surprise que Fergus lui-même, malgré ses connaissances et son éducation, semblait partager les idées superstitieuses de ses compatriotes, soit qu'il jugeât impolitique d'affecter le scepticisme à l'égard d'une croyance généralement reçue, soit

---

[1] Ce vêtement, appelé *polonie* (c'est-à-dire polonaise), ressemblait à celui que les enfants portent souvent en Écosse : c'est une modification fort ancienne du costume highlandais. Ce n'est autre chose au fond que le haubert, ou la cotte de mailles ; seulement elle est en étoffe, au lieu d'être en anneaux de métal. (W. S.)

[2] Les plus vieux d'entre les montagnards font encore le *deasil* autour de ceux à qui ils veulent du bien. Faire le tour d'une personne en sens opposé, ou *wither-shins* (en allemand *wider-shins*), passe pour une espèce de maléfice. (W. S.)

[3] Cette formule métrique d'incantation, ou quelque chose d'approchant, nous a été conservée par Reginald Scott, dans son ouvrage sur la sorcellerie. (W. S.)

plutôt que, comme chez la plupart des hommes qui n'ont jamais réfléchi sérieusement sur de tels sujets, il y eût en lui un fonds de superstition qui formât un contre-poids à la liberté de son langage et de ses actions dans d'autres circonstances. Aussi Waverley, sans faire aucun commentaire sur ce mode de traitement, récompensa le médecin avec une libéralité qui dépassa de beaucoup ses espérances les plus exagérées. L'Esculape montagnard lui prodigua en retour tant de bénédictions incohérentes en gaélique et en anglais, que Mac-Ivor, un peu scandalisé de cette effusion de reconnaissance excessive, y coupa court en s'écriant : *Ceud mile mhalloich ort !* c'est-à-dire « cent mille malédictions sur toi ! » et poussa hors de la cabane le guérisseur de maux humains.

Lorsque Waverley fut resté seul, l'épuisement causé par la douleur et la fatigue, — car il s'était livré toute la journée à un exercice des plus rudes, — le jeta dans un profond sommeil, mais encore accompagné de fièvre, qu'il devait principalement à un breuvage soporifique administré par le vieil Highlander, et résultat de la décoction de quelques herbes de sa pharmacie.

Le lendemain matin de bonne heure, le but de leur réunion étant atteint, et leurs plaisirs se trouvant troublés par ce malheureux accident, dont Fergus et tous ses amis témoignèrent le plus vif regret, il s'agit de savoir ce qu'on ferait du chasseur blessé. La difficulté fut tranchée par Mac-Ivor, qui fit préparer une litière « de bouleau et de coudrier gris[1] ; » ses gens la portèrent avec une précaution et une adresse qui pourraient les faire regarder comme les ancêtres de quelques-uns de ces robustes Gaëls auxquels est dévolu aujourd'hui l'agréable emploi de transporter les belles d'Édimbourg, dans leurs chaises à porteurs, à dix routs dans une même soirée. Lorsque Édouard se trouva élevé sur leurs épaules, il ne put s'empêcher de prendre plaisir à contempler le coup d'œil pittoresque produit par le départ de ce camp rustique[2].

Les diverses tribus s'assemblaient, chacune au son du pibroch particulier à son clan, et guidée par son chef patriarcal. Quelques-unes, qui avaient déjà commencé à se mettre en marche, étaient aperçues au tournant des collines, ou descendant les sentiers qui conduisaient au lieu de l'action, tandis que l'oreille distinguait à peine les sons ex-

---

[1] « Vers le matin, ils se firent des brancards de bouleau et de coudrier gris. » *Chevy chase.* (W. S.)

[2] L'auteur a quelquefois été accusé de confondre la fiction avec la réalité ; il croit donc nécessaire de déclarer que la circonstance de la chasse décrite dans le texte comme préliminaire de l'insurrection de 1745 est, autant qu'il peut le croire, entièrement imaginaire. Mais on n'ignore pas qu'une grande chasse de ce genre eut lieu dans la forêt de Brae-Mar, sous les auspices du comte de Mar, peu de temps avant la rébellion de 1715, qui y fut projetée, et que la plupart des chefs highlandais qui entrèrent plus tard dans le mouvement furent présents dans cette circonstance. (W. S.)

pirants de leur cornemuse. D'autres, réunis en groupes mobiles, formaient encore un tableau mouvant dans la plaine étroite, leurs plumes et leurs plaids flottant à la brise du matin, et leurs armes étincelant aux premiers rayons du soleil. La plupart des chefs vinrent prendre congé de Waverley, en lui exprimant le vif désir où ils étaient de le revoir bientôt ; mais Fergus prit soin d'abréger la cérémonie des adieux. A la fin, sa propre troupe étant complétement assemblée et passée en revue, Mac-Ivor se mit en marche, mais non dans la direction qu'ils avaient suivie en venant. Il donna à entendre à Édouard que la plus grande partie de ses vassaux maintenant en campagne, étaient engagés pour une expédition lointaine, et qu'après l'avoir déposé dans la maison d'un gentilhomme qui aurait certainement pour lui toutes sortes de soins, lui-même serait dans la nécessité de les accompagner la plus grande partie du chemin, mais ne perdrait pas de temps pour rejoindre son ami.

Waverley fut surpris que Fergus n'eût pas parlé de cette destination ultérieure, lors de leur départ pour la partie de chasse ; mais sa situation ne permettait pas beaucoup de questions. La plus grande partie des hommes du clan prit les devants, sous la conduite du vieux Ballenkeiroch et d'Evan Dhu Mac-Combich ; ils paraissaient tous dans un état d'exaltation. Un petit nombre resta pour escorter le Chef ; celui-ci marchait à côté de la litière d'Édouard, et veillait sur lui avec la plus affectueuse sollicitude. Vers midi, après un voyage que le mode de transport, la douleur de ses contusions et l'inégalité des chemins rendirent extrêmement pénible, Waverley fut reçu d'une manière hospitalière dans la maison d'un gentilhomme, parent de Fergus, où l'on avait préparé pour lui toutes les aises que comportait la simplicité des habitudes de vie alors universelles dans les Highlands. Dans son hôte, vieillard d'environ soixante-dix ans, Édouard admira un reste de la simplicité primitive. Il n'y avait rien dans son costume qui ne fût un produit domestique ; l'étoffe était de la laine de ses moutons, tissée par ses domestiques, et teinte des couleurs du tartan par les herbes et les lichens que produisaient les collines environnantes. Son linge était filé avec son propre lin, par ses filles et ses servantes ; et sa table, quoique abondante et garnie de plats variés en volaille et en poisson, n'offrait pas un seul mets qui ne fût un produit de ses domaines.

Ne réclamant pour lui-même aucuns droits de commandement ou de vasselage, il était heureux de l'alliance et de la protection de Vich Ian Vohr et d'autres chefs hardis et entreprenants, qui assuraient son repos dans la vie calme et exempte d'ambition qu'il aimait. Souvent, il est vrai, le jeune homme né sur ses terres l'abandonnait et se laissait enrôler au service de ses amis plus actifs ; mais ses serviteurs à cheveux gris et ses plus anciens tenanciers secouaient la tête quand ils entendaient blâmer leur maître de son peu de vigueur : — Quand le vent est calme, disaient-ils, la pluie est douce. Ce bon vieillard, dont la charité et l'hospitalité étaient sans bornes, eût reçu Waverley avec bienveillance, n'eût-il été que le plus mince paysan saxon, puisque son état réclamait des secours ; mais ses attentions pour un ami et un hôte de Vich Ian Vohr furent empressées et assidues. De nouveaux liniments furent appliqués à la partie malade ; de nouveaux charmes furent pratiqués. Enfin, après des soins trop multipliés peut-être dans l'intérêt de sa santé, Fergus prit congé d'Édouard pour quelques jours, au bout desquels, dit-il, il reviendrait à Tomanrait, où il espérait le retrouver en état de monter un des poneys montagnards de son hôte, et de l'accompagner ainsi à Glennaquoich.

Le lendemain, lorsqu'il revit son bon vieil hôte, Édouard apprit que son ami était parti à la pointe du jour, ne laissant personne de sa suite que Callum Beg, espèce de page ordinairement attaché à sa personne, et qui maintenant avait ordre de se regarder comme au service de Waverley. Lorsqu'il demanda à son hôte s'il savait où le Chef était allé, le vieillard le regarda fixement, et il y avait quelque chose de triste et de mystérieux dans le sourire qui fut sa seule réponse. Waverley ayant réitéré sa question, celui-ci ne lui répondit que par ce distique proverbial : —

« Qui conduisit les messagers au diable ?
Ce fut de demander ce qu'ils savaient fort bien. [1] »

Il allait continuer, mais Callum Beg, prenant la parole d'un ton qu'Édouard trouva presque impertinent, dit que « le Tighearnach [2] n'entendait pas que le Sassenagh Duinhé-wassel [3] fût tourmenté par trop de discours, vu qu'il était malade. » Waverley en conclut qu'il désobligerait son ami en demandant à un étranger le but d'un voyage qu'il n'avait pas jugé à propos de lui communiquer lui-même.

Il n'est pas nécessaire de suivre les progrès de la convalescence de notre héros. Le sixième jour arrivé, il pouvait déjà marcher à l'aide d'une canne, lorsque Fergus revint avec une vingtaine environ de ses gens. Il semblait plus animé qu'à l'ordinaire. Il félicita Waverley de son prochain retour à la santé, et, le trouvant en état de remonter à cheval, lui proposa de regagner immédiatement Glennaquoich. Waverley y consentit avec joie, car l'image de sa belle maîtresse n'avait cessé de charmer ses rêves pendant tout le temps de sa retraite forcée.

« Et maintenant il courait à cheval les marais et les bruyères, les vallons et les montagnes, »

---

[1] Ce qui correspond au dicton des basses terres : « Plus d'un demande la porte, qui la connaît très-bien. » (**W. S.**)
[2] **Le Chef.**
[3] **Le gentilhomme saxon.**

Fergus, avec ses myrmidons, chevauchant assidûment à ses côtés, ou ne s'écartant parfois que pour tirer un chevreuil ou un coq de bruyère. Le cœur de Waverley battit avec force lorsque, approchant de la vieille tour de Ian nan Chaistel, il put distinguer la forme gracieuse de Flora qui s'avançait à leur rencontre. Aussitôt Fergus s'écria avec sa gaieté ordinaire : « Ouvrez vos portes, incomparable princesse, au Maure Abindarez blessé, que Rodrigo de Narvaez, connétable d'Antiquera, amène dans votre château ; ou, si vous l'aimez mieux, ouvrez-les au célèbre marquis de Mantoue escortant tristement son ami à demi mort, Baldovinos de la montagne ! — Paix à tes mânes, Cervantès ! comment, sans te citer, façonnerais-je mon langage de manière à flatter des oreilles romanesques ? »

Flora s'approcha, et, saluant Waverley avec toutes les marques de l'intérêt, lui exprima la part qu'elle avait prise à son accident, dont elle connaissait déjà les détails, et sa surprise de ce que son frère n'eût pas été plus attentif à mettre un étranger en garde contre les dangers de la chasse où il l'avait engagé. Édouard disculpa aisément le Chef, qui, en effet, au risque de sa propre vie, avait, selon toute apparence, sauvé celle de son hôte.

Ces premières civilités accomplies, Fergus dit trois ou quatre mots à sa sœur en langue gaëlique. Aussitôt les larmes lui vinrent aux yeux, mais il semblait que ce fussent des larmes de dévouement et de joie, car elle leva ses regards vers le ciel, et joignit les mains comme pour une expression solennelle de prière ou d'actions de grâces. Après une pause d'une minute, elle remit à Édouard quelques lettres apportées pendant son absence de Tully-Veolan ; elle en donna aussi d'autres à son frère. Elle présenta également au dernier trois ou quatre numéros du *Mercure Calédonien*, le seul journal qui se publiât alors au nord de la Tweed.

Tous deux se retirèrent pour examiner leurs dépêches, et bientôt Édouard s'aperçut que les siennes contenaient des nouvelles du plus haut intérêt.

CHAPITRE XXV.

NOUVELLES D'ANGLETERRE.

Jusqu'alors, les lettres que Waverley avait reçues de ses parents d'Angleterre n'ont pas été de nature à exiger une mention particulière dans ce récit. Son père lui écrivait habituellement sur le ton d'emphase et de préoccupation d'un homme trop absorbé par les affaires publiques pour trouver le loisir de penser à celles de sa propre famille. De temps à autre, il désignait quelques personnes distinguées en Écosse, auxquelles il désirait que son fils rendît ses devoirs; mais Waverley, jusqu'à ce moment tout aux plaisirs qu'il avait trouvés à Tully-Veolan et à Glennaquoich, s'était dispensé d'avoir égard à des recommandations jetées si froidement, alors surtout que la distance, le peu de durée de son congé et autres prétextes semblables, lui fournissaient des excuses faciles. Mais, depuis quelque temps, les épîtres paternelles de M. Richard Waverley étaient remplies d'allusions mystérieuses au crédit et à l'influence qu'il ne devait pas tarder à acquérir, et qui assuraient à son fils l'avancement le plus rapide s'il restait au service. Les lettres de sir Everard étaient d'une tout autre nature. Elles étaient courtes, car le digne baronnet n'était pas un de ces éternels correspondants dont l'écriture déborde les feuilles de leur large papier, et ne laisse pas de place pour le cachet; mais elles respiraient la bienveillance et l'affection, et se terminaient rarement sans quelque allusion aux chevaux de notre héros, quelque question sur l'état de sa bourse, et une enquête spéciale sur celles de ses recrues qui étaient parties avant lui de Waverley-Honneur. Tante Rachel lui recommandait de conserver ses principes de religion, de prendre soin de sa santé, de se garder des brouillards écossais, qui, à ce qu'elle avait entendu dire, étaient de nature à traverser un Anglais de part en part; de ne jamais sortir la nuit sans sa redingote, et par-dessus tout de porter de la flanelle sur la peau.

M. Pembroke n'avait écrit à notre héros qu'une seule lettre, mais elle avait la dimension de six épîtres de notre époque dégénérée, et contenait, dans la modeste étendue de dix pages in-folio, d'une écriture serrée, le précis d'un manuscrit supplémentaire in-quarto d'*addenda*, *delenda*, *et corrigenda*[1], se rapportant aux deux traités dont il avait fait présent à

---

[1] D'additions, suppressions et corrections.

Waverley. Par là, il entendait seulement lui donner un avant-goût qui pût satisfaire sa première soif de curiosité, jusqu'à ce qu'il trouvât l'occasion d'envoyer le volume lui-même, beaucoup trop lourd pour la poste ; il se proposait d'y joindre certains pamphlets intéressants, publiés récemment par son ami de la *Petite Bretagne*, avec qui il avait entretenu une sorte de correspondance littéraire, par suite de laquelle les rayons de la bibliothèque de Waverley-Honneur se chargeaient d'une foule de fatras, et une bonne lettre de change, dont le total se résumait rarement en moins de trois chiffres [1], arrivait régulièrement tous les ans à sir Everard Waverley de Waverley-Honneur, baronnet, payable à l'ordre de Jonathan Grubbet, libraire et papetier, *Petite Bretagne*. Tel avait été jusqu'à ce jour la teneur des lettres qu'Édouard avait reçues d'Angleterre ; mais le paquet qu'on lui remit à Glennaquoich était d'une nature différente et d'un tout autre intérêt. Il serait impossible au lecteur, lors même que j'insérerais ici ces lettres tout au long, de comprendre les motifs réels qui les avaient dictées, sans un coup d'œil jeté sur l'intérieur du cabinet britannique, à l'époque dont il est question.

Le ministère d'alors (chose assez commune) se trouvait divisé en deux partis ; le plus faible des deux, balançant par l'activité de ses intrigues son infériorité réelle, venait d'acquérir quelques nouveaux partisans, et, avec eux, l'espoir de supplanter ses rivaux dans la faveur du souverain, et de les écraser à la chambre des communes. Entre autres personnes, ils avaient cru nécessaire de gagner Richard Waverley. Cet honnête gentilhomme, par un maintien grave et mystérieux, par son attention à l'étiquette des affaires plutôt qu'à leur essence, sa facilité à faire de longs et ennuyeux discours, remplis de vérités triviales et de lieux communs assaisonnés de phrases techniques en jargon administratif, qui empêchaient de découvrir le vide de ses harangues, s'était acquis un certain renom et quelque crédit dans l'opinion publique, et s'était même fait aux yeux de quelques-uns la réputation d'un profond politique ; non pas, à la vérité, de ces orateurs brillants, dont le talent s'évapore en figures de rhétorique et en saillies d'esprit, mais d'un homme possédant une connaissance solide des affaires, un de ces articles *de bon usage,* comme disent les dames en choisissant leurs étoffes, qu'on regarde comme propres à l'usage commun et journalier, par cela seul qu'incontestablement ils ne sont pas de mise pour les jours d'apparat.

Cette croyance était devenue si générale, que le parti insurgent du cabinet dont nous avons parlé, après avoir sondé M. Richard Waverley, fut assez satisfait de ses sentiments et de sa capacité pour lui proposer, dans le cas d'une certaine révolution ministérielle, de prendre une place officielle dans le nouvel ordre de choses, non pas précisé-

---

[1] C'est-à-dire de 100 livres sterl. au moins, ou 2,500 francs de notre monnaie. (L. V.)

ment au premier rang, mais beaucoup plus élevée, sous le double rapport des émoluments et de l'influence, que celle qu'il occupait actuellement. Il n'y avait pas moyen de résister à des propositions si séduisantes, quoique le grand personnage qu'il avait adopté pour patron, et à la bannière duquel il était resté fidèle jusque-là, fût le principal objet des attaques projetées par ses nouveaux alliés. Malheureusement, ce beau plan d'ambition fut détruit dans son germe par un mouvement prématuré. On fit savoir à tous les fonctionnaires qui s'y trouvaient impliqués et qui hésitèrent à résigner volontairement leur emploi, que le roi n'avait plus besoin de leurs services; quant à Richard Waverley, dont le cas parut, aux yeux du ministre, aggravé par l'ingratitude, la destitution fut accompagnée de quelque chose de personnel qui ressemblait à du mépris et à un affront. Ni le public, ni même le parti dont il partageait la chute, ne témoignèrent beaucoup de sympathie pour le désappointement de cet homme d'état, égoïste et intéressé; et il se retira à la campagne avec l'idée consolante qu'il avait perdu à la fois réputation, crédit, et — ce qu'il déplorait pour le moins autant — émoluments.

La lettre de Richard Waverley à son fils en cette occasion fut un chef-d'œuvre dans son genre. Aristide lui-même n'aurait pu se plaindre d'une plus grande iniquité. Monarque injuste! pays ingrat! tel était le refrain de chaque période. Il parlait de longs services, de sacrifices mal reconnus; quoique les premiers eussent été payés et au delà par le trésor public, et que personne ne pût deviner en quoi consistaient les seconds, à moins que ce ne fût à déserter, non par conviction, mais par intérêt, les principes torys de sa famille. A la péroraison, son ressentiment s'était tellement échauffé par la force de sa propre éloquence, qu'il ne put réprimer quelques menaces de vengeance, vagues et impuissantes menaces, du reste; il finissait par exprimer à son fils le souhait qu'il témoignât à quel point il ressentait l'injure faite à son père, en renvoyant son brevet aussitôt qu'il recevrait cette lettre. C'était aussi, ajoutait-il, le désir de son oncle, ainsi que ce dernier le lui ferait savoir en temps et lieu.

En effet, la première lettre qu'Édouard ouvrit était de sir Everard. La disgrâce de son frère semblait avoir effacé de son cœur bienveillant tout souvenir de leurs querelles; — éloigné comme il l'était de toute information qui pût lui apprendre que la mésaventure de Richard était en réalité la juste et naturelle conséquence de ses malheureuses intrigues, le bon et crédule baronnet n'hésita pas à la regarder comme un nouvel exemple de l'énorme injustice du gouvernement existant. Il est vrai, disait-il, et il ne devait pas le dissimuler même à Édouard, que son père n'aurait pas essuyé une insulte comme celle qui venait de frapper pour la première fois sa maison, s'il ne s'y était exposé en acceptant un emploi sous l'ordre de choses actuel. Sir Everard ne doutait pas qu'il ne vît maintenant et ne sentît toute la grandeur de sa faute, et c'était à lui (sir Everard) de veiller à ce que la cause de ses regrets ne s'étendît pas jusqu'aux conséquences pécuniaires. C'était assez pour un Waverley d'avoir subi une disgrâce publique; le tort fait au patrimoine pouvait aisément être réparé par le chef de la famille. Du reste, M. Richard Waverley et lui-même s'accordaient à penser qu'Édouard, le représentant de la maison de Waverley-Honneur, ne devait pas rester dans une situation qui le laissait en butte à un traitement semblable à celui dont on avait voulu flétrir son père. En conséquence, il engageait son neveu à saisir l'occasion la plus convenable et en même temps la plus prompte pour transmettre sa démission au bureau de la guerre, et laissait entendre, de plus, qu'il ne fallait pas beaucoup de cérémonies quand on en avait mis si peu vis-à-vis de son père. Il le chargeait d'une foule de compliments pour le baron de Bradwardine.

Une lettre de tante Rachel s'expliquait encore plus clairement. Elle considérait la disgrâce de son frère Richard comme la juste punition de son manque de fidélité à un monarque légitime quoique exilé, et du serment prêté à un étranger; concession que son grand-père, sir Nigel Waverley, avait refusé de faire au Parlement des Têtes-Rondes ainsi qu'à Cromwell, malgré les dangers extrêmes qui menaçaient sa vie et sa fortune. Elle espérait que son cher Édouard suivrait les traces de ses ancêtres, et rejetterait aussi promptement que possible les marques de sa servitude à la famille usurpatrice; enfin qu'il regarderait l'injure faite à son père comme un avis donné par le Ciel, que tout écart hors de la ligne de la *loyauté* trouvait en lui-même son châtiment. Elle finissait aussi par présenter ses respects à M. Bradwardine, et priait Waverley de l'informer si sa fille, miss Rose, était d'âge à porter une paire de jolies boucles d'oreilles qu'elle se proposait de lui envoyer comme gage de son affection. La bonne dame désirait aussi savoir si M. Bradwardine était un danseur aussi infatigable et s'il prenait autant de tabac d'Écosse que lors de sa dernière visite à Waverley-Honneur, environ trente ans auparavant.

Ces lettres, comme on pouvait s'y attendre, excitèrent en Waverley le plus vif ressentiment. Ses études superficielles ne lui avaient laissé aucune opinion politique arrêtée qui pût balancer dans son esprit les mouvements d'indignation que lui inspirait la prétendue injustice faite à son père. Quant à la cause réelle de sa disgrâce, Édouard l'ignorait complétement; et ses habitudes ne l'avaient nullement préparé à en demander l'explication à la politique de l'époque où il vivait, ni à se rendre compte des intrigues dans lesquelles son père avait pris une part si active. Et même, les impressions qu'il avait pu prendre occasionnellement sur les affaires du temps étaient, grâces à la société au milieu de laquelle il avait vécu à Waverley-Honneur, peu favorables au gouvernement et à la dynastie actuels. Il entra donc, sans hésitation, dans les idées de ressentiment des parents qui avaient le plus de droit à régler sa conduite, et peut-être d'autant plus volontiers, qu'il se rappelait les ennuis des garnisons et la figure subalterne qu'il faisait parmi les officiers de son régiment. S'il eût conservé quelques doutes sur ce qui lui restait à faire, ils eussent été levés par la lettre suivante de son commandant; comme elle est fort courte, nous l'insérerons ici textuellement.

« Monsieur,

« Ayant porté un peu au delà de la ligne de mon devoir une indulgence que les lumières naturelles, et plus encore celles de la charité chrétienne, nous enseignent touchant les erreurs qui peuvent trouver leur excuse dans la jeunesse et l'inexpérience, et cela absolument sans effet, je suis forcé, bien malgré moi, dans la crise qui se prépare, à user du dernier remède qui soit maintenant en mon pouvoir. En conséquence, je vous enjoins par la présente de vous rendre au quartier-général du régiment, dans les trois jours qui suivront la date de cette lettre; si vous y manquez, je vous signalerai au ministère de la guerre comme absent sans congé, et prendrai telles mesures qui pourront vous être aussi désagréables, monsieur, qu'à

« Votre obéissant serviteur,

« J. Gardiner,

« Lieutenant-Colonel, Commandant du . . . régiment de Dragons. »

Le sang d'Édouard bouillonna dans ses veines à la lecture de cette lettre. Dès son enfance, il avait été accoutumé à disposer à peu près librement de son temps, et avait ainsi contracté des habitudes qui lui rendaient les règles de la discipline militaire aussi désagréables sous ce rapport que sous plusieurs autres. L'idée qu'à son égard elle ne serait pas observée avec une exactitude bien rigoureuse s'était aussi emparée complétement de son esprit, et jusqu'alors la conduite indulgente de son lieutenant-colonel n'avait fait que le confirmer dans cette opinion. D'ailleurs, il ne s'était rien passé à sa connaissance qui pût autoriser son commandant, sans autre avertissement que les insinuations mentionnées par nous à la fin du quatorzième chapitre, à prendre tout à coup un ton si dur, et, à ce qu'il semblait à Édouard, si insolent, d'autorité dictatoriale. En le rapprochant des lettres qu'il venait de recevoir de sa famille, il ne put s'empêcher de supposer qu'on voulait lui faire sentir, dans sa position actuelle, le même abus d'autorité dont son père avait été victime, et que le tout n'était autre chose qu'un plan concerté d'avance pour humilier et flétrir la famille de Waverley dans la personne de chacun de ses membres.

Aussi Édouard écrivit incontinent quelques lignes assez froides, où il remerciait son lieutenant-colonel de ses complaisances passées, et exprimait le regret qu'il eût voulu en effacer le souvenir, en prenant envers lui un ton différent. L'esprit général de sa lettre, et ce qu'il croyait être son devoir dans les circonstances critiques où l'on se trouvait, l'amenaient à donner sa démission ; il renfermait donc, sous le même pli, sa résignation formelle d'un état qui l'exposait à une correspondance si désagréable, et priait le colonel Gardiner de vouloir bien la faire parvenir aux autorités compétentes.

Lorsqu'il eut terminé cette épître magnanime, il se trouva quelque peu embarrassé sur les termes dans lesquels sa démission devait être conçue, et il résolut de consulter sur ce point Fergus Mac-Ivor. On peut observer en passant que les habitudes promptes et hardies de penser, d'agir et de parler du jeune Chef, lui avaient donné un ascendant considérable sur l'esprit de Waverley. Doué de facultés intellectuelles au moins égales, et avec plus de finesse dans l'esprit, Édouard courbait la tête devant l'activité, la résolution et la hardiesse d'un caractère formé par l'habitude d'agir d'après un système régulier et arrêté, et par une grande connaissance du monde.

Lorsque Édouard rejoignit son ami, ce dernier tenait encore à la main le journal qu'il venait de lire, et s'avançait vers son hôte avec l'embarras d'une personne qui a des nouvelles désagréables à communiquer. — Capitaine Waverley, dit-il, vos lettres confirment-elles les renseignements pénibles que je trouve dans cette feuille?

Il lui remit le journal où la disgrâce de son père était annoncée dans les termes les plus amers, traduits probablement de quelque gazette de Londres. A la fin de l'article, on remarquait l'épigramme suivante :

« Nous apprenons que le *Richard*, héros de cette histoire, n'est pas le seul exemple de l'*honneur chancelant*[1] de W-v-r-l-y-H-n-r. Voir la gazette d'aujourd'hui. »

Notre héros, agité d'un tremblement convulsif, se reporta à l'endroit indiqué et y trouva la mention suivante : « Édouard Waverley, capitaine au — régiment de dragons, révoqué pour absence sans congé ; » et dans la liste des promotions militaires, à l'article du même régiment, il aperçut la désignation suivante: « le lieutenant Julius Butler désigné pour les fonctions de capitaine, à la place de Waverley, révoqué. »

Le cœur d'Édouard fut enflammé de tout le ressentiment que cette insulte imméritée, et en apparence préméditée, devait naturellement

---

[1] Il y a ici, dans le texte, entre *wavering honour* et *Waverley-Honour*, une sorte de jeu de mots que la traduction ne peut conserver. (L. V.)

CHAPITRE XXV.

exciter dans une âme qui, après avoir aspiré à l'honneur, se trouve ainsi, de propos délibéré, livrée au mépris public et à la disgrâce. En comparant la date de la lettre de son colonel avec celle de l'article de la gazette, il vit que la menace de faire un rapport sur son absence avait été exécutée à la lettre, et, à ce qu'il semblait, sans qu'on se fût assuré si Édouard avait reçu les ordres de son supérieur, ou s'il était disposé à s'y conformer. Tout cela dut lui paraître un plan concerté pour le dégrader aux yeux du public, et l'idée de le voir couronné de succès remplit son cœur d'une telle amertume, qu'après de vains efforts pour cacher son émotion, il finit par se jeter dans les bras de Mac-Ivor, et par donner un libre cours à des larmes de honte et d'indignation.

Ce n'était pas le défaut du Chef d'être indifférent aux injures de ses amis; et Waverley, indépendamment de certains plans auxquels sa personne se rattachait, lui inspirait un profond et sincère intérêt. Le procédé lui parut aussi extraordinaire qu'à Édouard. A la vérité, il savait mieux que lui les motifs qui avaient dicté l'ordre péremptoire de rejoindre son régiment; mais que, sans prendre la peine de s'informer des circonstances qui pouvaient amener un retard nécessaire, l'officier supérieur, contrairement à son caractère connu et bien établi, eût agi avec cette rigueur inusitée, c'était une énigme dont il ne pouvait trouver le mot. Néanmoins, il fit de son mieux pour consoler notre héros, et tourna ses pensées vers la vengeance de son honneur outragé.

Édouard saisit avidement cette idée : — Voulez-vous porter de ma part un message au colonel Gardiner, mon cher Fergus, et m'obliger à jamais?

Fergus réfléchit un instant : — C'est un acte d'amitié, dit-il enfin, que vous auriez droit d'exiger, s'il pouvait vous être utile, ou avoir pour résultat de réparer votre honneur; mais dans le cas dont il s'agit, je doute que votre commandant acceptât une rencontre qui aurait pour cause des mesures rigoureuses, il est vrai, et faites pour exaspérer, mais qui néanmoins rentraient strictement dans les limites de son autorité. De plus, Gardiner est un huguenot rigide; il s'est fait, à l'égard de semblables rencontres, qu'il regarde comme un péché, de certaines idées dont il serait impossible de le forcer à se départir, d'autant plus que son courage est au-dessus de tout soupçon. Et d'ailleurs, à vous dire vrai, je — je n'oserais en ce moment, pour de puissantes raisons, approcher d'aucun quartier militaire ou d'une garnison dépendants de ce gouvernement.

— Et moi, dit Waverley, faut-il donc que je reste calme, et que je dévore l'injure qu'on m'a faite?

— Jamais je ne donnerai ce conseil à un ami, répliqua Mac-Ivor. Mais je voudrais que la vengeance tombât, non pas sur le bras, mais sur la tête; sur le gouvernement tyrannique et oppressif qui a préparé et dirigé ces insultes aggravées par la récidive et la préméditation, et non sur les instruments subalternes employés dans l'accomplissement des mesures injurieuses dont il voulait vous rendre victime.

— Sur le gouvernement! s'écria Waverley.

— Oui, répondit le fougueux Highlander, sur la maison de Hanovre, que votre aïeul n'eût pas plus consenti à servir qu'il n'eût voulu recevoir en or brûlant les gages du roi des démons!

— Mais depuis le temps de mon aïeul, deux générations de cette dynastie se sont succédé sur le trône, dit Édouard froidement.

— C'est vrai, reprit le Chef; et parce que, dans notre soumission passive, nous leur avons si longtemps donné les moyens de déployer leur caractère naturel, — parce que, et vous et moi-même, nous avons vécu calmes et dociles jusqu'à ce moment, et cédé même aux circonstances au point d'accepter d'eux des emplois, leur donnant ainsi l'occasion de nous imprimer, en nous les reprenant, une flétrissure publique, avons-nous donc perdu le droit de ressentir des injures redoutées seulement de nos pères, mais qu'il nous était réservé de subir? La cause de l'infortunée famille des Stuarts est-elle devenue moins juste, parce que leurs droits se trouvent transmis à un héritier innocent des griefs politiques imputés au gouvernement de son père?

— Vous rappelez-vous les vers de votre poëte favori?

« Si Richard eût sans contrainte abdiqué le trône, un roi ne peut donner que ce qui est à lui; si Richard avait eu un fils, son titre eût dû lui être transmis. »

— Vous voyez, mon cher Waverley, que je puis citer de la poésie aussi bien que vous et Flora. Mais allons, éclaircissez ce front rembruni, et fiez-vous à moi pour vous procurer l'occasion honorable d'une vengeance prompte et glorieuse. Venez avec moi rejoindre Flora: elle a peut-être à nous communiquer des nouvelles que nous ignorons sur les événements arrivés pendant notre absence. Elle se réjouira d'apprendre que vous êtes délivré de votre servitude. Mais d'abord, ajoutez à votre lettre un post-scriptum indiquant l'époque où vous avez reçu les premiers ordres de ce colonel calviniste, et exprimez votre regret que la précipitation de ses mesures ait devancé le projet que vous aviez formé de donner le premier votre démission. Qu'il rougisse de son injustice.

La lettre fut rédigée et scellée en conséquence, après qu'on y eut renfermé une résignation formelle du brevet, et Mac-Ivor l'expédia par un messager spécial, en même temps que quelques autres lettres de sa part, avec ordre de remettre le tout au bureau de poste le plus voisin dans les basses terres.

CHAPITRE XXVI.

UN ÉCLAIRCISSEMENT.

L'insinuation du Chef au sujet de Flora n'avait pas été jetée sans intention. Il avait remarqué avec une vive satisfaction l'attachement croissant de Waverley pour sa sœur, et ne voyait d'autre empêchement à leur union que la situation du père de Waverley près du ministère, et l'emploi qu'Édouard lui-même occupait dans l'armée de Georges II. Ces obstacles étaient maintenant éloignés, et d'une manière qui semblait devoir aplanir pour le fils de M. Richard Waverley les voies vers une autre allégeance. Sous tous les autres rapports, le mariage était tout ce qu'il pouvait désirer. La sécurité et le bonheur d'une sœur qu'il aimait tendrement paraissaient, ainsi qu'une honorable position, être assurés par l'union projetée, et son cœur se gonflait de plaisir en songeant combien sa propre importance serait relevée aux yeux de l'ex-monarque à qui il avait consacré son bras, par une alliance avec une de ces anciennes familles anglaises, riches, puissantes et fermes dans la foi royaliste, dont il était maintenant d'une importance si vitale à la cause des Stuarts de réveiller le zèle un peu affaibli pour leur dynastie. Fergus ne pouvait apercevoir aucun obstacle à la réalisation de ce plan. L'amour de Waverley était évident. Bien fait de sa personne, et avec des goûts qui paraissaient répondre à ceux de Flora, il n'y avait pas apparence qu'il éprouvât un refus de celle-ci. Il est vrai que dans les idées de Fergus sur le pouvoir patriarcal, et celles qu'en outre il avait prises en France, quant au droit de disposer de la main des femmes, une opposition de la part de sa sœur, quelque chère qu'elle lui fût, eût été de toutes les difficultés la dernière dont il eût tenu compte, cette union eût-elle été d'ailleurs moins sortable.

Tout entier à ces pensées, le Chef conduisit alors Waverley vers miss Mac-Ivor, non sans quelque espoir que l'agitation d'esprit qu'éprouvait en ce moment son hôte lui donnerait le courage de couper court à ce que Fergus appelait le roman de l'amour. Ils trouvèrent Flora occupée, avec ses deux fidèles suivantes, Una et Cathleen, à préparer ce qui parut à Waverley les apprêts d'une toilette de noce. Déguisant son trouble autant qu'il lui fut possible, Waverley demanda pour quel heureux événement miss Mac-Ivor faisait de tels préparatifs.

— Pour la noce de Fergus, répondit-elle en souriant.

— Vraiment! s'écria Édouard; alors il a bien gardé son secret. J'espère qu'il me permettra d'être son garçon de noce?

— C'est le rôle d'un homme, mais non le vôtre, comme dit Béatrice.

— Et puis-je vous demander, miss Mac-Ivor, qui sera la belle mariée?

— Ne vous ai-je pas dit, il y a déjà longtemps, que Fergus ne courtisait qu'une seule fiancée, l'Honneur?

— Et suis-je donc incapable d'être son second et son conseil dans cette poursuite d'honneur? reprit notre héros, dont les joues s'étaient vivement colorées. Suis-je si bas placé dans votre opinion?

— Loin de là, capitaine Waverley. Plût à Dieu que vous fussiez des nôtres! J'ai employé l'expression qui vous a blessé, seulement

> Parce que parmi nous vous n'êtes pas compté,
> Et qu'aux rangs ennemis vous vous êtes placé.

— Ce temps est passé, ma sœur, dit Fergus; et vous pouvez féliciter Édouard Waverley (et non plus le capitaine Waverley) d'être affranchi des liens d'un usurpateur, dont cette cocarde noire était le sinistre emblème.

— Oui, ajouta Waverley en détachant la cocarde de son chapeau, il a plu au roi, qui m'avait accordé ce gage de confiance, de me le reprendre d'une manière qui me laisse peu de raisons de regretter son service.

— Dieu en soit béni! s'écria l'enthousiaste. Puissent-ils, oh! puissent-ils être assez aveuglés pour traiter aussi indignement tout homme d'honneur qui les sert, afin que j'aie moins à en gémir quand la lutte sera proche.

— Et maintenant, ma sœur, remplacez cette cocarde par une autre de couleur plus gaie. C'était autrefois, je crois, l'usage des dames d'armer leurs chevaliers et de les envoyer aux nobles exploits.

— Non pas avant que le chevalier eût bien pesé la justice et les dangers de la cause, Fergus. M. Waverley est en ce moment trop agité encore par le ressentiment d'une injure récente, pour que je le pousse immédiatement à une détermination aussi grave.

Quoique Waverley fût presque effrayé à l'idée d'arborer l'insigne de ce que la majorité du royaume qualifiait de rébellion, il ne put dissimuler la peine que lui causait la froideur avec laquelle Flora avait accueilli la proposition de son frère. — Miss Mac-Ivor, je m'en aperçois, dit-il avec quelque amertume, regarde le chevalier comme indigne de ses encouragements et de sa faveur.

— Nullement, M. Waverley, répliqua-t-elle avec une grande douceur. Pourquoi refuserais-je à un ami distingué de mon frère un don que je distribue à tout un clan? Je serais heureuse d'attacher chaque homme d'honneur à la cause à laquelle s'est dévoué mon frère. Mais Fergus a pris son parti les yeux ouverts. Sa vie, depuis son berceau, a été consacrée à cette cause; pour lui, l'appel qu'elle fait entendre est sacré, serait-ce un signal de mort. Mais comment puis-je désirer, M. Waverley, vous si neuf au monde, et si éloigné de tous les amis dont les conseils pourraient et devraient vous diriger, — dans un moment surtout de dépit soudain et d'indignation, — comment puis-je désirer vous jeter ainsi dans une entreprise aussi désespérée?

Fergus, qui ne comprenait pas ces scrupules, parcourait la chambre en se mordant les lèvres; puis, s'adressant à Flora avec un sourire forcé : — Fort bien, ma sœur, lui dit-il; je vous laisse remplir votre nouvel office de médiateur entre l'électeur de Hanovre et les sujets de votre souverain légitime, de votre bienfaiteur. Et il quitta l'appartement.

Il y eut un moment de pénible silence, que miss Mac-Ivor rompit enfin. — Mon frère est injuste, dit-elle, parce qu'il ne peut souffrir que le plus léger obstacle paraisse contrarier son loyal dévouement.

— Et ne partagez-vous pas son zèle? demanda Waverley.

— Si je le partage! — Dieu sait que mon ardeur surpasse la sienne, s'il est possible; mais je ne suis pas, comme lui, emportée par le tumulte des préparatifs militaires et les détails infinis nécessités par l'entreprise actuelle, et je dois prendre en considération les grands principes de justice et de vérité sur lesquels notre cause s'appuie. Ces principes, j'en suis convaincue, ne peuvent être propagés que par des mesures fondées elles-mêmes sur la vérité et la justice; or, mettre à profit votre disposition d'esprit actuelle, mon cher M. Waverley, et vous entraîner dans une démarche sans retour, dont vous n'auriez examiné ni la justice, ni les dangers, ne serait, à mon humble avis, ni sage, ni juste.

— Incomparable Flora, s'écria Édouard en lui saisissant la main, combien un tel conseiller m'est nécessaire!

— M. Waverley, répondit Flora en dégageant doucement sa main, en trouvera toujours un beaucoup plus sûr dans sa propre conscience, quand il voudra prêter l'oreille à sa voix faible encore.

— Non, miss Mac-Ivor, je n'ose l'espérer; mille circonstances, dues à un fatal abandon à moi-même, ont fait de moi un enfant de l'imagination plutôt que de la raison. Si j'osais seulement espérer, — si seulement je pouvais penser que vous daignerez être pour moi cet ami affectueux et indulgent, qui me prêterait des forces pour racheter mes erreurs, toute mon existence à venir...

— Arrêtez, mon cher M. Waverley! La joie d'être échappé des mains d'un recruteur jacobite vous emporte à un excès de gratitude sans pareil.

— Oh! ma chère Flora, cessez de me répondre sur le ton de la plaisanterie. Vous ne pouvez vous méprendre sur la nature des sentiments dont presque malgré moi l'expression m'est échappée; et puisque j'ai brisé la barrière du silence, que je profite de mon audace! — Ou bien permettez-moi de dire à votre frère....

— Rien au monde, M. Waverley!

— Que dois-je comprendre? Y a-t-il quelque fatale barrière? — Quelqu'un avant moi...

— Non, monsieur, interrompit Flora. Je me dois à moi-même de dire que je n'ai pas rencontré encore une personne à qui j'aie pensé sous ce point de vue.

— La date récente de notre connaissance, peut-être... Si miss Mac-Ivor daignait m'accorder le temps...

— Je n'ai pas même cette excuse. Le caractère du capitaine Waverley est si ouvert... il est tel, en un mot, qu'on ne peut se méprendre ni sur sa force ni sur ses faiblesses.

— Et pour ces faiblesses vous me méprisez?

— Pardonnez-moi, M. Waverley; — et veuillez vous rappeler qu'il y a une demi-heure à peine, il existait entre nous une barrière que je devais regarder comme insurmontable, puisque jamais je n'aurais pu voir un officier au service de l'électeur de Hanovre autrement que comme une connaissance accidentelle. Permettez-moi donc de recueillir mes idées sur un sujet aussi peu attendu, et avant une heure je serai prête à vous donner, à l'appui de la résolution que je vous ferai connaître, des raisons qui seront au moins de nature à vous satisfaire, sinon à vous contenter. A ces mots, Flora quitta l'appartement, laissant Waverley méditer sur la manière dont sa déclaration avait été reçue.

Avant qu'il eût pu se rendre clairement compte si son hommage avait été bien ou mal accueilli, Fergus rentra dans le salon. — Eh quoi! *à la mort*[1], Waverley? s'écria-t-il. Descendez avec moi dans la cour, et vous verrez quelque chose qui vaut toutes les tirades de vos romans. Cent fusils, mon ami! et autant de claymores, que nous recevons à l'instant de nos bons amis; et deux ou trois cents robustes gaillards se battant presque à qui en aura le premier. — Mais laissez-moi donc vous voir de plus près. — Vraiment, un véritable Highlander dirait que vous êtes frappé d'un *mauvais œil!* — Serait-ce cette petite sotte qui aurait ainsi abattu vos esprits? — Ne songez pas à elle, mon cher Édouard; les plus sages de son sexe ne sont que des folles en tout ce qui touche aux affaires de la vie.

— En vérité, mon bon ami, répondit Waverley, tout ce dont je puis accuser votre sœur, c'est d'être trop sensée, trop raisonnable.

— Si c'est là tout, je vous assure pour un louis d'or contre la du-

---

[1] Ces mots sont ainsi en français dans le texte.

rée d'une telle humeur pendant vingt-quatre heures. Nulle femme ne resta jamais raisonnable pendant aussi longtemps, et je vous garantis, si cela peut vous être agréable, que Flora le sera demain aussi peu que pas une autre femme. Il faut apprendre, mon cher Édouard, à voir les femmes *en mousquetaire*[1]. A ces mots, Fergus s'empara du bras de Waverley, et l'entraîna avec lui pour le faire assister à ses préparatifs militaires.

CHAPITRE XXVII.

SUR LE MÊME SUJET.

FERGUS MAC-IVOR avait trop de tact et de délicatesse pour revenir sur le sujet qu'il avait interrompu. Sa tête était ou paraissait être tellement remplie de fusils, de claymores, de toques, de cantines, de chausses, de tartans, que pendant assez longtemps Waverley ne put ramener son attention sur aucune autre chose.

— Devez-vous sitôt entrer en campagne, Fergus, lui demanda-t-il, que vous êtes occupé de tous ces préparatifs de guerre?

— Quand vous serez décidé à m'accompagner, vous saurez tout; sans cela cette connaissance ne pourrait que vous être dangereuse.

— Est-ce donc sérieusement que vous songez, avec des forces si inférieures, à vous soulever contre un gouvernement établi? C'est de la démence.

— *Laissez faire à Don Antoine;* — j'aurai soin de moi. Nous userons au moins du procédé de Conan, qui ne recevait jamais un coup sans le rendre[2]. Néanmoins, continua le Chef, je ne voudrais pas que vous me crussiez assez fou pour me remuer avant une occasion favorable; je ne lâcherai mes chiens que quand le gibier sera levé. Mais, encore une fois, voulez-vous vous joindre à nous, et vous saurez tout?

— Le puis-je, moi qui, il y a si peu de temps encore, étais pourvu de cette commission qui, en ce moment, retourne en poste vers ceux de qui je la tenais? En l'acceptant, je m'étais implicitement lié par une promesse de fidélité, et par l'obligation de reconnaître la légitimité du gouvernement.

— Promesse téméraire n'est pas menotte d'acier; on peut s'en affranchir, surtout quand elle a été arrachée par surprise et reconnue

---

[1] En français dans l'original.
[2] *Voyez* la note N, à la fin du volume.

par l'insulte. Mais si vous ne pouvez vous décider immédiatement à une glorieuse vengeance, partez pour l'Angleterre; avant que vous ayez passé la Tweed, vous apprendrez des nouvelles qui auront du retentissement dans le monde; et si sir Everard est le digne vieux cavalier que j'ai entendu dépeindre par quelques-uns de nos honnêtes gentilshommes de 1715, il vous trouvera une plus belle compagnie et une meilleure cause que celles que vous avez perdues.

— Mais votre sœur, Fergus?

— Hors d'ici, démon insidieux! s'écria le Chef en riant; combien tu tourmentes cet homme! — Ne pouvez-vous parler d'autre chose que de dames?

— Ne plaisantez pas, mon cher ami; je sens que le bonheur de ma vie dépendra de la réponse que va faire miss Mac-Ivor à ce que j'ai osé lui dire ce matin.

— Parlez-vous sérieusement? dit Fergus d'un ton plus grave; ou êtes-vous dans le pays des romans et de la fiction?

— Je parle très-sérieusement, sans nul doute; pouvez-vous supposer que je plaisanterais sur un tel sujet?

— Hé bien donc, très-sérieusement, je suis enchanté de ce que j'apprends; et j'ai de Flora une opinion si haute, que vous êtes le seul homme en Angleterre pour qui j'en voudrais dire autant. — Mais avant de me presser la main avec tant de chaleur, songez-y bien : — votre famille, — vos parents, approuveront-ils votre alliance avec la sœur d'un *noble mendiant* highlandais?

— La situation de mon oncle, répondit Waverley, ses opinions, sa constante indulgence, m'autorisent à dire que la naissance et les qualités personnelles sont tout ce qu'il considérerait dans une telle alliance. Et où les trouverais-je réunies à un point aussi élevé qu'en votre sœur?

— Oh! nulle part! — *cela va sans dire*[1], répliqua Fergus en souriant. Mais votre père regardera comme une de ses prérogatives d'être consulté.

— Sûrement; mais sa rupture récente avec le pouvoir ne me laisse craindre aucune objection de sa part, convaincu surtout comme je le suis de la chaleur avec laquelle mon oncle plaiderait ma cause.

— Peut-être aussi la religion ferait-elle obstacle, quoique nous ne soyons pas des catholiques bigots.

— Ma grand'mère était de l'église de Rome, et sa foi ne lui fut jamais objectée par ma famille. — Ne pensez pas à *mes* parents, mon cher Fergus; employez plutôt votre influence là où elle peut être plus nécessaire pour éloigner les obstacles, — je veux dire près de votre aimable sœur.

— Mon aimable sœur, répliqua Fergus, est, comme son gracieux

---

[1] Ces mots sont en français dans le texte.

CHAPITRE XXVII.

frère, assez portée à ne prendre conseil que d'elle-même pour une détermination à laquelle, en ce cas, il faudra vous soumettre ; mais vous ne manquerez ni de mon appui ni de mes avis. Et d'abord je veux vous en donner un. — Le *loyalisme* est sa passion dominante ; et depuis qu'elle a su épeler un livre anglais, elle a été éprise du brave capitaine Wogan, qui renonça au service de l'usurpateur Cromwell pour rejoindre l'étendard de Charles II, conduisit une poignée de cavaliers depuis Londres jusque dans les Highlands, afin de s'y réunir à Middleton alors en armes pour le roi, et mourut enfin glorieusement en défendant la cause royale. Priez-la de vous montrer quelques vers qu'elle a faits sur l'histoire et le sort de Wogan ; je vous assure qu'on les a fort admirés. En second lieu... Mais je crois avoir vu il y a un instant Flora se diriger vers la cascade ; — suivez-la, mon ami, suivez-la ! ne laissez pas à la garnison le temps de s'affermir dans ses projets de résistance. — *Alerte, à la muraille !* Allez retrouver Flora, afin d'apprendre au plus tôt sa décision ; et que Cupidon soit avec vous, tandis que je vais examiner des ceinturons et des gibernes.

Waverley monta la vallée le cœur palpitant d'inquiétude. L'amour, avec son cortége romanesque d'espérances, de craintes et de désirs, s'y mêlait avec d'autres sentiments d'une nature moins aisée à définir. Il ne pouvait perdre de vue combien cette matinée avait changé son sort, et dans quelle complication d'embarras il allait, selon toute apparence, se trouver plongé. Le soleil levant l'avait trouvé possesseur d'un rang distingué dans l'honorable profession des armes, et son père paraissait devoir s'élever rapidement dans la faveur de son souverain : — tout cela avait passé comme un songe. — Son père était disgracié ; lui-même était déshonoré, et il était devenu confident involontaire au moins, sinon complice, de machinations obscures, profondes et dangereuses, qui devaient amener ou la subversion du gouvernement qu'il servait si récemment encore, ou la ruine de tous ceux qui y auraient trempé. La réponse de Flora dût-elle même lui être favorable, quel espoir y avait-il que ses projets pussent être amenés à une heureuse fin, au milieu du tumulte d'une insurrection imminente? Pouvait-il lui faire l'égoïste proposition d'abandonner Fergus, auquel elle était si attachée, et de se retirer avec lui en Angleterre, pour y attendre, spectatrice éloignée, ou le succès de l'entreprise de son frère, ou la ruine de ses espérances et de sa fortune ? — D'un autre côté, s'engager lui-même, sans autre appui que son bras, dans les projets dangereux et précipités du Chef ; — être entraîné dans son orbite, et participer à ses démarches impétueuses et désespérées, sans presque avoir la libre faculté de juger, d'apprécier la rectitude ou la prudence de sa conduite : — ce n'était pas une perspective riante pour l'orgueil secret de Waverley. Et cependant quelle autre issue pouvait-il prévoir, sauf le rejet de ses vœux par Flora, alternative à laquelle, dans l'exaltation actuelle de ses sentiments, il ne pouvait penser qu'avec une sorte d'agonie mentale. Tout en considérant ainsi la perspective incertaine et dangereuse qui s'ouvrait devant lui, il arriva enfin près de la cascade, où, comme Fergus l'avait auguré, il trouva Flora assise.

Elle était seule; dès qu'elle l'aperçut, elle se leva et vint à sa rencontre. Édouard voulut débuter sur le ton d'une conversation ordinaire, mais il trouva cette tâche au-dessus de ses forces. Flora parut d'abord également embarrassée, mais elle se remit plus promptement, et (présage défavorable pour les vœux d'Édouard), elle fut la première à revenir sur le sujet de leur dernier entretien. — Cela est trop important à tous égards, lui dit-elle, pour qu'il me soit permis, M. Waverley, de vous laisser dans le doute sur mes sentiments.

— Ne vous hâtez pas de parler, interrompit Waverley en proie à une agitation violente, à moins que ce que vous avez à m'apprendre ne soit tel que d'après vos manières je crains de n'oser l'espérer. Souffrez que le temps, — ma conduite future, — l'influence de votre frère...

— Pardonnez-moi, M. Waverley, interrompit à son tour miss Mac-Ivor, dont le teint était légèrement animé, mais dont la voix était ferme et calme. Je me blâmerais sévèrement moi-même, si je tardais à vous exprimer ma sincère conviction que je ne puis jamais voir en vous qu'un ami digne de toute mon estime. Je croirais vous faire injure en vous cachant plus longtemps mes sentiments. — Je vois que je vous afflige, et je le regrette sincèrement; mais mieux vaut maintenant que plus tard. Mieux vaut, pour vous, oh! mille fois mieux, M. Waverley, ressentir en ce moment un désappointement passager, que d'être exposé aux douleurs longues et dévorantes qui suivent un mariage inconsidéré et mal assorti.

— Juste Ciel! s'écria Waverley, pouvez-vous prévoir un tel avenir dans une union où la naissance est égale et la fortune favorable; où, si j'ose le dire, les goûts sont semblables; et quand vous n'alléguez aucune préférence, alors même que vous exprimez une opinion favorable sur celui que vous repoussez!

— M. Waverley, cette opinion favorable, je l'*ai* en effet; et elle est si bien sentie, que, bien que j'eusse préféré garder le silence sur les motifs de ma détermination, je suis prête à vous en faire part, si vous exigez une telle marque d'estime et de confiance.

Elle s'assit sur un fragment de rocher, et Waverley, se plaçant près d'elle, la pressa instamment de lui donner l'explication qu'elle offrait de lui soumettre.

— J'ose à peine, lui dit-elle, vous exposer mes sentiments, tant ils diffèrent de ceux qu'on attribue communément à une jeune femme, à cette époque de la vie que j'ai atteinte; j'ose à peine aussi parler de ce que je soupçonne être la nature des vôtres, de peur d'irriter une blessure que je voudrais adoucir. Quant à moi, depuis mon enfance

CHAPITRE XXVII.

jusqu'à ce jour, je n'ai eu qu'un désir, — la restauration de mes bienfaiteurs sur le trône qui leur appartient légitimement. Il m'est impossible de vous exprimer l'énergie de ce sentiment unique de mon âme; et je vous avouerai avec franchise qu'il a toujours tellement rempli mon esprit, qu'il n'y a laissé place à aucune pensée relative à ce qu'on nomme mon établissement. Que je vive assez pour voir le jour de cette heureuse restauration, et un cottage dans nos montagnes, un couvent en France ou un palais en Angleterre me seront également indifférents.

— Mais, ma chère Flora, en quoi votre zèle enthousiaste pour la famille exilée est-il incompatible avec mon bonheur?

— En ce que vous cherchez, que vous devez chercher, du moins, dans l'objet de votre attachement, un cœur dont le plus grand plaisir soit d'accroître votre bonheur domestique, et de payer votre affection par une tendresse qui aille même jusqu'au romanesque. A un homme d'une sensibilité moins exquise, d'une disposition moins exaltée et moins profondément affectueuse, Flora Mac-Ivor aurait pu donner le contentement, sinon le bonheur; car après avoir prononcé les irrévocables paroles, elle ne faillirait jamais aux devoirs auxquels elle se serait vouée.

— Et pourquoi, — pourquoi, miss Mac-Ivor, vous regarderiez-vous comme un trésor plus appréciable pour un homme moins capable que moi de vous aimer et de vous admirer?

— Uniquement parce que le ton de nos affections serait plus à l'unisson, et que sa sensibilité moins vive n'exigerait pas un retour d'enthousiasme qu'il n'est pas en moi d'accorder. Mais vous, M. Waverley, vous vous reporteriez toujours à l'idée du bonheur domestique tel que votre imagination se le peut créer, et tout ce qui resterait au-dessous de cette peinture idéale serait transformé en froideur et en indifférence, en même temps qu'à vos yeux l'enthousiasme qu'exciteraient en moi les succès de la famille royale serait un vol fait au retour dont j'aurais dû payer votre affection.

— En d'autres termes, miss Mac-Ivor, vous ne pouvez m'aimer? dit Édouard, du ton d'un profond abattement.

— Je puis vous estimer, M. Waverley, autant et plus peut-être qu'aucun homme que j'aie jamais vu; mais je ne puis vous aimer comme vous méritez d'être aimé. Oh! par amour pour vous-même, n'aspirez pas après une épreuve si dangereuse! La femme que vous épouserez devrait avoir des affections, des opinions modelées sur les vôtres. Ses études devraient être vos études; — ses souhaits, ses sentiments, ses craintes, ses espérances, devraient tous se confondre avec les vôtres. Elle devrait rehausser vos plaisirs, partager vos peines, égayer vos douleurs.

— Et pourquoi ne seriez-vous pas, miss Mac-Ivor, vous qui savez si bien peindre une heureuse union, pourquoi ne seriez-vous pas celle que vous dépeignez?

— Est-il possible que vous ne me compreniez pas encore? Ne vous ai-je pas dit que toute la force de mes sensations se reporte vers un événement auquel, cependant, je ne puis contribuer que par mes ardentes prières?

— Et en accédant à mes vœux, s'écria Waverley, trop emporté par son ardeur pour peser ce qu'il allait dire, ne serviriez-vous pas les intérêts auxquels vous vous êtes vouée? Ma famille est riche et puissante, portée par principes vers la famille des Stuarts; et si une occasion favorable...

— Une occasion favorable! interrompit Flora, avec quelque dédain; —portée par principes! — Une adhésion si tiède peut-elle être honorable pour votre famille, ou satisfaisante pour votre légitime souverain? — Songez, d'après mes sentiments actuels, combien je souffrirais quand je me verrais membre d'une famille où les droits que je regarde comme les plus sacrés seraient soumis à une froide discussion, et jugés dignes d'être soutenus alors seulement qu'ils paraîtraient sur le point de triompher par leurs propres forces!

— Vos doutes sont injustes, répliqua vivement Waverley, au moins en ce qui me concerne. La cause que j'embrasserai, je saurai la soutenir au milieu de tous les dangers, avec autant d'intrépidité que le plus hardi de ceux qui auront tiré l'épée pour elle.

— C'est ce dont je ne doute pas un instant, reprit Flora. Mais consultez votre bon sens et votre raison plutôt que des idées adoptées à la hâte, et seulement, peut-être, parce que vous avez rencontré dans un lieu solitaire et romantiquement situé une jeune femme pourvue des agréments ordinaires à son sexe. Que votre participation à ce grand et périlleux drame repose sur la conviction, et non sur un enthousiasme peut-être éphémère.

Waverley voulut répondre, mais les mots lui manquèrent. Chacun des sentiments qu'avait exprimés Flora justifiait la force de son attachement pour elle; car son loyalisme même, quoique ardent et enthousiaste, était noble, généreux, et dédaignait tout moyen indirect de soutenir la cause à laquelle elle s'était dévouée.

Après quelques instants de marche silencieuse en descendant la vallée, Flora reprit ainsi l'entretien : — Encore un mot, M. Waverley, avant que nous disions pour jamais adieu à ce sujet; et pardonnez ma hardiesse si ce mot ressemble à un avis. Mon frère Fergus désire ardemment que vous vous joigniez à lui dans son entreprise actuelle; n'en faites rien! Votre simple concours ne pourrait en hâter la réussite, et vous partageriez inévitablement sa chute si la volonté de Dieu est qu'il échoue. Votre honneur, en outre, serait gravement compromis. Souffrez que je vous conjure de retourner dans votre pays; et là, après vous être publiquement affranchi de tout lien imposé par le gouvernement usurpateur, j'espère que bientôt vous verrez des motifs et que vous trouverez des occasions de servir d'une manière efficace votre souverain outragé, et qu'à la tête de vos tenanciers et de vos adhérents naturels vous vous montrerez bientôt ce que furent vos ancêtres, un digne et loyal représentant de la maison de Waverley.

— Et si j'étais assez heureux pour me distinguer ainsi, ne pourrais-je espérer...

— Pardonnez-moi de vous interrompre. Le présent seul est à nous, et je ne puis que vous expliquer avec franchise les sentiments que j'éprouve maintenant; jusqu'à quel point peuvent-ils être changés par une suite d'événements trop favorables peut-être pour qu'on les puisse espérer, c'est ce qu'il serait inutile même de chercher à prévoir. Soyez seulement assuré, M. Waverley, qu'à l'exception de mon frère il n'est personne pour l'honneur et le bonheur duquel je ferai des vœux plus sincères.

A ces mots elle le quitta, car ils étaient alors arrivés au point de séparation des deux sentiers. Édouard rentra au château, agité par un conflit de passions opposées; il évita de rencontrer Fergus en particulier, car il ne se sentait en état ni de supporter ses railleries ni de répondre à ses sollicitations. Le tumulte bruyant du festin, car Mac-Ivor tenait table ouverte pour son clan, servit jusqu'à un certain point à étourdir ses réflexions. Lorsque le repas fut terminé, il se mit à songer de quelle manière il aborderait miss Mac-Ivor, après la pénible et intéressante explication du matin. Mais Flora ne parut point. Fergus, dont l'œil étincela quand Cathleen vint le prévenir que sa maîtresse avait dessein de garder son appartement toute la soirée, se rendit lui-même auprès d'elle; mais apparemment ses remontrances furent vaines, car il revint le teint animé et la physionomie empreinte d'un déplaisir évident. Le reste de la soirée s'écoula sans la moindre allusion de part ni d'autre au sujet qui absorbait toutes les pensées de Waverley, et peut-être de tous les deux.

Quand il fut retiré dans son appartement, Édouard s'efforça de récapituler les événements de la journée. Que Flora persistât quant à présent dans la résolution qu'elle lui avait exprimée, c'est ce dont il ne pouvait douter; mais pouvait-il espérer un succès ultérieur, dans le cas où les circonstances lui permettraient de renouveler sa poursuite? Le loyalisme enthousiaste qui, dans ce moment d'animation, ne laissait dans son cœur aucune place pour une passion plus douce, survivrait-il, au moins dans sa force exclusive, au succès ou à la ruine des machinations politiques auxquelles elle s'était vouée? Et s'il en était ainsi, l'intérêt qu'elle lui avait avoué ressentir en sa faveur pourrait-il se changer en un attachement plus vif? Il mit sa mémoire à contribution pour se rappeler chaque mot qu'elle avait prononcé, pour se retracer chaque regard, chaque geste dont elle avait accompagné ses paroles, et finit par se retrouver au même point d'incertitude. Il était très-tard quand le sommeil vint enfin apporter quelque soulagement au tumulte de ses pensées, après la journée la plus agitée et la plus pénible qu'il eût jamais passée.

CHAPITRE XXVIII.

UNE LETTRE DE TULLY-VEOLAN.

Sur le matin, quand l'agitation d'esprit de Waverley eut pour quelques heures fait place au sommeil, il lui sembla entendre une musique dans ses rêves, mais non la voix de Selma [1]. Il se croyait transporté à Tully-Veolan, et il s'imaginait entendre Davie Gellatley chantant dans la cour ses matines, ordinairement les premiers sons qui troublaient son repos quand il était l'hôte du baron de Bradwardine. Les accents qui occasionnaient cette illusion continuaient, et devenant graduellement plus élevés finirent par éveiller complètement Waverley. Le rêve, cependant, semblait continuer encore. Il était bien dans une chambre de la tour de Ian nan Chaistel, mais c'était bien aussi la voix de Davie Gellatley qui sous les fenêtres faisait retentir le couplet suivant :

> Mon cœur est dans les Highlands, mon cœur n'est pas ici,
> Mon cœur est dans les Highlands, chassant le daim,
> Chassant le daim sauvage et poursuivant le chevreuil ;
> Mon cœur est dans les Highlands, n'importe où soit mon corps [2].

Curieux de savoir ce qui avait pu pousser M. Gellatley à une excursion d'une longueur si peu accoutumée, Édouard se mit à s'habiller à la hâte, opération pendant laquelle l'inspiration de Davie changea plus d'une fois de ton :

> Il n'y a dans les Highlands que des ciboules et des poireaux,
> Et les braves à longues jambes y marchent sans culottes,
> Sans culottes, sans chausses et sans souliers ;
> Mais nous gagnerons tous des culottes quand sera revenu le roi Jamie [3].

---

[1] Allusion à la poésie ossianique. (L. V.)

[2] Ces quatre lignes forment le refrain d'une vieille chanson à laquelle Burns a ajouté de nouveaux vers. (W. S.)

[3] Ces vers sont anciens aussi, et sur l'air, je crois :

> Nous n'aurons pas la paix jusqu'au retour de Jamie.

Burns a pareillement ajouté de nouveaux vers à la ballade primitive. (W. S.)
Jamie est la forme familière de James ou Jacques. (L. V.)

CHAPITRE XXVIII.

Pendant le temps que Waverley avait mis à s'habiller et à descendre, Davie s'était réuni à deux ou trois des nombreux oisifs Highlandais qui toujours gratifiaient de leur présence les portes du château, et il était en train de sauter et de danser joyeusement une ronde [1] rapide à quatre, dont il sifflait lui-même la musique. Il continua ainsi son double exercice de danseur et de musicien, jusqu'à ce qu'un joueur de cornemuse inactif, qui remarqua son zèle, se rendit à l'appel unanime de *seid suas* (souffle), et le soulagea de la seconde moitié de sa peine. Jeunes et vieux se mêlèrent alors à la danse, chacun avec les partners que lui offrait le hasard. L'apparition de Waverley n'interrompit point l'exercice de Davie, quoique par ses grimaces, ses mouvements de tête et les inclinaisons de corps qu'il mêla aux grâces dont il accompagnait sa danse montagnarde, il parût vouloir faire comprendre à notre héros qu'il l'avait reconnu. Bientôt après, tout en poussant des cris bizarres et en faisant claquer ses doigts au-dessus de sa tête, par un pas de côté prolongé subitement jusqu'à l'endroit où s'était arrêté Édouard, et, comme Arlequin dans une pantomime, gardant toujours la mesure, il mit rapidement une lettre dans la main de notre héros, et continua sa danse sans s'arrêter ni s'interrompre. Édouard, qui reconnut sur l'adresse l'écriture de Rose Bradwardine, se retira à l'écart pour en prendre lecture, laissant le fidèle messager continuer son exercice, jusqu'à ce que le joueur de cornemuse ou lui fussent fatigués.

Le contenu de la missive le surprit grandement. Elle avait d'abord été commencée par *Mon cher monsieur;* mais ces mots avaient été soigneusement grattés, et remplacés par les deux syllabes *Monsieur*. Nous rapporterons le reste du contenu sans rien changer au style même de Rose :

« Je crains de prendre une liberté peu convenable en m'adressant ainsi à vous; cependant je ne puis m'en rapporter à personne autre du soin de vous instruire de certaines choses qui sont arrivées ici, et dont il me paraît nécessaire que vous soyez informé. Pardonnez-moi si je fais mal en agissant ainsi : car, hélas! M. Waverley, je ne puis prendre conseil que de mes propres sentiments. Mon bon père est parti d'ici, et Dieu seul sait quand il pourra revenir m'aider et me protéger! Vous aurez probablement su que par suite de quelques nouvelles inquiétantes venues des Highlands, des warrants ont été lancés pour arrêter plusieurs gentilshommes de nos côtés, et entre autres mon bon père. Malgré mes larmes et mes explications il n'a pas voulu se rendre au Gouvernement, et après s'être réuni à M. Falconer et à quelques autres gentilshommes, ils sont tous partis dans la direction du nord, avec un corps d'une quarantaine de cavaliers : de sorte que

---

[1] *Reel.*

je suis moins inquiète pour sa sûreté immédiate que pour ce qui doit s'ensuivre, car ces troubles ne font que commencer. Mais tout ceci est peu intéressant pour vous, M. Waverley ; j'ai seulement pensé que vous seriez charmé d'apprendre que mon père s'est échappé, dans le cas où vous viendriez à savoir qu'il a été exposé.

« Le lendemain du départ de mon père, il arriva à Tully-Veolan un détachement de soldats, et ils traitèrent très-rudement le bailli Macwheeble ; mais l'officier se montra très-poli envers moi, et me dit seulement que son devoir l'obligeait de rechercher les armes et les papiers. Mon père y avait pourvu en enlevant toutes les armes, à l'exception des vieilleries sans usage suspendues dans la grande salle, et il avait caché tous ses papiers. Mais, ô M. Waverley ! comment vous dirai-je qu'ils prirent sur vous de strictes informations, et qu'ils s'enquirent quand vous aviez quitté Tully-Veolan et où vous étiez maintenant. L'officier est parti avec son détachement, en laissant seulement à la maison un sous-officier et quatre hommes en guise de garnison. Jusqu'à présent ils en ont fort bien agi, parce que nous sommes contraints de leur faire bon visage. Mais ces soldats ont donné à entendre que si vous tombiez dans leurs mains vous seriez en grand danger. Je ne puis prendre sur moi de répéter ici les insignes faussetés qu'ils débitent (car je suis sûre que ce sont des faussetés), mais vous serez le meilleur juge de ce qu'il convient que vous fassiez. Le détachement parti a emmené votre domestique prisonnier, avec vos deux chevaux et tout ce que vous aviez laissé à Tully-Veolan. J'espère que Dieu vous protégera, et que vous retournerez en sûreté chez vous en Angleterre, où, me disiez-vous, on ne tolère ni violences militaires, ni combats entre les clans, et où tout se fait selon une loi qui protége également tous ceux qui sont innocents. J'espère que vous userez d'indulgence à l'égard de la hardiesse que j'ai de vous écrire, quand il me paraît, peut-être à tort, que votre sûreté et votre honneur sont compromis. Je suis sûre, — je le pense du moins, — que mon père approuverait ma lettre ; car M. Rubrick s'est enfui chez son cousin au Dunchran, pour se mettre à l'abri du danger des soldats et des whigs, et le bailli Macwheeble n'aime pas à se mêler, dit-il, des affaires des autres, quoique j'espère que ce qui peut être utile à un ami de mon père, dans un temps comme celui-ci ; ne peut être appelé une intervention inconvenante. Adieu, capitaine Waverley ! Je ne vous reverrai probablement jamais ; car il serait très-peu convenable de désirer vous revoir en ce moment à Tully-Veolan, lors même que ces hommes seraient partis ; mais je me souviendrai toujours avec reconnaissance de la complaisance dont vous avez fait preuve en dirigeant une aussi pauvre écolière, et de vos attentions pour mon cher, mon bien cher père. — Je demeure votre obligée servante,

Rose Comyne Bradwardine. »

CHAPITRE XXVIII.

« *P. S.* J'espère que vous m'enverrez une ligne par Davie Gellatley, seulement pour me dire que vous avez reçu ma lettre, et que vous agirez avec précaution ; et, pardonnez-moi si je vous conjure, par amour pour vous-même, de ne pas vous joindre à ces malheureuses intrigues, mais de vous réfugier, aussi vite que vous le pourrez, dans votre heureux pays. — Mes compliments à ma chère Flora et à Glennaquoich. N'est-elle pas aussi belle et aussi accomplie que je vous l'avais dépeinte? »

Ainsi se terminait la lettre de Rose Bradwardine, dont le contenu surprit Waverley autant qu'il l'affligea. Que le baron fût tombé sous les soupçons du Gouvernement par suite des mouvements actuels parmi les partisans de la maison des Stuarts, c'est ce qui lui semblait la conséquence naturelle de ses prédilections politiques; mais qu'il fût, *lui*, enveloppé dans de tels soupçons, c'est ce qui lui semblait inexplicable, puisqu'il avait la conscience que, jusqu'au jour précédent, il n'avait pas même conçu une pensée hostile à la maison régnante. A Glennaquoich ainsi qu'à Tully-Veolan, ses hôtes avaient respecté les engagements qui le liaient au gouvernement existant ; et quoique plus d'un incident eût pu lui faire voir assez clairement que le baron et le Chef étaient du nombre de ces gentilshommes désaffectionnés encore si nombreux en Écosse, néanmoins, jusqu'au moment où ses rapports avec l'armée avaient été rompus par sa destitution, il n'avait eu nulle raison de supposer qu'ils méditaient aucun projet d'hostilité immédiate contre le pouvoir établi. Il sentit pourtant qu'à moins d'embrasser sur-le-champ la proposition de Fergus Mac-Ivor, il lui importait essentiellement de quitter sans délai des lieux aussi suspects, et de gagner une résidence où sa conduite pût soutenir un examen satisfaisant. Il se détermina d'autant plus volontiers pour ce dernier parti, qu'il suivait, en l'adoptant, l'avis même de Flora, et qu'il sentait une invincible répugnance à participer au fléau d'une guerre civile. Quels que fussent les droits primitifs des Stuarts, le calme de la réflexion lui disait qu'à part la question de savoir jusqu'où Jacques II avait pu forfaire ceux de ses descendants, il avait, selon la voix unanime de la nation tout entière, justement perdu les siens. Depuis cette époque, quatre monarques avaient paisiblement et glorieusement régné sur la Grande-Bretagne, soutenant et accroissant au dehors l'honneur de la nation, et au dedans, assurant ses libertés. La raison lui demandait s'il valait la peine d'inquiéter un gouvernement depuis si longtemps et si bien établi, et de plonger un royaume dans les misères de la guerre civile, dans le but de replacer sur le trône les descendants d'un prince qui l'avait perdu de propos délibéré. Si, d'un autre côté, il finissait par se convaincre de la justice de la cause des Stuarts, ou que les ordres de son père ou de son oncle le portassent à se ranger sous leur bannière, il n'en demeurait pas moins nécessaire de mettre son honneur à couvert de tout soupçon, en faisant voir qu'il n'avait rien fait dans ce sens, comme on semblait faussement l'insinuer, tant qu'il avait porté la cocarde du monarque régnant.

La simplicité affectueuse de Rose, et les inquiétudes qu'elle manifestait pour sa sûreté, à lui, Waverley, — et puis la pensée qu'elle se trouvait sans protection, livrée peut-être à la terreur, ou même exposée à des dangers réels, firent impression sur son esprit. Il lui écrivit à l'instant pour la remercier, dans les termes les plus vifs, de la sollicitude qu'elle lui avait témoignée, lui exprimer les vœux ardents qu'il faisait pour son bonheur et celui de son père, et la rassurer sur sa propre sûreté. Les sentiments que ce devoir avait fait naître en lui ne tardèrent cependant pas à s'effacer devant l'idée qu'il lui fallait maintenant dire adieu à Flora Mac-Ivor, peut-être pour toujours. L'angoisse que lui fit éprouver cette réflexion est inexprimable; car la noble élévation de son caractère, et son dévouement à la cause qu'elle avait embrassée, joint à sa droiture scrupuleuse quant aux moyens de la servir, justifiaient aux yeux de sa raison le choix qu'avait fait son cœur. Mais le temps pressait; la calomnie avait attaqué son honneur, et chaque heure de délai lui prêtait de nouvelles forces. Il fallait partir à l'instant.

Dans cette résolution, il alla trouver Fergus, et lui fit part du contenu de la lettre de Rose, ainsi que de sa détermination de partir sur-le-champ pour Édimbourg, et de remettre entre les mains de quelqu'une des personnes influentes pour lesquelles il avait des lettres de son père, sa justification de toutes les accusations qui pourraient être portées contre lui.

— Vous allez mettre votre tête dans la gueule du lion, répondit Mac-Ivor. Vous ne connaissez pas la sévérité d'un gouvernement assiégé de craintes bien fondées, sous la conscience de son illégitimité et de son peu de stabilité. J'aurai à vous arracher à quelque cachot des châteaux de Stirling ou d'Édimbourg.

— Mon innocence, mon rang, l'intime liaison de mon père avec lord M***, le général G***, et d'autres puissants personnages, seront pour moi une protection suffisante.

— Vous trouverez le contraire; ces gentilshommes auront assez de songer à leurs propres affaires. Encore une fois, voulez-vous prendre le plaid, et demeurer encore quelque temps avec nous, parmi les brouillards et les corbeaux, pour la meilleure cause qui jamais ait fait tirer une épée[1]?

— Pour plusieurs raisons, mon cher Fergus, il faut que vous m'en excusiez.

---

[1] Dans des vers highlandais sur l'expédition de Glencairn, en 1650, on trouve les lignes suivantes :

Nous resterons quelque temps parmi les corbeaux,
Nous tirerons l'épée et banderons nos arcs ! »
(W S.)

— Hé bien ! donc, je vous retrouverai certainement exerçant vos talents poétiques en élégies sur une prison, ou appliquant vos connaissances en antiquités à la recherche de l'écriture oggam[1], ou de quelques hiéroglyphes puniques tracés sur les clefs de voûte d'une arche curieusement construite. Ou bien encore, que dites-vous d'un *petit pendement bien joli*[2] ? C'est une assez sotte cérémonie contre laquelle je ne voudrais pas vous garantir, si vous rencontrez quelque parti de l'armée whig de l'Ouest.

— Pourquoi donc me traiteraient-ils ainsi ?

— Pour cent bonnes raisons : la première, c'est que vous êtes Anglais ; la seconde, que vous êtes gentilhomme ; la troisième, que vous êtes prélatiste abjuré ; la quatrième, qu'ils n'ont pas eu depuis longtemps l'occasion d'exercer leurs talents sur un tel sujet. Mais ne vous laissez pas abattre, mon bien-aimé ; tout sera fait dans la crainte du Seigneur.

— Hé bien ! j'en dois courir le risque.

— Vous y êtes bien décidé ?

— Parfaitement.

— Il faut laisser un obstiné à sa volonté. — Mais vous ne pouvez voyager à pied, et moi je n'aurai pas besoin de cheval quand je marcherai à pied à la tête des enfants d'Ivor ; vous prendrez mon brun Dermid.

— Si vous voulez le vendre, cela me rendra certainement un grand service.

— Si la fierté de votre cœur anglais ne peut endurer l'obligation d'un cadeau ou d'un prêt, je n'en refuserai pas la valeur à l'entrée d'une campagne ; son prix est de vingt guinées (Souvenez-vous, lecteur, qu'il y a de cela soixante ans). Et quand vous proposez-vous de partir ?

— Le plus tôt sera le mieux, répondit Waverley.

— Vous avez raison, puisque vous devez, ou plutôt puisque vous voulez partir. Je monterai le poney de Flora, et je vous accompagnerai jusqu'au Bally-Brough. — Callum Beg, veillez à ce que nos chevaux soient prêts, avec un poney pour vous, afin de suivre M. Waverley et de transporter son bagage jusqu'à *** (lui nommant une petite ville), où il pourra trouver un cheval et un guide pour Édimbourg. Mettez un costume lowlandais, Callum, et ayez soin de tenir votre langue en repos, si vous ne voulez pas que je vous la coupe. M. Wa-

---

[1] L'*oggam* est une variété de l'ancien caractère irlandais. L'idée du rapport entre les idiomes celte et punique, fondée sur une scène de Plaute, n'avait pas été produite avant que le général Valancey publiât sa théorie, longtemps avant l'époque à laquelle appartient Fergus Mac-Ivor. (W. S.)

[2] L'auteur fait ici allusion à une scène de *M. de Pourceaugnac*. On sait que Fergus a vécu à Paris. (L. V.)

verley montera Dermid. — Vous allez prendre congé de ma sœur, ajouta-t-il en se tournant vers Édouard.

— Certainement ; — c'est-à-dire si miss Mac-Ivor veut me faire cet honneur.

— Cathleen, va prévenir ma sœur que M. Waverley désire lui faire ses adieux avant de nous quitter. — Mais Rose Bradwardine, sa situation est digne de sollicitude. — Je voudrais la voir ici. — Et qui l'en empêcherait ? — Il n'y a que quatre habits rouges à Tully-Veolan, et leurs mousquets nous seraient très-utiles.

Édouard ne répondit rien à ces réflexions sans suite. Son oreille les entendit, à la vérité, mais son âme tout entière volait au-devant de Flora qui allait venir. La porte s'ouvrit : — c'était seulement Cathleen, chargée des excuses de sa maîtresse et de ses souhaits pour la santé et le bonheur du capitaine Waverley.

CHAPITRE XXIX.

RÉCEPTION DE WAVERLEY DANS LES BASSES TERRES, APRÈS SA VISITE AUX HIGHLANDS.

Il était midi quand les deux amis s'arrêtèrent au haut de la passe de Bally-Brough. — Je ne dois pas aller plus loin, dit Fergus Mac-Ivor, qui, durant la route, avait vainement tenté de relever le courage de son jeune compagnon. — Si l'esprit contrariant de ma sœur est pour quelque chose dans votre abattement, elle a de vous, croyez-moi, une haute opinion ; mais ses inquiétudes pour notre cause la détournent en ce moment de tout autre sujet. Confiez-moi vos intérêts ; je ne les trahirai pas, pourvu que vous ne repreniez pas cette vile cocarde.

— Ne le craignez pas ; songez à la manière dont elle m'a été retirée. Adieu, Fergus ; ne laissez pas votre sœur m'oublier.

— Adieu, Waverley, vous pourrez bientôt entendre parler d'elle sous un titre plus élevé. Retournez chez vous, écrivez, faites-nous des amis en aussi grand nombre et aussi promptement que possible. Il y aura bientôt sur la côte de Suffolk des hôtes inattendus, si mes nouvelles de France ne m'ont pas trompé [1].

Ce fut ainsi que les deux amis se séparèrent, Fergus retournant sur

---

[1] Les jacobites zélés, durant les mémorables années 1745 et 1746, tenaient leurs amis en haleine par des bruits de descentes de la France en faveur du chevalier de Saint-Georges. (W. S.)

CHAPITRE XXIX.

ses pas vers son château, tandis qu'Édouard se dirigeait vers la petite ville de ***, suivi de Callum-Beg, métamorphosé de point en point en domestique du bas-pays.

Édouard avançait sur la route, sous l'impression de sentiments pénibles, et dont l'amertume, cependant, était tempérée par les souvenirs et par l'espérance que la séparation et l'incertitude produisent sur l'esprit d'un jeune amant. Je ne sais trop si les dames comprennent tout le pouvoir de l'absence, et je ne crois pas qu'il fût sage de le leur apprendre, de peur qu'à l'exemple des Clélies et des Mandanes du temps jadis, il ne leur reprenne envie d'envoyer leurs amants en exil. Il est vrai que l'éloignement produit sur les idées le même effet qu'en perspective : les contours s'arrondissent, les formes sont adoucies et prennent une grâce nouvelle ; les aspérités, les traits communs du caractère disparaissent, et l'esprit n'est plus frappé que des lignes les plus saillantes, de celles qui indiquent l'élévation, la grâce et la beauté. Il est d'ailleurs pour l'horizon mental, aussi bien que pour un horizon réel, des vapeurs qui voilent les points les moins agréables des objets éloignés, et d'heureux effets de lumière qui frappent et font ressortir ceux qui ont à gagner à un jour éclatant.

Waverley oublia les préventions de Flora Mac-Ivor pour ne voir que sa magnanimité, et il lui pardonna presque l'indifférence dont elle payait son affection, en songeant à l'important et décisif objet qui remplissait son âme. Si le sentiment du devoir l'enchaînait si étroitement à la cause d'un bienfaiteur, quelle ne serait pas son affection pour l'heureux mortel qui pourrait éveiller en elle des pensées d'amour ? Puis vint alors la question douteuse : Ne pourrait-il être ce mortel fortuné ? — question à laquelle son imagination s'efforçait de répondre par l'affirmative, en évoquant tout ce qu'elle avait dit à sa louange, et en y ajoutant un commentaire beaucoup plus flatteur que ne l'autorisait le texte. Tout ce qui était lieu commun, tout ce qui appartenait au monde de chaque jour, se fondait et s'effaçait dans ces rêves de l'imagination, qui rappelaient seulement, en les embellissant encore, tous les traits de grâce et de dignité par lesquels Flora se distinguait de la généralité de son sexe, et laissaient dans l'ombre ce qu'elle avait de commun avec les autres femmes. Édouard, en un mot, était en beau chemin de transformer en déité une jeune femme courageuse, belle et accomplie, et il fut ainsi occupé à élever des châteaux en Espagne jusqu'au moment où, à la descente d'une côte rapide, il aperçut à ses pieds la petite ville de ***.

La politesse highlandaise de Callum-Beg, — il est peu de nations, soit dit en passant, qui puissent se vanter d'une politesse naturelle comparable à celle des Highlanders [1], — ne lui avait pas permis d'in-

---

[1] L'ancien Highlander avait toujours une haute idée de sa noblesse, et il était jaloux de produire la même impression sur l'esprit de ceux avec qui il se trouvait en rapport. Son

terrompre la rêverie de notre héros. Mais remarquant que la vue de la ville en avait rompu le cours, Callum se rapprocha de lui davantage, et lui dit « qu'il espérait que lorsqu'ils seraient en public, Son Honneur ne dirait rien de Vich Ian Vohr, vu que ces gens étaient d'enragés whigs, que le diable leur brise les côtes ! »

Waverley promit à son prudent écuyer d'être sur la réserve; et comme il distinguait en ce moment, non pas précisément le son des cloches, mais quelque chose comme le bruit d'un marteau contre les parois d'une espèce de vieille marmite renversée, verdâtre et moussue, suspendue dans une loge ouverte, de la forme et presque de la grandeur d'une cage à perroquet, qui ornait l'extrémité orientale d'un bâtiment semblable à une vieille grange, il demanda à Callum-Beg si c'était un jour de dimanche.

— Je ne pourrais vous dire précisément; — il est rarement dimanche de l'autre côté du Bally-Brough.

Cependant ils étaient entrés dans la ville. Comme ils se dirigeaient vers l'auberge qui leur semblait la plus apparente, le grand nombre de vieilles femmes en jupes de tartan et en mantes rouges qui sortaient en colonne pressée de l'espèce de vieille grange que nous avons mentionnée, et discutaient, tout en marchant, sur les mérites relatifs du bienheureux jeune Jabesh Rentowel et du vase d'élection maître Goukthrapple, donna lieu à Callum d'assurer à son maître temporaire « que c'était, ou le grand dimanche lui-même, ou le petit dimanche du Gouvernement, qu'on nommait *le jeûne*. »

En mettant pied à terre à l'enseigne du *Candelabre d'or à sept branches*, qu'ornait, pour le plus grand plaisir des voyageurs, un court distique en caractères hébreux, ils furent reçus par l'hôte, grande et maigre figure de puritain, qui paraissait délibérer en lui-même s'il devait donner asile à des gens qui voyageaient un pareil jour. Mais réfléchissant, selon toute probabilité, qu'il avait les moyens de leur faire faire pénitence de cette irrégularité, pénitence à laquelle ils pourraient échapper en poussant jusque chez Gregor Duncanson, à l'enseigne de *l'Highlander et de la Pinte d'Hawick*, M. Ebenezer Cruickshanks daigna les admettre sous son toit.

Waverley adressa à ce saint personnage sa requête pour un guide et un cheval de selle qui pût transporter son porte-manteau jusqu'à Édimbourg.

— Et d'où donc venez-vous? demanda l'hôte du *Candelabre*.

— Je vous ai dit où je veux me rendre; je ne pense pas qu'il en faille davantage pour obtenir le guide et son cheval.

— Hem ! ahem ! fit l'homme du *Candelabre*, quelque peu déconcerté

---

langage abondait en phrases de courtoisie et en tournures flatteuses. L'habitude de porter des armes et de ne fréquenter que des gens armés comme lui leur rendait particulièrement nécessaire d'user dans leurs rapports mutuels de cette politesse circonspecte. (W. S.)

CHAPITRE XXIX.

de la rebuffade. — C'est le jeûne général, monsieur, reprit-il, et je ne puis dans un pareil jour m'occuper d'affaires charnelles, quand chacun doit s'humilier, et les apostats revenir au giron, comme le disait le digne M. Goukthrapple; et lorsqu'en outre, ainsi que le précieux M. Jabesh Rentowel l'a bien fait observer, le pays est en deuil des covenants brûlés, brisés, enterrés.

— Mon bon ami, interrompit Waverley, si vous ne pouvez me faire avoir un cheval et un guide, mon domestique va les chercher ailleurs.

— Oui-dà! Votre domestique? — Et pourquoi ne va-t-il pas lui-même avec vous jusqu'à Édimbourg?

Waverley n'avait reçu de la nature que fort peu de l'esprit d'un capitaine de dragons, — je veux dire de cet esprit auquel j'ai eu plus d'une obligation quand il m'est arrivé, en malle-poste ou en diligence, de rencontrer quelque officier qui avait la bonté de se charger de discipliner les garçons d'auberge ou de taxer les mémoires. Notre héros avait cependant acquis quelque chose de ce talent utile, au temps de son service militaire, et la grossièreté de l'hôte commença à l'échauffer sérieusement. — Voyez-vous, monsieur, s'écria-t-il; je suis venu ici pour ma convenance, et non pour répondre à d'impertinentes questions. Dites-moi, oui ou non, si vous pouvez me fournir ce que je vous demande; dans l'un comme dans l'autre cas, il faut que je reparte.

M. Ebenezer Cruickshanks sortit en marmottant quelques mots; mais était-ce une affirmation ou un refus? c'est ce qu'Édouard ne put distinguer. L'hôtesse, femme honnête et tranquille, laborieux souffre-douleur, vint prendre ses ordres pour le dîner, mais refusa de répondre au sujet du cheval et du guide. Il paraît que la loi salique étendait son empire jusqu'aux écuries du *Candelabre d'or*.

D'une fenêtre ouvrant sur la cour étroite et sombre où Callum-Beg pansait les chevaux fatigués de la course, Waverley entendit le dialogue suivant entre le rusé page de Vich Ian Vohr et son hôte:

— Vous êtes du Nord, jeune homme? commença celui-ci.

— Vous pouvez bien le dire, répondit Callum.

— Et peut-être bien vous avez fait aujourd'hui une longue journée?

— Si longue que je boirais bien un coup.

— Bonne femme, apporte-nous la pinte.

Ici quelques compliments convenables à l'occasion furent échangés; puis l'hôte du *Candelabre d'or*, pensant avoir ouvert le cœur de son commensal par cette libation propitiatoire, reprit ses questions.

— Vous n'avez pas beaucoup de meilleur whisky que celui-ci, de l'autre côté de la Passe?

— Je ne suis pas de l'autre côté de la Passe.

— Mais, à votre accent, je vois que vous êtes Highlander.

— Non, je suis du côté d'Aberdeen [1].
— Et votre maître vient-il d'Aberdeen avec vous?
— Oui; — c'est-à-dire quand j'en suis moi-même parti, répondit le froid et impénétrable Callum-Beg.
— Et quelle sorte de gentleman est-ce?
— Je crois que c'est un officier du roi Georges; du moins il va dans le Sud. Il a de l'argent à pleines mains, et il ne marchande jamais avec un pauvre homme, ni pour ce qui est d'un écot.
— Il lui faut un guide et un cheval d'ici à Édimbourg?
— Oui; et il faut que vous lui trouviez cela sur-le-champ.
— Hem! cela coûtera bon.
— Il s'en soucie comme d'un bodle [2].
— Hé bien! Duncan... Ne m'avez-vous pas dit que votre nom était Duncan, ou Donald?
— Non, l'ami; — Jamie, — Jamie Steenson; — je vous l'ai déjà dit [3].

Cette dernière riposte de l'imperturbable Callum déconcerta tout à fait M. Cruickshanks, qui, aussi peu satisfait de la présence d'esprit du valet que de la réserve du maître, vit qu'il fallait se contenter de grossir la taxe de l'écot et du cheval, pour compenser sa curiosité désappointée. La circonstance du jour de jeûne où l'on se trouvait ne fut pas oubliée dans le compte, qui pourtant, au total, ne dépassa pas le double de ce qu'en conscience il eût dû être.

Un instant après, Callum-Beg vint annoncer en personne la ratification du traité, en ajoutant « que le vieux diable se disposait à accompagner lui-même le duinhé-wassel. »

— Ce ne sera pas très-agréable, Callum, ni même bien sûr: car notre hôte paraît singulièrement curieux; mais il faut qu'un voyageur se soumette à ces inconvénients. En attendant, mon bon ami, voici une bagatelle pour boire à la santé de Vich Ian Vohr.

Les yeux de faucon de Callum lancèrent un éclair de plaisir à la vue d'une guinée d'or dont ces derniers mots furent accompagnés. Il se hâta, non sans pester après les embarras d'une poche, ou, comme il disait, d'un *spleuchan* [4] de culotte saxonne, de déposer le trésor dans

---

[1] Port de mer septentrional de la côte orientale d'Écosse. (L. V.)

[2] Petite monnaie de cuivre. (L. V.)

[3] Le rusé aubergiste donne à Callum deux noms purement montagnards, espérant que l'autre se trahira dans sa réponse; mais, non moins fin, Callum répond en prenant un nom des basses terres.
Nous nous sommes attaché à reproduire fidèlement le caractère de ce dialogue; mais ce que nous ne pouvions rendre, ce qui est complètement intraduisible, ce sont les formes, les tournures de phrases, les expressions, enfin la prononciation highlandaise, qui donnent au texte un piquant, un comique et une vérité locale que des nationaux seuls peuvent apprécier et qui contribuèrent tant, lors de son apparition, au prodigieux succès de *Waverley*. (L. V.)

[4] Un *spleuchan* est proprement la poche à tabac d'un montagnard. (L. V.)

son gousset; puis, comme s'il eût réfléchi que cette gracieuseté réclamait de sa part quelque chose en retour, il s'approcha d'Édouard, et en le regardant avec une expression de physionomie toute particulière, il lui dit à demi-voix : — Si Son Honneur pensait que ce vieux démon de rustre whig fût le moindrement dangereux, *elle* [1] pourrait aisément y mettre bon ordre, et du diable si *elle* ne le faisait pas aussi bien que personne.

— Comment, de quelle façon?

— *Elle* irait l'attendre à un petit bout de chemin de la ville, et *elle* lui chatouillerait les côtes avec *son* skene-occle.

— Son *skene-occle!* Qu'est-ce que cela?

Callum ouvrit son habit, leva le bras gauche, et avec un mouvement de tête expressif désigna du doigt la poignée d'un petit dirk soigneusement caché dans la doublure de son pourpoint. Waverley crut l'avoir mal compris; il le regarda en face, et ne trouva dans les traits de Callum, vraiment beaux malgré leur teinte foncée, que le degré de malice sournoise qu'un Anglais de son âge aurait pu montrer en expliquant un plan de pillage dirigé contre un verger.

— Grand Dieu! Callum, voudriez-vous tuer cet homme? s'écria-t-il.

— Oui vraiment, répondit le jeune spadassin, et je crois que son bail ici-bas a été assez long, puisqu'il est disposé à trahir d'honnêtes gens qui viennent dépenser leur argent dans son auberge.

Édouard vit qu'il n'y avait rien à gagner en raisonnant avec lui, et se borna à enjoindre à Callum de renoncer à toute idée de ce genre à l'égard de M. Ebenezer Cruickshanks, injonction à laquelle le page parut acquiescer de l'air du monde le plus indifférent.

— Le *duinhé-wassel* est le maître; le vieux coquin n'a jamais fait de mal à Callum. Mais voici un bout de lettre du *tighearna*, qu'il m'a recommandé de remettre à Votre Honneur avant de m'en retourner.

La lettre du Chef renfermait des vers de Flora sur le destin du capitaine Wogan, dont le caractère entreprenant est si bien tracé par Clarendon. Il s'était mis d'abord au service du Parlement, mais il avait abjuré le parti républicain après l'exécution de Charles Ier; puis, sur la nouvelle que l'étendard royal était relevé par le comte de Glencairn et le général Middleton dans la Haute-Écosse, il se sépara de Charles II, alors à Paris, passa en Angleterre, réunit un corps de cavaliers dans le voisinage même de Londres, et traversa toute la longueur du royaume, depuis si longtemps placé sous la domination de l'usurpateur, par des marches où il déploya tant d'habileté, d'adresse et de courage, qu'il parvint enfin à réunir sa poignée de cavaliers au corps d'Highlanders alors en armes. Après quelques mois d'escarmouches dont les succès furent variés, mais dans lesquels l'habileté et la valeur de Wogan lui gagnèrent la plus

---

[1] C'est lui-même que Callum-Beg désigne, à la façon montagnarde, par ce féminin à la troisième personne. (L. V.)

haute réputation, il eut le malheur d'être dangereusement blessé, et ne se trouvant à portée d'aucun secours de l'art, il termina ainsi sa courte mais glorieuse carrière.

Il était aisé de deviner les motifs qu'avait eus le politique *chieftain* en mettant l'exemple de ce jeune héros sous les yeux de Waverley, dont le caractère romanesque avait tant de rapports avec celui de Wogan. Cependant sa lettre ne roulait guère que sur quelques commissions peu importantes pour l'Angleterre, dont Waverley s'était chargé pour lui, et ce fut seulement vers la fin qu'Édouard trouva ces mots : — « J'en veux à Flora de nous avoir hier refusé sa compagnie; et puisque je vous donne la peine de lire ces lignes, afin de rappeler à votre mémoire les ustensiles de pêche et l'arbalète que vous m'avez promis de faire venir pour moi de Londres, j'y joindrai ses vers sur le tombeau de Wogan. Ceci la contrariera, je le sais; car, à vous dire vrai, je la crois plus éprise de la mémoire de ce héros que probablement elle ne le sera jamais d'homme vivant, à moins qu'il ne marche sur ses traces. Mais les squires anglais d'aujourd'hui réservent leurs chênes pour abriter les daims de leurs parcs, ou pour réparer les pertes d'une soirée à l'hôtel de White, et ne les invoquent ni pour ceindre leurs fronts, ni pour ombrager leurs tombes. Qu'il me soit permis d'espérer une exception brillante dans un ami qui m'est cher, et à qui je serais heureux de donner un titre encore plus doux. »

Les vers étaient intitulés :

A UN CHÊNE

DU CIMETIÈRE DE***, DANS LES HIGHLANDS D'ÉCOSSE, ET QU'ON DIT MARQUER LA PLACE DU TOMBEAU DU CAPITAINE WOGAN, TUÉ EN 1649.

Emblème de l'ancienne foi de l'Angleterre, agite avec orgueil tes épais rameaux, là où la fidélité repose au sein de la mort, où la valeur remplit une tombe prématurée !

Et toi, héros couché dans cette tombe, ne regrette pas que notre ciel repousse de ta butte tumulaire les arbustes fleuris d'un climat plus doux;

Ces arbustes que le joyeux mai voit naître, dont un soleil plus ardent courbe la tête, et que brise l'orage automnal : — pouvaient-ils être ton emblème?

Non ! car au milieu des orages d'un destin contraire, ton cœur se montra plus fier et plus intrépide; et ce fut quand le désespoir vint fermer la scène, que commença ton rôle si court et si brillant.

Ce fut alors que tu vins chercher aux montagnes d'Albyn, quand les fils de l'Angleterre avaient cessé la lutte, une race âpre et rude, toujours prête aux combats, peuple simple, mais indompté.

Nul parent n'assista à ton heure de mort; la cloche sacrée ne salua pas ta dépouille mortelle : le Gaël au plaid bigarré pleura seul sur ton cercueil; le pibroch retentissant fut ton chant funèbre.

Et cependant, à de longs jours dépensés sans gloire dans l'inutile éclat de la fortune, qui ne préférerait ta glorieuse aurore, voilée avant son midi par les ombres de la mort?

Accepte pour symbole l'arbre dont les rameaux indomptés bravent l'ardeur des étés et les sombres frimas! Rome ceignait de chêne le front de ses héros, comme Albyn en ombrage le tombeau de Wogan.

Quel que fût le mérite réel des vers de Flora Mac-Ivor, l'enthousiasme qu'ils respiraient était fait pour produire une vive impression sur son amant. Il les lut, — les lut encore, puis il les déposa dans son sein, — puis il les en tira de nouveau et les relut ligne par ligne, à voix basse et concentrée, avec de fréquentes pauses pour en mieux goûter le charme, comme un épicurien prolonge, en la savourant lentement, la jouissance d'un breuvage délicieux. L'entrée de mistress Cruickshanks, avec les articles tout sublunaires qui devaient composer le dîner de notre héros, interrompit à peine cette pantomime d'extase amoureuse.

Enfin l'hôte présenta lui-même son grand corps mal tourné et sa figure disgracieuse. Quoique la saison n'exigeât pas cette précaution, il s'était affublé d'une grande redingote, fixée par une ceinture sur ses vêtements de dessous, et garnie d'un large capuchon de même étoffe, qui, ramené sur sa tête et son chapeau, les recouvrait complètement l'un et l'autre, et qui, boutonné sous le menton, prenait le nom de *trot-cozy*. A sa main était un épais fouet de maquignon garni en cuivre. Ses jambes étirées flottaient dans une paire de guêtres fermées sur les côtés par des agrafes rouillées. Ainsi accoutré, il s'avança jusqu'au milieu de l'appartement, et annonça l'objet de sa venue par cette phrase laconique : — Vos chevaux sont prêts.

— C'est donc vous qui venez avec moi?

— Oui, jusqu'à Perth; là vous pourrez vous munir d'un guide pour Embro [1], selon que vos affaires le requerront.

Et en même temps il mettait sous les yeux de Waverley la carte de la dépense qu'il tenait à la main; tandis que s'invitant lui-même, il remplissait un verre de vin et le vidait d'un air de componction à l'heureuse issue de leur voyage. Waverley resta tout ébahi de l'impudence de cet homme; mais comme leurs rapports ne devaient pas être longs, et que l'arrangement lui convenait, il ne fit pas d'observations et paya l'écot, en exprimant son intention de partir immédiatement. En conséquence, il monta Dermid et passa la porte du *Candelabre d'or*, suivi de la figure puritaine que nous venons de décrire, après que celui-ci, non sans temps et sans peine, et en s'aidant d'un *louping-on-stane* [2], massif de maçonnerie placé sur le devant de l'auberge pour la commodité des voyageurs, eut hissé sa personne sur le dos décharné d'un fantôme de cheval efflanqué, étique et poussif,

---

[1] Édimbourg. Nous avons déjà mentionné les altérations provinciales de langage que l'auteur a mises dans la bouche de ses personnages populaires, et dont il ne nous est possible de conserver des traces que dans les noms propres. (L. V.)

[2] Littéralement *pierre à sauter*.

qui portait en outre la valise de Waverley. Notre héros, quoiqu'il ne fût pas d'une humeur très-gaie, eut peine à s'empêcher de rire à l'apparition de ce nouvel écuyer, et en pensant à l'étonnement que sa personne et son équipage auraient excité à Waverley-Honneur.

L'envie de rire d'Édouard n'échappa pas à l'hôte du *Candelabre*, qui, devinant bien qu'il en était l'objet, laissa pénétrer une double dose d'acidité dans le levain pharisaïque de sa physionomie, et se promit intérieurement que, d'une manière ou de l'autre, le jeune Anglais paierait cher le mépris qu'il semblait avoir pour lui. Callum, debout à la porte, riait sans se contraindre de la grotesque figure de Cruickshanks. Quand Waverley passa devant lui, il lui ôta respectueusement son bonnet, et s'approchant de l'étrier il lui recommanda « de prendre garde que le vieux démon whig ne lui jouât quelque tour de sa façon. »

Waverley le remercia de nouveau, lui dit adieu, et partit bon train, impatient d'échapper aux clameurs que poussaient les enfants à la vue du vieux Ebenezer se levant et se baissant alternativement sur ses étriers, pour éviter les secousses d'un trot dur sur un pavé inégal. Le village de*** fut bientôt à plusieurs milles derrière eux.

CHAPITRE XXX,

QUI MONTRE QUE LA PERTE D'UN FER DE CHEVAL PEUT ÊTRE UN INCONVÉNIENT SÉRIEUX.

L'AIR et les manières de Waverley, mais, par-dessus tout, le contenu brillant de sa bourse, et l'indifférence avec laquelle il semblait la regarder, imposaient quelque peu à son compagnon et l'empêchaient de faire aucune tentative pour entrer en conversation ; d'un autre côté, M. Cruickshanks était occupé à former dans sa tête mille conjectures, sur lesquelles il échafaudait de petits plans d'intérêt personnel. Nos voyageurs avançaient donc sans rien dire, lorsque le guide rompit le silence par cette observation : « Mon bidet a perdu un fer de devant ; Votre Honneur pensera sans doute que c'est son affaire de le remettre. »

C'était ce que les hommes de loi appellent une *question de pêche*, c'est-à-dire qu'elle avait pour but de sonder la disposition de Waverley à se soumettre à cette petite contribution. — Mon affaire de remettre le fer de votre cheval, drôle ! répondit celui-ci, se méprenant sur le sens de ces paroles.

— Certainement, reprit M. Cruickshanks ; je sais bien que nous

CHAPITRE XXX.

n'avons pas fait de conditions précises à cet égard-là, mais ça ne peut pas être à moi de payer les accidents qui arrivent à un pauvre bidet pendant qu'il est au service de Votre Honneur. — Pourtant, si Votre Honneur...

— Ah! vous voulez dire qu'il faut que je paie le maréchal; mais où en trouverons-nous un?

Charmé de voir que son maître temporaire n'avait aucune objection à lui opposer, Ebenezer l'assura que le village de Cairnvreckan, dont ils approchaient, avait le bonheur de posséder un excellent forgeron; — mais, ajouta-t-il, comme c'est un *professeur*, pour personne au monde il ne mettrait un clou le dimanche ou un jour de jeûne, à moins qu'il n'y ait une nécessité absolue, et alors il ne prend jamais moins de six pence par fer. La partie de cette insinuation la plus importante dans l'esprit de celui qui la faisait ne produisit sur celui qui l'écoutait que fort peu d'impression. Édouard ne pensait qu'à chercher à quel singulier collège pouvait appartenir ce professeur vétérinaire: il ne savait pas que c'était ainsi qu'on désignait les personnes qui prétendaient à une pureté particulière de foi et de mœurs.

En entrant dans le village de Cairnvreckan, ils reconnurent promptement la maison du maréchal. Comme c'était en même temps une auberge, elle était haute de deux étages, et élevait fièrement sa couverture d'ardoises grises au-dessus des toits de chaume dont elle était environnée. La forge attenante ne respirait nullement le repos ni le silence dominical dont Ebenezer avait fait honneur à la dévotion de son ami. Au contraire, les marteaux retentissaient sur l'enclume résonnante, les soufflets gémissaient; en un mot, tout l'appareil de Vulcain semblait en pleine activité. Ce travail n'avait rien de rural ni de pacifique. Le maître forgeron, nommé John Mucklewrath[1], comme le disait son enseigne, s'occupait activement, assisté de deux aides, à arranger, réparer et fourbir de vieux mousquets, de vieux pistolets et de vieux sabres épars autour de son atelier, dans un désordre militaire. Le hangar ouvert sous lequel se trouvait la forge était rempli de gens qui allaient et venaient, apportant et recevant d'importantes nouvelles. A voir toute cette foule qui traversait la rue à pas pressés, ou s'assemblait en groupes, il était évident que quelque chose d'extraordinaire agitait l'esprit public dans la municipalité de Cairnvreckan. — Il y a du nouveau ici, dit l'hôte du *Candelabre;* et piquant sa rosse efflanquée, il avança au milieu de la foule sa face maigre et blême, en répétant : — Il y a du nouveau ici, et s'il plaît à mon créateur, je vais bientôt en savoir quelque chose.

Waverley, dont la curiosité était moins indiscrète, mit pied à terre, et confia son cheval à un petit garçon oisif qui se trouvait là. Peut-

---

[1] Grosse-Colère.

être était-ce un reste de la timidité de sa première jeunesse, mais il n'aimait pas à s'adresser à un étranger, même pour un renseignement accidentel, avant d'avoir jeté un coup d'œil sur sa physionomie et son extérieur. Pendant qu'il cherchait autour de lui la personne qu'il aborderait de préférence, les conversations, qui de tous côtés venaient frapper son oreille, lui épargnèrent presque la peine de rien demander. Les noms de Lochiel, de Clanronald, de Glengarry et des autres principaux chefs highlandais, parmi lesquels Vich Ian Vohr était souvent cité, sortaient de la bouche de tous ces gens comme les mots les plus familiers. A l'effroi général, Édouard comprit aisément que les montagnards étaient déjà descendus dans les basses terres, à la tête de leurs clans en armes, ou qu'on les y attendait d'un moment à l'autre.

Avant qu'il pût demander quelques détails, une grande femme d'une quarantaine d'années, aux traits durs, aux formes rustiques, vêtue comme si on lui eût mis ses habits sur le corps avec une fourche, les joues teintes d'un rouge écarlate partout où elles n'étaient pas barbouillées de suie et de noir de fumée, fendit la foule, et brandissant en l'air un enfant d'environ deux ans, qu'elle faisait sauter dans ses bras sans s'occuper de ses cris de terreur, se mit à chanter de toutes ses forces :

> Charlie[1] est mon mignon, mon mignon, mon mignon.
> Charlie est mon mignon,
> Le jeune Chevalier !

— Entendez-vous ceux qui descendent, chiens couchants de whigs ? continua la virago ; entendez-vous ceux qui viennent rabaisser votre caquet ?

> Vous ne savez pas qui s'avance,
> Vous ne savez pas qui s'avance,
> Les braves Macraws vont venir.

Le vulcain de Cairnvreckan, qui reconnut sa Vénus dans cette bacchante en délire, la regardait déjà d'un air mécontent et menaçant, lorsque plusieurs des anciens du village se hâtèrent d'intervenir. — Silence, bonne femme[2] ; est-ce le temps et le jour de nous étourdir de vos maudites chansons ? — un temps où le vin de la colère a été versé sans mélange dans la coupe de l'indignation ; un jour où le pays va rendre témoignage contre le papisme, le prélatisme, le quakerisme, l'indépendantisme, la suprématie, l'érastianisme, l'antinomianisme et toutes les erreurs de l'Église ?

— Et c'est là toute votre whiggerie, reprit l'héroïne jacobite ; c'est là toute votre whiggerie et votre presbytérianisme, sots pleurnicheurs

---

[1] *Charlie* est la forme familière de Charles. (L. V.)

[2] *Gudewife*. Titre familier de la *ménagère*. (L. V.)

aux oreilles rases ! Est-ce que vous croyez que les camarades en *kilts*[1] s'inquièteront de vos synodes, de vos presbytères, de vos *buttock-mails*[2], de vos tabourets de pénitence? Au diable ces noires inventions! Bien des femmes y ont figuré, qui étaient plus honnêtes que pas une de celles qui dorment à côté de n'importe quel whig du pays. Moi-même...

Ici John Mucklewrath, qui craignait qu'elle n'entrât dans des détails trop personnels, interposa son autorité maritale : — Rentre à la maison, et que le diable t'emporte (si je puis parler ainsi), et prépare le *sowens*[3] pour le souper.

— Et toi, stupide radoteur, reprit sa douce moitié, dont la colère, jusque-là éparse sur toute l'assemblée, se trouvait violemment ramenée à son canal naturel ; tu es là à forger des *chiens* pour des imbéciles qui n'oseront jamais les lâcher sur un montagnard, au lieu de gagner du pain pour ta famille, et de ferrer le cheval de ce jeune gentilhomme qui arrive du Nord. Je vous garantis bien que ce n'est pas un de vos chiens couchants du roi Georges ; c'est pour le moins un brave Gordon.

Tous les yeux de l'assemblée se tournèrent alors vers Édouard, qui saisit cette occasion de prier le maréchal de ferrer le plus promptement possible le cheval de son guide, parce qu'il voulait continuer sa route : — il en avait entendu assez pour comprendre qu'il n'était pas sûr de rester plus longtemps en cet endroit. Les yeux du maréchal s'arrêtèrent sur lui d'un air mécontent et soupçonneux que n'affaiblit pas la chaleur que mit sa femme à appuyer la demande de Waverley. — Entends-tu ce que te dit ce jeune et beau gentilhomme, vaurien d'ivrogne?

— Et quel est votre nom, monsieur? dit Mucklewrath.

— Cela vous importe peu, mon ami, pourvu que je vous paie votre peine?

— Mais cela pourrait importer au Gouvernement, monsieur, reprit un vieux fermier qui sentait fortement le whisky et la tourbe; et je crois bien que vous ne pourrez pas continuer votre voyage avant d'avoir vu le laird.

— Assurément, répondit Édouard avec fierté, il ne vous sera ni facile ni prudent de me retenir ici, à moins que vous n'ayez à me produire quelque ordre en règle.

Il y eut dans la foule un moment de silence suivi d'un long murmure : — Le secrétaire Murray ; — lord Lewis Gordon, — peut-être le Chevalier lui-même. Telles étaient les conjectures qui circulaient

---

[1] Le *kilt* est la cotte montagnarde. (L. V.)

[2] Le *buttock-mail* est une amende par laquelle on se rachetait du *tabouret de pénitence*, auquel étaient condamnés en pleine église ceux dont la chair avait été faible. (L. V.)

[3] Espèce de bouillie de farine d'avoine. (L. V.)

avec rapidité dans la foule, qui évidemment paraissait de plus en plus disposée à s'opposer au départ de Waverley. Il essaya de raisonner doucement avec eux ; mais son alliée volontaire, mistress Mucklewrath, venant à la traverse, interrompit ses explications et prit son parti avec une extrême violence qui fut mise sur le compte d'Édouard par tous ceux qui s'en trouvaient les victimes. — *Vous*, criait-elle, *vous*, arrêter un gentilhomme ami du prince ? (car elle aussi, quoiqu'avec d'autres sentiments, partageait l'opinion générale sur Waverley.) Je vous défie de le toucher, ajouta-t-elle en étendant ses longues mains nerveuses armées de griffes qui eussent fait envie à un vautour ; le premier coquin qui le touche du bout du doigt, je lui applique mes dix commandements sur la face.

— Rentrez chez vous, bonne-femme, reprit le même fermier ; vous feriez bien mieux d'aller soigner les enfants du bonhomme que de nous rompre ici les oreilles.

— *Ses* enfants ! répliqua l'amazone en regardant son mari avec un air d'indicible mépris, — *ses* enfants !

> Oh ! que n'es-tu couché, bonhomme,
> Sous trois bons pieds de gazon !
> Je consolerais mon veuvage
> Avec un brave montagnard.

Ce cantique, qui fit naître parmi la partie jeune de l'auditoire un rire à peine réprimé, fit tout à fait perdre patience au forgeron offensé. — Que j'aie le diable au corps, si je ne lui fourre cette barre dans le gosier ! s'écria-t-il dans un accès de fureur, en saisissant dans le brasier de la forge un morceau de fer rouge ; et il aurait exécuté sa menace si les uns dans la foule ne l'avaient retenu, tandis que les autres tâchaient d'entraîner la mégère hors de sa présence.

Waverley voulut profiter de ce moment de confusion pour faire sa retraite ; mais il ne vit plus son cheval. Enfin il découvrit, à quelques pas de là, son fidèle compagnon Ebenezer, qui, dès qu'il avait vu le tour que semblaient prendre les choses, avait tiré ses deux chevaux de la presse ; monté sur l'un, et tenant l'autre par la bride, il répondit aux cris réitérés de Waverley qui réclamait sa monture : — Non, non ! si vous n'êtes ami ni de l'Église ni du roi, et si vous êtes retenu comme tel, il vous faudra répondre devant les honnêtes gens du pays de la violation de nos conventions. Je garde le bidet et la valise pour dommages-intérêts, attendu que mon cheval et moi nous allons perdre l'ouvrage de demain, sans compter le sermon de ce soir.

Édouard, impatienté de se voir entouré et poussé dans tous les sens par cette canaille, et craignant, à chaque instant, qu'on n'en vînt aux voies de fait, résolut d'avoir recours aux mesures d'intimidation. Il tira ses pistolets de poche, et d'une main il menaça d'étendre à ses

CHAPITRE XXX.

pieds quiconque oserait l'arrêter, tandis que de l'autre il invitait, avec le même argument, M. Ebenezer à ne pas faire bouger les chevaux. Le sage Partridge dit qu'un homme avec un pistolet est aussi fort que cent hommes désarmés, parce que, s'il n'en peut tuer qu'un dans le nombre, nul d'entre eux ne sait s'il ne sera pas la victime. La *levée en masse* de Cairnvreckan aurait donc, sans doute, livré passage à Waverley, et M. Ebenezer, dont la pâleur naturelle avait pris une teinte trois fois plus cadavéreuse, ne se serait pas avisé d'enfreindre un ordre si bien appuyé. Mais le Vulcain du village, qui brûlait de décharger sur quelque plus digne objet la fureur qu'avait provoquée sa moitié, et ravi de trouver une victime telle que notre héros, s'élança vers lui, son fer rouge à la main, avec tant de résolution que celui-ci dut tirer son coup de pistolet pour sa défense personnelle. Le malheureux tomba; et tandis qu'Édouard, saisi d'horreur à ce funeste spectacle, n'avait la présence d'esprit ni de prendre son épée ni de tirer son second pistolet, la populace se précipita sur lui, le désarma, et allait se porter aux plus grandes violences, quand l'arrivée d'un vénérable ecclésiastique, le pasteur de la paroisse, mit un frein à la fureur générale.

Ce digne homme, qui n'était ni un Goukthrapples ni un Rentowels, avait su conserver son influence sur le peuple, quoiqu'il prêchât les œuvres pratiques du christianisme aussi bien que ses dogmes abstraits, et se faire respecter des classes supérieures, bien qu'il ne s'abaissât pas à flatter leurs fausses théories en faisant de la chaire évangélique une école de morale païenne. C'est peut-être à cause de ce mélange de foi et de pratique dans sa doctrine, que, quoique sa mémoire fasse en quelque sorte époque dans les annales de Cairnvreckan, et que les paroissiens, pour rappeler un événement passé il y a soixante ans, disent encore : « Cela est arrivé du temps de ce bon M. Morton, » je n'ai jamais pu découvrir s'il avait appartenu au parti évangélique ou au parti modéré de l'église d'Écosse. Mais cela est de peu d'intérêt quand on se rappelle comme moi que ces deux partis eurent à leur tête l'un un Erskine, l'autre un Robertson [1].

M. Morton avait été alarmé par l'explosion du pistolet et par le tapage croissant toujours autour de la boutique du forgeron. Son premier soin, après avoir ordonné aux assistants de s'emparer de Waverley, mais sans lui faire ni mal ni insulte, fut de s'approcher du corps de Mucklewrath, sur lequel sa femme, dans un retour de tendresse,

---

[1] Le révérend John Erskine, D. D. théologien écossais très-distingué et le meilleur des hommes, était à la tête du parti évangélique dans l'Église d'Écosse à l'époque où le célèbre Robertson, l'historien, était chef du parti modéré. Ces deux hommes éminents étaient collègues dans l'Église des Vieux Frères gris à Édimbourg, et malgré la différence de leurs principes religieux et politiques, ils vécurent dans la plus parfaite intelligence et comme amis privés et comme ecclésiastiques desservant la même cure. (W. S.)

pleurait, hurlait et s'arrachait les cheveux, dans un état voisin de la frénésie. En relevant le maréchal, la première découverte fut qu'il n'était pas mort, et la seconde, qu'il vivrait probablement aussi longtemps que s'il n'eût de ses jours entendu la détonation d'un pistolet. Il l'avait échappé belle, cependant; la balle lui avait effleuré la tête et lui avait causé un étourdissement de quelques minutes, dont son trouble et son effroi avaient prolongé la durée. Une fois sur ses pieds, il demanda vengeance contre Édouard, et eut bien de la peine à consentir à la proposition de M. Morton, qui voulait que le prisonnier fût conduit devant le laird faisant fonction de juge de paix, et mis à sa disposition. Le reste de l'assemblée approuva à l'unanimité la mesure conseillée par le pasteur, sans excepter mistress Mucklewrath, qui, commençant à reprendre ses esprits, répétait en pleurnichant « qu'elle n'avait rien à redire à ce que proposait le ministre, qu'il valait mieux que son métier, et qu'elle espérait bien lui voir un jour sur les épaules une belle robe d'évêque, ce qui était plus avenant que les manteaux et les rabats de Genève. »

Toute discussion étant ainsi terminée, Waverley, escorté par tous ceux des habitants du village qui n'étaient pas alités, fut conduit à la municipalité de Cairnvreckan, distante d'environ un demi-mille.

CHAPITRE XXXI.

INTERROGATOIRE.

Le major Melville de Cairnvreckan, vieux gentilhomme qui avait passé sa jeunesse au service, reçut M. Morton avec beaucoup d'amitié, et notre héros avec une politesse que les circonstances équivoques au milieu desquelles Édouard se trouvait placé rendaient réservée et contrainte.

Il s'informa de la blessure du maréchal, et comme il ne paraissait pas qu'elle dût avoir de suites graves, et que, dans le fait, elle n'avait été de la part d'Édouard qu'un acte de défense personnelle, le major pensa qu'il pouvait terminer l'affaire en se faisant remettre par Waverley une petite somme pour le blessé.

— Je voudrais, monsieur, continua le major, que mon devoir s'arrêtât là; mais il est nécessaire que nous ayons une plus longue explication sur le motif de votre voyage par le pays, dans ces temps de malheurs et de calamités.

M. Ebenezer Cruickshanks s'avança alors, et fit part au magistrat de tout ce qu'il savait et de tout ce que lui faisaient supposer la réserve de Waverley et les réponses évasives de Callum-Beg. Il

CHAPITRE XXXI.

dit qu'il connaissait le cheval qu'Édouard montait pour appartenir à Vich Ian Vohr, mais qu'il n'oserait pas en affirmer autant du premier guide d'Édouard, de peur de voir une belle nuit sa maison et ses écuries incendiées sous ses yeux par cette race maudite des Mac-Ivor. Il finit en faisant valoir l'importance du service qu'il avait rendu à l'Église et à l'État, ayant servi, avec la grâce de Dieu (comme il ajoutait modestement), d'instrument à l'arrestation de ce délinquant suspect et formidable. Il déclara qu'il espérait bien être récompensé plus tard, et indemnisé immédiatement de la perte de son temps et même du tort que ferait à sa réputation de piété un voyage entrepris pour les affaires de l'État un jour de jeûne.

Le major Melville lui répondit avec beaucoup de gravité que, loin d'avoir aucun mérite à prétendre dans cette affaire, il devait plutôt solliciter la remise d'une forte amende qu'il avait encourue pour n'avoir pas, au mépris d'une proclamation récente, rendu compte au magistrat le plus voisin de l'arrivée de tous les étrangers descendus dans son auberge; que comme il faisait sonner si haut sa religion et sa fidélité, il n'imputerait pas sa conduite à la haine de l'ordre de choses, mais qu'il y avait lieu de supposer que son zèle pour l'Église et pour l'État n'avait pas su résister à la tentation de faire payer double à un étranger le louage d'un cheval; qu'au reste, lui, major, se croyait incompétent pour prononcer seul sur les actions d'un personnage de telle importance, et qu'il en réserverait l'examen à la session du trimestre suivant. Ici notre histoire abandonne, quant à présent, l'hôte du *Candelabre*, qui retourna chez lui confus et mécontent.

Le major Melville engagea alors les villageois à rentrer chez eux, hormis deux qui faisaient l'office de constables, et auxquels il prescrivit d'attendre en bas. Il ne resta plus dans l'appartement que M. Morton, que le major invita à demeurer, une espèce de scribe qui servait de greffier, et Waverley. Il y eut un moment de silence pénible et embarrassé, jusqu'à ce que M. Melville, regardant Waverley d'un œil de compassion, et consultant souvent un papier ou *memorandum* qu'il tenait à la main, lui demanda son nom.

— Édouard Waverley.

— Je le pensais; ci-devant du *** régiment de dragons, et neveu de sir Waverley de Waverley-Honneur?

— Lui-même.

— Jeune homme, je suis désolé que ce pénible devoir me soit échu.

— Où le devoir parle, major Melville, il n'y a pas besoin d'excuse.

— Cela est vrai, monsieur; permettez-moi donc de vous demander quel a été l'emploi de votre temps depuis que vous avez obtenu un congé dans votre régiment, il y a plusieurs semaines, jusqu'à ce jour.

— Ma réponse à une question si générale, reprit Waverley, dépend de la nature de l'accusation qui la rend nécessaire. Je désire savoir de quoi je suis accusé, et en vertu de quelle autorité je suis contraint de répondre ici.

— L'accusation, je suis fâché de le dire, M. Waverley, est de la nature la plus grave ; elle vous attaque à la fois comme soldat et comme sujet. Comme soldat, vous êtes prévenu d'avoir semé l'insubordination et l'esprit de révolte parmi les hommes que vous commandiez, et de leur avoir donné l'exemple de la désertion, en prolongeant votre absence du régiment, contrairement aux ordres formels de votre chef. Le crime qui vous est imputé comme citoyen, c'est celui de haute trahison et de rebellion à main armée contre votre souverain, le plus grand crime dont un sujet puisse se rendre coupable.

— Mais en vertu de quelle autorité me retient-on pour me faire répondre à de si odieuses calomnies ?

— En vertu d'une autorité que vous ne pouvez récuser, et à laquelle je ne puis désobéir.

Il présenta à Waverley un mandat en bonne forme de la cour suprême criminelle d'Écosse, enjoignant d'appréhender et de retenir la personne d'Édouard Waverley, écuyer, soupçonné de menées séditieuses et d'autres crimes d'état.

L'étonnement que causa à Waverley cette communication fut attribué par le major Melville au trouble d'une conscience coupable, tandis que M. Morton était plus porté à y voir la surprise d'un innocent injustement soupçonné. Il y avait quelque chose de vrai dans ces deux conjectures, car bien que la conscience de Waverley le disculpât du crime dont il était accusé, un coup d'œil rapide jeté sur sa conduite le convainquit que son innocence serait fort difficile à établir aux yeux des autres.

— Il me reste à remplir une partie bien pénible de ce pénible devoir, reprit le major Melville, après une pause ; mais, d'après une accusation si grave, je dois nécessairement vous demander à voir tous les papiers que vous avez sur vous.

— Vous les verrez tous, monsieur, dit Édouard, en posant sur la table son portefeuille et ses notes ; il y en a pourtant un que je voudrais que vous n'ouvrissiez pas.

— J'ai peur de ne pouvoir satisfaire votre désir, M. Waverley.

— Alors, vous le verrez aussi, monsieur ; mais comme il ne peut être d'aucune utilité, je vous demanderai de me le rendre.

Il tira de son sein les vers qu'il avait reçus le matin même, et les lui présenta avec l'enveloppe.

Le major les parcourut en silence, ordonna à son greffier d'en prendre copie, puis il mit cette copie sous l'enveloppe, et l'ayant placée sur la table devant lui, il rendit l'original à Waverley, avec une gravité mélancolique.

CHAPITRE XXXI.

Après avoir accordé au prisonnier, — car on peut maintenant donner ce nom à notre héros, — le temps qu'il jugea convenable pour faire ses réflexions, le major Melville reprit son interrogatoire, prévenant Waverley que puisqu'il semblait s'opposer à des questions générales, il lui en adresserait d'aussi précises que le permettraient ses instructions. Il continua alors son enquête, dictant à mesure la substance des questions et des réponses à son clerc, qui les couchait sur le papier.

— M. Waverley connaît-il un nommé Humphry Hougthon, sous-officier dans les dragons de Gardiner?

— Sans doute ; il était brigadier dans ma compagnie, et fils d'un des fermiers de mon oncle.

— Précisément, — et il avait une grande part dans votre confiance, et une grande influence sur ses camarades?

— Je n'ai jamais eu occasion de donner ma confiance à un homme de sa condition. J'étais bien disposé pour le brigadier Houghton, que je regardais comme un garçon intelligent et actif, et je crois que ses camarades l'aimaient pour la même raison.

— Mais vous vous serviez de lui pour communiquer avec les hommes de votre compagnie levés sur les terres de Waverley?

— Sans doute; ces pauvres gens, incorporés dans un régiment presque tout composé d'Écossais et d'Irlandais, s'adressaient à moi dans tous leurs petits malheurs, et naturellement dans ces occasions ils prenaient pour interprète leur compatriote et leur brigadier.

— L'influence du brigadier Houghton s'exerçait donc particulièrement sur ceux de vos soldats qui étaient venus avec vous au régiment des domaines de votre oncle?

— Sûrement ; — mais qu'a de commun cela avec l'accusation qui m'est intentée?

— J'y vais venir tout à l'heure, et je vous prie de me répondre avec franchise. Depuis que vous avez quitté le régiment, n'avez-vous entretenu aucune correspondance directe ou indirecte avec le brigadier Houghton?

— Moi !— moi, entretenir une correspondance avec un homme de cette classe ! — Pourquoi? dans quel dessein?

— C'est ce qu'il faut expliquer. — Ne l'avez-vous pas, par exemple, chargé de vous envoyer des livres?

— Vous me rappelez, dit Édouard, une petite commission que j'ai donnée au brigadier Houghton, parce que mon domestique ne savait pas lire. Je me rappelle lui avoir écrit de m'acheter quelques livres dont je lui adressai la liste, et de me les faire parvenir à Tully-Veolan.

— Et de quelle nature étaient ces livres?

— C'étaient presque tous des livres de littérature légère, destinés à une jeune dame.

— N'y avait-il dans le nombre aucun écrit séditieux, aucun pamphlet?

—Il y avait quelques écrits politiques sur lesquels j'ai à peine jeté les yeux. Ils m'avaient été adressés officieusement par un vieil ami qui a plus d'affection que de prudence et de sagacité politique ; c'étaient, à ce qu'il m'a semblé, d'assez tristes productions.

—Cet ami, continua le persévérant interrogateur, n'était-il pas un M. Pembroke, un ecclésiastique non assermenté, auteur de deux ouvrages séditieux dont les manuscrits ont été trouvés dans votre bagage?

—Et dont je n'ai jamais lu six pages, je vous en donne ma parole de gentilhomme.

—Je ne suis pas votre juge, M. Waverley ; votre interrogatoire sera transmis à qui de droit. Maintenant continuons : — Connaissez-vous une personne qui se fait appeler Wily Will, ou Will Ruthven?

—C'est la première fois que j'entends ce nom.

—Vous êtes-vous jamais servi de cette personne ou de toute autre comme d'intermédiaire entre vous et le brigadier Humphry Houghton, pour l'exciter à déserter avec tous les camarades qu'il pourrait entraîner à le suivre, et à se joindre aux montagnards ou autres rebelles maintenant en armes sous les ordres du jeune Prétendant?

—Je vous assure que non-seulement je suis innocent du complot dont vous m'accusez, mais que je le déteste du fond de l'âme, et que je ne voudrais pas me rendre coupable d'un tel crime, quand il s'agirait d'un trône pour moi ou pour quelque homme que ce soit.

—Cependant, en voyant sur cette enveloppe l'écriture d'un de ces gentilshommes égarés qui portent en ce moment les armes contre leur pays, en lisant les vers qu'elle contenait, je ne puis m'empêcher de trouver une analogie entre l'entreprise dont je vous parle et les exploits de Wogan, que l'auteur semble s'attendre à vous voir imiter.

Waverley fut frappé de cette coïncidence, mais il protesta qu'on ne pouvait regarder les vœux et les espérances de l'auteur de l'écrit comme des preuves d'une accusation d'ailleurs sans fondement.

—Mais, si je suis bien informé, depuis que vous avez quitté votre régiment, votre temps a été partagé entre la maison de ce chef montagnard et celle de M. Bradwardine de Bradwardine, également en armes pour cette malheureuse cause?

— Je ne m'en défends pas, mais je nie fermement avoir eu aucune connaissance de leurs projets contre le Gouvernement.

—Pourtant, vous n'avez pas, je pense, l'intention de nier que vous ayez accompagné votre hôte de Glennaquoich à un rendez-vous où, sous prétexte d'une grande chasse, la plupart des chefs de ce complot se sont réunis dans le but de concerter des mesures pour prendre les armes?

— Je reconnais que j'ai assisté à cette réunion ; mais je n'y ai rien vu ni entendu qui pût lui donner le caractère que vous lui attribuez.

—De là, continua le magistrat, vous êtes allé avec Glennaquoich et

CHAPITRE XXXI.

une partie de son clan joindre l'armée du jeune Prétendant ; après lui avoir rendu hommage, vous êtes revenu pour armer et discipliner le reste du clan et le réunir aux bandes qui marchent vers le Sud.

— Je n'ai jamais accompagné Glennaquoich dans une semblable excursion ; je n'ai même jamais entendu dire que la personne dont vous parlez fût dans ce pays.

Alors Édouard raconta en détail l'histoire de sa mésaventure à la chasse, et comment à son retour il avait appris tout à coup sa destitution. Il convint qu'alors, mais pour la première fois, il avait remarqué des symptômes qui décelaient l'intention où étaient les montagnards de prendre les armes. Enfin, il ajouta que ne se sentant aucun penchant à embrasser leur cause et n'ayant aucune raison de demeurer plus longtemps en Écosse, il s'était mis en route pour retourner dans son pays, comme l'en pressaient ceux qui avaient droit de prétendre à le guider, ce dont le major pouvait s'assurer par les lettres déposées sur la table.

Le major Melville prit alors connaissance des lettres de Richard Waverley, de sir Everard et de tante Rachel, mais il en tira des conclusions toutes différentes de celles auxquelles s'attendait Édouard. Le langage qu'on tenait dans ces lettres était celui de gens mécontents du Gouvernement : on y exprimait des idées non équivoques de vengeance, et l'épître de la pauvre tante Rachel, qui soutenait ouvertement la justice de la cause des Stuarts, parut renfermer l'aveu positif de ce que les autres n'avaient fait qu'insinuer.

— Permettez-moi une autre question, M. Waverley ; — n'avez-vous pas reçu plusieurs lettres de votre commandant qui vous avertissait d'abord et plus tard vous enjoignait de revenir à votre poste, vous informant de l'abus qu'on faisait de votre nom pour semer le mécontentement parmi les soldats ?

— Jamais, major Melville. J'ai reçu seulement de mon colonel une lettre où il m'exprimait avec politesse le désir de ne pas me voir passer tout le temps de mon congé à Bradwardine : il me semble, je l'avoue, que cela ne le regardait pas. Enfin j'ai reçu, le jour même où j'ai lu ma destitution dans la gazette, une seconde lettre du colonel Gardiner qui m'ordonnait de rejoindre mon régiment, ordre qui, grâce à l'absence dont je viens de vous parler et de vous rendre compte, m'arrivait trop tard pour que je pusse y obéir. S'il m'a été adressé d'autres lettres entre celles-là, et le caractère élevé du colonel rend pour moi cette supposition plus que probable, elles ne me sont jamais parvenues.

— J'ai oublié, M. Waverley, de vous parler d'une circonstance moins importante, mais qui dans le public a été interprétée contre vous. On dit qu'un toast séditieux ayant été proposé en votre présence, vous, officier de Sa Majesté, vous avez souffert qu'un autre gentilhomme de la compagnie se chargeât de demander raison de cette injure : cela, monsieur, ne pourrait former une charge contre vous devant une cour de justice; mais si, comme on me l'a assuré, les officiers de votre régiment ont réclamé de vous des explications sur un pareil bruit, j'ai lieu de m'étonner que, comme gentilhomme et comme militaire, vous ne les ayez pas satisfaits.

C'en était trop. Pressé et accablé de tous côtés par des accusations où d'insignes faussetés étaient mêlées à tant de circonstances vraies qu'elles ne pouvaient manquer d'obtenir crédit;—seul, sans ami, sur une terre étrangère, Waverley crut presque sa vie et son honneur perdus, et appuyant sa tête dans sa main, il refusa obstinément de répondre à de nouvelles questions, puisque la bonne foi et la sincérité de ses premières réponses n'avaient servi qu'à donner des armes contre lui.

Sans témoigner ni surprise ni peine de ce changement survenu dans les manières de Waverley, le major Melville continua gravement à lui poser plusieurs autres questions.

— Que me sert de vous répondre? dit Édouard avec humeur. Vous paraissez convaincu de ma culpabilité, et vous torturez chacune de mes réponses pour confirmer les préventions que vous avez contre moi. Jouissez de votre triomphe supposé, et ne me tourmentez pas plus longtemps. Si je suis coupable de la lâcheté et de la trahison dont vous m'accusez, je ne suis pas digne que vous ajoutiez foi à aucune des réponses que je puis vous faire. Si je ne mérite pas vos soupçons, — et Dieu et ma conscience savent que je ne les mérite pas, en effet, — je ne vois pas pourquoi je serais assez simple pour prêter à mes accusateurs des armes contre mon innocence. Sous aucun prétexte vous n'obtiendrez de moi un mot de plus, et je suis décidé à ne pas me départir de cette résolution. En parlant ainsi, il reprit avec humeur la position d'un homme déterminé à se taire.

— Permettez-moi, reprit le magistrat, de vous faire observer l'avantage qui pourrait résulter pour vous d'un aveu franc et complet. L'inexpérience de la jeunesse, M. Waverley, la laisse exposée aux séductions d'hommes plus adroits et plus artificieux; et l'un de vos amis au moins, — c'est de Mac-Ivor de Glennaquoich que je veux parler, — occupe une haute place dans cette dernière classe, comme votre air de candeur, votre jeunesse et votre ignorance des mœurs des montagnards me disposent à vous ranger dans la première. En pareil cas, un faux pas, une erreur comme la vôtre, que je serais heureux de savoir involontaire, peuvent être excusés, et j'intercèderais volontiers en votre faveur; mais comme vous devez nécessairement connaître les forces des individus qui ont pris les armes dans ce pays, leurs moyens et leurs places, j'espère que vous mériterez la médiation que je vous offre, par la révélation sincère et sans réserve de tout ce que vous pouvez savoir sur leur compte; alors, je crois pouvoir vous promettre qu'une courte détention serait la conséquence fâcheuse pour vous de la part que vous avez prise à ces déplorables intrigues.

Waverley, qui avait écouté cette admonestation avec beaucoup de calme jusqu'à la fin, se leva de son siége et répondit avec une énergie qu'il n'avait pas encore montrée : — Major Melville, puisque c'est là votre nom, jusqu'ici j'ai répondu à vos questions avec bonne foi, ou je les ai déclinées avec modération, parce qu'elles ne concernaient que moi ; mais, puisque vous m'estimez assez peu pour croire que je me ferai le dénonciateur d'hommes qui, quel que soit leur égarement politique, m'ont reçu comme un hôte et comme un ami, — je vous déclare que je regarde vos questions comme une insulte beaucoup plus grave que vos soupçons, et que, puisque ma mauvaise fortune ne me laisse pas pour les repousser d'autre moyen que la parole, vous m'arracherez le cœur plutôt qu'une seule syllabe sur des choses dont je n'ai pu avoir connaissance que dans l'abandon d'une hospitalité sans défiance.

M. Morton et le major se regardèrent ; et le premier, qui, dans le cours de l'interrogatoire, avait plus d'une fois été attaqué d'une toux quinteuse, eut recours à son mouchoir et à sa tabatière.

— M. Waverley, dit le major, ma position me défend également de faire et de souffrir une insulte ; je ne prolongerai pas une discussion qui me met dans cette double alternative. Je dois, quoique à regret, signer un mandat de détention contre vous ; mais pour le moment cette maison sera votre prison. Je crains de ne pouvoir vous persuader de partager notre souper ? (Édouard refusa d'un signe de tête.) ...J'aurai soin de vous faire porter des rafraîchissements dans votre appartement.

Notre héros salua, et se rendit, sous la garde de deux officiers de justice, dans une chambre petite, mais convenable : il ne voulut prendre ni vin ni aucun des aliments qui lui furent servis, se jeta sur son lit, et cédant à l'accablante fatigue des événements et des émotions de cette malheureuse journée, il tomba dans un profond sommeil. C'était plus qu'il n'eût pu espérer ; mais on raconte que les Indiens de l'Amérique du Nord, lorsqu'au milieu des tortures ils obtiennent un moment de répit, s'endorment si profondément qu'il faut que l'application du feu vienne les réveiller.

CHAPITRE XXXII.

UNE CONFÉRENCE ET SES SUITES.

Le major Melville avait retenu M. Morton durant cet interrogatoire de Waverley, tant parce qu'il pensait pouvoir tirer assistance de son bon sens pratique et de son dévouement bien connu au Gouvernement, que parce qu'il était bien aise d'avoir un témoin d'une loyauté et d'une véracité irréprochables, dans la conduite d'une affaire où il s'agissait de l'honneur et de la vie d'un jeune Anglais de haut rang, d'ancienne famille, héritier présomptif d'une fortune considérable. Il savait que chaque pas qu'il ferait dans cette affaire serait l'objet d'un contrôle rigoureux, et il avait à cœur de mettre hors de tout doute la justice et l'intégrité de sa conduite.

Quand Waverley se fut retiré, le laird et le ministre de Cairnvreckan s'assirent en silence à leur repas du soir. Tant que les domestiques furent présents, ni l'un ni l'autre ne voulut ouvrir la bouche de ce qui occupait exclusivement leur pensée, et ni l'un ni l'autre ne trouvait non plus facile d'aborder un autre sujet. La jeunesse de Waverley, sa franchise apparente, formaient un contraste frappant avec les ombres du soupçon qui planaient autour de lui, et il avait dans ses manières une sorte de naïveté et d'abandon qui semblaient incompatibles avec l'habitude de l'intrigue, et qui plaidaient hautement en sa faveur.

Chacun d'eux repassait dans son esprit les particularités de l'interrogatoire, et chacun les voyait à travers le milieu de ses propres sentiments. Tous deux étaient doués de sagacité et de pénétration; tous deux étaient également en état de combiner les diverses parties d'un témoignage et d'en tirer les conclusions nécessaires : mais l'immense différence de leurs habitudes et de leur éducation occasionnait fréquemment de grandes dissemblances dans les déductions que chacun d'eux tirait des mêmes prémisses.

Le major Melville avait vécu dans les camps et dans les villes. Vigilant par profession et prudent par expérience, il avait rencontré beaucoup de mal dans le monde; et en conséquence, quoique lui-même fût un magistrat intègre et homme d'honneur, il avait sur les autres des opinions d'une sévérité rigoureuse, quelquefois même injuste. M. Morton, au contraire, était passé des études littéraires d'un collége, où il était aimé de ses compagnons et estimé de ses maîtres,

CHAPITRE XXXII.

à la douce simplicité de son ministère actuel ; là, les occasions qu'il avait de voir le mal étaient rares, et il ne s'y arrêtait jamais longtemps, si ce n'est pour encourager au repentir et à une meilleure vie : aussi ses paroissiens reconnaissaient-ils son zèle affectueux à leur égard par l'amour et le respect dont ils l'entouraient, et en s'efforçant de lui cacher ce qu'ils savaient devoir être pour lui la cause de sa peine la plus vive, à savoir, leurs transgressions accidentelles des devoirs que toute l'occupation de sa vie était de leur recommander. C'était un adage commun dans le pays (quoique tous deux y fussent également populaires), que le laird connaissait seulement le mal de la paroisse, et que le ministre n'en connaissait que le bien.

L'amour des lettres, quoique subordonné aux études et aux devoirs de sa profession, distinguait aussi le pasteur de Cairnvreckan, et avait de bonne heure coloré son esprit d'une nuance légère de romanesque, que les incidents de la vie réelle n'avaient pas ensuite complètement dissipée. La perte prématurée d'une femme aimable et jeune, qu'il avait épousée par inclination, et qui bientôt après fut suivie au tombeau par un enfant unique, contribuait encore, même après tant d'années, à augmenter la douceur d'une disposition naturellement calme et contemplative. Sa manière de sentir dans l'occasion actuelle devait donc nécessairement différer de celle de l'homme habitué aux rigueurs de la discipline, du magistrat sévère, de l'homme du monde soupçonneux.

Le silence continua encore quelque temps après le départ des domestiques, jusqu'à ce que le major Melville, remplissant son verre et passant la bouteille à M. Morton, le rompit enfin :

— Fâcheuse affaire que celle-ci, M. Morton ! J'ai peur que ce jeune homme ne soit venu prêter son cou à la corde.

— A Dieu ne plaise ! répondit l'ecclésiastique.

— Oui, certes, et amen ! reprit le magistrat temporel ; mais je ne crois pas que votre logique bienveillante puisse elle-même nier la conclusion.

— Sûrement, major, j'aurais espéré qu'elle eût pu être détournée, d'après ce que nous avons entendu ce soir.

— Vraiment ! vous êtes, mon bon ministre, de ceux qui voudraient étendre à chaque criminel le privilége du clergé.

— Sans nul doute, je le voudrais. Merci et patience, sont les fondements de la doctrine que je suis appelé à enseigner.

— Ceci est vrai, sous un point de vue religieux ; mais accorder merci à un criminel peut être un tort grave envers la société. Je ne parle pas de ce jeune homme en particulier ; je voudrais de tout mon cœur qu'il pût se justifier, car j'aime et sa modestie et sa vivacité. Mais je crains qu'il n'ait couru au-devant de sa perte.

— Et pourquoi ? Des centaines de gentilshommes égarés sont maintenant en armes contre le Gouvernement, et beaucoup, sans doute, d'après des principes que l'éducation et les préjugés d'enfance ont dorés des noms de patriotisme et d'héroïsme ; — la justice, quand elle choisit ses victimes au sein d'une telle multitude (car, sûrement, tous ne doivent pas périr) doit avoir égard aux motifs moraux. Celui que l'ambition ou l'espoir d'avantages personnels a conduit à troubler la paix d'un gouvernement bien ordonné, que celui-là tombe victime de la loi ; mais sûrement la jeunesse égarée par les visions exaltées d'un loyalisme imaginaire et chevaleresque peut aspirer au pardon.

— Si les visions d'un esprit chevaleresque et un loyalisme imaginaire vont jusqu'à la haute trahison, je ne connais pas de cour de justice dans toute la chrétienté, mon cher M. Morton, où ils pussent obtenir leur *habeas corpus* [1].

— Mais je ne saurais voir dans le cas de ce jeune homme un crime bien constaté.

— C'est que votre bon cœur obscurcit votre bon sens, mon cher M. Morton. Remarquez donc bien : Ce jeune homme, issu d'une famille où le jacobitisme est héréditaire, neveu d'un chef du parti tory dans le comté de ***, fils d'un courtisan mécontent et disgracié, élève d'un *non-jureur* qui a écrit deux volumes où la trahison est prêchée d'un bout à l'autre ; — ce jeune homme, dis-je, entre dans les dragons Gardiner, amenant avec lui un corps de jeunes gens levés sur les domaines de son oncle, et qui, dans leurs disputes avec leurs camarades, n'ont pas craint d'avouer à leur manière les principes épiscopaux qu'ils ont puisés à Waverley-Honneur. Waverley a pour ces jeunes gens des égards inhabituels : on leur fournit plus d'argent qu'il n'en faut à des soldats et qu'il n'est compatible avec la discipline ; ils sont sous la direction d'un sergent favori, au moyen duquel ils entretiennent avec leur capitaine une communication beaucoup plus intime qu'il n'est habituel, et ils affectent de se regarder comme indépendants des autres officiers, et supérieurs à leurs camarades.

— Tout ceci, mon cher major, est une suite naturelle de leur attachement pour leur jeune seigneur, et de ce qu'ils se trouvent incorporés dans un régiment principalement levé dans le nord de l'Irlande et dans l'ouest de l'Écosse, et par suite, au milieu de camarades naturellement disposés à leur chercher querelle, soit comme Anglais, soit comme membres de l'Église anglicane.

— Bien dit, ministre ! — Je voudrais que quelques-uns des membres de votre synode pussent vous entendre. — Mais laissez-moi poursuivre. Ce jeune homme obtient un congé et se rend à Tully-Veolan.

— Les principes du baron de Bradwardine sont assez connus, pour

---

[1] C'est-à-dire leur franchise, la liberté individuelle de celui qui s'en rendrait coupable. (L. V.)

ne rien dire de l'affaire dont il fut tiré en 1715 par l'oncle de ce jeune homme. Là il se trouve mêlé à une querelle, où il est accusé d'avoir déshonoré son uniforme. Le colonel Gardiner lui écrit, d'abord avec douceur, ensuite plus sévèrement : — je ne pense pas que vous en doutiez, puisque le colonel le dit ; le corps des officiers l'invite à s'expliquer sur la querelle dans laquelle il est dit avoir été mêlé : il ne répond ni à son chef ni à ses camarades. Dans le même temps, des symptômes de désordres et de mutinerie se manifestent parmi ses soldats, et enfin, quand la rumeur de cette malheureuse rebellion devient générale, son favori le sergent Houghton et un autre compagnon sont surpris en correspondance avec un émissaire de France, accrédité, dit-il, par le capitaine Waverley, et les pressant, selon leur propre aveu, de déserter avec leurs soldats et de rejoindre leur capitaine, qui était avec le prince Charles. Pendant ce temps, ce fidèle capitaine, d'après ce que lui-même avoue, réside à Glennaquoich, chez le plus actif, le plus adroit et le plus entreprenant jacobite de toute l'Écosse ; il l'accompagne au moins jusqu'à leur fameux rendez-vous de chasse, et, je le crains, un peu plus loin. Sur ces entrefaites, deux nouvelles lettres lui sont écrites, l'une pour l'avertir des symptômes de désordre qui se sont manifestés dans sa compagnie, l'autre pour lui enjoindre péremptoirement de rejoindre son régiment, ce que le sens commun aurait dû lui avoir dicté déjà, alors qu'il voyait la rebellion se propager autour de lui. Il répond par un refus formel et renvoie sa commission.

— Elle lui était déjà ôtée.

— Mais il exprime le regret que cette mesure l'eût prévenu. Ses bagages sont saisis à ses quartiers et à Tully-Veolan, et il s'y trouve une collection pestilentielle de pamphlets jacobites, suffisante pour infester toute une contrée, outre les élucubrations manuscrites de son digne ami et précepteur, M. Pembroke.

— Il dit ne les avoir jamais lues.

— En tout autre cas je le croirais, car elles sont aussi stupides et aussi pédantesques dans leur forme que pernicieuses au fond. Mais pouvez-vous supposer qu'un motif autre que le cas qu'il fait des principes que ces manuscrits défendent ait pu déterminer un jeune homme de son âge à traîner après lui un tel fatras ? Ensuite, quand arrive la nouvelle de l'approche des rebelles, il se met en route sous une espèce de déguisement, refusant de dire son nom, et, si ce vieux fanatique dit vrai, suivi d'un homme très-suspect ; de plus, montant un cheval connu pour avoir appartenu à Glennaquoich, et portant sur lui, outre des lettres de sa famille exprimant une extrême animosité contre la maison de Brunswick, une copie de vers composés à la louange d'un certain Wogan, lequel abjura le service du Parlement pour se joindre, avec un corps de cavalerie anglaise, aux insurgents highlandais, qui avaient pris les armes pour remettre sur le trône la maison des Stuarts, — la contre-partie exacte de son propre complot, — et que termine un « Allez, et faites de même, » que lui adresse ce sujet loyal, cet homme éminemment sûr et pacifique, Fergus Mac-Ivor de Glennaquoich, Vich Ian Vohr, *et cætera*. Et finalement, continua le major Melville, s'échauffant à mesure qu'il déduisait ses arguments, où rencontrons-nous cette seconde édition du *cavalier* Wogan? Précisément sur la voie la plus convenable à l'exécution de ses desseins, tirant un coup de pistolet aux premiers sujets du roi qui se hasardent à mettre en doute ses intentions.

M. Morton s'abstint prudemment de continuer une discussion qu'il voyait bien ne pouvoir qu'affermir l'opinion du magistrat; il lui demanda seulement comment il entendait disposer du prisonnier.

— Ceci est assez embarrassant, répondit le major Melville, eu égard à l'état du pays.

— Ne pourriez-vous retenir ce jeune homme, qui paraît de fort bonnes manières, ici, dans votre propre maison, à l'abri de la violence, jusqu'à ce que cet orage soit apaisé?

— Mon bon ami, reprit le major, ni votre maison ni la mienne ne seront longtemps à l'abri de la violence, lors même qu'il serait légal de le confiner ici. J'apprends à l'instant même que le général en chef, qui marchait sur les Highlands pour chercher et disperser les insurgés, a refusé de livrer bataille à Corryerick, et qu'il s'est dirigé vers le Nord, avec toutes les forces disponibles du Gouvernement, pour se rendre je ne sais où, à Inverness, à John-o'-Groat's-House ou au diable, laissant l'accès des basses terres sans défense et ouvert à l'armée highlandaise.

— Grand Dieu! Cet homme est-il un lâche, un traître ou un idiot?

— Rien de tout cela, je crois. Sir John a le courage ordinaire d'un soldat : il est assez honnête, fait ce qu'on lui commande et comprend ce qu'on lui dit; mais il est aussi peu propre à agir de lui-même dans une circonstance importante, que moi, mon cher ministre, à occuper votre chaire.

Naturellement la gravité de cette nouvelle détourna pour quelque temps l'entretien de Waverley; à la fin cependant, ce sujet fut repris.

— Je crois, dit le major Melville, que je dois confier ce jeune homme à la garde de quelqu'un des détachements de volontaires armés qui ont été envoyés dernièrement pour surveiller les districts suspects. On les rappelle maintenant vers Stirling, et un d'eux doit passer par ici demain ou après-demain, sous la conduite de cet homme de l'Ouest, — comment l'appelez-vous? — Vous l'avez vu, et c'est, dites-vous, le vrai type d'un des saints soldats de Cromwell.

— Gilfillan le caméronien. Je désire que le jeune homme soit en sûreté avec lui. D'étranges choses sont faites dans la chaleur et la précipitation d'esprit qui accompagnent de semblables crises, et je crains que Gilfillan ne soit d'une secte qui a souffert la persécution sans y puiser des leçons de miséricorde.

— Il n'aura qu'à conduire M. Waverley au château de Stirling; je lui enjoindrai strictement de le traiter avec égards. Réellement je ne puis trouver de meilleur expédient pour sa sûreté, et je n'imagine pas que vous me conseillerez de prendre sur moi de le mettre en liberté.

— Mais vous n'aurez pas d'objection à ce que je le voie demain matin en particulier?

— Aucune, certainement; votre loyauté et votre caractère sont mes garants. Mais dans quelle vue me faites-vous cette demande?

— Simplement pour éprouver si je ne puis l'amener à me communiquer quelques circonstances qui puissent servir plus tard à excuser, sinon à disculper sa conduite.

Les deux amis se séparèrent ainsi et allèrent se livrer au repos, l'esprit rempli l'un et l'autre des plus tristes réflexions sur la situation du pays.

CHAPITRE XXXIII.

UN CONFIDENT.

AVERLEY dormit d'un sommeil agité par de pénibles rêves. Le matin, à son réveil, sa position se présenta à lui dans toute son horreur. Il ne pouvait prévoir quelle en serait l'issue. Il pouvait être livré aux tribunaux militaires, lesquels, au sein d'une guerre civile, ne seraient probablement scrupuleux ni sur le choix des victimes, ni sur la nature des preuves. Il ne se sentait guère plus rassuré à la pensée d'une comparution devant une cour de justice écossaise, dont il savait qu'à beaucoup d'égards les formes et la jurisprudence différaient de celles des tribunaux anglais, et qu'il avait été habitué à regarder, quoique à tort, comme offrant moins de garanties que ceux-ci pour la liberté et les droits des citoyens. Un sentiment d'amertume s'éleva dans son esprit contre le Gouvernement, qu'il considérait comme la cause de ses embarras et de ses périls, et il maudissait intérieurement les scrupules qui lui avaient fait rejeter les sollicitations de Mac-Ivor pour se mettre en campagne avec lui.

— Pourquoi, se disait-il à lui-même, pourquoi n'ai-je pas, comme d'autres hommes d'honneur, saisi la première occasion de saluer à son retour sur le sol de la Grande-Bretagne le fils de ses anciens rois, l'héritier direct de leur trône? Pourquoi ne suis-je pas entré

« Dans le rude chemin de la rebellion, et n'ai-je pas rappelé dans mon cœur l'antique foi ; pourquoi n'ai-je pas volé au-devant du prince Charles et ne suis-je pas tombé à ses pieds? »

Tout ce qu'on rapporte à l'honneur et à la gloire de la maison de Waverley est fondé sur sa fidélité éprouvée pour la maison des Stuarts. D'après l'interprétation que ce magistrat écossais a donnée aux lettres de mon oncle et de mon père, il est clair que j'aurais dû y voir un encouragement à marcher sur les traces de mes ancêtres ; ma stupidité, jointe à l'obscurité d'expression que leur commandait la prudence, ont seules confondu mon jugement. Si j'avais cédé au premier mouvement d'une généreuse indignation, quand j'appris que mon honneur était livré à la calomnie, combien serait différente ma situation en ce moment! Je serais libre et sous les armes ; je combattrais, comme mes ancêtres, pour l'amour, pour la fidélité, pour la gloire! Et me voici enlacé dans leurs filets, en proie à l'inquiétude, à la disposition d'un homme soupçonneux, sévère, au cœur froid, peut-être sur le point d'être livré à la solitude d'un donjon, ou à l'infamie d'une exécution publique! O Fergus! combien votre prophétie s'est trouvée vraie, et combien son accomplissement a été prompt!

Tandis qu'Édouard était absorbé dans ces pénibles sujets de réflexions, et que très-naturellement, quoique avec moins de justice, il rejetait sur la dynastie régnante un blâme qui était dû au hasard, ou, en partie du moins, à sa conduite inconsidérée, M. Morton mettait à profit la permission du major Melville pour lui rendre une visite matinale.

Le premier mouvement de Waverley fut de manifester le désir de ne pas être troublé par des questions ou un entretien ; mais il se contint en reconnaissant la figure bienveillante et vénérable de l'ecclésiastique qui l'avait soustrait à la première violence des villageois.

— Je crois, monsieur, dit l'infortuné jeune homme, qu'en toute autre circonstance j'aurais eu à vous exprimer autant de reconnaissance que peut en valoir la vie que vous m'avez sauvée ; mais tel est en ce moment le trouble de mon esprit, et telles sont mes prévisions de tout ce que j'ai sans doute encore à souffrir, que je puis à peine vous remercier de votre intervention.

M. Morton répondit que loin de prétendre à des remerciements, son seul désir et le seul but de sa visite étaient de trouver les moyens de le servir. — Mon excellent ami le major Melville, continua-t-il, a, comme soldat et comme fonctionnaire public, des sentiments auxquels je ne suis pas astreint, et je ne puis toujours partager non plus les opinions qu'il se forme, peut-être sans tenir assez compte des imperfections de la nature humaine. — Il fit une pause et reprit : — Je ne veux pas m'imposer à votre confiance, M. Waverley, dans le dessein d'être instruit de circonstances dont la connaissance puisse être préjudiciable à vous ou à d'autres; mais j'avoue que mon plus vif désir serait que vous me missiez au courant des particularités qui pourraient servir à votre justification. Je puis vous donner l'assurance solennelle qu'elles seront déposées dans le sein d'un agent fidèle, et aussi zélé que le lui permettra l'étendue limitée de son pouvoir.

— Vous êtes, monsieur, je le présume, ministre presbytérien ? — M. Morton fit une inclinaison de tête. — Si je me laissais guider par les préjugés de l'éducation, je pourrais me méfier de vos démonstrations amicales, continua Waverley; mais j'ai remarqué que des préventions analogues sont entretenues dans ce pays contre vos confrères de l'Église épiscopale, et je suis porté à croire qu'elles ne sont pas mieux fondées d'une part que de l'autre.

— Malheur à qui pense autrement! dit M. Morton; malheur à qui regarde le Gouvernement ou les cérémonies de l'Église comme le gage exclusif de la foi chrétienne et des vertus morales.

— Mais je ne puis voir, reprit Waverley, à quoi bon je vous fatiguerais d'un détail de particularités dans lesquelles, en les repassant dans mon souvenir avec tout le soin dont je suis capable, je ne puis trouver moi-même d'explication possible à la plupart des charges portées contre moi. Je sais que je suis innocent, sans doute; mais je ne vois pas comment je puis espérer d'établir mon innocence.

— Et c'est pour cela même, M. Waverley, que j'ai osé solliciter votre confiance. J'ai dans ce pays un grand nombre de connaissances, et je puis au besoin en étendre le cercle. Votre situation, je le crains, ne vous permettra pas ces démarches actives nécessaires pour réunir des témoignages ou suivre les traces de la calomnie : je suis prêt à les entreprendre pour vous. Si mes efforts ne vous servent pas, du moins ne pourront-ils vous nuire.

Quelques minutes de réflexion convainquirent Waverley que la confiance qu'il pourrait, en ce qui le concernait personnellement, accorder à M. Morton, ne nuirait ni à M. Bradwardine ni à Fergus Mac-Ivor, qui tous deux avaient ouvertement pris les armes contre le Gouvernement, et qu'elle pourrait lui être utile à lui-même, si les démonstrations de son nouvel ami étaient aussi sincères que chaleureuses. Il fit donc un récit succinct de la plupart des événements dont le lecteur a déjà connaissance, passant seulement sous silence son attachement pour Flora, de laquelle, non plus que de Rose Bradwardine, il ne fit pas même mention dans le cours de sa narration.

M. Morton parut particulièrement frappé du compte que lui rendit Waverley de sa visite à Donald Bean Lean. — Je suis charmé, lui dit-il, que vous n'ayez pas mentionné cette circonstance devant le major. Elle est susceptible d'une très-mauvaise interprétation de la part de ceux qui ne s'arrêtent pas à la puissance qu'exerce la curiosité, et à l'influence qu'une imagination romanesque peut avoir sur la conduite d'un jeune homme. A votre âge, M. Waverley, une expédition aussi étourdie (pardonnez-moi l'expression!) aurait eu pour moi un charme inexprimable. Mais il est au monde des gens qui ne croiront pas que la fatigue et des dangers soient souvent affrontés sans aucun motif qui leur paraisse proportionné, et qui par là sont parfois conduits à assigner aux actions des mobiles entièrement hors de vérité. Ce Bean Lean a dans tout le pays la réputation d'une sorte de Robin Hood, et les histoires qu'on raconte de son adresse et de son audace sont les sujets ordinaires d'entretien pendant les veillées d'hiver. Il a certainement des talents qui dépassent la sphère grossière dans laquelle il se meut, et comme il n'est ni dépourvu d'ambition ni chargé de scrupules, il tentera vraisemblablement par tous les moyens de se distinguer durant ces malheureuses commotions. M. Morton prit alors note exacte des diverses particularités de l'entrevue de Waverley avec Donald Bean, et des autres circonstances qu'Édouard lui avait communiquées.

L'intérêt que ce digne homme semblait prendre à ses malheurs, et par-dessus tout la confiance entière qu'il paraissait mettre en son innocence, eurent naturellement pour effet d'adoucir l'amertume qui remplissait le cœur d'Édouard, à qui la froideur du major Melville avait appris à croire que tout le monde était ligué pour lui nuire. Il serra cordialement la main de M. Morton, en lui disant que sa bienveillance et sa sympathie avaient soulagé son âme d'un poids accablant, et que, quel que fût son sort, il appartenait à une famille accessible à la reconnaissance, et qui pouvait en donner des preuves. La chaleur de ses remerciements appela des larmes dans les yeux du bon prêtre, qui se sentit doublement intéressé en faveur de celui à qui il était venu offrir ses services, en voyant les sentiments naïfs et ingénus de son jeune protégé.

Édouard s'enquit alors de M. Morton s'il savait quelle allait être sa destination probable.

— Le château de Stirling, répondit son ami; et j'en suis d'autant plus charmé dans votre intérêt, car le gouverneur est un homme humain et plein d'honneur. Mais j'ai plus de craintes quant à la manière dont vous serez traité en route; le major Melville est, malgré lui, obligé de confier à un autre la garde de votre personne.

— J'en suis charmé, repartit Waverley. Je déteste ce froid et compassé magistrat écossais. J'espère que nous ne nous rencontrerons jamais; il n'a eu de sympathie ni pour mon innocence ni pour mes misères; et l'attention pétrifiante qu'il apportait aux moindres formes de politesse, tandis qu'il me torturait par ses questions, ses soupçons et ses inductions, était aussi cruelle que les tourments de l'inquisition. — Ne tentez pas de

CHAPITRE XXXIII.

le justifier, mon cher monsieur, car je ne pourrais l'endurer patiemment ; dites-moi plutôt à qui doit être remise la charge d'un prisonnier d'état de mon importance.

— C'est, je crois, à un homme appelé Gilfillan, qui appartient à la secte connue sous le nom de caméroniens.

— Je n'ai jamais entendu parler d'eux.

— Ils prétendent représenter ces presbytériens les plus stricts et les plus sévères qui, au temps de Charles II et de Jacques II, refusèrent de profiter de la tolérance ou indulgence, comme on disait, qui fut étendue aux autres membres de cette communion. Ils tenaient des conventicules en plein champ, et, traités avec rigueur et cruauté par le gouvernement d'Écosse, ils prirent plus d'une fois les armes pendant ces deux règnes. Ils doivent leur nom à leur chef, Richard Cameron.

— Je m'en souviens ; — mais le triomphe du presbytérianisme à la révolution n'a-t-il pas éteint cette secte ?

— Nullement ; ce grand événement resta fort en arrière de ce qu'ils se proposaient, qui n'était rien moins que la complète organisation de l'Église d'Écosse sur les bases de l'ancienne *ligue solennelle* et du Covenant. Je crois qu'à la vérité ils ne savaient pas nettement ce qu'ils voulaient ; mais formant un corps nombreux, et familiarisés avec le maniement des armes, ils se maintinrent en parti séparé au sein de l'État, et à l'époque de l'Union [1] ils formèrent presque une ligue contre nature avec leurs anciens ennemis les jacobites pour s'opposer à cette grande mesure nationale. Depuis lors, le nombre en a graduellement diminué ; mais il en existe encore beaucoup dans les comtés de l'Ouest, et plusieurs d'entre eux, mieux disposés qu'en 1707, ont maintenant pris les armes en faveur du Gouvernement. Cet individu, qu'ils nomment Gifted [2] Gilfillan, a été longtemps un de leurs chefs, et en ce moment il commande un petit parti qui doit passer ici aujourd'hui même ou demain, pour se rendre à Stirling ; c'est sous leur escorte que le major Melville vous fera voyager. Je parlerais bien à Gilfillan en votre faveur ; mais, profondément imbu comme il l'est de tous les préjugés de sa secte, et ne le cédant, quant à son caractère farouche, à aucun de ses co-religionnaires, il aurait peu d'égards à la recommandation d'un théologien érastien, comme il m'appellerait poliment. — Et maintenant, adieu, mon jeune ami ; quant à présent il ne faut pas que j'abuse de la complaisance du major, afin que j'obtienne encore de lui la permission de vous visiter de nouveau dans le cours de la journée.

---

[1] L'incorporation de l'Écosse à l'Angleterre, événement qui fut consommé en 1707, et à dater duquel le premier des deux pays cessa de former un royaume distinct. (L. V.)

[2] *Gifted*, doué. C'est un de ces noms mystiques que prenaient tous les membres de la secte caméronienne. (L. V.)

CHAPITRE XXXIV.

LES CHOSES S'AMENDENT UN PEU.

Vers midi M. Morton revint, porteur d'une invitation du major Melville, qui priait M. Waverley de l'honorer de sa compagnie pour le dîner, nonobstant la fâcheuse affaire qui le retenait à Cairnvreckan, et dont il se réjouirait sincèrement de voir M. Waverley complètement dégagé. La vérité est que le rapport favorable et la bonne opinion de M. Morton avaient quelque peu ébranlé les préventions du vieux soldat relatives à la part supposée qu'Édouard aurait eue à la mutinerie de son régiment; et dans le malheureux état du pays, le simple soupçon de désaffection ou de disposition à se réunir aux insurgents jacobites pouvait inférer une criminalité, sans doute, mais non certainement le déshonneur. En outre, une personne en qui le major avait confiance lui avait rapporté (quoiqu'inexactement, comme la suite le fit voir,) des informations qui infirmaient celles qui la veille au soir avaient causé tant d'agitation. D'après cette seconde édition de la nouvelle, les Highlanders s'étaient éloignés de la frontière des basses terres, pour suivre l'armée dans sa marche sur Inverness. Le major avait peine, à la vérité, à concilier cette information avec la capacité bien connue de quelques-uns des gentilshommes de l'armée highlandaise; mais probablement ce plan avait été l'avis de la majorité. Il se souvint qu'en 1715 la même tactique les avait retenus dans le Nord, et il en déduisait, pour l'insurrection actuelle, la présomption d'un dénouement semblable à celui de cette époque.

Ces nouvelles le mirent en si belle humeur qu'il acquiesça de grand cœur à la proposition que lui fit M. Morton de témoigner quelques attentions hospitalières à son malheureux hôte, et qu'il ajouta spontanément qu'il espérait que toute l'affaire se trouverait être une escapade de jeunesse, qui serait suffisamment expiée par une courte détention. L'obligeant médiateur eut quelque peine à obtenir de son jeune ami qu'il acceptât l'invitation. Il n'osait lui laisser voir le motif réel de sa démarche, qui était le désir bienveillant d'assurer un rapport favorable du major Melville au gouverneur Blakeney sur l'affaire de Waverley. Il avait vu, aux éclairs d'emportement de notre héros, que toucher cette corde serait faire échouer son projet. Il fit donc valoir que l'invitation prouvait, dans le major, la persuasion qu'aucune partie de l'accusation qui pesait sur M. Waverley n'était incompatible avec la conduite d'un soldat et d'un homme d'honneur, et que se refuser à sa politesse pourrait être regardé comme un aveu tacite qu'il ne s'en sentait pas digne. En un mot, il réussit si bien à persuader à Édouard que le meilleur parti qu'il eût à prendre, et le plus digne d'un homme, était de faire au major un bon accueil, que réprimant l'extrême répugnance qu'il éprouvait à s'exposer encore à la civilité froide et formaliste de M. Melville, Waverley consentit à se laisser guider par son nouvel ami.

L'entrevue fut d'abord contrainte et cérémonieuse. Mais Édouard, ayant accepté l'invitation, et son esprit se trouvant réellement soulagé et adouci par la bienveillance de M. Morton, se crut obligé de montrer sinon de la cordialité, au moins de l'aisance. Le major était ce qu'on appelle un bon vivant, et son vin était excellent. Il raconta les vieilles histoires de ses campagnes, et montra une grande connaissance des hommes et des usages. M. Morton avait en lui un fond de gaieté douce et calme qui rarement manquait d'animer les petites parties où il se trouvait à l'aise. Waverley, dont la vie était un songe, s'abandonna aisément à l'impulsion du moment, et se montra bientôt le plus enjoué des trois. Il avait toujours eu une grande facilité de conversation, bien que le découragement le réduisît aisément au silence. Dans l'occasion actuelle, il se piqua de laisser dans l'esprit de ses compagnons une opinion favorable d'un jeune homme qui pouvait, placé dans une situation aussi désastreuse, supporter son malheur avec aisance et gaieté. Son esprit, quoique naturellement flexible, avait cependant un ressort puissant, et bientôt il seconda ses efforts. Le trio était engagé dans une conversation animée, chacun des convives paraissait enchanté des autres, et l'amphitryon avait déjà fait sauter le bouchon d'une troisième bouteille de bourgogne, quand le bruit d'un tambour se fit entendre à quelque distance. Le major, qui, dans l'entraînement du vieux soldat, avait oublié les devoirs du magistrat, maudit, avec un jurement militaire à demi articulé, l'incident qui le rappelait à ses fonctions officielles. Il se leva et se dirigea, suivi de ses hôtes, vers une fenêtre qui donnait vue sur le grand chemin, situé à fort peu de distance.

Le bruit du tambour allait toujours se rapprochant ; ce n'était pas une marche mesurée, mais une espèce de roulement semblable à celui qui appelle au feu les artisans endormis d'un bourg d'Écosse [1]. L'objet de cette histoire est de rendre justice à chacun ; je dois donc consigner ici, pour être juste envers le tambour, qu'il avait affirmé être en état de battre toutes les marches et *points de guerre* connus dans l'armée anglaise, et qu'en conséquence il avait débuté par « Les tambours de

---

[1] Le mot, ou plutôt l'onomatopée *Rub-a-dub-dub*, qu'emploie l'original, donne l'idée d'un rhythme assez semblable à celui de nos rappels. Plus loin l'auteur se sert de l'expression *Row-dow-dow*, qui semble indiquer une sorte de roulement. (L. V.)

Dumbarton, » lorsqu'il fut réduit au silence par Gifted Gilfillan, chef de la troupe, qui ne voulut pas permettre que ses hommes fussent conduits par cette marche profane, et même persécutrice, ajouta-t-il, et qui commanda au tambour de battre le psaume CXIX. Comme ceci excédait la capacité du batteur de peau de mouton, il lui fallut bien recourir à l'inoffensif roulement, comme à un innocent substitut de la musique sacrée à laquelle son instrument ou son habileté ne pouvait atteindre. Cette anecdote pourra paraître triviale ; mais le tambour en question n'était rien moins que le tambour de la ville d'Anderton. Je me souviens de son successeur aux mêmes fonctions, membre de ce corps éclairé, la *Convention britannique* : que sa mémoire soit donc traitée avec le respect qui lui est dû !

CHAPITRE XXXV.

UN VOLONTAIRE IL Y A SOIXANTE ANS.

En entendant le malencontreux son du tambour, le major Melville se hâta d'ouvrir une porte vitrée, et s'avança sur une espèce de terrasse qui séparait sa maison de la grande route d'où venait cette musique militaire. Waverley et son nouvel ami l'y suivirent, quoique probablement il les en eût volontiers dispensés. Ils ne tardèrent pas à apercevoir, en marche solennelle, d'abord le tambour, puis un grand drapeau à quatre compartiments, sur lequel étaient inscrits les mots : LE COVENANT, L'ÉGLISE, LE ROI, LES ROYAUMES. Celui qui avait l'honneur de cette charge était suivi du chef de la troupe, homme d'environ soixante ans, maigre, basané, à physionomie austère. L'orgueil spirituel qui, chez l'hôtelier du *Candelabre*, enveloppait une sorte d'hypocrisie hautaine, était, sur la face de cet homme, élevé et pourtant assombri par un fanatisme réel et sûr de lui-même. Il était impossible de le voir sans que l'imagination le plaçât au milieu de quelque crise extraordinaire, dont le zèle religieux fût le principe dominant. Martyre sur le bûcher, soldat sur le champ de bataille, banni errant et isolé, mais consolé par l'intensité et la pureté supposée de sa foi de toutes les privations terrestres ; peut-être même inquisiteur redoutable, aussi terrible dans le pouvoir qu'inflexible dans l'adversité : chacun de ces caractères semblait lui convenir également. Et avec ces traits d'une haute énergie, il y avait, dans la précision affectée et la solennité de ses manières et de ses discours, quelque chose qui touchait de près au

CHAPITRE XXXV.

burlesque; de sorte que selon la disposition d'esprit du spectateur, ou le jour sous lequel M. Gilfillan lui-même se serait montré, on aurait pu le craindre, l'admirer ou en rire. Ses vêtements étaient ceux d'un paysan des comtés de l'Ouest, d'étoffe moins grossière, à la vérité, que ceux des plus basses classes, mais sans la moindre prétention aux modes du jour, ou à celles des gentilshommes écossais d'aucune époque. Il avait pour armes des pistolets et une large épée, qui, à en juger d'après leur apparence antique, avaient pu voir la déroute de Pentland ou celle du pont de Bothwell.

Quand il fit quelques pas à la rencontre du major Melville, et qu'avec une gravité solennelle il toucha légèrement sa large toque bleue à grands bords, pour répondre à la politesse du major, qui avait levé son petit chapeau triangulaire galonné d'or, Waverley fut irrésistiblement frappé de l'idée qu'il avait devant les yeux un chef des Têtes-rondes d'autrefois[1], en conférence avec un des officiers de Marlborough.

Une trentaine d'hommes armés qui suivaient ce chef inspiré formaient un groupe fort mélangé. Ils étaient vêtus d'habits ordinaires des Lowlands, de couleurs variées, qui leur donnaient, par le contraste avec leurs armes, l'aspect irrégulier d'un rassemblement populaire, tant l'œil est accoutumé à unir l'idée d'un uniforme au caractère militaire. Les premiers en tête semblaient partager l'enthousiasme de leur chef: c'étaient des hommes qui évidemment eussent été redoutables dans un combat où leur courage naturel eût été exalté par le fanatisme religieux. D'autres se rengorgeaient et se pavanaient, fiers de porter des armes et remplis de l'importance que leur donnait leur situation toute nouvelle, tandis que le surplus, apparemment fatigué de la marche, traînait la jambe nonchalamment, ou s'écartait du noyau de la troupe pour aller à la recherche des rafraîchissements que pouvaient offrir les cabanes et les cabarets du voisinage. — Six grenadiers du régiment de Ligonier, pensa le major en se reportant à ses vieux souvenirs militaires, auraient eu bientôt raison de tous ces drôles.

Saluant cependant M. Gilfillan avec politesse, il lui demanda s'il avait reçu pendant sa marche la lettre qu'il lui avait écrite, et s'il pouvait se charger jusqu'au château de Stirling du prisonnier dont il lui avait parlé dans cette lettre?

— Oui, telle fut la réponse laconique du chef caméronien, d'une voix qui semblait sortir du fond de ses entrailles.

— Mais votre escorte n'est pas aussi forte que je m'y attendais, reprit le major Melville.

— Quelques-uns de mes gens ont été en route pressés par la soif et

---

[1] Les puritains du temps de Cromwell avaient été désignés sous le sobriquet de *têtes-rondes*, par allusion à l'aspect singulier de leurs têtes rasées et couvertes d'une calotte serrée, sur laquelle, de chaque côté, s'appliquaient leurs deux oreilles. (L. V.)

la faim, et ils se sont arrêtés pour rafraîchir leurs pauvres âmes à la parole.

— Je suis fâché, monsieur, que vous n'ayez pas cru devoir amener votre monde se rafraîchir à Cairnvreckan ; tout ce que renferme ma maison est aux ordres de ceux qui servent le Gouvernement.

— Je ne parlais pas des rafraîchissements de la créature, répliqua le covenantaire en regardant le major Melville avec un sourire presque méprisant ; néanmoins, je vous remercie. Mais les gens sont restés à attendre le précieux M. Jabesh Rentowel, pour s'abreuver à l'exhortation du soir.

— Réellement, monsieur, quand les rebelles sont sur le point de se répandre sur le pays, avez-vous laissé une grande partie de votre monde à écouter un sermon en plein air?

Gilfillan sourit une seconde fois avec dédain en faisant cette réponse indirecte : — Ainsi les enfants de ce monde sont plus sages dans leur génération que les fils de la lumière !

— Cependant, monsieur, continua le major, comme vous allez être chargé de ce gentilhomme jusqu'à Stirling, et que vous devrez le remettre, ainsi que ces papiers, entre les mains du gouverneur Blakeney, je vous prierai d'observer pendant votre marche quelques règles de discipline militaire. Par exemple, je vous conseillerais de tenir vos hommes en rangs plus serrés, et de veiller à ce que chacun d'eux, dans sa marche, se tienne aligné sur son chef de file, au lieu de vaguer à droite et à gauche comme des oies sur un champ commun ; et, de peur de surprise, je vous recommanderais en outre de former de vos meilleurs hommes une petite avant-garde, avec une seule vedette au front de toute la marche, afin qu'à l'approche d'un village ou d'un bois... (Ici le major s'interrompit.) — Mais comme je ne m'aperçois pas que vous m'écoutiez, M. Gilfillan, je crois inutile de me donner la peine de vous en dire plus sur ce sujet. Incontestablement, vous êtes meilleur juge que moi des mesures que vous devez prendre ; mais une chose dont j'ai à vous avertir, c'est que vous ne devez traiter ce gentilhomme, votre prisonnier, ni avec rigueur ni avec incivilité, et que vous ne devez user de contrainte envers lui qu'autant que l'exigera la surveillance de sa personne.

— J'ai examiné, répondit M. Gilfillan, ma commission signée d'un digne seigneur, fidèle professeur de la foi, William, comte de Glencairn, et je n'y ai pas vu que j'eusse à recevoir ni ordres ni instructions sur ce que j'aurais à faire, du major William Melville de Cairnvreckan.

La rougeur qui monta au visage du major Melville colora jusqu'à ses oreilles, que recouvrait en partie la poudre de son irréprochable frisure militaire ; d'autant plus qu'au même moment il vit sourire M. Morton.
— M. Gilfillan, répliqua-t-il avec quelque aigreur, je vous demande dix mille pardons d'avoir osé donner quelques avis à un homme de votre importance. Je croyais, cependant, que comme vous avez été élevé, si je

ne me trompe, dans la profession de nourrisseur de bestiaux, il pouvait être à propos de vous rappeler la différence qu'il y a entre les Highlanders et le bétail highlandais; et j'imaginais aussi que s'il vous arrivait de rencontrer un gentilhomme qui a vu le service et qui soit disposé à vous parler sur ce sujet, vous ne vous en trouveriez pas plus mal de l'écouter. Au surplus, tout est dit; il ne me reste plus qu'à recommander encore une fois ce gentilhomme à vos égards aussi bien qu'à votre surveillance. — M. Waverley, je suis réellement fâché que nous nous quittions ainsi; mais quand vous reviendrez dans ce pays, j'espère avoir l'occasion de vous rendre Cairnvreckan plus agréable que les circonstances ne me l'ont permis cette fois.

En disant ces mots, il secoua amicalement la main de notre héros. M. Morton prit aussi affectueusement congé de lui, et Waverley monta sur son cheval qu'un fusilier conduisait par la bride, tandis qu'une double file l'escortait à droite et à gauche pour prévenir toute tentative d'évasion. C'est ainsi qu'il se mit en marche avec Gilfillan et sa troupe. En traversant le petit village ils furent salués des clameurs des enfants, qui criaient : — Eh! voyez le gentleman du Sud, qu'on va pendre pour avoir tiré sur John Mucklewrath le forgeron!

CHAPITRE XXXVI.

INCIDENT.

L'HEURE du dîner d'un Écossais, il y a soixante ans, était deux heures après midi. Ce fut donc vers les quatre heures d'une délicieuse relevée d'automne que M. Gilfillan se mit en marche, avec l'espoir, quoique Stirling fût encore à dix-huit milles, de pouvoir l'atteindre dans la soirée, en empruntant une heure ou deux à la nuit. Il déploya donc toute sa vigueur, et marcha d'un bon pas à la tête de ses soldats, jetant de temps à autre un coup d'œil sur notre héros, comme s'il lui eût tardé d'entrer en controverse avec lui. Enfin, ne pouvant plus résister à la tentation, il ralentit son pas jusqu'à ce qu'il fût à côté du cheval de son prisonnier, et après avoir encore marché quelques moments en silence, il lui demanda subitement : — Pourriez-vous me dire quel était l'homme en habit noir et à tête pelée qui était avec le laird de Cairnvreckan?

— Un ministre presbytérien, répondit Waverley.

— Un presbytérien! s'écria Gilfillan d'un ton de mépris; un misérable érastien, ou plutôt un prélatiste caché! — un partisan de la noire Indulgence, un de ces chiens muets qui ne peuvent aboyer! — Ils sèment leurs sermons d'éclats de terreur et de verbiage de consolation, où il n'y a ni sens, ni saveur, ni vie. — Vous avez été nourri dans un semblable bercail, apparemment?

— Non; je suis de l'Église anglicane.

— Ce sont deux voisines, répliqua le covenantaire; il n'est pas étonnant qu'elles s'accordent si bien. Qui aurait pensé que la structure divine de l'Église d'Écosse, édifiée par nos pères en 1642, serait défigurée dans des fins charnelles par les corruptions du temps! — Oui, qui aurait pensé que la sculpture du sanctuaire aurait été si promptement mutilée!

Notre héros ne crut pas nécessaire de répondre à cette lamentation, à laquelle firent chorus les profonds gémissements de quelques-uns des assistants. Cependant M. Gilfillan, décidé à avoir au moins un auditeur, sinon un disputant, continua sa jérémiade.

— Et maintenant, doit-on s'étonner lorsque, par manque d'exercice à l'égard de la vocation à l'autel et au devoir du jour, les ministres tombent dans de coupables complaisances au sujet du patronage, des indemnités, des serments, des engagements et autres corruptions? — doit-on s'étonner, dis-je, que vous, monsieur, et d'autres malheureuses personnes semblables à vous, travailliez à relever votre ancienne Babel d'iniquité, comme aux jours sanglants de la persécution et du martyre des saints? Je suis certain que si vous n'étiez aveuglé au sujet des grâces et des faveurs, des services et des jouissances, des emplois et des héritages de ce monde corrompu, je pourrais vous prouver par l'Écriture en quels sales haillons vous mettez votre confiance, et que vos surplis, et vos chapes, et vos ornements ne sont que les vêtements de rebut de la grande prostituée qui est assise sur les sept collines, et qui boit à la coupe de l'abomination. Mais je vous crois sourds comme des couleuvres sur ce côté de la tête; oui, vous êtes trompés par ses enchantements, et vous trafiquez de sa marchandise, et vous êtes abreuvés à la coupe de ses fornications!

Combien de temps encore ce théologien militaire aurait-il prolongé ses invectives, dans lesquelles il n'épargnait que les restes dispersés des *hommes des collines,* comme il les appelait, c'est ce qu'on ne pourrait dire. La matière était copieuse, ses poumons puissants, sa mémoire excellente, de sorte qu'il y avait peu de chance de le voir terminer son exhortation avant que la troupe eût atteint Stirling, si son attention n'eût été détournée par un colporteur qui avait joint la caravane à l'issue d'un chemin de traverse, et qui soupirait ou gémissait très-régulièrement à chaque pause convenable de l'homélie de Gifted Gilfillan.

— Qui donc êtes-vous, l'ami? lui demanda celui-ci.

— Un pauvre colporteur qui se rend à Stirling, et qui implore la protection de la compagnie de Votre Honneur, dans ces temps calamiteux.

Ah! Votre Honneur a une faculté remarquable pour chercher et expliquer la cause secrète, — oui, la cause secrète, obscure et incompréhensible des apostasies du pays. Oui, Votre Honneur va jusqu'à la racine des choses.

— L'ami, lui dit Gilfillan, d'une voix moins rude qu'il ne l'avait eue jusque-là, ne me donne pas de *Votre Honneur*. Je ne vais ni aux esplanades des parcs, ni aux places, ni aux marchés pour y voir des bergers, des paysans et des bourgeois m'y ôter leurs bonnets, comme ils font au major Melville de Cairnvreckan, et m'appeler laird, ou capitaine, ou Votre Honneur; — non, mes petits moyens, qui ne s'élèvent pas au delà de vingt mille *merks*[1], ont été bénis et se sont accrus; mais l'orgueil du cœur ne s'est pas en moi accru avec eux. Et je n'aime pas à être appelé capitaine, quoique j'aie la commission signée de ce seigneur cherchant l'Évangile, le comte de Glencairn, dans laquelle je suis ainsi désigné. Tant que je vivrai je serai et voudrai être appelé Habacuc Gilfillan, qui se lèvera toujours pour les étendards de la doctrine reçue par l'Église jadis glorieuse d'Écosse, avant qu'elle eût trafiqué avec le réprouvé Achaz; oui, tant qu'il aura un *plack* dans sa bourse et une goutte de sang dans les veines!

— Ah! reprit le colporteur, j'ai vu votre domaine près de Mauchlin; — un lieu fertile! Vos lignes sont tombées dans un bel endroit! — et pareille race de bétail ne se trouverait sur les terres d'aucun laird d'Écosse.

— Vous avez raison, — vous avez bien raison, l'ami, répondit Gilfillan avec chaleur, car sur ce sujet il n'était pas inaccessible à la flatterie; — vous avez raison, c'est de la vraie race de Lancastre, et on ne trouverait pas leurs pareils même sur les pâturages de Kilmaurs. Et il entra, sur l'excellence de ses bestiaux, dans une discussion qui serait probablement aussi indifférente à nos lecteurs qu'elle le fut à notre héros. Après cette excursion, le commandant revint à ses discussions théologiques, pendant lesquelles le colporteur, moins profond sur ces sujets mystiques, se contentait de gémir et de manifester son édification aux intervalles convenables.

— Quelle bénédiction ce serait pour les pauvres nations papistes parmi lesquelles j'ai séjourné, dit-il, d'avoir une telle lumière dans leurs voies! J'ai été jusqu'en Moscovie pour mon petit commerce, comme marchand ambulant; j'ai parcouru la France, les Pays-Bas, toute la Pologne et une bonne partie de l'Allemagne, et quelle douleur pour l'âme de Votre Honneur de voir les murmures, et les chants, et les messes qui se font dans les églises, et la musique qu'il y a dans le chœur, et les danses païennes, et les jeux de dés les jours de sabbat!

Ceci amena Gilfillan à parler du *Livre des Jeux* et du Covenant, des

[1] Livres d'Écosse. Plus de 20,000 francs. (L. V.)

Engagistes et des Protestants, de l'incursion des Whiggamores et de l'assemblée des théologiens à Westminster; du grand et du petit catéchisme, de l'excommunication de Torwood et du meurtre de l'archevêque Sharp[1]. Ce dernier point le ramena à la légitimité des armes défensives, sujet sur lequel il montra plus de bon sens qu'on n'eût pu s'y attendre, d'après quelques autres parties de sa harangue; il attira même l'attention de Waverley, absorbé jusque-là dans ses tristes réflexions. M. Gilfillan discuta ensuite le droit qu'un simple particulier peut avoir de s'ériger en vengeur du peuple opprimé; et comme il parlait avec chaleur de Mac James Mitchell, qui tira un coup de pistolet sur l'archevêque de Saint-André, quelques années avant que le prélat fût assassiné par Magus Muir, un incident vint interrompre sa harangue.

Les rayons affaiblis du soleil éclairaient les dernières limites de l'horizon, quand le parti gravit un sentier creux assez escarpé qui conduisait au sommet d'un terrain en pente. Le pays était découvert, car il faisait partie d'une immense bruyère communale; mais il était loin d'être uni, présentant en beaucoup d'endroits des enfoncements remplis de bruyères et de genêts, en d'autres, des vallons couverts de broussailles rabougries. Un bouquet de cette dernière espèce couronnait la colline que gravissait la colonne. Ceux qui marchaient en tête, et qui étaient les plus vigoureux et les plus alertes de la bande, avaient poussé en avant, et, ayant dépassé le sommet, se trouvaient en ce moment hors de vue. Gilfillan, avec le colporteur et le petit peloton qui formait la garde la plus immédiate de Waverley, touchait presque au haut de la côte, et les autres marchaient en traînards à un intervalle considérable en arrière.

Telle était la situation des choses, quand le colporteur, ne voyant plus, dit-il, un petit chien qui l'accompagnait, s'arrêta et se mit à siffler l'animal. Ce signal, plusieurs fois répété, offensa la susceptibilité de son compagnon, d'autant plus qu'il semblait indiquer un défaut d'attention aux trésors de connaissances théologiques et de controverse qu'il prodiguait pour son édification. Il lui signifia donc d'un ton brusque qu'il n'avait pas de temps à perdre pour attendre un chien inutile.

— Mais si Votre Honneur voulait considérer l'exemple de Tobie...

— Tobie! s'écria Gilfillan avec feu; Tobie et son chien sont tous deux païens et apocryphes, et nul autre qu'un prélatiste ou un papiste ne les citerait. Je crois que je me suis mépris sur vous, l'ami.

— C'est très-probable, repartit le colporteur avec un grand sang-

---

[1] Il importe sans doute fort peu à nos lecteurs de trouver ici l'explication de ces divers sujets, qui tous se rapportent à l'histoire de la réforme en Écosse. Nous aimons mieux renvoyer ceux qui voudraient avoir à cet égard des notions spéciales, à l'*Histoire d'Écosse* de notre auteur, qui fait partie de cette édition. Nous aurons lieu d'ailleurs d'y revenir d'une manière plus directe, dans l'*Old Mortality* (les Puritains d'Écosse). (L. V.)

CHAPITRE XXXVI.

froid; néanmoins je prendrai la liberté de siffler encore une fois le pauvre Bawty.

Il fut répondu à ce dernier signal d'une manière inattendue; car sept ou huit vigoureux Highlanders, tapis au milieu des taillis et des broussailles, s'élancèrent dans le chemin creux, et, la claymore en main, tombèrent sur les plus rapprochés d'eux. Gilfillan vit sans pâlir cette apparition inattendue, et tirant son épée, il s'écria d'une voix forte: — L'épée du Seigneur et de Gédéon! Il aurait probablement fait autant d'honneur à la bonne vieille cause qu'aucun des braves champions de Drumclog[1], quand, ô surprise! le colporteur, arrachant le fusil des mains du soldat près duquel il se trouvait, en asséna un coup avec tant de force sur la tête de son ci-devant instructeur dans la foi caméronienne, que celui-ci fut renversé à terre. Dans la confusion qui s'ensuivit, le cheval que montait notre héros fut atteint d'une balle envoyée au hasard par un des soldats de Gilfillan. Waverley, entraîné dans la chute de l'animal, eut le dessous et reçut plusieurs contusions graves; mais presque aussitôt il fut dégagé du coursier mort qui pesait sur lui par deux Highlanders qui le prirent chacun par un bras, et l'entraînèrent hors du chemin et de la bagarre. Ils couraient plutôt qu'ils ne marchaient, à demi portant, à demi traînant notre héros, qui entendit encore tirer quelques coups de feu isolés vers le lieu qu'il venait de quitter, et qui provenaient, comme il l'apprit ensuite, du parti de Gilfillan, au noyau duquel s'étaient réunis l'avant-garde et les traînards. A leur approche, les Highlanders avaient quitté le champ de bataille, mais non avant d'avoir dépouillé Gilfillan et deux des siens qui étaient restés étendus sur la place, dangereusement blessés. Quelques coups de fusil furent échangés entre eux et les soldats de l'Ouest; mais ceux-ci, maintenant sans chef et craignant une seconde embuscade, ne firent pas de grands efforts pour recouvrer leur prisonnier, jugeant plus prudent de poursuivre leur marche vers Stirling, après avoir, toutefois, relevé leur capitaine et leurs camarades blessés.

[1] Lieu où les puritains taillèrent en pièces les dragons de Claverhouse. (L. V)

CHAPITRE XXXVII.

NOUVELLES TRIBULATIONS DE WAVERLEY.

La rapidité, ou plutôt la violence avec laquelle Waverley était entraîné lui ôtait presque l'usage de ses sens; car les contusions qu'il s'était faites dans sa chute l'empêchaient de se servir de ses jambes aussi bien qu'il aurait pu le faire sans cet accident. Ce qu'ayant remarqué ses conducteurs, ils appelèrent à leur aide deux ou trois autres hommes de la bande, et enveloppant notre héros dans un de leurs plaids, ils se partagèrent ainsi le fardeau, et le transportèrent avec la même rapidité qu'auparavant, sans qu'Édouard eût un seul mouvement à faire. Ils parlaient peu, et en langue gaëlique. Ils ne ralentirent leur pas que lorsqu'ils eurent couru environ deux milles; modérant alors l'extrême vélocité de leur course, ils continuèrent encore à marcher très-vite, se relevant l'un l'autre de temps en temps.

Notre héros essaya de leur adresser la parole; mais il n'en put tirer que ces mots : « *Cha n'eil Beurl' agam,* » c'est-à-dire « je n'ai pas l'anglais, » ce qui est, comme le savait Édouard, la réponse inévitable d'un montagnard aux questions d'un Anglais ou d'un habitant des basses terres, quand il ne comprend pas ou ne veut pas répondre. Il prononça ensuite le nom de Vich Ian Vohr, car il supposait que c'était à son amitié qu'il devait d'avoir été délivré des griffes de Gifted Gilfillan; mais les gens de l'escorte ne parurent pas le connaître plus que l'anglais.

Le crépuscule avait fait place au clair de lune, quand la troupe s'arrêta au bord d'une vallée profonde qui, à demi éclairée par les rayons de la lune, semblait remplie d'arbres et hérissée de broussailles. Deux des montagnards y pénétrèrent par un petit sentier, comme pour en explorer les retraites. Au bout de quelques minutes, l'un d'eux revint sur ses pas, et dit quelques mots à ses compagnons, qui aussitôt soulevèrent leur fardeau, et le portèrent, avec beaucoup de soin et d'attention, au bas d'une pente étroite et escarpée. Cependant, malgré leurs précautions, Waverley eut plus d'une fois à pâtir du contact assez rude des souches et des branches qui embarrassaient le chemin.

Au bout de la descente, et comme il semblait auprès d'un torrent (car Waverley entendit le bouillonnement d'une grande masse d'eau, quoique dans l'obscurité il n'en pût voir le courant), la troupe s'arrêta

CHAPITRE XXXVII.

de nouveau devant une petite cabane grossièrement construite. La porte s'ouvrit et laissa voir un intérieur misérable et rustique, tout à fait en harmonie avec la situation et l'apparence extérieure de l'édifice. Il n'y avait pas apparence de plancher; la toiture paraissait crevée en plusieurs endroits; les murs étaient faits de pierres mal assemblées et de gazon; des branches d'arbre remplaçaient le chaume. Dans le milieu brûlait un feu dont la fumée remplissait toute la hutte, et s'échappait autant par la porte que par une ouverture circulaire pratiquée dans le toit. Une vieille sibylle montagnarde, seul habitant de cette demeure perdue, s'occupait à préparer quelques aliments. A la lueur du feu, Waverley put reconnaître que ses conducteurs n'étaient pas du clan d'Ivor; car Fergus tenait rigoureusement à ce que les siens portassent la tartane rayée en usage dans leur tribu : c'était une marque distinctive généralement répandue autrefois parmi les montagnards, et que conservaient encore les Chefs fiers de leur lignage et jaloux de leur autorité respective.

Édouard avait passé assez de temps à Glennaquoich pour être au fait d'une distinction dont il avait souvent entendu parler; voyant donc qu'il n'avait aucun moyen d'ascendant sur ceux qui l'entouraient, il promena autour de la cabane des yeux consternés. Hormis un cuvier et une armoire de bois en fort mauvais état, nommée en Écosse *ambry*, il n'y avait pour tout meuble qu'un grand lit de bois garni de planches tout autour, suivant l'usage, et ouvrant par un panneau à coulisses. Ce fut dans cet enfoncement que les montagnards déposèrent Waverley, après qu'il eut exprimé par des signes qu'il ne voulait rien prendre. Un sommeil agité n'apporta aucun adoucissement à ses souffrances : d'étranges visions lui passaient devant les yeux, et il fallait qu'il fît, pour les chasser, des efforts d'esprit continuels et réitérés. Des frissons, de violents maux de tête et des douleurs lancinantes dans les membres succédèrent à ces symptômes, et quand le matin fut venu, ses guides ou ses gardiens, car Waverley ne savait comment il devait les considérer, reconnurent qu'il était hors d'état de se remettre en route.

Après qu'ils se furent longtemps consultés entre eux, six individus de la bande sortirent de la hutte avec leurs armes, ne laissant auprès de Waverley que deux hommes, un vieux et un jeune. Le premier s'approcha d'Édouard et se mit à bassiner les contusions qu'il était alors facile de reconnaître au gonflement et à la couleur livide de la peau. Son porte-manteau, que les montagnards n'avaient pas manqué d'apporter avec eux, et qu'à sa grande surprise on remit à sa disposition sans qu'il y manquât la moindre chose, lui fournit le linge qui lui était nécessaire. Les objets dont se composait son coucher paraissaient propres et confortables. Le vieux montagnard ferma la porte du lit, car il n'y avait pas de rideaux, après avoir dit en langue gaélique quelques mots que Waverley interpréta comme une exhortation à prendre du repos. Pour la seconde fois notre héros tombait entre les mains d'un Esculape montagnard, mais dans une position beaucoup moins agréable qu'à l'époque où il était l'hôte du digne Tomanrait.

La fièvre occasionnée par les meurtrissures qu'il avait reçues ne céda que le troisième jour aux soins de ses hôtes et à la vigueur de sa constitution; il put alors, quoiqu'avec peine encore, se soulever sur son lit. Il remarqua que la vieille qui lui servait de garde et le plus âgé des deux montagnards témoignaient une grande répugnance à permettre que la porte du lit demeurât ouverte, de manière à ce qu'il pût observer leurs mouvements. Autant de fois Waverley ouvrait le guichet de sa cage, autant de fois il était refermé; et le vieux montagnard mit enfin terme à cette lutte, en assurant la porte à l'extérieur avec un clou si solidement fixé qu'il devint impossible de faire jouer la coulisse tant que l'obstacle du dehors ne serait pas enlevé.

Comme il cherchait à deviner la cause de cet esprit de contradiction dans des gens dont la conduite n'annonçait pas l'intention de lui nuire, et qui en toute autre chose paraissaient consulter son bien-être et ses désirs, notre héros se rappela qu'au milieu des plus violents accès de son mal, il lui avait semblé voir voltiger autour de sa couche une figure de femme plus jeune que sa vieille garde. Ce n'était, à la vérité, qu'un souvenir confus, mais ses soupçons se confirmèrent lorsqu'en écoutant attentivement, il entendit à plusieurs reprises, dans le cours de la journée, l'accent d'une autre femme qui s'entretenait à voix basse avec sa surveillante. Quelle pouvait être cette femme? et pourquoi semblait-elle vouloir se cacher? Son imagination, aussitôt mise en jeu, lui montra Flora Mac-Ivor. Mais après de courtes réflexions, malgré le vif désir qu'il avait de croire qu'elle était là, près de lui, veillant, comme un ange de bonté, sur son lit de douleur, Waverley fut forcé de conclure que ses conjectures étaient tout à fait improbables; puisqu'on ne pouvait réellement supposer qu'elle eût quitté sa résidence incomparablement plus sûre de Glennaquoich, pour descendre dans les basses terres, théâtre actuel de la guerre civile, et habiter cette masure isolée. Pourtant son cœur battait lorsque de temps à autre il entendait distinctement le pas léger d'une femme qui entrait ou sortait, et les sons étouffés d'une voix féminine pleine de douceur et de charme qui alternaient avec les accents rauques et concentrés de la vieille Janette, car Édouard comprit que c'était le nom de sa garde décrépite.

N'ayant rien autre chose pour se distraire dans sa solitude, il se mit à chercher comment il pourrait satisfaire sa curiosité, en dépit des précautions assidues de Janette et du vieux janissaire montagnard; car, depuis le point du jour, il n'avait pas revu le jeune homme. Enfin, après une minutieuse perquisition, il découvrit que le délabrement de

CHAPITRE XXXVII. 217

sa prison de bois lui offrait le moyen de contenter son envie, en lui permettant d'arracher un clou d'une planche à demi pourrie. A travers cette ouverture étroite, il crut apercevoir une femme enveloppée dans un plaid et causant avec Janette. Mais, depuis notre grand'mère Ève, le désappointement a toujours été la punition d'une curiosité désordonnée. Cette femme n'avait pas la taille de Flora, et il était impossible de voir sa figure : et, pour comble de contrariété, pendant qu'il travaillait avec le clou à élargir l'ouverture, afin de pouvoir mieux voir, un léger bruit trahit son entreprise ; l'objet de sa curiosité disparut aussitôt, et, autant qu'il put l'observer, ne se remontra plus dans la chaumière.

Dès ce moment toute précaution pour l'empêcher de voir fut abandonnée ; et non-seulement on l'autorisa, mais encore on l'aida à se lever, et à quitter ce qui à la lettre avait été sa prison. Cependant il ne lui était pas permis de sortir de la cabane ; car le jeune montagnard était revenu auprès de son vieux camarade, et l'un ou l'autre faisait toujours bonne garde. Chaque fois que Waverley s'approchait de la porte, la sentinelle lui barrait le passage, sans rudesse, mais avec fermeté, et s'opposait à ce qu'il sortît, accompagnant sa défense d'un signe qui semblait indiquer qu'il y avait du danger à l'essayer, et qu'un ennemi était dans le voisinage. La vieille Janette paraissait inquiète et sur ses gardes ; et Waverley, qui n'avait pas encore retrouvé assez de force pour essayer de partir en dépit de l'opposition de ses hôtes, se vit obligé de prendre patience. A quelques égards, la vie qu'il menait était meilleure qu'il n'aurait pu s'y attendre, car il ne manquait à sa table ni volaille ni vin. Les montagnards ne se permettaient jamais de manger avec lui, et, à part la captivité qu'ils lui imposaient, ils le traitaient avec le plus grand respect. Son seul amusement était de contempler à travers la fenêtre, ou plutôt par l'ouverture irrégulière qu'on avait pratiquée pour en tenir lieu, une rivière large et fougueuse qui brisait avec impétuosité ses eaux écumantes contre les rocailles de son lit, en passant, sous un épais berceau d'arbres et de buissons, à dix pieds environ au-dessous de la prison d'Édouard.

Vers le sixième jour de sa détention, Waverley se trouva si bien qu'il commença à rêver au moyen de s'évader de cette triste et misérable geôle, pensant qu'il ne pouvait avoir à courir dans cette entreprise aucun danger qui ne fût préférable à la monotonie stupéfiante et insupportable de la masure de Janette. L'embarras était de savoir de quel côté il dirigerait ses pas, une fois redevenu son maître. Deux partis lui semblaient possibles, quoique tous deux eussent leurs périls et leurs difficultés : l'un était de retourner à Glennaquoich joindre Fergus Mac-Ivor, dont l'accueil amical lui était assuré ; et dans l'état présent de son esprit, la rigueur avec laquelle on l'avait traité le dispensait pleinement à ses propres yeux de toute fidélité au gouvernement existant : l'autre projet était de tâcher d'atteindre un port de l'Écosse, et là de s'embarquer pour l'Angleterre. Son esprit hésitait incertain entre ces deux partis ; et s'il s'était évadé, comme il en avait l'intention, il se serait probablement décidé pour celui dont l'exécution lui eût semblé la plus facile. Mais il était écrit dans sa destinée qu'il n'aurait pas la liberté du choix.

Le soir du septième jour la porte de la cabane s'ouvrit tout à coup, et Waverley vit entrer deux montagnards qu'il reconnut pour avoir fait partie de l'escorte singulière qui l'avait amené dans cet ermitage. Ils parlèrent un instant avec leurs deux camarades, puis ils firent entendre à Waverley, par des gestes tout à fait significatifs, qu'il eût à se préparer à les suivre. Ce fut pour lui une bonne nouvelle. La manière dont on l'avait traité jusque-là pendant sa détention lui prouvait qu'on ne voulait lui faire aucun mal ; et son esprit romanesque ayant recouvré pendant son repos une bonne partie de l'élasticité que l'inquiétude, l'indignation, le désappointement et tous les sentiments désagréables nés de ses dernières infortunes avaient momentanément amortie, était alors fatigué de son inaction. Sa passion pour le merveilleux, quoiqu'il soit dans la nature de cette disposition de l'âme d'être stimulée par ce degré de danger qui ne fait que donner plus de dignité aux sentiments de celui qui y est exposé, n'avait pas résisté aux maux extraordinaires et en apparence insurmontables dont il paraissait environné à Cairnvreckan. En effet, ce mélange de curiosité ardente et d'imagination exaltée forme une espèce particulière de courage, qui ressemble en quelque sorte à la lampe dont se sert ordinairement un mineur, — suffisante, à la vérité, pour le guider et l'aider au milieu des dangers ordinaires de sa profession, mais qui ne manque pas de s'éteindre, s'il vient, par un hasard redoutable, à rencontrer des moffettes ou vapeurs délétères. Cette flamme s'était pourtant encore une fois ranimée en Waverley, et c'était le cœur palpitant à la fois d'espérance, de crainte et d'inquiétude qu'il examinait le groupe placé devant lui, tandis que ceux qui venaient d'arriver avalaient à la hâte quelque nourriture, et que les autres, prenant leurs armes, s'empressaient de faire leurs préparatifs de départ.

Comme il était assis dans la hutte enfumée, à quelque distance du feu autour duquel les autres formaient un cercle, il se sentit presser doucement le bras. Il se retourna : c'était Alice, la fille de Donald Bean Lean. Elle lui montra un paquet de papiers, de manière à ce que ce mouvement ne fût remarqué par personne, mit un doigt sur ses lèvres et s'avança comme pour aider la vieille Janette à serrer les effets de Waverley dans son porte-manteau. Il était évident qu'elle voulait qu'Édouard n'eût pas l'air de la reconnaître. Cependant elle se retourna souvent pour le regarder, lorsqu'elle croyait pouvoir le faire sans être

CHAPITRE XXXVII.

observée, et quand elle vit qu'il suivait ses mouvements, elle glissa, avec beaucoup d'adresse et de vivacité, le paquet dans une de ses chemises, qu'elle plaça dans le porte-manteau.

Ce fut là une nouvelle source de conjectures. Alice était-elle sa gardienne inconnue? La jeune fille de la caverne était-elle le génie tutélaire qui avait veillé à son chevet pendant sa maladie? Était-il entre les mains de son père? Et alors, quels étaient les desseins de Donald? Dans cette occasion, il ne paraissait pas qu'il eût en vue son but ordinaire de pillage, car non-seulement on avait rendu à Waverley ses effets; mais sa bourse même, qui aurait pu tenter ce voleur de profession, avait toujours été laissée en sa possession. Le paquet contenait peut-être l'explication de tout cela, mais le manége d'Alice disait clairement son désir qu'il ne fût ouvert qu'en secret. Elle n'avait plus cherché à attirer les regards d'Édouard dès qu'elle avait été sûre qu'il avait remarqué et compris sa manœuvre. Au contraire, elle sortit bientôt après de la hutte, et ce fut seulement sur le seuil de la porte que, favorisée par l'obscurité, elle fit à Waverley un sourire d'adieu, accompagné d'un signe de tête tout à fait expressif; puis elle disparut dans l'ombre de la vallée.

Le jeune montagnard fut à plusieurs reprises dépêché par ses camarades comme pour aller à la découverte. Enfin, lorsqu'il fut de retour pour la troisième ou quatrième fois, toute la troupe se leva et fit signe à notre héros de la suivre. Avant de partir, il serra la main de la vieille Janette, qui l'avait si bien soigné lorsqu'il était malade, et lui donna en outre des marques plus positives de sa reconnaissance pour ses services.

— Dieu vous bénisse! Dieu vous protége, capitaine Waverley! dit, en bon écossais des basses terres, Janette, à qui Édouard n'avait pas jusque-là entendu prononcer une seule syllabe autrement qu'en langue gaëlique. Mais l'impatience de ses compagnons de voyage l'empêcha de demander aucune explication.

CHAPITRE XXXVIII.

AVENTURE NOCTURNE.

Il y eut une halte d'un moment quand toute la bande fut sortie de la chaumière, et le montagnard qui en prit le commandement, et dans lequel Waverley, en rassemblant ses souvenirs, crut reconnaître le vigoureux personnage qui servait de lieutenant à Donald Bean Lean, ordonna par signes et à voix basse le plus profond silence. Il donna à Édouard une épée et un pistolet; et, lui indiquant du doigt le sentier, il posa sa main sur la poignée de sa claymore, voulant lui donner à entendre qu'il serait peut-être nécessaire d'employer la force pour se frayer un passage. Puis il alla se mettre à la tête de sa troupe, qui s'engagea dans le sentier sur une seule ligne, à la manière des Indiens. Waverley était placé à côté du chef: celui-ci n'avançait qu'avec la plus grande prudence comme pour éviter de donner l'alarme. Dès qu'on fut parvenu au haut de la montée, il s'arrêta. Waverley comprit alors la cause de toutes ces précautions, en entendant, très-près de lui, une sentinelle anglaise crier d'une voix forte, *all's well* (tout est bien); ce cri, porté par le vent de la nuit dans les profondeurs boisées du vallon, fut répété par les échos d'alentour. Une seconde, une troisième, puis une quatrième fois le même signal se fit entendre, mais de moins en moins distinct et comme partant d'un point toujours plus éloigné: il était évident qu'un détachement de soldats se tenait près de là sur ses gardes, mais pas assez pour découvrir des hommes aussi habiles dans toutes les ruses d'une guerre de pillards que ceux contre lesquels ils dirigeaient alors leurs inutiles précautions.

Quand les sons se furent éteints dans le calme de la nuit, les montagnards reprirent leur marche rapide, toujours en observant le plus scrupuleux silence. Waverley n'avait guère ni le loisir, ni l'envie de rien examiner; il put seulement distinguer qu'ils passaient à peu de distance d'un vaste bâtiment aux fenêtres duquel on voyait briller encore une ou deux lumières. A quelques pas de là le chef des montagnards se mit à flairer le vent comme un chien d'arrêt, puis il fit signe à sa troupe de faire halte. Alors se jetant à quatre pattes enveloppé dans son plaid, de sorte qu'on ne pouvait le distinguer de la bruyère sur laquelle il se traînait, il s'avança dans cette posture pour aller à la découverte. Il ne tarda pas à revenir, congédia ses compagnons à l'exception d'un seul, et après qu'il eut fait comprendre à Waverley qu'il devait imiter leur manière prudente de voyager, tous trois se mirent à ramper sur les genoux et les mains.

CHAPITRE XXXVIII.

Après avoir marché par ce procédé incommode plus longtemps qu'il ne convenait à ses genoux et à ses jambes, Waverley sentit une odeur de fumée qu'avait probablement remarquée beaucoup plus tôt l'odorat plus fin de son guide. Cette fumée s'échappait du coin d'une bergerie basse et en ruines dont les murs étaient faits de pierres sans ciment, comme c'est la coutume en Écosse. Le montagnard conduisit Waverley le long de cette masure, et soit pour lui faire connaître le danger qu'il courait, soit peut-être pour le convaincre de sa propre dextérité, il lui fit signe et lui donna l'exemple de lever la tête et de regarder par-dessus la muraille de la bergerie. Waverley obéit, et reconnut un avant-poste composé de quatre ou cinq soldats étendus près d'un feu de bivouac : ils dormaient tous, à l'exception de la sentinelle qui se promenait de long en large, portant sur son épaule un fusil qui brillait à la lueur rougeâtre du feu devant lequel elle passait et repassait en faisant sa faction, les yeux fréquemment tournés vers le côté du ciel où la lune semblait vouloir se dégager des vapeurs qui jusque-là l'avaient enveloppée.

Au bout d'une ou deux minutes, par un de ces changements soudains d'atmosphère communs dans les pays de montagnes, une brise s'éleva qui balaya les nuages dont l'horizon était resté couvert, et l'astre de la nuit éclaira de toute sa lumière une bruyère vaste et stérile, bordée de taillis et d'arbres rabougris du côté d'où venaient nos voyageurs, mais entièrement nue et découverte aux regards de la sentinelle dans la direction qu'ils avaient à suivre. Le mur de la bergerie les cachait bien tant qu'ils le longeaient, mais il paraissait impossible de quitter cet abri sans s'exposer à être aperçu.

Le montagnard contemplait la voûte azurée; mais loin de bénir, comme le paysan surpris par la nuit dans Homère, ou dans Pope [1], l'utile clarté de la lune, il murmura une imprécation, en langue gaélique, contre l'éclat intempestif de la *lanterne de Mac-Farlane* [2]. Il regarda avec inquiétude autour de lui pendant quelques minutes, puis il parut prendre son parti. Il fit signe à Édouard de se tenir tranquille, et le laissant avec son camarade, auquel il donna quelques instructions à voix basse, favorisé par l'inégalité du terrain, il s'éloigna dans la même direction et de la même manière qu'ils étaient venus. Édouard, qui le suivait de l'œil, put le voir ramper à quatre pattes avec toute l'agilité d'un Indien, profitant de chaque broussaille et de chaque monticule pour échapper aux regards, et ne passant jamais dans les parties les plus découvertes de son chemin que lorsque la sentinelle avait le dos tourné. Enfin, il atteignit les buissons et les taillis qui s'étendaient sur une partie de ce marécage et qui continuaient proba-

---

[1] Pope a traduit en anglais (et souvent imité) l'*Iliade* et l'*Odyssée*. (L. V.)

[2] *Voyez* la note Q, à la fin du volume.

blement jusqu'au bord de la vallée que Waverley avait habitée si longtemps. Le montagnard disparut; mais ce ne fut que pour quelques minutes, car il sortit bientôt d'un autre côté du bois, et s'avançant hardiment sur la bruyère découverte comme pour se faire voir, il ajusta son fusil et tira sur la sentinelle. Une blessure au bras vint interrompre désagréablement le pauvre diable au milieu de ses observations météorologiques et de l'air de Nancy Dawson, qu'il s'amusait à siffler. Il riposta par un coup de fusil inoffensif, et ses camarades, éveillés par ce bruit d'alarme, coururent en hâte vers l'endroit d'où était parti le premier coup. Le montagnard leur laissa tout le temps de le voir, puis il rentra dans le taillis, car sa *ruse de guerre*[1] avait parfaitement réussi.

Tandis que les soldats poursuivaient d'un côté l'auteur de cette alerte, Waverley, suivant les indications du montagnard qui était resté avec lui, se mit à courir au plus vite dans la direction que son guide avait voulu suivre primitivement, et qui n'était alors ni gardée ni surveillée, toute l'attention des soldats s'étant portée vers un autre point. Quand ils eurent couru pendant environ un quart de mille et gravi le sommet d'une colline, ils se trouvèrent hors de danger d'être aperçus. Cependant, ils entendaient encore de loin les cris des soldats qui s'appelaient entre eux sur la bruyère, et le roulement du tambour qui battait aux armes dans la même direction; mais ces sons hostiles s'affaiblissaient graduellement, et se perdaient dans la brise à mesure qu'ils avançaient d'un pas rapide.

Quand ils eurent marché pendant environ une demi-heure, toujours sur une bruyère vaste et dépouillée, ils se trouvèrent près du tronc d'un vieux chêne dont les débris attestaient l'âge et la grosseur prodigieuse. Dans un chemin creux, près de là, ils rencontrèrent plusieurs montagnards avec un ou deux chevaux. Ils les avaient à peine rejoints depuis quelques minutes, pendant lesquelles le compagnon de Waverley raconta sans doute la cause de leur retard, à en juger par le nom de Duncan Duroch, qu'il répétait souvent, que Duncan lui-même parut, hors d'haleine et comme un homme qui vient de devoir son salut à la rapidité de sa course, mais riant de tout son cœur du succès du stratagème à l'aide duquel il avait dérouté ceux qui le poursuivaient. Waverley put aisément comprendre que ce n'était pas chose bien difficile pour un montagnard agile, connaissant parfaitement le terrain, et se dirigeant avec une assurance et une certitude que ses adversaires ne pouvaient avoir. Cependant, l'alarme qu'il avait excitée semblait se prolonger, car on entendit dans l'éloignement plusieurs coups de fusil, qui ne firent que redoubler la gaieté de Duncan et de ses compagnons.

[1] Ces mots sont en français dans l'original.

Le montagnard reprit alors à Waverley les armes qu'il lui avait confiées, en lui faisant entendre que tous les dangers du voyage étaient heureusement surmontés; il lui donna ensuite un des chevaux, ce que la fatigue de la nuit et sa récente maladie lui firent trouver fort agréable. Son porte-manteau fut placé sur un autre poney, Duncan en monta un troisième, et ils s'avancèrent d'un grand train, suivis de leur escorte. Aucun autre incident ne marqua leur voyage pendant le reste de la nuit, et à la pointe du jour ils arrivèrent sur les bords d'une rivière rapide. La contrée d'alentour paraissait à la fois fertile et d'un aspect romantique : des collines escarpées et en partie couvertes de bois étaient entrecoupées de champs cultivés qui, cette année-là, offraient une abondante moisson, dont la récolte était déjà avancée.

Sur la rive opposée de la rivière, et entouré en partie par les sinuosités de son cours, s'élevait un grand et massif château, dont les tourelles à demi ruinées reflétaient déjà les premiers rayons du soleil[1]. Ce bâtiment formait un carré long, assez grand pour renfermer au milieu une large cour. Les tours placées à chaque angle du carré s'élevaient plus haut que les murs de l'édifice, et étaient surmontées de petites tourelles de forme irrégulière et de grandeurs différentes. Un factionnaire, que son bonnet et son plaid enflé par le vent faisaient reconnaître pour un montagnard, se promenait sur une de ces tourelles; sur une autre flottait un large drapeau blanc, qui annonçait que la place était occupée par les insurgés partisans de la maison de Stuart.

Après avoir passé rapidement au milieu d'une petite ville de peu d'importance, où leur présence n'excita ni surprise ni curiosité de la part de quelques paysans que les travaux de la moisson forçaient de s'arracher au sommeil, ils traversèrent un pont ancien et étroit formé de plusieurs arches, et, tournant sur la gauche, ils enfilèrent une avenue de grands et vieux sycomores. Waverley se trouva alors en face de l'édifice sombre et pittoresque qu'il avait déjà admiré de loin. Une énorme grille de fer qui servait de première clôture avait été ouverte pour les recevoir, et une seconde porte en chêne massif, toute garnie de gros clous, s'entr'ouvrit pour leur livrer passage dans la cour intérieure. Un gentilhomme vêtu d'un habit de montagnard, avec une cocarde blanche à son chapeau, aida Waverley à descendre de cheval, et lui dit avec beaucoup de courtoisie qu'il était le bienvenu au château.

Le gouverneur, car c'est ainsi qu'il faut l'appeler, conduisit Waverley à un appartement à moitié délabré, où se trouvait pourtant un petit lit de camp, et après lui avoir offert tous les rafraîchissements qu'il pouvait désirer, il se disposait à le laisser seul.

— Voudriez-vous bien, lui demanda Waverley, après les remercie-

---

[1] *Voyez* la note R, à la fin du volume.

ments obligés, avoir la complaisance de me dire où je suis, et si je dois ou non me regarder comme prisonnier?

— Je ne puis répondre aussi clairement que je le voudrais à cette question. Cependant, je vous dirai en deux mots que vous êtes dans le château de Doune, district de Menteith, et que vous n'avez rien à craindre.

— Et comment puis-je en être assuré?

— Par la parole de Donald Stewart, gouverneur de la garnison, et lieutenant-colonel au service de son altesse royale le prince Charles-Édouard. A ces mots, il quitta précipitamment la chambre, comme pour éviter un plus long entretien.

Accablé par les fatigues de la nuit, notre héros se jeta sur le lit, où il ne tarda pas à tomber dans un profond sommeil.

CHAPITRE XXXIX.

CONTINUATION DU VOYAGE.

Lorsque Waverley se réveilla, le jour était déjà avancé, et il commença à sentir qu'il n'avait pas mangé depuis longtemps. On lui servit bientôt un copieux déjeuner; mais le colonel Stewart ne parut pas, voulant sans doute éviter les questions de son hôte; cependant un domestique présenta les compliments du gouverneur au capitaine Waverley, lui offrit de lui procurer tout ce qui dépendait de lui pour les besoins de son voyage, et l'informa qu'il aurait à le continuer le soir même. A toutes les questions d'Édouard, le domestique opposa l'insurmontable barrière d'une ignorance et d'une stupidité réelles ou affectées. Enfin, il emporta la table et les provisions, et Waverley se trouva de nouveau livré à ses propres réflexions.

Comme il songeait à la bizarrerie du destin qui semblait se plaire à le mettre à la merci des autres, en lui ôtant la liberté de ses actions, ses yeux s'arrêtèrent tout à coup sur son porte-manteau, qu'on avait déposé dans son appartement pendant son sommeil. La mystérieuse apparition d'Alice dans la cabane de la vallée lui revint aussitôt à l'esprit, et il allait chercher et examiner le paquet glissé par elle dans ses effets, lorsque le domestique du colonel Stewart rentra et prit le portemanteau sur ses épaules.

— Mon ami, lui dit Waverley, me laisserez-vous prendre du linge pour en changer?

CHAPITRE XXXIX.

— Votre Honneur mettra une des chemises à jabot du colonel ; mais il faut que ceci parte dans le chariot au bagage.

Et en même temps il emporta tranquillement le porte-manteau, sans attendre d'autres observations, laissant notre héros dans un état où le dépit le disputait à la colère. Quelques minutes après, il entendit le bruit d'une voiture qui sortait de la cour, et il ne douta pas qu'il ne fût alors privé, au moins pour un temps, sinon pour toujours, des seuls renseignements qui semblassent devoir jeter quelque lumière sur les événements mystérieux qui venaient d'influer sur sa destinée. Il dut encore passer quatre ou cinq heures en tête-à-tête avec ces pensées mélancoliques.

Au bout de ce temps, le piaffement d'un cheval se fit entendre dans la cour, et bientôt après le colonel Stewart vint engager son hôte à prendre quelques rafraîchissements avant de partir. Waverley accepta, car son déjeuner, quoique tardif, n'avait pas été de nature à l'empêcher de faire honneur au dîner qui lui fut servi. La conversation du colonel était celle d'un simple gentilhomme de campagne, entremêlée d'idées et d'expressions militaires. Il évitait soigneusement toute mention des opérations de la guerre ou des événements politiques du temps, et aux questions directes d'Édouard sur quelqu'un de ces points, il répondait qu'il ne lui était pas permis de parler sur de telles matières.

Quand le dîner fut fini, le gouverneur se leva, et après avoir souhaité à Édouard un bon voyage, il lui dit qu'ayant été informé par son domestique que ses bagages l'avaient devancé, il avait pris la liberté de lui faire apprêter tout le linge dont il pourrait avoir besoin jusqu'à ce qu'il fût rentré en possession du sien. Après ce compliment, il se retira. Un instant après, un domestique vint avertir Waverley que son cheval était prêt.

Édouard descendit donc et trouva dans la cour un soldat tenant un cheval tout sellé sur lequel il monta, et, accompagné d'une vingtaine de cavaliers armés, il franchit la grande porte du château de Doune. Son escorte ressemblait moins à des soldats réguliers qu'à des individus qui auraient pris les armes à la hâte, pour quelque motif pressant et imprévu. Leur uniforme bleu et rouge, qui voulait imiter celui des chasseurs français, était tout à fait incomplet, et allait fort mal à ceux qui le portaient. Waverley, dont les yeux étaient accoutumés à voir un régiment bien discipliné, s'aperçut aisément que les hommes de son escorte n'avaient ni les habitudes, ni les mouvements de soldats exercés, et que bien qu'ils fussent assez habiles à conduire leurs chevaux, leur adresse était plutôt celle de chasseurs ou de valets que de militaires. Les chevaux n'étaient pas dressés à marcher avec cette régularité si nécessaire pour exécuter des mouvements simultanés et des évolutions combinées, et ils ne paraissaient pas avoir été embouchés, comme on dit techniquement, pour des gens obligés de manier le sabre. Tous ces hommes étaient néanmoins de vigoureux et solides compagnons qui, pris individuellement, auraient pu être redoutables comme cavalerie irrégulière. Le chef de cette petite troupe montait un beau cheval de chasse, et l'uniforme qu'il avait endossé ne le changeait pas tellement que Waverley ne pût reconnaître en lui son ancienne connaissance, M. Falconer de Balmawhapple.

Quoique les termes dans lesquels Édouard et ce gentilhomme s'étaient quittés n'eussent rien de bien amical, notre héros aurait volontiers oublié leur folle querelle, pour avoir le plaisir de jouir encore une fois de cet échange intime de questions et de réponses dont il était privé depuis si longtemps. Mais sans doute le souvenir de la défaite que lui avait fait essuyer le baron de Bradwardine, et dont Waverley avait été la cause involontaire, était encore vivace dans l'esprit grossier et pourtant orgueilleux du laird, car il évitait soigneusement de laisser échapper le moindre signe qui indiquât qu'il reconnaissait Édouard. Il chevauchait d'un air maussade à la tête de ses hommes, qui, bien qu'à peine assez nombreux pour former l'escouade d'un brigadier, s'intitulaient l'escadron du capitaine Falconer. Devant eux marchaient un trompette, qui sonnait de temps en temps, et un étendard porté par le cornette Falconer, frère cadet du laird. Le lieutenant, homme déjà âgé, avait tout l'air d'un chasseur de bas étage et d'un bon vivant; une expression de gaieté caustique régnait sur son visage, dont les traits communs dénotaient l'habitude de l'intempérance. Il portait son chapeau à cornes posé sur l'oreille avec une certaine intention, et tout en sifflant l'air de *Bob de Dumblain,* sous l'influence d'une demi-pinte d'eau-de-vie, il trottait d'un air tout gaillard et plein d'une heureuse indifférence sur l'état de la contrée, la conduite de sa troupe, la fin du voyage, et toute autre affaire de ce monde sublunaire.

Waverley espéra tirer quelques informations de ce personnage, qui de temps à autre se trouvait près de lui, ou du moins tromper par la conversation l'ennui de la route.

— Voilà une belle soirée, monsieur, lui dit-il pour débuter.

— Oh oui! monsieur, une *brave* [1] nuit, répondit le lieutenant dans le plus mauvais patois de l'Écosse.

— Et l'apparence d'une belle moisson, reprit Waverley poursuivant sa première attaque.

— Oui, les avoines seront bravement rentrées; mais les fermiers, que le diable les confonde, et les marchands de grains maintiendront leurs anciens prix, aux dépens de ceux qui ont des chevaux à nourrir.

---

[1] *Brave* est synonyme de beau, bon, etc., dans les dialectes provinciaux de l'Écosse. Il est remarquable que chez nous, dans quelques provinces, le même mot est pris dans le même sens. (**L. V.**)

CHAPITRE XXXIX.

— Vous êtes peut-être quartier-maître, monsieur?

— Oui, quartier-maître, maître de manége et lieutenant, répondit cet officier *à tout faire*. Et pour sûr, qui serait plus propre que moi à dresser et à soigner les pauvres bêtes, moi qui les ai toutes achetées et vendues?

— Et je vous prie, monsieur, si ce n'est pas prendre trop de liberté, puis-je vous demander où nous allons?

— Faire une besogne de fous, je le crains, répondit le communicatif personnage.

— Dans ce cas, répliqua Waverley, déterminé à ne pas se faire faute de politesse, je n'aurais pas cru qu'on dût trouver une personne comme vous sur la route.

— C'est vrai, c'est très-vrai; mais il n'y a pas de pourquoi qui n'ait son parce que. Vous saurez que le laird m'a acheté toutes ces bêtes pour monter sa troupe, et qu'il est convenu de me les payer selon les circonstances et les prix du temps. Mais alors il n'avait pas un sou vaillant; on m'a dit que son billet ne vaudrait pas un *boddle* sur l'état, et comme je n'en avais pas moins mes marchands à payer à la Saint-Martin, j'ai accepté la commission de lieutenant qu'il m'offrait amicalement, car les vieux *quinze*[1] ne m'auraient pas aidé à recouvrer de l'argent dû pour avoir fourni des chevaux contre le Gouvernement. Ma foi, monsieur, j'ai pensé que ce que j'avais de mieux à faire pour être payé était d'*aller dehors*[2] moi-même; et vous pouvez juger, monsieur, que moi, qui ai vendu des licous toute ma vie, je n'ai guère idée de mettre mon cou en péril d'une cravate de Saint-Johnstone[3].

— Vous n'êtes donc pas soldat de profession?

— Non, non, Dieu merci, répondit l'intrépide partisan. Je n'ai point été habitué à si courte bride; j'ai été élevé au râtelier et à la mangeoire. J'ai toujours été marchand de chevaux, monsieur, et si je puis vivre encore assez pour vous voir à Whitson Tryst, à Stagshawbank, ou à la foire d'hiver d'Hawick, et que vous ayez besoin d'un coureur qui tienne la tête, soyez tranquille, je vous servirai bien; car Jamie Jin-

---

[1] C'est ainsi que les paysans appellent proverbialement les juges de la Cour suprême d'Écosse : *the fifteen*, les quinze. (W. S.)

[2] *Aller dehors* (*go out*) ou *être allé dehors* (*to have been out*) était une phrase de convention en Écosse, qui correspondait à celle des Irlandais *être allé en haut*; toutes deux signifiaient avoir pris part à l'insurrection. En Écosse il était de mauvais ton, il y a quarante ans, d'employer les mots *rebelle* ou *rebellion*, qui pouvaient être considérés par quelques individus comme une insulte personnelle. On regardait aussi comme plus poli, même parmi les whigs les plus ardents, d'appeler Charles-Édouard le Chevalier plutôt que le Prétendant, et cette espèce de concession courtoise s'observait également dans la société, où des personnes des deux opinions se trouvaient réunies sur un pied amical. (W. S.)

[3] La corde du gibet. (L. V.)

ker n'a jamais été homme à tromper un gentilhomme. Vous êtes gentilhomme, monsieur, et vous devez vous connaître en chevaux. Vous voyez la fameuse bête que monte Balmawhapple : c'est moi qui la lui ai vendue. Elle est née de *Lick the ladle*[1], qui a gagné le prix du roi à Caverton Edge, et de *White foot*[2], appartenant au duc d'Hamilton, etc., etc.

Mais comme Jinker, entrant à pleine voile dans la généalogie de la jument de Balmawhapple, en était déjà arrivé à son grand-père et à sa grand'mère, et tandis que Waverley épiait l'occasion d'obtenir de lui des renseignements plus intéressants, le noble capitaine ralentit son cheval, jusqu'à ce que nos causeurs l'eussent rejoint, et sans paraître faire attention à Édouard, il dit avec sévérité au généalogiste : — Je croyais, lieutenant, avoir donné l'ordre précis que personne ne parlât au prisonnier ?

Le maquignon métamorphosé se tut aussitôt, et se retira à l'arrière-garde, où il se consola en entamant une dispute violente sur le prix du foin avec un fermier qui, bien à contre-cœur, avait suivi son laird en campagne, de peur de perdre sa ferme dont le bail venait précisément d'expirer. Waverley se vit encore une fois réduit au silence, car il prévoyait que toute tentative pour renouer conversation avec quelque autre individu de la troupe ne ferait que donner à Balmawhapple l'occasion qu'il désirait de déployer insolemment son autorité et de s'abandonner au dépit rancuneux d'un caractère naturellement brutal, et rendu plus intraitable encore par la lâche indulgence et la servile adulation auxquelles l'avait habitué son entourage.

Au bout d'environ deux heures, toute la troupe se trouva près du château de Stirling, sur les créneaux duquel flottait le drapeau de l'Union, éclairé par le soleil couchant. Pour abréger son voyage, ou peut-être pour étaler son importance et braver la garnison anglaise, Balmawhapple, se portant sur la droite, suivit sa route à travers le parc royal qui joint et entoure le rocher sur lequel est située la forteresse.

Avec un esprit plus libre, Waverley n'aurait pu manquer d'admirer le mélange de beautés naturelles et de souvenirs romantiques qui prêtait un puissant intérêt au paysage qu'il traversait : — la plaine qui avait été le théâtre des tournois du vieux temps ; — le rocher d'où les dames contemplaient le combat, tandis que chacune d'elles faisait des vœux pour le triomphe d'un chevalier favori ; — les tours de l'église gothique où ces vœux devaient être accomplis ; — et, par-dessus tout, la forteresse, à la fois citadelle et palais, où la valeur recevait les prix des mains du roi, et où les chevaliers et les dames terminaient la soirée au milieu des plaisirs de la danse, des chants et des festins. Tout cela était bien propre à éveiller et à séduire une imagination romanesque.

[1] Lèche-la-cuillère.
[2] Pied-blanc.

CHAPITRE XXXIX.

Mais Waverley avait d'autres sujets de méditation, et un incident qui survint bientôt était de nature à troubler toutes les réflexions possibles. Balmawhapple, dans l'orgueil de son cœur, au moment où il faisait tourner son petit corps de cavalerie autour de la base du château, ordonna au trompette de jouer une fanfare, et fit déployer son drapeau. Cette bravade produisit sans doute quelque impression, car lorsque la cavalcade fut assez éloignée de la batterie du sud pour qu'il fût possible de pointer contre elle une pièce de canon, une vive lueur sortit d'une des bouches placées sur le rocher, et avant qu'on pût entendre la détonation dont elle fut suivie, un boulet passa en sifflant sur la tête de Balmawhapple, et le couvrit de poussière en allant s'enterrer à quelques pas plus loin. Il ne fut pas nécessaire de commander à ses cavaliers de presser le pas. En effet, cédant tous à l'impulsion du moment, ils mirent aussitôt les bêtes de M. Jinker en demeure de déployer l'agilité de leurs jambes ; et battant en retraite avec plus de promptitude que d'ordre, ils ne reprirent le trot, comme le fit plus tard remarquer le lieutenant, que lorsqu'ils eurent placé entre eux et le château de Stirling une éminence qui les mettait à l'abri d'un nouveau compliment d'une espèce si peu flatteuse. Pourtant il faut rendre à Balmawhapple la justice de dire que non-seulement il soutint l'arrière-garde de sa troupe et s'efforça de ramener l'ordre parmi ses hommes, mais que, dans la chaleur de sa bravoure, il répondit au feu du fort en déchargeant un de ses pistolets de selle contre les remparts ; mais comme la distance qui l'en séparait était d'environ un demi-mille, il n'a jamais été possible de savoir si cette représaille avait eu quelque résultat.

Nos guerriers traversèrent alors la mémorable plaine de Bannockburn[1] et atteignirent le Torwood, lieu qui rappelle au paysan écossais de glorieux ou de terribles souvenirs, selon que les hauts faits de Wallace ou les cruautés de Wude Willie Grime lui reviennent à la pensée. A Falkirk, ville déjà fameuse dans l'histoire d'Écosse, et à laquelle d'importants événements militaires allaient donner bientôt une nouvelle célébrité, Balmawhapple proposa de faire halte et de passer la nuit. Le commandement s'exécuta sans beaucoup de respect pour la discipline, le digne quartier-maître étant surtout occupé de découvrir où l'on pouvait se procurer la meilleure eau-de-vie. Les sentinelles furent jugées inutiles, et de toute la troupe il ne resta debout que ceux qui purent trouver de quoi boire. Une poignée d'hommes résolus aurait eu facilement raison du détachement ; mais parmi les habitants quelques-uns étaient favorables aux Stuarts, la plupart étaient indifférents, et le reste tremblait de peur. Il n'arriva rien de remarquable dans le cours de cette nuit, si ce n'est que le repos de Waverley fut

---

[1] Célèbre par une victoire que Bruce y remporta sur les Anglais. Consultez l'*Histoire d'Écosse* de notre auteur. (L. V.)

cruellement troublé par les buveurs qui hurlaient sans remords ni pitié leurs chansons jacobites.

Le lendemain, de bonne heure, ils se remirent en selle et prirent la route d'Édimbourg; mais la pâleur de leurs visages attestait que plus d'un dans la compagnie avait passé la nuit dans une débauche sans sommeil. Ils s'arrêtèrent à Linlithgow, célèbre par son antique palais, qui, il y a soixante ans, était encore intact et habitable, et dont les vénérables ruines, *il n'y a pas encore soixante ans*, ont échappé de bien près à l'indigne destin de se voir transformées en baraques pour les prisonniers français. Soient calmes et bénies les cendres de l'homme d'état patriote qui, entre autres services dernièrement rendus à l'Écosse, a par son crédit empêché cette profanation!

En approchant de la capitale de l'Écosse, à travers des campagnes bien cultivées, les bruits de la guerre commencèrent à retentir à leurs oreilles. Les grondements éloignés, mais distincts, du canon, qui tonnait par intervalles, apprirent à Édouard que l'œuvre de destruction était commencée. Balmawhapple lui-même sembla vouloir prendre quelques précautions; il détacha en avant plusieurs hommes, et rangeant les autres en assez bon ordre, il s'avança résolument.

Marchant ainsi, ils atteignirent en peu de temps une éminence d'où la vue pouvait découvrir Édimbourg se déployant sur les flancs d'une colline élevée qui du château s'abaisse vers l'est. Assiégé ou plutôt bloqué par les insurgés du Nord, qui depuis deux ou trois jours déjà occupaient la ville, le château faisait feu sur les détachements d'Highlanders qui se montraient soit dans la principale rue, soit sur tout autre point des environs de la citadelle. La matinée était calme et pure; l'effet de ce feu irrégulier était d'envelopper le château dans des spirales de fumée dont les franges se résolvaient lentement dans l'air, tandis que les nouveaux nuages qui de moment en moment s'échappaient des remparts ajoutaient incessamment à l'épaisseur du voile central. Ainsi caché en partie, le château prenait aux yeux de Waverley un aspect de grandeur sombre et terrible, surtout quand il songeait à la cause qui produisait cet effet, et qu'il pensait que chaque explosion sonnait peut-être le glas d'un brave.

Avant qu'ils fussent près de la ville, cette canonnade partielle avait entièrement cessé. Cependant Balmawhapple, qui se rappelait le salut peu amical que la batterie de Stirling avait fait à sa troupe, ne fut pas tenté, sans doute, de mettre à l'épreuve la patience de l'artillerie du château. Il quitta donc la route droite, et faisant un grand détour vers le sud, de manière à se trouver hors de la portée du canon, il s'approcha de l'ancien palais d'Holy-Rood, sans être entré dans les murs de la ville. Il fit alors ranger ses hommes en bataille devant ce vénérable édifice, et remit Waverley à la garde d'un piquet de Highlanders, dont l'officier le conduisit dans l'intérieur du palais.

Une galerie longue, basse et mal proportionnée, ornée de tableaux qu'on assurait être les portraits de rois qui, s'ils ont jamais vécu, devaient avoir régné plusieurs centaines d'années avant l'invention de la peinture à l'huile, servait comme de salle des gardes ou de vestibule aux appartements que l'aventureux Charles-Édouard occupait alors dans le palais de ses ancêtres. Des officiers, portant le costume des montagnes et des basses terres, passaient et repassaient à la hâte, ou demeuraient dans cette pièce comme pour attendre des ordres. Des secrétaires étaient employés à faire des passe-ports, à dresser des rôles et à expédier des dépêches. Tous paraissaient affairés et absorbés par quelque objet important; personne ne fit attention à Waverley, qui put s'asseoir dans l'embrasure d'une fenêtre, et réfléchir, non sans inquiétude, sur la crise de sa destinée, qui semblait alors s'approcher rapidement.

CHAPITRE XL.

UNE ANCIENNE ET UNE NOUVELLE CONNAISSANCE.

Tandis qu'il était profondément enseveli dans sa rêverie, un frôlement de tartans se fit entendre derrière lui, une main amie lui toucha l'épaule, et une voix connue s'écria :

— Le prophète highlandais disait-il vrai? Ne faudra-t-il plus croire à la seconde vue?

Waverley se retourna, et se trouva dans les bras de Fergus Mac-Ivor. — Soyez mille fois le bienvenu à Holy-Rood, rendu enfin à son légitime souverain ! Ne vous avais-je pas dit que nous réussirions, et que vous tomberiez dans les mains des Philistins, si vous vous sépariez de nous?

— Cher Fergus! s'écria Waverley en lui rendant chaudement son bon accueil, il y a longtemps que je n'avais entendu la voix d'un ami ! Où est Flora?

— En sûreté, et spectatrice enivrée de nos succès.

— Ici?

— Oui; dans cette ville, du moins. Vous la verrez; mais, d'abord, il faut que vous soyez présenté à un ami auquel vous pensez peu, et qui s'est fréquemment enquis de vous.

A ces mots, il prit Waverley sous le bras et l'entraîna hors de la salle des gardes; avant qu'il sût où il était ainsi conduit, Édouard se trouva dans une salle d'audience à laquelle on avait voulu donner un aspect de splendeur royale.

Un jeune homme, distingué par la dignité de son maintien et la noble expression de ses traits réguliers et de sa belle physionomie, qu'ombrageaient ses propres cheveux [1] de couleur blonde, s'avança hors du cercle d'officiers et de chefs montagnards dont il était entouré. Waverley se dit ensuite qu'à ses manières aisées et gracieuses, il eût deviné sa haute naissance et son rang, lors même que l'étoile qui brillait sur sa poitrine et la jarretière brodée attachée à son genou ne les lui eussent pas indiqués.

— Que Votre Altesse Royale, dit Fergus en s'inclinant profondément, me permette de lui présenter...

— Le descendant de l'une des plus anciennes et des plus loyales [2] familles de l'Angleterre, interrompit le jeune Chevalier. Je vous demande pardon de vous interrompre, mon cher Mac-Ivor; mais un maître de cérémonies est superflu pour présenter un Waverley à un Stuart.

A ces mots, il tendit la main à Édouard avec la plus grande courtoisie. Notre héros n'aurait pu, l'eût-il désiré, se dispenser de lui rendre l'hommage qui semblait dû à son rang, et qui certainement appartenait à sa naissance. — Je suis fâché d'apprendre, M. Waverley, ajouta-t-il, que par suite de circonstances jusqu'à présent mal expliquées, vous ayez été soumis à quelque contrainte parmi mes partisans du Perthshire, et dans votre marche vers cette ville; mais nous sommes dans une situation qui nous permet à peine de discerner nos amis, et je suis même, en ce moment, incertain si je puis avoir le plaisir de compter M. Waverley au nombre des miens.

Il se tut un instant; mais avant qu'Édouard eût pu arranger une réponse convenable, ou même recueillir ses idées sur ce sujet, le prince sortit un papier de sa poche, et continua : — Je n'aurais pas, à la vérité, de doute à cet égard, si je pouvais m'en rapporter à cette proclamation, publiée par les amis de l'électeur de Hanovre, et où M. Waverley est rangé parmi les nobles et les gentilshommes menacés des châtiments qu'entraîne la haute trahison, pour leur loyauté envers leur légitime souverain. Mais je ne veux devoir mes adhérents qu'à l'affection et à la conviction; et si M. Waverley incline à poursuivre son voyage dans le Sud ou à joindre les forces de l'électeur, il aura de moi un passeport et la liberté de partir. Je regretterai seulement que mon pouvoir actuel n'aille pas jusqu'à le protéger contre les conséquences probables d'une telle détermination..... Mais, continua

---

[1] L'auteur fait cette remarque, parce que la mode générale de l'époque était de porter perruque. (L. V.)

[2] Nous avons déjà fait remarquer que ce mot *loyauté* est fréquemment employé dans une acception toute politique, et que nous l'avons conservé, ainsi que les mots *loyalisme* et *loyaliste*, comme représentant une idée toute spéciale de fidélité à la famille exilée des Stuarts, que nulle autre expression n'aurait pu rendre. (L. V.)

Charles-Édouard après une seconde et courte pause, si M. Waverley, à l'exemple de son ancêtre, sir Nigel, se déterminait à embrasser une cause qui n'a guère pour elle que sa justice, et à suivre un prince qui se livre à l'affection de son peuple pour recouvrer le trône de ses ancêtres ou périr dans la tentative, tout ce que je puis lui dire, c'est que parmi ces nobles et ces gentilshommes il trouvera des associés dignes de lui dans une noble entreprise, et qu'il suivra un maître qui pourra être malheureux, mais qui, je l'espère, ne sera jamais ingrat.

Le politique *chieftain* de la race d'Ivor avait bien compris l'avantage qu'il retirerait de cette entrevue personnelle du royal Aventurier [1] et de Waverley. Étranger au langage et aux manières d'une cour polie, que Charles possédait à un degré éminent, les paroles et l'accueil du prince le pénétrèrent jusqu'au fond du cœur, et l'emportèrent aisément sur tous les conseils de la prudence. Être ainsi personnellement sollicité par un prince dont les formes et les dehors, aussi bien que le courage qu'il déployait dans cette singulière entreprise, répondaient si bien à ses idées romanesques ; être flatté par lui dans les antiques salles du palais de ses pères, reconquis par l'épée qu'il dirigeait déjà vers d'autres victoires : c'en était assez pour donner à Édouard, à ses propres yeux, la dignité et l'importance qu'il avait cessé de regarder comme ses attributs. Rejeté, calomnié, menacé d'un côté, il fut irrésistiblement attiré à la cause que ses préjugés d'éducation et les principes politiques de sa famille lui présentaient déjà comme la plus juste. Ces idées envahirent son esprit comme un torrent balayant devant lui toute considération opposée ; — le temps, d'ailleurs, n'admettait pas de délibération : — Waverley, tombant aux genoux de Charles-Édouard, dévoua son cœur et son épée à la revendication de ses droits !

Le prince (car, bien que victime des fautes et des folies de ses ancêtres, nous lui donnerons, ici et ailleurs, le titre dû à sa naissance), le prince releva Waverley, et l'embrassa avec une effusion trop vive pour ne pas être sincère. Il fit aussi à Fergus Mac-Ivor des remerciements répétés pour lui avoir amené un tel adhérent, et présenta Waverley aux différents seigneurs, *chieftains* et officiers qui entouraient sa personne, comme un jeune gentilhomme de la plus haute espérance et du plus bel avenir, dans l'adhésion hardie et enthousiaste duquel ils pouvaient voir un témoignage des sentiments des grandes familles anglaises dans cette crise grave [2]. C'était là, en effet, l'objet

---

[1] *Adventurer*. Cette expression, fréquemment appliquée à l'auteur de cette aventureuse entreprise, ne doit pas être prise dans le sens défavorable que l'usage lui donne en français. (L. V.)

[2] L'opinion jacobite dominait dans les comtés de l'Ouest et dans le pays de Galles. Mais quoique plusieurs grandes familles, les Wynne, les Wyndham et quelques autres, se fussent engagées à joindre le prince Charles s'il débarquait, ils y avaient mis pour condi-

d'un grand doute parmi les adhérents de la maison de Stuart; et, comme une méfiance bien fondée de la coopération des jacobites anglais tenait un grand nombre d'Écossais de haut rang éloignés de son étendard, et refroidissait l'ardeur de ceux qui l'avaient joint, rien ne pouvait arriver plus à propos pour le Chevalier que la déclaration ouverte en sa faveur du représentant de Waverley-Honneur, dont tous les membres étaient depuis si longtemps connus comme cavaliers et royalistes. C'est ce que Fergus avait prévu dès l'origine. Il aimait réellement Waverley, parce que leurs sentiments et leurs projets ne s'étaient jamais trouvés en opposition ; il espérait le voir uni à Flora, et il se réjouissait qu'il fût activement engagé dans la cause qu'il regardait comme la sienne. Mais, comme déjà nous l'avons donné à entendre, il s'applaudissait en outre, comme politique, de voir assuré à son parti un gentilhomme d'une telle conséquence ; et il était loin d'être insensible à l'importance que lui-même acquérait près du prince qui lui devait une semblable acquisition.

Charles-Édouard, de son côté, semblait empressé de montrer à ceux qui l'entouraient le prix qu'il attachait à son nouvel adhérent, en entrant immédiatement avec lui, et comme en confidence, dans l'exposé des circonstances de sa position. — M. Waverley, lui dit-il, par des causes dont je ne suis informé qu'imparfaitement, vous avez été tellement isolé des nouvelles publiques, que vous ignorez encore, je présume, les particularités essentielles de ma situation actuelle. Vous aurez cependant entendu parler de mon débarquement dans le district éloigné de Moidart, accompagné seulement de sept personnes, et des nombreux clans, conduits par leurs chefs, dont l'enthousiasme et la fidélité ont mis tout à coup un aventurier isolé à la tête d'une vaillante armée. Vous aurez appris aussi, je pense, que le général en chef de l'électeur de Hanovre, sir John Cope, s'était avancé dans les Highlands à la tête d'une force armée nombreuse et bien équipée, dans le dessein de nous livrer bataille, mais que le courage lui a manqué quand nous n'étions plus qu'à trois heures de marche l'un de l'autre, de sorte qu'il nous est échappé, se dirigeant au nord, vers Aberdeen, et laissant le bas pays ouvert et sans défense. Pour ne pas perdre une aussi favorable occasion, je me suis avancé directement sur cette métropole, chassant devant moi deux régiments de cavalerie, ceux de Gardiner

---

tion expresse qu'il serait soutenu d'une armée française auxiliaire, appui sans lequel ils prévoyaient que l'entreprise échouerait. Aussi, quoique bien disposés pour sa cause, et n'attendant qu'une occasion de se réunir à lui, ils ne se crurent pas en honneur tenus de le faire, quand ils le surent appuyé seulement d'un corps de sauvages montagnards, parlant un idiome inconnu et portant des habits extraordinaires. L'expédition de Derby les frappa de crainte plus que d'admiration. Il est cependant difficile de dire ce qui eût pu arriver si la bataille de Preston ou celle de Falkirk eussent été gagnées pendant la marche en Angleterre. (W. S.)

CHAPITRE XL.

et d'Hamilton, qui avaient menacé de tailler en pièces tous les Highlanders qui s'aventureraient à dépasser Stirling; et tandis que les magistrats et les citadins d'Édimbourg étaient occupés à délibérer s'ils devaient se défendre ou se rendre, mon bon ami Lochiel (et il posait sa main sur l'épaule de ce brave et habile *chieftain*) leur a épargné la peine de plus longues discussions, en forçant les portes à la tête de cinq cents Camérons. Tout va donc bien jusqu'ici; mais sur ces entrefaites, l'air vif d'Aberdeen ayant fortifié les nerfs de ce courageux général, il s'est mis en mer pour Dumbar [1], et j'ai reçu tout à l'heure la nouvelle certaine qu'il y est débarqué hier. Sans nul doute, son dessein doit être de marcher sur nous pour reprendre possession de la capitale. Or, il y a deux avis dans mon conseil de guerre : l'un, qu'étant inférieurs probablement par le nombre, et certainement par la discipline et les approvisionnements militaires, sans parler de notre manque absolu d'artillerie et de la faiblesse de notre cavalerie, le parti le plus sûr est de nous replier vers les montagnes, et là, de traîner la guerre en longueur jusqu'à ce que des troupes fraîches nous arrivent de France et que tous les clans highlandais aient pris les armes en notre faveur. L'opinion opposée soutient que, dans les circonstances, un mouvement rétrograde jetterait certainement le discrédit sur nos armes et sur notre entreprise, et que, loin de nous gagner de nouveaux partisans, ce serait le moyen de décourager ceux qui ont joint notre drapeau. Les officiers qui font valoir ces derniers arguments, et votre ami Fergus Mac-Ivor est du nombre, disent que si les Highlanders sont étrangers aux règles ordinaires de la discipline militaire de l'Europe, les soldats qu'ils auront à combattre ne le sont pas moins à leur formidable mode d'attaque; que l'attachement et le courage des chefs et des gentilshommes ne peuvent être mis en doute, et que, comme ils se jetteront au milieu des rangs ennemis, à coup sûr leurs clans les y suivront; enfin, qu'ayant tiré l'épée, nous devons jeter le fourreau, et confier notre cause au sort des armes et au Dieu des batailles. M. Waverley voudrait-il nous donner son avis dans ces circonstances difficiles?

Waverley rougit de plaisir et de modestie, à cette question si honorable; et avec autant de présence d'esprit que de courage, il répondit qu'il ne pouvait se hasarder à donner son opinion comme appuyée sur l'expérience militaire, mais que l'avis le plus agréable pour lui serait celui qui le mettrait le plus tôt à même de prouver son zèle pour le service de Son Altesse Royale.

—C'est parler en Waverley! s'écria Charles-Édouard; et pour que vous teniez un rang qui réponde jusqu'à un certain point à votre nom, permettez-moi, au lieu de la commission de capitaine que vous avez

[1] Port de mer à l'est d'Édimbourg. (L. V.)

perdue, de vous offrir le brevet de major à mon service, avec l'avantage de remplir les fonctions d'aide-de-camp près de ma personne, jusqu'à ce que vous puissiez être attaché à un des régiments qui, je l'espère, ne tarderont pas à être organisés.

— Votre Altesse Royale me pardonnera, répondit Waverley (car Balmawhapple et sa troupe mesquine se présentèrent à son esprit), si je n'accepte aucun grade avant le moment où je me trouverai en un lieu où j'aurai assez d'influence pour lever un corps de troupes qui me donne les moyens de rendre mon commandement utile au service de Votre Altesse Royale. En attendant, j'espère qu'elle ne me refusera pas la permission de servir comme volontaire sous mon ami Fergus Mac-Ivor.

— Du moins, repartit le prince, évidemment flatté de cette proposition, laissez-moi le plaisir de vous armer à la mode highlandaise. A ces mots, il détacha son épée, dont le ceinturon était plaqué en argent, et la poignée d'acier richement et curieusement travaillée. — La lame, dit le prince, est un véritable *André Ferrara*. C'est une sorte d'héritage de famille ; mais je suis persuadé que je la remets en meilleures mains que les miennes, et j'y joindrai des pistolets du même ouvrier. — Colonel Mac-Ivor, vous devez avoir beaucoup de choses à dire à votre ami ; je ne vous priverai pas plus longtemps du plaisir de converser ensemble. Mais souvenez-vous que nous vous attendons l'un et l'autre pour nous accompagner ce soir. Ce sera peut-être la dernière nuit dont nous jouirons dans ces salles ; et comme nous allons au champ de bataille avec une bonne conscience, nous passerons gaiement la veille du combat.

Ayant ainsi reçu la permission de se retirer, le Chef et Waverley quittèrent la salle d'audience.

CHAPITRE XLI.

LE MYSTÈRE COMMENCE A S'ÉCLAIRCIR.

Que dites-vous de lui? Telle fut la première question de Fergus, tandis qu'ils descendaient le grand escalier de pierre.

— Que c'est un prince sous lequel on voudrait vivre et mourir, répondit Waverley avec enthousiasme.

— Je savais que telle serait votre opinion quand vous l'auriez vu, et j'avais dessein que ce fût plus tôt, si votre foulure ne vous en eût empêché. Et cependant il a ses faiblesses, ou plutôt il a à jouer un jeu difficile, et ses officiers irlandais, qui sont en grand nombre près de lui, sont de tristes conseillers [1] ; — ils ne peuvent choisir entre les nombreuses prétentions qu'on a soulevées. Le croiriez-vous? J'ai été obligé de supprimer, quant à présent, ma patente de comte, qui m'a été accordée en récompense de dix années de services, et cela, en vérité, de peur d'exciter la jalousie de C*** et de M***! Vous avez très-bien fait, Édouard, de refuser la place d'aide-de-camp. Il y en a deux de vacantes, à la vérité; mais Clanronald, Lochiel, et la plupart de nous, en ont demandé une pour le jeune Aberchallader, et les Lowlanders, ainsi que le parti irlandais, désirent également obtenir l'autre pour le Maître de F***. Et si maintenant un des deux candidats eût été supplanté par vous, vous vous seriez fait des ennemis; et je suis même surpris que le prince vous ait offert le grade de major, lui qui sait très-bien que beaucoup d'autres, qui ne peuvent amener au camp plus de cent cinquante hommes, ne seront pas satisfaits à moins du grade de lieutenant-colonel. — Mais patience, cousin, et mêlez les cartes. — Tout cela est très-bien quant à présent, et il faut maintenant que nous songions à vous équiper convenablement pour ce soir, dans votre nouveau costume; car, à vrai dire, votre homme extérieur n'est guère présentable dans une Cour.

---

[1] La division se mit de bonne heure dans la petite armée du Chevalier, non-seulement parmi les *chieftains* indépendants, beaucoup trop fiers pour se soumettre les uns aux autres, mais aussi entre les Écossais et le gouverneur de Charles, O' Sullivan, Irlandais de naissance, lequel, avec quelques-uns de ses compatriotes sortis de la brigade irlandaise au service du roi de France, avaient sur l'*Aventurier* une influence dont s'offensèrent vivement les Highlanders, qui sentaient que leurs clans faisaient la force principale ou plutôt la seule force de son entreprise. Il y eut aussi une querelle entre lord George Murray et John Murray de Broughton, secrétaire du prince; la désunion de ces deux hommes entrava notablement les affaires de l'*Aventurier*. En général, mille prétentions opposées divisaient leur petite armée, et finalement ne contribuèrent pas peu à sa dispersion. (W. S.)

— En effet, répondit Waverley en jetant les yeux sur ses habits tout souillés, mon habit de chasse a été de service depuis que nous nous sommes quittés; mais c'est ce que probablement, mon ami, vous savez aussi bien ou mieux que moi.

— Vous faites trop d'honneur à ma seconde vue, repartit Fergus. Nous étions si occupés, d'abord de notre plan de livrer bataille à Cope, puis de nos opérations dans les Lowlands, que je ne pus que donner des instructions générales à ceux des nôtres que nous laissions dans le Perth, de veiller à votre sûreté s'ils venaient à vous rencontrer. Mais faites-moi donc le récit détaillé de vos aventures; car elles ne sont parvenues jusqu'à nous que tout à fait tronquées et mutilées.

Waverley lui raconta alors tout au long les divers incidents que le lecteur connaît déjà, et que Fergus écouta avec grande attention. Ce récit les conduisit jusqu'à la porte du logement de Fergus, qui avait pris ses quartiers sur une petite cour pavée, derrière la rue appelée le Canongate, dans la maison d'une veuve joviale arrivée à la quarantaine, qui semblait sourire très-gracieusement au jeune et beau Chef; c'était une de ces personnes dont la bonne mine et la bonne humeur sont sûres de capter l'intérêt, à part toute opinion politique et toute distinction de partis. Callum-Beg les y reçut avec un sourire de connaissance. — Callum, lui dit le Chef, appelle Schemus an Schanad [1]. C'était le tailleur héréditaire des Vich Ian Vohr.

— Schemus, lui dit le Chef, M. Waverley va porter le *cath dath* [2]; il faut que ses *trews* soient prêtes dans quatre heures. Vous connaissez la mesure d'un homme bien fait : deux doubles *nails* [3] au bas de la jambe...

— Onze de la hanche au talon, sept pour la ceinture. — Je permets à Votre Honneur de faire pendre Schemus si dans tout l'Highland il y a une paire de ciseaux qui ait une coupe plus hardie que les siens pour le *cumadh an truais* [4].

— Ayez-lui un plaid de tartan aux couleurs de Mac-Ivor, continua le Chef, avec une ceinture, et une toque bleue sur le modèle de celle du prince ; vous les aurez dans le Crames, à la boutique de M. Mouat. Mon habit vert à boutons et galons d'argent lui ira à merveille, et je ne l'ai pas encore mis. Dites à l'enseigne Maccombich de choisir une belle targe parmi les miennes. Le prince a donné à M. Waverley l'épée et les pistolets; je le fournirai du dirk et de la poche. Ajoutez seule-

---

[1] James de l'Aiguille.

[2] Tartan aux couleurs de guerre. (W. S.)

[3] Le *nail* est une mesure de deux pouces et quart (anglais.) Deux doubles nails équivalent donc à 9 pouces. (L. V.)

[4] Pour la taille des trews. Nous avons déjà vu que le *trew* est la culotte montagnarde. (L. V.)

ment à tout cela une paire de souliers à talons bas, et alors, mon cher Édouard, vous serez un véritable enfant d'Ivor.

Après avoir donné ces ordres nécessaires, le Chef en revint aux aventures de Waverley. — Il est clair, dit-il, que vous avez été sous la garde de Donald Bean Lean. Vous saurez que quand je partis à la tête de mon clan pour rejoindre le prince, je laissai à cet honnête membre de la société mes ordres pour s'acquitter d'un certain service ; après quoi il devait se réunir à moi avec tout ce qu'il aurait pu rassembler de monde. Mais, au lieu d'en agir ainsi, le gentilhomme, trouvant la côte libre, jugea à propos de faire la guerre pour son compte, et se mit à battre le pays, pillant, je crois, amis et ennemis, sous prétexte de lever le *black-mail*, tantôt en mon nom, tantôt (maudite soit l'impudence achevée du coquin !) de sa propre autorité. Sur mon honneur ! si je vis assez pour revoir le *cairn*[1] de Benmore, je serai tenté de faire pendre le drôle. Je reconnais sa main particulièrement dans la manière dont vous avez été arraché à ce fripon hypocrite de Gilfillan, et je ne doute guère que ce soit Donald lui-même qui, en cette occasion, a joué le rôle du colporteur. Mais comment ne vous a-t-il pas dépouillé ou mis à contribution, comment n'a-t-il pas cherché d'une manière ou de l'autre à tirer parti pour son avantage de votre captivité, c'est ce qui passe mon imagination.

— Quand et comment avez-vous appris ma captivité ? lui demanda Waverley.

— Le prince lui-même m'en a informé, en s'enquérant très-minutieusement de votre histoire. Il m'apprit alors que vous étiez en ce moment au pouvoir de l'un de nos détachements du Nord, — vous sentez bien que je ne pouvais le questionner sur les détails, — et me demanda mon avis sur la manière dont il fallait disposer de vous. Je le priai de vous faire conduire ici comme prisonnier, parce que je désirais ne pas vous compromettre ultérieurement près du gouvernement anglais, dans le cas où vous auriez encore eu dessein de vous rendre dans le Sud. J'ignorais entièrement, vous devez vous en souvenir, l'accusation de complicité de haute trahison qui pesait sur vous, et qui, je présume, a été pour quelque chose dans le changement de votre premier plan. Ce sournois, ce bon à rien, cette brute de Balmawhapple fut envoyé pour vous escorter depuis Doune, avec ce qu'il appelle son escadron. Quant à sa conduite, outre son antipathie naturelle pour tout ce qui ressemble à un homme bien né, je présume que son aventure avec Bradwardine lui est restée à cœur, d'autant plus que je puis dire que la manière dont il raconte l'histoire a contribué aux mauvais rapports qui parvinrent à votre ci-devant régiment.

---

[1] Le *cairn* est un monticule artificiel, ordinairement en pierres non cimentées, qui marque le tombeau de quelque guerrier des anciens temps, ou la place de quelque événement mémorable que la tradition transmet communément d'âge en âge. (**L. V.**)

— C'est très-probable ; mais sûrement, mon cher Fergus, vous allez à présent trouver le temps de me dire quelques mots de Flora?

— En vérité, tout ce que j'ai à vous en dire, c'est qu'elle se porte bien, et qu'en ce moment elle réside chez une parente dans cette ville. J'ai cru qu'il était d'autant plus à propos qu'elle vînt ici, que depuis nos succès bon nombre de dames de haut rang suivent notre cour militaire. Je vous assure qu'on peut s'enorgueillir d'être proche parent d'une femme telle que Flora Mac-Ivor ; et là où il y a un tel conflit de réclamations et de requêtes, un homme doit user de tous les moyens légitimes de rehausser son importance.

Il y avait dans cette dernière phrase quelque chose qui blessa les sentiments de Waverley. Il ne pouvait supporter l'idée que Flora fût considérée comme devant aider à l'avancement de son frère, par l'admiration qu'elle devait inévitablement exciter ; et quoique cette manière de voir s'accordât parfaitement avec beaucoup de points du caractère de Fergus, elle le choquait comme une marque d'égoïsme, et elle lui semblait indigne de l'esprit élevé de Flora, ainsi que de la fierté indépendante de Mac-Ivor lui-même. Celui-ci, à qui de semblables manœuvres étaient familières, comme à un homme élevé à la cour de France, ne remarqua pas l'impression défavorable que sans y songer il avait faite sur l'esprit de son ami, et conclut en disant qu'ils ne verraient guère Flora avant le soir, au concert et au bal donnés au prince et à sa suite. Nous avons eu une querelle, ajouta-t-il, au sujet de son refus de prendre congé de vous. Je ne veux pas la renouveler en lui demandant de vous recevoir ce matin ; non-seulement ma requête pourrait bien être inefficace, mais peut-être empêcherait-elle votre rencontre ce soir.

Tandis qu'ils conversaient ainsi, une voix bien connue, partant de la cour, sous les fenêtres du parloir, vint frapper les oreilles de Waverley.

— Je vous certifie, mon digne ami, disait cette voix, que c'est totalement s'écarter de la discipline militaire ; et si vous n'étiez pas en quelque sorte un *tyro*[1], votre projet mériterait une forte réprimande. Un prisonnier de guerre ne doit en aucun cas être mis aux fers, ni resserré *in ergastulo*, comme c'eût été le cas si vous aviez mis ce gentilhomme dans la basse fosse du donjon[2] de Balmawhapple. Seulement j'accorde qu'un tel prisonnier peut être, par prudence, mis *in carcere*, c'est-à-dire dans la prison publique.

La voix grondeuse de Balmawhapple fut distinguée ensuite ; on pouvait juger qu'il prenait congé d'un ton mécontent, mais le mot *landlouper*[3] fut le seul qu'on put distinctement saisir. Waverley ne le trouva

---

[1] Conscrit, novice.

[2] *Peel-house*. Peel est en général, en Écosse, une forteresse ou lieu fortifié. *Peelhouse*, dans ces cantons frontières, ou *borders* du haut pays, est une petite tour carrée en pierres cimentées. (L. V.)

[3] Homme qui court le pays.

plus dans la cour, quand il y entra pour saluer le digne baron de Bradwardine. L'uniforme dont il était alors revêtu, c'est-à-dire l'habit bleu galonné d'or, la veste et le pantalon écarlate, et d'immenses bottes à la Jacques[1], semblait avoir ajouté une nouvelle raideur à sa grande taille empesée et perpendiculaire ; et le sentiment de l'autorité et du commandement militaire avait accru dans la même proportion l'importance de ses manières et le ton doctoral de sa conversation.

Il accueillit Waverley avec sa bonté ordinaire, et lui exprima aussitôt la plus grande impatience d'apprendre de lui le détail des circonstances de sa destitution par le colonel du régiment Gardiner ; — non, dit-il, qu'il eût la moindre appréhension que son jeune ami eût rien fait qui pût lui mériter le traitement indigne qu'il avait reçu du Gouvernement, mais parce qu'il était juste et convenable que le baron de Bradwardine, à titre de confiance et d'autorité, fût pleinement mis à même de réfuter toutes les calomnies qui pourraient être débitées contre l'héritier de Waverley-Honneur, qu'à plus d'un titre il avait droit de regarder comme son propre fils.

Fergus Mac-Ivor, qui venait de les rejoindre, raconta succinctement les diverses circonstances de l'histoire de Waverley, et termina par la réception flatteuse qu'il avait reçue du jeune Chevalier. Le baron l'écouta en silence, et, quand Fergus eut terminé, saisit la main d'Édouard et la secoua cordialement, en le félicitant d'être entré au service de son prince légitime. — Car, ajouta-t-il, quoique toutes les nations aient justement regardé comme une cause de scandale et de déshonneur d'enfreindre le *sacramentum militare*, soit qu'il eût été prêté par chaque soldat personnellement, ce que les Romains appelaient *per conjurationem*, soit qu'un soldat l'eût prêté au nom de tous, personne cependant n'a jamais douté que l'allégeance ainsi jurée ne fût relevée par la *dimissio*, c'est-à-dire par le congé du soldat, dont la condition, s'il en était autrement, serait pire que celle des charbonniers-mineurs, des sauniers et autres *adscripti glebæ* ou esclaves du sol. Il y a quelque chose de cela dans l'ouvrage du savant Sanchez *De Jure jurando*, que sans doute vous aurez consulté en cette occasion. Quant à ceux qui vous ont calomnié par leurs faux rapports, je proteste à la face du Ciel que dans mon opinion ils ont justement encouru la pénalité de la *Memnonia lex*, appelée aussi *Lex Rhennia*, qui est commentée par Tullius[2] dans son Discours *in Verrem*. J'aurais cependant pensé, M. Waverley, qu'avant d'adopter un service spécial dans l'armée du prince, vous vous seriez enquis du rang que le vieux Bradwardine occupe ici, et s'il n'eût pas été particulièrement heureux d'avoir eu vos services dans le régiment de chevaux qu'il est maintenant occupé à lever.

---

[1] *Jack-bottes*, bottes fortes. (L. V.)

[2] Cicéron.

Édouard esquiva ce reproche en faisant valoir la nécessité où il s'était trouvé de donner au prince une réponse immédiate, et l'incertitude où il était alors si son ami le baron se trouvait à l'armée, ou s'il était chargé ailleurs de quelque mission.

Ce point de préséance réglé, Waverley s'informa de miss Bradwardine, et apprit qu'elle était arrivée à Édimbourg avec Flora Mac-Ivor, sous l'escorte d'un détachement d'hommes du clan Ivor. Cette démarche avait été nécessaire, Tully-Veolan étant devenu un lieu de résidence fort peu agréable, et même dangereux pour une jeune personne sans protection, à raison de sa proximité des Highlands et de deux ou trois grands villages qui, autant en haine des caterans que par zèle pour la foi presbytérienne, s'étaient rangés du côté du Gouvernement, et avaient organisé des corps irréguliers de partisans qui avaient de fréquentes escarmouches avec les montagnards, et quelquefois même attaquaient les maisons des gentilshommes jacobites des *braes*, ou du pays frontière entre le haut et le bas pays.

— Je vous proposerais bien, continua le baron, de venir jusqu'à mon logement dans les Luckenbooths[1], afin d'admirer en route la *High-street*, qui est, sans ombre de doute, plus belle qu'aucune rue de Londres ou de Paris. Mais Rose, la pauvre fille, est mortellement effrayée par le feu du château, quoique je lui aie prouvé, par Blondel et Cohorn, qu'il est impossible qu'un boulet arrive jusqu'aux bâtiments que nous occupons; et puis, outre cela, je suis chargé par Son Altesse Royale de me rendre au camp ou au siége de notre armée, pour veiller à ce que nos hommes aient à *conclamare vasa*, c'est-à-dire à faire leurs sacs et à plier bagage pour la marche de demain.

— Cela sera facile à beaucoup d'entre nous, dit Mac-Ivor en riant.

— Je vous demande pardon, colonel Mac-Ivor, pas tout à fait si facile que vous semblez le croire. J'accorde que la plupart de vos gens ont quitté les Highlands légers de bagage et sans le moindre embarras; mais on ne saurait dire la quantité de choses inutiles qu'ils ont ramassées en route. J'ai vu un de vos coquins (je vous demande encore une fois pardon) qui portait sur son dos une glace de trumeau.

— Oui, oui, répondit Fergus toujours en belle humeur, et il vous aurait dit, si vous l'aviez questionné, que « pied qui marche accroche toujours[2]. » — Mais allons, mon cher baron, vous savez aussi bien que moi que cent hulans ou une seule compagnie de pandours de Schmirschitz feraient plus de dégât dans un pays que ce chevalier du Miroir et tout le reste de nos clans ensemble.

— Et c'est ce qui est aussi très-vrai; ils sont, comme disent les au-

---

[1] Les *Luckenbooths* sont un des quartiers du vieil Édimbourg, que borde la partie centrale de la rue principale de la vieille ville, *High-street*. Ces dénominations seront familières à ceux de nos lecteurs qui ont déjà lu le *Cœur de Mid-Lothian*. (L. V.)

[2] *A ganging foot is aye getting.*

teurs païens, *ferociores in aspectu,* *mitiores in actu*, d'une physionomie horrible et féroce, mais de manières plus bénignes que leur aspect et leur visage ne le feraient croire. — Mais je reste ici à jaser avec deux jeunes gens, quand je devrais être au Parc du Roi [1].

— Mais à votre retour vous viendrez dîner avec Waverley et moi? Je vous assure, baron, que, bien que je puisse vivre à l'highlandaise quand la nécessité l'exige, je n'ai pas oublié mon éducation parisienne, et que je m'entends parfaitement à faire la meilleure chère [2].

— Qui diable en doute, dit le baron en riant, quand vous n'y mettez que la façon, et que c'est la *bonne ville* qui doit fournir les matériaux? — Hé bien! j'aurais encore quelques affaires en ville, mais je vous rejoindrai à trois heures, si le dîner peut attendre jusque-là.

A ces mots, il prit congé de ses amis, et partit pour s'acquitter de la mission qui lui avait été confiée.

CHAPITRE XLII.

UN DINER MILITAIRE.

Jacques de l'Aiguille était homme de parole quand le wisky ne se mettait pas de la partie. En cette occasion, Callum Beg, qui se regardait encore comme débiteur de Waverley, puisque celui-ci avait refusé d'accepter une compensation aux dépens de la personne de l'hôte du *Candelabre*, saisit cette opportunité de s'acquitter de l'obligation, en montant la garde auprès du tailleur héréditaire de Sliochd nan Ivor; et, comme il le disait lui-même, « il lui mit l'épée dans les reins [3] » jusqu'à ce qu'il eût fini la besogne. Pour s'affranchir de cette obsession, Schemus fit voler son aiguille à travers le tartan avec la rapidité de l'éclair; et comme l'artiste chantait en même temps quelque terrible combat de Fin Macoul, il faisait au moins trois points par mort de guerrier. L'habillement fut donc bientôt prêt, car l'habit allait à la taille d'Édouard, et le reste de l'équipement ne demandait pas beaucoup de temps.

[1] *King's Park*. Vaste enclos qui s'étend au midi du palais d'Holy-Rood. Ceux de nos lecteurs qui voudraient se rendre compte de la disposition des lieux, peuvent consulter la carte du *vieil Édimbourg* qui accompagne notre traduction du *Cœur de Mid-Lothian*. (L. V.)

[2] Ces derniers mots sont en français dans le texte.

[3] *Target him tightly*, « il le *targea* serré, » image empruntée à un combat corps à corps entre deux montagnards armés de la claymore ou du dirk, et de la *targe* ou bouclier. Nous avons été forcé de recourir à un équivalent. (L. V.)

Notre héros s'étant alors couvert du costume « d'un ancien Gaul[1], » tout à fait propre à relever l'apparence de vigueur d'une taille qui, quoique grande et bien prise, était plutôt élégante que robuste, j'espère que mes belles lectrices l'excuseront s'il se regarda plus d'une fois dans le miroir, et s'il ne put s'empêcher de convenir que l'image qu'il y voyait réfléchie était celle d'un fort beau jeune homme. Dans le fait, il n'y avait pas à le nier. Ses cheveux châtains, — car il ne portait pas de perruque, nonobstant la mode alors générale, — se mariaient on ne peut mieux avec la toque qui les surmontait. Son aspect annonçait la force et l'agilité, et les amples plis du tartan y ajoutaient un air de dignité. Ses yeux bleus semblaient de ceux

Que l'amour attendrit et qu'enflamme la guerre;

et un air de timidité, qui n'était en réalité que l'effet du manque d'habitude du monde, prêtait de l'intérêt à sa physionomie, sans lui rien enlever de sa grâce et de sa finesse.

— C'est un joli homme, — un très-joli homme[2], dit Evan Dhu (devenu l'enseigne Maccombich) à l'hôtesse à mine réjouie de Fergus.

— Il est très-bien, répondit la veuve Flockhart, mais pas aussi bien fait que votre colonel, enseigne.

— Je ne les ai pas comparés, et je ne parlais pas de sa figure ; je disais seulement que M. Waverley paraît leste et dégagé, et comme un brave garçon de ses quartiers, qui ne criera pas *barley*[3] dans une bagarre. Et, en vérité, il est assez adroit à manier la claymore et la targe. Je m'y suis moi-même exercé souvent avec lui à Glennaquoich, ainsi que Vich Ian Vohr, le dimanche, après-midi.

— Que Dieu vous pardonne, enseigne Maccombich ! s'écria la presbytérienne effarouchée ; je suis sûre que le colonel n'aurait jamais fait pareille chose.

— Bah, bah, mistress Flockhart ! notre sang est jeune, vous savez ; et jeunes saints, vieux diables.

— Et vous battez-vous demain avec sir John Cope, enseigne Maccombich?

— Il peut bien en être sûr, s'il nous attend, mistress Flockhart.

---

[1] Forme antique du nom de *Gaël*. Sous cette forme, son identité avec celui des Gaulois nos ancêtres est complète. Les Gaulois étaient aussi des *kilt'men*, des hommes du kilt (cotte montagnarde), ou des *Celtes*, comme les Highlanders de la Haute-Écosse. (L. V.)

[2] *Pretty-man*, littéralement *joli homme*, mais avec un sens plus étendu, et emportant l'idée de force et de bravoure. C'est aussi le sens de l'anglais *gentleman* (gentilhomme), *gentle* ayant la double acception de joli et de noble, quoiqu'à la vérité ce second sens soit tombé en désuétude. (L. V.)

[3] Corruption de l'anglais *parley*, trève. C'est le cri ordinaire des enfants en Écosse pendant leurs combats simulés, quand ils veulent suspendre le jeu. (L. V.)

CHAPITRE XLII.

— Et vous ferez face à ces terribles hommes, les dragons, enseigne Maccombich?

— Griffe contre griffe, comme Conan dit à Satan [1], mistress Flockhart, et que le diable emporte les plus courtes.

— Et le colonel s'aventurera lui-même contre les baïonnettes?

— Vous pouvez bien en jurer, mistress Flockhart; par saint Phœdar! ce sera le premier en tête.

— Bonté divine! exclama la veuve au tendre cœur; et s'il est tué au milieu des habits rouges!

— En vérité, si cela arrive, mistress Flockhart, je sais quelqu'un qui ne vivra pas pour le pleurer. Mais aujourd'hui il s'agit de vivre tous, et d'avoir notre dîner. Voici venir Vich Ian Vohr, qui a fait son *dorlach* [2], et M. Waverley, qui est fatigué de parader là-bas devant la grande glace. Voilà aussi ce vieux rustre bourru à cheveux gris, le baron de Bradwardine, qui a tué le jeune Ronald de Ballen-Keiroch; il descend côte à côte avec ce corps tout soufflant qu'on appelle le bailli Macwhupple, juste comme le cuisinier français du laird de Kittlegab avec son chien tourne-broche dandinant derrière lui; et moi je suis affamé comme un milan, ma jolie colombe. Ainsi dites à Kate [3] de servir le *broo* [4], et allez mettre vos *pinners* [5], car vous savez que Vich Ian Vohr ne s'assiéra pas à table avant que vous ne soyez placée au haut bout. — Et n'oubliez pas la pinte d'eau-de-vie, ma chère mistress Flockhart.

Cette recommandation amena le dîner. Mistress Flockhart, souriant sous ses habits de deuil comme le soleil à travers un brouillard, prit le haut bout de la table, pensant peut-être en elle-même que peu lui importait combien durerait une rebellion qui la plaçait en compagnie si fort au-dessus de ses relations habituelles. A droite et à gauche elle avait Waverley et le baron, avec l'avantage du *chieftain* pour vis-à-vis. L'homme de paix et l'homme de guerre, c'est à-dire le bailli Macwheeble et l'enseigne Maccombich, après maints profonds saluts à leurs supérieurs et de l'un à l'autre, prirent place aux deux côtés du Chef. La chair fut excellente, eu égard au temps, au lieu et aux circonstances, et Fergus était gai jusqu'à l'extravagance. Insouciant du danger, et son courage naturel stimulé encore par la jeunesse et l'ambition, il voyait en imagination toutes ses espérances couronnées par le succès, et ne songeait nullement à l'alternative probable d'une tombe de soldat. Le baron s'excusa légèrement d'avoir amené le bailli. Ils s'é-

---

[1] Ce proverbe a déjà été l'objet d'une note (N).

[2] Ou plutôt *dourlach*; mot gaélique qui signifie paquet, havresac, valise. (L. V.)

[3] Abréviation familière de Katharine ou Catherine. (L. V.)

[4] Potage. (L. V.)

[5] Sorte de coiffe avec des barbes retombant sur les épaules. C'était autrefois, en Écosse, la coiffure des femmes d'un rang distingué. (L. V.)

taient occupés, dit-il, de pourvoir aux dépenses de la campagne. — Et ma foi, ajouta le vieillard, comme je pense que celle-ci sera ma dernière, je finis précisément comme j'ai commencé ; — j'ai toujours trouvé le nerf de la guerre, comme un savant auteur appelle la *caisse militaire*[1], plus difficile à passer que sa chair, son sang ou ses os.

— Quoi ! avez-vous levé le seul corps de cavalerie effectif que nous ayons, sans être aidé par les louis d'or de *la Doutelle*[2] ?

— Oui, Glennaquoich ; de plus adroits m'ont devancé.

— C'est un scandale, dit le jeune chef highlandais ; mais vous partagerez ce qui me reste de mes subsides. Cela vous sauvera pour cette nuit une pensée d'inquiétude, et demain, peu importe : car, d'une façon ou de l'autre, aucun de nous ne manquera de rien avant que le soleil se couche. Waverley, en rougissant beaucoup mais avec un vif empressement, lui fit la même offre.

— Je vous remercie l'un et l'autre, mes bons amis, répondit le baron, mais je n'attaquerai pas votre *peculium*. Le bailli Macwheeble s'est procuré la somme nécessaire.

Ici le bailli s'agita et se contourna sur sa chaise, avec tous les signes d'un grand malaise. Enfin, après plusieurs hem ! préliminaires, et mainte expression tautologique de son dévouement au service de Son Honneur, de nuit ou de jour, à la vie et à la mort, il commença à insinuer « que les banques avaient déposé tout leur argent comptant au château ; que sans doute Sandré Goldie, l'orfèvre, ferait beaucoup pour Son Honneur ; mais qu'il restait peu de temps pour rédiger le *wadset*[3], et que sans doute, si Son Honneur Glennaquoich, ou M. Waverley, pouvaient arranger...

— Que je n'entende plus parler de semblables absurdités, monsieur, interrompit le baron d'un ton qui rendit Macwheeble muet ; faites ce dont nous sommes convenus avant dîner, si vous voulez rester à mon service.

Quoique le bailli éprouvât la même sensation que s'il eût été condamné à souffrir la transfusion de son sang dans les veines du baron, il n'osa pas répliquer à cet ordre péremptoire. Mais, après s'être quelque temps agité sur son siège, il s'adressa à Glennaquoich et lui dit que si Son Honneur avait plus d'argent disponible qu'il ne lui en fallait pour les besoins de la campagne, il pouvait le placer pour Son Honneur en mains sûres, et très-avantageusement pour le temps.

Fergus, à cette proposition, partit d'un grand éclat de rire, et répondit, quand il eut repris haleine : — Bien des remerciements, bailli ;

---

[1] Ces deux mots sont en français dans l'original.

[2] *La Doutelle* était un bâtiment armé qui amena de France pour les insurgés un petit secours d'armes et d'argent. (W. S.)

[3] Contrat d'abandon des revenus d'un domaine jusqu'à remboursement d'un emprunt. (L. V.)

mais vous saurez que c'est notre usage général, à nous autres soldats, de prendre notre hôtesse pour banquier. — Tenez, mistress Flockhart, continua-t-il en tirant quatre ou cinq doubles louis d'une bourse bien garnie, et en jetant la bourse avec le reste de son contenu dans le tablier de la veuve ; ceci suffira à mes besoins : prenez le reste. Soyez mon banquier si je vis, et mon exécuteur testamentaire si je meurs. Seulement, ayez soin de donner quelque chose aux *cailliachs* [1] highlandaises qui chanteront le plus haut le *coronach* [2] pour le dernier des Vich Ian Vohr.

— C'est le *testamentum militare,* dit le baron ; chez les Romains, il était privilégié comme nuncupatif [3].

Mais le tendre cœur de mistress Flockhart se fondit à l'allocution du Chef ; elle sanglota d'une manière lamentable et refusa positivement de toucher le legs, que Fergus fut conséquemment obligé de reprendre.

— Hé bien ! alors, dit-il, si je succombe, la bourse passera dans la poche du grenadier qui me fera sauter le crâne ; mais j'aurai soin que la tâche ne soit pas aisée.

Le bailli Macwheeble fut encore tenté de remettre sa barque à l'eau : quand il s'agissait d'argent, il lui était difficile de garder le silence. — Peut-être vaudrait-il mieux porter l'or à miss Mac-Ivor, en cas de mortalité ou d'accident de guerre. Cela pourrait être fait sous forme de donation *mortis causâ* en faveur de la jeune dame, et il n'en coûterait qu'un trait de plume.

— Si pareil événement arrivait, répondit Fergus, la *jeune dame* aurait autre chose à penser qu'à ces misérables louis d'or.

— C'est vrai, — c'est incontestable, — il n'y a pas le moindre doute ; mais Votre Honneur sait que profond chagrin...

— Est pour bien des gens plus aisément supportable que la faim? — C'est vrai, bailli, — c'est très-vrai ; et je crois même qu'il peut y avoir des gens qu'une telle réflexion consolerait de la ruine de toute la génération existante. Mais il est des douleurs qui ne connaissent ni la faim ni la soif ; et la pauvre Flora... Il s'arrêta, et toute la société partagea son émotion.

La pensée du baron se reporta naturellement sur sa fille, restée sans protection, et une grosse larme roula sous la paupière du vieux soldat. — Si je succombe, Macwheeble, vous avez tous mes papiers, vous connaissez toutes mes affaires : soyez juste envers Rose.

Le bailli était, après tout, un homme de chair et d'os. Il y avait en lui bien de l'argile et de la boue, sans nul doute ; mais il avait aussi

---

[1] Vieilles femmes à qui était dévolu le devoir de pousser des lamentations sur le défunt, ce qu'en Irlande on appelle le *keening*. (W. S.)

[2] Chant funèbre. (L. V.)

[3] Verbal. (L. V.)

quelques sentiments de bonté et de justice, surtout quand il s'agissait du baron ou de sa jeune maîtresse. Il poussa un gémissement lamentable. — Si un si triste jour devait venir, s'écria-t-il, tant que Duncan Macwheeble aurait un *boddle*, il appartiendrait à miss Rose. Il copierait ßes rôles à un *plack*[1] la page, plutôt qu'elle sût ce que c'est que de manquer. Si, en effet, toute la belle baronnie de Bradwardine et Tully-Veolan, avec le *fortalice*[2] et le manoir y situés (en poussant à chaque pause des sanglots et des gémissements), masures, clos, marais et bruyères, — champs du dehors et du dedans[3], — bâtiments, — vergers, — colombiers ; — avec le droit de filet et de bateau pêcheur dans les eaux et le lac de Veolan ; — dîmes, cure et vicairage ; — annexes et connexes, — droits de pâturage — chauffage, gazonnage et *divot*[4] ; — parties, appendices et appartenances quelconques — (ici il eut recours à un des bouts de sa longue cravate pour s'essuyer les yeux, qui débordaient, malgré lui, aux idées qu'évoquait pour lui son jargon technique), — tel que le tout est plus amplement dans les pièces et titres y afférant, — et situé dans la paroisse de Bradwardine, comté de Perth ; — si, comme je l'ai dit, tout cela doit passer, au détriment de la fille de mon maître, à Inch Grabbit, qui est whig et hanovrien, et être administré par son facteur, Jamie Howie, qui n'est pas bon à faire un *birlieman*[5], au détriment d'un bailli...

Le début de cette lamentation avait eu réellement quelque chose de touchant ; mais la conclusion rendait le rire irrésistible. — Ne vous inquiétez pas, bailli, dit l'enseigne Maccombich, car le bon vieux temps d'enlever et de partager est revenu, et *Sneckus Mac Snackus* (voulant probablement dire annexes et connexes), et tout le reste de vos amis, auront à faire place à la plus longue claymore.

—Et cette claymore ce sera la nôtre, bailli, reprit le Chef, qui vit Macwheeble pâlir à cette intimation.

> Nous leur donnerons le métal de nos montagnes,
> Lillibulero, bullen a la,
> Au lieu de leur or ils auront notre fer,
> Lero, lero, lillibulero ;
> De chaque créancier nous règlerons bientôt les comptes,
> Lillibulero, bullen a la,
> Car l'homme ainsi payé ne réclame plus rien.
> Lero, lero, lillibulero [6].

---

[1] Le *boddle* et le *plack* sont de petites monnaies de cuivre écossaises. (**L. V.**)

[2] Tour, donjon. (**L. V.**)

[3] *Outfield and infield.*

[4] Plaques de gazon minces pour couvrir le toit des chaumières. (**L. V.**)

[5] Officier de justice inférieur d'un bourg ou d'une baronnie. (**L. V.**)

[6] Ces lignes, ou quelque chose d'approchant, se sont trouvées dans un vieux recueil du temps. (**W. S.**)

Mais allons, bailli, ne vous laissez pas abattre; videz votre verre d'un cœur joyeux. Le baron retournera sauf et victorieux à Tully-Veolan, et réunira la seigneurie de Killancureit à la sienne, puisque ce poltron, ce porc mal élevé, ne se sera pas déclaré pour le prince, comme un gentilhomme.

— Pour sûr, elles sont très-voisines, dit le bailli en s'essuyant les yeux; elles devraient naturellement tomber sous le même régisseur.

— Et moi, continua le Chef, j'aurai aussi soin de moi; car vous saurez que j'ai à accomplir ici une bonne œuvre, en amenant mistress Flockhart au giron de l'Église catholique, ou au moins à moitié chemin, c'est-à-dire à votre congrégation épiscopale. Oh! baron, si vous entendiez le matin sa belle haute-contre admonestant Kate et Matty, vous qui comprenez la musique, vous trembleriez à l'idée d'entendre ses clameurs dans la psalmodie de *Haddo's Hole*[1].

— Le Seigneur vous pardonne, colonel; comme vous allez! Mais j'espère que Vos Honneurs prendront le thé avant de se rendre au palais, et il faut que j'aille le préparer pour vous.

A ces mots, mistress Flockhart laissa ses hôtes à leur conversation, qui roula principalement, comme on peut bien le supposer, sur les prochains événements de la campagne.

CHAPITRE XLIII.

LE BAL.

L'ENSEIGNE Maccombich partit pour le camp des montagnards où l'appelait son service; le bailli Macwheeble alla dans quelque obscure taverne digérer son dîner et l'annonce faite par Evan Dhu de la loi martiale; Waverley, le baron et le Chef se dirigèrent vers Holy-Rood. Ces deux derniers étaient de l'humeur la plus joyeuse, et, chemin faisant, le baron plaisanta notre héros sur la bonne mine que lui donnait son nouveau costume. — Si vous avez des projets, lui dit-il, sur le cœur de quelque jolie Écossaise, je vous conseille, quand vous lui ferez votre déclaration, de vous rappeler et de lui citer ces vers de Virgile :

Nunc insanus amor duri me Martis in armis,
Tela inter media atque adversos detinet hostes;

---

[1] *Le Trou de Haddo*, ou plutôt de *Haddow*. C'est une portion de l'église Saint-Gilles, dans la grande rue d'Édimbourg. (L. V.)

vers que Robertson de Struan, chef du clan de Donnochy (à moins qu'il ne faille placer *primo loco* les prétentions de Lude), a traduits ainsi fort élégamment :

> A mi-jambe l'amour m'a mis ma jarretière,
> Et sous un philabeg a caché mon derrière.

— Mais vous portez les *trews,* vêtement que je préfère de beaucoup à l'autre, comme plus ancien et plus convenable.

— Ou plutôt écoutez ma chanson, dit Fergus :

> Point ne voulut d'un laird du bas pays,
> Point ne voulut être une dame anglaise.
> Non, Duncan Græme est le seul qui lui plaise,
> Et sous son plaid, ils sont tous deux partis.

Tout en devisant ils arrivèrent au palais d'Holy-Rood, et lorsqu'ils entrèrent dans les appartements, chacun d'eux fut annoncé à son tour.

On ne sait que trop combien de gentilshommes distingués par leur rang, leur fortune et leur éducation, prirent part à la fatale et désastreuse entreprise de 1745. En Écosse, les dames épousèrent aussi presque toutes la cause d'un prince beau, brave et jeune, qui venait se jeter entre les bras de ses compatriotes, plutôt en héros de roman qu'en politique prévoyant. Il ne faut donc pas s'étonner qu'Édouard, qui avait passé la plus grande partie de sa vie dans la retraite monotone de Waverley-Honneur, fut ébloui de l'animation et de l'élégance qu'offraient alors les salles longtemps désertes du palais écossais. Quoique l'ameublement ne fût pas somptueux et se ressentît du trouble et de la confusion des circonstances, l'effet général était néanmoins imposant, et même on peut dire brillant, si l'on considère le rang des personnes qui composaient l'assemblée.

Les yeux de l'amant eurent bientôt découvert l'objet de sa passion. Flora Mac-Ivor retournait alors au siége qu'elle occupait au haut bout du salon; Rose Bradwardine était à son côté. Au milieu de tant d'élégance et de beautés, elles avaient captivé une large part de l'attention générale, car c'étaient assurément deux des plus jolies femmes de la réunion. Le prince s'occupa beaucoup d'elles, et surtout de Flora, avec laquelle il dansa, préférence qu'elle dut sans doute à son éducation étrangère et à la connaissance qu'elle avait des langues française et italienne.

Lorsque l'agitation qui règne d'ordinaire après la contredanse se fut calmée, Édouard suivit machinalement Fergus vers la place qu'occupait miss Mac-Ivor. L'espoir dont il avait nourri son amour en l'absence de l'objet aimé parut s'évanouir à son aspect, et, comme un homme qui s'efforce de retrouver les particularités d'un rêve oublié, Waverley aurait, en ce moment, donné tout au monde pour se rappeler les motifs sur lesquels il avait fondé une espérance qui lui semblait alors illusoire. Les yeux baissés et les oreilles tintantes, il marchait près de Fergus, semblable à un criminel qui, tandis que la charrette funèbre chemine lentement à travers la multitude accourue pour contempler son exécution, ne s'aperçoit ni du bruit qui remplit ses oreilles, ni du mouvement tumultueux de la foule sur laquelle il promène des yeux égarés.

Flora sembla légèrement — très-légèrement — émue et troublée à son approche.

— Je vous amène un fils adoptif d'Ivor, dit Fergus.

— Et je le reçois comme un second frère, répondit Flora.

Elle appuya sur ce mot avec une légère affectation qui aurait échappé à toute autre oreille qu'à celle d'un amant dévoré de crainte. Mais il y avait dans son ton et dans ses manières quelque chose qui, joint à l'accent dont elle prononça cette phrase, disait clairement : — Je n'aurai jamais pour M. Waverley des sentiments plus tendres. — Édouard s'arrêta, la salua, et regarda Fergus. Celui-ci se mordit les lèvres dans un mouvement de colère, qui prouvait que lui aussi interprétait défavorablement l'accueil que sa sœur avait fait à son ami. — Voilà donc la fin de mon rêve! pensa Waverley, et cette idée lui fut si poignante, qu'il ne lui resta plus une goutte de sang pour animer ses joues décolorées.

— Bon Dieu! dit Rose Bradwardine, il n'est pas encore rétabli!

Ces mots, prononcés avec émotion, furent entendus du Chevalier. Il s'avança avec vivacité, et prenant la main de Waverley, il s'informa affectueusement de sa santé, et lui témoigna le désir de s'entretenir avec lui. Par un effort violent et soudain, que les circonstances rendaient indispensables, Waverley se remit assez pour suivre le Chevalier en silence dans un coin reculé de l'appartement.

Le prince le retint quelque temps, lui adressant différentes questions sur les grandes familles tories et catholiques de l'Angleterre, sur leurs alliances, leur influence, et les sentiments où elles étaient relativement à la maison des Stuarts. A toutes ces questions, Waverley n'aurait pu en aucun temps répondre que d'une manière générale, et l'on doit penser, d'après le trouble de ses idées, que ses réponses furent vagues et confuses. Le Chevalier sourit une ou deux fois de leur incohérence; mais il continua la même conversation, bien qu'il fût obligé d'en faire tous les frais, jusqu'à ce qu'il vit que Waverley avait complètement recouvré sa présence d'esprit. Il est probable que cette longue conférence avait en partie pour but de confirmer l'idée que le prince désirait entretenir parmi ses partisans, que Waverley était un personnage ayant une grande influence politique; mais il parut, à ses derniers mots, qu'il avait eu, en prolongeant l'entretien, un motif différent et plus généreux pour notre héros. — Je ne puis résister, dit-il, à la tentation de me vanter d'être le discret confident d'une dame ; vous voyez que je sais tout, M. Waverley, et je vous assure que je prends le plus vif intérêt à cette affaire. Mais, mon jeune et bon ami, vous devez imposer plus de contrainte à vos sentiments ; il y a ici beaucoup de personnes dont les yeux peuvent voir aussi clairement que les miens, sans que l'on puisse être aussi sûr de la retenue de leurs langues.

En parlant ainsi il s'éloigna avec aisance et rejoignit un cercle d'officiers à quelques pas de là, laissant Waverley méditer sur sa dernière phrase. Bien qu'elle ne fût pas complètement intelligible pour lui, il comprit au moins que la prudence lui était recommandée ; faisant alors un effort pour se montrer, en suivant aussitôt ses avis, digne de l'intérêt que lui avait témoigné son nouveau maître, il se dirigea vers l'endroit où Flora et miss Bradwardine étaient encore assises, et ayant présenté ses compliments à la dernière, il réussit, au delà même de son attente, à entrer en conversation sur des sujets généraux.

S'il vous est jamais arrivé, mon cher lecteur, de prendre des chevaux de poste à*** ou à*** (il vous sera facile de remplir un de ces blancs et même probablement tous les deux par le nom d'une auberge voisine de votre demeure), vous aurez sans doute observé avec une compassion bienveillante la répugnance extrême qu'éprouvent d'abord les pauvres haridelles à passer leurs cous écorchés dans le collier du harnais ; mais quand l'argument irrésistible du postillon les a obligées à courir un mille ou deux, elles deviennent insensibles à la première douleur, et *s'échauffant sous le harnais*, comme dit le postillon, elles vont aussi vite que si elles n'avaient pas la moindre blessure au garrot. Cette comparaison peint si bien l'état des sentiments de Waverley dans le cours de cette soirée mémorable, que je la préfère (ne serait-ce que pour le mérite de l'originalité) à toutes les figures les plus brillantes que pourrait m'offrir *l'Art de la poésie* de Byshe.

Le courage, comme la vertu, porte en soi sa récompense, et notre héros avait d'ailleurs d'autres motifs pour continuer de répondre à la froideur évidente de Flora par un calme et une indifférence affectés. L'orgueil, caustique douloureux mais salutaire aux blessures du cœur, vint bientôt à son aide ; remarqué par la faveur du prince, destiné, il avait lieu de l'espérer, à jouer un rôle brillant dans une révolution qui menaçait un puissant royaume, surpassant probablement en connaissances, égalant au moins en avantages personnels la plupart des hommes nobles et distingués au milieu desquels il marchait alors, jeune, riche, et d'une haute naissance, pouvait-il, devait-il souffrir les dédains d'une capricieuse beauté ?

« Si ton cœur inflexible est sans pitié, le mien,
Nymphe, ne sera pas moins cruel que le tien. »

Les sentiments exprimés dans ces beaux vers (qui cependant n'étaient point composés alors ¹) déterminèrent Waverley à convaincre Flora qu'il n'était pas d'un caractère à se laisser abattre par un refus, auquel sa vanité lui disait tout bas que miss Mac-Ivor perdait peut-être autant que lui. Quelque chose encore le fortifiait dans ses nouvelles dispositions : c'était un espoir secret, et qu'il ne s'avouait pas, qu'elle pourrait apprendre à priser plus haut ses hommages quand elle verrait qu'il ne dépendait pas d'elle de les accepter ou de les repousser. Il y avait aussi un ton mystérieux d'encouragement dans les dernières paroles du Chevalier, bien que Waverley craignît qu'elles ne se rapportassent qu'au vœu que formait Fergus, d'une union entre sa sœur et lui. Mais le lieu, le temps, les circonstances, tout se réunissait à la fois pour exciter son imagination et le décider à se conduire avec la fermeté d'un homme, et à laisser au destin le soin du dénoûment. S'il avait seul paru triste et découragé à la veille de la bataille, avec quel empressement la calomnie n'aurait-elle pas fait ses commentaires! et elle ne s'était déjà que trop exercée sur son compte! — Jamais, jamais, se dit-il intérieurement, des ennemis que je n'ai pas provoqués n'auront un pareil avantage contre moi.

Sous l'influence de ces divers sentiments, et encouragé de temps à autre par un sourire approbateur que le prince lui adressait lorsqu'il passait près de lui, Waverley déploya tous les trésors de son imagination, de sa gaieté et de son éloquence, et s'attira l'admiration générale. La conversation prit insensiblement la tournure la plus propre à faire valoir ses talents et ses connaissances. L'idée des dangers du lendemain, loin de réprimer la gaieté de la soirée, semblait lui donner plus d'animation. Chacun attendait impatiemment l'avenir et se préparait à jouir du présent. Cette disposition d'humeur est on ne peut plus favorable au développement des facultés de l'imagination, à la poésie et à l'éloquence qui lui touche de si près. Waverley, comme nous l'avons remarqué ailleurs, possédait quelquefois un flux merveilleux d'élocution, et dans cette occasion il sut tour à tour s'élever aux plus touchants accents de la passion, et se livrer aux capricieuses fantaisies d'une folle gaieté. Il était soutenu et excité par des auditeurs dont l'esprit, en rapport avec le sien, obéissait à l'empire des mêmes dispositions et des mêmes circonstances. Ceux même dont le caractère était plus froid et plus réservé étaient entraînés par le torrent. Plusieurs dames refusèrent de prendre part à la danse qui continuait toujours, et, sous divers prétextes, se joignirent au groupe auquel le jeune et bel Anglais semblait s'être attaché. Il fut présenté à quelques-unes d'entre elles du rang le plus élevé, et ses manières, alors exemptes de cette extrême timidité qui leur nuisait lorsqu'il était moins animé, charmèrent toute l'assemblée.

---

¹ Ces vers se trouvent dans la belle pièce de miss Seward, commençant ainsi :

« To thy rocks, stormy Lannow, adieu ! »
« De l'orageux Lannow, sombres rochers, adieu ! »   (W. S.)

Flora Mac-Ivor paraissait être la seule femme de la compagnie qui le regardât avec un certain degré de froideur et de réserve, et encore ne put-elle réprimer une sorte d'étonnement en découvrant en lui des talents que, dans le cours de leur connaissance, elle ne lui avait jamais vu déployer avec autant d'éclat et de puissance. Je ne sais si elle n'éprouva pas un regret momentané d'avoir repoussé si brusquement l'hommage d'un amant qui semblait si bien fait pour occuper une place élevée dans les plus hauts rangs de la société. Il est certain que jusqu'alors, au nombre des défauts incurables d'Édouard, elle avait mis *la mauvaise honte*[1]. Élevée dans les cercles brillants d'une nation étrangère, et peu habituée à la raideur des manières anglaises, c'était, à son avis, une imperfection trop voisine de la pusillanimité et de la faiblesse de caractère. Mais si elle forma le désir que Waverley se fût toujours montré aussi aimable et aussi attrayant, ce ne fut que le souhait d'un instant, car, depuis qu'ils ne s'étaient rencontrés, il était survenu des circonstances qui, à ses yeux, rendaient décisive et irrévocable la résolution qu'elle avait prise relativement à Édouard.

Avec des sentiments opposés, Rose Bradwardine était toute âme pour écouter. Elle triomphait en secret du tribut d'éloges publiquement payé à un homme dont elle avait trop tôt et trop vivement appris à apprécier le mérite. Sans une pensée de jalousie, sans un sentiment de crainte, de peine, ni de doute, et sans être troublée par aucune considération personnelle, elle s'abandonnait au plaisir de suivre les mouvements de l'approbation générale. Quand Waverley parlait, l'oreille de Rose n'était pleine que du son de sa voix; quand les autres répondaient, ses yeux l'observaient à leur tour et semblaient épier sa réponse. Peut-être le bonheur dont elle jouit dans le cours de cette soirée, quoique passager et suivi de beaucoup de chagrins, fut-il de sa nature le plus pur et le plus désintéressé que le cœur humain soit capable de ressentir.

— Baron, dit le Chevalier, je ne voudrais pas confier ma maîtresse à votre jeune ami. Quoiqu'il soit un peu romanesque, c'est un des jeunes gens les plus séduisants que j'aie jamais vus.

— Et sur mon honneur, prince, reprit le baron, il est quelquefois aussi grave qu'un sexagénaire comme moi. Si Votre Altesse Royale l'avait vu, rêveur et taciturne, se promener à Tully-Veolan, semblable à un hypocondriaque, ou, comme dit Burton dans son *Anatomie*, à un malade pris de frénésie ou de léthargie, vous ne pourriez concevoir où il a pu tout à coup puiser toute cette gaieté et tout cet enjouement.

— En vérité, dit Fergus Mac-Ivor, je crois que ce ne peut être que l'inspiration du tartan; car, quoique Waverley ait toujours été un

---

[1] Ces mots sont en français dans le texte.

CHAPITRE XLIII.

garçon plein de bon sens et d'honneur, je l'avais souvent jusqu'ici trouvé très-distrait et très-inattentif.

— Nous ne lui en sommes que plus obligés, dit le prince, d'avoir réservé pour ce soir des facultés qu'il n'avait pas encore révélées, même à ses amis les plus intimes. — Mais venez, messieurs, la nuit s'avance, et il faut penser bientôt à notre besogne de demain. — Que chacun prenne soin de sa belle partner, et fasse honneur au léger rafraîchissement que je vous offre.

Il conduisit alors la société dans d'autres appartements, et s'assit sur un fauteuil placé sous un dais, au bout d'une longue rangée de tables, avec un air de dignité et de courtoisie qui convenait à son illustre naissance et à ses hautes prétentions. Une heure s'était à peine écoulée lorsque les musiciens jouèrent le signal du départ si connu en Écosse [1].

— Bonne nuit, donc, dit le chevalier en se levant; — bonne nuit, et que la joie soit avec vous! — Bonne nuit, belles dames, qui avez fait tant d'honneur à un prince banni et proscrit; bonne nuit, mes braves amis. Puisse le bonheur dont nous avons joui ce soir être le présage de notre retour prompt et triomphal dans cette demeure de mes pères, et de beaucoup d'autres réunions gaies et joyeuses dans le palais d'Holy-Rood!

Lorsque, plus tard, le baron de Bradwardine racontait ces adieux du Chevalier, il ne manquait jamais de répéter d'un ton mélancolique :

> *Audiit, et voti Phœbus succedere partem*
> *Mente dedit; partem volucres dispersit in auras;*

vers, ajoutait-il, fort bien rendus en anglais par mon ami Bangour :

> Ae half the prayer wi' Phœbus grace did find.
> The t'other half he whistled down the wind [2].

[1] C'était ou ce devait être le vieil air : Bonne nuit, la joie soit avec vous! (W. S.)

[2] Une part de ses vœux près de lui trouva grâce,
Mais l'autre au gré du vent se perdit dans l'espace.

CHAPITRE XLIV.

LA MARCHE.

Épuisé par les émotions de la soirée et par les passions qui se heurtaient en lui, Waverley fut longtemps à s'endormir, mais son sommeil fut profond. Il rêva de Glennaquoich, et transporta dans les salles de Ian nan Chaistel la fête qui venait d'embellir celles d'Holy-Rood. Il entendait même distinctement le pibroch; et cela au moins n'était pas une illusion, car le principal joueur de cornemuse du clan Mac-Ivor se promenait fièrement dans la cour, devant la porte du logement de son Chef, et, comme avait soin de le faire remarquer mistress Flockhart, qui sans doute n'aimait pas sa musique, « il faisait résonner les pierres des murailles avec ses glapissements. » Naturellement le bruit devint bientôt assez fort pour troubler le songe de Waverley, avec lequel il s'était d'abord confondu.

Le bruit des brogues de Callum, aux soins de qui Mac-Ivor l'avait de nouveau confié, et qui venait d'entrer dans son appartement, fut le second signal de départ. — Votre Honneur, dit-il, ne veut-il pas se lever? Vich Ian Vohr et le prince sont déjà partis pour la longue vallée verte derrière le *clachan*[1], qu'ils appellent le Parc du Roi[2], et il y en a plus d'un sur ses jambes ce matin qui reviendra sur les épaules de ses camarades avant la nuit.

Waverley se leva, et, avec l'aide et les avis de Callum, il ajusta convenablement son tartan. Callum lui dit aussi « que son *dorlach* de cuir à serrure était arrivé de Doune et qu'il était encore reparti sur le chariot avec la valise de Vich Ian Vohr. »

Grâce à cette périphrase, Waverley put comprendre que c'était de son porte-manteau qu'il était question. Il pensa au mystérieux paquet de la jeune fille de la caverne, lequel semblait toujours lui échapper au moment où il allait le saisir; mais ce n'était pas le moment de satisfaire sa curiosité. Il refusa le *bonjour*, c'est-à-dire la goutte du matin que lui offrait mistress Flockhart, et sans doute il était le seul homme dans l'armée du Chevalier capable de résister à une semblable politesse; puis il lui fit ses adieux et partit avec Callum.

— Callum, dit-il, comme ils traversaient une cour fangeuse pour gagner l'extrémité sud de la Canongate, où trouverai-je un cheval?

— A quoi diable pensez-vous là? fit Callum. Vich Ian Vohr (sans

---

[1] L'armée des montagnards campait ou plutôt bivouaquait dans cette partie du *Parc du Roi* qui touche au village de Duddingston. (W. S.)

[2] *Clachan* en gaélique signifie village. C'est Édimbourg que Callum désigne ainsi. (L. V.)

parler du prince qui en fait autant) marche à pied, à la tête de sa troupe, sa targe sur l'épaule ; il faut bien que vous fassiez de même.

— Et je le ferai, Callum. — Donnez-moi ma targe ; — la, voilà qui est arrangé. Comment suis-je ainsi ?

— Comme le brave montagnard qu'on a peint sur l'enseigne de la grande auberge de Luckie Middlemass, comme ils l'appellent, répondit Callum, croyant, je dois le dire, faire un beau compliment, car, dans son opinion, l'enseigne de Luckie Middlemass était un chef-d'œuvre de l'art. Mais Waverley, qui ne comprit pas toute la portée de cette comparaison flatteuse, ne lui adressa plus de questions.

Quand ils furent sortis des sales et misérables faubourgs de la métropole, et qu'il se trouva au grand air, Waverley se sentit une nouvelle dose de force et d'énergie : il réfléchit avec calme aux événements de la soirée précédente, avec espoir et fermeté à ceux du jour qui s'ouvrait.

Arrivés au sommet d'une petite éminence rocailleuse appelée *Colline de Saint-Léonard*, il vit le Parc du Roi, ou le vallon situé entre la hauteur d'*Arthur-Seat* et les éminences où s'élève aujourd'hui la partie méridionale d'Édimbourg, s'étendre à ses pieds, et dérouler un panorama singulièrement animé. Ce lieu était occupé par l'armée highlandaise, qui se préparait alors à se mettre en marche. Waverley avait déjà vu quelque chose de semblable, à la grande chasse où il avait accompagné Fergus Mac-Ivor ; mais cette fois c'était sur une échelle bien plus étendue, et le spectacle était incomparablement plus intéressant. Les rochers, qui formaient le fond du tableau, et la voûte du ciel elle-même, retentissaient des accords des joueurs de cornemuse, qui appelaient chacun, par un pibroch particulier, leurs chefs et leurs clans. Les montagnards quittaient, souples et dispos, la couche où ils avaient dormi sous la voûte du ciel, et se levaient avec le tumulte et le désordre d'une multitude irrégulière et confuse, semblables à des abeilles alarmées dans leur ruche et se préparant au combat. Leurs mouvements paraissaient confus et tout à fait spontanés, mais ils aboutissaient à l'ordre et à la régularité ; de sorte qu'un général en eût sans doute apprécié le résultat, quoiqu'un instructeur eût pu se moquer de la manière dont on l'aurait obtenu.

L'espèce de mêlée confuse occasionnée par l'empressement avec lequel les divers clans couraient se ranger sous leurs bannières respectives pour se mettre en ordre de marche, formait une scène pleine de vie et d'animation. Ils n'avaient point de tentes à plier, ayant tous, et par goût, couché à la belle étoile, bien que l'automne arrivât, et que les nuits commençassent à devenir froides. Pendant quelques minutes, et tandis que les rangs se formaient, ce fut un mélange confus et varié de tartans qui flottaient, de plumes ondoyantes, de bannières déployées. Ici on lisait l'orgueilleux cri de ralliement des Clanronalds :

Ganion Coheriga! (Nous contredise qui l'ose !) — là le mot d'ordre des Mac-Farlanes : *Loch-Sloy* (Lac Sloy) ; — puis c'était la devise du marquis de Tullibardine : *Forth, fortune, and fill the fetters !* (En avant, fortune, et remplis les fers !) celle de lord Lewis Gordon : *Bydand!* (Ferme !) enfin, les devises et les emblèmes particuliers des autres chefs et de leurs clans.

Enfin, cette multitude ondoyante et confuse se réunit en une immense colonne étroite et sombre qui se déployait dans toute l'étendue de la vallée. En tête de cette colonne flottait l'étendard du Chevalier, où l'on voyait une croix rouge sur un fond blanc, avec cette devise : *Tandem triumphans*, (Enfin triomphante !) La cavalerie, peu nombreuse, et en grande partie composée de gentilshommes des basses terres, de leurs domestiques et de leurs tenanciers, formait l'avant-garde de l'armée, et leurs drapeaux, dont le nombre était trop grand pour celui des hommes, se déployaient à l'extrémité de l'horizon. Plusieurs de ces cavaliers, parmi lesquels Waverley remarqua par hasard Balmawhapple et son lieutenant Jinker, — qui toutefois, d'après l'avis de Bradwardine, était, avec plusieurs autres, descendu au rang de ceux que le baron appelait *reformadoes* ou officiers réformés, — ajoutaient au mouvement, sinon à la régularité de cette scène, en faisant galoper leurs chevaux aussi vite que le permettait la foule, pour aller prendre leur position à l'avant-garde. Les enchantements des Circés de *High-street*[1] et les libations de rigueur qu'ils avaient prolongées bien avant dans la nuit, avaient sans doute retenu ces héros dans les murs d'Édimbourg un peu plus tard que ne l'eussent voulu les devoirs qu'ils avaient à remplir le matin. Les plus prudents de ces traînards prirent un chemin détourné et plus long, mais aussi plus libre, pour se rendre à leur poste, en se tenant à quelque distance de l'infanterie, et en passant à travers les enclos sur la droite, au risque d'être obligés de franchir ou de renverser les clôtures en pierre sèche. L'apparition et la disparition alternative de ces poignées de cavaliers, le désordre causé par ceux qui tentaient inutilement, pour la plupart, de percer la foule des montagnards, malgré leurs jurements, leurs malédictions et leur résistance, ajoutaient au pittoresque de la scène ce qu'ils lui ôtaient en régularité militaire.

Pendant que Waverley contemplait ce remarquable spectacle, dont l'effet s'augmentait encore des décharges d'artillerie que la garnison du château envoyait de temps à autre sur les détachements de montagnards qui passaient dans ses environs pour aller rejoindre le gros de leur armée, Callum, avec son franc parler ordinaire, lui rappela que le clan de Vich Ian Vohr était presque en tête de la colonne dont ils étaient encore éloignés, « et qu'on irait grand train une fois le canon tiré. » Ainsi averti, Waverley avança d'un pas rapide, non sans

---

[1] Nous avons déjà vu que *High-street* était la Grande-Rue du vieil Édimbourg. (L. V.)

CHAPITRE XLIV.   259

jeter encore souvent les yeux sur les sombres masses de guerriers qui se rassemblaient devant lui et en arrière. Vue de plus près, l'armée ne produisait plus sur l'esprit le même effet qu'à distance. Les premières lignes de chaque clan étaient armées de claymores, de targes et de fusils ; tous les hommes portaient en outre un *dirk*, et la plupart un pistolet d'acier. Mais elles se composaient de gentilshommes, c'est-à-dire de parents du Chef à divers degrés, et qui avaient un droit immédiat à son appui et à sa protection. On n'aurait pu trouver dans toutes les armées de la chrétienté des hommes plus beaux et plus intrépides. Leurs habitudes de liberté et d'indépendance, qu'ils savaient tous si bien subordonner au commandement du Chef, et la tactique particulière adoptée dans les guerres des montagnards, les rendaient également redoutables par leur ardeur et leur bravoure individuelle, et par la conviction raisonnée qu'ils avaient de la nécessité d'agir d'accord pour donner à leur genre d'attaque national les plus grandes chances de succès.

Mais aux derniers rangs se trouvaient des hommes dont la tenue était bien moins brillante : c'étaient les paysans des Highlands. Quoiqu'ils ne souffrissent pas qu'on les appelât ainsi, et qu'ils prétendissent souvent, avec une apparence de raison, descendre de familles plus anciennes que celles des maîtres qu'ils servaient, ils n'en portaient pas moins la livrée d'une extrême misère : mal équipés, plus mal armés, à demi nus et rabougris, ils offraient un aspect misérable. Chaque clan considérable traînait à sa suite quelques-uns de ces ilotes. — Ainsi, les Mac-Couls, quoique descendants de Combal, père de Finn ou Fingal, étaient une sorte de *Gabaonites* ou de serviteurs héréditaires des Stuarts d'Appine. Les Macbeths, descendants du malheureux roi de ce nom, étaient sujets de Morays, du clan de Donnochies ou des Robertsons d'Athole. Je pourrais citer bien d'autres exemples, si je ne craignais de blesser l'orgueil de quelque clan qui peut exister encore, et d'attirer par là une tempête montagnarde sur la boutique de mon éditeur. Or, ces ilotes, quoique forcés de se mettre en campagne pour obéir à l'autorité arbitraire de leurs chefs, pour qui ils allaient couper le bois et puiser l'eau, étaient en général mal nourris, mal habillés et plus mal armés. Cette dernière circonstance avait, à la vérité, pour cause principale le désarmement général ostensiblement exécuté dans toutes les montagnes, quoique la plupart des chefs eussent trouvé moyen d'éluder la mesure, en retenant les armes des hommes qui relevaient immédiatement de leurs clans, et en ne livrant que celles de peu de valeur enlevées à ces satellites subalternes. Il s'ensuivait, tout naturellement, que la plupart de ces pauvres diables, comme nous l'avons déjà dit, entraient en campagne dans un équipement pitoyable.

Il résultait de là que les hommes des premiers rangs des corps étaient admirablement armés à leur manière, et que ceux des derniers ressemblaient à de vrais bandits. L'un avait une hache, l'autre un sabre sans fourreau; celui-ci portait un fusil sans chien, celui-là une faulx emmanchée droit au bout d'une perche : quelques-uns n'avaient que des *dirks*, ou même des bâtons et des pieux arrachés aux haies. La physionomie refrognée, les cheveux en désordre et l'air sauvage de ces hommes, qui, pour la plupart, contemplaient avec toute l'admiration de l'ignorance les productions les plus ordinaires des arts usuels, remplissaient à la fois de surprise et de terreur les habitants des basses terres. On connaissait si peu les Highlanders à cette époque, que l'aspect et les mœurs de leurs tribus, quand ils descendaient ainsi en aventuriers militaires, ne causaient pas moins d'étonnement aux habitants des basses terres du sud, qu'une irruption de nègres d'Afrique ou d'Indiens esquimaux qui seraient sortis des montagnes septentrionales de leur propre pays. Il ne faut donc pas être surpris que Waverley, qui jusqu'alors avait généralement jugé des Highlanders sur les échantillons que lui en avait montré de temps en temps le politique Fergus, éprouvât alors de l'étonnement et du découragement en pensant à l'audacieuse entreprise d'une troupe qui, ne dépassant pas quatre mille hommes, dont la moitié tout au plus était armée, tentait de changer les destinées des royaumes britanniques, et de renverser la dynastie régnante.

Comme il marchait le long de la colonne, qui restait toujours en place, un canon de fer, la seule pièce d'artillerie que possédât cette armée qui méditait une révolution si importante, donna le signal du départ. Le Chevalier avait exprimé le désir qu'on abandonnât cette pièce inutile; mais, à sa grande surprise, les chefs highlandais sollicitèrent la permission de l'emmener avec eux, alléguant les préjugés de leurs hommes qui, peu accoutumés à l'artillerie, attachaient une absurde importance à cette pièce de campagne, et pensaient qu'elle contribuerait essentiellement à une victoire qu'ils ne pouvaient devoir qu'à leurs mousquets et à leurs claymores. Deux ou trois artilleurs français furent donc chargés du service de cette machine de guerre, que traînait un attelage de poneys des montagnes, et dont, au total, on ne se servit que pour les signaux [1].

A peine le canon eut-il fait entendre sa voix dans cette occasion, que toute la ligne s'ébranla. Un sauvage cri de joie, parti des premiers bataillons, fendit les airs et se perdit au milieu des accords aigus des cornemuses, qui eux-mêmes étaient presque étouffés à leur tour par le bruit des pas pesants de tant d'hommes se mettant en marche à la fois. Les bannières agitées par le vent brillèrent en avançant, les cavaliers coururent en hâte prendre leur place à l'avant-garde, et s'élancèrent en éclaireurs pour reconnaître les mouvements de l'ennemi et en rendre compte. Ils disparurent aux yeux de Waver-

---

[1] *Voyez* la note S, à la fin du volume.

ley quand ils tournèrent autour de la base d'*Arthur's-Seat*, sous la remarquable chaîne de rochers basaltiques qui regardent le petit lac de Duddingston.

L'infanterie prit la même direction, réglant sa marche sur celle d'un autre corps qui suivait une route plus au sud, et il fallut qu'Édouard fît quelques efforts de vitesse pour atteindre la place qu'occupait le clan de Fergus dans l'ordre de la marche.

CHAPITRE XLV.

UN INCIDENT FAIT NAITRE D'INUTILES RÉFLEXIONS.

QUAND Waverley atteignit la partie de la colonne occupée par le clan Mac-Ivor, les montagnards firent halte, se rangèrent en bataille, et le reçurent avec des fanfares de triomphe exécutées sur leurs cornemuses, et avec de bruyantes acclamations. La plupart d'entre eux le connaissaient personnellement, et ils étaient charmés de lui voir le costume de leur pays et de leur clan.

— Vous criez, dit à Evan-Dhu un Highlander d'un clan voisin, comme si c'était votre chef qui se mît à votre tête.

— *Mar e Bran is e a brathair,* — Si ce n'est pas Bran [1], c'est le frère de Bran, répondit proverbialement Maccombich.

— Oh, alors, c'est le beau *duinhé-wassel*, saxon, qui doit épouser lady Flora?

— Cela peut être, ou n'être pas : ce ne sont ni vos affaires ni les miennes, Gregor.

Fergus s'avança pour embrasser le volontaire, et lui fit un accueil cordial et empressé; mais il crut nécessaire de lui donner une excuse pour justifier la diminution de son bataillon, qui ne se composait pas de plus de trois cents hommes, et lui dit qu'il avait envoyé en avant plusieurs détachements.

Le fait était que la défection de Donald Bean Lean lui avait enlevé au moins trente de ses plus braves soldats, sur les services desquels il avait compté, et que beaucoup de ses partisans d'adoption avaient été rappelés par leurs Chefs respectifs, aux drapeaux desquels ils devaient rester attachés. Le Chef de la grande branche du nord, rivale du clan d'Ivor, avait en outre fait prendre les armes à ses

[1] *Bran*, le chien bien connu de Fingal, est souvent le sujet des proverbes des Highlanders et de leurs chansons. (W. S.)

vassaux, quoiqu'il ne se fût encore déclaré ni pour le gouvernement, ni pour le Chevalier, et par ses intrigues il n'avait pas laissé que de diminuer les forces avec lesquelles Fergus se mettait en campagne. En compensation de ces désappointements, il était généralement reconnu que les hommes de Vich Ian Vohr, en fait de tenue, d'équipement, d'armes et d'habileté à s'en servir, ne le cédaient pas aux meilleures troupes qui suivaient le drapeau de Charles-Édouard. Le vieux Ballenkeiroch remplissait les fonctions de major, et, réuni aux autres officiers qui avaient connu Waverley à Glennaquoich, il fit à notre héros une cordiale réception, comme au compagnon de leurs périls et de leurs triomphes futurs.

Après que l'armée highlandaise eut quitté le village de Duddingston, elle suivit quelque temps la grande route qui mène d'Édimbourg à Haddington, jusqu'à ce qu'elle eût traversé l'Esk à Musselburgh. Là, au lieu de tenir la plaine du côté de la mer, elle se dirigea vers l'intérieur et vint occuper la hauteur appelée Carberry-Hill, lieu déjà célèbre dans l'histoire d'Écosse, comme l'endroit où l'aimable Marie se rendit à ses sujets insurgés. Cette direction avait été choisie, parce que le Chevalier avait reçu l'avis que l'armée du gouvernement, arrivant par mer d'Aberdeen, avait débarqué à Dunbar, et campé, la nuit précédente, à l'est d'Haddington, dans le dessein de se rapprocher de la mer et de marcher sur Édimbourg, en suivant les côtes. On espérait qu'en gardant les hauteurs qui dominent cette route en plusieurs endroits, les montagnards trouveraient l'occasion d'attaquer avec avantage. L'armée fit donc halte sur le sommet de Carberry-Hill, tant pour faire reprendre haleine aux soldats, que pour s'emparer d'une position centrale, d'où on pourrait se diriger sur le point qu'on jugerait nécessaire d'après les mouvements de l'ennemi. Comme ils étaient dans cette position, un messager vint en toute hâte chercher Mac-Ivor de la part du prince, ajoutant que leurs avant-postes avaient eu une escarmouche avec une partie de la cavalerie ennemie, et que le baron de Bradwardine avait envoyé quelques prisonniers.

Waverley, étant sorti des rangs pour satisfaire sa curiosité, aperçut bientôt cinq ou six cavaliers couverts de poussière, qui arrivaient au galop pour annoncer que l'ennemi était en pleine marche vers l'ouest, le long de la mer. En s'avançant un peu plus loin, il fut frappé par un gémissement qui partait d'une cabane. Il s'en approcha, et entendit une voix, fréquemment interrompue par la douleur, qui s'efforçait de répéter, dans un anglais provincial, des prières au Seigneur. Il entra dans la chaumière, qui semblait être ce que, dans les comtés pastoraux d'Écosse, on appelle une *smearing house* (une maison d'engrais). A travers l'obscurité qui y régnait, Édouard put à peine distinguer d'abord une espèce de paquet rouge, car ceux qui avaient dépouillé le blessé de ses armes et d'une partie de ses habits lui avaient laissé le manteau de dragon dans lequel il était enveloppé.

— Pour l'amour de Dieu, dit l'homme blessé, en entendant les pas de Waverley, donnez-moi une goutte d'eau !

— Vous allez l'avoir, répondit Waverley ; et en même temps, l'enlevant dans ses bras, il le porta à l'entrée de la hutte, et lui donna à boire de son propre flacon.

— Je connais cette voix, dit l'homme ; et levant un œil égaré sur le costume de Waverley : — Non, reprit-il, ce n'est pas le jeune *squire*.

C'était ainsi qu'on désignait habituellement Édouard dans les domaines de Waverley-Honneur, et ce nom fit tressaillir son cœur en y réveillant mille souvenirs qu'avaient déjà provoqués les accents bien connus de son pays natal. — Houghton ! s'écria-t-il en contemplant des traits pâles et déjà défigurés par la mort, — est-ce bien vous ?

— Je n'espérais plus entendre la voix d'un Anglais, dit le blessé, — ils m'ont laissé ici vivre ou mourir comme je pourrais, quand ils ont vu que je ne voulais pas leur dire la force de notre régiment. Mais, ô squire ! comment avez-vous pu nous laisser si longtemps, et nous abandonner aux séductions de ce démon d'enfer, de Ruffin ? — Nous vous aurions suivi à travers l'eau et le feu, pour sûr.

— Ruffin ! je vous assure, Houghton, qu'il vous a trompé indignement.

— Je l'ai souvent pensé, quoiqu'on nous montrât votre cachet ; et ainsi Timms a été passé par les armes, et moi j'ai été dégradé.

— N'épuisez pas votre force en parlant, dit Édouard, je vais vous chercher un chirurgien.

Il aperçut Mac-Ivor, qui revenait du quartier-général où il avait assisté à un conseil de guerre, et s'empressa de le rejoindre. — Bonnes nouvelles, lui cria le Chef ; nous y serons avant deux heures ! — Le prince s'est mis lui-même à la tête de l'avant-garde, et en tirant son épée, il s'est écrié : — Mes amis, j'ai jeté le fourreau ! — Venez, Waverley : nous marchons à l'instant.

— Un moment, — un moment ; ce pauvre prisonnier est mourant ; — où trouver un chirurgien ?

— Et où en trouveriez-vous un ? Vous savez que nous n'avons ici que deux ou trois Français, qui, je crois, ne sont guère que *des garçons apothicaires*[1].

— Mais cet homme va perdre tout son sang.

— Pauvre diable ! dit Fergus, touché d'un mouvement de compassion ; puis il ajouta aussitôt : Mais ce sera le sort de mille autres avant qu'il soit nuit. — Ainsi, venez donc.

— Je ne le puis ; je vous dis que c'est le fils d'un tenancier de mon oncle.

---

[1] Ces mots sont en français dans le texte.

— Oh! si c'est un de vos vassaux, il faut en prendre soin; — je vais vous envoyer Callum; mais *diaoul!* —*ceade millia molligheart*[1]! continua l'impatient Chef; — à quoi pense un vieux soldat comme Bradwardine, d'envoyer ici des mourants pour nous encombrer?

Callum arriva avec sa prestesse ordinaire, et Waverley gagna plutôt qu'il ne perdit dans l'opinion des montagnards par sa sollicitude pour le blessé. Ils n'auraient pas compris le sentiment de philanthropie générale qui aurait empêché Waverley d'abandonner quelque personne que ce fût dans une telle position; mais en apprenant que le moribond était un des hommes de son *following*[2], ils furent unanimement d'avis que la conduite de Waverley était celle d'un bon et digne *chieftain*, qui méritait l'attachement de ses vassaux. Au bout d'un quart d'heure, le pauvre Humphrey rendit le dernier soupir, en priant son jeune maître, quand il retournerait à Waverley-Honneur, d'être bon pour le vieux Job Houghton et pour sa femme, et le conjurant de ne pas combattre avec ces sauvages en jupons contre la vieille Angleterre.

Quand Houghton eut rendu son dernier souffle, Waverley, qui avait contemplé avec un chagrin sincère cette dernière agonie d'un homme, à laquelle il assistait pour la première fois, ordonna à Callum de porter le corps dans la hutte. Le jeune montagnard obéit, non sans examiner les poches du défunt, qui, comme il le remarqua, avaient été parfaitement bien nettoyées. Il prit cependant le manteau, et avec la prudence d'un épagneul qui met son os en sûreté, il le cacha parmi des genêts, et marqua soigneusement la place, pensant que si le hasard le faisait revenir de ce côté, cela ferait un excellent *rokelay*[3] pour sa vieille mère Elspat.

Ce ne fut qu'avec beaucoup de peine qu'ils regagnèrent leur rang dans la colonne, qui se portait alors en avant avec rapidité pour occuper les hauteurs qui dominent le village de Tranent. C'était entre cet endroit et la mer que devait passer l'armée ennemie.

La triste entrevue que Waverley venait d'avoir avec son ancien brigadier fit naître dans son esprit de pénibles et inutiles réflexions. Il était clair, d'après les aveux de cet homme, que les procédés du colonel Gardiner n'avaient été que trop justement motivés, et qu'ils étaient même devenus indispensables, par suite des démarches faites au nom d'Édouard pour entraîner les soldats de son corps à la révolte. La circonstance du cachet lui revint alors pour la première fois à la pensée; il se rappela qu'il l'avait perdu dans la caverne du voleur Donald Bean Lean. Il était évident que l'artificieux coquin s'en était emparé, et qu'il s'en était servi pour conduire une intrigue dans le régiment pour son propre compte. Édouard ne douta plus alors que le

---

[1] Diable! —cent mille cœurs faibles!

[2] Idiotisme écossais pour *followers*, hommes de la suite du Chef. (W. S.)

[3] Surtout.

paquet placé dans son porte-manteau par la fille de Donald ne pût contenir de plus amples éclaircissements. En même temps, le reproche d'Houghton — « Ah! squire, pourquoi nous avez-vous laissés? » retentissait à son oreille comme le son d'une cloche funèbre.

— Oui, dit-il, j'ai agi envers vous avec une légèreté cruelle. Je vous ai arrachés à vos champs paternels, à la protection d'un seigneur bon et généreux, et après vous avoir soumis à toute la rigueur de la discipline militaire, je n'ai point su porter ma part du fardeau; je me suis écarté des devoirs que je m'étais imposés, laissant ceux que je devais protéger et ma propre réputation en butte aux pièges de la scélératesse. O indolence et indécision de l'esprit! si par vous-mêmes vous n'êtes pas des vices, de combien de misères et d'erreurs ne préparez-vous pas souvent la voie!

CHAPITRE XLVI.

LA VEILLE DE LA BATAILLE.

QUOIQUE les Highlanders marchassent très-vite, le soleil se couchait déjà quand ils arrivèrent sur les hauteurs qui commandent la plaine vaste et découverte qui s'étend au nord jusqu'à la mer, et où sont situés, mais à une distance considérable l'un de l'autre, les petits villages de Seaton et de Cockenzie, et celui plus grand de Preston. Une des routes basses qui conduisent à Édimbourg en longeant la côte traverse cette plaine au sortir des murs de Seaton-House, et vers la ville ou le village de Preston elle rentre dans les défilés d'un pays coupé d'enclos. Le général anglais avait choisi ce chemin pour s'approcher de la métropole, comme le plus commode pour sa cavalerie, et probablement aussi dans la pensée qu'en le suivant il rencontrerait le front des montagnards qui venaient d'Édimbourg dans la direction opposée. En cela il s'était trompé, car une combinaison judicieuse, soit du Chevalier, soit de ceux dont il prenait les avis, voulut qu'on laissât libre le passage direct pour occuper la forte position qui le commande et le domine.

Quand les Highlanders eurent atteint les hauteurs qui couronnent la plaine que nous venons de mentionner, ils se formèrent aussitôt en bataille sur le sommet. Presque au même instant, l'avant-garde de l'armée anglaise parut, débouchant parmi les arbres et les enclos de Seaton, dans l'intention d'occuper la plaine entre les hauteurs et la mer; l'espace qui séparait les deux armées n'était que d'environ un demi-mille. Waverley put voir distinctement les escadrons de dragons sortir l'un après l'autre des défilés, leurs vedettes en tête, et se former en ligne dans la plaine en faisant front à l'armée du prince. Ils étaient suivis par un train de pièces de campagne, qui, lorsqu'elles eurent atteint le flanc des dragons, furent aussi rangées en ligne et présentées contre les hauteurs. Trois ou quatre régiments d'infanterie venaient ensuite, marchant en colonne ouverte; leurs baïonnettes formaient comme une longue haie d'acier et leurs armes lançaient des éclairs. A un signal donné, ils firent volte-face à leur tour et se placèrent juste vis-à-vis des montagnards. Un second train d'artillerie et un autre régiment de cavalerie fermaient la marche, et se formèrent sur le flanc gauche de l'infanterie, toute la ligne faisant face au sud.

Pendant que l'armée anglaise faisait ces évolutions, les Highlanders ne montraient ni moins d'empressement ni moins d'ardeur pour le combat. A mesure que les clans arrivaient sur la hauteur qui faisait face à l'ennemi, ils se formaient en ligne, de sorte que les deux armées se trouvèrent au même moment en ordre complet de bataille. Quand ces dispositions furent terminées, les montagnards poussèrent un cri terrible, répété derrière eux par les échos des montagnes. Les troupes régulières, qui étaient exaltées, répondirent par des cris de défi, et firent feu d'un ou deux de leurs canons sur un poste avancé d'Highlanders. Aussitôt ceux-ci se disposèrent avec ardeur à l'attaque, et Evan Dhu pressait Fergus en lui disant par forme d'argument : « que le *sidier roy* (soldat rouge) tremblait comme un œuf sur un bâton, et que les leurs avaient tellement l'avantage de l'attaque, que même un *haggis*[1], — Dieu le bénisse! — pourrait les charger du haut de la colline. »

Mais le terrain à travers lequel les montagnards auraient dû descendre, quoique peu étendu, était impraticable; non-seulement il était marécageux, mais il était encore coupé par des murs de pierres sans ciment, et traversé dans toute sa longueur par un fossé large et profond. Cette disposition du terrain aurait donné à la mousqueterie des Anglais un terrible avantage, avant que les montagnards eussent pu faire usage de leurs sabres, dans lesquels ils étaient habitués à mettre toute leur confiance. Les chefs interposèrent donc leur autorité pour modérer l'impétuosité des Highlanders, et l'on se contenta d'envoyer quelques bons tireurs au bas de la descente, pour escarmoucher les avant-postes de l'ennemi et reconnaître le terrain.

C'était un spectacle militaire d'un intérêt peu commun, et tel qu'on en voit rarement. Ces deux armées, si différentes par l'aspect et la discipline, quoique admirablement exercées toutes deux dans leur manière particulière de faire la guerre, et dont le choc semblait devoir décider, pour un temps du moins, du destin de l'Écosse, étaient là en présence comme deux gladiateurs dans l'arène, épiant l'un

---

[1] Le *haggis* (corruption évidente de notre mot *hachis*) est une sorte de poudding, et le mets favori d'Écosse. L'idée triviale du lieutenant de Fergus n'a pas besoin de commentaire. (L. V.)

et l'autre le point d'attaque le plus favorable que peut lui présenter son ennemi. On pouvait aisément distinguer, en tête des lignes de chaque armée, les officiers supérieurs et l'état-major, observant avec des lorgnettes à longue vue les mouvements de leurs adversaires, dépêchant des ordres, recevant les rapports des aides-de-camp et des officiers d'ordonnance, qui donnaient de la vie à cette scène en galopant dans toutes les directions comme si le sort de la journée eût dépendu de la vitesse de leurs chevaux. L'espace qui séparait les deux armées était, de temps à autre, le théâtre des engagements partiels et irréguliers de quelques tirailleurs ; tantôt c'était un bonnet ou un chapeau que l'on voyait tomber, tantôt c'était un blessé emporté par ses camarades. Ce n'étaient cependant là que de légères escarmouches, car il n'entrait dans les vues d'aucun des deux partis d'avancer dans cette direction. Les paysans des hameaux voisins se montraient avec précaution, comme pour épier l'issue de la lutte qui allait commencer. Non loin de là on pouvait voir dans la baie deux vaisseaux portant pavillon anglais, dont les hunes et les vergues étaient couvertes de spectateurs moins timides.

Quand cette pause solennelle eut duré quelque temps, Fergus et un autre chef reçurent ordre de détacher leurs clans vers le village de Preston, afin de menacer le flanc droit de l'armée de Cope, et de le forcer à changer de position. Pour se mettre en état d'exécuter ces ordres, le Chef de Glennaquoich occupa le cimetière de Tranent ; c'était une position qui commandait la plaine, et qui était très-convenable, ainsi que le fit remarquer Evan Dhu, « pour les gentilshommes qui auraient le malheur d'être tués, et qui seraient curieux d'être enterrés en terre sainte. » Le général anglais, pour arrêter ou déloger ce détachement, envoya deux canons soutenus par un fort parti de cavalerie. Ils avancèrent si près, que Waverley put aisément reconnaître le drapeau de la compagnie qu'il avait autrefois commandée, et entendre les trompettes et les timbales donner le signal au son duquel il avait si souvent obéi. Il put entendre aussi les mots de commandement qui lui étaient si connus, prononcés en anglais par une voix qu'il ne connaissait pas moins bien, celle de l'officier commandant pour lequel il avait eu autrefois tant de respect. En ce moment, promenant ses regards autour de lui, il remarqua le costume et l'air sauvage de ses nouveaux camarades highlandais, il les entendit s'entretenir dans une langue barbare et inconnue ; puis ramenant ses yeux sur ses propres vêtements, si différents de ceux qu'il avait portés depuis son enfance, il désira s'éveiller de ce qui lui parut un rêve étrange, horrible et contre nature : — Bon Dieu! se dit-il, suis-je donc traître à mon pays, renégat de mon drapeau, et, comme le disait en mourant ce pauvre malheureux, ennemi de ma terre natale d'Angleterre ?

Avant qu'il eût pu digérer ou étouffer ce souvenir, il vit son ancien commandant, remarquable par sa stature militaire, s'avancer pour reconnaître les lieux. — Je puis l'atteindre maintenant, dit Callum, en élevant avec précaution son fusil au-dessus du mur derrière lequel il était couché à trente verges au plus du commandant.

Édouard tressaillit comme s'il eût été sur le point de voir commettre un parricide en sa présence, car les cheveux blancs, l'air imposant et vénérable du vieux soldat lui rappelaient le respect presque filial que tous les officiers lui portaient. Mais avant qu'il eût pu crier : — Arrête ! un vieux montagnard, placé près de Callum-Beg, lui retint le bras : — Garde ton coup, lui dit le *seer*[1], son heure n'est pas encore venue. Mais qu'il prenne garde à lui demain ; — je vois son drap mortuaire sur sa poitrine !

Callum, vrai rocher sous tout autre rapport, était pénétrable par la superstition. Il pâlit en entendant le *Taishatr* et retira son fusil. Le colonel Gardiner, sans se douter du péril auquel il venait d'échapper, fit tourner son cheval, et regagna à petits pas la tête de son régiment.

Cependant l'armée régulière avait pris une autre ligne, l'un de ses flancs incliné vers la mer et l'autre continuant à s'appuyer sur le village de Preston ; et comme il n'était pas moins difficile de les attaquer dans cette nouvelle position, Fergus et le reste du détachement furent rappelés à leur premier poste. Ce changement en nécessita un analogue dans l'armée du général Cope, qui se forma de nouveau en ligne parallèle à celle des Highlanders. Ces manœuvres de part et d'autre conduisirent presque à la fin de la journée, et les deux armées se préparèrent à passer la nuit sous les armes dans leurs positions respectives.

— On ne fera rien ce soir, dit Fergus à son ami Waverley ; avant de nous envelopper dans nos plaids, allons voir ce que fait le baron à l'arrière-garde.

En approchant de son poste, ils trouvèrent le brave et prudent vieillard qui, après avoir envoyé dehors ses patrouilles nocturnes et placé ses sentinelles, s'occupait à lire au reste de ses hommes le service du soir de l'église épiscopale : sa voix était pleine et sonore, et quoiqu'il eût ses lunettes sur le nez, et que l'aspect de Saunder Saunderson remplissant en uniforme les fonctions de clerc eût quelque chose d'assez plaisant, cependant les circonstances dangereuses où l'on se trouvait, le costume militaire des assistants et la vue de leurs chevaux sellés et attachés à des piquets derrière eux, donnaient à cet acte de dévotion un caractère imposant et solennel.

— Je me suis confessé ce matin avant que vous fussiez éveillé, dit tout bas Fergus à Waverley, mais je ne suis pas d'un catholicisme si rigoureux qu'il m'empêche de me joindre aux prières de ce digne homme.

---

[1] *Voyant, doué de seconde vue.* (L. V.)

Édouard y consentit, et ils attendirent que le baron eût terminé le service.

— Maintenant, allez, mes enfants, dit M. Bradwardine en fermant le livre, et demain matin allez à eux la conscience légère et le bras lourd. Il accueillit ensuite affectueusement Mac-Ivor et Waverley, qui lui demandèrent son avis sur leur situation. — Ma foi ! mes amis, vous savez ce que dit Tacite : *In rebus bellicis maximè dominatur fortuna*, ce qui répond à notre adage national : *La fortune peut beaucoup dans la mêlée.* Mais croyez-moi, messieurs, ce général anglais n'est pas un grand clerc. Il refroidit l'ardeur des pauvres diables qu'il commande en les tenant sur la défensive, ce qui implique un sentiment d'infériorité ou de crainte. Les voilà là-bas qui vont passer la nuit sous les armes, aussi inquiets, aussi mal à l'aise qu'un crapaud sous une herse[1], tandis que demain matin nos hommes seront tout frais et et tout dispos pour l'action. Ainsi, bonsoir. — Il y a une chose qui me tourmente ; mais si demain tout va bien, je vous consulterai là-dessus, Glennaquoich...

— Je pourrais presque appliquer à M. Bradwardine ce que Henri dit de Fluellen, dit Waverley, en regagnant avec son ami leur bivouac :

> Quoique cet Écossais soit un peu hors de mode,
> Pour le zèle et l'ardeur il vaut encor son prix.

— Il a beaucoup servi, répondit Fergus, et l'on est quelquefois surpris de voir combien il entre à la fois en lui de bon sens et de déraison. Je ne comprends pas ce qui peut lui tourmenter l'esprit : — sans doute quelque chose relativement à Rose. — Écoutez ! les Anglais placent leurs sentinelles.

Le roulement du tambour et l'accompagnement aigu des fifres firent résonner les échos de la colline, — puis s'affaiblirent, — puis retentirent de nouveau, — puis enfin cessèrent tout à fait. Les trompettes et les timbales de la cavalerie exécutèrent le brillant air de guerre destiné à annoncer chaque soir aux soldats l'heure de la retraite, et finirent par une cadence aiguë d'un caractère mélancolique.

Les deux amis, qui étaient alors revenus à leur poste, s'arrêtèrent et regardèrent autour d'eux avant de se livrer au repos. Au couchant, la voûte céleste étincelait d'étoiles; mais de froides vapeurs, s'élevant de l'Océan, obscurcissaient l'horizon du côté du levant, et roulaient en blancs nuages au-dessus de la plaine où les troupes ennemies étaient étendues à côté de leurs armes. Leurs avant-postes venaient jusqu'au bord du grand fossé au bas de la colline, et ils avaient allumé, à différents intervalles, de grands feux qui ne répandaient qu'une pâle et faible lueur à travers l'épais brouillard qui les entourait comme d'une sombre auréole.

[1] Phrase proverbiale écossaise. (L. V.)

« Pressés comme les feuilles dans le Vallombrosa, » les Highlanders étaient étendus sur les flancs des hauteurs, et tous, hormis les sentinelles, étaient ensevelis dans le plus profond sommeil. — Combien de ces braves gens, Fergus, dormiront d'un sommeil encore plus profond avant que la nuit de demain soit venue! dit Waverley en poussant un soupir involontaire.

—Il ne faut point penser à cela, reprit Fergus, dont les idées étaient toutes militaires; vous ne devez songer qu'à votre sabre et à celui qui vous l'a donné. Toute autre réflexion vient maintenant TROP TARD.

Avec le calmant de cette observation sans réplique, Waverley s'efforça d'apaiser le tumulte des émotions qui l'agitaient. Mac-Ivor et lui, réunissant leurs deux plaids, s'en firent une couche chaude et commode. Callum, qui était spécialement chargé de veiller sur la personne du Chef, s'assit à leur chevet et commença, sur un ton bas et monotone, une longue et mélancolique chanson en langue gaëlique, dont les notes, semblables aux gémissements éloignés du vent, eurent bientôt endormi les deux amis.

CHAPITRE XLVII.

LA BATAILLE.

Fergus Mac-Ivor et son ami dormaient depuis quelques heures, lorsqu'on vint les éveiller et les mander de la part du prince. La cloche éloignée d'un village sonnait trois heures, comme ils se rendaient en hâte auprès de lui. Il était déjà environné de ses principaux officiers et des Chefs des clans. Une botte de paille de pois, qui venait de lui servir de lit, lui tenait alors lieu de siége. Au moment où Fergus s'approcha du cercle, la délibération finissait. — Courage, mes braves amis! disait le Chevalier, et que chacun aille immédiatement se mettre à la tête de ceux qu'il commande. Un ami fidèle [1] a offert de nous conduire par un chemin étroit et tortueux, mais praticable, qui, tournant à notre droite, traverse les terrains marécageux et inégaux et nous permet de gagner la plaine solide et découverte où sont campés nos ennemis. Une fois ces obstacles surmontés, que le Ciel et nos bonnes épées fassent le reste!

Cette proposition causa une joie unanime, et chacun des Chefs se hâta de mettre ses hommes en ordre avec le moins de bruit possible. L'armée, se portant sur la droite du lieu où elle avait passé la nuit, entra bientôt

[1] *Voyez* la note T, à la fin du volume.

CHAPITRE XLVII.

dans un sentier à travers le marécage, marchant dans un silence imposant et avec une grande rapidité. Le brouillard ne s'était pas encore élevé jusque sur les hauteurs, de sorte que pendant quelque temps ils purent profiter de la lumière des étoiles. Mais cet avantage leur fut bientôt enlevé, les étoiles pâlissant à l'approche du jour, et la tête de la colonne continua à descendre, plongée, en quelque façon, dans un océan profond de brouillards, qui roulait ses vagues blanchâtres sur toute la plaine et sur la mer qui la bornait. Il y eut alors à vaincre plus d'une difficulté inséparable de l'obscurité et de la nécessité de marcher en ordre dans un sentier étroit, inégal et marécageux; mais d'après le genre de vie des montagnards, ces inconvénients étaient moins grands pour eux que pour toute autre troupe, et ils continuèrent à avancer d'un pas ferme et rapide.

Lorsque le clan d'Ivor approcha de la terre solide, en suivant les traces de ceux qui le précédaient à travers le brouillard, on entendit le cri d'une vedette, quoiqu'il fût impossible de voir le dragon qui l'avait prononcé : — Qui va là?

— Silence! cria Fergus, silence! Que personne ne réponde, s'il tient à la vie! — En avant! — Et ils poursuivirent leur route en silence et avec vitesse.

Le dragon déchargea sa carabine sur la troupe : à la détonation succéda aussitôt le bruit des pas d'un cheval qui s'éloignait au galop.

— *Hylax in limine latrat* [1]! dit le baron de Bradwardine en entendant le coup ; — le coquin va donner l'alarme!

Le clan de Fergus avait atteint la plaine naguère encore couverte d'une abondante moisson. Mais la récolte avait été rentrée, et il n'y avait devant eux ni arbre ni buisson, ni obstacle d'aucune nature. Le reste de l'armée avançait en hâte, quand on entendit les tambours anglais battre la générale. Comme il n'entrait pas dans le plan des montagnards de surprendre l'ennemi, ils ne furent pas déconcertés en apprenant qu'il était sur ses gardes, prêt à les recevoir. Cela leur fit seulement presser leurs dispositions pour le combat, et elles furent très-simples.

L'armée highlandaise, qui occupait alors l'extrémité orientale de cette plaine étendue couverte de chaume dont nous avons si souvent parlé, était rangée sur deux lignes qui se développaient des marécages à la mer : la première était destinée à charger l'ennemi, et la seconde à servir de réserve. Le petit corps de cavalerie, commandé par le prince lui-même, était placé entre les deux lignes. Le royal Aventurier avait manifesté l'intention de charger en personne à la tête de la première ligne ; mais ce projet avait été combattu par ceux qui l'entouraient, et ils l'avaient amené, non sans peine, à y renoncer.

---

[1] Hylax aboie sur le seuil.

Les deux lignes se portèrent en avant, la première préparée à commencer le combat. Les clans dont elle se composait formaient chacun une espèce de phalange séparée, étroite sur le front, et ayant dix, douze ou quinze rangs de profondeur, selon leur force. Les mieux armés et les plus nobles, car ces deux mots étaient synonymes, étaient placés en tête de ces subdivisions irrégulières. Les autres, en arrière, épaulaient les premiers rangs, et serrant de près ceux qui étaient exposés au premier choc, leur donnaient à la fois une impulsion physique et une nouvelle dose de confiance et d'ardeur.

— Quittez votre plaid, Waverley! cria Fergus en jetant le sien; nous aurons de la soie pour remplacer nos tartans, avant que le soleil soit au-dessus de la mer.

De toutes parts les montagnards se dépouillèrent de leurs plaids et préparèrent leurs armes : il se fit alors un silence solennel d'environ trois minutes, pendant lesquelles, la tête découverte, les yeux levés au ciel, ils prononcèrent une courte prière; puis ils renfoncèrent leurs bonnets sur leurs fronts et se mirent en marche, lentement d'abord. En ce moment, Waverley sentit son cœur bondir comme s'il eût voulu s'échapper de sa poitrine. Ce n'était pas la crainte, ce n'était pas l'ardeur, c'était un mélange de ces deux sensations, une impulsion nouvelle et profondément énergique dont le premier effet fut de glacer et d'étourdir son âme, et qui lui causa ensuite une sorte de fièvre et de délire. Le bruit qui se faisait autour de lui contribuait à exalter son enthousiasme : les cornemuses retentissaient, et les clans marchaient en autant de sombres colonnes. A mesure qu'ils s'avançaient ils redoublaient de vitesse, et leurs murmures confus se changèrent bientôt en clameurs sauvages.

En ce moment, le soleil qui paraissait à l'horizon dissipa le brouillard; les vapeurs s'élevèrent comme un rideau, et laissèrent voir les deux armées prêtes à en venir aux mains. La ligne de l'armée anglaise faisait directement face à celle des Highlanders. Les soldats étaient bien équipés et couverts d'armures étincelantes; la cavalerie et l'artillerie les soutenaient en flanc. Mais cette vue n'inspira nulle terreur aux assaillants.

— En avant, fils d'Ivor, s'écria leur Chef, ou les Camérons répandront le premier sang! — Ils se ruèrent en avant avec un cri terrible.

Le reste est bien connu. La cavalerie, qui avait ordre de charger en flanc les montagnards qui approchaient, essuya une décharge irrégulière de leur mousqueterie qu'ils tiraient en courant, et saisie d'une honteuse panique, hésita, s'arrêta, se débanda et s'enfuit au galop. Les artilleurs, abandonnés par la cavalerie, se sauvèrent après avoir déchargé leurs pièces; et les Highlanders, jetant leurs fusils après le premier coup, tirèrent leurs claymores et fondirent avec fureur sur l'infanterie.

Dans ce moment de confusion et de terreur, Waverley remarqua

CHAPITRE XLVII.

un officier anglais qui paraissait de haut rang, resté seul et sans appui, auprès d'une pièce de canon qu'après la fuite des hommes qui la servaient il avait lui-même pointée et tirée contre le clan de Mac-Ivor, le groupe de montagnards le plus à sa portée. Frappé de sa taille et de sa figure martiale, et désirant l'arracher à une mort inévitable, Waverley dépassa pour un instant les guerriers les plus agiles, et, arrivant le premier auprès de l'officier, le somma de se rendre. Celui-ci lui répondit par un coup d'épée, que Waverley reçut dans sa targe; et faisant un brusque mouvement de côté, l'arme de l'Anglais se brisa. Au même instant Dugald Mahony allait lui fendre la tête avec sa hache; Waverley arrêta et prévint le coup. L'officier, voyant qu'une plus longue résistance serait inutile, et frappé de la généreuse sollicitude d'Édouard pour sa vie, lui remit le tronçon de son épée. Waverley confia son prisonnier à la garde de Dugald, en lui recommandant sévèrement de le bien traiter et de ne pas le dépouiller, lui promettant un ample dédommagement.

Sur la droite d'Édouard, la mêlée fut pendant quelque temps sanglante et terrible. L'infanterie anglaise, formée dans les guerres de Flandre, disputait vaillamment le terrain; mais ses lignes trop étendues furent enfoncées et rompues en plusieurs endroits par les masses serrées des clans; et dans la lutte d'homme à homme qui s'ensuivit, la nature des armes des Highlanders, leur fougue et leur impétuosité extraordinaires, leur donnèrent une supériorité décidée sur des adversaires qui, surtout habitués à compter sur leur tactique et leur discipline, voyaient l'une en défaut et l'autre inutile. Waverley, en jetant les yeux sur cette scène de fumée et de carnage, aperçut le colonel Gardiner abandonné par ses propres soldats, malgré tous ses efforts pour les rallier; il traversait la plaine au galop, pour aller prendre le commandement d'un petit corps d'infanterie adossé contre le mur de son parc (car sa maison touchait au champ de bataille), et qui continuait une résistance aussi désespérée qu'inutile. Waverley put s'apercevoir qu'il avait déjà reçu plusieurs blessures, car ses habits et sa selle étaient souillés de sang. Sauver ce brave et excellent homme devint aussitôt l'objet de tous ses efforts; mais il ne put qu'être témoin de sa chute. Avant qu'Édouard pût se frayer un passage au milieu des Highlanders, qui, furieux et avides de pillage, se précipitaient alors les uns sur les autres, il vit son ancien commandant renversé de son cheval par un coup de faux, et recevant même à terre plus de blessures qu'il n'en aurait fallu pour lui ôter vingt fois la vie. Quand Waverley arriva, il n'avait pas encore entièrement perdu connaissance. Le guerrier mourant sembla reconnaître Édouard, car il fixa sur lui un regard plein de reproche et de tristesse, et parut s'efforcer de parler; mais il sentit que la mort approchait, et se résignant à son sort, il joignit les mains comme pour prier, et rendit son âme à son Créateur. Le regard qu'il jeta à Wa-

18

verley dans ce moment ne fit pas sur notre héros, au milieu de ce tumulte et de cette confusion, autant d'impression que lorsque plus tard sa pensée le lui rappela [1].

En cet instant, de grands cris de triomphe retentirent dans toute la plaine. La bataille était finie et gagnée; tous les bagages, l'artillerie et les munitions de l'armée régulière étaient au pouvoir des vainqueurs. Jamais victoire ne fut plus complète. A peine quelques hommes échappèrent-ils au désastre, à l'exception de la cavalerie, qui avait pris la fuite au commencement de l'attaque, et encore s'était-elle divisée en petites troupes et dispersée dans le pays. En ce qui touche à notre histoire, nous n'avons plus qu'à mentionner le sort de Balmawhapple, qui, monté sur un cheval têtu et emporté comme son maître, poursuivit les dragons dans leur fuite à plus de quatre milles du champ de bataille. Là, une douzaine de fuyards reprenant courage firent volte-face, et lui fendant le crâne à coups de sabre, donnèrent au monde la preuve que l'infortuné gentilhomme n'était réellement pas sans cervelle, sa mort démontrant ainsi une chose regardée comme très-douteuse pendant sa vie. Son sort excita peu de regrets. La plupart de ceux qui l'avaient connu convinrent que l'enseigne Maccombich avait eu raison de dire « qu'on avait fait de plus grandes pertes à Sheriff-Muir. » Son ami, le lieutenant Jinker, employa toute son éloquence pour disculper sa jument favorite d'avoir contribué à la catastrophe. — Il avait, dit-il, répété mille fois au laird, que c'était une grande honte de mettre à la pauvre bête une martingale, quand il aurait pu la conduire avec une bride d'un pied et demi de long, et qu'il ne pouvait manquer de s'attirer par là quelque accident à lui-même (pour ne rien dire de la bête), en la faisant s'abattre ou autrement; au lieu que s'il lui eût mis le moindre anneau coulant, il l'aurait conduite aussi aisément qu'un cheval de charrette.

Telle fut l'oraison funèbre du laird de Balmawhapple [2].

[1] *Voyez* la note U, à la fin du volume.
[2] *Voyez* la note V, à la fin du volume.

CHAPITRE XLVIII.

EMBARRAS IMPRÉVU.

Après la bataille, et quand l'ordre se fut un peu rétabli, le baron de Bradwardine, respirant enfin après la besogne de la journée, et ayant eu soin d'assigner aux cavaliers placés sous ses ordres des stations convenables, se mit à la recherche du *chieftain* de Glennaquoich et de son ami Édouard Waverley.

Il trouva le premier occupé à juger des contestations survenues entre les hommes de son clan sur des points de préséance et des traits de valeur, outre diverses questions épineuses et d'un haut intérêt au sujet du butin. La plus importante de celles-ci avait pour objet la propriété d'une montre d'or qui avait appartenu à quelque malheureux officier anglais. La partie qui fut déboutée par l'arrêt du Chef se consola ensuite en disant : — Elle est morte la même nuit que Vich Ian Vohr l'a donnée à Murdoch ; la montre, en effet, que le montagnard prenait pour un animal vivant, s'étant arrêtée faute d'avoir été remontée.

Cet important débat venait d'être réglé, quand le baron de Bradwardine rejoignit les deux jeunes gens ; sa physionomie avait une expression d'importance qu'assombrissait cependant un air soucieux. Il descendit de son coursier fumant, dont il remit le soin à un de ses suivants. — Je jure rarement, monsieur, dit-il à cet homme ; mais si vous me jouez un de vos tours de chien, et que vous laissiez là le pauvre Berwick avant qu'il soit pansé, pour courir après le butin, je veux que le diable soit avec moi si je ne vous tords pas le cou ! Il flatta alors complaisamment de la main l'animal qui l'avait porté à travers les périls de la journée, et en ayant pris affectueusement congé : — Hé bien ! mes jeunes et bons amis, dit-il en se tournant vers Fergus et Waverley, une victoire glorieuse et décisive ! seulement ces coquins de troupiers se sont sauvés trop tôt. J'aurais voulu vous montrer un vrai *prœlium equestre*, ou combat de cavalerie, que leur couardise a différé, et que je regarde comme l'orgueil et la terreur de la guerre. Au surplus, j'ai combattu encore une fois pour cette vieille cause, quoique je convienne que je n'ai pu aller aussi loin que vous, mes enfants, mon poste ayant été de tenir en rangs notre poignée de chevaux. Mais un cavalier ne doit en aucune façon porter envie à l'honneur qui échoit à ses compagnons, même quand on leur assigne un poste trois fois plus dangereux que le sien, ce qui peut aussi, avec la grâce de Dieu, lui arriver une autre fois. — Mais je vous prie, Glennaquoich, et vous aussi, M. Waverley, de me donner votre meilleur avis sur une matière de grande importance, et qui touche essentiellement à l'honneur de la maison de Bradwardine. — Je vous demande pardon, enseigne Maccombich, et à vous, Inveraughlin, et à vous, Edderalshendrach, et à vous aussi, monsieur.

La dernière personne à laquelle il s'adressait ainsi était Ballenkeiroch, qui, se souvenant de la mort de son fils, lui lança un regard farouche et menaçant. Le baron, prompt comme l'éclair à prendre ombrage, fronçait déjà le sourcil, lorsque Glennaquoich entraîna à part son major, et lui remontra, du ton d'autorité d'un Chef, la folie de faire revivre une querelle dans un pareil moment.

— La plaine est encombrée de cadavres, dit le vieux montagnard en s'éloignant d'un air sombre; *un de plus* n'y eût été guère remarqué; et si ce n'eût été pour vous, Vich Ian Vohr, celui-là eût été celui de Bradwardine ou le mien.

Le Chef le calma en l'entraînant, puis il revint près du baron. — C'est Ballenkeiroch, lui dit-il à demi-voix et d'un ton confidentiel; le père du jeune homme qui fut tué, il y a huit ans, dans la malheureuse affaire de Bradwardine.

— Ah! repartit le baron, dont les traits perdirent à l'instant leur tension équivoque, je puis passer bien des choses à un homme à qui j'ai malheureusement causé un aussi grand chagrin. Vous avez bien fait de me prévenir, Glennaquoich; il peut me regarder d'un air aussi sombre que minuit à la Saint-Martin, avant que Cosmo Comyne Bradwardine lui cherche querelle pour cela. Ah! je n'ai pas de lignage mâle, et je supporterais bien des choses d'un homme que j'ai privé de son fils, quoique vous sachiez que le *blood-wit*[1] ait été fait à votre propre satisfaction par *assythment*[2], et que j'aie depuis expédié des lettres de mort[3].

— Ainsi donc, comme je disais, je n'ai pas de descendance mâle, et néanmoins je dois maintenir l'honneur de ma maison; c'est sur ce sujet que j'avais à réclamer votre attention particulière.

Les deux jeunes gens prêtèrent l'oreille avec une curiosité inquiète.

— Je ne doute pas, mes enfants, continua-t-il, que votre éducation ne vous ait mis à même de connaître la vraie nature des tenures féodales?

Fergus, craignant une interminable dissertation, répondit: — Parfaitement, baron; et en même temps il toucha légèrement Waverley, pour lui faire comprendre qu'il ne devait pas laisser voir d'ignorance à cet égard.

— Et vous savez, je n'en doute pas, que la tenure de la baronnie de Bradwardine est d'une nature également honorable et particulière, ayant été *blanch* (mot que Craig croit devoir être rendu en latin par

---

[1] Réparation du sang versé.
[2] Terme légal, qui signifie *compensation*. (L. V.)
[3] *Letters of slains*, réparation offerte ou reçue par écrit. (L. V.)

blancum, ou plutôt *francum*, un franc-alleu) *pro servitio detrahendi, seu exuendi caligas regis post batalliam* [1]. — Ici Fergus tourna son œil d'aigle vers Édouard, avec un mouvement de sourcil et un haussement d'épaules presque imperceptibles. — Or, deux sujets de doute se présentent à moi sur ce sujet. D'abord, ce service, cet hommage féodal, est-il, à tout événement, dû à la personne du prince, la charte portant, *per expressum* [2], *caligas* REGIS, les bottes du roi lui-même ; et je sollicite votre opinion sur ce point particulier, avant de passer outre.

— Il est prince régent, répondit Mac-Ivor avec un sérieux digne de louange ; et à la cour de France, on rend à la personne du régent tous les honneurs qui sont dus à celle du roi. D'ailleurs, si j'avais à tirer les bottes de l'un ou de l'autre, je rendrais ce service au jeune Chevalier dix fois plus volontiers qu'à son père.

— Soit ; mais il ne s'agit pas de préférences personnelles. Cependant votre autorité est de grand poids quant aux usages de la cour de France ; et sans doute le prince, comme un *alter ego* [3], peut avoir le droit de réclamer l'*homagium* des grands tenanciers de la couronne, puisque tout sujet fidèle est tenu, par l'acte de régence, de le respecter à l'égal du roi lui-même. Ainsi donc, loin de moi la pensée d'affaiblir le lustre de son autorité, en lui refusant cet acte d'hommage si bien fait pour en augmenter la splendeur ; car je doute que l'empereur de Germanie fasse tirer ses bottes par un baron libre de l'Empire. Mais ici se présente la seconde difficulté : — le prince ne porte pas de bottes, mais simplement des *brogues* et des *trews*.

Ce dernier dilemme faillit déconcerter la gravité de Fergus.

— Ma foi, baron, dit-il, vous savez ce que dit le proverbe : « Il est difficile de prendre les culottes d'un Highlander ; » — les bottes se trouvent ici dans le même cas.

— Cependant, reprit le baron, le mot *caligæ*, dans son sens primitif, signifie plutôt sandales que bottes, quoique j'admette que nos traditions de famille, et même nos anciens titres, l'expliquent par BOTTES ; et Caïus César, neveu et successeur de Caïus Tiberius, reçut le surnom de Caligula, *a caligulis, sive caligis levioribus, quibus adolescentior usus fuerat in exercitu Germanici, patris sui* [4]. Les *caligulæ* furent propres aussi aux corps monastiques ; car nous lisons dans un ancien glossaire sur la règle de saint Benoît, pour l'abbaye de Saint-Amand, que les *caligæ* étaient fixées avec des courroies.

— Cela s'appliquera aux brogues, dit Fergus.

---

[1] A la charge d'ôter ou de tirer les bottes du roi après la bataille.

[2] Expressément.

[3] Un autre moi ; par métonymie, pour *un autre lui-même*. (L. V.)

[4] De *caligulæ* (sandales) ; parce que, dans sa jeunesse, à l'armée de son père Germanicus, il portait habituellement de légères sandales.

— En effet, mon cher Glennaquoich, et les termes sont précis : *Caligæ dictæ sunt quia ligantur; nam socci non ligantur, sed tantùm intromittuntur;* c'est-à-dire les *caligæ* tirent leur nom des ligatures par lesquelles elles sont assujetties; au lieu que les *socci*, qui peuvent être analogues à nos mules, que les Anglais appellent pantoufles, sont seulement adaptés au pied. Il y a, en outre, une alternative dans les expressions de la charte : *Exuere, seu detrahere,* c'est-à-dire ôter, comme lorsqu'il s'agit de sandales ou de brogues; et *tirer,* comme on dit vulgairement en parlant des bottes. J'aurais cependant voulu plus de lumières sur ce point; mais je crains qu'il soit difficile de trouver dans le voisinage un auteur érudit *de re vestiariâ*[1].

— J'en doute fort, en effet, quoiqu'en ce moment on paraisse s'occuper assez activement de la *res vestiaria* elle-même, répondit le Chef en portant les yeux autour de lui sur les Highlanders épars çà et là, et revenant chargés des dépouilles des morts.

Cette remarque cadrant avec la nature de plaisanterie familière au baron, il l'honora d'un sourire; mais il reprit immédiatement ce qui était pour lui une affaire très-sérieuse.

— Le bailli Macwheeble est, à la vérité, d'avis que ce service honorifique est dû, par sa nature, *si petatur tantùm,* seulement dans le cas où Son Altesse Royale requerrait du grand-tenancier de la couronne de remplir ce devoir personnel; et il m'a même fait voir un cas analogue dans les *Doutes et Questions* de Dirleton, Grippit *versùs* Spicer, au sujet d'une dépossession de domaine *ob non solutum canonem,* c'est-à-dire à défaut d'avoir acquitté une redevance féodale annuelle de trois bagatelles estimées les sept huitièmes d'un penny d'Écosse, en quoi le défendeur fut absous. Mais je crois plus sûr, sauf vos bons avis, de me mettre moi-même en mesure de rendre au prince ce service, et de lui en faire l'offre; et je me ferai suivre du bailli, avec une cédule ou protestation qu'il a déjà rédigée (il tira un papier de sa poche), intimant que si c'est le bon plaisir de Son Altesse Royale d'accepter, pour tirer ses *caligæ* (qu'on entende par là des bottes ou des brogues), l'aide d'une personne autre que ledit baron de Bradwardine, qui est près de lui, prêt et disposé à s'acquitter de ce devoir, cela ne pourra en aucune façon nuire ou préjudicier au droit dudit Cosmo Comyne Bradwardine à remplir à l'avenir ledit service; non plus que cela ne donnera à nul *écuyer,* valet de chambre, *squire* ou page, à l'assistance duquel ç'aura été le bon plaisir de Son Altesse Royale de recourir, aucun droit, titre ni fondement pour évincer ledit Cosmo Comyne Bradwardine du domaine et baronnie de Bradwardine et autres, tenus en vertu de la due et fidèle exécution des clauses sus-mentionnées.

Fergus s'empressa d'applaudir à cet arrangement; après quoi le baron

---

[1] Des choses du vêtement.

prit cordialement congé d'eux, avec un sourire d'importance satisfaite.

— Vive notre cher ami le baron! s'écria le Chef dès que Bradwardine ne fut plus à portée de l'entendre; c'est bien l'original le plus absurde qui existe au nord de la Tweed[1]. Plût au Ciel que je lui eusse conseillé de venir au cercle de ce soir avec un tire-bottes sous le bras! Je crois qu'il eût adopté l'avis, s'il eût été donné avec la gravité convenable.

— Pouvez-vous prendre plaisir à tourner en ridicule un si digne homme?

— Pardonnez-moi, mon cher Waverley, mais vous êtes aussi ridicule que lui. Eh quoi! n'avez-vous pas vu que l'esprit de notre ami est complètement absorbé dans cette cérémonie? Depuis son enfance, il en a entendu parler comme du plus auguste des priviléges et des cérémonies du monde, et c'est ainsi qu'il l'a toujours considérée; et je ne mets pas en doute que le bonheur qu'il s'est promis de son accomplissement n'ait été pour beaucoup dans les motifs qui lui ont fait prendre les armes. Croyez bien que si j'avais tenté de l'en détourner, il m'eût traité d'ignorant et de fat entêté, ou peut-être même lui eût-il pris fantaisie de me couper la gorge, plaisir qu'il a déjà voulu se donner une fois à propos de je ne sais quel point d'étiquette qui n'avait pas à ses yeux moitié autant d'importance que cette affaire de bottes ou de brogues, ou de ce que finalement les savants feront des *caligæ*. Mais il faut que je me rende au quartier-général, pour préparer le prince à cette scène extraordinaire. Ma nouvelle sera bien reçue, car elle le fera rire de bon cœur et le mettra en garde contre une gaieté qui, plus tard, pourrait venir fort mal à propos. Ainsi, au revoir, mon cher Waverley.

[1] Rivière qui sépare en partie l'Écosse de l'Angleterre. (L. V.)

CHAPITRE XLIX.

LE PRISONNIER ANGLAIS.

Le premier soin de Waverley, après le départ du Chef, fut d'aller s'informer de l'officier à qui il avait sauvé la vie. Il était gardé, avec ses compagnons d'infortune, dont le nombre était très-grand, dans la maison d'un gentilhomme voisine du champ de bataille.

En entrant dans la chambre où ces malheureux étaient entassés, Waverley reconnut aisément celui qui était spécialement l'objet de sa visite, non-seulement à la dignité particulière de son maintien, mais encore au voisinage de Dugald Mahony, qui, sa hache d'armes sur l'épaule, ne l'avait pas plus quitté depuis le commencement de sa captivité que s'il eût été chevillé à ses côtés. Cette étroite surveillance pouvait bien avoir eu pour cause le désir de s'assurer la récompense promise par Édouard, mais elle n'en eut pas moins pour résultat de sauver le gentleman anglais des violences des pillards, au milieu de la confusion générale ; car Dugald avait judicieusement calculé que le montant du droit de salvage qui lui serait alloué serait en raison de l'état dans lequel il remettrait le prisonnier entre les mains de Waverley. Il se hâta donc d'affirmer à celui-ci, avec plus de paroles qu'il n'en employait d'habitude, « qu'il avait gardé le *sidier roy* tout entier, et qu'il ne valait pas un *plack* de moins que quand Son Honneur l'avait empêché de lui donner un petit coup de sa hache de Lochaber. »

Waverley réitéra à Dugald l'assurance d'une récompense libérale ; et s'approchant de l'officier anglais, il lui exprima son vif désir de faire tout ce qui pourrait contribuer à adoucir sa situation fâcheuse dans la circonstance où il se trouvait.

— Je ne suis pas assez neuf dans la carrière des armes, monsieur, répondit l'Anglais, pour me plaindre des chances de la guerre. Je suis seulement douloureusement affecté de voir au sein de notre île des scènes auxquelles j'ai souvent assisté ailleurs, je pourrais dire avec indifférence, par comparaison avec ce que j'éprouve en ce moment.

— Encore une journée semblable à celle-ci, et j'espère que le motif de vos regrets n'existera plus ; tout rentrera dans l'ordre et la paix.

L'officier sourit et secoua la tête. — Je ne dois pas oublier ma situation, dit-il, jusqu'à vouloir combattre directement cette opinion ; mais malgré votre succès, et la valeur que vous y avez déployée, la tâche que vous avez entreprise me paraît fort au-dessus de vos forces.

En ce moment, Fergus se fit jour au milieu de la foule.

— Venez, Édouard, venez avec moi; le prince est parti pour Pinkie-House, où il recevra ce soir, et il faut l'y suivre, si nous ne voulons perdre toute la cérémonie des *caligœ*. Votre ami le baron s'est rendu coupable d'un grand acte de cruauté ; car il a voulu absolument emmener avec lui le bailli Macwheeble au champ de bataille. Or, vous devez le savoir, ce que le bailli a le plus en horreur, c'est un Highlander armé, ou un fusil chargé; et il est là planté, écoutant les instructions du baron au sujet de la protestation, baissant la tête comme une mouette qui fait le plongeon, à chaque coup de fusil ou de pistolet que nos étourdis montagnards tirent dans la plaine, et, à chaque symptôme de frayeur, ayant à supporter, par forme de pénitence, une sévère rebuffade de son patron, qui n'admettrait pas la décharge de toute une batterie, tirée à distance de point de mire, comme une excuse qui pût dispenser de donner toute son attention à un discours où l'honneur de sa famille est intéressé.

— Mais comment M. Bradwardine a-t-il pu le décider à s'aventurer si loin? dit Édouard.

— Il était venu jusqu'à Musselburgh, dans l'espérance, j'imagine, d'avoir à dresser quelques-uns de nos testaments; les ordres péremptoires du baron l'ont forcé de venir à Preston, après la bataille. Il se plaint de quelques-uns de nos coquins qui, dit-il, ont mis sa vie en péril en le menaçant de leurs pistolets; mais comme ils ont limité sa rançon à un penny anglais, je ne pense pas que nous ayons à déranger le grand-prévôt pour cette affaire. — Ainsi, partons, Waverley.

— Waverley! s'écria l'officier anglais avec une vive émotion; le neveu de sir Everard, du comté de ***?

— Lui-même, monsieur, répondit notre héros, quelque peu surpris du ton de cette question.

— Je suis à la fois heureux et peiné de notre rencontre, reprit le prisonnier.

— J'ignore, monsieur, ce qui peut me valoir tant d'intérêt.

— Votre oncle ne vous a-t-il jamais parlé d'un ami nommé Talbot?

— Je l'ai entendu parler avec une grande estime d'une personne de ce nom, un colonel, je crois, et mari de lady Émilie Blandeville; mais je croyais le colonel Talbot sur le continent.

— J'en suis revenu tout récemment, et me trouvant en Écosse, j'ai pensé qu'il était de mon devoir d'offrir mes services où ils semblaient pouvoir être utiles. Oui, M. Waverley, je suis le colonel Talbot, l'époux de la dame que vous avez nommée ; et je suis fier de reconnaître que je dois également et mon grade à l'armée et mon bonheur domestique à votre noble et généreux parent. Grand Dieu ! faut-il que je retrouve son neveu couvert d'un tel costume, et engagé dans une telle cause!

— Monsieur, dit Fergus avec hauteur, le costume et la cause sont ceux d'hommes de naissance et d'honneur.

— Ma situation m'interdit toute contradiction à cet égard, répliqua le colonel Talbot; sans quoi ce ne serait pas chose difficile de montrer que ni le courage ni l'orgueil du lignage ne peuvent relever une mauvaise cause. Mais avec la permission de M. Waverley, et avec la vôtre, monsieur, si la vôtre doit être demandée, je désirerais lui dire en particulier quelques mots relatifs à sa famille.

— M. Waverley, monsieur, est maître de ses actions. — Vous me suivrez à Pinkie, je suppose, ajouta Fergus en se tournant vers Édouard, quand vous aurez terminé votre entretien avec cette nouvelle connaissance? A ces mots, le Chef de Glennaquoich ajusta son plaid avec un air de hauteur plus qu'ordinaire et quitta la chambre.

Le crédit de Waverley obtint aisément pour le colonel Talbot la liberté de descendre dans un vaste jardin dépendant de la maison où il était confiné. Ils y firent quelques pas en silence, le colonel Talbot semblant réfléchir à la manière dont il commencerait ce qu'il avait à dire; enfin il s'adressa à Édouard.

— M. Waverley, vous m'avez aujourd'hui sauvé la vie; et cependant plût à Dieu que je l'eusse perdue avant de vous trouver portant l'uniforme et la cocarde de ces hommes!

— Je vous pardonne votre reproche, colonel Talbot; il est bienveillant, et votre éducation ainsi que vos préjugés le rendent naturel. Mais il n'y a rien d'extraordinaire à trouver un homme, dont l'honneur a été publiquement l'objet d'injustes attaques, dans la situation qui lui offrait le moyen le plus efficace de se venger de ses calomniateurs.

— Je dirais plutôt dans la situation la plus propre à confirmer les bruits qu'on a fait courir, en suivant précisément la ligne de conduite qu'on vous avait attribuée. Savez-vous, M. Waverley, les embarras infinis, les dangers même, que votre conduite actuelle a occasionnés à vos plus proches parents?

— Des dangers!

— Oui, monsieur, des dangers. Quand j'ai quitté l'Angleterre, votre oncle et votre père avaient été obligés de fournir caution pour répondre à une accusation de haute trahison, et ils n'y avaient été admis que grâce aux démarches d'amis puissants. J'étais venu en Écosse dans le seul but de vous arracher au gouffre dans lequel vous vous êtes précipité; je ne puis prévoir quelles seront pour votre famille les conséquences de votre adhésion ouverte à la rebellion, puisque le soupçon seul de votre intention les avait déjà mis dans un tel péril. Je regrette bien amèrement de ne pas vous avoir rencontré avant cette dernière et fatale erreur!

CHAPITRE XLIX.

— Je ne puis réellement deviner, dit Waverley d'un ton de réservé, par quel motif le colonel Talbot se sera donné tant d'embarras à mon sujet.

— M. Waverley, répondit le colonel, je comprends peu l'ironie; je répondrai donc à vos paroles dans leur sens le plus simple. Je suis redevable à votre oncle de bienfaits plus grands qu'un fils n'en doit à son père. Je lui ai voué les sentiments d'un fils; et comme je ne connais aucune manière dont je puisse répondre à ses bontés aussi bien qu'en vous servant, je vous servirai, s'il m'est possible, que vous me le permettiez ou non. L'obligation personnelle que vous m'avez imposée aujourd'hui, quoique la plus grande, dans l'opinion générale, qu'un homme puisse contracter envers un autre, n'ajoute rien à mon zèle pour vous, non plus que ce zèle ne pourra être attiédi par la froideur dont il pourra vous plaire de le reconnaître.

— Vos intentions peuvent être bonnes, monsieur, dit Waverley d'un ton sec; mais votre langage est dur, ou au moins impérieux.

— A mon retour en Angleterre, après une longue absence, continua le colonel Talbot, je trouvai votre oncle, sir Everard Waverley, sous la garde d'un messager du roi, par suite des soupçons que votre conduite avait fait planer sur lui. Il est mon plus ancien ami, — combien souvent le répèterai-je! — mon excellent bienfaiteur. Il a sacrifié à mon bonheur les plans qu'il s'était faits pour le sien; — jamais il n'a prononcé un mot, jamais il n'a conçu une pensée qui n'eussent pu être ceux de la Bienveillance elle-même. Je le trouve soumis à une détention rendue plus pénible pour lui par ses habitudes de vie, sa dignité naturelle de sentiments, et, — pardonnez-moi, M. Waverley, — par la cause qui avait amené cette calamité sur lui. Je ne puis vous déguiser mes sentiments en cette occasion; ils vous furent péniblement défavorables. Ayant réussi par le crédit de ma famille, que vous savez sans doute n'être pas sans quelque étendue, à obtenir la liberté de sir Everard, je partis pour l'Écosse. Je vis le colonel Gardiner, cet homme dont la fin malheureuse devrait seule suffire à rendre cette insurrection pour jamais exécrable. En m'entretenant avec lui, je m'aperçus que par suite des dernières circonstances, ainsi que d'un nouvel interrogatoire des personnes compromises dans la mutinerie, et grâce aussi à l'opinion favorable qu'il avait eue originairement de votre caractère, ses dispositions envers vous étaient fort adoucies; et je ne doutai pas que si j'étais assez heureux pour vous découvrir, tout pourrait encore s'arranger favorablement. Mais cette rebellion dénaturée a tout perdu. Pour la première fois, dans le cours d'une carrière militaire longue et active, j'ai vu des Anglais se déshonorer par une panique, et cela devant un ennemi sans armes et sans discipline! Et maintenant je retrouve l'héritier de mon ami le plus cher, — l'enfant de ses affections, je puis dire, — partageant un triomphe dont le premier il aurait dû rougir. Pourquoi plaindrai-je Gardiner? son sort a été heureux, comparé au mien!

Il y avait une telle dignité dans les manières du colonel Talbot, on voyait en lui un tel mélange de fierté militaire et de mâle douleur, il parlait de l'emprisonnement de sir Everard avec un ton de sensibilité si profonde, qu'Édouard resta mortifié, confus et contristé, en présence du prisonnier qui, peu d'heures auparavant, lui avait dû la vie. Il ne fut pas fâché que Fergus vînt pour la seconde fois interrompre leur conférence.

— Son Altesse Royale, dit-il, envoie à M. Waverley l'ordre de le suivre. Le colonel Talbot jeta sur Édouard un regard qui n'échappa pas à l'œil pénétrant du Chef highlandais. — De le suivre *sur-le-champ*, ajouta-t-il en appuyant sur ces mots. Waverley se tourna de nouveau vers le colonel.

— Nous nous reverrons, lui dit-il; en attendant, tout ce qui pourra adoucir...

— Je ne désire rien, interrompit le colonel; laissez-moi partager le traitement du plus humble de ces braves qui, en ce jour de calamité, ont préféré les blessures et la captivité à la fuite. Je changerais presque de place avec un de ceux qui ont succombé, pour savoir que mes paroles ont fait sur votre esprit une impression convenable.

— Que le colonel Talbot soit surveillé avec soin, dit Fergus à l'officier highlandais chargé de commander la garde des prisonniers; c'est l'ordre spécial du prince. C'est un prisonnier de la dernière importance.

— Mais ne le laissez manquer d'aucune des commodités convenables à son rang, ajouta Waverley.

— Pourvu qu'elles s'accordent avec une surveillance exacte, réitéra Mac-Ivor. L'officier promit de se conformer à cette double recommandation, et Édouard se dirigea avec Fergus vers la porte du jardin, où les attendait Callum-Beg avec trois chevaux de selle. Se retournant alors, il vit le colonel Talbot reconduit à sa prison par un détachement de Highlanders. Le colonel s'arrêta sur le seuil de la porte, et fit de la main un signe à Édouard, comme pour appuyer encore sur ce qu'il venait de lui dire.

— Les chevaux, dit Fergus en montant le sien, sont maintenant en aussi grande abondance que les mûres sur les buissons ; on n'a que la peine de les prendre. Allons, que Callum vous tienne l'étrier, et arrivons à Pinkie-House aussi vite que ces ci-devants chevaux de dragons voudront bien nous y porter[1].

[1] Charles-Édouard, après la bataille, prit ses quartiers à Pinkie-House, aux portes de Musselburgh. (W. S.)

CHAPITRE L,

ASSEZ PEU IMPORTANT.

J'ai été ramené sur mes pas, dit Fergus à Édouard, tandis qu'ils galopaient de Preston à Pinkie-House, par un message du prince. Mais vous connaissez, je suppose, l'importance comme prisonnier de ce très-noble colonel Talbot. On le regarde comme un des meilleurs officiers des habits rouges ; c'est un ami particulier, un favori de l'Électeur lui-même, ainsi que de ce terrible héros, le duc de Cumberland, qui a été rappelé de ses triomphes à Fontenoy pour venir tomber sur nous et nous dévorer tout vivants, nous autres pauvres Highlanders. Vous a-t-il dit ce que sonnaient les cloches de Saint-James? N'est-ce pas : « *Retourne, Whittington,* » comme celles de Bow au temps jadis?

— Fergus! dit Waverley avec un regard de reproche.

— C'est que je ne saurais dire ce qu'on peut faire de vous ; vous tournez au vent de chaque nouvelle doctrine. Voici que nous venons de remporter une victoire sans égale dans l'histoire ; — chacun élève votre conduite jusqu'aux nues ; le prince est impatient de vous remercier en personne ; — toutes nos belles de la Rose blanche tirent leurs bonnets pour vous : — et vous, le *preux chevalier* du jour, vous voilà penché sur le cou de votre cheval comme une marchande de beurre allant au marché, et l'air sombre comme un enterrement!

— Je suis affecté de la mort du pauvre colonel Gardiner ; il a été autrefois très-bon pour moi.

— Hé bien! alors, soyez triste pendant cinq minutes et redevenez gai ensuite. Son sort d'aujourd'hui peut demain être le nôtre ; et qu'importe? La meilleure chose, après la victoire, est une mort honorable ; mais c'est un pis-aller, et on le désire à un ennemi plutôt qu'à soi-même.

— Mais j'ai appris du colonel Talbot que mon père et mon oncle sont tous deux emprisonnés par le Gouvernement, à cause de moi.

— Nous leur donnerons caution, mon enfant ; la vieille André Ferrara¹ sera leur sûreté, et je voudrais la voir déjà à cet effet au château de Westminster!

— Ils ont déjà obtenu leur liberté sous une caution d'une nature plus pacifique.

— Pourquoi donc ton noble esprit se laisse-t-il abattre, Édouard?

---

¹ *Voyez* la note X, à la fin du volume.

Penses-tu que les ministres de l'Électeur sont assez débonnaires pour mettre leurs ennemis en liberté dans ce moment de crise, s'ils pouvaient ou s'ils osaient les confiner et les punir? Soyez assuré, ou qu'ils n'ont aucune charge sérieuse contre vos parents qu'ils ne peuvent retenir plus longtemps en prison, ou qu'ils craignent nos amis, les joyeux cavaliers de la vieille Angleterre. En aucun cas, vous n'avez à vous tourmenter sur leur compte, et nous trouverons quelque moyen de les rassurer sur le vôtre.

Édouard n'eut rien à répondre à ces raisons; mais son esprit n'en était pas satisfait. Plus d'une fois déjà il avait été choqué du peu de sympathie que montrait Fergus pour les sentiments de ceux même qu'il aimait, s'ils ne répondaient pas à son humeur du moment, et surtout s'ils le contrariaient dans quelque projet qu'il eût à cœur. Fergus s'était bien quelquefois, à la vérité, aperçu qu'il avait offensé Waverley; mais toujours appliqué à quelque plan favori, toujours livré à ses projets, il n'avait jamais fait une attention suffisante ni à l'étendue, ni à la durée du déplaisir de son jeune ami, de sorte que la répétition fréquente de ces petites offenses avait quelque peu refroidi l'extrême attachement du volontaire pour son commandant.

Le Chevalier reçut Waverley avec sa bienveillance accoutumée, et le complimenta chaudement sur sa valeur distinguée. Il le prit ensuite à part, lui fit de nombreuses questions sur le colonel Talbot, et, quand il eut reçu toutes les informations qu'Édouard était à même de lui donner sur cet officier et ses liaisons de famille, il ajouta : —Je ne puis faire autrement que de penser, M. Waverley, que ce gentilhomme étant si particulièrement lié à votre digne et excellent oncle, sir Everard Waverley, et sa femme étant de la maison de Blandeville, dont le dévouement aux vrais et loyaux principes de l'Église d'Angleterre est si généralement connu, ses sentiments intimes ne peuvent nous être défavorables, de quelque masque qu'il les ait couverts pour s'accommoder aux temps.

— Si j'en dois juger par le langage qu'il m'a tenu aujourd'hui même, je suis forcé de différer complètement d'avis avec Votre Altesse Royale.

— Hé bien! cela vaut du moins la peine d'en faire l'essai. Je vous confie donc la garde du colonel Talbot, avec pouvoir d'agir à son égard comme vous le jugerez le plus convenable; et j'espère que vous trouverez moyen de vous assurer quelles sont ses dispositions réelles au sujet de la restauration du roi notre père.

— Je suis convaincu, dit Waverley en s'inclinant, que si le colonel Talbot croit devoir engager sa parole, on peut s'en reposer entièrement sur elle; mais s'il s'y refuse, j'ose espérer que Votre Altesse Royale assignera à quelque autre qu'au neveu de son ami la tâche de le garder sous une contrainte qui sera devenue nécessaire.

— Je ne le confierai à personne autre qu'à vous, répliqua le prince en souriant, mais d'un ton péremptoire; il importe à mon service qu'il paraisse régner entre vous une bonne intelligence, alors même que comme garantie vous ne pourriez gagner sa confiance. Vous le recevrez donc chez vous, et, au cas où il refuserait de donner sa parole, vous demanderez une garde convenable. Je vous prie de vous en occuper immédiatement. Nous retournons demain à Édimbourg.

Retenu ainsi au voisinage de Preston, Waverley ne put assister à l'acte d'hommage solennel du baron de Bradwardine. Au reste, son esprit était alors si éloigné de toute pensée frivole, qu'il avait entièrement perdu de vue la cérémonie au sujet de laquelle Fergus avait tâché d'exciter sa curiosité. Mais le lendemain il circula une gazette officielle, contenant une relation détaillée de la bataille de Gladsmuir, comme les Highlanders désignèrent leur victoire. Cette gazette se terminait par un compte-rendu du cercle tenu ensuite à Pinkie-House par le chevalier; et parmi diverses descriptions ampoulées, on y lisait le passage suivant :

« Depuis le traité fatal qui a rayé l'Écosse du nombre des nations indépendantes, nous n'avions pas eu le bonheur de voir ses princes recevoir et ses nobles accomplir ces actes d'hommage féodal qui, fondés sur les faits brillants de la valeur écossaise, rappellent la mémoire de son ancienne histoire, avec la noble et chevaleresque simplicité des liens qui rattachaient à la couronne l'hommage des guerriers qui fréquemment l'avaient appuyée et défendue. Mais la soirée du 20 a remis en mémoire une de ces cérémonies qui appartiennent aux anciens jours de la gloire écossaise. Lorsque le cercle fut formé, Cosmo Comyne Bradwardine de Bradwardine, colonel en activité, etc., etc., etc., s'approcha du prince, suivi de M. D. Macwheeble, bailli de l'ancienne baronnie de Bradwardine (et que nous apprenons avoir été récemment nommé commissaire des guerres), et, par forme d'acte public, réclama la permission de remplir près de la personne de Son Altesse Royale, comme représentant son père, le service usité et accoutumé pour lequel, par charte de Robert Bruce (l'original de laquelle avait été produit et soumis à l'examen des maîtres actuels de la chancellerie de Son Altesse Royale), le réclamant possède la baronnie de Bradwardine et les terres de Tully-Veolan. Sa réclamation admise et enregistrée, et Son Altesse Royale ayant placé son pied sur un coussin, le baron de Bradwardine, mettant le genou droit en terre, détacha la courroie de l'une des *brogues*, ou soulier highlandais à talons bas, que porte notre jeune et valeureux héros, par honneur pour ses braves compagnons. Cela fait, Son Altesse Royale déclara la cérémonie terminée; et, embrassant le brave vétéran, il protesta que si ce n'eût été par respect pour une ordonnance de Robert Bruce, rien ne l'aurait pu déterminer à recevoir même le symbole d'un service domestique des mains qui avaient si bravement combattu pour replacer la couronne sur la tête de son père. Le baron de Bradwardine prit alors des mains de M. le commissaire Macwheeble la déclaration portant que tous les points et toutes les circonstances de l'acte d'hommage avaient été *ritè et solenniter acta et peracta* ¹ ; et un article correspondant fut inséré au protocole du lord haut-chambellan, et dans le procès-verbal de la chancellerie. Nous apprenons qu'il est dans les intentions de Son Altesse Royale, quand le bon plaisir de Sa Majesté sera connu, d'élever le colonel Bradwardine à la pairie, avec le titre de vicomte Bradwardine de Bradwardine et Tully-Veolan, et qu'en attendant, Son Altesse Royale, au nom et sous l'autorité de son père, a bien voulu lui concéder une honorable addition à ses armoiries de famille, à savoir, un tire-botte en sautoir avec une épée nue, pour être cantonnés à droite du blason ; et, comme devise additionnelle, dans une volute au-dessous, les mots *Draw and Draw off* ². »

— N'était-ce le souvenir des railleries de Fergus, se dit Waverley après avoir lu ce long et grave document, combien tout ceci paraîtrait naturel, et combien peu j'aurais songé à y associer aucune idée de ridicule ! Hé bien, après tout, chaque chose a son bon aussi bien que son mauvais côté ; et, en vérité, je ne vois pas pourquoi le tire-botte du baron ne ferait pas tout aussi bonne figure dans un blason que les baquets, les chariots, les roues de voitures, les socs de charrues, les navettes, les chandeliers et autres ustensiles emportant des idées qui n'ont certes rien de chevaleresque, et qui se montrent dans les armoiries de quelques-unes de nos plus anciennes maisons nobles.

Mais ceci n'est qu'un épisode, par rapport à notre principale histoire.

Lorsque de retour à Preston, Waverley rejoignit le colonel Talbot, il le trouva remis des émotions profondes et douloureuses dont l'avait affecté un concours d'événements fâcheux. Il avait retrouvé ses manières habituelles, qui étaient celles d'un militaire et d'un gentilhomme anglais, noble, franc, généreux, quoique non à l'abri des préventions contre les personnes d'un autre pays, ou qui ne partageaient pas ses croyances politiques. Quand le colonel apprit de Waverley l'intention du Chevalier qu'il restât confié à sa garde : — Je n'aurais pas cru, dit-il, avoir jamais envers ce jeune homme une obligation pareille à celle à laquelle m'oblige cette disposition. Je puis du moins m'associer de bon cœur à cette prière de l'honnête ministre presbytérien, qui souhaitait que, puisqu'il était venu parmi nous chercher une couronne terrestre, ses travaux pussent être promptement récompensés par une couronne au Ciel ³. Je donnerai très-volontiers ma parole

---

¹ Faits et accomplis solennellement et selon les rites.

² Tire et tire.

³ Le nom de ce ministre était Mac-Vicar. Sous la protection du canon de la citadelle, il prêcha tous les dimanches dans l'église de l'Ouest (*West kirk*), pendant que les Highlanders furent maîtres d'Édimbourg. Ce fut en présence de plusieurs jacobites qu'il pria pour le prince Charles, dans les termes que rapporte le texte. (W. S.)

ÉDIMBOURG.

de ne pas chercher à m'évader à votre insu, puisque au fait je ne suis venu en Écosse que pour vous y rencontrer; et je suis charmé d'y avoir réussi, même dans ces circonstances. Mais je suppose que nous ne serons pas longtemps ensemble. Votre Chevalier (nous pouvons tous deux lui donner ce titre), avec ses plaids et ses toques bleues, va, je présume, vouloir poursuivre sa croisade dans le Sud?

— Non que je sache. Je crois que l'armée fera quelque séjour à Édimbourg pour réunir des renforts.

— Et pour assiéger le château? ajouta Talbot avec un sourire ironique. Dans ce cas, à moins que mon ancien commandant, le général Preston, ne devienne d'un faux métal, ou que le château ne s'enfonce dans le *North Loch*[1], deux événements que je regarde comme aussi probables l'un que l'autre, je pense que nous aurons le temps de faire connaissance. J'ai idée que ce brave Chevalier a dessein de me gagner à votre cause; et comme je veux vous ramener à la mienne, il ne peut y avoir de proposition plus convenable que de nous fournir le moyen de nous voir souvent l'un l'autre. Mais comme je vous ai parlé aujourd'hui sous l'influence de sentiments auxquels je m'abandonne rarement, j'espère que vous me dispenserez d'entrer de nouveau en controverse, jusqu'à ce que nous nous connaissions un peu mieux.

CHAPITRE LI.

INTRIGUES D'AMOUR ET DE POLITIQUE.

Il n'est pas nécessaire de consigner dans ces pages le détail de l'entrée triomphale du Chevalier dans Édimbourg, après l'affaire décisive de Preston. Une circonstance, cependant, peut être rapportée, parce qu'elle fait ressortir l'esprit élevé de Flora Mac-Ivor. Les Highlanders qui entouraient le prince, dans l'ivresse désordonnée de cet heureux moment, faisaient des décharges fréquentes de leurs armes, et l'une d'elles se trouvant accidentellement chargée à balle, le projectile vint effleurer la tempe de Flora, tandis que, placée sur un balcon, elle agitait son mouchoir[2]. Fergus, qui vit l'accident, fut presque aussitôt à ses côtés;

---

[1] Le *North Loch* (lac du Nord), aujourd'hui desséché et comblé, couvrait au nord le château d'Édimbourg. (L. V.)

[2] L'accident attribué à Flora Mac-Ivor arriva réellement à miss Nairne, dame que l'auteur a le plaisir de connaître. Tandis que l'armée highlandaise se précipitait dans Édimbourg, miss Nairne, ainsi que d'autres dames qui faisaient des vœux pour leur cause,

et, s'étant assuré que la blessure était très-légère, il tira sa claymore, dans le dessein de punir de sa propre main l'homme par l'inadvertance duquel elle avait couru un si grand danger. Mais le retenant par son plaid : — Ne faites aucun mal à ce pauvre homme, s'écria-t-elle; pour l'amour du Ciel, ne lui faites aucun mal! Remerciez plutôt Dieu avec moi de ce que l'accident est arrivé à Flora Mac-Ivor; s'il était arrivé à un whig, ils auraient dit que le coup avait été tiré à dessein.

Waverley avait échappé aux alarmes que lui eût causées cet accident, ayant été inévitablement retardé par la nécessité d'accompagner le colonel Talbot à Édimbourg.

Ils firent ensemble le voyage à cheval, et pendant quelque temps, comme pour sonder mutuellement leurs pensées et leurs sentiments, ils s'entretinrent de sujets ordinaires et indifférents.

Quand Waverley revint enfin sur ce qu'il avait le plus à cœur, la situation de son père et celle de son oncle, le colonel Talbot parut alors chercher à alléger plutôt qu'à aggraver ses inquiétudes. Cette disposition fut surtout évidente quand il entendit l'histoire de Waverley, que celui-ci ne se fit aucun scrupule de lui confier.

— Ainsi, dit le colonel, il n'y a pas eu de préméditation criminelle, comme disent, je crois, les légistes, dans cette démarche inconsidérée; et vous avez été attiré au service de ce Chevalier errant italien par quelques paroles honnêtes de lui et d'un ou deux de ses recruteurs highlandais? C'est une triste folie, sans doute, mais non aussi coupable que j'avais été porté à le croire. Cependant vous ne pouvez en ce moment déserter même la cause du Prétendant; — cela paraît impossible. Mais je ne doute guère que dans les dissensions inhérentes à cet amas hétérogène d'hommes sauvages et farouches, il ne se présente quelque opportunité dont vous pourrez profiter pour vous dégager honorablement de votre entreprise téméraire, avant que la bulle ne crève. Si vous y pouvez réussir, je vous ménagerai les moyens de vous réfugier en Flandre, où je vous indiquerai une place de sûreté. J'ai l'espoir que je pourrai obtenir votre pardon du Gouvernement, après une résidence de quelques mois sur le continent.

— Je ne puis vous permettre, colonel Talbot, répondit Waverley, de parler d'aucun plan fondé sur ma désertion d'une entreprise dans laquelle je me suis engagé un peu à la hâte, peut-être, mais du moins tout à fait volontairement, et dans le dessein d'en supporter les conséquences.

— Hé bien, reprit en souriant le colonel Talbot, laissez du moins

---

était placée sur un balcon d'où elle agitait son mouchoir, lorsqu'une balle, partie par accident d'un mousquet highlandais, lui vint effleurer le front. — Je remercie Dieu, dit-elle, en reprenant ses sens, que l'accident me soit arrivé, à moi dont les opinions sont connues; s'il était arrivé à un whig, ils auraient dit que la chose avait été faite à dessein. (W. S.)

CHAPITRE LI.

en liberté mes pensées et mes espérances, sinon mes paroles. Mais n'avez-vous jamais examiné votre mystérieux paquet?

— Il est dans mon bagage ; nous le trouverons à Édimbourg.

Ils y furent bientôt arrivés. Les quartiers d'Édouard lui avaient été assignés, par ordre exprès du prince, dans une belle maison où un logement était réservé pour le colonel Talbot. Sa première affaire fut d'examiner son porte-manteau ; après une courte recherche, le paquet tant désiré en tomba. Waverley l'ouvrit précipitamment. Sous une première enveloppe, portant pour toute suscription : *A É. Waverley, esq.*, il trouva un assez grand nombre de lettres ouvertes. Les deux premières qui lui tombèrent sous la main lui avaient été adressées par le colonel Gardiner. La plus ancienne contenait une admonestation douce et bienveillante sur le peu d'égard qu'il avait eu à ses avis, touchant la disposition de son temps durant son premier congé, dont il rappelait à Waverley que la prolongation était sur le point d'expirer. « Et en eût-il été autrement, poursuivait la lettre, les nouvelles reçues de l'étranger et les instructions que m'a transmises le ministère de la guerre m'auraient forcé de l'abréger, vu le double danger que nous craignons ici, depuis notre échec en Flandre, tant d'une invasion étrangère que d'une insurrection des mécontents de l'intérieur. Je vous conjure donc de rejoindre aussi promptement que possible le quartier-général du régiment ; et je regrette d'avoir à ajouter que ceci est d'autant plus urgent que quelques symptômes d'insubordination se sont manifestés dans votre compagnie, et que j'ai ajourné l'enquête à ce sujet jusqu'à ce que je puisse avoir l'avantage de votre assistance. »

La seconde lettre, écrite à huit jours de date de la première, était conçue dans les termes qu'on pouvait attendre du mécontentement du colonel, dont la lettre précédente n'avait pas obtenu de réponse. Elle faisait souvenir Waverley de son devoir comme homme d'honneur, comme officier, comme Anglais ; elle l'avertissait de l'insubordination croissante des hommes de sa compagnie, et lui faisait même savoir qu'on avait entendu quelques-uns d'entre eux insinuer que leur capitaine encourageait et approuvait leur mutinerie. Finalement, le correspondant exprimait la plus grande surprise que Waverley n'eût pas obtempéré à ses ordres en rejoignant le quartier-général ; il lui rappelait que sa permission d'absence était expirée, et le conjurait, en termes où la remontrance paternelle se mêlait au ton de l'autorité militaire, de racheter sa faute en rejoignant immédiatement son régiment. « Afin que je puisse être certain, ajoutait la lettre en terminant, que celle-ci vous parviendra exactement, je vous l'envoie par le caporal Tims, de votre compagnie, avec ordre de vous la remettre en main propre. »

A la lecture de ces lettres, qui remplirent d'amertume le cœur de Waverley, il fut forcé de faire amende honorable à la mémoire du brave et excellent homme qui les avait écrites ; car sûrement, comme le colonel Gardiner avait dû avoir tout lieu de croire qu'elles étaient exactement parvenues à leur destination, il n'avait pu faire moins, en les voyant sans résultat, que de lui expédier son troisième et dernier ordre, que Waverley avait bien reçu à Glennaquoich, quoique trop tard pour y obéir. Et sa destitution, par suite de sa négligence apparente à se rendre à cette dernière injonction, loin d'être un acte de sévérité rigoureuse, était évidemment une mesure inévitable. La lettre qu'il déploya ensuite était du major du régiment, lui faisant savoir que des bruits injurieux à sa réputation circulaient publiquement dans le pays, où l'on disait qu'un certain M. Falconer de Ballihopple, ou quelque nom approchant, avait proposé, lui présent, un toast séditieux que lui, M. Waverley, avait laissé passer sans mot dire, quoique l'affront à la famille royale fût si grossier, qu'un gentilhomme de la compagnie, peu remarquable cependant par son zèle pour le Gouvernement, avait néanmoins relevé l'injure, et qu'ainsi, dans la supposition où ces bruits seraient vrais, le capitaine Waverley aurait souffert qu'un autre, à qui la chose importait beaucoup moins, tirât vengeance d'un affront dirigé contre lui personnellement, comme officier, et demandât raison à celui de qui il l'avait reçu. Le major terminait en disant que pas un des frères d'armes du capitaine Waverley ne pouvait ajouter foi à cette scandaleuse histoire, mais que nécessairement leur opinion unanime était que son honneur, ainsi que celui du régiment, exigeait qu'elle fût immédiatement démentie par lui, etc., etc., etc.

— Que pensez-vous de tout ceci ? dit le colonel Talbot, à qui Waverley avait tendu les lettres après les avoir parcourues.

— Penser ! Elles ne m'en laissent pas la faculté ; c'en serait assez pour me rendre fou.

— Soyez calme, mon jeune ami ; voyons ce que sont ces sales chiffons qui sont au fond du paquet.

Le premier était adressé *A M. W. Ruffin :* — « Chair monsieur, quailques-uns de nos geunes gobe-mouches ne veule pas mordre, quoique je leur es di que vous maviès montré le propre sau du squoire[1]. Mais Tims vous remettra la laitre come vous lavée deziré, et dira au vieu Addem qu'il les a remise au squoire en main propre, puisque pour sure les votres c'est la même chause, et sera prêt pour le signal, et vivat pour la sinte Église et pour Sachefrel, comme mon pair chante à la faîte de la moisson.

« Tout à vous, mon chair monsieur,

« H. H.

---

[1] Squire, écuyer. Nous avons reproduit à peu près les équivalents des fautes d'orthographe et de style de l'original. (L. V.)

CHAPITRE LI.

« *Poscriff*. Dite au squoire qu'il nous tarde d'aprandre de ses nouvele, et qu'il y a des verbiages sur ce qu'il n'aicri pas lui-maime, et que le lietenant Bottler fume. »

— Ce Ruffin, je suppose, est votre Donald de la caverne, qui a intercepté vos lettres et entretenu une correspondance avec ce pauvre diable de Houghton, comme agissant en votre nom?

— Cela ne paraît que trop vrai. Mais qui peut être cet Addem?

— Peut-être bien Adam, pour désigner le pauvre Gardiner, par une sorte de jeu de mots sur son nom¹.

Les autres lettres roulaient dans le même cercle, et ils reçurent bientôt une lumière plus complète sur les machinations de Donald Bean.

John Hodges, un des domestiques de Waverley, qui était resté au régiment et avait été pris à Preston, parut en ce moment. Il s'était mis en quête de son maître, dans le dessein de rentrer à son service. Ils apprirent de ce garçon que peu de temps après que Waverley eut quitté le quartier-général, un colporteur nommé Ruthven, Ruffin ou Rivane, et connu parmi les soldats sous le nom de Wily Will, avait fait de fréquentes visites à la ville de Dundee. Il paraissait ne pas manquer d'argent, vendait ses marchandises à très-bon compte, se montrait toujours disposé à régaler ses amis au cabaret, et avait ainsi aisément gagné les bonnes grâces de bon nombre de soldats de la compagnie de Waverley, particulièrement du sergent Houghton et d'un sous-officier appelé Tims. Il leur déroula, au nom du capitaine Waverley, un plan pour quitter le régiment et le rejoindre dans les Highlands, où le bruit courait que déjà un grand nombre de clans avaient pris les armes. Les hommes, qui avaient été élevés dans l'opinion jacobite, autant qu'ils pouvaient avoir une opinion, et qui savaient que leur seigneur, sir Everard, avait toujours été supposé professer de telles doctrines, donnèrent aisément dans le piége. L'éloignement où se trouvait Waverley dans les Highlands parut un motif suffisant pour expliquer le choix qu'il avait fait d'un colporteur pour messager; et la vue de son cachet bien connu semblait autoriser les négociations faites en son nom, alors que des lettres eussent pu être dangereuses. Le complot, cependant, commença à être éventé par les propos imprudents et prématurés de ceux qui y étaient entrés. Wily Will justifia le nom sous lequel on l'avait désigné²; car, dès que des soupçons se furent élevés, on ne le revit plus. A l'apparition de la gazette où la destitution de Waverley était annoncée, une grande partie de sa compagnie se mutina; mais elle fut cernée et désarmée par le reste du régiment. La sentence d'une cour martiale condamna Houghton et Tims à être fusillés; mais on leur permit ensuite de tirer au sort à qui subirait la sentence. Houghton, le survivant,

---

¹ Gardiner signifie *jardinier*. Adam, le premier homme qui ait cultivé la terre, est regardé vulgairement comme une sorte de patron des jardiniers. (L.V.)

² *Wily Will* signifie *Will* (ou Guillaume) *le Rusé*. (L. V.)

montra un grand repentir, ayant été convaincu, par les reproches et les explications du colonel Gardiner, qu'il s'était réellement rendu participant d'un crime odieux. Il est à remarquer qu'aussitôt que le pauvre diable en fut persuadé, il exprima en outre la conviction que l'instigateur avait agi sans y être autorisé par Édouard, disant que « si la chose était déshonorante et contre la vieille Angleterre, le squire n'en pouvait rien savoir : il n'avait jamais fait ni pensé à faire rien de déshonorant, non plus que sir Everard, ou aucun des Waverley avant lui ; et il vivrait et mourrait dans cette croyance que Ruffin avait tout fait de sa propre tête. »

La forte conviction qu'il montrait à cet égard, ainsi que l'assurance que les lettres destinées à Waverley avaient été remises à Ruthven, opérèrent dans l'opinion du colonel Gardiner cette révolution dont il avait fait part à Talbot.

Le lecteur a compris depuis longtemps que Donald Bean Lean avait en cette occasion joué le rôle de provocateur. Voici en peu de mots quels avaient été ses motifs. D'un caractère actif et intrigant, il était depuis longtemps employé comme agent subalterne et comme espion par les hommes investis de la confiance du Chevalier, et cela bien plus souvent que ne le soupçonnait même Fergus Mac-Ivor, que Donald, quoiqu'il en reçût protection, craignait et n'aimait pas. Réussir dans cette carrière politique lui semblait un moyen naturel de s'élever au-dessus de son précaire et hasardeux métier de rapines, et il comptait pour cela sur quelque coup hardi. Il fut particulièrement employé à procurer des renseignements sur la force des régiments cantonnés en Écosse, sur le caractère des officiers, etc., et depuis longtemps déjà il avait les yeux ouverts sur la compagnie de Waverley, comme accessible aux séductions. Donald avait même pensé que Waverley était dévoué de cœur aux intérêts des Stuarts, et le long séjour d'Édouard chez le baron jacobite de Bradwardine n'avait pu que le confirmer dans cette opinion. Lors donc que notre héros arriva à sa caverne avec un des hommes de Glennaquoich, le voleur, qui n'avait jamais pu se persuader que la curiosité seule avait déterminé cette excursion, eut l'audace d'espérer que ses talents allaient être employés dans quelque intrigue importante, sous les auspices de ce riche et jeune Anglais. Il ne fut pas détrompé par le peu d'attention que fit Waverley à ses insinuations, et aux ouvertures qu'il lui ménagea pour le porter à s'expliquer. Sa conduite fut qualifiée de réserve prudente, mais Donald Bean n'en fut pas moins piqué ; supposant qu'on le laissait en dehors d'un secret dont la confidence promettait d'être avantageuse, il résolut d'avoir sa part dans le drame, qu'un rôle régulier lui fût assigné ou non. Dans cette vue, profitant du sommeil de Waverley, il s'empara de son cachet, comme d'un signe de reconnaissance dont il pourrait tirer parti près de ceux des soldats qu'il reconnaîtrait posséder la confiance du capitaine. Son premier voyage

CHAPITRE LI.

à Dundee, où le régiment était en garnison, le détrompa quant à sa première supposition, mais lui ouvrit un nouveau champ d'action. Il apprit là que nul service ne serait aussi bien récompensé par les amis du Chevalier, que l'embauchage pour ses drapeaux d'une portion de l'armée régulière. Dans ce dessein, il mit en œuvre les machinations que le lecteur connaît déjà, et qui donnent le fil du labyrinthe obscur dans lequel s'engage parfois notre narration, avant que Waverley ait quitté Glennaquoich.

Par l'avis du colonel Talbot, Waverley refusa de garder à son service le garçon dont le rapport venait de jeter un nouveau jour sur ces intrigues. Le colonel lui représenta que ce serait rendre à cet homme un mauvais office que de l'engager dans une entreprise téméraire, et que, quoi qu'il pût arriver, son témoignage pourrait du moins servir à faire connaître les circonstances dans lesquelles Waverley lui-même s'y serait embarqué. En conséquence, Édouard écrivit à son oncle et à son père un récit succinct de ce qui lui était arrivé, les avertissant toutefois que, dans les circonstances présentes, la prudence devait les empêcher de lui répondre. Talbot donna au jeune homme un mot pour le commandant de l'un des vaisseaux de guerre anglais en croisière dans le *frith* [1], où il le priait de déposer le porteur à Berwick, avec un passeport pour le comté de ***. On lui remit l'argent nécessaire pour faire un prompt voyage, et il fut muni d'instructions pour gagner un patron de bateau pêcheur qui devrait le conduire à bord du bâtiment; ce qu'on apprit ensuite avoir été aisément effectué.

Fatigué de la présence de Callum Beg, qu'il soupçonnait d'avoir quelque disposition à espionner ses mouvements, Waverley prit à son service un simple berger d'Édimbourg, qui avait arboré la cocarde blanche dans un accès de *spleen* et de jalousie, parce que Jenny Jop avait dansé toute une soirée durant avec le caporal de fusiliers Bullock.

[1] Embouchure ou estuaire du Forth, sur la côte méridionale duquel Édimbourg est situé. (L. V.)

CHAPITRE LII.

INTRIGUES DE SOCIÉTÉ ET D'AMOUR.

Depuis la confiance que Waverley lui avait témoignée, les manières du colonel Talbot étaient devenues plus amicales à son égard, et l'habitude d'une fréquentation imposée par les circonstances ne faisait qu'accroître l'estime de Waverley pour le caractère du prisonnier. Au premier abord, on trouvait quelque chose de dur dans les expressions exagérées dont le colonel se servait pour manifester son improbation ou sa critique; et cependant, en général, nul n'était plus accessible à la conviction. L'habitude de commander lui avait donné un ton sévère et tranchant, en dépit de la politesse qu'il avait acquise dans ses relations intimes avec la haute société. Comme type de caractère militaire, il différait entièrement de tout ce que Waverley avait vu jusqu'alors. L'esprit guerrier du baron de Bradwardine était entaché de pédantisme; celui du major Melville se faisait remarquer par l'attention prétentieuse qu'il apportait dans les détails minutieux et techniques du service, qualité plus recommandable dans l'officier qui fait manœuvrer un bataillon que dans celui qui commande une armée; pour Fergus, ses idées militaires se trouvaient tellement unies et confondues avec ses projets et ses vues politiques, que le soldat était effacé par le petit chef féodal. Mais le colonel Talbot était en tout point le véritable soldat anglais. Dévoué de toute son âme au service de son roi et de sa patrie, il ne s'enorgueillissait point, comme le baron, de bien connaître la théorie de son art; ni, comme le major, d'en faire, dans la pratique, une application minutieuse; ni, enfin, de rendre ses talents auxiliaires de ses vues ambitieuses, à l'instar du *chieftain* de Glennaquoich. C'était, en outre, un homme d'une instruction étendue et d'un goût cultivé, quoique fortement imbu, ainsi que nous l'avons déjà fait observer, de tous les préjugés particuliers à un Anglais.

Ce fut par degrés que le caractère du colonel Talbot se dévoila aux yeux d'Édouard, pendant le siége du château d'Édimbourg entrepris et vainement continué par les Highlanders durant plusieurs semaines. Waverley, libre de presque tout devoir, n'eut rien de mieux à faire que de jouir des plaisirs que lui offrait la société. Il aurait désiré vivement que son nouvel ami consentît à se lier avec quelques-unes de ses premières connaissances; mais, après une ou deux visites, le colonel, en secouant la tête, refusa de se prêter à de nouveaux essais.

CHAPITRE LII.

Allant même plus loin, il caractérisait le baron de Bradwardine comme le plus ridicule et le plus insupportable pédant que son malheur lui eût jamais fait rencontrer ; et Fergus, comme un Écossais francisé, unissant tout le manége et l'assurance du pays où il avait reçu son éducation au caractère orgueilleux, vindicatif et turbulent de ses compatriotes. — Si le diable, disait-il, eût cherché un agent pour bouleverser ce malheureux pays, je ne pense point qu'il en eût trouvé un plus capable d'accomplir cette tâche que ne l'est celui-ci, dont l'esprit est, dans une même proportion, actif, souple et malfaisant, et qui, de plus, est le chef suprême auquel obéit aveuglément une bande d'égorgeurs qu'il vous plaît de tant admirer.

Les dames n'échappèrent point à sa censure. Il convenait volontiers que Flora Mac-Ivor était une belle femme et Rose Bradwardine une jolie fille ; mais il ajoutait que la première détruisait l'impression que produisaient ses charmes, par de grands airs affectés dont elle avait sans doute pris les modèles à la cour dérisoire de Saint-Germain. Quant à miss Bradwardine, il disait qu'aucun mortel ne pouvait admirer une petite créature d'une instruction si peu développée, dont le peu d'éducation n'était pas plus en rapport avec son sexe et son âge qu'un vieux uniforme de son père ne lui siérait pour tout costume. En jugeant ainsi, le colonel, sur beaucoup de points, n'écoutait que son humeur et ses préjugés. La vue d'une cocarde blanche sur le sein, d'une rose blanche dans les cheveux, ou un nom commençant par un Mac [1], auraient suffi à ses yeux pour changer un ange en diable ; et il convenait, en plaisantant, qu'il n'aurait pu supporter Vénus elle-même, si elle se fût fait annoncer dans un salon sous le nom de miss Mac-Jupiter.

Waverley, comme on peut facilement le croire, voyait ces jeunes dames sous un point de vue bien différent. Pendant la durée du siége, il leur fit des visites presque journalières, bien qu'il s'aperçût avec chagrin que son assiduité ne lui faisait pas faire plus de progrès dans les affections de Flora, que les armes du Chevalier n'obtenaient de succès dans la réduction de la forteresse. Miss Mac-Ivor persista, sans aucune déviation, dans la ligne de conduite qu'elle s'était tracée ; elle recevait l'ami de son frère avec indifférence, sans affecter de s'éloigner de lui ou d'éviter sa rencontre. Son langage, ses regards étaient tout à fait en harmonie avec ce système ; et ni l'abattement de Waverley, ni le ressentiment que Fergus dissimulait à peine, ne purent l'amener à témoigner à Édouard plus qu'il n'est exigé par la politesse la plus ordinaire. D'un autre côté, Rose Bradwardine s'élevait peu à peu dans l'opinion de Waverley. Il avait pu remarquer, en plusieurs occasions, que lorsqu'elle parvenait à vaincre sa timidité exces-

[1] Particule gaëlique, signifiant fils ou fille de... (L. V.)

sive, ses manières prenaient un caractère plus élevé ; que les circonstances critiques de ces temps orageux semblaient faire ressortir en elle une certaine dignité de sentiments et d'expressions qu'il n'avait point remarquée jusqu'alors ; enfin, qu'elle ne négligeait aucun des moyens à sa portée d'étendre ses connaissances et de perfectionner son goût.

Flora Mac-Ivor appelait Rose son élève ; elle cherchait à rendre ses études plus faciles et s'attachait à former en même temps et son goût et son jugement. Un observateur attentif aurait pu remarquer qu'en présence de Waverley, elle se montrait beaucoup plus jalouse de faire briller les talents de son amie que les siens ; mais le lecteur voudra bien supposer que cette tactique bienveillante et désintéressée était constamment voilée par la délicatesse la plus attentive et la plus éloignée de tout ce qui aurait pu ressembler à de l'affectation. Cette conduite ne ressemblait donc pas plus à l'exhibition ordinaire faite par une jolie femme qui prétend en prôner une autre, que l'amitié de David et de Jonathan ne ressemble à l'intimité de deux désœuvrés de *Bond-Street*. Le fait est que quoique l'effet fût senti, la cause en pouvait à peine être remarquée. Semblables à d'excellentes actrices parfaites dans leurs rôles, les deux dames remplissaient les leurs au grand plaisir des assistants, et sans qu'il fût possible de se douter que l'aînée cédait toujours à son amie celui qui pouvait le mieux convenir à ses talents.

Rose avait, d'ailleurs, pour Waverley un attrait puissant auquel bien peu d'hommes résistent : elle prenait un intérêt si vif à tout ce qui le concernait ! Elle était trop jeune et trop inexpérimentée pour sentir toute la portée de la constante sollicitude qu'elle lui accordait. Son père était trop entièrement absorbé par ses discussions d'érudition et d'art militaire, pour remarquer le penchant de sa fille ; et Flora Mac-Ivor ne voulut point troubler, par ses avis, la tranquillité de son amie, voyant dans cette ligne de conduite la chance la plus probable d'assurer enfin à Rose un retour d'affection.

Il faut dire que Rose Bradwardine, dans la première conversation qu'elles avaient eue après s'être retrouvées ensemble, avait, sans le savoir, découvert l'état de son cœur à son intelligente et pénétrante amie. Depuis cette époque, Flora avait pris la résolution non-seulement de rejeter décidément les vœux de Waverley, mais encore d'employer tous ses soins pour que son amie, si cela était possible, en devînt désormais l'objet. — L'intérêt qu'elle prenait au succès de ce plan n'était pas moins vif, bien que son frère eût parlé de temps à autre, moitié plaisantant, moitié sérieusement, de présenter son hommage à miss Bradwardine. Elle n'ignorait point que Fergus, en ce qui touchait au mariage, avait adopté toute la latitude d'opinion qu'on en a sur le continent, et qu'ainsi il n'aurait pas donné sa main même à un ange,

CHAPITRE LII.

si, dans cette alliance, il n'eût trouvé un moyen de fortifier son parti et d'augmenter son influence et ses richesses. La fantaisie qu'avait le baron de substituer son héritage à un collatéral éloigné dans la lignité masculine, au détriment de sa propre fille, devait donc, selon toute apparence, mettre pour Fergus un obstacle insurmontable à des pensées sérieuses d'union avec Rose Bradwardine. A la vérité, la tête de Fergus était une officine perpétuelle de projets et d'intrigues de toute espèce ; souvent, comme un ouvrier plus ingénieux que persévérant, il abandonnait un projet, tout à coup et sans motifs apparents, pour se livrer tout entier et avec ardeur à l'exécution d'un autre nouvellement forgé dans son imagination, ou qui, antérieurement, et à demi ébauché, avait été déjà mis de côté. Il devenait donc souvent difficile de prévoir quelle ligne de conduite il adopterait définitivement dans une circonstance donnée.

Quoique Flora fût sincèrement attachée à son frère, dont les brillantes qualités auraient maîtrisé son admiration, indépendamment des liens du sang qui les unissaient, elle ne s'aveuglait nullement sur ses défauts, qu'elle regardait comme destructifs des espérances d'une femme qui placerait les idées d'un heureux mariage dans la jouissance paisible de la vie de famille, et dans l'échange réciproque de sentiments d'affection fortifiés de plus en plus par les années. Waverley, malgré ses rêves de combats et de gloire, avait, en réalité, un penchant exclusif pour la vie domestique. Il ne prenait et ne réclamait aucune part dans les scènes agitées qui se succédaient continuellement sous ses yeux ; et les discussions sur des prétentions, des droits et des intérêts opposés, qui, souvent, avaient lieu en sa présence, lui inspiraient plus de dégoût que d'intérêt. Tout enfin le désignait comme l'homme qui pouvait rendre heureux un cœur comme celui de Rose, avec lequel il sympathisait en tous points.

Assise un jour près de miss Bradwardine, elle faisait remarquer à son amie cette tendance du caractère de Waverley. — Il a trop d'esprit et de goût, répondit Rose, pour prendre quelque intérêt à des discussions aussi frivoles. Que lui importe, par exemple, de savoir si le Chef du clan des Mac-Indallaghers, qui n'a pu réunir que cinquante hommes, prendra le titre de colonel ou celui de capitaine ? Comment M. Waverley pourrait-il s'intéresser à cette altercation violente qui s'est élevée entre votre frère et le jeune Corrinaschian, pour décider si le poste d'honneur appartient au cadet le plus âgé ou le plus jeune d'un clan ?

— Ma chère Rose, si M. Waverley était le héros que vous supposez, il prendrait intérêt à ces débats, non, à la vérité, parce qu'il les regarderait comme d'une grande importance en eux-mêmes, mais afin de se porter médiateur entre ces esprits fougueux qui en font une cause de discorde. Lorsque Corrinaschian, dans un transport de colère, éleva la voix et porta la main à son épée, n'avez-vous pas vu Waverley lever la tête comme s'il sortait d'un songe, et demander, avec le plus grand sang-froid, de quelle affaire il s'agissait?

— Assurément; et le rire provoqué par cette distraction ne mit-il point fin à la dispute, beaucoup mieux que ne l'auraient pu faire les représentations les plus sensées?

— Cela est vrai, ma chère; mais ce succès ne fut pas tout à fait aussi honorable pour Waverley que s'il les eût ramenés à eux par la force de la raison.

— Voudriez-vous donc qu'il s'établît le pacificateur général entre tous les Highlanders de l'armée, inflammables comme la poudre? Je vous demande pardon, Flora; il n'est point ici question de votre frère, vous le savez : il a plus de bon sens que la plupart d'entre eux. Mais pouvez-vous penser que ces esprits hautains, bouillants et furieux, dont les querelles nous sont trop connues par ce que nous en voyons et plus encore par ce qu'on nous en rapporte, et qui, chaque jour de ma vie, me glacent d'épouvante, puissent, en quoi que ce soit, entrer en comparaison avec M. Waverley?

— Je ne le compare point à ces hommes sans éducation, ma chère Rose. Je déplore seulement qu'avec ses talents et son génie naturels, il ne prenne pas, dans la société, la place à laquelle il peut prétendre à si juste titre, et qu'il ne les consacre point, dans toute leur puissance, à la noble cause qu'il a embrassée. Lochiel, et P***, et M***, et G***, n'ont-ils pas reçu l'éducation la plus brillante? ne sont-ce pas des hommes doués des talents les plus distingués? — Pourquoi ne s'abaisserait-il point comme eux à une utile activité? — Souvent, je crois que son zèle est refroidi par son intimité avec cet orgueilleux et flegmatique Anglais.

— Le colonel Talbot? — Assurément, c'est un personnage fort désagréable. On dirait qu'il ne croit pas qu'une Écossaise soit digne de recevoir une tasse de thé de sa main. Mais M. Waverley est si instruit, il a de si bonnes manières...

— Oui, dit Flora en souriant, il sait admirer la lune et citer une stance du Tasse.

— Mais vous savez aussi comment il s'est battu.

— Comme simples combattants, répliqua Flora, je pense que tous les hommes, du moins ceux qui sont dignes de ce nom, sont à peu près les mêmes; en général, il faut plus de courage pour reculer. Au surplus, les hommes, mis en présence, sentent se réveiller en eux cet instinct querelleur que l'on retrouve chez la plupart des autres animaux mâles, tels que les dogues et les taureaux. Waverley n'est point fait pour les grandes et périlleuses entreprises. Il serait le panégyriste et le barde de son glorieux ancêtre sir Nigel, mais jamais il n'en serait l'émule. Je vais vous dire, ma chère, où il sera dans son élément, à sa véritable place:

— c'est dans le cercle paisible du bonheur domestique, de l'indolence littéraire et des plaisirs élégants du château de Waverley-Honneur. Il fera restaurer l'antique bibliothèque dans le genre gothique le plus pur, et en garnira les rayons des livres les plus rares et les plus estimés; — il dessinera des plans et des paysages; il écrira des vers, creusera des grottes et construira des temples; — et par une belle nuit d'été, devant la façade du manoir, il aimera à voir les daims prendre leurs ébats au clair de la lune, ou se coucher à l'ombre fantastique des vastes rameaux d'un chêne séculaire; — et il récitera des vers à sa belle épouse, appuyée sur son bras; — et ce sera un homme heureux.

— Et ce sera aussi une heureuse femme ! pensa la pauvre Rose. Mais elle soupira seulement, et laissa tomber la conversation.

CHAPITRE LIII.

FERGUS SOLLICITEUR.

Plus Waverley examinait de près l'état des choses à la cour du Chevalier, moins il avait lieu d'en être satisfait. Comme on dit d'un gland qu'il renferme l'embryon d'un chêne futur, elle contenait le germe d'assez de tracasseries et d'intrigues pour faire honneur à la cour d'un grand empire. Chaque personnage marquant avait un but vers lequel il se précipitait avec un acharnement que Waverley trouvait peu en rapport avec l'importance réelle de l'objet de cette poursuite ambitieuse. Presque tous croyaient avoir de justes sujets de mécontentement, quoique les plus légitimes fussent ceux du digne et respectable baron de Bradwardine, puisqu'ils étaient la suite de son dévouement à la cause commune.

— Il nous sera bien difficile, disait-il un matin à Waverley en jetant les yeux sur la forteresse, d'obtenir la couronne obsidionale, qui, comme vous le savez, était, chez les Romains, faite avec des plantes trouvées dans la place assiégée, peut-être même avec la pariétaire, *parietaria*; nous ne parviendrons pas à l'obtenir, dis-je, par ce siége ou blocus du château d'Édimbourg. Et il motivait son opinion en l'appuyant des preuves les plus scientifiques et les plus péremptoires, que le lecteur est sans doute peu jaloux d'entendre rapporter.

Se dérobant à l'érudition du vieux gentilhomme, Waverley se rendit au logement de Fergus pour y attendre, d'après son invitation, qu'il fût de retour du palais d'Holy-Rood. La veille au soir, Fergus lui avait dit : — Demain je dois avoir une audience particulière du prince; venez me féliciter d'un succès dont j'ai la certitude.

Le matin arriva, et Waverley trouva dans l'appartement du Chef l'enseigne Maccombich, qui venait faire le rapport de sa garde montée dans une espèce de fossé qu'on avait creusé au pied de la colline sur laquelle était situé le fort, et qu'on avait décoré du nom de tranchée. Bientôt la voix de Fergus se fit entendre sur l'escalier ; il criait avec l'accent de l'impatience et de la fureur : — Callum ! — eh bien, Callum Beg ! — *Diaoul*¹ ! — En entrant dans l'appartement, il présentait tous les symptômes d'un homme en proie au plus violent emportement. Sur peu d'hommes, la colère produisait un plus violent effet. Les veines de son front étaient alors gonflées, ses narines dilatées, ses joues pourpres, ses yeux enflammés, et ses regards étaient ceux d'un démoniaque. Ces signes d'une fureur mal contenue étaient d'autant plus effrayants qu'ils se manifestaient à la suite d'un violent effort pour maîtriser l'accès d'une fureur presque indomptable, et qu'ils trahissaient une lutte intérieure d'un caractère redoutable, qui ébranlait convulsivement son organisation tout entière.

Il détacha son sabre en entrant, et le jeta par terre avec tant de violence que l'arme roula à l'autre extrémité de la chambre. — Je ne sais ce qui me retient, s'écria-t-il, de prendre l'engagement solennel de ne jamais tirer cette arme du fourreau pour sa cause ! — Callum, charge mes pistolets, et apporte-les-moi à l'instant, — à l'instant ! Callum, que rien ne pouvait surprendre, troubler ni déconcerter, obéit froidement à cet ordre. Evan Dhu, sur le front duquel l'idée de son Chef insulté appelait un semblable orage, attendait, dans un profond silence, qu'on lui fît connaître où et sur qui la vengeance devait descendre.

— Vous voilà, Waverley ! dit Fergus, après s'être recueilli un moment ; — oui, je me souviens de vous avoir invité à venir partager mon triomphe, et vous êtes venu pour être le témoin de mon... désappointement, dirons-nous. Dans ce moment, Evan lui présenta son rapport écrit ; Fergus le lui arracha avec colère. — Plût à Dieu, s'écria-t-il, que le vieux repaire s'écroulât sur la tête des fous qui l'assiégent et des coquins qui le défendent ! — Je vois, Waverley, que vous me croyez fou. — Laissez-nous, Evan, mais ne vous éloignez pas.

— Le colonel est bien agité, dit mistress Flockhart à Evan qui descendait ; je souhaite qu'il ne soit pas malade. — Les veines de son front sont tendues comme des cordes à fouet ; ne prendra-t-il pas quelque chose ?

— Ses accès se guérissent ordinairement par une saignée, répondit avec un grand flegme l'Ancien des montagnes.

Après le départ de cet officier, Fergus parvint par degrés à se calmer un peu. — Je n'ignore pas, Waverley, dit-il, que ce colonel Talbot a réussi à vous faire maudire dix fois par jour l'engagement que vous avez pris avec nous ; — ne cherchez point à soutenir le con-

¹ Démon.

traire, car en ce moment je suis tenté moi-même de maudire le mien. Le croiriez-vous? — j'ai ce matin adressé deux demandes au prince, et il les a rejetées l'une et l'autre! Que pensez-vous de cela?

— Que puis-je en penser, répondit Waverley, jusqu'à ce que je sache ce qu'étaient vos demandes?

— Et qu'importe ce qu'elles étaient? Je vous dis que c'est moi qui les ai faites, moi auquel il doit plus qu'à trois chefs quelconques de ceux qui se sont rangés sous son étendard! car c'est moi qui ai préparé le mouvement, c'est moi qui ai soulevé le Perthshire; sans moi pas un homme n'eût remué! Je ne crois pas être homme à faire des demandes par trop déraisonnables; et l'eussé-je fait, il aurait pu m'en accorder une. — Mais vous allez tout savoir, à présent que je puis respirer plus librement. — Vous vous souvenez de mes lettres de comte; elles ont plusieurs années de date, et furent la récompense de services alors rendus; à coup sûr, je n'ai point démérité depuis lors. Au reste, monsieur, je n'attache pas à ce hochet plus d'importance que vous pourriez y en attacher vous-même, ou n'importe quel philosophe; car je me flatte que le Chef d'un clan tel que celui de Sliochd-nan-Ivor est d'un rang plus élevé que quelque comte que ce soit du royaume d'Écosse. Mais j'avais un motif particulier pour prendre maintenant ce maudit titre. Vous saurez que j'ai appris par hasard que le prince avait engagé ce vieux fou de baron de Bradwardine à déshériter son héritier mâle au dix-neuvième ou au vingtième degré, qui a pris un commandement dans les troupes de l'électeur de Hanovre, et à assurer sa baronnie à votre jolie petite amie Rose; et le vieux baron paraît tout à fait disposé à obéir aux ordres de son seigneur et roi, qui peut, à son gré, changer la destination d'un fief.

— Et que devient l'hommage?

— Maudit soit l'hommage! — Je crois que Rose, le jour du couronnement de la reine, sera chargée de lui retirer ses pantoufles, ou quelque friperie de ce genre. Ainsi, monsieur, comme miss Bradwardine eût été toujours pour moi un parti très-convenable, sans la folle prédilection de son père pour un héritier mâle, les idées du baron s'étant modifiées, je ne voyais plus d'autre obstacle à ce projet que sa prétention à vouloir que le mari de sa fille prît le nom de Bradwardine (ce qui, vous le sentez, me serait impossible); mais je me serais soustrait à cette bizarre condition en prenant un titre auquel j'ai tant de droits, et par ce moyen toute difficulté aurait été aplanie. Que de son chef, après la mort de son père, elle devînt aussi vicomtesse de Bradwardine, cela n'était que mieux; je n'avais aucune objection à faire.

— Mais, Fergus, dit Waverley, je n'avais jamais soupçonné que vous eussiez le moindre attachement pour miss Bradwardine, vous qui sans cesse persifflez son père.

— J'ai pour miss Bradwardine, mon bon ami, autant d'affection que j'en dois avoir pour la future maîtresse de ma famille et pour la mère de mes enfants. C'est une très-jolie fille, fort intelligente, et, sans contredit, d'une des plus anciennes familles des Lowlands ; avec quelques leçons de Flora, elle se formera et fera très-bonne figure. Quant à son père, c'est, à la vérité, un original, et un original passablement absurde ; mais il a donné de si sévères leçons à sir Hew Halbert, ce cher et défunt seigneur de Balmawhapple, et à tant d'autres, que personne n'ose se moquer de lui : qu'importe donc qu'il soit absurde ou non ? Je vous le dis, il n'y avait aucune objection humaine à ce mariage, — aucune. J'avais entièrement réglé cela dans ma tête.

—Mais avez-vous demandé le consentement du baron, ou celui de Rose ?

— Et pourquoi ? En parler au baron avant d'avoir pris mon titre de comte, c'eût été simplement provoquer une discussion aussi prématurée qu'irritante au sujet du changement de nom, alors que comme comte de Glennaquoich je n'aurais pu que lui proposer de porter son damné ours et son tire-botte séparés par un pal, ou dans un écusson *engagé*, ou peut-être sur un écu séparé, ou enfin de toute autre manière qui ne déshonorât point mes armes. Et quant à Rose, son père une fois satisfait, je ne vois point quelles objections elle aurait pu faire.

—Peut-être les mêmes que votre sœur m'a faites, bien que vous aussi vous fussiez satisfait.

Fergus resta comme ébahi de la comparaison que cette supposition renfermait ; mais il eut la prudence de supprimer la réponse qu'il avait sur les lèvres. — Oh ! nous eussions facilement arrangé tout cela. — Je sollicitai donc une audience particulière ; elle me fut accordée pour ce matin : je m'imaginais, comme un vrai fou, en vous donnant rendez-vous ici, que j'aurais besoin de vos bons offices comme garçon de noces. Hé bien, — j'ai fait connaître mes prétentions : — on ne les a pas contestées ; j'ai rappelé les promesses tant de fois faites, et les lettres patentes qui m'ont été octroyées : tout cela a été reconnu. Mais lorsqu'en conséquence je demande à prendre le rang qui m'est conféré, arrive la vieille histoire de la jalousie de C*** et de M*** contre moi. — Je combats ce prétexte, et j'offre d'obtenir leur acquiescement par écrit, en leur montrant la date de mes lettres patentes, antérieures à leurs vaines prétentions ; — et je vous assure que ce consentement je l'aurais obtenu d'eux, eût-ce dû être à la pointe de mon épée. —Enfin, le grand mot est lâché ; et il ose me dire en face que ma patente doit, quant à présent, être tenue secrète, dans la crainte de causer du déplaisir à ce lâche coquin, à ce *fainéant* (il désignait ainsi le chef rival de son clan) qui n'a pas plus de titres à être *chieftain* que moi à être empereur de la Chine, et qui déguise sa honteuse répugnance à venir nous joindre, au mépris de l'engagement que vingt fois il en a pris, sous les apparences d'une prétendue jalousie qu'excite la

CHAPITRE LIII.

partialité que me témoigne le prince. Et c'est pour ôter tout prétexte à la lâcheté de ce misérable imbécile, que le prince me demande, comme une faveur qui lui serait personnelle, de ne point insister en ce moment sur ma juste et raisonnable requête! Après cela, fiez-vous aux promesses des princes!

— Est-ce ainsi que votre audience s'est terminée?

— Terminée? oh non! J'avais résolu de ne laisser aucun prétexte à son ingratitude. J'exposai donc avec tout le sang-froid que je pus rassembler, — car je vous assure que je tremblais de colère, — les motifs particuliers que j'avais pour désirer que Son Altesse Royale voulût bien me donner tout autre moyen de manifester mon respect pour ses ordres et mon dévouement à sa personne, attendu que mes projets d'avenir faisaient que ce qui, en tout autre temps, eût été une véritable bagatelle, devenait, dans la circonstance grave où je me trouvais aujourd'hui, un cruel sacrifice; et alors je lui expliquai tous mes plans.

— Et que vous a répondu le Prince?

— Ce qu'il m'a répondu?... Oh! il est heureux qu'il soit écrit : Ne maudis point ton prince, pas même dans ta pensée! — Hé bien! il m'a répondu qu'il était charmé d'avoir reçu ma confidence, pour prévenir un plus fâcheux désappointement, vu qu'il pouvait m'assurer, sur sa parole de prince, que le cœur de miss Bradwardine était engagé, et qu'il avait promis positivement de favoriser son inclination. — Ainsi, mon cher Fergus, a-t-il ajouté en souriant de la manière la plus gracieuse, puisqu'il ne saurait plus être question de mariage, vous voyez qu'il est inutile de se presser pour le titre de comte. Puis, s'esquivant, il m'a *planté là*[1].

— Et que ferez-vous?

— Je vous dirai ce que *j'aurais* volontiers fait dans le moment : — je me serais vendu au diable ou à l'électeur de Hanovre, — à celui des deux qui m'aurait offert la plus sûre vengeance. Mais, à présent, je suis calme. Je sais qu'il a le projet de la marier à quelqu'un de ses faquins de Français, ou à un de ses officiers irlandais; mais je les surveillerai de près; et que celui qui me supplanterait prenne garde à lui!

— *Bisogna coprirsi, signor*[2].

Après avoir encore échangé quelques phrases qu'il est inutile de rapporter, Waverley prit congé de Fergus, dont la fureur avait maintenant fait place à un profond et violent désir de vengeance. Il retourna chez lui, presque hors d'état lui-même d'analyser les divers sentiments que ce qu'il venait d'entendre avait éveillés en lui.

---

[1] Cette expression est en français dans le texte.
[2] Il faut se cacher, monsieur.

CHAPITRE LIV.

TOUJOURS INCONSTANT.

Je suis le véritable enfant du caprice, dit Waverley en fermant la porte de son appartement, qu'il se mit à parcourir à grands pas. — Que m'importe que Fergus Mac-Ivor prétende à la main de Rose Bradwardine? — Je ne l'aime point; — j'aurais pu être aimé d'elle, peut-être, — mais j'ai dédaigné un attachement simple, naturel, affectueux, et au lieu de cultiver un penchant qui pouvait devenir plus tendre, je me suis soumis en esclave à une orgueilleuse qui n'aimera jamais homme au monde, à moins que le vieux Warwick, ce faiseur de rois, ne sorte de la tombe. Et le baron!.... Je me serais peu inquiété de son domaine, et ainsi le nom n'aurait point été un obstacle. Le diable aurait pu enlever les landes stériles et tirer les *caligæ* royales sans que je m'en misse en peine. Formée comme elle est pour la tendresse et les affections domestiques, pour l'échange réciproque et paisible de ces douces attentions qui embellissent la vie de ceux dont l'existence est liée l'une à l'autre, Rose est recherchée par Fergus Mac-Ivor! Assurément, il n'en usera pas mal avec elle : — il en est incapable; — mais il la négligera après le premier mois; il sera trop occupé d'affaiblir quelque *chieftain* rival, de circonvenir quelque favori de cour, d'acquérir quelques nouvelles bruyères ou quelque lac, ou d'ajouter à ses bandes quelque nouvelle troupe de caterans, pour s'inquiéter de ce qu'elle fera et quelles seront ses distractions.

« Et alors, le chagrin rongera cette fleur qui n'est point encore éclose, et bannira de ses joues sa beauté native; et semblable à un spectre, pâle, amaigrie, minée par une fièvre lente, bientôt elle aura cessé de vivre. »

Et une si cruelle destinée réservée à la plus aimable des créatures aurait pu être prévenue, si M. Waverley avait voulu ouvrir les yeux! — Sur ma parole, je ne puis comprendre comment j'ai pu trouver Flora mieux, *beaucoup* mieux que Rose. Elle est plus grande, à la vérité, et ses manières sont plus élégantes; mais bien des gens trouvent celles de miss Bradwardine plus naturelles; et, à coup sûr, elle est beaucoup plus jeune. Je croirais volontiers que Flora est plus âgée que moi de deux ans. — Je m'en assurerai ce soir.

Dans cette résolution, Waverley sortit pour aller prendre le thé (comme c'était la mode il y a soixante ans) chez une dame de qualité dévouée à la cause du Chevalier; il y trouva, comme il l'avait prévu, les deux jeunes amies. A son arrivée, tout le monde se leva; mais Flora

CHAPITRE LIV.

reprit immédiatement son siége, et continua la conversation où elle était engagée. Rose, au contraire, fit un mouvement presque imperceptible pour qu'il pût avancer le coin d'une chaise dans le cercle pressé que formait l'assemblée. — Après tout, se dit Waverley, ses manières sont très-engageantes.

Une discussion s'éleva sur la question de savoir si le gaëlique était plus harmonieux et plus propre à la poésie que la langue italienne. Partout ailleurs le gaëlique n'eût pas, sans doute, trouvé d'avocats; mais, ici, il fut vigoureusement défendu par sept dames highlandaises, qui criaient de toute la force de leurs poumons et assourdissaient la société d'exemples d'*euphonie* celtique. Flora, s'apercevant que les Lowlandaises souriaient de dédain à la comparaison, donna quelques raisons pour montrer que cette opinion n'était pas si absurde; mais Rose, lorsqu'on lui demanda ce qu'elle en pensait, se prononça avec enthousiasme pour la langue italienne, dont l'étude lui avait été facilitée par Waverley. — Son oreille, dit Édouard en lui-même, est plus sensible à l'harmonie, quoiqu'elle soit moins bonne musicienne que Flora. Je crois vraiment que miss Mac-Ivor mettra bientôt en parallèle Mac-Murrough nan-Fonn et l'Arioste!

Enfin, il se trouva que l'assemblée fut indécise si l'on prierait Fergus de se faire entendre sur la flûte, instrument dont il jouait avec une habileté supérieure, ou si l'on inviterait Waverley à lire une pièce de Shakspeare. La dame de la maison se mit à recueillir, en plaisantant, les votes de l'assemblée pour la poésie ou pour la musique, sous la condition expresse que celui des deux dont les talents ne seraient pas mis à contribution dans cette soirée serait tenu de les consacrer à embellir la suivante. Par hasard, les votes se trouvèrent également répartis, et ce fut celui de Rose qui fit pencher la balance. Pour Flora, qui paraissait s'être fait une règle de ne jamais appuyer une proposition qui pourrait paraître favoriser Waverley, elle s'était prononcée pour la musique, sous la condition que le baron accompagnerait Fergus sur le violon. — Je vous félicite de votre goût, miss Mac-Ivor, pensa Édouard, tandis qu'on cherchait le volume; je le croyais meilleur, lorsque nous étions à Glennaquoich. Le baron est certainement un triste exécutant, et Shakspeare vaut bien qu'on l'écoute.

On choisit la tragédie de *Roméo et Juliette*, et Édouard en lut plusieurs scènes avec une expression pleine de goût et de sensibilité. Toute la compagnie battit des mains, et beaucoup des auditeurs y joignirent leurs larmes. Flora, à qui le drame était bien connu, se contenta d'applaudir; Rose, qui l'entendait pour la première fois, se trouva dans la seconde classe de ses admirateurs. — Elle a aussi plus de sensibilité, se dit intérieurement Waverley.

La conversation s'établit ensuite sur les incidents de la pièce et sur les divers personnages. Fergus déclara que le seul qui fût digne d'être cité comme homme d'esprit et de bon ton était Mercutio. — Je ne puis comprendre entièrement, dit-il, tous ses jeux de mots surannés; mais, d'après les idées de son époque, ce devait être un homme fort aimable.

— Et c'est une honte, dit l'enseigne Maccombich, qui suivait partout son colonel, c'est une honte pour ce Tibbert, ou Taggart, ou quel que soit son nom, de le frapper sous le bras de l'autre gentilhomme, tandis qu'il cherchait à séparer les combattants.

Naturellement, les dames se prononcèrent hautement en faveur de Roméo ; toutefois elles ne furent pas unanimes. La dame de la maison et quelques autres réprouvèrent sévèrement la facilité avec laquelle il porte ses affections de Rosalinde à Juliette. Flora gardait le silence ; enfin, pressée à plusieurs reprises de faire connaître son opinion, elle répondit que non-seulement elle regardait ce changement comme très-naturel, mais qu'à ses yeux, le poëte avait là fait preuve d'un grand art. — Roméo, dit-elle, nous est représenté comme un jeune homme particulièrement accessible aux plus tendres sentiments ; son amour s'est fixé d'abord sur une femme qui ne peut le payer de retour, ainsi qu'il le dit lui-même à plusieurs reprises :

« Elle est invulnérable aux flèches sans force de l'Amour. »

Et encore

« Elle a abjuré l'amour. »

Or, comme il était impossible que l'amour de Roméo, si nous supposons que celui-ci soit un être sensé, puisse durer indéfiniment sans espoir de retour, le poëte, avec un grand art, a saisi le moment où il est réduit au désespoir, pour jeter sur son chemin une femme plus accomplie que celle qui a repoussé ses vœux, et disposée à payer son attachement de retour. Il est presque impossible d'imaginer une situation mieux calculée pour porter au plus haut degré la passion de Roméo pour Juliette, que d'être tiré par elle de cet état de mélancolie profonde dans lequel il nous apparaît à la première scène, pour être amené à ce degré de transport où il s'écrie :

« Vienne maintenant la douleur : elle ne peut égaler le bonheur que me donne un instant de sa vue ! »

— Eh bien ! miss Mac-Ivor, dit une jeune et noble dame, voulez-vous nous dépouiller de notre prérogative ? Voudriez-vous nous persuader que l'amour ne peut vivre sans espoir, et que l'amant doit devenir volage si sa dame est cruelle ? Fi donc ! je ne m'attendais pas à une conclusion si peu sentimentale.

— Je conçois, ma chère Betty, repartit Flora, qu'un amant per-

CHAPITRE LIV.

sévère dans ses affections en dépit de circonstances qui pourraient le décourager. L'amour peut, — de temps à autre, — résister à bien des rigueurs orageuses, mais non au froid glacial d'une longue indifférence. Quelle que soit la puissance de *vos* charmes, ne tentez point cette expérience sur le cœur d'un amant dont la perte vous serait sensible. L'amour se nourrira de la plus faible espérance ; mais s'il en est totalement privé, il meurt.

— Tout juste comme la jument de Duncan Mac-Girdie, avec la permission de Vos Seigneuries, dit Evan ; il prétendait l'habituer par degrés à vivre sans manger, et juste au moment où il ne lui donnait plus qu'une poignée de paille par jour, la pauvre bête mourut!

La comparaison d'Evan fit rire tout le monde, et la conversation prit un autre tour. Peu après, on se sépara, et Édouard revint chez lui en réfléchissant sur ce qu'avait dit Flora. — Je cesserai aussi d'aimer ma Rosalinde, se dit-il, elle m'y a suffisamment engagé; je parlerai à son frère, et renoncerai à mes prétentions. Mais quant à Juliette, — serait-il loyal d'aller sur les brisées de Fergus? — quoiqu'il soit impossible qu'il réussisse jamais. Et s'il échoue? eh bien ! *alors comme alors*. Ayant pris ainsi la résolution de se laisser guider par les circonstances, notre héros se livra au sommeil.

CHAPITRE LV.

UN BRAVE DANS LA DOULEUR.

Si mes belles lectrices venaient à penser que la légèreté de mon héros dans ses amours est tout à fait impardonnable, je devrais leur rappeler que ses chagrins et ses tourments ne venaient pas uniquement de cette source sentimentale. Le poëte lyrique lui-même, qui déplore d'une manière si touchante ses peines d'amour, ne pouvait oublier qu'en même temps il était « endetté et enclin à boire, » ce qui sans doute n'aggravait pas médiocrement sa détresse. Il y avait en effet des jours entiers où Waverley ne songeait ni à Flora ni à Rose Bradwardine, mais qui étaient consommés en tristes conjectures sur la situation probable des choses à Waverley-Honneur, et sur l'issue douteuse de la lutte dans laquelle il était engagé. Le colonel Talbot discutait souvent avec lui la justice de la cause qu'il avait épousée : — Non, disait-il, qu'il vous soit possible de vous en séparer en ce moment; car, quoi qu'il advienne, vous devez tenir votre téméraire engagement. Mais je veux que vous sachiez bien que le bon droit n'est pas avec vous; que vous combattez contre les vrais intérêts de votre pays; que vous devez, enfin, comme Anglais et comme patriote, saisir la première occasion d'abandonner cette malheureuse expédition, avant que la boule de neige ne se fonde.

Dans de telles discussions politiques, Waverley opposait habituellement les arguments ordinaires de son parti, dont il est inutile de fatiguer le lecteur; mais il avait peu de choses à dire quand le colonel le pressait de comparer aux forces avec lesquelles ils avaient entrepris de renverser le Gouvernement, celles qui se rassemblaient rapidement pour sa défense. A cet argument, Waverley n'avait qu'une réponse :
— Si la cause que j'ai embrassée est périlleuse, il n'en serait que plus honteux de l'abandonner. Et à son tour, il réduisait ainsi au silence son adversaire, et la conversation changeait d'objet.

Un soir que les deux amis s'étaient séparés après une longue discussion de cette nature, et que notre héros s'était mis au lit, il fut réveillé vers minuit par un gémissement étouffé. Il tressaillit et prêta l'oreille : le bruit venait de la chambre du colonel Talbot, qui n'était séparée de celle de Waverley que par une cloison, avec une porte de communication. Édouard s'approcha de cette porte, et entendit distinctement un ou deux profonds soupirs. Que pouvait-ce être? Le colonel, en le quittant, paraissait être dans son état d'esprit ordinaire. Il fallait qu'il se fût trouvé subitement indisposé. Sous cette impression, Waverley ouvrit doucement la porte de communication, et aperçut le colonel assis en robe de chambre devant une table sur laquelle étaient posés une lettre et un portrait. Il leva vivement la tête, au moment où Édouard hésitait incertain s'il devait entrer ou se retirer, et ses joues offraient encore les traces de larmes récentes.

Comme s'il eût été honteux d'être trouvé s'abandonnant à une telle émotion, le colonel Talbot se leva d'un air mécontent, et dit avec quelque sécheresse : — Je croyais, M. Waverley, qu'à cette heure l'appartement même d'un prisonnier eût dû être à l'abri...

— Ne dites pas d'une *intrusion*, colonel; je vous ai entendu respirer péniblement, et j'ai craint que vous ne fussiez indisposé; cela seul pouvait me déterminer à m'introduire ainsi chez vous.

— Je suis bien, répliqua le colonel, parfaitement bien.

— Mais vous avez des chagrins; n'y peut-on rien faire?

— Rien, M. Waverley; je songeais à l'Angleterre, et à quelques nouvelles fâcheuses que j'en ai reçues.

— Grand Dieu! s'écria Waverley; mon oncle...

— Non; c'est un chagrin qui m'est tout personnel. Je suis honteux que vous ayez vu combien il m'affecte; mais il faut lui donner parfois un libre cours, pour le supporter ensuite avec plus de fermeté. Je vous l'aurais caché, car je pense que vous en serez affligé, et, cependant vous n'y pourrez apporter aucun adoucissement. Mais vous m'avez surpris; — je vous vois surpris vous-même, — et je hais le mystère. Lisez cette lettre.

La lettre était de la sœur du colonel Talbot, et ainsi conçue :

« MON TRÈS-CHER FRÈRE,

« J'ai reçu de vos nouvelles par Hodge. Sir E. W. et M. R. sont toujours en liberté, mais ils ne peuvent quitter Londres. Plût au Ciel que j'eusse à vous rendre un aussi bon compte des affaires du *square*[1]! Mais la nouvelle de la malheureuse affaire de Preston nous est arrivée avec l'affreuse addition que vous étiez du nombre des morts. Vous savez quel était l'état de santé de lady Émilie, quand votre amitié pour sir E. vous détermina à vous éloigner d'elle. Elle fut très-affectée des tristes nouvelles d'Écosse, lorsqu'on apprit que la rebellion venait d'y éclater; mais elle s'arma de courage, ainsi, disait-elle, qu'il convenait à votre femme, et par amour pour le futur héritier après lequel vous aviez si longtemps aspiré en vain. Hélas, mon cher frère, ces espérances se sont évanouies! Malgré mes précautions attentives, cette malheureuse rumeur lui parvint sans qu'elle y eût été préparée. Elle

---

[1] C'est-à-dire de votre maison. Le *square* anglais est une place carrée (comme le mot l'indique), dont le milieu est ordinairement gazonné. (L. V.)

fut prise aussitôt des douleurs de l'enfantement, et le pauvre enfant survécut à peine à sa naissance. Plût à Dieu que ce fût là tout! Mais quoique votre lettre, en démentant l'horrible bruit, ait notablement ranimé ses esprits, le docteur *** craint cependant, je suis peinée de le dire, des conséquences sérieuses, dangereuses même, pour sa santé, surtout à cause de l'incertitude où elle doit nécessairement rester pour quelque temps, incertitude qu'aggravent encore les idées qu'elle s'est faites de la férocité de ceux dont vous êtes le prisonnier.

« Efforcez-vous donc, mon cher frère, dès que vous aurez reçu cette lettre, d'obtenir votre liberté sur parole, par rançon ou par toute autre voie possible. Je n'exagère rien quant à l'état de santé de lady Émilie; mais je ne dois — je n'ose pas vous cacher la vérité. Pour toujours, mon cher Philippe, votre affectionnée sœur,

« Lucy Talbot. »

Après avoir lu cette lettre, Édouard resta sans mouvement; car il demeurait évident que le colonel n'avait éprouvé cette affreuse calamité que par suite du voyage qu'il avait entrepris à sa recherche. Ce malheur était déjà assez cruel, même dans ce qu'il avait d'irrémédiable; car le colonel Talbot et lady Émilie, longtemps sans enfants, venaient de voir s'évanouir un espoir auquel ils s'étaient attachés avec bonheur. Mais ce malheur n'était rien encore auprès de celui dont on était menacé; et Édouard se regardait avec horreur comme la cause originaire de tous les deux.

Avant qu'il se fût assez remis pour prendre la parole, le colonel Talbot avait recouvré le calme habituel de ses manières, quoique le trouble de son regard révélât son agonie intérieure.

— C'est une femme, mon jeune ami, qui peut justifier même les larmes d'un soldat. Il lui tendit la miniature, où étaient représentés des traits qui justifiaient pleinement l'éloge. — Et cependant, continua-t-il, Dieu le sait, ce que vous voyez n'est que la moindre partie des charmes qu'elle possède, — qu'elle possédait, dois-je peut-être dire; — mais que la volonté de Dieu soit faite!

— Vous devez partir, — vous devez voler sur-le-champ à son secours. Il n'est pas — il ne sera pas trop tard.

— Partir! Cela est-il possible? je suis prisonnier, — prisonnier sur parole.

— Je suis votre gardien; — je vous rends votre parole. — Je répondrai pour vous.

— Ce que vous voulez faire, le devoir vous le défend, et l'honneur m'interdit d'y souscrire; — vous en auriez la responsabilité.

— J'en répondrai au prix de ma tête, s'il le faut, s'écria Waverley avec impétuosité. J'ai été la malheureuse cause de la perte de votre enfant; ne faites pas de moi le meurtrier de votre épouse.

—Non, mon cher Édouard, dit Talbot en lui prenant affectueusement la main, aucun blâme n'en peut retomber sur vous; et si depuis deux jours je vous ai caché ce chagrin domestique, c'est que je craignais que votre sensibilité ne l'envisageât sous ce point de vue. Quand je quittai l'Angleterre pour me mettre à votre recherche, vous ne pouviez songer à moi : à peine saviez-vous que j'existasse. Répondre des résultats directs et prévus de nos actions, c'est, le Ciel le sait, une charge assez lourde pour un mortel; —l'Être grand et bon qui seul peut connaître d'avance l'enchaînement des événements humains n'a pas rendu ses faibles créatures responsables de leurs conséquences éloignées et indirectes.

—Faut-il, dit Waverley avec une profonde émotion, que vous ayez quitté lady Émilie, dans la situation la plus intéressante pour un mari, pour chercher un...

—Je n'ai fait que mon devoir, interrompit le colonel Talbot d'un ton calme; je n'en ai pas, je ne dois pas en avoir de regret. Si le sentier de la reconnaissance et de l'honneur était toujours doux et facile, il n'y aurait que peu de mérite à le suivre; mais il s'écarte souvent de nos intérêts, de nos passions, quelquefois même de nos affections les plus chères. Ce sont les épreuves de la vie; et celle-ci, quoique ce ne soit pas la moins amère (des larmes involontaires vinrent mouiller ses yeux), n'est pas la première que j'aie eu à subir. — Mais nous en reparlerons demain matin, continua-t-il en pressant la main d'Édouard. Bonne nuit! tâchez d'oublier tout cela pendant quelques heures. Il fera jour, je crois, à six heures, et il en est deux passées. Bonne nuit!

Édouard se retira sans trouver la force de répondre.

CHAPITRE LVI.

WAVERLEY AGIT.

Le lendemain matin, en entrant dans la salle du déjeuner, le colonel Talbot apprit du domestique de Waverley que son maître était sorti de bonne heure et n'était pas encore rentré. La matinée était fort avancée quand Édouard parut. Il arriva hors d'haleine, mais avec un air de joie qui étonna le colonel.

— Voici mon ouvrage de ce matin, dit Waverley en jetant un papier sur la table. — Alick, emballez les vêtements du colonel. Hâtez-vous, hâtez-vous !

Le colonel examina le papier avec surprise. C'était un passeport du Chevalier au nom du colonel Talbot, pour se rendre à Leith, ou dans tout autre port occupé par les troupes de Son Altesse Royale, et s'y embarquer pour l'Angleterre ou pour toute autre destination, à la volonté du colonel, sous la seule réserve qu'il donnerait sa parole d'honneur de ne pas porter les armes contre la maison des Stuarts pendant l'espace d'un an.

— Au nom du Ciel ! s'écria le colonel, dont les yeux étincelaient de plaisir, comment avez-vous obtenu ceci ?

— Je me suis rendu de bonne heure au lever du prince. Il était déjà parti pour le camp de Duddington. Je l'y ai poursuivi ; j'ai demandé et obtenu une audience... Mais je ne vous dirai pas un mot de plus que je ne vous voie commencer votre malle.

— Avant, que je sache si je puis profiter de ce passeport, et comment il a été obtenu ?

— Oh ! vous pouvez retirer les choses, vous savez. — Maintenant que je vous vois occupé, je vais poursuivre. A la première mention que j'ai faite de votre nom, les yeux du prince sont devenus presque aussi brillants que les vôtres il y a deux minutes. Il m'a demandé vivement si vous auriez montré des dispositions favorables à sa cause. — Nullement, ai-je répondu, et il n'y a pas à espérer qu'il en soit ainsi. Sa physionomie s'est assombrie. J'ai demandé votre liberté. — Impossible, a-t-il dit, ajoutant que votre importance, comme ami et confident de tels et tels personnages, rendait ma demande tout à fait extravagante. Je lui ai raconté mon histoire et la vôtre, et je l'ai prié de juger par ses propres sentiments de ce que les miens devaient être. Il a un cœur, un bon cœur, colonel Talbot ; vous pouvez dire ce que vous voudrez. Il a pris une feuille de papier, et a écrit la passe de sa propre main. — Je n'en dirai rien à mon conseil, a-t-il ajouté ; leurs arguments me feraient oublier ce qui est juste. Je ne souffrirai pas qu'un ami apprécié comme je vous apprécie soit exposé aux pénibles réflexions qui vous affligeraient si un nouveau malheur arrivait dans la famille du colonel Talbot, et, en de telles circonstances, je ne garderai pas prisonnier un brave ennemi. D'ailleurs, a-t-il dit ensuite, je pourrai, je crois, me justifier près de mes prudents conseillers, en faisant valoir le bon effet qu'un pareil acte de clémence produira sur l'esprit des grandes familles anglaises auxquelles le colonel Talbot est allié.

— Le politique perce là, dit le colonel.

— Du moins il a conclu en fils de roi. — Prenez le passeport, m'a-t-il dit. J'y ai ajouté une condition par pure forme ; mais si le colonel y trouve à redire, qu'il parte sans donner sa parole. Je suis venu pour combattre des hommes, et non pour désoler les femmes ou les mettre en danger.

— Je n'aurais jamais pensé tant devoir au Prétend...

— Au Prince, interrompit Waverley en souriant.

— Au Chevalier, reprit le colonel ; c'est un bon nom de voyage, et que vous et moi nous pouvons employer. N'a-t-il rien dit de plus?

— Il m'a seulement demandé s'il y avait quelque autre chose en quoi il pût m'obliger ; et quand je lui ai répondu négativement, il m'a pris la main, et a exprimé le regret que tous ceux qui l'entouraient n'eussent pas la même réserve, vu que quelques-uns de mes amis non-seulement lui demandent tout ce dont il peut disposer, mais bien des choses entièrement hors de son pouvoir, aussi bien que de celui du plus grand monarque de la terre. En vérité, a-t-il dit, aucun prince ne représente autant que moi, aux yeux de ceux qui l'entourent, l'image de la divinité, s'il en faut juger par les requêtes extravagantes qui me sont journellement adressées.

— Pauvre jeune homme! dit le colonel ; je crois qu'il commence à sentir les difficultés de sa situation. Mais ceci, mon cher Waverley, est plus que de l'obligeance, et Philippe Talbot ne l'oubliera jamais tant qu'il pourra se rappeler quelque chose. Ma vie... bah! — qu'Émilie vous en remercie ; — c'est une faveur qui vaut cinquante vies. Dans les circonstances, je ne puis hésiter à donner ma parole : la voici.

— (Il l'écrivit en forme.) — Et maintenant, comment partirai-je?

— Tout est prévu. Vos bagages sont emballés, mes chevaux attendent, et un bateau a été retenu, avec la permission du Prince, pour vous transporter à bord de la frégate *le Renard*[1]. J'ai envoyé, à cet effet, un exprès à Leith.

— C'est à merveille. Le capitaine Beaver est mon ami particulier ; il me déposera à Berwick ou à Shields[2], d'où je pourrai prendre la

---

[1] *The Fox.*

[2] Berwick est un port d'Écosse, sur l'extrême frontière anglaise, à l'embouchure même de la Tweed ; Shields est un port d'Angleterre, comté de Durham. (L. V.)

poste jusqu'à Londres. — Il faut que vous me confiez le paquet de lettres que vous avez recouvré par le moyen de votre miss Bean Lean. Je pourrai trouver une occasion de m'en servir à votre avantage. — Mais j'aperçois votre ami highlandais, Glen..., comment dites-vous ce nom barbare? — accompagné de son officier d'ordonnance : — je ne dois plus le nommer son officier coupe-jarrets, je suppose. Voyez-le donc venir comme si la terre était à lui, sa toque penchée sur l'oreille, et son plaid drapé sur la poitrine! Je voudrais rencontrer ce jeune homme dans un endroit où je n'eusse pas les mains liées ; je rabattrais son orgueil, ou il rabattrait le mien !

— Fi, colonel Talbot! vous vous gonflez à la vue d'un tartan, comme un taureau, dit-on, à la vue de l'écarlate! Vous et Mac-Ivor avez plus d'un point de ressemblance, en tout ce qui tient aux préventions nationales.

La fin de cet entretien avait lieu dans la rue. Ils se croisèrent avec le Chef, le colonel et lui se saluant d'un air froid et cérémonieux, comme deux duellistes sur le terrain. Il était évident que l'aversion était réciproque. — Je ne vois jamais ce jeune sournois, toujours collé comme un chien aux talons de son chef, dit le colonel quand il se fut mis en selle, qu'il ne rappelle à mon esprit des vers que j'ai entendus quelque part, — au théâtre, je crois :

« Toujours sur ses talons, Bertram, à son air sournois, serait pris pour un malin esprit s'attachant au pas d'un magicien dont il attend les ordres. »

— Je vous assure, colonel, que vous jugez trop sévèrement les Highlanders.

— Pas du tout, pas du tout ; je ne peux leur en épargner un iota ; je ne peux leur en rabattre un point. Qu'ils restent dans leurs montagnes arides, qu'ils s'y gonflent et s'y rengorgent, qu'ils y accrochent leurs bonnets aux cornes de la lune, si la fantaisie leur en prend ; mais que viennent-ils faire dans un pays où l'on porte culotte, et où l'on parle un langage intelligible? — Je dis intelligible, par comparaison à leur baragouin, car les Lowlanders eux-mêmes parlent à peu près un aussi bon anglais qu'un nègre de la Jamaïque. Je plaindrais volontiers le Prét....., je veux dire le Chevalier lui-même, d'avoir de tels bandits pour entourage. Et ils apprennent leur métier de si bonne heure ! Il y a, par exemple, une espèce de diablotin subalterne, une sorte de diable au maillot, que votre ami Glena... Glenamuck a quelquefois à sa suite. A le voir, on lui donnerait quinze ans ; mais il est vieux d'un siècle en méchanceté et en scélératesse. L'autre jour, il jouait au palet dans la cour ; un gentleman, un homme d'assez bonne apparence, vint à passer, et un palet lui ayant frappé dans les jambes, il leva sa canne : mais mon jeune spadassin saisit son pistolet, comme

CHAPITRE LVI.

Beau-diseur[1] dans *Un Tour au Jubilé*[2] ; et sans un cri de : *Gardez l'eau*[3] ! parti d'une fenêtre au-dessus, et qui fit décamper les deux partis, de peur des conséquences inévitables, le pauvre gentleman allait perdre la vie des mains de ce petit basilic.

— Vous ferez à votre retour un beau tableau de l'Écosse, colonel Talbot !

— Oh ! le juge Shallow m'en évitera la peine : — « Stérile, stérile ; tous mendiants, tous mendiants. Ma foi, un bon air ! » — Ce qui n'est pourtant vrai que quand on est hors d'Édimbourg et qu'on n'est pas encore à Leith[4], comme c'est le cas pour nous en ce moment.

Peu de moments après ils arrivèrent au port de mer :

« La chaloupe se balançait à l'abri du môle de Leith, le vent chassait devant lui les eaux du détroit. Le vaisseau était à l'ancre à Berwick-Law[5]. »

— Adieu, colonel ; puissiez-vous tout trouver selon vos désirs ! Peut-être nous reverrons-nous plus tôt que vous ne pensez ; on parle de se mettre immédiatement en route pour l'Angleterre.

— Pas un mot de cela ; je ne veux porter aucune nouvelle de vos mouvements.

— Hé bien donc, simplement, adieu. Dites pour moi à sir Everard et à ma tante Rachel, en leur présentant mille salutations affectueuses, tout ce que peut inspirer le devoir et l'attachement. — Pensez de moi aussi favorablement que possible, — parlez-en avec autant d'indulgence que votre conscience pourra le permettre, et encore une fois, adieu !

— Adieu, mon cher Waverley ; mille remerciements pour vos bontés. Jetez là le plaid à la première occasion. Je penserai toujours à vous avec reconnaissance, et ma plus grande censure sera : *Que diable allait-il faire dans cette galère*[6] ?

Et ils se séparèrent ainsi, le colonel Talbot pour monter en bateau, et Waverley pour reprendre le chemin d'Édimbourg.

---

[1] *Beau Clincher.*

[2] *The Trip to the Jubilee*, comédie de Farquhar. (L. V.)

[3] Corruption évidente de notre *gare l'eau !* (L. V.)

[4] Leith, à l'embouchure de la rivière du même nom dans le Forth, à peu de distance au nord d'Édimbourg, est le port de cette capitale. La citation satirique du colonel est empruntée à un des personnages de l'*Henry IV* de Shakspeare. (L. V.)

[5] Berwick-Law ou North-Berwick est un port de la côte d'Écosse à l'orient d'Édimbourg. J'ignore d'où sont tirés les vers cités ici par l'auteur. (L. V.)

[6] L'auteur cite Molière dans la langue même de l'*Avare*. (L. V.)

CHAPITRE LVII.

LA MARCHE.

Ce n'est pas notre dessein d'empiéter sur le domaine de l'histoire. Nous nous bornerons donc à rappeler à nos lecteurs que, vers le commencement de novembre, le jeune Chevalier, à la tête de six mille hommes au plus, résolut, au péril de sa cause, de pénétrer au cœur de l'Angleterre, quoiqu'il n'ignorât pas les préparatifs formidables qu'on y faisait pour l'y recevoir. Ils se mirent en marche pour cette croisade par un temps qui aurait mis toute autre armée dans l'impossibilité d'avancer, mais qui donnait à ces actifs montagnards un avantage réel sur un ennemi moins endurci aux fatigues. A la vue d'une armée supérieure en nombre, cantonnée sur la frontière sous les ordres du feld-maréchal Wade, ils assiégèrent et prirent Carlisle, et bientôt après ils reprirent leur marche audacieuse vers le sud.

Comme le régiment du colonel Mac-Ivor formait l'avant-garde des clans, lui et Waverley, qui alors pouvait défier un Highlander à la fatigue, et avait acquis quelque connaissance du langage des montagnards, marchaient toujours à la tête de leur corps. Ils suivaient cependant d'un œil bien différent les progrès de l'armée. Fergus, tout feu et tout ardeur, et qui eût défié le monde entier armé contre lui, ne voyait rien, si ce n'est que chaque pas était un pas de plus vers Londres. Il ne demandait, n'attendait, ne désirait aucun aide, autre que celui des clans, pour replacer les Stuarts sur le trône; et quand il arrivait que quelque petit corps d'adhérents vînt rejoindre l'étendard, il ne voyait jamais en eux que de nouveaux aspirants aux faveurs du futur monarque, lequel, concluait-il, devait en conséquence diminuer d'autant, pour les satisfaire, les libéralités qui sans cela eussent été exclusivement partagées entre ses compagnons highlandais.

Édouard avait une manière de voir fort différente. Il ne pouvait s'empêcher de remarquer que dans les villes où l'armée proclamait Jacques III, personne ne criait *Vive Jacques III* [1]. La populace écoutait d'un air ébahi, sans chaleur, et avec une apparence d'indifférence stupide; mais elle donnait peu de signes même de cet esprit turbulent qui la porte à crier en toute occasion, pour le seul plaisir d'exercer

---

[1] Le cri anglais est *God bless him*, Dieu le bénisse! (L. V.)

sa voix harmonieuse. On avait fait croire aux jacobites que les comtés du nord-ouest étaient remplis de riches squires et de robustes paysans dévoués à la cause de la Rose blanche; mais des plus riches tories, on en voyait peu. Quelques-uns abandonnaient leurs maisons, d'autres feignaient d'être malades, d'autres enfin se remettaient eux-mêmes comme suspects aux mains du Gouvernement. Parmi ceux qui restaient, les plus ignorants contemplaient avec un étonnement mêlé d'horreur et d'aversion l'apparence étrange, le langage inconnu et le singulier costume des clans écossais. Aux yeux des plus prudents, le petit nombre des soldats de l'armée montagnarde, le manque apparent de discipline, la pauvreté de leur équipement, semblaient des présages certains de la fin désastreuse d'une entreprise aussi téméraire. Aussi, le peu de partisans qui se joignaient à eux ne se composait-il que d'hommes aveuglés par leurs idées exagérées en religion et en politique, ou que leur fortune délabrée poussait à tout risquer sur un coup de dé si désespéré.

Le baron de Bradwardine, à qui l'on demandait ce qu'il pensait de ces recrues, prit une longue prise de tabac et répondit sèchement « qu'il ne pouvait avoir d'eux qu'une excellente opinion, puisqu'ils ressemblaient précisément à ceux qui vinrent se joindre au bon roi David dans la caverne d'Adulam; *videlicet* [1], tous ceux qui étaient dans la détresse, et tous ceux qui étaient chargés de dettes, et tous ceux qui étaient mécontents, ce que la Vulgate qualifie d'*amertume de l'âme*. Et sans doute, ajouta-t-il, ils se montreront formidables de leurs mains; et nous avons bien besoin qu'il en soit ainsi, car j'ai vu plus d'un regard sinistre jeté sur nous. »

Mais aucune de ces considérations ne pouvait émouvoir Fergus. Il admirait la beauté luxuriante du pays, et la situation d'un grand nombre des châteaux près desquels ils passaient. — Waverley-Honneur ressemble-t-il à cette maison, Waverley?

— Il est moitié plus vaste.

— Le parc de votre oncle est-il aussi beau que celui-ci?

— Il est trois fois aussi étendu, et ressemble plutôt à une forêt qu'à un simple parc.

— Flora sera une heureuse femme.

— J'espère que miss Mac-Ivor aura pour être heureuse d'autres raisons que la possession de Waverley-Honneur.

— Je l'espère de même; mais se voir maîtresse d'une telle habitation sera une jolie addition à la somme totale.

— Une addition dont l'absence sera, je l'espère, amplement suppléée par d'autres moyens.

— Comment, dit Fergus en s'arrêtant court et se tournant vers

---

[1] C'est-à-dire.

Waverley, — comment dois-je entendre ceci, M. Waverley? — Parlez-vous sérieusement?

— Très-sérieusement, Fergus.

— Et dois-je en conclure que vous avez cessé de désirer mon alliance et la main de ma sœur?

— Votre sœur a refusé la mienne, soit directement, soit par tous les moyens ordinaires par lesquels les dames repoussent des attentions mal accueillies.

— Je n'ai pas, reprit le chef, l'idée d'une dame éloignant ou d'un gentleman cessant une recherche qui a été approuvée par le tuteur légal de la dame, sans avoir mis celui-ci à même de s'en expliquer à fond avec elle. Vous ne vous attendiez pas, je suppose, que ma sœur vous tomberait dans la bouche comme une prune mûre, dès qu'il vous plairait de l'ouvrir?

— Quant au droit d'une dame de congédier son amant, colonel, c'est un point que vous aurez à débattre avec elle, vu que j'ignore quels sont, à cet égard, les usages des Highlands. Mais quant à celui que j'ai d'accepter un refus, sans en appeler à votre ascendant, je vous dirai franchement, sans vouloir diminuer en rien la beauté reconnue de miss Mac-Ivor et ses hautes qualités, que je ne recevrais pas la main d'un ange, avec un empire pour dot, si son consentement était arraché par des obsessions de parents ou de tuteurs, et qu'il ne découlât pas de ses propres inclinations.

— Un ange avec un empire pour dot, répéta Fergus d'un ton d'amère ironie, ne sera probablement pas imposé à un... squire provincial. — Mais, monsieur, ajouta-t-il en changeant de ton, si Flora Mac-Ivor n'a pas un empire pour dot, elle est *ma* sœur; et cela suffit pour la mettre du moins à l'abri d'être traitée d'une manière qui ressemblerait à de la légèreté.

— Elle est Flora Mac-Ivor, monsieur, répliqua Waverley avec fermeté : ce qui, pour moi, eussé-je été capable de traiter *aucune* femme avec légèreté, serait une protection plus efficace.

Le nuage qui couvrait le front du chef s'assombrit alors tout à fait; mais Édouard se sentait trop indigné du ton déraisonnable qu'avait pris Mac-Ivor, pour détourner l'orage par la moindre concession. Ils s'étaient arrêtés l'un et l'autre durant ce court dialogue, et Fergus semblait prêt à s'abandonner à plus de violence; mais, par un effort sur lui-même, il réprima son emportement, et se détournant, il se remit en marche d'un air sombre. Comme ils avaient continuellement jusque-là été de compagnie, et presque toujours à côté l'un de l'autre, Waverley s'avança silencieusement dans la même direction, décidé à laisser le Chef recouvrer tout à son aise la bonne humeur qu'il avait perdue avec si peu de raison, et fermement résolu à ne pas lui céder d'un pouce en dignité.

Ils cheminaient ainsi, sombres et silencieux, depuis un mille environ, lorsque Fergus reprit l'entretien sur un ton différent. — Je crois que j'ai été vif, mon cher Édouard ; mais votre manque de connaissance du monde est faite pour impatienter. Vous avez pris la mouche à quelque pruderie de Flora, ou bien à cause de son loyalisme enthousiaste ; et maintenant, comme un enfant, vous vous emportez contre le joujou que vous demandiez à grands cris, et vous vous en prenez à moi, votre fidèle gardien, parce que mon bras ne peut atteindre jusqu'à Édimbourg pour vous donner l'objet de vos désirs. Il est sûr que si j'étais irritable, la mortification de perdre l'alliance d'un ami tel que vous, après que votre arrangement a été l'objet de tous les discours dans les Highlands et dans les Lowlands, et cela sans seulement savoir pourquoi ni comment, pourrait bien provoquer un sang plus calme que le mien. Je vais écrire à Édimbourg et arranger tout cela, c'est-à-dire si vous désirez que je le fasse : car je ne puis réellement supposer que votre bonne opinion de Flora, étant telle que vous me l'avez souvent exprimée, puisse être ainsi tout à coup mise en oubli.

— Colonel Mac-Ivor, répondit Édouard, qui n'était nullement disposé à se laisser pousser plus vite ou plus loin qu'il ne lui convenait dans une affaire qu'il avait déjà regardée comme rompue, je sens pleinement le prix de vos bons offices ; et certainement, le zèle que vous montrez à mon égard dans une telle affaire ne me fait pas peu d'honneur. Mais comme Flora Mac-Ivor a pris son parti librement et volontairement, et que toutes mes attentions à Édimbourg ont été reçues avec plus que de la froideur, je ne puis, par égard pour elle comme pour moi-même, consentir qu'elle soit encore importunée à ce sujet. Je vous aurais parlé de ceci depuis quelque temps ; mais vous avez vu sur quel pied nous avons été à l'égard l'un de l'autre, et vous avez dû le comprendre. Si j'avais cru qu'il en eût été autrement, j'aurais parlé plus tôt ; mais j'éprouvais une répugnance bien naturelle à aborder un sujet si pénible pour vous et pour moi.

— Oh ! très-bien, M. Waverley, répliqua Fergus avec hauteur ; tout est maintenant terminé ; je n'ai pas besoin d'imposer ma sœur à qui que ce soit.

— Non plus que je n'ai besoin de m'exposer à un second refus de la même dame, dit Waverley, du même ton.

— Je prendrai cependant les informations nécessaires, continua le Chef, comme s'il n'eût pas entendu l'interruption, et je saurai ce que ma sœur pense de tout ceci ; nous verrons alors si les choses doivent se terminer ainsi.

— Quant à de telles informations, naturellement vous saurez ce que vous avez à faire. Il est, je le crois, impossible que miss Mac-Ivor puisse changer de sentiment ; et dût un cas si peu supposable se présenter, il est certain que pour moi je n'en changerais pas. Je fais cette observation uniquement pour prévenir toute possibilité de malentendu à venir.

Mac-Ivor aurait voulu en ce moment pouvoir en appeler aux armes pour vider leur querelle; ses yeux flamboyaient, et son regard mesurait Édouard comme s'il eût cherché la place où il devait lui porter le coup mortel. Mais quoiqu'un duel ne s'engage plus aujourd'hui selon les règles et prescriptions de Caranza et de Vincent Saviola, personne mieux que Fergus ne savait qu'un combat à mort exige au moins quelque prétexte décent. Par exemple, vous pouvez envoyer un cartel à un homme qui vous aura marché sur un cor au milieu de la foule, ou qui vous aura poussé au mur, ou qui au théâtre aura pris votre place; mais le code moderne de l'honneur ne vous permettra pas de baser une querelle sur le droit que vous vous attribueriez de forcer un homme de continuer d'adresser à une de vos parentes des vœux que la belle lady aurait déjà rejetés. Ainsi Fergus se vit obligé de dévorer son affront prétendu, jusqu'à ce que le temps lui apportât pour se venger une occasion qu'il se promit d'épier avec grand soin.

Le domestique de Waverley lui tenait toujours prêt un cheval de selle à l'arrière du bataillon auquel il était attaché, quoique son maître s'en servît rarement. Mais en ce moment, irrité de la conduite impérieuse et déraisonnable de son ami, il laissa défiler la colonne et monta son cheval, décidé à aller à la rencontre du baron de Bradwardine, et de lui demander à entrer comme volontaire dans sa troupe, au lieu du régiment de Mac-Ivor.

— J'aurais fait une belle affaire, pensa-t-il en cheminant, 'de m'allier d'aussi près à ce superbe échantillon d'orgueil, d'amour-propre et d'emportement! Colonel! c'est généralissime qu'il aurait dû être. Un petit chef de trois ou quatre cents hommes! son orgueil pourrait suffire au khan de Tartarie,—au Grand-Seigneur,—au Grand-Mogol! J'ai tout à fait assez de lui. Flora fût-elle un ange, elle apporterait avec elle pour beau-frère un autre Lucifer d'ambition et de colère!

Le baron, dont l'érudition (comme les bons mots de Sancho pendant son séjour dans la Sierra Morena) semblait se moisir faute d'exercice, saisit avec joie l'occasion que lui offrait la demande de Waverley de servir dans son régiment, pour lui redonner quelque activité. Le bon vieux gentilhomme travailla cependant à amener une réconciliation entre les deux ci-devant amis. Fergus écouta froidement ses observations, tout en leur prêtant une oreille respectueuse; et quant à Waverley, il ne voyait pas pourquoi il chercherait le premier à renouer une intimité que le *Chieftain* avait si déraisonnablement troublée. Le baron en parla alors au prince, qui, jaloux de prévenir des querelles dans sa petite armée, promit de remontrer au colonel Mac-Ivor le peu de fondement de sa conduite. Mais dans la précipitation de la marche, il se passa un jour ou deux avant qu'il trouvât l'occasion d'exercer son influence, ainsi qu'il se l'était proposé.

Cependant Waverley, mettant à profit les instructions qu'il avait reçues pendant sa résidence au régiment de dragons Gardiner, assista le baron dans son commandement, en guise d'adjudant. *Parmi les aveugles un borgne est roi*, dit le proverbe français; la cavalerie, qui se composait principalement de gentilshommes des basses terres, de leurs fermiers et de leurs serviteurs, se forma une haute idée de l'habileté de Waverley, et conçut un grand attachement pour sa personne. C'était en partie, à la vérité, le résultat de la satisfaction que leur avait fait éprouver le passage d'un volontaire anglais aussi distingué des rangs highlandais dans les leurs; car il y avait une animosité secrète entre les cavaliers et les gens de pied, non-seulement par suite de la différence de service, mais parce que beaucoup des gentilshommes lowlandais, demeurant vers les Highlands, avaient eu, en un temps ou en un autre, des querelles avec les tribus de leur voisinage, et que tous voyaient d'un œil jaloux la prétention avouée des Highlanders à une plus haute valeur et à une plus grande utilité pour le service du prince.

CHAPITRE LVIII.

LA CONFUSION EST AU CAMP DU ROI AGRAMANT.

C'ÉTAIT l'habitude de Waverley, de s'écarter quelquefois un peu du corps d'armée, pour examiner les objets dignes de curiosité qui se présentaient sur la route. Ils se trouvaient alors dans le Lancastre; attiré par un vieux château fortifié, il s'était éloigné depuis une demi-heure de l'escadron pour le voir de plus près et en prendre un croquis. Tandis qu'il redescendait l'avenue, il fut rencontré par l'enseigne Maccombich. Cet homme avait contracté une sorte de considération pour Édouard depuis le jour où pour la première fois il l'avait vu à Tully-Veolan, et l'avait conduit dans les Highlands. Il parut retarder sa marche, comme dans l'intention de se trouver près de notre héros. Cependant, lorsqu'Édouard passa devant lui, il s'approcha seulement de son étrier et prononça ces deux seuls mots : Prenez garde! puis il s'éloigna rapidement, évitant toute autre communication.

Quelque peu surpris de cet avis, Édouard suivit des yeux la course d'Evan, qui bientôt disparut parmi les arbres. Son domestique, Alick Polwarth, qui était à peu de distance en arrière, regardait aussi après le montagnard; il pressa son cheval et se rapprocha de son maître.

— Que je meure, monsieur, lui dit-il, si je vous crois en sûreté parmi ces vagabonds highlandais.

— Que voulez-vous dire, Alick?

— Les Mac-Ivor, monsieur, se sont mis dans la tête que vous aviez fait un affront à leur jeune dame, miss Flora; et j'en ai entendu plus d'un dire qu'ils ne prendraient pas beaucoup pour faire de vous un coq de bruyère. Et vous n'êtes pas sans savoir que beaucoup d'entre eux se soucieraient comme d'un *bawbee* d'envoyer une balle au Prince lui-même si le Chef leur faisait un signe; — ou même qu'il leur fît signe ou non, s'ils pensaient qu'il serait content de la chose après qu'elle serait faite.

Quoique persuadé que Fergus Mac-Ivor était incapable d'une telle perfidie, Waverley n'était nullement aussi certain de la retenue de ses suivants. Il savait que lorsque l'honneur du chef ou de sa famille était supposé avoir été atteint, l'homme le plus heureux était celui qui pourrait le premier venger l'offense, et il les avait souvent entendus citer cet adage, que la meilleure vengeance était la plus prompte et la plus sûre. Rapprochant ce souvenir de l'insinuation d'Evan, il jugea que le plus prudent était de piquer des deux et de rejoindre l'escadron en toute hâte; mais il n'avait pas atteint le bout de la longue avenue, qu'une balle siffla à son oreille et que l'explosion d'un pistolet se fit entendre.

— C'est cette coquille du démon, Callum Beg, s'écria Alick; je viens de le voir s'enfuir au milieu des broussailles.

Justement irrité de cet acte de trahison, Édouard sortit de l'avenue au galop, et vit le bataillon de Mac-Ivor défilant à quelque distance en suivant la lisière de la prairie communale sur laquelle l'avenue débouchait. Il aperçut alors un individu courant à toutes jambes pour rejoindre le corps : il ne douta pas que ce ne fût l'assassin, qui, en franchissant des clôtures, avait pu aisément prendre, pour arriver jusqu'au gros de la troupe, un chemin beaucoup plus court que lui-même ne pouvait le faire à cheval. Hors d'état de se contenir, il donna à Alick l'ordre d'aller trouver le baron de Bradwardine, qui était à la tête de son régiment à environ un demi-mille en avant, et de l'informer de ce qui venait d'arriver. Lui-même se dirigea immédiatement vers la troupe de Fergus. Le Chef y arrivait en ce moment. Il était à cheval, revenant d'auprès du prince. En apercevant Édouard qui s'approchait, il poussa son cheval de son côté.

— Colonel Mac-Ivor, lui dit Waverley sans autre salutation, j'ai à vous informer que l'un de vos gens vient à l'instant même de tirer sur moi d'une embuscade.

— Comme c'est une satisfaction que je me veux donner à moi-même dans un instant, sauf la circonstance de l'embuscade, répondit Mac-

CHAPITRE LVIII.

Ivor, je serais charmé de savoir lequel des hommes de mon clan a osé me prévenir.

— Je serai certainement à vos ordres quand il vous plaira ; — le gentilhomme[1] qui a pris sur lui de vous devancer dans ce plaisir est votre page ici présent, Callum Beg.

— Sortez des rangs, Callum ! Avez-vous tiré sur M. Waverley ?

— Non, répondit effrontément Callum.

— C'est vous, dit Alick Polwarth, qui déjà était de retour, ayant rencontré un soldat qu'il avait chargé d'informer le baron de Bradwardine de ce qui se passait, et qui lui-même était revenu vers son maître au grand galop, n'épargnant ni les rondelles de ses éperons, ni les flancs de son cheval ; — c'est vous. Je vous ai vu aussi distinctement que j'aie jamais vu la vieille église de Coudingham.

— Vous mentez, répliqua Callum avec l'assurance impénétrable qui lui était ordinaire. Comme aux jours de la chevalerie, le combat des preux eût certainement été précédé d'une rencontre entre les écuyers (car Alick était un brave natif du Merse, qui craignait les flèches de Cupidon beaucoup plus que le dirk ou la claymore d'un Highlander) ; mais Fergus, avec son ton de décision habituel, demanda à Callum son pistolet. Le chien était abattu, le bassinet et la bouche du canon étaient noircis par la fumée : le pistolet venait d'être tiré.

— Tiens, dit Fergus en assénant de toute sa force un coup de la crosse du lourd pistolet sur la tête de l'enfant ; — voilà pour t'apprendre à agir sans ordres, et à mentir pour le cacher. Callum reçut le coup sans faire un mouvement pour l'éviter, et tomba sans donner signe de vie.

— Sur votre vie, que pas un ne bouge ! cria Fergus au reste de son clan ; je fais sauter la cervelle du premier qui s'interposera entre M. Waverley et moi. Tous restèrent immobiles ; Evan Dhu seul laissa paraître des signes de mécontentement et d'anxiété. Callum gisait à terre, perdant des flots de sang ; mais personne ne se risqua à lui porter secours. Il paraissait avoir reçu le coup de mort.

— Et maintenant, à vous, M. Waverley ; veuillez faire avancer votre cheval à vingt pas dans le pré. Waverley se rendit à son désir ; et Fergus, s'approchant de lui quand ils furent à une certaine distance du chemin, lui dit, avec une froideur affectée : Je ne pouvais qu'être surpris, monsieur, de l'inconstance qu'il vous a plu l'autre jour de laisser paraître dans vos goûts ; mais, comme vous le disiez fort bien, un ange même n'aurait pas eu de charmes pour vous, s'il ne vous eût apporté un empire pour fortune. J'ai maintenant un très-bon commentaire de ce texte obscur.

— Je suis en peine de deviner même ce que vous voulez dire, colonel

---

[1] Waverley emploie évidemment cette expression dans un sens ironique, par allusion sans doute à la prétention de tous les montagnards à la noblesse. (L. V.)

Mac-Ivor, si ce n'est qu'il me semble clair que vous avez dessein de me chercher querelle.

— Votre ignorance affectée ne vous servira pas, monsieur. Le Prince, — le Prince lui-même m'a informé de vos manœuvres. Je ne pensais guère que vos engagements avec miss Bradwardine étaient la cause de la rupture de votre alliance projetée avec ma sœur. L'information que le baron avait changé la destination de son domaine a été, à ce qu'il paraît, une raison tout à fait suffisante pour dédaigner la sœur et enlever la maîtresse de votre ami.

— Le Prince vous a-t-il dit que j'avais des engagements avec miss Bradwardine? C'est impossible.

— Il me l'a dit, monsieur; ainsi donc, dégaînez et défendez-vous, ou renoncez à vos prétentions sur la dame.

— Ceci est une démence complète, s'écria Waverley, ou quelque étrange méprise!

— Oh, pas d'évasion! tirez votre épée! dit le chef furieux, la sienne déjà hors du fourreau.

— Dois-je accepter la querelle d'un fou?

— Alors renoncez maintenant, et pour toujours, à toutes prétentions à la main de miss Bradwardine.

— A quel titre, s'écria Waverley, perdant tout à fait patience, à quel titre vous ou qui que ce soit au monde m'imposerait-il de telles conditions? Et il mit aussi l'épée à la main.

En ce moment, le baron de Bradwardine arrivait à franc étrier; il était suivi de plusieurs de ses cavaliers, qui s'étaient joints à lui, les uns par curiosité, d'autres pour prendre part à la querelle qu'ils savaient indistinctement avoir éclaté entre les Mac-Ivor et leur corps. Les hommes du clan, les voyant approcher, s'avancèrent à leur tour pour soutenir le Chef, et alors commença une scène de confusion qui paraissait devoir se terminer par l'effusion du sang. Cent langues s'agitaient à la fois. Le baron sermonnait, le Chef tempêtait, les Highlanders criaient en gaëlique, les cavaliers juraient en écossais des basses terres. Les choses enfin en vinrent au point que le baron menaça de charger les Mac-Ivor s'ils ne reprenaient leurs rangs, et nombre de ceux-ci, en retour, dirigèrent leurs armes à feu vers lui et les siens. Le désordre était surtout excité par le vieux Ballenkeiroch, qui croyait qu'enfin le jour de la vengeance était venu pour lui, quand, hélas! un cri s'éleva : Place! faites place! *Place à Monseigneur! place à Monseigneur* [1]*!* Ce cri annonçait l'approche du Prince, qui parut alors, suivi d'un détachement des dragons étrangers de Fitz-James, qui lui servaient de gardes-du-corps. Son arrivée ramena un peu d'ordre. Les Highlanders reprirent leurs rangs, les cavaliers se rapprochèrent

---

[1] Ces deux dernières exclamations sont en français dans le texte.

CHAPITRE LVIII.

et se formèrent en escadron; le baron et le Chef restaient silencieux.

Le Prince les appela devant lui, ainsi que Waverley. Ayant appris que la cause première de la querelle était la scélératesse de Callum Beg, il ordonna qu'on le remît à la garde du grand-prévôt, pour être immédiatement exécuté, dans le cas où il survivrait au châtiment infligé par son *Chieftain*. Mais Fergus, d'un ton qui tenait à la fois d'un droit qu'on réclame et d'une faveur qu'on sollicite, demanda qu'il fût laissé à sa disposition, promettant que la punition serait exemplaire. Refuser cette demande eût semblé porter atteinte à l'autorité patriarcale des Chefs, autorité dont ils étaient très-jaloux, et il eût été imprudent de les mécontenter. Callum fut donc laissé à la justice de sa propre tribu.

Le Prince s'enquit ensuite du nouveau motif de querelle entre le colonel Mac-Ivor et Waverley. Il y eut un instant de silence. Les deux gentilshommes trouvaient dans la présence du baron de Bradwardine (car en ce moment tous trois s'étaient approchés du Chevalier, sur l'ordre qu'il leur en avait donné) un obstacle insurmontable à ce qu'ils pussent entrer dans une explication où le nom de sa fille devait forcément être prononcé. Ils baissèrent vers la terre leurs regards, où la honte et l'embarras se mêlaient au déplaisir. Le Prince, qui avait formé son éducation parmi les esprits brouillons et turbulents de la cour de Saint-Germain, où des querelles de toute sorte étaient chaque jour un sujet de sollicitude pour le souverain détrôné, y avait fait son apprentissage du métier de roi, comme aurait dit le vieux Frédéric de Prusse. Maintenir ou rétablir l'ordre parmi ses compagnons était une chose indispensable. Il prit ses mesures en conséquence.

— Monsieur de Beaujeu [1] !

— Monseigneur ! répondit un Français, très-beau cavalier, qui remplissait près de lui les fonctions d'aide-de-camp.

— Ayez la bonté d'aligner ces montagnards-là, ainsi que la cavalerie, s'il vous plaît, et de les remettre à la marche. Vous parlez si bien l'anglais ! cela ne vous donnera pas beaucoup de peine.

— Ah ! pas du tout, monseigneur, répliqua M. le comte de Beaujeu en inclinant la tête jusque sur le cou de son petit cheval d'escadron, plein de feu, mais parfaitement dressé. Avec la plus grande confiance, il le fit donc avancer en piaffant jusqu'au front du régiment de Fergus, quoique ne comprenant pas un mot de gaëlique, et ne sachant guère plus d'anglais.

---

[1] Ici, comme dans la suite du dialogue, où le prince s'adresse à M. de Beaujeu, jusqu'à la fin du chapitre, l'auteur le fait parler en français. Pour faire sentir le comique du langage de M. de Beaujeu, moitié français, moitié mauvais anglais, nous l'avons reproduit textuellement, en renvoyant au bas des pages la traduction de ce qui nous a paru avoir besoin d'interprétation. (L. Y.)

—Messieurs les sauvages Écossais,—dat is [1],—gentilmans sauvages, have the goodness [2] d'arranger vous.

Le clan, comprenant le commandement par le geste plus que par les paroles, et se voyant en présence du prince lui-même, se hâta de reprendre ses rangs.

—Ah! ver well [3]! dat is, fort bien! gentilmans sauvages!... mais très-bien!—Hé bien!... Qu'est-ce que vous appelez *visage*, monsieur? (Il s'adressait à un soldat qui, par hasard, se trouvait près de lui.)— Ah! oui, *face*. —Je vous remercie, monsieur. —Gentilshommes, have de goodness to make de face to de right par file [4], —dat is, by files! —Marsh [5]! —Mais très-bien! —Encore, messieurs; il faut vous mettre à la marche. —Marchez donc, au nom du Ciel! Parce que j'ai oublié le mot anglais... Mais vous êtes de braves gens, et me comprenez très-bien.

Le comte se hâta alors de mettre la cavalerie en mouvement. — Gentilmans cavalry, you must fall in [6]. —Ah! par ma foi, I did not say fall off [7]! I am afear de little gross fat gentilman is moche hurt [8]. Ah! mon Dieu! c'est le commissaire qui nous a apporté la première nouvelle de ce maudit fracas. Je suis très-fâché, monsieur!

Mais le pauvre Macwheeble, qui figurait alors en qualité de commissaire des guerres, un grand sabre au côté et au chapeau une cocarde blanche qui ressemblait à une large galette, ayant, dans le tumulte occasionné par l'empressement des cavaliers à se remettre en ordre en présence du Prince, été renversé de son bidet avant qu'il eût pu s'en rendre maître, regagna l'arrière-garde, l'oreille basse et au milieu des éclats de rire des spectateurs.

—Hé bien! messieurs, reprit M. de Beaujeu, wheel to de right [9]! —Ah! dat is it [10]! —Hé! M. de Bradwardine! ayez la bonté de vous mettre à la tête de votre régiment, car, par Dieu, je n'en puis plus.

Le baron de Bradwardine fut obligé de venir en aide à M. de Beaujeu, lorsque celui-ci eut épuisé sa faible provision de phrases militaires anglaises. Un des deux buts du Chevalier était ainsi atteint. Le second avait été de donner aux idées des soldats des deux corps, par l'attention qu'ils devraient apporter, pour les comprendre, à des comman-

---

[1] *That is*, c'est-à-dire.
[2] Ayez la bonté.
[3] *Very well*, très-bien.
[4] Ayez la bonté de faire face à droite par files.
[5] *March!* marche!
[6] Messieurs de la cavalerie, il faut vous resserrer.
[7] Je ne vous ai pas dit de tomber (de cheval).
[8] *I am afear the little gross fat gentleman is much hurt*, je crains que le petit, gros et gras gentleman est très-blessé.
[9] Tournez à droite.
[10] *That is it*, c'est cela.

dements transmis en sa présence par un intermédiaire si peu intelligible, un cours autre que celui où il les avait trouvées en arrivant.

Dès que Charles-Édouard se vit seul avec Fergus et Waverley, sa suite étant restée à quelque distance, il leur adressa la parole. — Si je devais moins à votre amitié désintéressée, leur dit-il, je pourrais être très-sérieusement fâché contre chacun de vous, pour cette brouille extraordinaire et que rien ne justifie, dans un moment où le service de mon père demande si impérieusement la plus parfaite unanimité. Mais le pire de ma situation est que même mes meilleurs amis se regardent comme libres de se perdre eux-mêmes, aussi bien que la cause à laquelle ils se sont engagés, et cela sous le plus léger prétexte.

Les deux jeunes gens protestèrent à la fois de leur résolution de soumettre leurs différends à son arbitrage. — Au reste, ajouta Édouard, je sais à peine de quoi je suis accusé. Je cherchais le colonel Mac-Ivor uniquement pour l'informer que je venais d'échapper aux coups d'un assassin attaché à son service immédiat, lâche vengeance que je le sais incapable d'avoir autorisée. Quant au motif pour lequel il est disposé à me chercher querelle, je l'ignore absolument, à moins que ce ne soit ce dont il m'accuse très à tort, d'avoir recherché l'affection d'une jeune dame au préjudice de ses propres prétentions.

— S'il y a erreur en ceci, dit le Chef, elle résulte d'un entretien que j'ai eu ce matin avec Son Altesse Royale elle-même.

— Avec moi? Comment le colonel Mac-Ivor a-t-il pu me si mal comprendre?

Il prit alors Fergus à part, et après cinq minutes d'une conversation animée, il poussa son cheval vers Édouard. — Est-il possible, M. Waverley, dit-il, — approchez, colonel, je ne veux pas de secrets, — est-il possible que je me sois trompé en vous supposant l'amant accepté de miss Bradwardine? Quoique vous ne m'en eussiez rien dit, plusieurs circonstances m'en avaient si absolument convaincu que j'ai ce matin allégué le fait à Vich Ian Vohr comme une raison qui pouvait faire que, sans vouloir l'offenser, vous eussiez cessé d'ambitionner une alliance dans laquelle un homme sans engagement, même après un refus, trouverait trop de charmes pour y renoncer légèrement.

— Votre Altesse Royale, dit Waverley, doit s'être fondée sur des circonstances qui m'échappent entièrement, quand elle m'a fait l'honneur de me supposer l'amant accepté de miss Bradwardine. Je sens tout ce que cette supposition a de flatteur pour moi, mais je n'ai aucun titre qui la justifie. Quant au reste, j'ai, et avec raison, trop peu de confiance dans mon propre mérite, pour conserver l'espoir de réussir près de qui que ce soit, après un refus positif.

Le Chevalier se tut un instant; puis il reprit, en les regardant l'un et l'autre avec fermeté : — Sur ma parole, M. Waverley, j'avais cru avoir de bonnes raisons de vous regarder comme plus heureux. Mais maintenant, messieurs, permettez-moi d'être médiateur dans le cas qui vous divise, non comme prince régent, mais comme Charles Stuart, votre frère d'armes dans la noble cause que vous servez. Laissez de côté tous mes droits à être obéi de vous, et considérez votre propre honneur. Jugez jusqu'à quel point il est bien et convenable de donner à nos ennemis l'avantage et à nos amis le scandale de leur montrer que, peu comme nous sommes, nous ne sommes pas unis. Et pardonnez-moi si j'ajoute que le nom des dames qui ont été mentionnées réclame de nous plus de respect que d'en faire des sujets de querelles.

Il prit Fergus un peu à part, et lui parla avec chaleur pendant quelques minutes ; puis, revenant à Waverley : — Je crois, lui dit-il, avoir suffisamment montré au colonel Mac-Ivor que son ressentiment était fondé sur un malentendu, auquel, à la vérité, j'avais moi-même donné lieu ; et je compte que M. Waverley est trop généreux pour conserver aucun souvenir de ce qui s'est passé, quand je lui donne l'assurance que la chose est ainsi. — Vich Ian Vohr, il faut que vous expliquiez convenablement à votre clan toute cette affaire, pour prévenir le retour de leurs violences précipitées. Fergus s'inclina. — Et maintenant, messieurs, que j'aie le plaisir de vous voir vous donner la main.

Ils s'avancèrent l'un vers l'autre, froidement, à pas mesurés, chacun d'eux semblant répugner à paraître le plus empressé à cette concession. Ils se donnèrent la main, cependant, et se séparèrent après avoir respectueusement pris congé du Chevalier.

Charles-Édouard [1] s'avança alors au front des Mac-Ivor, mit pied à terre, demanda à boire un coup de la cantine du vieux Ballenkeiroch, et marcha ainsi avec eux pendant près d'un demi-mille, s'enquérant de l'histoire et de la parenté de Sliochd-nan-Ivor, plaçant adroitement le peu qu'il savait de mots gaëliques, et témoignant un grand désir d'apprendre cet idiome plus à fond. Il remonta ensuite à cheval et rejoignit au galop la cavalerie du baron, qui était en avant, lui fit faire halte, passa en revue leur équipement, et s'informa de l'état de l'instruction militaire ; se fit nommer les principaux gentilshommes, et même les cadets ; s'informa de leurs dames et loua leurs chevaux ; chevaucha durant une heure environ près du baron de Bradwardine, et supporta trois longues histoires relatives au feld-maréchal duc de Berwick.

— Ah ! Beaujeu, mon cher ami, dit-il comme il revenait prendre sa place habituelle dans la ligne de marche, que mon métier de prince errant est ennuyeux parfois ! Mais courage ! c'est le grand jeu, après tout !

[1] *Voyez* la note Y, à la fin du volume.

CHAPITRE LIX.

UNE ESCARMOUCHE.

Il est à peine nécessaire de rappeler au lecteur, qu'après un conseil de guerre tenu à Derby le 5 décembre, les Highlanders renoncèrent à la tentative désespérée qu'ils avaient faite de pénétrer plus avant en Angleterre, et, au grand déplaisir de leur jeune et téméraire chef, résolurent positivement de remonter vers le Nord. En conséquence ils commencèrent à opérer leur retraite, et par la rapidité extrême de leur marche échappèrent au duc de Cumberland, qui les poursuivait alors avec un corps considérable de cavalerie.

Ce mouvement rétrograde était, en réalité, l'abandon de leurs ambitieuses espérances. Personne ne s'était montré plus présomptueux que Fergus Mac-Ivor; personne ne fut donc plus mortifié de ce changement de détermination. Il mit la plus grande véhémence dans les raisonnements, ou plutôt dans les remontrances qu'il fit dans le conseil de guerre; et quand il vit son opinion repoussée, il versa des larmes de douleur et d'indignation. Depuis ce moment il se fit dans toute sa personne un tel changement, qu'on aurait eu peine à reconnaître cet homme à l'âme ardente et exaltée, pour qui le monde semblait trop étroit huit jours auparavant. La retraite continuait depuis plusieurs jours, lorsqu'un matin, le 12 décembre, Édouard fut très-étonné de recevoir la visite du jeune Chef à son logement, dans un hameau à peu près à moitié chemin entre Shap et Penrith.

N'ayant eu aucun rapport avec le Chef depuis leur rupture, Édouard attendit, non sans inquiétude, l'explication de cette visite imprévue, et il ne put retenir un mouvement de surprise et presque d'effroi en voyant le changement qui s'était opéré dans toute la personne de Fergus. Le feu de ses yeux était presque éteint; ses joues étaient creusées et sa voix affaiblie; sa démarche même était moins ferme et moins souple que d'habitude. Ses vêtements, dont il avait d'ordinaire un soin particulier, flottaient alors en désordre. Il engagea Édouard à sortir et à le suivre sur le bord d'une petite rivière dans le voisinage, et il sourit d'un air mélancolique en le voyant prendre son épée et l'attacher à sa ceinture.

Lorsqu'ils furent dans un sentier sauvage et écarté près de la rivière, le Chef rompit le silence : — Notre belle entreprise est complètement avortée, Waverley, et je voudrais savoir quels sont maintenant vos projets? — Ne me regardez pas avec cet air étonné. J'ai reçu hier un message de ma sœur; si j'eusse connu plus tôt ce qu'il contient, nous n'eussions point eu une querelle, que je déplore chaque fois que j'y pense. Dans une lettre que je lui écrivis après notre dispute, je lui en apprenais la cause; et maintenant, elle me répond qu'elle n'a jamais eu ni pu avoir l'intention de vous encourager : de sorte qu'il paraît que j'ai agi comme un fou. — Pauvre Flora! sa lettre respire l'espoir et l'enthousiasme! Quelle impression la nouvelle de cette malheureuse retraite va produire sur son esprit !

Waverley, réellement affecté du ton mélancolique des paroles de Fergus, le pria affectueusement de bannir de son souvenir les différends qui s'étaient élevés entre eux; et ils se donnèrent de nouveau la main, mais cette fois avec une franche cordialité. Fergus réitéra la demande de ce que comptait faire Waverley? — Le meilleur parti que vous ayez à prendre, ajouta-t-il, est de quitter cette malheureuse armée, de rentrer avant nous en Écosse, et de vous embarquer pour le continent dans quelqu'un des ports de l'est qui sont encore en notre pouvoir. Quand vous serez hors du royaume, vos amis obtiendront aisément votre grâce; et à vous parler franchement, je voudrais vous voir emmener Rose Bradwardine comme votre femme, et prendre tous deux Flora sous votre protection. — Édouard le regarda avec étonnement. — Elle vous aime, et je crois que vous l'aimez, quoique, peut-être, vous ne vous en soyez pas aperçu, car vous ne passez pas pour connaître bien au juste l'état de votre propre cœur. — Il accompagna ces mots d'un léger sourire.

— Comment, répondit Édouard, pouvez-vous me conseiller d'abandonner une entreprise dans laquelle nous sommes tous embarqués?

— Embarqués? reprit Fergus; le vaisseau va se briser; il est temps, pour ceux qui le peuvent, de se jeter dans la chaloupe et de l'abandonner.

— Mais, que feront les autres gentilshommes? Et si cette retraite est si funeste, comment les Chefs highlandais y ont-ils consenti?

— Oh! répliqua Mac-Ivor, ils pensent que, comme dans les insurrections précédentes, la hache, la corde et l'amende seront principalement pour la noblesse[1] des basses terres, et qu'eux pourront retourner tranquillement dans leurs pauvres et sauvages retraites, écouter, comme dit un proverbe, le vent siffler sur la montagne jusqu'à ce que l'orage soit apaisé. Mais ils se trompent; ils ont donné trop d'inquiétude en remuant si souvent, et cette fois John Bull vient d'avoir trop peur pour recouvrer sa bonne humeur de sitôt. Les ministres hanovriens ont toujours mérité d'être pendus comme des coquins; mais aujourd'hui, s'ils ont le pouvoir entre les mains, — comme cela doit

---

[1] *Gentry*, la gentilhommerie. Cette expression sera expliquée plus loin. (L. V.)

CHAPITRE LIX.

arriver tôt ou tard, puisque personne ne se soulève en Angleterre, et qu'il ne nous vient aucun secours de France, — ils mériteraient d'être pendus comme des sots s'ils laissaient à un seul de nos clans la possibilité d'inquiéter encore le Gouvernement. Ils couperont les branches de l'arbre et en arracheront les racines, je vous le garantis.

— Et vous qui m'engagez à fuir, — et plutôt mourir que de suivre ce conseil! — quels sont vos projets?

— Moi, répondit Fergus d'un air mélancolique, mon sort est fixé. Avant demain je serai mort ou captif.

— Que voulez-vous dire, mon ami? L'ennemi est encore à une journée de marche en arrière, et s'il nous rejoint nous sommes assez forts pour le tenir en échec. Rappelez-vous Gladsmuir.

— Ce que je vous dis n'en est pas moins vrai, au moins en ce qui me concerne personnellement.

— Sur quelle autorité pouvez-vous fonder un si triste présage?

— Sur une autorité qui n'a jamais trompé personne de ma maison. J'ai vu, dit-il en baissant la voix, j'ai vu le *Bodach-Glas*.

— Le Bodach-Glas?

— Oui; êtes-vous resté si longtemps à Glennaquoich sans y avoir jamais entendu mentionner le Spectre Gris? quoiqu'à la vérité il y ait parmi nous une certaine répugnance à en parler.

— Non, jamais.

— Ah! c'était une histoire que la pauvre Flora aurait dû vous raconter. Si cette colline était celle de Benmore et si ce grand lac bleu que vous voyez s'étendre là-bas vers les montagnes était le lac Tay, ou mon propre lac An-Ri, ce récit serait plus en harmonie avec le site. N'importe, asseyons-nous sur ce tertre. Le Saddleback et l'Ulswater s'accordent mieux avec ce que j'ai à vous dire que ne l'eussent fait les clôtures, les haies et les fermes d'Angleterre. Vous saurez donc que quand mon aïeul Ian nan Chaistel ravagea le Northumberland, il était associé dans cette expédition avec une espèce de chef du Sud, un capitaine d'une bande de Lowlanders, nommé Halbert Hall. En revenant à travers les monts Cheviots, ils se disputèrent pour le partage d'un butin considérable, et des mots ils en vinrent aux coups. Les Lowlanders furent tous taillés en pièces, et leur chef tomba le dernier, couvert de blessures faites par l'épée de mon aïeul ; depuis ce temps son esprit est apparu aux Vich Ian Vohr quand quelque grand malheur les menace, mais particulièrement à l'approche de la mort. Mon père l'a vu deux fois : la première quand il fut fait prisonnier à Sheriff-Muir, la seconde le matin du jour où il mourut [1].

— Comment pouvez-vous, mon cher Fergus, dire sérieusement une telle extravagance?

---

[1] *Voyez* la note Z, à la fin du volume.

— Je ne vous demande pas de le croire ; mais ce que je vous dis est une vérité confirmée par une expérience de trois cents ans au moins, et la nuit dernière par le témoignage de mes propres yeux.

— Contez-moi les détails de cette apparition, pour l'amour du Ciel! dit Waverley avec vivacité.

— Je le veux bien, à condition que vous n'essaierez pas la moindre plaisanterie à ce sujet. — Depuis que cette malheureuse retraite est commencée, à peine ai-je sommeillé. Sans cesse je pense à mon clan, à ce prince infortuné qu'ils font marcher à reculons comme un chien à l'attache, de gré ou de force, et à la ruine de ma famille. La nuit dernière, je me sentais si agité que je quittai mon quartier et sortis, espérant que l'air froid calmerait mes nerfs. — Je ne saurais vous dire combien il m'en coûte de continuer, car je sais que vous aurez peine à me croire ; mais n'importe. — Je venais de traverser un petit pont, et je marchais en long et en large, quand j'aperçus avec surprise, à la clarté de la lune, une grande figure enveloppée dans un plaid gris, tel qu'en portent les bergers du sud de l'Écosse ; de quelque manière que je me tournasse, elle suivait tous mes mouvements et se tenait à quatre pas de moi.

— Vous aurez vu sans doute un paysan du Cumberland dans son costume ordinaire.

— Non ; je le pensai d'abord, et j'étais étonné de l'audace avec laquelle cet homme s'attachait à mes pas. Je l'appelai et ne reçus aucune réponse. Je sentis mon cœur tressaillir d'inquiétude, et pour vérifier mes craintes, je m'arrêtai encore et je me tournai successivement sans changer de place vers les quatre points cardinaux. — Par le Ciel, Édouard, de quelque côté que je me tournasse, la figure était toujours devant mes yeux, précisément à la même distance! Je compris que c'était le *Bodach-Glas;* mes cheveux se hérissèrent, et mes genoux tremblèrent. Cependant, je me rendis maître de moi, et je résolus de retourner à mon quartier. Mon horrible visiteur se glissa devant moi (car je ne puis dire qu'il marchait), jusqu'à ce qu'il eût atteint le petit pont. Là, il s'arrêta et se tourna directement de mon côté. Il fallait ou traverser la rivière à gué, ou passer aussi près de lui que je le suis de vous. Un courage désespéré, fondé sur la croyance que ma mort était proche, m'inspira la résolution de le forcer à me livrer passage. Je fis le signe de la croix, je tirai mon épée, et je m'écriai : — « Au nom de Dieu, esprit malin, fais-moi place ! — Vich Ian Vohr, répondit le fantôme d'une voix qui glaça tout mon sang dans mes veines: prends garde à demain ! » Il semblait à ce moment être au bout de la pointe de mon épée ; mais à peine eut-il prononcé ces mots, qu'il disparut, et que rien ne s'opposa plus à mon passage. En rentrant chez moi, je me jetai sur mon lit, où je passai quelques heures agitées. Ce matin, comme il ne paraissait pas qu'aucun ennemi fût près de nous,

CHAPITRE LIX.

j'ai pris mon cheval, et je suis venu pour me réconcilier avec vous. Je ne voudrais pas mourir sans avoir fait ma paix avec un ennemi que j'ai offensé.

Édouard ne doutait pas que ce fantôme ne fût le résultat d'un épuisement physique et moral, et d'une croyance superstitieuse commune à tous les montagnards. Il n'en plaignait pas moins Fergus, pour lequel il sentait renaître en cet instant cruel sa première amitié. Voulant le distraire de ces sombres images, il lui proposa, sauf la permission du baron, qu'il savait pouvoir obtenir facilement, de rester dans son quartier jusqu'à ce que le clan de Mac-Ivor fût arrivé, et de marcher alors avec eux comme autrefois. Le Chef parut très-sensible à cette offre, mais il hésitait à l'accepter.

— Nous sommes, vous le savez, à l'arrière-garde ; — dans une retraite, c'est le poste du danger.

— Et par conséquent le poste de l'honneur.

— Hé bien ! qu'Alick tienne votre cheval prêt, en cas que nous soyons surpris par le nombre, et je serai charmé de jouir encore une fois de votre compagnie.

L'arrière-garde fut longue à paraître, ayant été retardée par divers accidents et par le mauvais état des chemins. Enfin elle entra dans le village. Lorsque Waverley joignit le clan des Mac-Ivor, en se tenant par le bras avec leur Chef, tous les ressentiments qu'ils avaient contre lui semblèrent effacés à la fois. Evan Dhu le reçut avec un sourire de félicitation, et Callum même, aussi actif qu'autrefois, quoique pâle et portant un grand bandeau sur la tête, parut le revoir avec plaisir.

— Il faut, dit Fergus, que le crâne de ce gibier de potence soit plus dur que le marbre, le chien du pistolet s'y est brisé.

— Comment avez-vous pu frapper si rudement un si jeune garçon ? dit Waverley avec quelque intérêt.

— Oh ! si je ne frappais de temps en temps un peu fort, les drôles s'oublieraient.

L'armée se remit en marche après avoir pris les précautions nécessaires pour éviter toute surprise. Le clan de Fergus et un autre beau régiment formé des hommes de Badenoch, sous les ordres de Cluny Mac-Pherson, composaient l'arrière-garde. Ayant traversé un marécage découvert, ils entrèrent dans les clôtures qui entourent un petit village appelé Clifton. Le soleil d'hiver venait de se coucher, et Édouard commença à railler Fergus sur les fausses prédictions du Fantôme Gris : — Les ides de mars ne sont pas encore passées, — dit Mac-Ivor avec un sourire. Il avait à peine achevé, qu'en jetant tout à coup les yeux derrière lui, il vit confusément un corps nombreux de cavalerie qui s'avançait sur la surface brune et sombre du marécage. Faire entourer les clôtures qui faisaient face au terrain découvert, et la route par laquelle l'ennemi pouvait s'introduire dans le village, fut l'affaire d'un instant. Pendant que ces manœuvres s'exécutaient, la nuit tomba épaisse et noire, bien qu'on fût à l'époque de la pleine lune, qui, toutefois, éclairait par moments de sa lumière douteuse la scène de l'action.

Les Highlanders ne restèrent pas longtemps sans être inquiétés dans la position défensive qu'ils avaient prise. Favorisé par la nuit, un nombreux détachement de dragons mettant pied à terre essaya de forcer les clôtures, tandis qu'un autre corps, également considérable, tentait de pénétrer par la grande route. Tous deux furent reçus par un feu terrible qui mit le désordre dans leurs rangs et arrêta leurs progrès. Non content de l'avantage qu'il venait de remporter, Fergus, dont l'esprit ardent semblait avoir retrouvé toute sa vigueur à l'approche du danger, tira son épée en s'écriant : *Claymore!* et encouragea ses hommes, de la voix et de l'exemple, à briser les haies derrière lesquelles ils se tenaient, et à se précipiter sur l'ennemi. Se jetant alors au milieu des cavaliers démontés, les montagnards les forcèrent, à la pointe de l'épée, à fuir vers le marécage découvert, où beaucoup de dragons furent taillés en pièces. Mais la lune, qui brilla tout à coup, montra aux Anglais le petit nombre de leurs assaillants mis en désordre par leur propre succès. Deux escadrons de cavalerie s'avançant au secours de leurs compagnons, les Highlanders tâchèrent de regagner leurs clôtures; mais plusieurs d'entre eux, parmi lesquels se trouvait leur intrépide Chef, furent coupés et environnés avant d'avoir pu effectuer leur projet. Waverley, en cherchant avec empressement Fergus, dont il avait été séparé au milieu des ténèbres et du tumulte, ainsi que du corps des montagnards qui faisaient retraite, l'aperçut avec Evan Dhu et Callum, se défendant en désespérés contre une douzaine de cavaliers qui les chargeaient avec leurs longs sabres. La lune se cacha encore tout à fait en cet instant, et Édouard, dans l'obscurité, ne put ni porter secours à ses amis, ni découvrir quelle route il devait suivre pour rejoindre l'arrière-garde. Après avoir une ou deux fois failli être tué ou fait prisonnier par des partis de cavalerie qu'il rencontra dans les ténèbres, il atteignit enfin une clôture, et l'ayant franchie, il se crut en sûreté et sur le chemin de l'armée des Highlanders, dont il entendait les cornemuses à quelque distance. Au sujet de Fergus il ne lui restait guère qu'un espoir, celui qu'il aurait été fait prisonnier. En réfléchissant avec douleur et inquiétude au sort de son ami, la superstition du Bodach-Glas lui revint à la pensée, et il se dit avec une surprise intérieure : — Eh quoi! le démon peut-il donc dire la vérité [1]?

---

[1] *Voyez* la note AA, à la fin du volume.

CHAPITRE LX.

CHAPITRE D'ACCIDENTS.

ÉDOUARD était dans une position tout à fait pénible et dangereuse. Il cessa bientôt d'entendre le son des cornemuses ; et, ce qui était encore plus fâcheux, quand, après avoir longtemps cherché en vain et escaladé plus d'une clôture, il approcha enfin de la grande route, la musique peu agréable des timballes et des trompettes lui apprit que la cavalerie anglaise l'occupait déjà, et se trouvait, par conséquent, entre lui et les Highlanders. Ne pouvant donc avancer en droite ligne, il résolut d'éviter les Anglais et de tâcher de rejoindre ses amis en faisant un détour sur la gauche ; un sentier battu qui s'éloignait de la grande route dans cette direction semblait lui faciliter l'exécution de ce projet. Le sentier était fangeux, la nuit noire et froide ; mais ces inconvénients eux-mêmes n'étaient rien en comparaison de la crainte qu'il éprouvait naturellement au fond du cœur, de tomber entre les mains des troupes royales.

Après avoir marché environ trois milles, il atteignit enfin un village. Sachant que le commun peuple était en général contraire à la cause qu'il avait épousée, et désirant cependant, s'il était possible, se procurer un cheval et un guide pour Penrith, où il espérait retrouver au moins l'arrière-garde, sinon le gros de l'armée du Chevalier, il se dirigea vers le cabaret de l'endroit. Un grand bruit se faisait entendre de l'intérieur ; il s'arrêta pour écouter. Deux ou trois jurements anglais et le refrain d'une chanson militaire lui apprirent à n'en pas douter que ce village était aussi occupé par les soldats du duc de Cumberland. Il essaya de s'éloigner le plus doucement possible ; et, bénissant l'obscurité qu'il avait maudite auparavant, il poursuivit son chemin du mieux qu'il put, le long d'une petite palissade qui lui parut être la clôture du jardin de quelque chaumière. Comme il touchait à la porte de ce petit verger, sa main étendue fut saisie par celle d'une femme, qui lui dit en même temps à voix basse : — Édouard, est-ce toi ?

— Il y a là quelque fâcheuse méprise, pensa Édouard, en tâchant doucement de se dégager.

— Allons, ne fais pas tes folies, ou bien les habits rouges vont t'entendre : ils ont arrêté et gardé tous ceux qui passaient devant la porte du cabaret ce soir pour conduire leurs fourgons et leurs blessés. Viens chez mon père, ou bien ils te feront un mauvais parti.

— Bonne idée ! pensa Waverley en suivant la jeune fille à travers un petit jardin, jusqu'à une cuisine pavée de briques où elle approcha une allumette d'un feu presque éteint et alluma une chandelle. A peine eut-elle aperçu Édouard, qu'elle laissa tomber la lumière en criant de toutes ses forces : — O père, père !

Le père, ainsi appelé, ne tarda pas à paraître : — un vieux et robuste fermier, portant des culottes de peau et des bottes sans bas, car il venait de sortir de son lit ; le reste de son costume se composait simplement d'une robe de chambre du Westmoreland, — c'est-à-dire de sa chemise. La chandelle qu'il tenait dans la main gauche faisait ressortir sa taille avec avantage ; de la droite, il brandissait un *poker* [1].

— Que diable as-tu donc? fit-il.

— Oh ! s'écria la pauvre fille à demi morte de peur, je croyais que c'était Ned Williams, et c'est un de ces hommes en plaid.

— Et qu'avais-tu à faire avec Ned Williams à cette heure de la nuit? A cette question, qui était peut-être du grand nombre de celles auxquelles il est moins facile de répondre qu'il n'est facile de les faire, la fille aux joues rosées ne répliqua point ; mais elle continua de sangloter et de se tordre les mains.

— Et toi, mon garçon, sais-tu que les dragons sont ici? sais-tu ça? Ils vont te hacher comme un navet, garçon !

— Je sais que ma vie est en grand danger, dit Waverley ; mais si vous pouvez me secourir, je vous récompenserai généreusement. Je ne suis pas Écossais, je suis un malheureux gentilhomme anglais.

— Écossais ou non, reprit l'honnête fermier, je voudrais que tu eusses gardé l'autre côté du hallan [2]. Mais puisque te voilà ici, Jacob Jopson ne vendra pas le sang d'un homme ; les plaids ont été bonnes gens et ils n'ont pas fait grand mal ici hier. — En conséquence, il se mit sérieusement en devoir de donner à notre héros exténué un asile pour la nuit. Le feu fut promptement rallumé en prenant garde que la lumière n'en pût être vue dehors. Le brave homme coupa ensuite une tranche de lard, que Cicely eut bientôt fait griller, et à laquelle il ajouta un grand pot de sa meilleure ale. Il fut convenu qu'Édouard attendrait jusqu'au matin que les troupes se fussent remises en marche, et qu'ensuite avec un cheval loué ou acheté au fermier, et à l'aide des meilleurs renseignements qu'il pourrait se procurer, il tâcherait de rejoindre ses amis. Un lit grossier, mais propre, le reçut enfin après les fatigues de cette malheureuse journée.

Le matin apporta la nouvelle que les Highlanders avaient évacué Penrith et marchaient sur Carlisle ; que le duc de Cumberland était en possession de Penrith, et que des détachements de son armée couvraient les routes dans toutes les directions. Vouloir sortir sans être découvert aurait été l'acte de la plus folle témérité. Ned Williams (le véritable Édouard) fut alors consulté par Cicely et par son père. Ned, qui peut-

---

[1] Littéralement *un fouilleur*. C'est une barre de fer servant à attiser le feu. (L. V.)
[2] Mur extérieur de la ferme. (L. V.)

être ne se souciait pas que son bel homonyme demeurât trop longtemps sous le même toit avec la dame de son cœur, de peur de nouvelles méprises, proposa à Waverley de changer son uniforme et son plaid contre des habits du pays, de venir avec lui à la ferme de son père, près de l'Ulswater, et de rester dans cette paisible retraite jusqu'à ce que la fin des mouvements militaires qui se faisaient dans la contrée lui permît de partir sans danger. On convint aussi du prix moyennant lequel l'étranger pourrait vivre chez le fermier Williams, si celui-ci y consentait, jusqu'à ce qu'il pût s'éloigner en sûreté. Ce prix fut très-modéré, ces bonnes et simples gens ne pensant pas que la malheureuse position de Waverley fût une raison pour exagérer leurs demandes.

On procura donc à Édouard les différentes pièces du costume qu'il devait prendre, et en suivant des sentiers connus du jeune fermier, ils espérèrent éviter toute fâcheuse rencontre. Le vieux Jopson et sa fille aux joues vermeilles refusèrent péremptoirement le prix de leur hospitalité; l'une fut payée par un baiser, l'autre par une cordiale poignée de main. Tous deux semblaient inquiets pour la sûreté de leur hôte, et prirent congé de lui en faisant des vœux en sa faveur.

Dans le cours de leur route, Édouard et son guide traversèrent ces plaines qui la nuit précédente avaient été le théâtre du combat. Un pâle rayon du soleil de décembre brillait tristement sur la vaste bruyère, et vers l'endroit où la route du nord-ouest s'avance entre les clôtures des domaines de lord Lonsdale, on apercevait des cadavres d'hommes et de chevaux, et le cortége habituel de la guerre, une foule de corbeaux, de vautours et d'autres oiseaux de proie.

— Voilà donc ton dernier champ de bataille! pensa Waverley, dont l'œil se remplissait de larmes au souvenir des traits brillants du caractère de Fergus et de leur première intimité, ses passions et ses défauts étant alors oubliés; ici est tombé le dernier des Vich Ian Vohr, sur une bruyère sans nom; dans une obscure escarmouche nocturne s'est éteint cet esprit ardent, qui regardait comme si peu de chose de frayer à son maître un chemin jusqu'au trône d'Angleterre. Ambition, politique, courage, portés au delà de leur sphère, ont éprouvé ici quel est le sort des mortels! Toi, le seul appui d'une sœur dont l'âme aussi fière et aussi inflexible que la tienne était plus exaltée encore, voilà donc où se sont évanouies toutes tes espérances pour Flora et pour une noble et antique famille dont tu te flattais de rehausser encore l'éclat par ta valeur aventureuse!

L'esprit oppressé de ces idées, Waverley voulait s'avancer sur la bruyère découverte et chercher si parmi les morts il pourrait découvrir le corps de son ami, dans le pieux dessein de lui faire rendre les derniers honneurs de la sépulture; son jeune et timide compagnon lui remontra les dangers de cette tentative, mais Édouard était déterminé. Les goujats de la suite de l'armée avaient déjà dépouillé les cadavres de tout ce qu'ils avaient pu enlever ; les gens du pays, peu familiers avec les scènes de sang, ne s'étaient point encore approchés du champ de bataille, quoique plusieurs, partagés entre la crainte et la curiosité, le regardassent de loin. Soixante ou soixante-dix dragons, à peu près, gisaient dans le premier enclos, sur la grande route et sur le marécage découvert. Il n'y était pas resté plus d'une douzaine de montagnards, principalement de ceux qui s'étaient aventurés trop loin dans le marais et n'avaient pu regagner la terre ferme. Waverley ne trouva pas le corps de Fergus parmi les morts. Sur une petite éminence, séparés des autres, gisaient trois dragons anglais, deux chevaux et le page Callum Beg, dont le sabre d'un soldat anglais avait enfin réussi à fendre le crâne épais. Il était possible que le cadavre de Fergus eût été enlevé par ceux de son clan, mais il était possible aussi qu'il eût échappé au carnage, d'autant plus qu'Evan Dhu, qui n'aurait jamais abandonné son chef, ne se trouvait pas parmi les morts ; ou bien il se pouvait qu'il eût été fait prisonnier, et que le moindre des malheurs annoncés par l'apparition du Bodach-Glas se fût réalisé. L'approche d'un détachement envoyé pour forcer les gens d'alentour à enterrer les morts, et qui avait déjà rassemblé plusieurs paysans pour cet objet, obligea alors Édouard à rejoindre son guide, lequel, plein d'inquiétude et de crainte, l'attendait à l'ombre de quelques arbres.

Après avoir quitté ce champ de carnage, ils firent heureusement le reste de leur voyage. Dans la maison du fermier Williams, Édouard passa pour un jeune parent qui se destinait à l'état ecclésiastique, et qui était venu se retirer là en attendant que les troubles civils lui permissent de continuer son chemin à travers la contrée. Cela suffit pour prévenir les soupçons des bons et simples paysans du Cumberland, et pour expliquer les manières graves et les habitudes de retraite du nouveau venu. Cette précaution devint plus nécessaire que Waverley ne l'avait cru d'abord, divers incidents ayant prolongé son séjour à Fasthwaite, comme on appelait la ferme.

Une énorme quantité de neige qui vint à tomber rendit son départ impossible pendant plus de dix jours. Quand les chemins commencèrent à devenir un peu praticables, on apprit successivement que le Chevalier avait opéré sa retraite en Écosse ; puis qu'il avait abandonné la frontière pour se retirer sur Glascow ; puis enfin que le duc de Cumberland avait mis le siége devant Carlisle. Son armée empêchait donc absolument Waverley de rentrer en Écosse de ce côté. A l'est, le maréchal Wade s'avançait sur Édimbourg avec des forces considérables, et tout le long de la frontière, des milices, des volontaires et des partisans erraient en armes pour écraser l'insurrection et arrêter tous les traînards que l'armée highlandaise avait laissés en Angleterre. La reddition de

Carlisle, et la sévérité dont on menaçait la garnison rebelle, furent bientôt de nouveaux motifs de ne pas s'aventurer dans un voyage solitaire et sans espoir, à travers un pays hostile et une armée nombreuse, pour aller porter le secours d'une seule épée à une cause qui paraissait tout à fait perdue.

Dans cette habitation solitaire et retirée, privé de la compagnie et de la conversation de personnes d'un esprit cultivé, notre héros se rappela souvent les arguments du colonel Talbot. Un souvenir plus douloureux encore troublait son sommeil, — c'était celui du regard mourant et du dernier mouvement du colonel Gardiner. Chaque fois que la poste, qui n'arrivait que rarement à la ferme, apportait les nouvelles des chances diverses de la guerre, il faisait des vœux ardents pour que le sort ne le condamnât plus à tirer l'épée dans des discordes civiles. Sa pensée se portait alors sur la mort supposée de Fergus, sur la situation désolée de Flora, et avec un souvenir plus tendre, sur celle de Rose Bradwardine, qui n'avait pas ce dévoûment et cet enthousiasme de loyalisme qui, pour son amie, ennoblissaient et sanctifiaient le malheur. Édouard pouvait s'abandonner à ces rêveries sans être troublé par aucune interruption indiscrète; et ce fut dans ses nombreuses promenades d'hiver, sur les bords de l'Ulswater, qu'il acquit sur son esprit, maté par l'adversité, un empire plus grand que celui que lui avait donné jusqu'alors l'expérience. Ce fut alors qu'il se sentit le droit de dire avec assurance, quoique peut-être avec un soupir, que le roman de sa vie était terminé, et que l'histoire en était commencée. Il eut bientôt occasion de justifier ses prétentions à la raison et à la philosophie.

CHAPITRE LXI.

VOYAGE A LONDRES.

La famille de Fasthwaite s'attacha bientôt à Édouard. Il possédait en effet cette douceur et cette politesse qui presque toujours attirent une réciprocité de bons sentiments; près de ces hommes simples, son instruction commandait le respect, et sa tristesse, l'intérêt. Il avait, en termes vagues, attribué celle-ci à la perte d'un frère dans l'escarmouche de Clifton: aussi son abattement continuel excitait-il moins la surprise que la sympathie de ses hôtes, habitués, dans leurs mœurs primitives, à regarder comme sacrés les liens de l'affection.

Vers la fin de janvier, l'heureuse union d'Édouard Williams, le fils de son hôte, avec Cicely Jopson, lui fournit l'occasion de se montrer plus gai. Notre héros n'aurait pas voulu mêler l'ombre de son chagrin à la joie qui accompagnait les noces de deux personnes auxquelles il avait tant d'obligations. Il fit donc un effort sur lui-même; il dansa, chanta, prit part aux divers jeux de la journée, et se montra le plus enjoué de la compagnie. Mais le lendemain matin il eut à penser à des affaires plus sérieuses.

L'ecclésiastique qui avait uni le jeune couple fut si enchanté du soi-disant étudiant en théologie, qu'il revint le lendemain de Penrith exprès pour lui rendre visite. Notre héros aurait pu être assez embarrassé, si le digne homme se fût avisé de constater ses prétendues connaissances en théologie; mais heureusement il aima mieux écouter et raconter les nouvelles du jour. Il avait apporté deux ou trois vieilles gazettes, sur l'une desquelles Édouard trouva un article qui ne lui permit plus d'entendre rien de ce que disait le révérend M. Twigtythe sur les nouvelles du Nord et sur la probabilité que le duc aurait bientôt atteint et écrasé les rebelles. Cet article était conçu à peu près en ces termes :

« Le dix du courant est décédé en sa maison dans Hill-street, Berkeley-square, Richard Waverley, Esq., second fils de sir Giles Waverley de Waverley-Honneur, etc., etc. Il a succombé à une maladie de langueur, aggravée par le fâcheux état de suspicion dans lequel il se trouvait, ayant été obligé de fournir caution, pour une somme considérable, qu'il viendrait au besoin répondre à une accusation de haute trahison portée contre lui. Une accusation de la même gravité pèse sur son frère aîné, sir Everard Waverley, représentant de cette ancienne famille; et nous apprenons que son procès doit avoir lieu dans les premiers jours du mois prochain, à moins qu'Édouard Waverley, fils du défunt Richard, et héritier du baronnet, ne se remette lui-même entre les mains de la justice. On assure qu'en ce cas la clémence de Sa Majesté se propose d'arrêter toutes poursuites ultérieures contre sir Everard. On a la certitude que ce malheureux jeune homme a pris les armes pour le Prétendant, et qu'il est entré en Angleterre avec les troupes highlandaises; mais on n'a plus entendu parler de lui depuis l'escarmouche de Clifton, le 18 décembre dernier. »

Tel était ce désolant paragraphe. — Grand Dieu ! s'écria Waverley, suis-je donc un parricide? — Mais, c'est impossible ! Mon père, qui pendant sa vie ne m'a jamais montré l'affection d'un père, ne peut avoir été frappé assez vivement de ma mort supposée, pour que ce chagrin ait hâté la sienne; non, je ne puis le croire; — ce serait folie de se livrer un seul instant à une idée si horrible. Mais ce serait, s'il est possible, une action pire qu'un parricide, que de laisser planer le moindre danger sur l'oncle noble et généreux qui a toujours été pour moi plus qu'un père, si je puis, par quelque sacrifice que ce soit, détourner un pareil malheur!

CHAPITRE LXI.

Tandis que ces réflexions torturaient le cœur de Waverley comme les morsures d'un scorpion, le digne ministre, frappé de la pâleur qu'elles répandaient sur ses traits, interrompit une dissertation sur la bataille de Falkirk et lui demanda s'il était incommodé. Heureusement la mariée, toute fraîche et toute joyeuse, entra en ce moment. Mistress Williams n'était pas une femme des plus brillantes, mais elle avait un bon naturel; devinant aussitôt qu'Édouard avait trouvé dans les papiers publics quelque nouvelle fâcheuse qui l'avait affligé, elle intervint si à propos, que, sans exciter de soupçons, elle parvint à détourner l'attention de M. Twigtythe et à l'occuper jusqu'à ce qu'il se retirât bientôt après. Waverley annonça alors à ses amis qu'il était obligé de se rendre à Londres dans le plus court délai possible.

Il se présenta cependant une cause de retard à laquelle Waverley était peu accoutumé. Sa bourse, bien garnie quand il était parti pour Tully-Veolan, n'avait reçu aucun renfort depuis cette époque ; et quoique la vie qu'il avait menée n'eût pas été de nature à l'avoir épuisée promptement, puisqu'il avait presque toujours vécu chez des amis ou à l'armée, il se trouva néanmoins qu'après avoir compté avec son excellent hôte, il n'était plus assez riche pour prendre la poste. Le meilleur parti qui lui restait alors semblait être de gagner la grande route du Nord, près de Borough-Bridge, et là de prendre la *diligence du Nord*, antique et vaste cuve tirée par trois chevaux et qui (*Dieu aidant*, comme disait l'affiche) faisait le voyage d'Édimbourg à Londres en trois semaines. Notre héros fit donc de tendres adieux à ses amis du Cumberland, leur promettant de ne jamais oublier leurs bons procédés, qu'il espérait intérieurement pouvoir un jour reconnaître par des marques plus positives de générosité. Après quelques petites difficultés et quelques délais fâcheux, et après avoir pris un costume plus convenable à son rang, quoique fort simple, Waverley réussit à traverser le pays, et se trouva enfin dans la voiture désirée, en *vis-à-vis* avec mistress Nosebag, épouse du lieutenant Nosebag, adjudant et maître d'équitation du *** régiment de dragons, joyeuse femme touchant à la cinquantaine, portant une robe bleue brodée d'écarlate, et tenant à la main une cravache montée en argent.

Cette dame était un de ces membres actifs de la société qui se chargent de faire *les frais de la conversation*. Elle revenait précisément du Nord, et elle apprit à Édouard « Comment son régiment aurait taillé en pièces les *porte-jupons* à Falkirk, sans un de ces sales et épais marais dont on ne chôme jamais en Écosse, je crois, ce qui fut cause que notre pauvre cher petit régiment souffrit un peu, comme dit mon Nosebag, dans cette fâcheuse affaire. » — Vous avez servi dans les dragons, monsieur ? ajouta-t-elle. — Waverley fut tellement pris à l'improviste, qu'il répondit affirmativement.

— Oh ! j'ai vu ça tout de suite ; j'ai vu à votre air que vous étiez militaire, et j'étais sûr que vous ne pouviez pas être un de ces pousse-cailloux, comme mon Nosebag les appelle. Quel régiment, je vous prie? — La question était charmante. Waverley cependant en conclut avec raison que la bonne dame savait par cœur la liste de tous les régiments de l'armée, et pour éviter d'être découvert, il se décida à dire la vérité : — Les dragons de Gardiner, madame, répondit-il; mais j'en suis sorti depuis quelque temps.

— Ah oui! ceux qui ont gagné le prix de la course à la bataille de Preston, comme dit mon Nosebag. — Y étiez-vous, monsieur?

— J'ai été assez malheureux, madame, pour être témoin de cette affaire.

— C'est un malheur dont bien peu de dragons de Gardiner ont été témoins, je crois, monsieur. — Ha! ha! ha! je vous demande pardon; mais la femme d'un militaire aime la plaisanterie.

— Le diable te confonde! pensa Waverley; quel infernal hasard m'a encagé avec cette sorcière curieuse?

Heureusement, la bonne dame ne restait pas longtemps sur le même sujet. — Voilà que nous arrivons à Ferrybridge, dit-elle, où l'on a laissé un détachement de *nos* dragons, pour prêter main-forte aux sergents, constables, juges de paix et autres créatures de la même sorte, chargés d'examiner les papiers, d'arrêter les rebelles, etc. A peine étaient-ils entrés dans l'auberge, qu'elle tira Waverley vers la fenêtre en s'écriant : — Voilà le brigadier Bridoon, de notre pauvre chère compagnie! il vient avec le constable! Bridoon est un de mes agneaux, comme les appelle Nosebag. Venez, monsieur..., monsieur... Votre nom, s'il vous plaît, monsieur?

— Butler, madame, répondit Waverley, aimant mieux s'approprier le nom d'un de ses anciens camarades que de courir le risque de se trahir en en prenant un qui n'existât pas dans le régiment.

— Ah? vous avez eu dernièrement une compagnie, quand ce misérable Waverley a passé aux rebelles? Dieu! que je voudrais donc que ce vieux butor de capitaine Trump passât aux rebelles, pour que Nosebag pût avoir aussi une compagnie! — Eh! mon Dieu! que fait donc là Bridoon à se dandiner sur le pont? Je veux être pendue s'il n'est pas dans les brouillards, comme dit Nosebag! — Venez, monsieur! vous et moi nous appartenons à l'armée; nous allons rappeler ce drôle à son devoir!

Waverley, dans une disposition d'esprit plus aisée à concevoir qu'à décrire, se vit forcé de suivre cet intrépide général femelle. Le belliqueux soldat ressemblait à un agneau autant que le pouvait un brigadier de dragons, ivre, haut d'environ six pieds, avec de larges épaules et de maigres jambes, sans parler d'une énorme balafre en travers du nez. Mistress Nosebag l'interpella, sinon par un jurement, du moins par quelques mots qui y ressemblaient assez, et lui ordonna de

CHAPITRE LXI.

faire son devoir. — Le diable t'emporte, la...! commença le brave cavalier; mais levant les yeux pour joindre le geste aux paroles, et aussi pour renforcer l'épithète qu'il cherchait d'un adjectif applicable à son interlocutrice, il reconnut mistress Nosebag, lui fit un salut militaire et changea de ton. — Dieu bénisse votre aimable figure, madame Nosebag! est-ce bien vous? S'il arrive à un pauvre diable de *tirer un canon* le matin, je suis bien sûr que vous n'êtes pas femme à lui faire de la peine pour cela!

— C'est bien, mauvais sujet! allez, et songez à votre devoir! Monsieur et moi, nous appartenons à l'armée; mais ne manquez pas de regarder de près ce coq renfrogné en chapeau rabattu qui occupe un des coins de la voiture : je crois que c'est un rebelle déguisé!

— Au diable sa face de groseille! dit le brigadier lorsqu'elle fut assez loin pour ne plus pouvoir l'entendre; — cette rosse, avec ses yeux en trous de vrille, — cette mère l'Adjudant, comme on l'appelle, — est une plus grande peste pour le régiment que le prévôt, le sergent-major et le vieux Hubble-de-Shuff le colonel, par-dessus le marché! — Allons, monsieur Bonstable¹, allons voir si ce coq renfrogné, comme elle l'appelle (et qui, par parenthèse, était un quaker venant de Leeds, avec qui mistress Nosebag avait échangé quelques mots piquants sur la moralité de la guerre), voudra être le parrain d'un verre d'eau-de-vie, car votre ale du comté d'York est froide pour mon estomac.

La vivacité de la bonne dame, qui tira Édouard de cet embarras, faillit le mettre dans deux ou trois autres. Dans chaque endroit où l'on s'arrêtait, elle voulait visiter le corps-de-garde, s'il y en avait un, et une fois il s'en manqua de peu qu'elle ne présentât Waverley à un sergent recruteur de son propre régiment. Elle lui donnait du *capitaine* et du *Butler* tant et si bien qu'il faillit en perdre la tête d'impatience et d'inquiétude; et jamais de sa vie il ne fut si content de voir finir un voyage, que lorsque l'arrivée de la diligence à Londres le délivra des attentions de mistress Nosebag.

¹ La langue épaisse du galant dragon estropie ainsi le titre du *constable* qui l'accompagne. (L. V.)

CHAPITRE LXII.

QUE VA-T-ON FAIRE ?

La nuit approchait quand ils arrivèrent en ville. S'étant débarrassé de ses compagnons, et après avoir parcouru bon nombre de rues pour qu'ils ne pussent suivre ses traces, Édouard prit une voiture de louage et se fit conduire à la maison du colonel Talbot, située dans l'un des principaux *squares* de la partie occidentale de la ville. Depuis son mariage, la mort de quelques parents avait mis le colonel dans une belle position de fortune; il jouissait d'un grand crédit politique, et vivait dans ce qu'on nomme *le grand style*.

Après avoir frappé à la porte, Édouard ne fut reçu qu'avec beaucoup de difficulté; enfin, cependant, on l'introduisit dans une pièce où le colonel était à table. Lady Émilie, dont les beaux traits indiquaient par leur pâleur une indisposition récente, était placée vis-à-vis de lui. Dès que le colonel entendit la voix de Waverley, il se leva vivement et courut l'embrasser. — Frank Stanley, mon cher enfant! comment vous portez-vous? — Ma chère Émilie, c'est le jeune Stanley!

Une vive rougeur colorait les joues de la dame, pendant qu'elle faisait à Waverley une réception où la bienveillance se mêlait à la politesse, et que le tremblement de sa main et l'émotion de sa voix montraient combien elle était inquiète et troublée. Le dîner fut replacé à la hâte; et tandis que Waverley se mettait en devoir de prendre quelques réconfortants, le colonel continua : — Je suis étonné de vous voir ici, Frank; les médecins m'ont assuré que l'air de Londres est tout à fait contraire à votre maladie. Vous n'auriez pas dû vous y exposer. Mais je suis enchanté de vous voir, ainsi qu'Émilie, quoique je craigne que nous ne puissions compter sur un long séjour de vous ici.

— Quelques affaires particulières m'y ont amené, bégaya Waverley.

— Je l'ai bien supposé, mais je ne vous permettrai pas de rester longtemps. — Spontoon! (il s'adressait à un domestique âgé, à tournure militaire, et qui ne portait pas de livrée), enlevez tout ceci, et venez vous-même, si je sonne. Ne laissez aucun autre domestique nous déranger. — Mon neveu et moi, nous avons à parler d'affaires.

Quand les domestiques se furent retirés, le colonel s'écria : — Au nom du Ciel, Waverley, qui vous a conduit ici? Il peut y aller de votre vie!

— Mon cher M. Waverley, ajouta lady Émilie, vous à qui je dois plus que ma reconnaissance ne pourra jamais acquitter, comment avez-vous pu être aussi imprudent?

— Mon père..., mon oncle..., ce paragraphe... Il tendit le journal au colonel Talbot.

— Plût au Ciel que ces misérables fussent condamnés à être étouffés entre leurs presses ! dit le colonel. On dit qu'il ne se publie pas en ce moment à Londres moins d'une douzaine de leurs gazettes ; il n'est pas surprenant qu'ils soient obligés d'inventer des mensonges pour trouver le débit de leurs journaux. Il est pourtant vrai, mon cher Édouard, que vous avez perdu votre père ; mais quant à ces fleurs de rhétorique sur le chagrin profond qu'aurait fait naître en lui sa situation fâcheuse et qui aurait miné sa santé, — la vérité est, — car, quoiqu'il soit pénible de dire cela maintenant, votre esprit en sera soulagé de l'idée d'une responsabilité pesante, — la vérité est donc que M. Richard Waverley, au milieu de toutes ses affaires, a montré fort peu de sympathie tant pour votre situation que pour celle de votre oncle. La dernière fois que je le vis, il me dit, d'un air tout enjoué, que puisque j'étais assez bon pour me charger de vos intérêts, il avait pensé que le mieux pour lui était de tenter une négociation séparée pour lui-même, et de faire sa paix avec le Gouvernement, par le moyen de quelques canaux que ses précédentes relations lui laissaient encore ouverts.

— Et mon oncle, mon cher oncle?

— Ne court aucun danger. Il est vrai (il jetait les yeux sur la date du journal) qu'il a couru il y a quelque temps de sottes rumeurs de cette nature ; mais elles sont sans le moindre fondement. Sir Everard est retourné à Waverley-Honneur, libre de toute inquiétude, si ce n'est à votre égard. Mais vous-même êtes en péril ; votre nom est dans toutes les proclamations ; des mandats sont décernés contre vous. Comment et quand êtes-vous venu à Londres?

Édouard raconta son histoire tout au long, en supprimant seulement sa querelle avec Fergus ; car, bien disposé lui-même pour les Highlanders, il ne voulait donner aucun avantage aux préventions nationales du colonel contre eux.

— Êtes-vous certain que c'est le page de votre ami Glen*** que vous avez vu étendu mort dans le marais de Clifton?

— C'est tout à fait positif.

— Alors ce petit membre du diable a fait un vol à la potence, car les mots *coupe-gorge* étaient écrits sur sa face ; quoique pourtant ce fût une belle tête, ajouta-t-il en se tournant vers lady Émilie. Mais quant à vous, Édouard, je voudrais vous voir reparti pour le Cumberland, ou plutôt je voudrais que vous n'en eussiez jamais bougé, car on a mis l'embargo sur tous les ports de mer, et on fait une stricte recherche des partisans du Prétendant. Et la langue de cette femme, que le Ciel confonde ! ira dans sa bouche comme le cliquet d'un moulin, jusqu'à ce que, de manière ou d'autre, elle ait découvert que le capitaine Butler était un personnage supposé.

— Savez-vous quelque chose de ma compagne de route ?

— Son mari a pendant six ans été mon sergent-major. C'était une veuve réjouie ; elle avait quelque argent ; il l'épousa, fit bien son devoir, et gagna de l'avancement par ses talents comme instructeur. J'enverrai Spontoon à la découverte pour savoir ce qu'elle fait ici ; il la trouvera parmi les anciennes connaissances du régiment. Demain vous devrez être indisposé et garder votre chambre par fatigue. Lady Émilie sera votre garde ; Spontoon et moi, nous vous servirons. Vous portez le nom d'un de mes proches parents que personne de mes gens actuels n'a jamais vu, sauf Spontoon ; il n'y a donc pas de danger immédiat. Ainsi, je vous prie, ayez la tête lourde et les yeux pesants aussitôt que possible, afin que vous puissiez être mis sur la liste des malades ; et vous, Émilie, faites préparer un appartement pour Frank Stanley, avec toutes les attentions que réclame un invalide.

Le lendemain matin, le colonel vint visiter son hôte. — J'ai quelques bonnes nouvelles pour vous, lui dit-il en entrant. Votre réputation, comme gentilhomme et comme officier, est maintenant lavée de toute imputation de négligence à votre devoir et de participation à la mutinerie du régiment Gardiner. J'ai eu une correspondance à ce sujet avec un de vos amis les plus zélés, votre ministre écossais, Morton. Sa première lettre était adressée à sir Everard ; mais j'ai épargné au bon baronnet la peine d'y répondre. Vous saurez que votre connaissance, le *freebooter* [1] Donald de la Caverne, est enfin tombée dans les mains des Philistins. Il emmenait les bestiaux d'un certain propriétaire, appelé Killan..., quelque chose comme cela....

— Killancureit ?

— Cela même. — Or, il s'est trouvé que le gentleman, qui est, à ce qu'il paraît, un grand fermier, estimant tout particulièrement la race de ses bestiaux, et de plus n'étant pas d'une disposition très-belliqueuse, avait obtenu un détachement de soldats pour protéger sa propriété. De cette façon, Donald, sans s'en douter, apporta sa tête à la gueule du lion ; il fut mis en déroute et fait prisonnier. Après sa condamnation, sa conscience fut assaillie d'un côté par un prêtre catholique, et de l'autre par votre ami Morton. Il repoussa le catholique, à cause surtout de l'extrême-onction, que cet économe gentilhomme regardait comme une perte d'huile excessive. Son rachat de l'état d'impénitence échut ainsi à M. Morton, qui, j'ose le dire, s'en est parfaitement acquitté, quoique je croie qu'au total Donald a dû faire une singulière sorte de chrétien. Il avoua cependant devant

---

[1] Pillard, flibustier.

CHAPITRE LXII.

un magistrat, un certain major Melville, qui paraît avoir montré de l'empressement et une bonne disposition, toute son intrigue avec Houghton, expliquant particulièrement comment il l'avait conduite, et vous disculpant pleinement d'y avoir pris la moindre part. Il a raconté aussi comment il vous avait délivré des mains d'un officier de volontaires, et comment, par ordre du Prét..., du Chevalier, je veux dire, il vous avait envoyé à Doune comme prisonnier, d'où il avait su ensuite que vous aviez été transféré à Édimbourg. Ce sont là des particularités qui ne peuvent que plaider en votre faveur. Il donna à entendre qu'il avait été employé pour vous délivrer et vous protéger, et qu'il en avait été récompensé; mais il ne voulut pas dire par qui, donnant pour raison que, quoiqu'il ne se fût pas fait scrupule de violer un serment ordinaire pour satisfaire la curiosité de M. Morton, aux pieuses admonitions duquel il devait tant, cependant, dans le cas actuel, il avait juré sur la lame de son dirk de garder le secret, ce qui semble, dans son opinion, avoir constitué une obligation inviolable.

— Et qu'est-il devenu?

— Oh! il a été pendu à Stirling, après que les rebelles en ont eu levé le siége, avec son lieutenant et quatre autres plaids; on lui avait fait l'honneur d'une potence plus élevée que celles de ses amis.

— Je n'ai guère ni à regretter sa mort ni à m'en réjouir; et cependant il m'a fait beaucoup de bien et beaucoup de mal.

— Sa confession, au moins, vous sera essentiellement utile, puisqu'elle vous lave de ces soupçons qui donnaient à l'accusation qui pèse sur vous un caractère tout autre qu'à celles dont tant de malheureux gentilshommes, qui sont ou qui étaient naguère en armes contre le Gouvernement, peuvent être chargés avec justice. Leur trahison, — je lui dois donner son nom, quoique vous-même y ayez participé, — leur trahison est un acte produit par une vertu erronée, et conséquemment ne peut être regardée comme un déshonneur, quoique, sans nul doute, elle soit un grand crime. Où les coupables sont si nombreux, la clémence doit s'étendre au plus grand nombre; et je doute peu que je ne puisse obtenir votre grâce, pourvu que vous vous teniez à l'abri des serres de la justice jusqu'à ce qu'elle ait fait son choix et qu'elle se soit gorgée de victimes, car ici, comme en d'autres cas, ce sera le lieu d'appliquer le dicton proverbial : Premier venu, premier servi. D'ailleurs le Gouvernement veut en ce moment intimider les jacobites anglais, parmi lesquels on peut faire quelques exemples. C'est une disposition vindicative et timide qui ne sera pas de longue durée, car de toutes les nations, l'Anglais est, par nature, le moins sanguinaire. Mais enfin cette disposition existe quant à présent, et il faut qu'en attendant vous vous teniez hors de son atteinte.

En ce moment Spontoon entra, l'inquiétude peinte sur la physionomie. Grâce à ses connaissances de régiment, il avait découvert les traces de madame Nosebag, et l'avait trouvée furieuse, tempêtant et se démenant, à la découverte qu'un imposteur avait voyagé avec elle depuis le Nord sous le nom supposé du capitaine Butler des dragons Gardiner. Elle se disposait à rédiger une dénonciation à ce sujet, pour le faire chercher comme émissaire du Prétendant; mais Spontoon (un vieux soldat), tout en feignant de l'approuver, avait trouvé moyen de lui faire ajourner sa démarche. Il n'y avait donc pas de temps à perdre. La fidélité du signalement que donnait la bonne dame pourrait probablement conduire à la découverte que le prétendu capitaine Butler n'était autre que Waverley, identification fort dangereuse pour Édouard, peut-être aussi pour son oncle, et même pour le colonel Talbot. Où se réfugierait-il? telle était donc maintenant la question.

— En Écosse, dit Waverley.

— L'Écosse! s'écria le colonel. Dans quelle intention? Non dans celle de vous réunir de nouveau aux rebelles, j'espère?

— Non; — j'ai regardé ma campagne comme terminée lorsqu'après tous mes efforts je n'ai pu les rejoindre. Et maintenant, d'après tous les rapports, ils sont rentrés dans les Highlands pour y faire une campagne d'hiver : des partisans tels que moi leur seraient là plus à charge qu'utiles. A la vérité, il paraît vraisemblable qu'ils ne prolongent la guerre que pour mettre hors de danger la personne du Chevalier, après quoi ils chercheront à obtenir quelques conditions pour eux-mêmes. Leur imposer le fardeau de ma présence serait uniquement ajouter à leurs embarras celui d'un autre individu, qu'ils ne voudraient pas abandonner et ne pourraient défendre. J'ai su qu'ils avaient laissé la plupart de leurs adhérents anglais en garnison à Carlisle, pour cette raison là même; — et sous un point de vue plus général, pour dire la vérité, colonel, quoique je puisse y perdre dans votre opinion, je suis profondément dégoûté du métier de la guerre, et, comme le dit le facétieux lieutenant de Fletcher, « je suis aussi las de ces combats... »

— Des combats! allons donc! qu'avez-vous vu, vous, sauf une ou deux escarmouches? — Ah! si vous aviez vu la guerre sur une grande échelle; — soixante ou cent mille hommes de chaque côté, sur un champ de bataille!

— Je ne suis nullement curieux, colonel; — suffisance vaut grand festin, dit notre proverbe populaire. Les soldats empanachés et les grands travaux de la guerre me séduisaient dans la poésie; mais les marches de nuit, les veilles, les bivouacs sous un ciel d'hiver, et les autres accessoires de ce glorieux métier ne sont pas du tout de mon goût dans la pratique. — Au surplus, quant aux coups, j'ai eu *ma* pleine part à Clifton, où cinq à six fois je l'ai échappé de l'épaisseur d'un cheveu; et vous, je croyais... Il s'arrêta.

CHAPITRE LXII.

— Que j'en avais eu assez aussi à Preston, voulez-vous dire? continua le colonel en riant; « mais c'est ma vocation, Hal. »

— Ce n'est pas la mienne; et m'étant honorablement débarrassé du sabre, que je n'avais tiré que comme volontaire, je suis satisfait de mon expérience militaire, et je n'aurai nulle presse à le reprendre.

— Je suis réellement charmé que vous soyez dans cette disposition; — mais alors qu'iriez-vous faire dans le Nord?

— En premier lieu, quelques-uns des ports de la côte orientale d'Écosse sont encore entre les mains des amis du Chevalier; je gagnerais un de ces ports, et pourrais aisément m'y embarquer pour le continent.

— Bon; — et votre seconde raison?

— Hé bien! pour dire toute la vérité, il y a en Écosse une personne dont je sens maintenant plus que jamais que mon bonheur dépend, et dont la situation m'inspire les plus vives inquiétudes.

— Émilie avait donc raison, et il a y dans tout ceci une affaire d'amour? — Et laquelle de ces deux jolies Écossaises, que vous vouliez tant me faire admirer, est la belle de votre choix? — Ce n'est pas miss Glen***, j'espère?

— Non.

— Ah! passe pour l'autre; la simplicité peut se corriger, mais la morgue et l'orgueil, jamais. Hé bien! je ne vous décourage point. D'après ce que m'a dit sir Everard, quand je plaisantais avec lui sur ce sujet, je pense que cette union lui plaira; seulement, j'espère que cet intolérable papa, avec ses *brogues*, et son tabac, et son latin, et ses longues et insupportables histoires sur le duc de Berwick, sera dans l'obligation d'aller résider à l'étranger. Mais quant à sa fille, quoique je pense que vous eussiez pu trouver en Angleterre un parti aussi convenable, si pourtant votre cœur est allé réellement se poser sur ce bouton de rose écossais, hé bien! le baronnet a une haute opinion de son père et de sa famille, et il désire beaucoup vous voir marié et établi, tant par amour pour vous qu'en considération des *trois hermines passant*, qui autrement pourraient bien passer tout à fait. Mais je vous apporterai sa détermination définitive, puisque toute correspondance vous est actuellement interdite; car je ne crois pas que vous me précédiez de longtemps en Écosse.

— En vérité! Et qui peut vous faire penser à retourner en Écosse? Ce n'est pas, je le crains bien, une belle passion pour le pays des montagnes et des torrents?

— Non, vraiment, sur ma parole; mais, grâce à Dieu, la santé d'Émilie est maintenant rétablie, et pour vous dire la vérité, j'ai peu l'espoir de voir se terminer l'affaire que j'ai en ce moment le plus à cœur, avant que j'aie pu avoir une entrevue personnelle avec Son Altesse Royale le général en chef : car, comme dit Fluellen, « le duc m'aime beaucoup, et je remercie le Ciel de m'avoir donné quelques droits à son amitié. » Je vais maintenant m'occuper pendant une couple d'heures des dispositions nécessaires pour votre départ. Votre liberté s'étend jusqu'à la pièce voisine, le parloir de lady Émilie, où vous la trouverez si vous vous sentez disposé à la musique, à la lecture ou à la conversation. Nous avons pris des mesures pour en écarter tous les domestiques, sauf Spontoon, qui est fidèle comme l'acier.

Au bout de deux heures environ, le colonel revint et trouva son jeune ami conversant avec lady Émilie. Elle était enchantée de ses manières et de ses connaissances, et lui, de son côté, se sentit heureux de se retrouver, même pour un moment, en société de personnes dont le rang répondît au sien, après en avoir été privé depuis un certain temps.

— Maintenant, dit le colonel, écoutez mes arrangements, car nous n'avons guère de temps à perdre. Ce jeune homme, Édouard Waverley, autrement dit Williams, autrement dit le capitaine Butler, gardera maintenant son quatrième *autrement*, celui de Francis Stanley, mon neveu; il partira demain matin pour le Nord, et la voiture le conduira jusqu'au troisième relai. Spontoon l'accompagnera, et ils courront la poste jusqu'à Huntingdon; la présence de Spontoon, bien connu sur la route pour m'appartenir, préviendra toute disposition d'enquête. A Huntingdon vous trouverez le véritable Frank Stanley. Il étudie à Cambridge; mais, il y a quelque temps, dans le doute où j'étais si la santé d'Émilie me permettrait d'aller moi-même dans le Nord, je m'étais procuré un passeport pour lui, du secrétaire d'État, afin qu'il pût s'y rendre à ma place. Comme il y allait principalement pour vous, son voyage n'est plus nécessaire. Il connaît votre histoire; vous dînerez ensemble à Huntingdon, et peut-être vos deux sages cervelles trouveront-elles là quelque plan pour écarter ou diminuer les dangers de la fin de notre route. Et maintenant (ouvrant un portefeuille en maroquin), il faut vous mettre en fonds pour la campagne.

— Je suis honteux, mon cher colonel...

— Non, non, interrompit le colonel Talbot; en tout temps ma bourse vous serait ouverte, mais cet argent est à vous. Votre père, prévoyant le cas où vous seriez frappé par la loi, m'a chargé d'être votre curateur. Ainsi vous valez plus de quinze mille livres[1], sans compter Brerewood-Lodge; — vous êtes un jeune homme très-indépendant, je vous le garantis. Voici des billets pour deux cents livres[2]; telle autre somme qu'il vous plaira sera à votre disposition, ou un crédit à l'étranger, dès que vos arrangements vous rendront l'un ou l'autre nécessaire.

[1] Environ 375,000 francs
[2] A peu près 5,000 francs.

CHAPITRE LXII.

Le premier usage que fit Waverley de sa nouvelle fortune fut d'écrire à l'honnête fermier Jopson pour le prier d'accepter un *tankard* [1] en argent de la part de son ami Williams, qui n'avait pas oublié la nuit du 18 décembre. Il le priait en même temps avec instance de lui conserver ses vêtements et ses accoutrements highlandais, particulièrement les armes, curieuses par elles-mêmes, et auxquelles l'amitié des donateurs ajoutait un nouveau prix. Lady Émilie se chargea de trouver quelque marque de souvenir convenable qui pût flatter l'amour-propre et satisfaire le goût de mistress Williams; et le colonel, qui était aussi quelque peu fermier, promit d'envoyer au patriarche de l'Ulswater un excellent attelage de chevaux pour la charrette et le labour.

Waverley passa à Londres une heureuse journée; puis, voyageant de la manière projetée, il arriva à Huntingdon, où il trouva Frank Stanley. Les deux jeunes gens eurent fait connaissance en quelques minutes.

— Je devine maintenant l'énigme de mon oncle, dit Stanley; le prudent vétéran ne se souciait pas de me dire lui-même que je pouvais vous remettre ce passeport qui me devient inutile, et que si par la suite ce tour d'une jeune et mauvaise tête de cantabrigien venait à être connu, cela ne tirerait pas à conséquence [2]. Vous voilà donc Francis Stanley, avec ce passeport. — Cette proposition paraissait effectivement aplanir une grande partie des difficultés qu'Édouard eût sans cela rencontrées à chaque pas; et il se fit d'autant moins scrupule de profiter de cette facilité, qu'ayant écarté toute vue politique de son voyage actuel, il ne pourrait être accusé, voyageant sous la protection d'un secrétaire d'État, de favoriser les machinations contre le Gouvernement.

La journée se passa très-gaiement. Le jeune étudiant était curieux de connaître les détails des campagnes de Waverley et les usages des Highlands, et Édouard, pour satisfaire sa curiosité, fut obligé de lui siffler un *pibroch*, de lui danser un *strathspey* et de lui chanter une chanson montagnarde. Le lendemain matin, Stanley accompagna son nouvel ami pendant un relai sur la route du Nord, et ne se sépara de lui que fort à contre-cœur, sur les observations de Spontoon, qui, habitué à se soumettre à la discipline, était rigide à l'imposer aux autres.

1. Pot à couvercle.
2. *Cela ne tire à rien*, dit le texte en français.

CHAPITRE LXIII.

DÉSOLATION.

OYAGEANT en poste à franc étrier, selon la coutume ordinaire de l'époque, et sans autre aventure qu'une ou deux questions auxquelles répondit suffisamment le talisman de son passeport, Waverley atteignit la frontière d'Écosse. Ce fut là qu'il apprit la nouvelle de l'affaire décisive de Culloden [1]. Édouard s'y attendait depuis longtemps, quoique le succès de Falkirk eût jeté un faible et dernier éclat sur les armes du Chevalier. Cependant cette nouvelle fut un choc qui le plongea quelque temps dans un abattement complet. Le généreux, le noble, le courtois Chevalier n'était plus qu'un fugitif, dont la tête était mise à prix; ses partisans, si braves, si enthousiastes, si dévoués, étaient morts, emprisonnés ou proscrits. Où était maintenant l'ardent et courageux Fergus, si toutefois il avait survécu à la nuit de Clifton? Où était le baron de Bradwardine, au cœur si pur, type des vertus primitives, et dont les défauts mêmes semblaient ne faire que mieux ressortir le désintéressement de son caractère, la bonté de son cœur et son courage inébranlable? Et celles qui s'appuyaient sur ces colonnes tombées, Rose et Flora, où fallait-il les chercher maintenant, et dans quelle détresse la perte de leurs protecteurs naturels ne devait-elle pas les avoir plongées? Il pensait à Flora avec le sentiment d'un frère pour sa sœur; mais le souvenir de Rose lui faisait éprouver une émotion plus profonde et plus tendre. Peut-être lui était-il encore réservé de remplacer pour elles les soutiens qu'elles avaient perdus. Agité par ces pensées, il précipita son voyage.

Quand il fut arrivé à Édimbourg, où devaient nécessairement commencer ses recherches, il sentit toute la difficulté de sa position. Nombre d'habitants de cette ville l'avaient vu et connu sous le nom d'Édouard Waverley; comment pourrait-il se servir d'un passeport au nom de Francis Stanley? Il résolut, en conséquence, de ne voir absolument personne, et de continuer son voyage dans le Nord aussitôt que possible. Il fut cependant retardé d'un jour ou deux par l'obligation d'attendre une lettre du colonel Talbot, et il devait aussi laisser son adresse, sous son nom d'emprunt, dans un endroit convenu entre eux. Pour ce

---

[1] Ce fut le 27 avril 1746 que la défaite de Culloden termina l'audacieuse et romanesque entreprise du fils de Jacques III. Édouard quitta l'Écosse à travers mille périls, et revint sur le continent. (L. V.)

CHAPITRE LXIII.

dernier objet, il sortit de nuit et traversa des rues qui lui étaient bien connues, en ayant soin d'éviter tous les regards ; mais ce fut en vain. Une des premières personnes qu'il rencontra le reconnut aussitôt. C'était mistress Flockhart, l'hôtesse joviale de Fergus Mac-Ivor.

— Dieu nous garde, M. Waverley, est-ce bien vous ? Oh ! vous n'avez rien à craindre de moi. Je ne trahirais pas un gentilhomme dans votre position. — Mon Dieu, mon Dieu ! il y a bien du changement ; comme vous étiez gais, le colonel Mac-Ivor et vous, quand vous étiez dans notre maison ! — Et la compatissante veuve versa quelques larmes. Comme il n'y avait pas moyen d'échapper à ce renouvellement de connaissance, Waverley s'y soumit de bonne grâce et exposa à mistress Flockhart le danger de la situation où il se trouvait. — Comme voilà qu'il se fait nuit, monsieur, voudriez-vous seulement entrer dans notre maison et prendre une tasse de thé ? Et si vous vouliez coucher dans la petite chambre, pour sûr j'aurais soin que vous n'y soyez point dérangé, et personne ne vous reconnaîtrait ; car Kate et Matty, les bâtardes, ont décampé avec deux dragons d'Hawley, et j'ai deux nouvelles filles.

Waverley accepta son invitation, et retint son logement pour une ou deux nuits, persuadé qu'il serait plus en sûreté dans la maison de cette bonne créature que nulle part ailleurs. En entrant dans le parloir, son cœur se gonfla à la vue de la toque à cocarde blanche de Mac-Ivor, accrochée près du petit miroir.

— Ah ! dit en soupirant mistress Flockhart, qui remarqua la direction de son regard, le pauvre colonel en acheta un neuf juste la veille du jour où ils se mirent en marche, et je n'ai pas voulu les laisser décrocher celui-là. Je le brosse moi-même tous les jours. Et quelquefois il m'arrive de le regarder si longtemps, que je finis par croire entendre sa voix crier à Callum de lui apporter sa toque, comme il avait coutume de faire quand il allait sortir. — C'est bien fou ; — les voisines m'appellent jacobite : — mais elles peuvent conter leurs contes ; — je suis sûre que ce n'est pas pour cela. — Mais c'était un aussi bon cœur de gentilhomme que jamais il y ait eu ; et puis si bien fait ! — Savez-vous, monsieur, quand il doit être exécuté ?

— Exécuté ! Juste Ciel ! — Où est-il donc ?

— Hé, bon Dieu ! ne le savez-vous pas ? Ce pauvre corps de montagnard, Dugald Mahony, vint ici il n'y a pas bien longtemps avec un bras de moins et un fier coup à la tête. — Vous vous rappelez Dugald, qui portait toujours une hache sur l'épaule ; — il vint ici, mendiant, je puis bien dire, un morceau à manger. Hé bien ! il nous dit que le Chef, comme ils l'appellent (moi je l'ai toujours appelé le colonel), et l'enseigne Maccombich, dont vous vous souvenez bien, avaient été pris quelque part du côté de la frontière d'Angleterre, pendant qu'il faisait si noir que ses gens ne s'aperçurent de sa perte que quand il fut trop tard, et ils faillirent en devenir fous. Et il nous dit que le petit Callum Beg (c'était un hardi vaurien, celui-là) et Votre Honneur avaient été tués la même nuit dans la bagarre, avec beaucoup d'autres braves gens. Et il pleurait en parlant du colonel, que vous n'avez jamais rien vu de semblable! Et maintenant le bruit court que le colonel va être jugé, et exécuté avec ceux qui ont été pris à Carlisle.

— Et sa sœur?

— Ah! celle qu'on nomme lady Flora? — hé bien! elle est allée le rejoindre à Carlisle, où elle demeure chez quelque grande dame papiste des environs, pour être près de lui.

— Et l'autre jeune dame?

— Quelle autre? Je ne connais qu'une sœur au colonel.

— Je veux parler de miss Bradwardine.

— Ah oui! la fille du laird. C'était une très-bonne fille, la pauvre enfant, mais bien plus timide que lady Flora.

— Au nom du Ciel! où est-elle?

— Hé! qui sait où aucun d'eux est maintenant? Les pauvres gens! ils ont été cruellement molestés pour leurs cocardes blanches et leurs roses blanches; mais elle s'en retourna dans le Nord, chez son père, dans le Perthshire, quand les troupes du Gouvernement revinrent à Édimbourg. Il y avait quelques jolis hommes parmi eux, et j'eus à loger un major Whacker, un très-civil gentleman; — mais, M. Waverley, il s'en fallait qu'il fût aussi bien fait que le pauvre colonel!

— Savez-vous ce qu'est devenu le père de miss Bradwardine?

— Le vieux laird? non, personne ne le sait; mais on dit qu'il s'est battu dur dans cette sanglante affaire d'Inverness, et le diacre[1] Clank, le ferblantier, dit que les gens du Gouvernement sont acharnés contre lui, parce qu'il a été *dehors* deux fois; et réellement il aurait pu se tenir pour averti, mais il n'y a pas pire fou qu'un vieux fou. — Le pauvre colonel n'a été *dehors* qu'une fois.

Cet entretien apprenait à Édouard à peu près tout ce que savait la bonne veuve du sort de ses ci-devant hôtes et de ses connaissances; mais c'en était assez pour déterminer Édouard à partir immédiatement et à tout risque pour Tully-Veolan, où il jugeait, d'après ce qu'il venait d'entendre, qu'il pourrait voir Rose, ou du moins avoir de ses nouvelles. Il laissa donc pour le colonel Talbot, au lieu dont ils étaient convenus, une lettre signée de son nom supposé, en lui donnant son adresse au bureau de poste le plus voisin de la résidence du baron.

D'Édimbourg à Perth il prit des chevaux de poste, résolu de faire à pied le reste du voyage, manière de voyager qui non-seulement était conforme à son goût, mais qui, de plus, lui permettait de s'écarter

---

[1] Syndic d'une corporation.

de la route quand il apercevait à distance des détachements de soldats. La campagne qu'il venait de faire avait notablement fortifié sa constitution, et l'avait de plus en plus habitué à supporter la fatigue. Il envoyait son bagage en avant, selon que l'occasion s'en présentait.

A mesure qu'il avançait dans le Nord, les traces de la guerre devenaient plus sensibles. Des voitures brisées, des chevaux morts, des chaumières sans toit, des arbres abattus pour en faire des palissades, des ponts rompus ou réparés seulement en partie : — tout indiquait le passage d'armées ennemies. Dans les lieux où la *gentry* [1] était attachée à la cause des Stuarts, ses habitations paraissaient démantelées ou désertes, le cours ordinaire de ce qu'on peut appeler travaux d'embellissement était totalement interrompu, et on apercevait les habitants se glissant çà et là, la crainte, la douleur et l'abattement empreints sur leurs physionomies.

Ce fut vers le soir qu'il approcha du village de Tully-Veolan, — avec des pensées et des sentiments bien différents de ceux qu'il y avait apportés lors de sa première visite. La vie, alors, était si nouvelle pour lui, qu'un jour d'ennui et de désagrément était un des plus grands malheurs que son imagination pût prévoir, et qu'il lui semblait que son temps devait être consacré tout entier à des études élégantes et agréables, interrompues seulement par des plaisirs auxquels le sollicitaient son âge et la société. Combien il était changé, maintenant ! Combien un intervalle de quelques mois avait élevé son caractère, en lui donnant une teinte plus grave ! Les dangers et le malheur sont des maîtres sévères, mais prompts. Plus triste, mais plus sage, il trouvait dans sa confiance intime et dans sa dignité mentale une compensation des songes si gais que pour lui l'expérience avait bien promptement fait évanouir.

En approchant du village, il vit, avec surprise et inquiétude, qu'un parti de soldats était établi à proximité, et, ce qui était pire, y semblait être stationnaire. C'est ce qu'il conjectura d'après quelques tentes qu'il aperçut, à la lueur affaiblie du jour, sur ce qu'on nommait le *Common Moor* [2]. Pour éviter le risque d'être retenu et questionné dans un lieu où il était si probable qu'on le reconnaîtrait, il fit un grand détour, afin de ne pas entrer dans le hameau et de gagner la porte supérieure de l'avenue par un sentier bien connu de lui. Un seul coup d'œil lui annonça les grands changements qui avaient eu lieu. Un des battants de la porte avait été entièrement brisé, et les débris fendus

---

[1] C'est là une de ces expressions exclusivement propres à la langue anglaise, parce que la chose qu'elles expriment est exclusive aussi à l'organisation sociale de la Grande-Bretagne, et qui n'ont pas d'équivalent exact dans notre idiome. La *gentry* est la classe intermédiaire entre la noblesse (*nobility*) et la *yeomanry* ou classe des paysans. Tous ceux qui appartiennent à la gentry sont *gentlemen*. (L. V.)

[2] La lande communale.

pour en faire du feu étaient mis en tas pour être emportés ; l'autre battant restait inutile sur ses gonds ébranlés. Les créneaux qui surmontaient la porte étaient brisés et jetés à bas, et les ours sculptés qui passaient pour avoir fait depuis des siècles l'office de sentinelles au sommet de la porte, renversés maintenant de leur poste, gisaient au milieu des décombres. L'avenue était horriblement dévastée. Plusieurs grands arbres avaient été abattus et étaient encore couchés en travers du chemin ; et le bétail des villageois, ainsi que le sabot plus pesant des chevaux de troupe, avait converti en une boue noirâtre ce gazon verdoyant que Waverley avait tant admiré.

A son entrée dans la cour extérieure, Édouard vit se réaliser les appréhensions que ces circonstances avaient excitées en lui. Le château avait été saccagé par les troupes royales, qui, par un esprit de destruction sans but, avaient même tenté de l'incendier ; et quoique l'épaisseur des murailles eût arrêté les progrès du feu, sauf sur un petit nombre de points, les écuries et les bâtiments extérieurs avaient été totalement consumés. Les tourelles et les toits crénelés du principal corps de logis étaient noircis par la flamme et la fumée. Les dalles de la cour étaient brisées et dispersées, les portes ou entièrement arrachées ou suspendues à un seul gond, les fenêtres enfoncées et démolies, et la cour jonchée de débris de meubles. Les insignes d'une antique noblesse, auxquels le baron, dans l'orgueil de son cœur, attachait tant d'importance et de vénération, avaient été l'objet d'outrages tout particuliers. La fontaine était démolie, et l'eau qui l'avait alimentée se répandait maintenant dans la cour. Le bassin en pierre paraissait avoir été destiné à servir d'auge au bétail, par la manière dont il était disposé sur le sol. Toute la tribu de lions, grands et petits, n'avait pas été mieux traitée que ceux de la tête de l'avenue ; et quelques portraits de famille, qui semblaient avoir servi de boucliers aux soldats, étaient couchés à terre et en lambeaux. Le cœur serré, comme on peut bien le croire, Édouard contemplait ces débris d'une habitation si vénérée. A chaque pas il sentait croître ses inquiétudes sur le sort du baron et de sa fille, et augmenter ses craintes sur ce que ce sort pouvait être. En arrivant sur la terrasse, de nouvelles scènes de désolation frappèrent ses yeux : la balustrade en était brisée, les murs étaient démolis, les bordures couvertes de mauvaises herbes, les arbres fruitiers coupés ou arrachés. Dans un des compartiments de cet antique jardin étaient deux marronniers immenses, de la taille desquels le baron était particulièrement vain. Trop indolents, peut-être, pour entreprendre de les abattre, les dévastateurs avaient eu l'industrie malfaisante de les miner, et de placer dans leurs cavités une quantité de poudre à canon. L'un des deux arbres avait été mis en pièces par l'explosion, et ses fragments gisaient épars, çà et là, couvrant le sol qu'il avait si longtemps ombragé. L'autre mine avait produit un effet moins complet :

CHAPITRE LXIII.

un quart du tronc environ avait seulement été séparé de la masse, laquelle, mutilée et défigurée d'un côté, étendait encore de l'autre ses vastes rameaux intacts [1].

Parmi ces marques d'un ravage universel, quelques-unes froissèrent plus directement la sensibilité de Waverley. En contemplant la façade du bâtiment ainsi dégradé et mutilé, ses yeux se portèrent naturellement vers le petit balcon qui avait spécialement appartenu à l'appartement de Rose, son *troisième*, ou plutôt son *cinquième étage* [2]. Il était aisé de le découvrir, car au-dessous étaient éparses les caisses de fleurs et les plantes dont elle se plaisait à l'orner, et qui avaient été précipitées de la galerie avancée; plusieurs de ses livres étaient mêlés parmi les fragments de pots de fleurs et d'autres débris. Dans le nombre, Waverley en distingua un qui lui avait appartenu, un *Arioste* petit format, et il le recueillit comme un trésor, quoique gâté par le vent et la pluie.

Tandis que plongé dans les tristes réflexions que cette scène faisait naître en lui, Waverley cherchait des yeux autour de lui quelqu'un qui pût l'instruire du sort des habitants, il entendit une voix qui sortait de l'intérieur du bâtiment, et dont les accents bien connus avaient entonné une vieille chanson écossaise :

« Ils sont venus sur nous pendant la nuit ; ils ont arraché mon berceau et tué mon chevalier. Mes serviteurs ont tous fui pour sauver leur vie, et nous ont laissés exposés au danger.

« Ils ont tué mon chevalier, que tant aimais ; ils ont tué mon chevalier et pillé ses biens. La lune se montrera de nouveau, le soleil pourra se lever encore, mais un sommeil de mort ferme à jamais ses yeux [3]. »

—Hélas ! pensa Édouard, est-ce toi? Pauvre créature isolée, as-tu été laissé seul ici, pour déraisonner et gémir, et pour remplir de tes lambeaux de chants sans suite les salles qui t'ont si longtemps abrité? Alors il appela, d'abord à demi-voix, puis d'un ton plus élevé : Davie !— Davie Gellatley !

Le pauvre *innocent* sortit du milieu des ruines d'une sorte de serre qui terminait ce qu'on avait nommé l'*Allée de la Terrasse ;* mais dès qu'il aperçut un étranger, il rentra bien vite, avec tous les signes de la terreur. Waverley, se rappelant les habitudes de Davie, se mit à siffler un air favori que le fou avait paru autrefois se plaire à entendre,

---

[1] Un couple de châtaigniers, détruits, l'un entièrement, l'autre en partie, par un pareil acte de vengeance méchante et puérile, se voyait au château d'Invergarry, résidence de Macdonald de Glengarry. (W. S.)

[2] Ces mots sont en français dans le texte. On se souviendra que c'est ainsi que le baron désignait l'appartement de sa fille. (L. V.)

[3] Le début de cette complainte appartient à une vieille ballade intitulée *Les Plaintes de la Veuve des Frontières*. (W. S.)

et que même il répétait ensuite. La musique de notre héros n'égalait pas plus celle de Blondel que le pauvre Davie ne ressemblait à Richard-Cœur-de-Lion; mais la mélodie eut cependant le même effet : elle amena une reconnaissance. Davie sortit de nouveau de sa cachette, mais avec précaution, tandis que Waverley, craignant de l'effrayer, lui faisait sans changer de place les signes qu'il pouvait imaginer les plus propres à le rassurer. — C'est son esprit, murmura Davie; cependant, s'approchant davantage, il parut discerner en Waverley une connaissance bien vivante. Le pauvre fou ne semblait plus lui-même que l'ombre de ce qu'il avait été. Le vêtement particulier dont il avait été couvert en de meilleurs jours ne montrait plus que de misérables haillons, restes de son attirail fantastique, dont les lacunes étaient bizarrement suppléées par des fragments de tapisseries, de rideaux de fenêtres et de toiles de tableaux, qu'il avait accouplés à ses lambeaux. Ses traits avaient perdu aussi leur air d'insouciance et de distraction, et les yeux creusés de la pauvre créature, sa maigreur excessive et l'agitation nerveuse de sa face inspiraient la pitié. Après une longue hésitation, il s'approcha enfin de Waverley avec quelque confiance, fixa sur lui un regard triste et lui dit : — Tous morts et trépassés, — tous morts et trépassés!

— Qui est mort? dit Waverley, oubliant que Davie était hors d'état de tenir un discours suivi.

— Le baron, — et le bailli, — et Saunders Saunderson, — et lady Rose, qui chantait d'une voix si douce; — tous morts et trépassés, — morts et trépassés!

Suivez-moi, venez, venez!
Le ver luisant brille sur la fougère,
Auprès des morts avec moi vous viendrez.
Voyez-vous ce blanc suaire;
Errant sur le cimetière?
D'une lueur funéraire
La lune à peine l'éclaire;
Le vent siffle avec colère,
Et couvre nos pas : Venez!
Brave est celui qui du champ mortuaire
A minuit foule la terre :
Avec moi venez, venez!

Tout en chantant ces paroles avec une expression bizarre et animée, Davie faisait signe à Waverley de le suivre, et il se dirigea rapidement vers le fond du jardin, en marchant le long du ruisseau qui en formait, on peut s'en souvenir, la limite orientale. Édouard, à qui les vers chantés par Davie avaient donné un frisson involontaire, le suivit dans l'espoir d'en obtenir quelque éclaircissement. Le château étant évidemment désert, il ne pouvait espérer de trouver parmi les ruines un être plus raisonnable de qui il pût recevoir des renseignements.

CHAPITRE LXIII.

Davie, marchant très-vite, atteignit bientôt l'extrémité du jardin, et franchit les ruines de la muraille qui, autrefois, l'avait séparé du vallon boisé où était située la vieille tour de Tully-Veolan. Il sauta alors dans le lit du ruisseau, et, précédant Waverley, continua d'avancer à grands pas, gravissant quelques fragments de rochers, et en tournant d'autres avec difficulté. Ils passèrent sous les ruines du château. Waverley le suivait toujours, quoiqu'avec peine, car l'obscurité croissait de moment en moment. Après avoir descendu encore un peu le lit du ruisseau, il perdit tout à fait de vue son conducteur; mais une lumière vacillante, qu'il aperçut en ce moment au milieu de l'épais taillis et des broussailles, lui sembla un guide plus sûr. Il se trouva bientôt dans un mauvais sentier, qui enfin l'amena à la porte d'une misérable hutte. Des aboiements furieux se firent d'abord entendre, mais ils s'apaisèrent à son approche. Une voix rétentit à l'intérieur, et il crut prudent de prêter l'oreille avant d'aller plus loin.

— Qui as-tu amené ici, malheureux coquin? criait une vieille femme avec l'accent de la colère. Waverley entendit alors Davie Gellatley siffler, pour toute réponse, le commencement de l'air par lequel il s'était rappelé tout à l'heure au souvenir de l'*innocent*, et il n'hésita plus à frapper à la porte. Il se fit à l'instant un profond silence à l'intérieur, sauf le sourd grogrement des chiens; puis il put distinguer le pas de la maîtresse de la hutte qui s'approchait de la porte, plutôt, sans doute, pour pousser le verrou que pour tirer le loquet. Afin de la prévenir, il leva lui-même la clenche.

Il se trouva vis-à-vis d'une vieille à l'aspect misérable, qui s'écria :
— Qui entre ainsi dans la maison des gens, à cette heure de la nuit?

D'un côté, deux lévriers farouches et à demi mourant de faim se dépouillèrent de leur férocité en l'apercevant, et parurent le reconnaître; du côté opposé, à demi caché par la porte ouverte, et ne paraissant s'y cacher qu'à regret, se tenait debout, un pistolet armé d'une main, et l'autre main posée sur un second pistolet placé dans sa ceinture, un grand corps maigre et osseux, revêtu des débris d'un uniforme en lambeaux, et le menton recouvert d'une barbe de trois semaines.

C'était le baron de Bradwardine. — Il est inutile d'ajouter que, jetant son arme, il se précipita avec effusion dans les bras de Waverley.

CHAPITRE LXIV.

EXPLICATIONS.

L'histoire du baron eût été courte, n'eussent été les adages et les lieux communs latins, anglais et écossais dont son érudition la chargea. Il appuya beaucoup sur la douleur que lui avaient fait ressentir la perte d'Édouard et celle de Glennaquoich, recommença les affaires de Falkirk et de Culloden, et raconta comment, après que tout fut perdu dans cette dernière bataille, il était revenu chez lui, persuadé qu'il se cacherait plus aisément parmi ses vassaux et sur ses propres domaines que nulle part ailleurs. Un détachement de soldats avait été envoyé pour saccager ses propriétés, car la clémence n'était pas à l'ordre du jour. Leurs mesures furent néanmoins suspendues par un ordre du tribunal civil. On reconnut que le domaine ne pouvait être adjugé à la couronne, au préjudice de Malcolm Bradwardine d'Inch-Grabbit, héritier dans la ligne masculine, dont les droits ne pouvaient être forfaits par la proscription du baron, puisque ce n'était pas de celui-ci qu'il les tenait, et qui, conséquemment, comme d'autres héritiers substitués se trouvant dans le même cas, entra en possession. Mais, au contraire de beaucoup d'autres placés dans des circonstances semblables, le nouveau laird fit bientôt voir qu'il entendait exclure absolument son prédécesseur de tout droit et de tout avantage sur le domaine, et que son intention était de profiter dans toute son étendue de la mauvaise fortune du baron. Cette conduite était d'autant moins généreuse, qu'il était généralement connu que d'après son idée romanesque de ne vouloir préjudicier en rien aux droits de ce jeune homme, comme héritier mâle, le baron s'était toujours refusé à disposer du domaine en faveur de sa fille.

Cet injuste égoïsme irrita vivement les habitants du pays, qui aimaient leur ancien seigneur et furent indignés contre son successeur. Pour employer les propres expressions du baron, la chose ne coïncida pas avec les sentiments des paysans de Bradwardine ; et, ajouta-t-il, les tenanciers montrèrent de la lenteur et de la répugnance à payer leurs rentes et leurs redevances, M. Waverley. Et quand mon parent vint au village avec le nouveau facteur, M. James Howie, pour lever les rentes, quelque malheureux, — je soupçonne John Heatherblutter, le vieux garde-chasse qui fut *dehors* avec moi en 1715, — lui tira un coup de fusil à la brune, ce dont l'autre fut si effrayé que je puis dire avec

Tullius dans sa harangue sur Catilina : *abiit, evasit, erupit, effugit*[1]. Il se sauva, monsieur, on peut dire tout d'une traite jusqu'à Stirling. Et maintenant il a mis le domaine en vente, étant le dernier héritier dans la ligne de substitution. — Et si j'avais à me lamenter sur de telles choses, cela m'affligerait plus que de l'avoir vu sortir de ma possession immédiate, ce qui, dans le cours naturel des choses, serait arrivé d'ici à un petit nombre d'années; au lieu que maintenant le voilà qui sort de la famille où il aurait dû rester *in sæcula sæculorum*. Mais la volonté de Dieu soit faite! *humana perpessi sumus*[2]. Sir John de Bradwardine — sir John le Noir, comme on l'appelle, — l'ancêtre commun de notre maison et des Inch-Grabbit, pensait peu qu'une telle personne pût sortir de ses entrailles. En attendant, il m'a dénoncé à quelques-uns des *primates*, des maîtres du moment, comme si j'étais un coupe-gorge, un complice de spadassins, d'assassins et de coupe-jarrets. On a envoyé ici des soldats pour occuper le domaine, et me chasser comme une perdrix sur les montagnes, comme l'Écriture le dit du bon roi David, ou comme notre vaillant sir William Wallace, — sans me mettre en comparaison avec l'un ou l'autre. J'ai cru, quand je vous ai entendu à la porte, qu'ils avaient à la fin forcé le vieux daim dans son antre, et j'étais préparé à périr comme un cerf aux abois. — Mais maintenant, Janette, ne pouvez-vous nous donner quelque chose pour souper?

— Oh si, monsieur! je ferai griller le coq de bruyère que John Heatherblutter a apporté ce matin ; et vous voyez que le pauvre Davie est en train de faire cuire les œufs de la poule noire. — Je puis bien dire, M. Waverley, que vous n'auriez jamais deviné que tous les œufs qui étaient si bien cuits pour le souper, au château, étaient toujours retournés par notre Davie? — Il n'a pas son pareil au monde pour remuer avec ses doigts les cendres de tourbe chaudes, et pour cuire des œufs. — Davie, pendant tout ce temps, avait le nez presque dans le feu, se fourrant dans les cendres, sautant sur ses talons, marmottant dans ses dents, et retournant les œufs enterrés dans les cendres brûlantes, comme pour démentir ce proverbe : « C'est la raison qui cuit les œufs[3], » et pour justifier l'éloge que faisait la bonne Janette,

De celui qu'elle aimait, de son pauvre idiot.

— Davie n'est pas si fou qu'on le dit, M. Waverley; il ne vous aurait pas amené ici s'il ne vous eût pas reconnu pour un ami de Son Honneur. — A la vérité, les chiens mêmes vous connaissent, M. Waverley, car vous avez toujours été bon aux bêtes comme aux gens.

---

[1] Il s'éloigna, s'évada, se sauva, s'enfuit.

[2] Nous avons souffert ce qui était dans le cours des choses humaines.

[3] *There goes reason to roasting of eggs.*

— Je puis vous conter une histoire de Davie, avec la permission de Son Honneur. Son Honneur, comme vous voyez, étant obligé de se cacher, dans ce malheureux temps, — c'est grand'pitié! — il resté tout le jour, et quelquefois toute la nuit durant, dans la grotte secrète de la Sorcière ; mais quoique la cachette ne soit pas bien grande, et que le vieux bonhomme de Corse-Cleugh l'ait garnie d'une quarantaine de javelles de paille, pourtant quand le pays est tranquille, et que la nuit est bien froide, Son Honneur se faufile quelquefois jusqu'ici pour se réchauffer un peu à l'âtre et dormir sous une couverture, et puis il part le matin. Ainsi donc, un matin, — quelle frayeur j'eus! — deux malheureux habits-rouges s'étaient levés pour pêcher le saumon au petit jour[1], ou pour quelque autre chose semblable, — car ils ont toujours le nez au vent pour flairer le mal ; — ils aperçurent Son Honneur juste comme il entrait dans le bois, et ils lui tirèrent un coup de fusil. Je sortis comme un faucon, et je leur criai : — Voulez-vous tuer le pauvre innocent d'une honnête veuve? et je courus à eux, et leur soutins que c'était mon garçon. Ils m'envoyèrent au diable et me jurèrent que c'était le vieux rebelle, comme les scélérats appelaient Son Honneur. Davie, qui était dans le bois, entendit la dispute, et lui, rien que de sa propre tête, prit le vieux manteau gris que Son Honneur avait jeté pour courir plus vite, et sortant du petit bois, en se carrant et se donnant les airs de Son Honneur, ils y furent tout à fait pris, et crurent qu'ils avaient tiré leurs fusils sur le *Sawney*[2] cerveau-fêlé, comme ils l'appellent ; et ils me donnèrent une pièce de six pence, avec deux saumons, pour n'en rien dire. — Non, non, Davie n'est pas tout à fait comme les autres gens, le pauvre garçon ; mais il n'est pas si fou qu'on le dit. — Mais, pour sûr[3], comment pourrions-nous faire assez pour Son Honneur, quand nous et les nôtres avons vécu sur ses terres depuis deux cents ans; et quand il a entretenu mon pauvre Jamie à l'école et au collège, et même au château, jusqu'à ce qu'il partît pour une meilleure place; et quand il m'a préservée d'être emmenée à Perth comme sorcière, — le Seigneur pardonne à ceux qui voulaient du mal à une pauvre vieille femme innocente ! — et qu'il a entretenu le pauvre Davie à la mangeoire et au râtelier[4] au delà de sa suffisance?

Waverley trouva enfin moyen d'interrompre le narré de Janette, pour s'informer de miss Bradwardine.

[1] *Black-fishing.*

[2] Une des dénominations populaires des Écossais en général. (L. V.)

[3] *To be sure*, façon de parler fréquemment usitée par le peuple en Écosse. (L. V.)

[4] *At heck and manger*, adage familier. Le langage que l'auteur met dans la bouche de la vieille Janette, et qu'il n'est possible de rendre que de très-loin, est un très-mauvais anglais, mêlé d'une grande quantité d'expressions et de locutions purement écossaises. (L. V.)

— Elle est, Dieu soit loué! tranquille et en sûreté au Dunchran, répondit le baron. Le laird est un de nos parents éloignés, et plus rapproché de mon chapelain, M. Rubrick; et quoique ce soit un whig, il n'a pas, dans ces circonstances, oublié notre vieille amitié. Le bailli fait ce qu'il peut pour sauver quelque chose du naufrage pour la pauvre Rose; mais je crains, je crains bien de ne la revoir jamais, car il va me falloir porter mes os dans quelque pays éloigné!

— Allons donc, Votre Honneur! dit la vieille Janette; vous étiez tout aussi mal en l'an 15 [1], et la belle baronnie est revenue, avec tout le reste. — Voilà les œufs prêts, et le coq de bruyère grillé; et vous allez avoir chacun une assiette et un peu de sel, et le talon de pain blanc qui vient de chez le bailli, et il ne manque pas là d'eau-de-vie dans le *greybeard* [2] que la mère Maclearie a envoyé. Est-ce que vous ne souperez pas comme des princes?

— Je voudrais, du moins, qu'un prince de notre connaissance ne fût pas pis, dit le baron à Waverley, qui se joignit de bon cœur aux vœux du vieillard pour la sûreté de l'infortuné Chevalier.

Ils s'entretinrent alors de leurs projets d'avenir. Le plan du baron était fort simple: c'était de gagner la France, où, par le crédit de ses anciens amis, il espérait obtenir quelque emploi militaire dont il se croyait encore capable. Il invita Waverley à l'accompagner, proposition à laquelle celui-ci accéda, au cas où le colonel Talbot échouerait dans son intervention en sa faveur. Tacitement il espérait que le baron approuverait ses sentiments pour Rose, et lui donnerait le droit de l'assister dans son exil; mais il évita de s'expliquer sur ce sujet jusqu'à ce que son sort fût décidé. Ils parlèrent ensuite de Glennaquoich, pour qui le baron témoigna une grande inquiétude, quoique ce fût, observa-t-il, le véritable Achille d'Horatius Flaccus,

Impiger, iracundus, inexorabilis, acer;

ce que Struan Robertson, ajouta-t-il, a ainsi rendu en langage vulgaire:

« Fier, entêté, bourru, chaud comme le gingembre, inflexible comme l'acier. »

Flora eut, sans restriction, une large part de la sympathie du bon vieillard.

Il se faisait tard. La vieille Janette se retira dans une espèce de chenil derrière le *hallan* [3]; Davie ronflait depuis longtemps, étendu entre *Ban* et *Buscar*. Ces deux chiens l'avaient suivi dans la hutte

---

[1] En 1715, année de la première levée de boucliers des montagnards pour la cause des Stuarts. (L. V.)

[2] *Barbe-grise*. Ce paraît être une espèce de pot ou de vase. (L. V.)

[3] Nous avons déjà dit ailleurs que, dans les chaumières écossaises, le *hallan* est une sorte de cloison intérieure entre la porte d'entrée et l'âtre. (L. V.)

après l'abandon du manoir, et ils y restaient constamment; leur férocité, jointe à la réputation de sorcière qu'avait la vieille, contribuait pour une bonne part à écarter les visiteurs de la chaumière. Dans cette vue, le bailli Macwheeble fournissait Janette en sous-main de ce qu'il fallait pour leur entretien, outre quelques petits articles de luxe pour l'usage de son patron, approvisionnements qui nécessairement exigeaient de grandes précautions. Après quelques façons, le baron occupa sa couche habituelle. Waverley s'étendit dans un grand fauteuil de velours déchiré, qui avait autrefois garni la chambre à coucher de cérémonie de Tully-Veolan (car l'ameublement du château était alors dispersé dans tous les cottages du voisinage), et s'endormit bientôt aussi confortablement que s'il eût été couché sur un lit d'édredon.

CHAPITRE LXV.

NOUVELLES EXPLICATIONS.

Dès la première aube du jour, la vieille Janette allait et venait dans la chaumière, pour éveiller le baron, dont le sommeil était ordinairement dur et profond.

— Il faut que je retourne à ma grotte, dit-il à Waverley; voulez-vous descendre la vallée avec moi?

Ils partirent ensemble, et suivirent un sentier étroit et embarrassé, que le passage occasionnel des pêcheurs et des bûcherons avait tracé sur les bords du ruisseau. Chemin faisant, le baron expliqua à Waverley qu'il pouvait sans aucun risque rester un jour ou deux à Tully-Veolan, lors même qu'on le verrait se promener aux environs, en ayant la précaution de se donner pour agent ou intendant d'un gentilhomme anglais qui envoyait visiter le domaine dont il voudrait faire l'acquisition. Dans cette vue, il lui recommanda d'aller voir le bailli, qui résidait encore à la maison du facteur, appelée le Petit Veolan, à un mille environ du village, quoiqu'il dût la quitter au terme prochain. Le passeport délivré sous le nom de Stanley serait une réponse suffisante aux questions que pourrait faire le commandant du détachement; et quant à ceux des paysans qui pourraient le reconnaître, le baron lui donna l'assurance qu'il n'y avait nul danger qu'il fût trahi par eux.

— Je crois, continua le vieillard, que la moitié des vassaux de la baronnie savent que leur pauvre vieux laird est quelque part aux environs; car je m'aperçois bien qu'on ne laisse pas un seul enfant venir par ici dénicher des nids, chose que je n'avais jamais pu empêcher, quand je jouissais de toute la plénitude de mon pouvoir de baron. Et puis, je trouve souvent sur mon chemin de petits objets que les pauvres gens, Dieu les garde! y laissent à dessein, pensant qu'ils pourront m'être utiles. J'espère qu'ils y gagneront un maître plus sage, et aussi bon pour chacun que je l'étais.

Un soupir bien naturel termina la phrase; mais le calme et l'égalité d'âme avec lesquels le baron supportait ses infortunes avaient quelque chose de vénérable, et même de sublime. Il n'y avait chez lui ni récriminations inutiles, ni sombre mélancolie; il acceptait son lot, et les misères qui en étaient la suite, avec une sérénité douce, quoique grave, et ne laissait jamais échapper de termes violents contre le parti triomphant.

— J'ai fait ce que j'ai cru mon devoir, disait le bon vieillard, et sans nul doute ils font ce qu'ils regardent comme le leur. Je souffre quelquefois en voyant ces murailles noircies de la maison de mes pères; mais sûrement les officiers ne peuvent toujours retenir la main du soldat devant la dévastation et le pillage. Gustave-Adolphe lui-même le permit souvent, comme vous pouvez le voir dans la relation que le colonel Munro a donnée de son expédition avec le digne régiment écossais dit le *régiment de Mackay*. — Moi-même j'ai vu d'aussi tristes choses que l'est maintenant Tully-Veolan, quand je servais avec le maréchal duc de Berwick. Pour sûr, nous pouvons dire avec Virgilius Maro, *fuimus Troes*[1], — et c'est la fin d'une vieille chanson. Mais les maisons, comme les familles et les hommes, sont demeurées assez longtemps debout quand elles y sont restées jusqu'à ce qu'elles tombent avec honneur; et maintenant j'ai une autre maison qui ne ressemble pas mal à une *domus ultima*[2]. — Ils étaient alors arrivés au pied d'un rocher escarpé. — Nous autres pauvres jacobites, continua le baron en levant la tête, sommes à présent comme les lapins de l'Écriture Sainte (que le grand voyageur Pococke appelle des gerboises), une faible race, qui avons établi notre demeure au milieu des rochers. Ainsi donc, adieu, mon cher enfant, jusqu'à notre réunion ce soir chez Janette; il faut que je regagne ma retraite, ce qui n'est pas aisé pour mes vieux membres enraidis.

A ces mots, il se mit à gravir le rocher, enjambant, avec le secours de ses mains, d'une anfractuosité du roc à l'autre, jusqu'à ce que arrivé à mi-hauteur environ, où deux ou trois touffes de broussailles cachaient une ouverture, le baron se glissa dans ce trou, assez semblable à un four, y faisant passer d'abord sa tête et ses épaules, puis successivement le reste de ses longs membres. A voir ses jambes et ses pieds disparaître finalement en se repliant sur eux-mêmes, on eût dit un serpent pénétrant dans sa retraite, ou un long *pied-de-grue* introduit avec peine et difficulté dans l'étroit boulin d'un

---

[1] Troie n'est plus!
[2] Une dernière demeure.

vieux bâtiment. Waverley eut la curiosité de gravir jusqu'à l'entrée de son antre, comme cette retraite pouvait bien être nommée. Au total, le baron y ressemblait assez bien à cette ingénieuse énigme appelée *un dévidoir dans une bouteille,* la merveille des enfants (et aussi de plus d'une grande personne, moi, par exemple), qui ne peuvent comprendre ni comment on l'y a fait entrer, ni comment on l'en peut sortir. La grotte était très-étroite, trop basse pour lui permettre d'y rester debout, et à peine d'y être assis, quoiqu'il fît plusieurs tentatives assez gauches pour prendre cette dernière posture. Son seul amusement était de lire son vieil ami Tite-Live, et de temps à autre de graver avec son couteau, sur la voûte et les parois de son donjon, qui étaient de pierre tendre, des sentences latines et des textes de l'Écriture. Comme la grotte était bien sèche, et qu'elle avait été garnie de paille neuve et de fougère fanée, « c'était, disait-il en se ramassant sur lui-même avec un air de satisfaction et de bien-être qui faisait un contraste étrange avec sa situation, c'était un gîte très-passable pour un vieux soldat, à moins que le vent ne fût plein nord. » Et il ne manquait pas, ajouta-t-il, de sentinelles pour le garder. Davie et sa mère étaient constamment sur le qui-vive pour découvrir et éloigner les dangers : et c'était une chose singulière que les nombreuses preuves d'adresse qui semblaient inspirées par un attachement instinctif au pauvre *innocent,* quand il s'agissait de la sûreté de son patron.

Édouard chercha alors à rencontrer Janette. Il l'avait, à la première vue, reconnue pour la vieille femme qui lui avait servi de garde, après qu'on l'eût tiré des mains de Gifted Gilfillan. La cabane, quoiqu'un peu réparée et pourvue de quelques nouveaux meubles, était certainement aussi le lieu où il avait été détenu ; et maintenant il se rappelait le vieux et gros tronc d'arbre mort de la bruyère communale de Tully-Veolan, appelé le *Trysting-tree* [1], et qui, sans aucun doute, était le même que celui sous lequel s'étaient réunis les Highlanders lors de cette nuit mémorable. Déjà, la nuit précédente, son imagination avait combiné toutes ces circonstances ; mais des raisons que devinera probablement le lecteur l'avaient empêché de questionner Janette en présence du baron.

Il s'empressa alors d'aborder ce sujet, et son premier soin fut de demander quelle était la jeune femme qui avait visité la cabane durant sa maladie? Janette resta un instant silencieuse ; puis, faisant observer que garder maintenant le secret ne ferait ni bien ni mal à personne, elle ajouta :

— C'était une dame qui n'a pas sa pareille au monde, — miss Rose Bradwardine.

---

[1] L'arbre du Rendez-vous.

— En ce cas, c'est probablement aussi à miss Rose que je dois ma délivrance, dit Waverley, ravi de voir se confirmer une idée que les circonstances locales lui avaient déjà fait concevoir.

— J'ai su cela, M. Waverley ; c'est bien elle en effet. Mais elle aurait été fâchée, bien fâchée et en colère, la pauvre fille, si elle eût pensé que vous pussiez jamais savoir un mot de la chose ; car elle m'avait recommandé de toujours parler gaélique quand vous pourriez m'entendre, pour vous faire croire que vous étiez dans les Hiélands. Je puis le parler assez bien, car ma mère était une hiélandaise.

Quelques autres questions achevèrent alors d'éclaircir le mystère de la délivrance de Waverley après son départ de Cairnvreckan comme prisonnier. Jamais musique ne caressa plus doucement les fibres d'un amateur, que les répétitions sans fin avec lesquelles la vieille Janette détailla les moindres circonstances ne chatouillèrent les oreilles de Waverley. Mais mon lecteur n'est pas un amoureux, et je dois ménager sa patience, en essayant de resserrer dans des bornes raisonnables un récit que la vieille Janette dissémina dans une harangue de près de deux heures.

Lorsque Waverley communiqua à Fergus la lettre que Davie Gellatley lui avait apportée de la part de Rose Bradwardine, et qui lui donnait avis de l'occupation de Tully-Veolan par un petit détachement de soldats, cette circonstance avait frappé l'esprit actif et remuant du *chieftain*. Toujours prêt à inquiéter et à refouler les postes de l'ennemi, désireux de prévenir l'établissement d'une garnison si près de lui, et disposé en outre à obliger le baron, — car l'idée d'un mariage avec Rose avait souvent occupé sa pensée, — il résolut d'envoyer quelques-uns des siens pour chasser les habits rouges et ramener Rose à Glennaquoich. Mais au moment même où il venait de charger de cette mission Evan et un certain nombre de ses gens, la nouvelle de l'entrée de Cope dans les Highlands, pour chercher et disperser les forces du Chevalier avant qu'elles se fussent réunies, l'obligea de rejoindre immédiatement l'étendard avec toutes ses forces.

Il envoya ordre à Donald Bean de le suivre ; mais ce prudent maraudeur, qui savait apprécier la valeur d'un commandement séparé, lui fit, au lieu d'obéir, parvenir diverses excuses que l'urgence obligea Fergus de recevoir comme monnaie courante, mais non sans se promettre intérieurement de punir sa lenteur, en temps et lieu convenables. Cependant, ne pouvant mieux faire, il ordonna à Donald de descendre dans les basses terres, d'expulser les soldats de Tully-Veolan, et, sans molester en rien la maison de Bradwardine, de s'établir à demeure dans quelque place voisine, pour protéger de là la fille et la famille du baron, et pour harasser et tenir à distance tous les petits corps de volontaires ou de soldats réguliers qui se montreraient de ce côté.

Cette charge formait une sorte de commission de partisan à laquelle Donald se proposa de donner l'interprétation la plus favorable pour lui-même ; et comme il était soulagé de la crainte immédiate de Fergus, et qu'il avait, par suite de précédents services d'une nature secrète, quelque appui dans les conseils du Chevalier, il résolut de faire ses foins tandis que le soleil brillait. Il s'acquitta sans difficulté de sa première tâche, l'expulsion des soldats en garnison à Tully-Veolan ; et quoiqu'il n'osât pas s'immiscer dans l'intérieur de la famille, ni inquiéter miss Rose, ne se souciant pas de se faire un ennemi puissant dans l'armée du Chevalier, car il savait que le courroux du baron était redoutable, il commença néanmoins à lever des contributions sur les vassaux, il les chargea d'exactions, en un mot il se mit à faire la guerre pour son propre compte. En même temps il arbora la cocarde blanche et se présenta devant miss Rose, affichant un grand dévouement à la cause que le baron avait embrassée, et faisant mainte excuse de la liberté dont il devait nécessairement user pour l'entretien de sa troupe. Rose venait d'apprendre des cent bouches de la renommée, et avec toutes sortes d'exagérations, que Waverley avait tué le forgeron de Cairnvreckan, qui cherchait à l'arrêter ; qu'il avait été jeté dans un cachot par ordre du major Melville de Cairnvreckan, et que, conformément à la loi martiale, il allait être exécuté dans les trois jours. Dans le désespoir où la jetèrent ces nouvelles, elle proposa à Donald Bean de délivrer le prisonnier. C'était là précisément le genre de services dont il lui convenait de se charger, jugeant qu'il pouvait s'en faire un mérite de nature à contre-balancer les peccadilles dont il se serait rendu coupable dans le pays. Il eut cependant l'art, alléguant toujours le devoir et la discipline, de traîner assez en longueur pour que la pauvre Rose, en proie aux angoisses de l'inquiétude, lui offrît, pour le décider à tenter l'entreprise, quelques joyaux de prix qui avaient appartenu à sa mère.

Donald Bean, qui avait servi en France, connaissait et surestimait peut-être la valeur de ces colifichets ; mais il s'aperçut aussi des appréhensions de Rose, qui craignit qu'on ne vînt à savoir qu'elle avait payé de ses bijoux la libération de Waverley. Décidé à ne pas perdre le trésor par ce scrupule, il s'offrit spontanément de s'engager par serment à ne jamais révéler la part qu'avait eue miss Rose dans l'affaire ; et voyant un avantage pour lui à prêter ce serment, en même temps qu'il ne prévoyait nul profit probable à le violer, il contracta l'engagement, — afin, comme il le dit à son lieutenant, d'agir loyalement avec la jeune dame, — de la seule manière et dans la seule forme que, par un pacte mental avec lui-même, il considérât comme le liant réellement : — il jura le secret sur la lame nue de son *dirk*. Il fut en outre poussé plus particulièrement encore à cet acte de bonne foi par quelques attentions que miss Bradwardine montra à sa fille Alice ; en même temps

CHAPITRE LXV.

que ces attentions lui gagnaient le cœur de la jeune montagnarde, elles flattaient hautement l'orgueil de son père. Alice, qui avait alors appris quelques mots d'anglais, se montra très-communicative en retour des bontés de Rose, lui confia sans peine tous les papiers dont elle était dépositaire, relatifs à l'intrigue avec le régiment Gardiner, et, sur les instances de miss Bradwardine, se chargea aussi volontiers de rendre ces papiers à Waverley, à l'insu de son père. — Ils peuvent obliger la jolie jeune lady et le beau jeune gentleman, se dit Alice ; et quel besoin mon père a-t-il de quelques chiffons de papier griffonné ?

Le lecteur sait comment elle s'acquitta de sa commission, la veille du jour où Waverley quitta la vallée.

Il sait aussi comment Donald exécuta son entreprise. Mais l'expulsion de la petite garnison de Tully-Veolan avait donné l'alarme ; et tandis que Bean Lean était aux aguets pour surprendre Gilfillan, un détachement assez fort pour que Donald ne dût pas se soucier de lui faire face, fut envoyé pour chasser à leur tour les rebelles, et s'établir de nouveau dans le pays, afin d'en assurer la sécurité. L'officier commandant, homme bien né et strict sur la discipline, ne se permit pas d'importuner miss Rose, dont il respecta la situation isolée, et maintint ses soldats dans l'ordre le plus sévère. Il forma un petit camp sur une éminence, à proximité du manoir de Tully-Veolan, et plaça les vedettes convenables dans les défilés du voisinage. Ces fâcheuses nouvelles arrivèrent à Donald Bean Lean, tandis qu'il revenait à Tully-Veolan. Décidé, cependant, à obtenir le prix de ses peines, il se détermina, puisque l'accès du château lui était interdit, à déposer son prisonnier dans la cabane de Janette, habitation dont l'existence même eût difficilement été soupçonnée par des gens qui auraient vécu longtemps dans le voisinage, à moins qu'ils n'y eussent été guidés, et qui était absolument inconnue de Waverley. Cette mesure prise, il réclama et reçut sa récompense. Mais la maladie de Waverley dérangea tous leurs calculs. Donald dut s'éloigner avec ses gens, et alla ailleurs chercher un théâtre plus propre au libre cours de ses aventures. Sur les instantes prières de Rose, il laissa un vieillard, habile dans la connaissance des simples, et qui était supposé avoir quelques connaissances en médecine, pour soigner Waverley durant sa maladie.

Bientôt de nouvelles et poignantes inquiétudes assaillirent l'esprit de Rose ; elles lui furent suggérées par la vieille Janette, qui lui répétait qu'une récompense ayant été promise à qui livrerait Waverley, et ses propres effets ayant un assez grand prix, on ne pouvait dire à quel manque de foi Donald serait peut-être poussé. Dans une extrémité de peine et de terreur, Rose prit la résolution hardie d'instruire le prince lui-même du danger que courait M. Waverley, jugeant bien que par politique, autant que par honneur et par humanité, Charles-Édouard interviendrait pour empêcher que le jeune gentilhomme ne tombât dans les mains du parti opposé. Elle avait pensé d'abord à envoyer cette lettre sous le voile de l'anonyme; mais naturellement elle craignit que dans ce cas elle n'arrêtât pas l'attention du prince. Elle la signa donc, quoiqu'avec crainte et répugnance, et la confia aux soins d'un jeune homme qui, au moment de quitter sa ferme pour joindre l'armée du Chevalier, s'était adressé à elle pour en obtenir une recommandation quelconque près du royal Aventurier, de qui il espérait avoir un grade.

La lettre parvint à Charles-Édouard à son entrée sur les basses terres, et sentant l'importance politique de laisser croire qu'il était en relation avec les jacobites d'Angleterre, il fit parvenir à Donald Bean Lean les ordres les plus positifs de transférer Waverley sain et sauf avec son bagage entre les mains du gouverneur du château de Doune. Le *freebooter* n'osa désobéir, car l'armée royale était alors si près que la punition eût pu être immédiate; il était d'ailleurs politique aussi bien que maraudeur, et n'aurait pas voulu perdre le prix des services secrets qu'il avait rendus jusque-là, en se montrant, en cette occasion, réfractaire aux ordres du prince. Il fit donc de nécessité vertu, et envoya ordre à son lieutenant de conduire Édouard jusqu'à Doune, ce qui fut effectué sans accident, de la manière mentionnée dans un des chapitres précédents. Le gouverneur de Doune reçut des instructions pour l'envoyer de là à Édimbourg comme prisonnier, — le prince craignant, si Waverley était mis en liberté, qu'il ne reprît son dessein de retourner en Angleterre, sans lui fournir l'occasion d'une rencontre personnelle. En ceci, à la vérité, il agit d'après les avis du *chieftain* de Glennaquoich, avec lequel on peut se souvenir que le Chevalier conféra relativement à la manière dont il fallait disposer d'Édouard, mais sans lui dire comment il avait été instruit du lieu de sa détention.

Il est vrai que Charles-Édouard regardait ceci comme le secret d'une dame; car, bien que la lettre de Rose fût conçue dans les termes les plus réservés et les plus généraux, et qu'elle n'eût été écrite, y était-il dit, que par un simple motif d'humanité et par zèle pour le service du prince, cependant miss Bradwardine y exprimait une crainte si vive que son intervention ne fût connue, que le Chevalier fut amené à soupçonner le profond intérêt qu'elle prenait à la sûreté de Waverley. Cette conjecture, d'ailleurs bien fondée, le conduisit cependant à de fausses déductions. L'émotion qu'au bal d'Holy-Rood Édouard montra en approchant de Flora et de Rose, fut mise par le Chevalier sur le compte de la dernière; et il en conclut que les vues du baron au sujet de la transmission de ses propriétés, ou quelque difficulté analogue, contrariaient leur inclination mutuelle. La renommée, à la vérité, donnait fréquemment Waverley à miss Mac-Ivor; mais le prince savait combien la renommée est prodigue de tels dons, et après avoir observé attentivement la conduite des deux dames à l'égard de Waverley, il n'eut plus aucun doute que le jeune Anglais n'eût rien de commun avec Flora et ne fût aimé de Rose Bradwardine. Jaloux d'attacher Édouard à son service, et désirant, en outre, faire une bonne action, une action d'ami, le prince attaqua ensuite le baron au sujet de la substitution de ses domaines. M. Bradwardine promit de l'assurer à sa fille; mais cette détermination eut pour conséquence d'amener Fergus à produire immédiatement sa double demande d'une femme et d'un comté, demande que le prince rejeta, ainsi que nous l'avons vu. Le Chevalier, continuellement occupé de ses propres affaires, alors si multipliées, n'avait jusque-là cherché aucune explication avec Waverley, quoique telle eût souvent été son intention. Mais après la déclaration de Fergus, il vit la nécessité de conserver une neutralité apparente entre les deux rivaux, espérant et désirant à la fois que les choses, qui semblaient contenir des germes de divisions, pourraient être laissées en suspens jusqu'à la fin de l'expédition. Lorsque pendant la marche sur Derby, Fergus, questionné sur sa querelle avec Édouard[1], en allégua comme cause l'intention manifestée par Édouard de rétracter la recherche qu'il avait faite de sa sœur, le Chevalier lui dit sans détour que lui-même avait remarqué la conduite de miss Mac-Ivor à l'égard de Waverley, et qu'il était convaincu que lui, Fergus, était sous l'influence d'une méprise en jugeant de la conduite de Waverley, qui était, il y avait tout lieu de le croire, engagé à miss Bradwardine. La dispute qui en résulta entre Édouard et le Chef est encore, je l'espère, dans le souvenir du lecteur. Ces circonstances serviront à éclaircir les différents points de notre récit, que, selon l'usage des narrateurs, nous avions cru devoir laisser inexpliqués, afin de tenir en haleine la curiosité de nos lecteurs.

Quand une fois Janette eut exposé les principaux faits de ce récit, Waverley put aisément appliquer le fil conducteur qu'ils lui offraient aux autres détours du labyrinthe dans lequel il avait été engagé. Ainsi donc, c'était à Rose Bradwardine qu'il devait la vie, qu'il eût été alors prêt à sacrifier pour la servir. Un peu de réflexion le convainquit cependant que vivre pour elle était plus convenable et plus doux, et qu'elle pourrait partager avec lui l'indépendance dont il jouissait, soit à l'étranger, soit en Angleterre. Le plaisir de se voir allié à un homme tel que le baron, pour lequel son oncle sir Everard avait une si haute estime, eût encore été une agréable considération, si quelque chose eût été nécessaire pour recommander cette union. Les singularités de M. Bradwardine, qui, au temps de sa prospérité, pouvaient paraître grotesquement comiques, semblaient, dans le déclin de sa fortune, s'harmoniser et se fondre avec les traits plus nobles de son caractère, et y ajouter l'originalité sans exciter le ridicule. L'esprit occupé de ces projets de bonheur futur, Édouard se dirigea vers le Petit-Veolan, résidence de M. Duncan Macwheeble.

CHAPITRE LXVI.

> Cupidon est maintenant un enfant de conscience :
> — il restitue.
> SHAKSPEARE.

Monsieur Duncan Macwheeble, qui n'était plus ni commissaire ni bailli, quoique conservant encore le titre sans fonctions de cette dernière dignité, avait échappé à la proscription en se séparant de bonne heure du parti insurgent, et à raison de son insignifiance.

Édouard le trouva dans son cabinet, plongé dans les papiers et les comptes. Devant lui était un large *bicker*[1] de porridge de farine d'avoine, avec une cuillère de corne d'un côté, et de l'autre une bouteille de petite bière[2]. Tout en parcourant attentivement des yeux une liasse volumineuse de papiers de procédure, il charriait de temps à autre jusqu'à sa large bouche une immense cuillerée de l'aliment nutritif. Une bouteille hollandaise à gros ventre, posée près de lui, indiquait ou que ce digne membre du corps de la loi avait déjà pris sa goutte du matin, ou qu'il avait dessein d'arroser son porridge de cette potion digestive, ou peut-être même les deux cas auraient-ils pu raisonnablement être supposés à la fois. Son bonnet de nuit et sa robe de chambre avaient autrefois été de tartan ; mais, prudent autant qu'économe, l'honnête bailli les avait fait teindre en noir, de peur que la sinistre apparence de leur couleur originelle ne rappelât à ses visiteurs sa malheureuse excursion à Derby. Pour achever le portrait, son visage était barbouillé de tabac jusqu'aux yeux, et ses doigts d'encre jusqu'aux jointures. Il jeta sur Waverley un regard de doute, quand celui-ci s'approcha de la petite balustrade verte qui protégeait son pupitre et son siége contre l'approche du vulgaire. Rien ne pouvait plus déplaire au bailli que de voir sa connaissance invoquée par quelqu'un de ces malheureux gentilshommes qui maintenant sans doute étaient bien plus dans le cas de réclamer son assistance que de lui procurer quelque profit. Mais celui-ci était le jeune et riche Anglais : — qui pouvait savoir quelle était sa situation ? — De plus, c'était l'ami du baron. — Que faire?

Tandis que ces réflexions donnaient un air de perplexité ridicule aux traits du pauvre homme, Waverley, songeant à la communication qu'il venait lui faire, y trouva un si étrange contraste avec les

---

[1] Sorte de vase de bois. Le *porridge* est une espèce de potage écossais. (L. V.)
[2] *Two-penny.*

dehors de l'individu, qu'il ne put retenir un éclat de rire, et qu'il eut peine à ne pas s'écrier avec Syphax [1] :

> Pour faire un confident d'amour
> Caton, vraiment, est l'homme convenable!

Comme M. Macwheeble n'aurait pas compris qu'une gaieté semblable pût s'allier avec une situation environnée de périls et pressée par la misère, l'hilarité de la physionomie d'Édouard soulagea grandement l'embarras de la sienne, et faisant à Waverley un accueil passablement cordial pour le Petit-Veolan, il lui demanda ce qu'il lui pourrait offrir pour déjeuner. Mais avant tout son visiteur réclama un entretien particulier, et demanda la permission de pousser le verrou. La précaution fut loin de sourire à Duncan, qui y vit la crainte de quelque danger ; mais il ne pouvait plus reculer.

Convaincu qu'il pouvait se fier à cet homme, en faisant que son intérêt fût d'être fidèle, Édouard fit part à Macwheeble de sa situation présente et de ses projets d'avenir. Le prudent bailli l'écouta avec frayeur quand il apprit que Waverley était encore en état de proscription ; — se montra quelque peu rassuré quand il sut qu'il avait un passeport ; — se frotta les mains d'aise en entendant mentionner le montant de sa fortune actuelle ; — ouvrit de grands yeux à l'exposé de ses brillantes espérances : — mais quand Waverley exprima son intention de partager le tout avec miss Rose Bradwardine, le ravissement mit l'honnête bailli presque hors de lui. Il s'élança de son escabeau à trois pieds comme la Pythonisse de son trépied ; fit voler par la fenêtre sa plus belle perruque, parce que la tête de bois sur laquelle elle était posée se trouva sur son chemin ; lança son bonnet au plafond et le rattrapa en route ; siffla l'air de Tullochgorum, dansa un fling [2] montagnard avec une grâce et une agilité inimitables, puis enfin épuisé se laissa retomber sur sa chaise en s'écriant : Lady Wauverley ! — Dix mille livres [3] de revenu jusqu'au dernier penny ! — Le Seigneur me conserve mon pauvre jugement !

— *Amen* de tout mon cœur ! dit Waverley ; mais maintenant, M. Macwheeble, occupons-nous d'affaires. Ce mot fut un calmant efficace, quoique la tête du bailli, comme il le disait lui-même, « fût encore dans les mouches [4]. » Il tailla sa plume, néanmoins, plia dans leur longueur une demi-douzaine de feuilles de papier, de manière à y laisser une ample marge, alla prendre les *styles* de Dallas de Saint-Martin sur un rayon où cet ouvrage vénérable gisait à côté des *Insti-*

---

[1] Dans *Caton*, tragédie d'Addison. (L. V.)

[2] Sorte de danse, ou plutôt de cabriole montagnarde, qui consiste à lancer les pieds en arrière comme un cheval qui rue. (L. V.)

[3] Sterling ; c'est-à-dire environ 250,000 fr. (L. V.)

[4] *In the bees*, sans doute pour exprimer le bourdonnement, le tintement d'oreilles. (L. V.)

tutions de Stair, des *Doutes* de Dirleton, des *Pratiques* de Balfour, et de nombre de vieux registres de comptes; — ouvrit le volume à l'article *Contrat de mariage*, et se mit en devoir de faire ce qu'il appelait une *petite minute*, pour empêcher les parties de se dédire.

Ce ne fut pas sans peine que Waverley parvint à lui faire comprendre qu'il allait un peu trop vite. Il lui expliqua qu'en premier lieu il avait besoin de son assistance pour assurer sa sécurité pendant sa résidence dans le pays, en écrivant à l'officier commandant du détachement de Tully-Veolan « que M. Stanley, gentilhomme anglais et proche parent du colonel Talbot, était chez M. Macwheeble pour une visite d'affaires, et que connaissant l'état du pays, il soumettait son passeport à l'inspection du capitaine Foster. » Cette missive amena une réponse polie de l'officier, avec une invitation à dîner pour M. Stanley, invitation qui fut refusée (comme on peut aisément le supposer), sous prétexte d'affaires.

La seconde requête de Waverley fut que M. Macwheeble dépêchât un homme et un cheval à ****, le bureau de poste où devait lui écrire le colonel Talbot, en le chargeant d'attendre jusqu'à ce que le courrier apportât une lettre pour M. Stanley, et de la lui apporter en toute hâte au Petit-Veolan. En un instant, le bailli fut en quête de Jock Scriever[1], son clerc (ou son serviteur, comme on disait il y a soixante ans), et en un espace de temps presque aussi court, Jock fut sur le dos du poney gris.

— Ayez soin de le bien conduire, monsieur, car il a toujours été un peu poussif depuis.... hum! — Le Seigneur me protége! (à part lui, en baissant la voix) j'allais dire depuis que j'étais allé *dehors* avec; — depuis que je l'ai poussé du fouet et de l'éperon pour aller à la recherche du Chevalier, afin de séparer M. Wauverley et Vich Ian Vohr; et j'y ai gagné une malheureuse chute pour mes peines. — Le Seigneur pardonne à Votre Honneur! j'aurais pu me rompre le cou; — et en vérité c'était une aventure où il y avait plus d'une chose à risquer : — mais ceci répare tout. Lady Wauverley! — Dix mille livres de revenu! — Le Seigneur me protége!

— Mais vous oubliez, M. Macwheeble, qu'il nous faut le consentement du baron, — celui de lady....

— Ne craignez rien, je me porte caution pour eux; — je vous en donnerai ma garantie personnelle. — Dix mille livres de revenu! Voilà qui met tout à fait à bas Balmawhapple! — une année de la rente payerait tout Balmawhapple, fiefs et viagers! Le Seigneur nous rende reconnaissants!

Pour détourner le cours de ses impressions, Édouard lui demanda si depuis peu il avait entendu quelque chose du *chieftain* de Glennaquoich?

---

[1] Nom qu'on pourrait rendre par celui de *saute-ruisseau*. (L. V.)

CHAPITRE LXVI.

— Pas un mot, répondit Macwheeble, sauf qu'il était encore au château de Carlisle, et qu'il allait bientôt être condamné à mort. Je ne veux pas de mal au jeune gentilhomme, ajouta-t-il ; mais j'espère que ceux qui l'ont pris le garderont, et ne le laisseront pas revenir sur cette frontière des Hiélands pour nous tourmenter avec le black-mail, et par toutes sortes de violences, d'injures, d'oppressions et de spoliations du plus fort, tant par lui-même que par d'autres qu'il envoyait, ou plutôt qu'il lâchait sur nous. Et encore il ne saurait pas garder l'argent qu'il a gagné : il faut qu'il le jette sur les genoux de cette paresseuse femelle d'Édimbourg [1] ! — mais vite venu s'en va vite. Pour ma part, je voudrais ne jamais revoir un *kilt* dans le pays, ni un habit rouge, ni un fusil, à moins que ce ne fût pour tuer une perdrix : ils sont tous marqués au même coin [2]. Et quand ils vous ont dépouillé, même quand vous avez obtenu contre eux sentence de pillage, d'oppression, d'extorsion et de violences, à quoi cela vous avance-t-il? — Ils n'ont pas un *plack* pour vous payer; vous ne pouvez jamais rien tirer d'eux.

En causant ainsi, et de temps à autre en parlant d'affaires, le temps s'écoula jusqu'au dîner. Macwheeble promit de chercher quelque moyen de présenter Édouard au Duchran, où Rose résidait temporairement, sans l'exposer à aucun risque et sans éveiller les soupçons ; ce qui ne semblait pas une tâche très-aisée, le laird étant un ami très-zélé du Gouvernement. La basse-cour avait été mise à contribution; le *cocky-leeky* [3] et les riblettes à l'écossaise [4] parfumèrent bientôt de leur fumet le petit parloir du bailli. Le tire-bouchon de l'hôte venait de pénétrer dans le goulot d'une bouteille de *claret* (sortie peut-être des caves de Tully-Veolan), quand la vue du poney gris, passant au grand trot devant la fenêtre, obligea le bailli de la mettre pour le moment de côté, avec les précautions convenables. Jock Scriever entre bientôt après, porteur d'un paquet pour M. Stanley : c'est le cachet du colonel Talbot, et la main d'Édouard tremble en le rompant. Deux papiers officiels, pliés, signés et scellés en due forme, s'en échappèrent. Ils furent aussitôt ramassés par le bailli, qui avait un respect d'instinct pour tout ce qui ressemblait à un acte; et jetant un regard furtif sur leurs suscriptions, ses yeux, ou plutôt ses lunettes lurent avec joie sur l'un d'eux : *Protection accordée par Son Altesse Royale à la personne de Cosmo Comyne Bradwardine de Bradwardine, esq., communément appelé baron de Bradwardine, condamné à la confisca-*

---

[1] On voit que la scène du dîner d'Édimbourg est restée sur le cœur du digne bailli. (L. V.)

[2] *They're a' tarr'd wi' ae stick*, « ils sont tous goudronnés du même bâton, » par allusion à la manière dont on marque les moutons. (L. V.)

[3] Soupe aux poireaux, dans laquelle on a fait bouillir une poule. (L. V.)

[4] *Collops*.

tion de ses domaines pour son accession à la dernière rebellion. Le second se trouva être une protection de la même teneur, en faveur d'Édouard Waverley, esq. Voici la lettre du colonel Talbot :

« MON CHER ÉDOUARD,

« J'arrive à peine ici, et pourtant j'ai terminé mes affaires ; il m'en a coûté quelque peine, cependant, comme vous allez voir. Je me suis rendu près de Son Altesse Royale immédiatement après mon arrivée, et je l'ai trouvée dans une disposition assez peu favorable à mon dessein. Trois ou quatre gentilshommes écossais sortaient de son lever. Après m'avoir accueilli de la manière la plus prévenante : « Le croiriez-vous, Talbot ? m'a-t-il dit, il sort d'ici une demi-douzaine de gentilshommes les plus recommandables du nord du Forth, et des meilleurs amis du Gouvernement, le major Melville de Cairnvreckan, Rubrick de Duchran et autres, qui sont parvenus à m'arracher, à force d'importunités, des lettres de protection pour le présent, et la promesse d'un pardon futur, en faveur de ce vieux rebelle obstiné qu'on nomme le baron de Bradwardine. Ils disent que l'élévation de son caractère, et sa conduite généreuse envers ceux des nôtres qui étaient tombés entre les mains des rebelles, doivent militer en sa faveur, surtout la perte de son domaine paraissant être un châtiment assez sévère. Rubrick s'est chargé de le recueillir chez lui jusqu'à ce que les choses soient réglées dans le pays ; mais il est un peu dur d'être en quelque sorte contraint de pardonner à un ennemi aussi invétéré de la maison de Brunswick. » Ce moment n'était pas opportun pour entamer mon affaire ; je lui ai dit, cependant, que je me réjouissais d'apprendre que Son Altesse Royale était en train d'accorder de telles requêtes, me trouvant enhardi par là à lui en présenter en mon propre nom une de même nature. Il s'emporta, mais je persistai. Je rappelai le concours constant de nos trois voix dans la Chambre ; je touchai quelques mots de mes services à l'étranger, dont le plus grand prix était d'avoir été accueillis avec bonté par Son Altesse Royale ; j'appuyai plus fortement sur ses propres assurances d'amitié et de bienveillance. Il fut embarrassé, mais il tenait ferme. Je donnai à entendre qu'il était politique de ne pas laisser, pour l'avenir, exposé aux machinations des mécontents l'héritier d'une fortune telle que celle de votre oncle. Je ne fis pas impression. Je mentionnai les obligations que j'avais à sir Everard, ainsi qu'à vous personnellement, et demandai, comme seule récompense de nos services, qu'il voulût bien me laisser le moyen de prouver ma gratitude. Je vis qu'il méditait un nouveau refus ; alors, tirant mon brevet de ma poche, je lui dis (comme dernière ressource) que puisque Son Altesse Royale ne me jugeait pas digne, dans des circonstances aussi instantes, d'une faveur qu'elle n'avait pas cru devoir refuser à d'autres gentilshommes dont je pou-

CHAPITRE LXVI.

vais difficilement supposer que les services fussent plus importants que les miens, je devais demander humblement qu'il me fût permis de déposer ma commission dans les mains de Son Altesse Royale, et de me retirer du service. Il n'était pas préparé à cela ; il me dit de reprendre mon brevet, ajouta quelques paroles obligeantes sur mes services, et m'accorda ma requête. Ainsi donc, vous voilà redevenu libre, et j'ai promis en votre nom qu'à l'avenir vous seriez un bon garçon, et n'oublieriez pas ce que vous devez à la douceur du Gouvernement. Vous voyez, par là, que *mon* prince peut être aussi généreux que le vôtre. Je ne prétends pas dire, à la vérité, qu'il confère une faveur avec toutes les grâces étrangères et les belles paroles de votre Chevalier errant ; mais il a les manières franches d'un Anglais, et la répugnance évidente avec laquelle il accède à votre requête indique le sacrifice qu'il fait de sa propre inclination à vos désirs. Mon ami, l'adjudant-général, m'a procuré un *duplicatum* des lettres de protection du baron (l'original étant entre les mains du major Melville), et je vous l'envoie, sachant que si vous pouvez le voir, vous serez heureux d'être le premier à lui faire part de la joyeuse nouvelle. Il se rendra nécessairement au Duchran sans perdre de temps, pour y faire une quarantaine de quelques semaines. Quant à vous, je vous donne la permission de l'y escorter et de vous y arrêter une huitaine, car je sais que certaine belle dame est dans ces quartiers. Et j'ai le plaisir de vous annoncer que chaque progrès que vous pourrez faire dans ses bonnes grâces sera hautement agréable à sir Everard et à mistress Rachel, qui ne croiront vos vues et vos projets bien fixés et les *trois hermines passant* en pleine sûreté, que lorsque vous leur présenterez une mistress Édouard Waverley. Or, certaines affaires d'amour à moi propres, — il y a déjà bon nombre d'années, — rompirent quelques plans dont il était alors question en faveur des *trois hermines passant ;* je suis donc lié d'honneur à leur faire réparation. Employez donc bien votre temps, car, à l'expiration de votre semaine, il sera nécessaire que vous vous rendiez à Londres pour faire entériner vos lettres de grâce par les cours de justice.

« A jamais, mon cher Waverley, votre tout dévoué

PHILIPPE TALBOT. »

CHAPITRE LXVII.

*Heureux qui dans ses amours
N'a pas à soupirer toujours.*

QUAND le premier transport occasionné par ces excellentes nouvelles fut un peu calmé, Édouard proposa de descendre au *glen* sur-le-champ pour en faire part au baron. Mais le prudent bailli fit observer avec raison que si le baron reparaissait immédiatement en public, ses vassaux et les villageois pourraient être quelque peu bruyants dans l'expression de leur joie, et blesser la susceptibilité des « puissances du jour, » sorte de personnes pour lesquelles le bailli avait toujours eu un respect sans bornes. Il ouvrit donc l'avis que M. Wauverley se rendît chez Janette Gellatley, et qu'à la faveur de la nuit il ramenât le baron au Petit-Veolan, où il pourrait enfin goûter de nouveau les douceurs d'un bon lit. Pendant ce temps, ajouta-t-il, il irait lui-même trouver le capitaine Foster, lui montrerait les lettres de protection accordées au baron, obtiendrait son agrément pour le recevoir cette nuit, et aurait soin de faire tenir des chevaux prêts pour le lendemain, qui le conduiraient au Dunchran avec M. Stanley : — car je suppose, continuat-il, que Votre Honneur gardera encore ce nom quant à présent ?

— Certainement, M. Macwheeble; mais ne voudrez-vous pas descendre vous-même au *glen* cette après-midi pour revoir votre patron ?

— Ce serait de tout mon cœur, et je remercie Votre Honneur de m'avoir rappelé mon devoir. Mais le soleil sera couché avant que je sois revenu de chez le capitaine, et à une pareille heure le *glen* n'est pas en bon renom : — on ne dit pas des choses trop rassurantes au sujet de la vieille Janette Gellatley. Le laird n'en croira rien, lui; mais il a toujours été téméraire et aventureux, — et il n'a jamais craint ni homme ni diable : — il l'a assez montré. Mais moi je suis bien sûr que sir Georges Mackenzie dit que nul théologien ne peut mettre en doute qu'il y ait des sorcières, puisque la Bible dit : « Tu ne les laisseras pas vivre; » et qu'aucun légiste écossais n'en peut douter non plus, puisque nos lois punissent le cas de mort. Ainsi la loi et l'Évangile sont d'accord en cela. Si Son Honneur n'en veut pas croire le Lévitique, il pourra croire le *Livre des Statuts;* — mais il en pourra penser ce qu'il voudra : c'est tout un pour Duncan Macwheeble. Pourtant, j'enverrai ce soir chercher la vieille Janette : le mieux est de ne pas traiter trop légèrement les gens de cette sorte; — et puis nous aurons besoin de Davie pour tourner la broche, car je recommanderai à Eppie de mettre une oie grasse au feu pour le souper de Vos Honneurs.

Vers la chute du jour, Waverley se rendit en toute hâte à la hutte ; et il fut obligé de s'avouer que la superstition avait fait un bon choix de localité et d'objets pour y placer ses terreurs fantastiques. On y pouvait appliquer avec justesse la description de Spenser :

> « Là, dans un sombre et creux vallon, elle trouva une petite cabane formée de pieux et de roseaux grossièrement entrelacés, et garnis de carrés de gazon [1] ; une sorcière y demeurait, couverte de sales habits de deuil, pauvre volontaire, et insouciante de ses besoins. Elle a choisi cette retraite isolée, loin de tout voisinage, pour mieux cacher à tous les yeux et ses actions diaboliques et ses conjurations infernales, et pour mieux atteindre dans l'ombre quiconque sera le but de ses coups. »

Il entra dans la chaumière, ce passage du poëte présent à la mémoire. Courbée par l'âge et noircie par la fumée de son feu de tourbe, la pauvre vieille Janette se démenait dans sa hutte, un balai de bouleau à la main, et marmottant entre ses dents, tandis qu'elle s'efforçait d'approprier un peu son âtre et son plancher pour la réception des hôtes qu'elle attendait. Le pas de Waverley la fit tressaillir ; elle leva la tête et devint toute tremblante, tant ses nerfs avaient été irrités par les craintes continuelles que lui donnait la sûreté de son maître. Waverley eut peine à lui faire comprendre que le baron était affranchi maintenant de tout danger personnel ; et lorsqu'enfin son esprit se fut pénétré de l'heureuse nouvelle, il ne fut pas moins difficile de lui persuader qu'il ne devait pas rentrer en possession de ses domaines. — Il faudrait bien qu'il y revienne, dit-elle ; personne ne serait assez ladre pour prendre son bien après qu'ils lui ont donné son pardon. Et pour cet Inch-Grabbit, il y a des fois où je voudrais, à cause de lui, être sorcière, si je ne craignais que l'Ennemi ne me prît au mot. Waverley lui donna alors quelque argent, et lui promit qu'on reconnaîtrait sa fidélité. — Comment, répondit-elle, pourrais-je être aussi bien récompensée, monsieur, qu'en voyant seulement mon vieux maître et miss Rose revenir et reprendre ce qui est à eux ?

Waverley prit enfin congé de Janette, et bientôt après il était sous la retraite du baron. Il siffla doucement, et il vit le vétéran s'allongeant à demi pour *reconnaître*, comme un vieux blaireau sortant la tête de son terrier. — Vous voilà un peu tôt, mon bon ami, dit-il en descendant ; je doute que les habits rouges aient déjà battu la retraite, et jusque-là nous ne serions pas en sûreté.

— Bonnes nouvelles ne sauraient être dites trop tôt, répondit Waverley ; et avec une joie infinie, il lui fit part de son heureux message.

---

[1] *Sods.* Ce sont des plaques de terre plates et gazonnées, dont on se sert beaucoup en Écosse dans la construction des chaumières. (L. V.)

Le vieillard resta quelques moments dans un recueillement silencieux ; puis il s'écria : — Dieu soit loué ! — Je reverrai mon enfant !

— Et pour ne plus jamais vous en séparer, j'espère.

— Plaise à Dieu qu'il en soit ainsi ! à moins que ce ne soit pour acquérir les moyens de subvenir à ses besoins, car mes affaires sont dans un triste état ; — mais que signifient les biens du monde?

— Et s'il y avait, dit modestement Waverley, une situation qui plaçât miss Bradwardine au-dessus des atteintes de la mauvaise fortune, et dans le rang pour lequel elle est née, vous y opposeriez-vous, mon cher baron, parce que ce serait rendre un de vos amis l'homme le plus heureux du monde? Le baron se tourna vers lui, et le regarda d'un air de surprise. — Oui, continua Édouard, je ne considèrerai ma sentence de bannissement comme révoquée, qu'autant que vous me permettrez de vous accompagner au Dunchran, et...

Le baron parut vouloir appeler à lui toute sa dignité pour faire une réponse convenable à ce que, dans un autre temps, il eût regardé comme la proposition d'un traité d'alliance entre les maisons de Bradwardine et de Waverley. Mais ses efforts furent vains : le père l'emporta sur le baron ; l'orgueil de la naissance et du rang fut oublié. Dans sa joie et sa surprise, une légère convulsion passa rapidement sur ses traits ; et s'abandonnant aux sentiments de la nature, il jeta ses bras autour du cou de Waverley et s'écria en sanglotant : — Mon fils, mon fils ! si j'avais eu à chercher dans le monde entier, c'est ici que se serait arrêté mon choix. Édouard lui rendit ses embrassements avec une profonde émotion, et pendant un instant ils ne purent ni l'un ni l'autre proférer une parole. Édouard rompit enfin le silence. — Mais miss Bradwardine ? dit-il.

— Elle n'eut jamais une volonté qui ne fût celle de son père ; d'ailleurs, vous êtes jeune, bien fait, de principes honnêtes et de haute naissance : non, elle n'a jamais eu d'autre volonté que la mienne ; et dans mes plus beaux jours je n'aurais pu désirer pour elle une alliance plus sortable que celle du neveu de mon vieux et excellent ami sir Everard. — Mais j'espère, jeune homme, que vous n'agissez pas inconsidérément dans cette affaire? j'espère que vous vous êtes assuré l'approbation de vos parents et alliés, et particulièrement celle de votre oncle, qui est *in loco parentis* ? Ah ! nous devons songer à cela. Édouard l'assura que sir Everard serait lui-même hautement honoré de l'accueil flatteur qu'avait reçu sa proposition, et qu'il avait son entière approbation ; en témoignage il mit la lettre du colonel Talbot dans les mains du baron. Celui-ci la lut fort attentivement. — Sir Everard, dit-il ensuite, a toujours fait beaucoup moins de cas de la richesse que de l'honneur et de la naissance ; et à la vérité, il n'a pas lieu de rechercher la *Diva Pecunia*. Pourtant je voudrais maintenant, puisque ce Malcolm est capable d'un tel parricide (car quel autre nom pourrais-je

CHAPITRE LXVII.

donner à l'aliénation de l'héritage de nos pères), — je voudrais avoir laissé à Rose le vieux manoir que voilà (et il arrêtait ses yeux sur une portion des toits visible au-dessus des arbres), et les sillons qui en dépendent. — Et cependant, reprit-il d'un ton plus enjoué, les choses sont peut-être aussi bien comme elles sont; car, comme baron de Bradwardine, j'aurais pu me croire obligé d'insister, touchant le nom et les armoiries, sur certaines concessions que maintenant, laird sans terres et père d'une fille sans dot, je ne pourrai être blâmé de ne pas réclamer.

— Dieu soit loué! pensa Édouard, et que sir Everard n'entende pas parler de ces scrupules! Les *trois hermines passant* et l'*ours rampant* auraient certainement eu maille à partir ensemble. — Alors, avec toute l'ardeur d'un jeune amant, il assura le baron que le cœur et la main de Rose étaient tout ce qu'il recherchait pour son bonheur, et qu'il se regardait comme aussi heureux de la seule approbation de son père que s'il eût donné un comté à sa fille.

Ils arrivaient en ce moment au Petit-Veolan. L'oie fumait sur la table et le bailli brandissait sa fourchette et son couteau. Il reçut son patron avec toutes les démonstrations de la joie. La cuisine aussi avait ses hôtes. La vieille Janette s'était installée au coin du feu; Davie avait tourné la broche à son immortel honneur; *Ban* et *Buscar* eux-mêmes, dans la libéralité de la joie de Macwheeble, avaient été repus jusqu'à la gorge, et ronflaient maintenant étendus sur le plancher.

Le jour suivant vit arriver au Dunchran le baron et son jeune ami; le premier y était attendu, en conséquence de l'intervention en sa faveur de la presque unanimité des gentilshommes écossais amis du Gouvernement. Cette intercession avait été si générale et si forte, que l'on était même presque persuadé que son domaine eût pu être sauvé, s'il n'était déjà passé aux mains rapaces de son indigne parent, dont les droits, dérivant de la forfaiture encourue par le baron, ne pouvaient être atteints par un pardon royal. Mais le vieux gentilhomme, avec le ton ouvert et chaleureux qui lui était habituel, disait qu'il était plus flatté de la bonne opinion que ses voisins avaient de lui, qu'il ne l'eût été d'être réhabilité et restauré *ad integrum*, la chose eût-elle été trouvée praticable.

Nous n'essaierons point de décrire la rencontre du père et de la fille, — attachés l'un à l'autre par une affection si tendre, et séparés au milieu de circonstances si périlleuses. Encore moins essaierons-nous d'analyser la vive rougeur de miss Rose en recevant les compliments de Waverley, non plus que nous ne nous arrêterons à rechercher si elle témoigna quelque curiosité au sujet de la cause particulière de son voyage en Écosse en ce moment. Nous n'ennuierons même pas le lecteur des fastidieux détails d'une recherche amoureuse il y a soixante ans. Il suffit de dire que sous un aussi stricte formaliste que l'était le baron, les choses furent conduites avec toute la régularité convenable. Il prit sur lui, le matin qui suivit leur arrivée, la tâche d'annoncer à Rose la proposition de Waverley, proposition qu'elle reçut avec un degré convenable de timidité virginale. La renommée a prétendu cependant que Waverley avait déjà, la veille au soir, trouvé cinq minutes pour l'informer de ce qui se préparait, tandis que le reste de la société était occupé à examiner trois serpents entrelacés, formant un jet d'eau dans le jardin.

J'en laisse à juger à mes belles lectrices; mais, quant à moi, je ne puis concevoir comment une aussi importante affaire eût été communiquée en un espace de temps aussi court : du moins est-il certain que la manière dont y procéda le baron lui prit une heure entière.

Waverley fut alors considéré comme amant accepté dans toutes les formes. A force de sourires d'intelligence et de signes de tête, la maîtresse de la maison parvint à le faire placer à dîner près de miss Bradwardine, et le soir à lui donner miss Bradwardine pour partner à la table de jeu. Si Waverley entrait au salon, celle des quatre miss Rubrick qui se trouvait assise près de Rose avait immanquablement oublié à l'autre bout de la chambre son dé ou ses ciseaux, afin de laisser libre pour lui le siége le plus rapproché de miss Bradwardine. Et quelquefois, si le papa et la maman ne se trouvaient pas là pour les tenir en respect, les jeunes miss échangeaient un sourire malicieux. Le vieux laird de Dunchran avait aussi à l'occasion son bon mot, et la vieille lady sa remarque. Le baron lui-même ne pouvait se contenir; mais ici Rose échappait à l'embarras, sauf à celui de la conjecture, car ses malices étaient ordinairement enveloppées dans une citation latine. Il n'y avait pas jusqu'aux valets qui parfois ne prissent ouvertement certains airs d'entente, et aux servantes qui ne se permissent de rire entre elles, peut-être un peu trop haut ; enfin un air d'intelligence tout à fait provoquant semblait avoir fait invasion sur toute la famille. Alice Bean, la jolie fille de la caverne, qui, après le *malheur* arrivé à son père, comme elle disait, avait été attachée à Rose comme femme de chambre, souriait et clignotait aussi bien que pas une des autres. Rose et Waverley enduraient néanmoins toutes ces petites persécutions, comme d'autres les ont endurées avant et les endureront après eux ; et probablement ils trouvèrent moyen d'en obtenir quelque compensation, puisqu'au total il ne paraît pas qu'ils aient été décidément malheureux durant les six jours de résidence que Waverley fit au Dunchran.

Il fut finalement arrêté qu'Édouard irait à Waverley-Honneur faire les préparatifs nécessaires pour son mariage, et que de là il se rendrait à Londres afin d'y prendre les mesures convenables pour l'entérinement de ses lettres de grâce, puis reviendrait aussitôt que possible recevoir la main de sa fiancée. Il avait aussi l'intention de profiter de son voyage

CHAPITRE LXVII.

pour visiter le colonel Talbot; mais surtout son affaire la plus importante était de s'informer du sort de l'infortuné Chef de Glennaquoich, de le voir à Carlisle, et d'essayer si quelque chose pouvait être fait sinon pour lui procurer sa grâce, du moins pour lui obtenir une commutation ou un adoucissement à la condamnation à laquelle il était à peu près certain qu'il ne pouvait échapper; enfin, dans le cas où rien ne pourrait le sauver, d'offrir à la malheureuse Flora un asile près de Rose, ou du moins de lui être utile en quelque chose que ce pût être. Il semblait bien difficile de détourner le destin de Fergus. Édouard avait déjà essayé d'intéresser pour lui son ami, le colonel Talbot; mais celui-ci, dans sa réponse, lui avait clairement donné à entendre que son crédit, en affaires de cette nature, était totalement épuisé.

Le colonel était encore à Édimbourg, où il se proposait de demeurer quelques mois par suite d'affaires dont l'y avait chargé le duc de Cumberland. Il y devait être rejoint par lady Émilie, à qui un voyage à petites journées et le lait de chèvre avaient été recommandés, et qui se mettrait en route pour le Nord sous l'escorte de Francis Stanley. Édouard trouva donc à Édimbourg le colonel, qui le félicita cordialement de son bonheur prochain, et se chargea avec grand plaisir de plusieurs commissions dont notre héros fut obligé de se reposer sur lui; mais au sujet de Fergus, il fut inflexible. A la vérité, il démontra à Édouard que son intercession serait sans résultat; en outre, le colonel Talbot confessa franchement qu'il ne pourrait en conscience employer son influence en faveur de cet infortuné gentilhomme. — La justice, dit-il, qui veut que quelque exemple soit fait de ceux qui ont enveloppé la nation tout entière dans la crainte et le deuil, n'aurait pu, peut-être, choisir une victime plus convenable. Il s'était mis en campagne en pleine connaissance de cause sur la nature de sa tentative; il l'avait étudiée et comprise. Le sort de son père n'avait pu l'intimider; la douceur des lois qui lui avaient rendu les propriétés et les droits de son père n'avait pu changer ses dispositions. Qu'il fût brave et généreux, qu'il possédât beaucoup de bonnes qualités, c'est ce qui le rendait d'autant plus dangereux; ses lumières et ses talents laissaient moins d'excuses à son crime, et son enthousiasme pour une mauvaise cause ne le rendait que plus propre à en être le martyre. Par-dessus tout, c'était à lui qu'était due l'accession à la révolte de centaines d'hommes qui, sans lui, n'eussent jamais troublé la paix de leur pays.

— Je le répète, continua le colonel, quoique Dieu sache qu'au fond du cœur je le plains comme homme, ce jeune homme avait bien étudié et parfaitement compris la partie désespérée qu'il avait engagée. Il a jeté le dé pour la vie ou la mort, pour une couronne de comte ou un cercueil; sans être injuste envers le pays, on ne saurait maintenant lui laisser retirer son enjeu, parce que le coup a tourné contre lui.

Tels étaient les raisonnements de ces temps au sujet d'ennemis vaincus, même dans la bouche d'hommes braves et humains. Qu'il nous soit permis d'espérer qu'à cet égard du moins nous ne reverrons plus les scènes et ne professerons plus les sentiments qui étaient universels dans la Grande Bretagne il y a soixante ans.

CHAPITRE LXVIII.

Demain? Oh! quelle précipitation! — Grâce, grâce pour lui!

SHAKSPEARE.

ÉDOUARD, suivi de son ancien domestique, Alick Polwarth, qui était rentré à son service à Édimbourg, arriva à Carlisle tandis que la commission désignée pour juger ses infortunés compagnons était encore en séance. Il avait fait route en toute hâte, non, hélas! dans l'espoir le plus éloigné de sauver Fergus, mais pour le voir une dernière fois. J'aurais dû dire que dès qu'il avait appris que le jour du jugement était fixé, il avait, de la manière la plus libérale, fourni des fonds pour la défense des prisonniers. Un *solliciteur* [1] et le premier avocat de la ville suivaient donc le procès; mais c'était sur le même pied que les médecins renommés sont ordinairement appelés au chevet d'un moribond de haut rang: les docteurs, pour profiter de quelque chance inattendue que peut amener une crise de la nature; — les légistes, pour tirer parti de la moindre illégalité de forme. Édouard pénétra dans l'enceinte du tribunal, qu'encombrait une foule pressée; mais comme il arrivait du Nord, et qu'à son empressement extrême et à son agitation on le prit pour un parent des prisonniers, le peuple lui fit place. C'était la troisième séance de la cour, et il y avait deux hommes à la barre. Le verdict de CULPABILITÉ était déjà prononcé et avait été suivi d'un silence solennel. Le regard d'Édouard se porta vers le banc des accusés en ce moment même. On ne pouvait méconnaître le port majestueux et les nobles traits de Fergus Mac-Ivor, même sous le désordre de ses vêtements et à travers la pâleur maladive qu'une détention longue et rigoureuse avait répandue sur son front. Près de lui était Evan Maccombich. Édouard éprouva un vertige douloureux en les contemplant l'un et l'autre; mais il fut rappelé à lui lorsque le greffier des assises [2] prononça les mots sacramentels : « Fergus Mac-Ivor de

[1] Avoué près les hautes cours de justice. (L. V)
[2] *Clerk of arraigns.*

CHAPITRE LXVIII.

Glennaquoich, autrement appelé Vich Ian Vohr, et vous, Evan Mac-Ivor de Tarrascleugh, autrement appelé Evan Dhu ou Evan Maccombich, ou Evan Dhu Maccombich, — vous, et chacun de vous, demeurez atteints et convaincus de haute trahison. Qu'avez-vous à dire en votre faveur, pour que la Cour ne prononce pas contre vous la peine de mort, conformément à la loi? »

Au moment où le président se couvrait la tête du bonnet fatal[1], Fergus avait lui-même remis sa toque ; et le regardant d'un œil calme et sévère, il répondit d'une voix ferme : — Je ne puis laisser supposer à ce nombreux auditoire qu'à un tel appel je n'ai pas de réponse à faire. Mais ce que j'ai à dire, vous ne l'entendriez pas, car ma défense serait votre condamnation. Ainsi donc, au nom du Ciel, poursuivez le cours de ce qu'il vous est permis de faire. Hier, et les jours précédents, vous avez condamné à être versé comme de l'eau un sang fidèle et honorable. N'épargnez pas le mien. Eussé-je eu dans mes veines celui de tous mes ancêtres, je l'aurais exposé dans cette querelle. — Il se rassit, et refusa de se lever de nouveau.

Evan Maccombich le regarda d'un air inquiet, et, se levant, parut vouloir parler ; mais la confusion de la Cour, et la difficulté de s'exprimer dans un idiome qui n'était pas le sien, lui fermèrent la bouche. Il s'éleva de la foule un murmure de compassion, dans la persuasion où l'on était que le pauvre diable aurait voulu alléguer l'influence de son Chef comme excuse de son crime. Le président fit faire silence, et encouragea Evan à se remettre.

— J'avais seulement à vous dire, mylord, dit Evan d'un ton qu'il voulait rendre insinuant, que si Vos excellents Honneurs et l'honorable Cour voulaient seulement pour cette fois laisser Vich Ian Vohr s'en aller libre, et le laisser retourner en France, et non troubler de nouveau le gouvernement du roi Georges, six des meilleurs de son clan ne demanderont pas mieux que d'être justiciés à sa place ; et si vous voulez seulement me laisser descendre jusqu'à Glennaquoich, je vous les amènerai moi-même, pour la hache et le gibet, et vous pourrez commencer par moi le premier de tous.

Malgré la solennité du moment, une proposition d'une nature si extraordinaire produisit dans le tribunal une sorte de rire étouffé. Le président réprima cette inconvenance, et Maccombich promenant autour de lui, quand le murmure fut apaisé, un regard sévère, reprit la parole. — Si les gentlemen saxons, dit-il, rient de ce qu'un pauvre homme comme moi pense que ma vie ou la vie de six de mes pareils vaut celle de Vich Ian Vohr, il y a assez d'apparence qu'ils peuvent avoir raison ; mais s'ils rient parce qu'ils pensent que je ne tiendrais pas ma parole, et que je ne reviendrais pas le racheter, je puis leur dire qu'ils ne

---

[1] Le président se couvre pour prononcer une sentence de condamnation. (L. V.)

connaissent ni le cœur d'un Hiélandais ni l'honneur d'un gentilhomme.

Personne dans l'auditoire ne se sentit plus disposé à rire, et il se fit un profond silence.

Le président prononça alors sur les deux prisonniers la sentence portée par la loi contre la haute trahison, avec tous ses horribles accessoires. L'exécution fut fixée au jour suivant. — Pour vous, Fergus Mac-Ivor, continua le juge, je ne puis vous laisser aucun espoir de pardon. Vous n'avez plus qu'à vous préparer pour demain à vos dernières souffrances ici-bas, et au compte terrible que vous aurez à rendre dans un autre monde.

— C'est mon seul désir, mylord, répondit Fergus du même ton ferme et résolu. Une larme roula sous la paupière d'Evan, dont le regard sauvage n'avait pas cessé d'être arrêté sur son Chef.

— Pour vous, pauvre ignorant, reprit le juge, qui, dirigé par les idées dans lesquelles vous avez été élevé, nous avez montré aujourd'hui, par un exemple frappant, comment la fidélité due au roi et à l'État seuls est, par suite de votre malheureux esprit de clan, reportée à quelques hommes ambitieux, qui finissent par faire de vous les instruments de leurs crimes ; — pour vous, dis-je, j'éprouve une telle compassion, que si vous pouvez prendre sur vous de former un recours en grâce, je m'efforcerai de vous la faire obtenir. Autrement...

— De grâce, je n'en veux point ! s'écria Evan ; puisque vous allez verser le sang de Vich Ian Vohr, la seule faveur que j'accepterais de vous serait... de leur commander de me desserrer les mains et de me donner une claymore, et de rester seulement une minute assis où vous êtes !

— Emmenez les prisonniers, dit le président ; et que son sang retombe sur sa tête !

Presque anéanti sous le poids de ses douloureuses impressions, Édouard se trouva entraîné par le flot de la foule jusqu'au milieu de la rue, avant de s'être reconnu. Son désir immédiat fut de revoir encore une fois Fergus, et de lui parler. Il courut au château, où son malheureux ami était renfermé ; mais l'entrée lui en fut refusée. — Le haut-shériff, lui dit un sous-officier, avait recommandé au gouverneur de ne laisser pénétrer personne près du prisonnier, à l'exception de son confesseur et de sa sœur.

— Et où était miss Mac-Ivor ? — On le lui indiqua. C'était chez une respectable famille catholique, près de Carlisle.

Repoussé des portes du château, et n'osant s'aventurer à s'adresser au haut-shériff ou aux juges en son propre nom, naguère proscrit, il eut recours au *solliciteur* qui avait agi pour Fergus. L'homme de loi lui apprit qu'on avait craint que l'esprit public ne fût exposé à être faussé par le récit des derniers moments de condamnés de cette nature, tel que pourraient le faire les amis du Prétendant ; qu'en conséquence, on avait arrêté d'exclure de leur approche toute personne qui n'aurait pas

CHAPITRE LXVIII.

à faire valoir le droit d'une proche parenté. Il promit néanmoins (pour obliger l'héritier de Waverley-Honneur) de lui obtenir un ordre d'admission près du prisonnier, pour le lendemain, avant que ses fers ne lui fussent ôtés pour l'exécution.

— Est-ce de Fergus Mac-Ivor que l'on parle ainsi, se dit Waverley, ou bien est-ce un songe? — Le hardi, le chevaleresque, l'aventureux Fergus? — le Chef si fier d'un clan tout dévoué? Est-ce lui, que j'ai vu conduire la chasse et commander l'attaque? — Le brave, l'actif, le jeune et noble Fergus, — l'amour des dames et le héros des bardes, — est-ce lui qui est enchaîné comme un malfaiteur? que l'on va traîner sur la claie au gibet du commun des scélérats? qui va souffrir une mort lente et cruelle, déchiré par la main abjecte d'un homme que la société exclut de son sein? Oh oui! il sortait de l'enfer, le spectre qui a prédit un pareil sort au brave Chef de Glennaquoich!

D'une voix affaiblie, il pria le *solliciteur* de trouver moyen d'avertir Fergus de sa visite, s'il obtenait permission de la faire. Il le quitta ensuite, et, de retour à son hôtellerie, écrivit à Flora un billet à peine intelligible, lui annonçant son dessein de la voir dans la soirée. Le messager rapporta une lettre de la main de Flora, dont la belle écriture accusait à peine un léger tremblement de la main qui l'avait tracée. « Miss Flora Mac-Ivor, disait la lettre, ne peut refuser de voir l'ami le plus cher de son frère bien-aimé, même au milieu de la douleur sans égale de sa situation actuelle. »

Lorsqu'Édouard se présenta à la demeure temporaire de miss Mac-Ivor, il fut immédiatement introduit. Dans une vaste et sombre pièce tendue de noir, Flora était assise près d'une fenêtre dont les jalousies étaient baissées, occupée à coudre ce qui lui parut être un vêtement de flanelle blanche. Non loin d'elle était une femme âgée, d'apparence étrangère, et couverte d'habits religieux: elle lisait un livre de dévotion catholique; mais lorsque Waverley entra, elle le posa sur la table et quitta l'appartement. Flora se leva pour le recevoir et lui tendit la main, mais sans essayer de parler. Sa fraîcheur était totalement perdue, et toute sa personne fort amaigrie; la blancheur de marbre de son visage et de ses mains formait un frappant contraste avec ses vêtements noirs et le jais de sa chevelure. Cependant, au milieu de ces marques de douleur, rien en elle ne sentait la négligence ou le désordre; ses cheveux même, quoique sans aucun ornement, étaient disposés avec le soin habituel qu'elle apportait à leur arrangement. Les premiers mots qu'elle prononça furent ceux-ci : — L'avez-vous vu?

— Hélas! non, répondit Waverley; on a refusé de m'admettre.

— Cette conduite est d'accord avec le reste, dit-elle; mais il faut nous soumettre. Croyez-vous obtenir une permission?

— Pour... pour... demain, répondit Waverley; mais en articulant si faiblement le dernier mot qu'à peine il fut intelligible.

— Oui, alors ou jamais, répliqua Flora; — jusqu'au temps, ajouta-t-elle en levant les yeux vers le ciel, où, j'en ai la confiance, nous nous retrouverons tous. Mais j'espère que vous le reverrez tandis que la terre le porte encore. Il vous a toujours aimé au fond du cœur quoique... Mais il est inutile de parler du passé.

— Inutile, en effet, répéta Waverley.

— Ou même de l'avenir, mon bon ami, en tout ce qui se rapporte aux choses de ce monde. Combien de fois me suis-je représenté à moi-même l'extrême probabilité de cette horrible issue, et ai-je tâché d'envisager de sang-froid la manière dont j'en supporterais ma part; et néanmoins combien toutes mes prévisions sont restées en deçà de l'inexprimable amertume de cet instant!

— Ma chère Flora, si votre force d'âme...

— Oui, interrompit-elle d'un ton presque égaré, il y a là, M. Waverley, il y a là dans mon cœur un démon actif qui me dit tout bas — mais ce serait folie de l'écouter, — que la force d'âme dont s'enorgueillissait Flora a tué son frère!

— Juste Ciel! Pouvez-vous exprimer une pensée si horrible!

— Oui, n'est-elle pas horrible? et cependant elle s'attache à moi comme un fantôme. Je sais que c'est une vaine illusion : mais elle m'est toujours présente; elle remplit mon esprit de son horreur; elle me souffle sans cesse que mon frère, aussi léger qu'ardent, aurait divisé son énergie entre cent objets. Ce fut moi qui lui appris à la concentrer, à la placer tout entière sur ce coup terrible et désespéré. Oh! que ne puis-je me souvenir de lui avoir dit une seule fois : Celui qui frappe avec l'épée périra par l'épée! Que ne lui ai-je dit une fois seulement : Restez chez vous; réservez-vous, vous, vos vassaux et votre vie, pour des entreprises possibles à l'homme! Mais, M. Waverley, j'aiguillonnais son caractère fougueux, et la moitié de sa ruine au moins est due à sa sœur!

Cette horrible idée, Édouard s'efforça de la combattre par tous les arguments sans suite qui se présentèrent à lui. Il lui rappela les principes que tous deux regardaient comme devant être la règle de leur conduite, et dans lesquels tous deux avaient été élevés.

— Ne pensez pas que je les aie oubliés, dit-elle en levant vivement la tête; je ne déplore pas sa tentative parce qu'elle eût été injuste! Oh non! sur ce point ma conviction est la même. Je la déplore seulement, parce qu'il était impossible qu'elle se terminât autrement qu'elle ne s'est terminée.

— Cependant elle n'a pas toujours paru si hasardeuse et si désespérée qu'elle l'était, et elle eût été embrassée par l'esprit hardi de Fergus, que vous l'eussiez approuvée ou non. Vos conseils ont servi seulement à donner à sa conduite de l'unité et de la consistance; à ennoblir, mais non à hâter sa résolution. — Mais Flora cessa bientôt d'écouter Édouard, et reprit son aiguille.

— Vous souvenez-vous, reprit-elle en le regardant avec un sourire étrange, qu'une fois vous m'avez trouvée préparant la parure de fiançailles de Fergus ? maintenant je couds ses habits de noce. Nos amis de cette maison, ajouta-t-elle en réprimant son émotion, donneront une place en terre sainte, dans leur chapelle, aux restes sanglants du dernier Vich Ian Vohr. Mais ils ne reposeront pas tous ensemble ; non, — sa tête...! Je n'aurai pas la dernière et misérable consolation d'embrasser les lèvres glacées de mon cher Fergus !

L'infortunée Flora poussa quelques sanglots convulsifs et s'évanouit dans son fauteuil. La dame étrangère, qui était restée dans la pièce voisine, se hâta de rentrer ; elle pria Édouard de quitter la chambre, mais non la maison.

Quand il fut rappelé, au bout de près d'une demi-heure, miss Mac-Ivor, par un courageux effort, avait en grande partie recouvré son calme. Il se hasarda alors à faire valoir les droits de miss Bradwardine à être considérée par elle comme une sœur adoptive, et autorisée à concourir à ses plans futurs.

— Ma chère Rose m'a déjà écrit pour le même objet, répondit-elle. La douleur est égoïste et exclusive, sans quoi je lui aurais répondu déjà pour lui faire savoir que, même au milieu de mon désespoir, j'ai ressenti un éclair de bonheur à la nouvelle de son heureux avenir, et en apprenant que le bon vieux baron a échappé au naufrage général. Donnez ceci à ma bonne et chère Rose : c'est le seul ornement de prix de la pauvre Flora ; ce fut le don d'une princesse. Elle remit dans ses mains un écrin, renfermant la rivière de diamants dont elle avait coutume de parer sa chevelure. — Cette parure m'est désormais inutile. La bonté de mes amis m'a assuré une retraite dans le couvent des Bénédictines écossaises de Paris. Demain, — si je puis survivre à la journée de demain, — je me mets en route avec cette vénérable sœur. Et maintenant, M. Waverley, adieu ! Puissiez-vous être aussi heureux avec Rose que vous le méritez l'un et l'autre ; et pensez quelquefois aux amis que vous avez perdus. Ne tentez pas de me revoir ; ce serait une bonté mal entendue.

Elle lui tendit la main, que Waverley mouilla de ses larmes ; puis, d'un pas chancelant, il sortit de l'appartement et retourna à Carlisle. Il trouva à son auberge une lettre de son ami l'homme de loi, le prévenant qu'il serait reçu le lendemain matin au château, à l'ouverture des portes, et qu'il lui serait permis de demeurer près du condamné jusqu'à ce que l'arrivée du shériff donnât le signal du cortége fatal.

CHAPITRE LXIX.

> Une séparation plus cruelle s'approche; le tambour est enveloppé de son crêpe funèbre; le cercueil tendu de noir est prêt.
>
> CAMPBELL.

Après une nuit sans sommeil, Waverley, dès l'aube du jour, était sur l'esplanade qui se déploie en avant du vieux portail gothique du château de Carlisle; mais il s'y promena longtemps dans tous les sens avant l'heure où, selon les règlements de la garnison, les portes furent ouvertes et le pont-levis baissé. Il montra sa permission au chef du poste, et fut admis.

Le lieu de détention de Fergus était un appartement sombre et voûté situé dans la partie centrale du château, une antique et large tour, qu'on regardait comme très-ancienne, et qu'entouraient des ouvrages avancés qui paraissaient être de l'époque de Henri VIII, ou un peu plus récents. Le bruit des énormes barres à l'antique et des verrous tirés pour introduire Édouard fut suivi d'un son retentissant de chaînes, lorsque l'infortuné Chef, chargé de fers pesants, se traîna sur le pavé de sa prison pour se précipiter dans les bras de son ami.

— Mon cher Édouard, dit-il d'une voix ferme et presque enjouée, voilà qui est bien à vous! J'ai appris votre bonheur prochain avec un extrême plaisir. Et comment se porte Rose? et le vieil original, notre ami le baron? Bien, je l'espère, puisque je vous vois en liberté. — Et comment règlerez-vous la préséance entre les *trois hermines passant* et l'ours avec le tire-bottes?

— Comment, mon cher Fergus, pouvez-vous parler de telles choses dans un tel moment?

— Oui; nous nous sommes trouvés à Carlisle sous de plus heureux auspices, assurément : — le 16 novembre dernier, par exemple, quand nous y faisions notre entrée aux côtés l'un de l'autre, et que nous arborions le drapeau blanc sur ces vieilles tours. Mais je ne suis pas un enfant, pour me laisser abattre, et pleurer parce que la chance a tourné contre moi. Je savais quel enjeu je risquais. Nous avons joué hardiment la partie; j'ai perdu, et je paierai en homme. Et maintenant, puisqu'il me reste peu de temps, parlons de ce qui m'intéresse le plus, — du Prince. A-t-il échappé aux limiers?

— Oui, et il est en sûreté.

— Dieu en soit loué! Racontez-moi les particularités de son évasion.

CHAPITRE LXIX.

Waverley lui raconta de cette histoire remarquable tout ce qui en avait transpiré; Fergus l'écoutait avec le plus vif intérêt. Il s'informa ensuite de plusieurs autres amis, et plus particulièrement du sort des hommes de son clan. Ils avaient moins souffert que d'autres tribus qui avaient été engagées dans l'affaire; car, selon la coutume universelle des Highlanders, s'étant en grande partie débandés pour revenir à leurs montagnes, après la captivité de leur chef, ils n'étaient plus en armes quand l'insurrection fut définitivement réprimée, et conséquemment ils furent traités avec moins de rigueur. C'est ce que Fergus apprit avec une grande satisfaction.

— Waverley, lui dit-il, vous êtes riche et généreux : si vous apprenez que ces pauvres Mac-Ivors soient tourmentés dans leurs misérables possessions par quelque rigoureux surveillant ou agent du Gouvernement, souvenez-vous que vous avez porté leur tartan et que vous êtes un fils adoptif de leur race. Le baron, qui connaît nos usages et qui vit près de nous, vous instruira du temps et des moyens de vous montrer leur protecteur. Voulez-vous le promettre au dernier des Vich Ian Vohr?

On peut bien croire qu'Édouard n'hésita pas à engager sa parole ; et par la suite il la dégagea d'une manière si généreuse, que sa mémoire vit encore dans ces vallées, sous le nom de l'Ami des Fils d'Ivor.

— Plût au Ciel, continua le Chef, que je pusse vous léguer mes droits à l'amour et à l'obéissance de cette race primitive et si brave! — Que ne puis-je du moins, comme je l'ai tenté, persuader le pauvre Evan d'accepter la vie aux conditions qu'on lui fait, et d'être pour vous ce qu'il a été pour moi, le meilleur, — le plus brave, — le plus dévoué...

Les larmes que ne pouvait lui arracher son propre sort coulèrent abondamment sur celui de son frère de lait.

— Mais, poursuivit-il en les essuyant, cela ne saurait être. Vous ne pouvez être pour eux Vich Ian Vohr. Ces trois mots magiques, ajouta-t-il en souriant à demi, sont le seul *Sésame, ouvre-toi* [1] ! qui puisse agir sur leurs sentiments et leurs affections ; et le pauvre Evan doit suivre son frère de lait à la mort comme il l'a suivi pendant toute sa vie.

— Et pour sûr, dit Maccombich en se levant du plancher dallé sur lequel, de peur de troubler leur entretien, il était jusqu'alors resté tellement immobile, que, dans l'obscurité de la chambre, Édouard ne s'était pas aperçu de sa présence, — pour sûr, Evan n'a jamais désiré ni mérité une meilleure fin que de mourir avec son Chef.

— Et puisque nous sommes sur le sujet des clans, reprit Fergus, — que pensez-vous maintenant de la prédiction du Bodach-Glas? — Puis, avant qu'Édouard pût répondre, il ajouta : Je l'ai revu la nuit

---

[1] Allusion au conte oriental des Quarante Voleurs, dans les *Mille et Une Nuits*. « Sésame, ouvre-toi ! » est le charme qui seul peut faire ouvrir la porte enchantée de leur retraite. (L. V.)

dernière : — il se tenait debout, dans le rayon de lune qui, de cette étroite et haute fenêtre, se dirigeait vers mon lit. Pourquoi le craindrais-je? me suis-je dit; — demain, longtemps avant pareille heure, je serai comme lui un être immatériel. — Esprit malfaisant, me suis-je écrié, es-tu venu pour fermer tes courses sur la terre, et pour jouir et triompher de la chute du dernier rejeton de ton ennemi? Le spectre semblait sourire et me faire signe que j'allais le suivre; puis il s'est évanoui. Qu'en pensez-vous? — J'ai fait la même question au prêtre, qui est un homme bon et compatissant; il est convenu que l'Église ne rejetait pas la possibilité de semblables apparitions, mais il m'a engagé à ne pas laisser mon esprit s'arrêter sur ce sujet, l'imagination nous jouant parfois des tours non moins étranges. Qu'en pensez-vous?

— Tout à fait ce qu'en pense votre confesseur, répondit Waverley, voulant éviter de controverser un tel point dans un pareil moment. Un coup frappé à la porte annonça le digne prêtre, et Édouard se retira pendant qu'il administrait aux deux prisonniers les dernières consolations de la religion, dans le rite que prescrit l'église de Rome.

Au bout d'une heure environ, il put rentrer; bientôt après, arriva un détachement de soldats, suivi d'un forgeron qui enleva les fers des jambes des prisonniers.

— Vous voyez l'hommage que l'on rend à notre force et à notre courage highlandais; — nous sommes restés couchés ici et enchaînés comme des bêtes sauvages, au point que nos jambes avaient presque perdu la faculté de se mouvoir; et quand ils nous en délivrent, ils envoient six soldats avec des mousquets chargés, pour empêcher que nous ne prenions la citadelle d'assaut!

Édouard apprit ensuite que ces précautions rigoureuses avaient été prises par suite d'une tentative désespérée d'évasion qu'avaient faite les prisonniers, et dans laquelle ils avaient été sur le point de réussir.

Un instant après, les tambours de la garnison battirent aux armes.
— Voilà le dernier signal d'exercice que j'entendrai et auquel j'obéirai, dit Fergus. Et maintenant, mon cher, mon bien cher Édouard, avant de nous séparer, parlons de Flora; — c'est un sujet d'entretien qui éveille les plus douces sensations qui soient encore en moi.

— Nous ne nous séparerons pas *ici!*
— Oh si! il le faut; vous ne devez pas aller plus loin. Non que je craigne pour moi-même ce qui va suivre, ajouta-t-il avec fierté : la nature a ses tortures aussi bien que l'art; et combien ne nous paraîtrait-il pas heureux, l'homme qui dans le court espace d'une demi-heure échapperait à l'agonie douloureuse d'une maladie mortelle? — et ceci, qu'ils le prolongent autant qu'ils voudront, ne peut durer plus longtemps. Mais ce qu'un homme mourant peut supporter avec fermeté pourrait tuer son ami plein de vie qui contemplerait ce spectacle. — Cette loi de haute trahison, continua-t-il avec un sang-froid et un calme

CHAPITRE LXIX.

étonnants, est un des bienfaits, Édouard, que notre pauvre vieille Écosse doit à votre pays de liberté ; — notre propre jurisprudence était, m'a-t-on dit, beaucoup plus douce. Mais je présume qu'un jour ou l'autre, — quand il ne restera plus un seul sauvage Highlander pour profiter de sa douceur miséricordieuse, — les Anglais l'effaceront de leurs codes, comme les assimilant à une nation de cannibales. Et cette momerie d'exposer une tête privée de sentiment ! — Ils n'auront pas l'esprit d'orner la mienne d'une couronne de comte en papier : la satire ne serait pas mauvaise, Édouard. J'espère pourtant qu'ils placeront la mienne au-dessus de la *Porte d'Écosse*, pour que je puisse encore tourner mes yeux, même après ma mort, vers les montagnes bleuâtres de mon pays, que j'aime si tendrement. Le baron aurait ajouté

« *Moritur, et moriens dulces reminiscitur Argos* [1] »

Un tumulte subit et un bruit de voitures et de chevaux se firent alors entendre dans la cour du château. — Comme je vous ai dit pourquoi vous ne deviez pas me suivre, et que ce bruit m'avertit que mon heure s'approche, dites-moi comment vous avez trouvé la pauvre Flora ?

D'une voix presque étouffée par les sanglots, Waverley lui apprit en peu de mots l'état d'esprit dans lequel il l'avait trouvée.

— Pauvre Flora ! elle aurait pu supporter la sentence de sa propre mort, mais non la mienne. Vous, Waverley, vous connaîtrez bientôt le bonheur d'une affection mutuelle dans le mariage : — longtemps, bien longtemps Rose et vous puissiez-vous en jouir ! — mais jamais vous ne pourrez connaître la pureté de ce sentiment qui unit deux orphelins, tels que Flora et moi, laissés en quelque sorte seuls au monde, et nous tenant lieu de tout l'un à l'autre depuis notre première enfance. Mais le sens profond de ses devoirs, et le sentiment de loyalisme qui domine en elle, donneront un nouveau ressort à son esprit après la sensation aiguë qui suivra d'abord cette séparation. Elle pensera alors à Fergus comme aux héros de notre race, dont elle aimait à raconter les hauts faits.

— Ne vous verra-t-elle donc pas ? Elle semblait s'y attendre.

— Une supercherie nécessaire lui épargnera cette dernière et cruelle séparation. Il me serait impossible de la quitter sans larmes, et je ne puis supporter l'idée que ces hommes croient qu'ils ont pu m'en arracher. On lui a laissé croire qu'elle me pourrait voir à une heure plus avancée, et cette lettre, que mon confesseur lui remettra, lui apprendra que tout est fini.

Un officier parut en ce moment, et annonça que le haut-shériff et sa suite étaient arrivés devant la porte du château et réclamaient les

---

[1] Il meurt ; et en mourant il redit encore le nom si doux d'Argos. (*Énéide.*)

personnes de Fergus Mac-Ivor et d'Evan Maccombich. — J'y vais, répondit Fergus. En conséquence, donnant le bras à Édouard et suivi d'Evan Dhu et du prêtre, il descendit l'escalier de la tour, les soldats formant l'arrière-garde. La cour était occupée par un escadron de dragons et un bataillon d'infanterie, formant un carré vide. Dans le centre était le traîneau, ou claie, sur lequel les prisonniers devaient être traînés au lieu de l'exécution, à environ un mille hors des murs de Carlisle. Ce traîneau était peint en noir, et attelé d'un cheval blanc. A une des extrémités du véhicule était assis l'exécuteur, homme dont l'horrible aspect était bien en harmonie avec les fonctions; dans sa main il tenait une large hache. A l'extrémité opposée, sur le devant, un banc vide était disposé pour deux personnes. A travers le profond et sombre arceau qui ouvrait sur le pont-levis, on apercevait à cheval le haut-shériff et ses suivants, à qui la délimitation des pouvoirs civil et militaire ne permettait pas d'avancer plus loin. — Voilà qui est bien disposé pour une scène de dénoûment, dit Fergus avec un sourire de dédain, en promenant son regard autour de lui sur l'appareil de terreur. Evan Dhu, après avoir jeté les yeux sur les dragons, s'écria avec quelque vivacité : — Ce sont les braves de Gladsmuir, qui se sauvèrent si bien au galop avant que nous eussions pu en tuer une douzaine! Ils ont pourtant l'air assez hardi, maintenant. Le prêtre le pria de garder le silence.

Le traîneau s'approcha, et Fergus, tournant autour, embrassa Waverley sur les deux joues en le serrant dans ses bras, et monta d'un pas agile à sa place. Evan s'assit près de lui. Le prêtre devait les suivre dans un carrosse appartenant à son patron, le gentilhomme catholique dans la maison duquel résidait Flora. Au moment où Fergus faisait de la main un signe d'adieu à Édouard, les rangs se refermèrent autour du traîneau, et le cortége commença à se porter en avant. Il y eut un court temps d'arrêt à la grande porte extérieure, tandis que le gouverneur du château et le haut-shériff accomplissaient un court cérémonial, l'officier militaire délivrant là aux mains du pouvoir civil la personne des criminels. — Vive le roi Georges! dit le haut-shériff, quand la formalité fut terminée; Fergus se leva sur le traîneau, et, d'une voix ferme et forte, répondit : Vive le roi Jacques! Ce furent les derniers mots que Waverley entendit sortir de sa bouche.

Le cortége se remit en route, et le traîneau franchit la voûte sous laquelle il s'était arrêté un instant. La marche de mort se fit alors entendre, et ses sons mélancoliques se mêlèrent à ceux d'une cloche voilée de crêpe sonnée dans la cathédrale voisine. Les accords de la musique militaire s'affaiblissaient à mesure que le cortége s'éloignait, et bientôt on n'entendit plus que le sourd tintement des cloches.

Le dernier soldat avait disparu au delà de l'arcade sous laquelle ils avaient défilé pendant plusieurs minutes. La cour était alors entière-

CHAPITRE LXIX.

ment vide ; et Waverley restait debout, immobile, comme anéanti, et les yeux fixés sur le passage obscur où il venait de voir briller le dernier regard de son ami. Enfin, une servante de la maison du gouverneur, touchée de compassion à la morne douleur peinte sur ses traits, lui demanda s'il ne voulait pas entrer chez son maître et s'y reposer. Elle fut obligée de répéter deux fois sa question avant qu'il pût la comprendre, mais enfin il fut rappelé à lui-même. La remerciant de son offre obligeante par un geste précipité, il enfonça son chapeau sur ses yeux et sortit du château. Il parcourut d'un pas rapide les rues désertes qui conduisaient à son auberge, et, montant précipitamment chez lui, s'enferma dans sa chambre.

Après une heure et demie environ, qui lui parut un siècle d'angoisses inexprimables, le bruit des tambours et des fifres exécutant un air animé, et le murmure confus de la foule, qui maintenant remplissait les rues tout à l'heure abandonnées, lui apprirent que tout était fini, et que la troupe, ainsi que la populace, revenait de l'horrible scène. Je n'essaierai point de dépeindre ses sensations.

Dans la soirée, l'ecclésiastique lui fit une visite, et lui dit qu'il venait, à la demande de son ami défunt, l'assurer que Fergus Mac-Ivor était mort comme il avait vécu, et s'était souvenu de leur amitié jusqu'au dernier moment. Il ajouta qu'il avait aussi vu Flora, dont l'esprit semblait plus calme depuis que tout était fini. Le prêtre se proposait de partir de Carlisle le lendemain avec elle et sœur Thérèse pour le port le plus proche, d'où ils pourraient s'embarquer pour la France. Waverley força ce digne homme d'accepter un anneau de quelque valeur, et une somme d'argent pour être employée (ce qu'il pensait devoir être agréable à Flora) en services, selon le rit catholique, à la mémoire de son ami. — *Fungarque inani munere* [1], se dit-il quand le prêtre se fut retiré ; mais pourquoi ne classerait-on pas ces actes de souvenir avec d'autres honneurs que l'affection, dans toutes les sectes, accorde à la mémoire des morts ?

Le lendemain, au point du jour, il dit adieu à la ville de Carlisle, se promettant de ne jamais rentrer dans ses murailles. Il osait à peine retourner la tête vers les créneaux gothiques de la porte fortifiée qu'il venait de franchir, car la place est entourée d'une ancienne muraille. —Elles ne sont pas ici, lui dit Alick Polwarth, qui devina le motif du regard furtif que Waverley avait jeté en arrière, et qui, avec l'avidité du vulgaire pour l'horrible, s'était enquis de tous les détails de la boucherie. Les têtes sont au-dessus de la *Scotch gate* [2], comme ils l'appellent. C'est grand dommage qu'Evan Dhu, qui était un très-brave homme et d'un bon naturel, fût un Hiélandais ; et quant à

---

[1] Je m'acquitterai d'un vain devoir.
[2] *Scotch gate*, porte d'Écosse. Alick parle le dialecte du Nord. (L. V.)

cela, on en peut dire autant du laird de Glennaquoich, quand il n'était pas dans une de ses lubies.

CHAPITRE LXX.

Dulce domum [1].

L'IMPRESSION d'horreur avec laquelle Waverley quitta Carlisle s'adoucit peu à peu en un sentiment mélancolique, gradation qui fut accélérée par la tâche pénible, mais consolante, d'écrire à miss Bradwardine. Sans pouvoir étouffer en lui le souvenir douloureux de la catastrophe, il s'efforça de la lui présenter sous un jour qui, tout affligeant qu'il pût être, n'ébranlât pas son imagination. Son esprit à lui-même se familiarisa graduellement avec le tableau qu'il avait tracé pour ménager la sensibilité de Rose; ses lettres devinrent successivement plus enjouées, et il y parla de la perspective de paix et de bonheur qui s'ouvrait devant eux. Cependant, malgré cet adoucissement des sensations violentes qu'il avait éprouvées d'abord, Édouard avait touché le sol de son pays natal avant d'avoir pu retrouver dans la contemplation de la nature le charme qu'il y trouvait autrefois.

Pour la première fois alors depuis son départ d'Édimbourg, il commença à éprouver ce plaisir que ressentent généralement ceux qui reviennent à un pays verdoyant, populeux, bien cultivé, en quittant des scènes désertes et désolées, ou d'un caractère de grandeur triste et solitaire. Mais combien cette impression fut plus vive quand il entra sur les domaines depuis si longtemps possédés par ses ancêtres; qu'il reconnut les vieux chênes des Chasses de Waverley; qu'il pensa avec quel délice il conduirait Rose à ses promenades favorites; qu'il aperçut les tourelles de l'antique édifice s'élevant au-dessus des bois qui l'entouraient, et qu'enfin il se jeta dans les bras de ses parents vénérables, à qui il devait tant de respect et d'affection!

Pas un seul mot de reproche ne ternit le bonheur de leur réunion. Au contraire, quelque inquiétude que sir Everard et mistress Rachel eussent ressentie durant le périlleux engagement de Waverley avec le jeune Chevalier, cette conduite s'accordait trop bien avec les principes dans lesquels ils avaient été élevés, pour encourir leur improbation, ou même leur censure. Le colonel avait d'ailleurs fort adroitement préparé à Édouard les voies d'un bon accueil, en appuyant sur sa belle

[1] Doux pénates.

conduite comme militaire, et particulièrement sur la bravoure et la générosité qu'il avait déployées à Preston : à tel point que l'imagination du baronnet et de sa sœur, échauffée à l'idée de leur neveu engageant un combat singulier, faisant prisonnier et sauvant de la mort un officier aussi distingué que le colonel lui-même, plaçait les exploits d'Édouard au niveau de ceux de Wilibert, d'Hildebrand et de Nigel, illustres héros de leur race.

L'extérieur de Waverley, bruni par l'exercice et ennobli par les habitudes de discipline militaire, avait acquis un caractère de force et de hardiesse qui non-seulement confirmait le rapport du colonel, mais qui surprit et charma tous les habitants de Waverley-Honneur. On s'empressait autour de lui pour le voir, pour l'entendre, pour chanter ses louanges. M. Pembroke, qui secrètement exaltait le feu et le courage qu'il avait montrés en embrassant la véritable cause de l'Église d'Angleterre, reprochait doucement à son élève, néanmoins, d'avoir été si peu soigneux de ses manuscrits, qui même, dit-il, lui avaient occasionné quelques inconvénients personnels, lorsque, voyant le baronnet arrêté par un messager du roi, il avait jugé prudent de se réfugier dans une cachette appelée *le Trou du Prêtre*, à cause de l'usage qu'il avait eu autrefois. Or, assurait-il à notre héros, le sommelier n'ayant pas cru prudent de s'aventurer avec des provisions plus d'une fois par jour, il avait été souvent réduit à manger son dîner froid, ou, ce qui était encore pis, seulement à moitié chaud, outre qu'il était quelquefois arrivé que son lit avait été deux jours entiers sans être fait. La pensée de Waverley se reporta involontairement à la retraite du baron de Bradwardine, qui se contentait bien des provisions de Janette et de quelques bottes de paille étendues dans une crevasse de rocher ; mais il s'abstint de toute remarque sur un contraste qui ne pouvait que mortifier son digne précepteur.

Tout fut alors en mouvement pour les préparatifs des noces d'Édouard, événement que le bon vieux baronnet et mistress Rachel attendaient comme si eux-mêmes eussent dû y retrouver leur jeunesse. Le parti, ainsi que l'avait mandé le colonel Talbot, leur avait paru parfaitement sortable, ayant pour lui toutes les recommandations, sauf celle de la fortune, et la leur était plus que suffisante. En conséquence, M. Clippurse fut appelé à Waverley-Honneur, sous de meilleurs auspices qu'au commencement de notre histoire. Mais M. Clippurse ne vint pas seul ; car se voyant chargé d'années, il s'était associé un sien neveu, un jeune vautour (comme aurait pu l'appeler notre Juvénal anglais [1], à qui nous devons le conte de Swallow le Procureur), et maintenant ils procédaient en affaires sous le titre de MM. Clippurse et Hookem [2].

---

[1] Crabbe. (L. V.)

[2] Nous avons vu que le nom symbolique du procureur Clippurse signifie *Rogne-bourse*;

Ces dignes gentlemen reçurent des instructions pour dresser le contrat sur l'échelle de la plus splendide libéralité, comme si Édouard eût reçu pour épouse l'héritière d'une pairie du royaume, avec les domaines paternels attachés à la frange de son hermine.

Mais avant d'aborder un sujet d'une prolixité proverbiale, je rappellerai à mon lecteur l'image d'une pierre qu'un écolier paresseux et coureur fait rouler du haut d'une colline (passe-temps auquel j'étais moi-même expert dans les premières années de ma jeunesse) : d'abord elle descend lentement, évitant par un détour le moindre obstacle qu'elle rencontre ; mais quand elle a atteint toute sa force d'impulsion, lorsqu'elle arrive à la fin de sa carrière, ce n'est plus que foudre et fumée, prenant un long espace à chaque bond, franchissant haies et fossés comme un chasseur de l'York, et devenant plus rapide et plus impétueuse dans sa course à mesure qu'elle est plus près du moment où elle va être livrée à un éternel repos. Telle est la marche d'une narration telle que celle que vous parcourez. Les premiers incidents sont exposés dans tous leurs détails, afin, mon cher lecteur, que vous soyez familiarisé avec le caractère des personnages plutôt par un récit vivant que par le lourd intermédiaire d'une description directe ; mais quand l'histoire tire à sa fin, nous nous arrêtons à peine sur les circonstances, même importantes, que votre imagination doit avoir anticipées, et nous vous laissons supposer tout ce que nous ne pourrions raconter au long sans abuser de votre patience.

Nous sommes donc si loin de vouloir suivre dans les ennuyeux détails de leur office MM. Clippurse et Hookem, non plus que les démarches de ceux de leurs dignes confrères à qui fut remis le soin de poursuivre l'expédition régulière des lettres de grâce d'Édouard Waverley et de son futur beau-père, que nous toucherons même fort légèrement des points plus intéressants. Les lettres, par exemple, qui, en cette occasion, furent échangées entre sir Everard et le baron, quoique d'incomparables échantillons d'éloquence dans leur genre, doivent être condamnées à un impitoyable oubli. Je ne puis vous dire non plus tout au long comment la digne tante Rachel, non sans une allusion affectueuse et délicate aux circonstances qui avaient fait passer les diamants maternels de Rose aux mains de Donald Bean Lean, regarnit l'écrin de la jolie fiancée d'une parure qu'eût enviée une duchesse. Le lecteur voudra bien, en outre, s'imaginer que Job Houghton et sa femme furent convenablement mis à l'abri du besoin. Mais on ne put jamais leur persuader que leur fils était mort autrement qu'en combattant aux côtés du jeune squire ; de sorte qu'Alick, qui avait fait, comme ami de la vérité, mainte tentative inutile pour leur faire entendre les circonstances réelles, reçut finalement l'injonction de ne plus dire

---

celui de son associé Hookem emporte l'idée d'attraper, d'accrocher : *Hook* est un croc. (L. V.)

un mot sur ce sujet. Mais il se dédommagea par une abondante ration de batailles désespérées, d'exécutions terribles, d'histoires d'esprits et de revenants, dont il étonnait les domestiques du château.

Mais quoique ces matières importantes puissent être aussi brièvement rapportées dans un récit qu'une affaire de chancellerie dans un journal, cependant, malgré toute la diligence qu'y put apporter Waverley, le temps exigé par les formalités légales, joint au délai occasionné par la manière de voyager de l'époque, firent que plus de deux mois s'écoulèrent avant que Waverley, ayant quitté l'Angleterre, eût de nouveau pris terre chez le laird de Duchran, pour réclamer la main de sa fiancée.

Son mariage fut fixé au sixième jour après son arrivée. Le baron de Bradwardine, pour qui une noce, un baptême ou des funérailles étaient des fêtes d'un caractère élevé et solennel, éprouva quelque mortification de ce que, en y comprenant la famille de Duchran, et tous ceux des voisins immédiats qui avaient titre à être présents en une telle occasion, on ne pouvait réunir plus d'une trentaine de personnes. — Quand je me mariai, observait-il, trois cents gentilshommes à cheval, outre leur suite, et une ou deux douzaines de lairds highlandais, qui vont toujours à pied, assistaient à ma noce.

Mais son orgueil trouva quelque adoucissement dans la réflexion que lui et son gendre ayant si récemment été en armes contre le Gouvernement, ce pourrait être pour les puissances du jour un sujet de crainte et d'offense légitimes, s'ils rassemblaient les parents, alliés et amis de leurs maisons, en grand costume de guerre, selon l'antique usage de l'Écosse en ces occasions. — Et sans doute, concluait-il en soupirant, bon nombre de ceux qui se seraient le plus franchement réjouis à ces joyeuses épousailles sont aujourd'hui ou partis pour un monde meilleur, ou exilés de leur terre natale.

Le mariage eut lieu au jour désigné. Le révérend M. Rubrick, parent du propriétaire de la maison hospitalière où il fut célébré et chapelain du baron de Bradwardine, eut la satisfaction d'unir leurs mains; et Frank Stanley remplit les fonctions de garçon de noce, ayant à cet effet rejoint Waverley aussitôt après l'arrivée de celui-ci. Lady Émilie et le colonel Talbot s'étaient proposé d'être présents; mais quand le jour approcha, la santé de lady Émilie ne lui permit pas d'entreprendre le voyage. En revanche, il fut arrêté que Waverley et sa nouvelle épouse, qui se proposaient, ainsi que le baron, de se rendre immédiatement à Waverley-Honneur, s'arrêteraient quelques jours dans une terre que le colonel Talbot, séduit par le bon marché, venait d'acquérir en Écosse, et où il se proposait de résider quelque temps.

CHAPITRE LXXI.

> Ceci n'est pas ma maison,
> Je le vois bien à sa mine.
> *Vieille chanson.*

Le cortége nuptial voyageait sur un grand pied. On y voyait une calèche à six chevaux, à la nouvelle mode, que sir Everard avait offerte à son neveu, et qui éblouit par sa splendeur les yeux de la moitié de l'Écosse; il y avait, en outre, la voiture de la famille de M. Rubrick : — l'une et l'autre encombrées de dames, et escortées par les gentlemen à cheval, avec une vingtaine au moins de domestiques. Néanmoins, sans envisager le danger de la famine, le bailli Macwheeble vint à leur rencontre sur la route, pour les prier de s'arrêter à sa maison du Petit-Veolan. Étonné de la demande, le baron répondit que certainement lui et son fils iraient au Petit-Veolan faire leur visite au bailli, mais qu'ils ne pouvaient penser à amener avec eux « tout le *comitatus nuptialis*, ou le cortége matrimonial. » Il ajouta qu'ayant appris que la baronnie avait été vendue par son indigne possesseur, il était charmé de voir que son vieil ami Duncan avait conservé sa situation sous le nouveau *dominus* ou propriétaire. Le bailli salua, s'inclina, se démena, puis insista sur son invitation, jusqu'à ce que le baron, quoique contrarié de l'obstination de ses instances, eût cependant été forcé de s'y rendre, pour ne pas laisser pénétrer la pensée secrète qu'il voulait tenir cachée.

Il tomba dans une profonde rêverie en approchant de l'entrée de l'avenue, et il n'en fut tiré qu'en voyant les créneaux rétablis, les décombres enlevés, et (chose plus étonnante que le reste) les deux grands ours de pierre, ces Dagons mutilés de son idolâtrie, rendus à leur poste au-dessus de la porte d'entrée. — Ce nouveau propriétaire, dit-il à Édouard, a montré plus de *gusto*, comme disent les Italiens, depuis le peu de temps qu'il possède le domaine, que ce chien de Malcolm, quoique je l'eusse élevé ici moi-même, n'en a acquis *vitâ adhuc durante*[1]. — Et en parlant de chiens, n'est-ce pas Ban et Buscar que je vois là-bas accourant le long de l'avenue avec Davie Gellatley?

— Je pense que nous ferions bien d'aller à leur rencontre, monsieur, dit Waverley; car je crois que le maître actuel du château est le colonel Talbot, qui s'attend à nous voir. Nous avions hésité à vous apprendre d'abord qu'il avait acheté votre ancienne propriété patri-

---

[1] Dans tout le cours de sa vie.

moniale; et même, si vous répugnez à l'aller visiter, nous pouvons pousser directement jusque chez le bailli.

Le baron eut besoin de toute sa force d'âme. Cependant, après un long soupir et une longue prise, il répliqua que puisqu'on l'avait amené si loin, il ne pouvait passer la porte du colonel, et qu'il serait heureux de voir le nouveau maître de ses anciens vassaux. En conséquence il mit pied à terre, ainsi que les autres gentlemen et les dames; — il donna le bras à sa fille, et, en descendant l'avenue, lui fit remarquer avec quelle promptitude la *Diva Pecunia*[1] des hommes du Sud, — leur déité tutélaire, pourrait-il dire, — avait fait disparaître les traces de dévastation.

En effet, non-seulement les arbres abattus avaient été enlevés; mais leurs souches ayant été déracinées, et le sol environnant semé en gazon, toute trace de dégât était déjà totalement effacée, si ce n'était pour un œil familiarisé avec l'état antérieur des lieux. Une réforme analogue avait eu lieu dans l'homme extérieur de Davie Gellatley, qui venait de joindre la compagnie, après s'être arrêté de temps à autre pour admirer le nouveau costume qui relevait les grâces de sa personne, costume dont les couleurs étaient les mêmes que celles du précédent, mais assez beau par l'étoffe et les ornements pour avoir pu couvrir Touchstone[2] lui-même. Il se mit à sauter avec ses contorsions habituelles, d'abord devant le baron, puis devant Rose, en passant ses mains sur ses habits, en criant: — *Bra', bra' Davie*[3]! et à peine en état, dans les transports de sa joie extravagante, de chanter un refrain de ses mille et une chansons. Les chiens aussi témoignèrent par mille gambades leur joie de revoir leur ancien maître. — Sur ma conscience, Rose, s'écria le baron, la gratitude de ces animaux sans raison, et celle de ce pauvre *innocent*, me font venir les larmes aux yeux! tandis que cet infâme Malcolm....! Mais je suis reconnaissant au colonel Talbot d'avoir mis mes chiens en si bon état, et pareillement pour le pauvre Davie. Mais, Rose, ma chère enfant, nous ne devons pas souffrir qu'ils restent un fardeau à vie pour le domaine.

Il parlait encore, quand lady Émilie, appuyée sur le bras de son mari, reçut les arrivants à la porte inférieure, avec toutes les démonstrations de la joie. Après les premiers compliments d'introduction, fort abrégés par l'aisance et la haute habitude du monde de lady Émilie, elle s'excusa d'avoir employé quelque ruse pour les amener en un lieu qui pourrait réveiller plus d'un souvenir pénible. Mais, ajouta-t-elle, comme le domaine va changer de maître, nous souhaitions vivement que le baron...

[1] La déesse Fortune.
[2] Un des *clowns* de la création de Shakspeare. (L. V.)
[3] *Brave, brave Davie*. Nous avons déjà précédemment fait remarquer l'acception vulgaire de cette expression *brave*, pour désigner tout ce qui est beau, bon, grand, fort, etc.(L.V.)

— M. Bradwardine, madame, s'il vous plaît, interrompit le vieux gentilhomme.

— Que M. Bradwardine et M. Waverley vissent ce que nous avons fait pour remettre la maison de vos pères dans son premier état.

Le baron répondit par un profond salut. En effet, quand il pénétra dans la cour, sauf que les lourdes écuries, qui avaient été entièrement consumées, avaient été remplacées par des constructions d'un aspect plus léger et plus pittoresque, tout semblait, autant que possible, remis dans l'état où il avait laissé les choses lorsqu'il avait pris les armes quelques mois auparavant. Le colombier était repeuplé; les eaux de la fontaine coulaient avec leur abondance habituelle, et non-seulement l'ours qui en dominait le bassin, mais tous les autres ours sans exception avaient repris leurs diverses stations, et avaient été si bien réparés ou remplacés qu'ils n'offraient plus trace des violences qu'ils avaient si récemment subies. D'après le soin qu'on avait apporté à ces détails, il est à peine nécessaire d'ajouter que la maison elle-même avait été restaurée de fond en comble, ainsi que les jardins, avec la plus stricte attention de conserver partout la physionomie primitive, et de faire autant que possible disparaître tout indice des ravages qu'on y avait commis. Le baron contemplait tout cela dans un étonnement silencieux; enfin il s'adressa au colonel Talbot.

— Tout en confessant, monsieur, l'obligation que je vous ai d'avoir rétabli les emblèmes de notre famille, je ne puis que m'étonner de ce que vous n'ayez nulle part placé votre propre cimier, qui est, je crois, un mâtin, anciennement nommé un *talbot,* comme nous l'apprend le poëte :

« Un fort talbot, — chien vigoureux... »

Du moins, un chien de cette espèce forme le cimier des valeureux et célèbres comtes de Shrewsbury, auxquels votre famille tient probablement par les liens du sang.

— Je crois, dit le colonel en souriant, que nos chiens sont de la même portée. — Quant à moi, si les cimiers devaient se disputer la présence, je serais disposé à dire, avec le proverbe : A bon chien bon ours.

Tout en parlant ainsi, et le baron prenant lentement une seconde prise, ils étaient entrés dans la maison; c'est-à-dire le baron, Rose et lady Émilie, avec le jeune Stanley et le bailli, car Édouard et le reste de la compagnie étaient demeurés sur la terrasse à examiner une nouvelle serre garnie des plus belles plantes. Le baron revint à son sujet favori : — Quoiqu'il puisse vous plaire, colonel Talbot, de déroger à l'honneur de votre écusson, ce qui sans doute est votre fantaisie, comme je l'ai déjà remarqué chez d'autres gentilshommes de naissance et d'honneur de votre pays, je dois cependant vous rappeler

CHAPITRE LXXI.

que ce sont des armoiries fort anciennes et très-distinguées, aussi bien que celles de mon jeune ami Francis Stanley, l'aigle et l'enfant.

— L'oiseau et le poupon, comme on dit dans le Derby, monsieur, repartit Stanley.

— Vous êtes un mauvais plaisant, monsieur, reprit le baron, qui avait un grand faible pour ce jeune homme, peut-être parce qu'il le taquinait quelquefois ; — vous êtes un mauvais plaisant, et je vous corrigerai un de ces jours, ajouta-t-il en lui montrant son large poing bruni. — Mais ce que je voulais dire, colonel Talbot, c'est que votre famille est une ancienne *prosapia,* une race antique ; et que, puisque vous avez légalement et de tout droit acquis pour vous et les vôtres le domaine que j'ai perdu pour moi et les miens, je désire qu'il puisse rester dans votre maison autant de siècles qu'il est demeuré dans celle de son dernier propriétaire.

— Ce qui est très-beau, réellement, M. Bradwardine.

— Et néanmoins, monsieur, je ne puis que m'étonner que vous, colonel, en qui j'ai remarqué tant d'*amor patriæ,* quand nous nous sommes trouvés à Édimbourg, que vous alliez même jusqu'à rabaisser les autres pays, vous vous soyez décidé à établir vos *Lares,* ou dieux domestiques, *procul à patriæ finibus* ¹, et de manière à vous expatrier.

— Hé bien, baron, je ne vois pas pourquoi, pour garder le secret de ces deux jeunes fous, Waverley et Stanley, et celui de ma femme, qui n'est pas plus sage, un vieux soldat continuerait d'en tromper un autre. Sachez donc que je suis si pénétré de ce préjugé en faveur de mon pays natal, que l'argent que j'ai avancé au vendeur de cette vaste baronnie a seulement payé une bonbonnière appelée Brerewood-Lodge, que j'ai acquise dans le comté de ****, avec environ deux cent cinquante acres de terre, dont le principal mérite est d'être située à quelques milles seulement de Waverley-Honneur.

— Et qui donc, au nom du Ciel, a acheté cette propriété ?

— Quant à ceci, c'est du ressort de Monsieur de vous l'expliquer.

Le bailli, que le colonel désignait, et qui, durant tout ce temps, s'était dandiné d'un pied sur l'autre avec tous les signes d'une grande impatience, « comme une poule sur un *girdle* ² brûlant, » disait-il ensuite, et se rengorgeant, aurait-il pu ajouter, comme la même poule dans toute sa gloire, après avoir pondu un œuf ; — le bailli s'avança.

— C'est ce que je puis faire, Votre Honneur, c'est ce que je puis faire, dit-il. Et tirant de sa poche une liasse de papiers, il dénoua d'une main tremblante d'empressement le ruban rouge qui servait d'attache au rouleau. Voici, continua le bailli, l'acte de transport et d'abandon de Malcolm Bradwardine d'Inch-Grabbit, régulièrement signé et attesté, aux termes du statut, par lequel, pour une certaine somme d'argent

---

¹ Loin des confins de la patrie.
² Plaque de fer sur laquelle on fait cuire les galettes. (L. V.)

sterling présentement comptée et payée à son profit, il a vendu, aliéné et cédé le domaine entier et baronnie de Bradwardine, Tully-Veolan et autres, y compris le donjon, le manoir....

— Au nom du Ciel, allez au but, monsieur; je sais tout cela par cœur, interrompit le colonel.

— A Cosmo Comyne Bradwardine, esq., poursuivit le bailli, à ses hoirs et ayants cause, simplement et sans rachat,— pour être possédés *à me vel de me*....

— Abrégez, je vous prie, monsieur.

— Sur la conscience d'un honnête homme, colonel, j'abrége autant que le style légal le permet. — Toujours sous la charge et réserve....

— M. Macwheeble, ceci serait plus long qu'un hiver de Russie; — permettez-moi. En deux mots, M. Bradwardine, votre domaine patrimonial est redevenu votre propriété pleine et entière, sous la seule charge de la somme avancée pour son rachat, somme qui est, m'a-t-on dit, fort loin de sa valeur.

— Vieille chanson, — vieille chanson, sous le bon plaisir de Vos Honneurs, s'écria le bailli en se frottant les mains; examinez le livre de rentes.

— Laquelle somme ayant été avancée par M. Waverley, principalement sur le prix de la propriété de son père, que j'ai achetée de lui, est assurée par ce mariage à sa femme, c'est-à-dire à votre fille, et à sa famille.

— C'est, dit le bailli d'un ton triomphant, une garantie pleine et entière, faite à Rose Bradwardine, *aliàs* Wauverley, sa vie durant, et aux enfants dudit mariage, comme fieffataires; et j'ai rédigé un petit bout de minute d'un contrat *antinuptial, intuitu matrimonii*, de sorte qu'elle ne peut être à l'avenir sujette à réduction, comme une donation *inter virum et uxorem* [1].

Il est difficile de dire si le digne baron fut plus charmé de la restitution du domaine de ses pères, que de la générosité délicate qui le laissait libre de donner suite à son intention d'en disposer après sa mort, et qui évitait autant que possible de lui imposer même l'apparence d'une obligation pécuniaire. Quand il fut revenu de son premier mouvement de surprise et de joie, sa pensée se reporta vers son indigne héritier dans la ligne masculine, qui, dit-il, avait vendu, comme Ésaü, son droit d'aînesse pour une assiettée de soupe.

— Mais qui lui a fait cuire son porridge? exclama le bailli; je voudrais bien le savoir. — Qui est-ce, sinon le très-humble serviteur de Votre Honneur, Duncan Macwheeble? Son Honneur le jeune M. Wauverley a tout remis entre mes mains depuis le commencement, — depuis la

---

[1] Entre mari et femme.

première assignation, puis-je dire. Je les ai circonvenus ; — j'ai joué avec eux à *l'esprit autour du buisson* [1] ; — je les ai enjôlés ; Inch-Grabbit et Jamie Howie savent si je ne leur ai pas joué un bon tour. Un procureur ! Je n'ai pas été à eux tout d'un coup avec notre jeune et beau marié, pour leur faire tenir la dragée haute : non, non ; je leur ai fait peur de nos tenanciers à demi sauvages, et des Mac-Ivors qui ne sont pas encore bien tranquilles, au point qu'ils n'osaient plus, pour rien au monde, passer le seuil de leur porte après la nuit venue, dans la crainte que John Heatherblutter, ou un autre défie-diable de la même trempe, ne leur envoyât quelque bon coup. En même temps, d'un autre côté, je leur rebattais les oreilles du colonel Talbot. — Voudraient-ils tenir le prix haut pour l'ami du duc ? Ne savaient-ils pas qui était le maître ? Ne l'avaient-ils pas assez vu par le triste exemple de tant de pauvres malheureux malavisés..?

— Qui ont été à Derby, par exemple, M. Macwheeble ? lui dit tout bas le colonel.

— Chut ! colonel, pour l'amour de Dieu ! laissez cette mouche posée au mur [2] ! Il y avait plus d'un honnête homme à Derby ; et il ne faut pas parler de corde... ajouta-t-il en jetant un regard en dessous du côté du baron, qui était plongé dans une profonde rêverie.

Il en sortit tout à coup ; et prenant Macwheeble par un bouton, il le conduisit dans une des profondes embrasures des fenêtres, d'où il ne parvint que des mots sans suite de leur conversation au reste de la compagnie. Il était certainement question entre eux de papier timbré et de parchemins ; car nul autre sujet, même dans la bouche de son patron, et de son patron redevenu propriétaire, n'aurait pu captiver aussi profondément l'attention révérencieuse du bailli.

— Je comprends parfaitement Votre Honneur ; cela peut se faire aussi aisément que de prendre jugement par défaut.

— A elle et à lui après mon décès, et à leurs héritiers mâles ; — mais de préférence au second fils, si Dieu leur en accorde deux, lequel porterait le nom et les armes de Bradwardine de Bradwardine, sans autre nom et sans autres armoiries quelconques.

— Il suffit, Votre Honneur ! répondit le bailli à demi-voix ; j'en ferai ce matin un petit brouillon. Il n'en coûtera qu'un acte de résignation *in favorem*, et je le tiendrai prêt pour la prochaine session de l'échiquier.

Leur entretien particulier terminé, le baron eut à faire les honneurs de Tully-Veolan à de nouveaux hôtes. C'étaient le major Melville de Cairnvreckan et le révérend M. Morton, suivis de deux ou trois autres des connaissances du baron, qui avaient été informés de la réac-

---

[1] Espèce de jeu de *cache-cache*. Le bailli veut dire qu'il a joué au plus fin avec eux. (L. V.)

[2] Proverbe écossais. (L. V.)

quisition qu'il avait faite du domaine de ses pères. On entendit aussi les acclamations des villageois, parties de la cour du château; car Saunders Saunderson, qui avait gardé le secret pendant plusieurs jours avec une louable discrétion, avait dénoué sa langue dès qu'il avait vu arriver les équipages.

Mais tandis qu'Édouard recevait le major Melville avec politesse, et le ministre avec les marques de la plus affectueuse reconnaissance, son beau-père paraissait assez embarrassé, ne sachant trop comment il pourrait s'acquitter envers ses hôtes des obligations de l'hospitalité, et encourager la joie de ses vassaux. Lady Émilie vint à son secours, en lui disant que, quoique à beaucoup d'égards elle dût fort imparfaitement représenter mistress Édouard Waverley, elle espérait que le baron approuverait les préparatifs qu'elle avait fait faire, dans l'attente d'un si grand nombre de convives ; et que, pour tout le reste, ils trouveraient tout ce qui leur était nécessaire, prévu de manière à soutenir jusqu'à un certain point l'ancienne réputation d'hospitalité de Tully-Veolan. Il est impossible d'exprimer le plaisir que cette assurance fit au baron. D'un air de galanterie qui rappelait à la fois la raideur du laird écossais et l'officier au service de France, il offrit son bras à sa belle suppléante, et d'un pas qui tenait le milieu entre l'enjambée et le menuet, il la conduisit, suivi du reste de la compagnie, à la vaste salle où était dressée la table.

Grâces aux indications de Saunders et au mouvement qu'il s'était donné, tout y avait été disposé, autant que possible, comme dans les autres parties du château, sur le modèle des anciens arrangements, et quand de nouveaux meubles avaient été nécessaires, ils avaient été choisis de manière à s'accorder avec les autres parties de l'ameublement. Cette ancienne et belle salle avait cependant reçu une addition qui amena des larmes dans les yeux du baron. C'était un grand tableau plein de vie, où Fergus Mac-Ivor et Waverley étaient représentés dans leur costume highlandais. Le lieu de la scène était un défilé sauvage et rocailleux entre deux rangées de montagnes ; à l'arrière-plan on voyait le clan descendre dans la passe. Ce tableau avait été fait d'après une esquisse animée tracée, tandis qu'ils étaient à Édimbourg, par un jeune homme plein de talent, et peint de grandeur naturelle par un artiste éminent de Londres. Raeburn [1] lui-même (dont les Chefs highlandais semblent sortir de la toile) n'aurait pu traiter le sujet d'une manière plus heureuse. Le caractère ardent, fier, impétueux, de l'infortuné Chef de Glennaquoich était habilement mis en contraste avec l'expression contemplative, romanesque et enthousiaste de son ami plus heureux. Aux côtés de ce tableau étaient suspendues les armes que Waverley avait portées dans le cours de cette malheureuse

---

[1] Célèbre peintre écossais, contemporain de l'auteur. (L. V.)

guerre civile. Ce tableau excita à la fois l'admiration et une émotion profonde.

Cependant, en dépit du sentiment et de l'admiration, il faut que l'on mange; et le baron, prenant le bas bout de la table, insista pour que lady Émilie en fît les honneurs, afin, dit-il, qu'ils pussent servir d'exemple aux *jeunes gens*. Après un instant de réflexion, employé à concilier dans sa tête les droits de préséance entre l'église presbytérienne et l'église épiscopale d'Écosse, il pria M. Morton, comme étranger, de vouloir bien bénir le repas, faisant observer que M. Rubrick, qui était *de la maison*, dirait les grâces pour remercier le Ciel des faveurs distinguées qu'il en avait reçues. Le dîner fut excellent; Saunderson s'y montra en grand costume, avec tous les anciens domestiques qu'on avait réunis, sauf un ou deux dont on n'avait pas entendu parler depuis l'affaire de Culloden. Les caves étaient garnies d'un vin qui fut proclamé délicieux, et on avait imaginé (pour ce soir-là seulement) de faire verser à l'ours de la fontaine d'excellent punch à l'eau-de-vie, pour la gratification des assistants de rang inférieur qui remplissaient la cour.

Après le dîner, le baron, se disposant à proposer un toast, jeta un regard empreint de tristesse sur le buffet, qui cependant était chargé d'une bonne partie de sa vaisselle d'argent, qu'on avait trouvé moyen de sauver du pillage, ou que les gentilshommes du voisinage avaient rachetée de la soldatesque, et qu'ils avaient rendue de bon cœur au premier propriétaire.

— Dans les temps où nous sommes, dit-il, on doit rendre grâces au Ciel d'avoir sauvé sa vie et ses terres; néanmoins, au moment de porter ce toast, je ne puis m'empêcher de regretter un ancien meuble de famille, lady Émilie, — un *poculum potatorium*[1], colonel Talbot...

Ici le baron se sentit légèrement toucher au coude par son *major domo*; se retournant, il aperçut, dans les mains d'*Alexander ab Alexandro*, la célèbre coupe de saint Duthac, le bienheureux Ours de Bradwardine! Je doute que la restitution de son domaine lui eût causé plus de ravissement. — Sur mon honneur, dit-il, là où vous êtes, lady Émilie, on pourrait presque croire aux *brownies*[2] et aux fées.

— Je suis réellement heureux, dit le colonel Talbot, de pouvoir vous donner, par la restitution de ce morceau d'antiquité de famille, qui est tombé en mon pouvoir, quelque marque du profond intérêt que je prends à tout ce qui concerne mon jeune ami Édouard. Mais afin que vous ne puissiez prendre lady Émilie pour une magicienne, ni moi pour un sorcier, ce qui n'est pas une plaisanterie en Écosse, je dois vous dire que votre ami Frank Stanley, qui a été pris d'une fièvre de tartans depuis qu'il a entendu les récits d'Édouard sur les anciens usages de

---

[1] Une coupe à boire.
[2] Esprits familiers, dont la mention est fréquente dans les légendes écossaises. (L. V.)

l'Écosse, nous avait de seconde main décrit cette remarquable coupe. Mon domestique, Spontoon, qui, en véritable vieux soldat, observe tout et parle peu, me dit ensuite qu'il croyait avoir vu la pièce d'argenterie mentionnée par M. Stanley dans les mains d'une certaine mistress Nosebag, qui, ayant été originairement la femme d'un prêteur sur gage, avait trouvé occasion, lors des derniers événements fâcheux d'Écosse, de reprendre un peu son ancien métier, et qui était ainsi devenue dépositaire de la partie la plus précieuse du butin de la moitié de l'armée. Vous pouvez bien penser que la coupe fut promptement recouvrée; et vous me ferez grand plaisir en me laissant croire que sa valeur n'est pas diminuée pour vous être revenue par mes mains.

Une larme se mêla au vin dont le baron remplissait la coupe, pour proposer une santé de gratitude au colonel Talbot, et « à la prospérité des maisons alliées de Waverley-Honneur et de Bradwardine.... »

Il me reste seulement à dire que, comme jamais souhait n'avait été exprimé avec une plus sincère affection, il en est peu aussi, eu égard à l'inévitable instabilité des choses humaines, qui, au total, aient été plus heureusement accomplis.

CHAPITRE LXXII.

POSTSCRIPTUM,

QUI AURAIT DU SERVIR DE PRÉFACE.

Notre voyage est terminé, ami lecteur ; et si votre patience m'a constamment suivi à travers les pages qui précèdent, le contrat, en ce qui vous concerne, est scrupuleusement exécuté. Cependant, semblable au conducteur qui a reçu intégralement son salaire, je ne vous quitte pas encore, et je fais, avec toute la défiance convenable, un petit appel additionnel à votre générosité et à votre bon naturel. Vous êtes tout aussi libre, néanmoins, de fermer le volume de l'un des deux postulants que de clore votre porte au nez de l'autre.

Ce chapitre eût dû servir de préface, n'eussent été deux raisons : la première, c'est que beaucoup de lecteurs de romans, comme ma propre conscience me le rappelle, sont sujets au péché d'omission en ce qui est des préfaces; la seconde, que c'est un usage général, chez cette classe de lecteurs, de commencer par le dernier chapitre d'un livre : de sorte que, tout considéré, ces remarques, reléguées à la fin de l'ouvrage, n'en auront que plus de chances d'être lues en leur lieu et place.

Il n'est pas de peuple en Europe qui, dans le cours d'un demi-siècle ou environ, ait éprouvé un aussi complet changement que ce royaume d'Écosse. Les effets de l'insurrection de 1745, — la destruction du pouvoir patriarcal des chefs highlandais, — l'abolition des juridictions héréditaires de la noblesse et des barons des basses terres, — l'extirpation complète du parti jacobite, qui, répugnant à se mêler aux Anglais et à adopter leurs coutumes, s'enorgueillit longtemps encore de conserver les anciennes mœurs et les usages écossais : — toutes ces causes commencèrent l'innovation. L'afflux graduel des richesses et l'extension du commerce ont conjointement, depuis lors, contribué à rendre le peuple actuel d'Écosse aussi différent de ses ancêtres, que les Anglais d'aujourd'hui le sont des Anglais contemporains de la reine Élisabeth. Les effets politiques et économiques de ces changements ont été retracés par lord Selkirk avec autant de précision que d'exactitude. Mais la révolution, quoique invariablement et rapidement progressive, a pourtant été graduelle; et comme ceux qui s'abandonnent au cours d'une rivière calme et profonde, nous ne reconnaissons le chemin que nous avons fait qu'en reportant les yeux vers le point maintenant éloigné d'où nous sommes partis. Ceux de nos contemporains qui peuvent se remémorer les vingt ou vingt-cinq dernières années du dix-huitième siècle sentiront complétement la vérité de cette assertion, surtout si leurs liaisons et leur parenté appartenaient à cette classe que dans mon jeune temps on appelait facétieusement *les gens du vieux levain*, et qui nourrissait, pour la maison des Stuarts, un attachement fidèle, quoique sans espoir. Cette race a maintenant presque disparu du pays, et avec elle, sans doute, beaucoup d'absurdes préjugés politiques; mais avec elle aussi se sont éteints bien des exemples vivants d'un attachement singulier et désintéressé aux principes de *loyalisme* qu'ils avaient reçus de leurs pères, ainsi que de l'antique hospitalité, de la foi, de la valeur et de l'honneur écossais.

Le hasard a voulu, quoique je ne sois pas né Highlander (ce qui peut me servir d'excuse pour mon mauvais gaëlique), que j'aie passé mon enfance et ma jeunesse parmi des personnes du genre de celles que je viens de mentionner : c'est dans le dessein de conserver quelque idée des anciennes mœurs dont j'ai vu l'extinction presque totale, que j'ai prêté un corps à des scènes imaginaires, et attribué à des personnages fictifs une partie des incidents dont j'entendis alors le récit de la bouche de ceux qui y avaient joué un rôle. Les parties les plus romanesques de cette narration sont, en effet, précisément celles qui ont un fondement réel. L'échange de protection mutuelle entre un gentilhomme highlandais et un officier de haute naissance de l'armée royale, ainsi que la manière hardie dont ce dernier soutient son droit de rendre la faveur qu'il a reçue, sont littéralement vrais. L'accident causé par un coup de mousquet, et la réponse héroïque attribuée à Flora, appartiennent à une dame de noble famille morte depuis peu. Et il n'est guère de gentilshommes, de ceux qui furent obligés de se cacher après la bataille de Culloden, qui n'eussent à raconter quelque histoire d'étranges cachettes et de retraites précaires et dangereuses, aussi extraordinaire qu'aucune de celles que j'ai attribuées à mes héros. La fuite de Charles-Édouard lui-même en est le plus remarquable et le plus frappant exemple. Les récits de la bataille de Preston et de l'escarmouche de Clifton sont faits sur ceux d'intelligents témoins oculaires, et rectifiés d'après l'*Histoire de la Rebellion* de feu le vénérable auteur de *Douglas*. Les gentilshommes écossais des basses terres, et les personnages subalternes, ne sont pas donnés comme des portraits individuels; mais ils ont été peints d'après les habitudes générales de l'époque dont j'ai vu quelques restes dans ma jeunesse, ou que j'ai recueillies par tradition.

Mon but a été de peindre ces caractères, non par l'emploi exagéré et ridiculisé du dialecte national, mais par leurs habitudes, leurs manières et leurs sentiments, de façon à rivaliser de loin avec les admirables portraits irlandais tracés par miss Edgeworth, et si différents

CHAPITRE LXXII. 413

des *Teagues* et des *chères joies*, qui pendant si longtemps, avec la plus parfaite ressemblance de famille, ont occupé le drame et le roman.

J'ai peu de confiance, cependant, dans la manière dont j'ai exécuté mon dessein. J'étais même si peu satisfait de mon ouvrage que je l'avais mis de côté avant de l'avoir achevé, et que ce ne fut qu'au bout de plusieurs années que je le retrouvai, par pur hasard, parmi d'autres papiers inutiles relégués dans un vieux meuble dont je retournais les tiroirs pour y chercher quelques articles de pêche que je destinais à un ami. Dans l'intervalle, avaient paru deux ouvrages sur des sujets analogues, sortis de la plume de deux dames dont le génie honore leur pays : je veux parler du *Glenbarnie* de mistress Hamilton, et du tableau récent des *Superstitions highlandaises*. Mais le premier de ces deux ouvrages est restreint aux mœurs rurales de l'Écosse, dont il a donné une peinture de la fidélité la plus frappante ; et les traditions recueillies par la spirituelle et respectable mistress Grant de Laggan sont d'une nature distincte des aventures fictives que j'ai voulu retracer.

Je voudrais me persuader à moi-même que l'ouvrage qui précède ne sera pas trouvé tout à fait dénué d'intérêt. Aux vieillards, il rappellera les scènes et les caractères familiers à leur jeunesse ; à la génération qui s'élève, mes récits pourront donner quelque idée des mœurs de leurs pères.

Je souhaiterais cependant sincèrement que la tâche de peindre les mœurs à demi effacées de son pays ait occupé la plume du seul Écossais qui eût pu la remplir dignement, — de cet écrivain si éminemment distingué dans la littérature élégante, et dont les esquisses du *colonel Caustic* et d'*Umphraville* reproduisent si parfaitement les plus beaux traits du caractère national. J'aurais eu dans ce cas plus de plaisir comme lecteur que je n'en ressentirai jamais dans tout l'orgueil d'un auteur heureux, dussent ces feuilles me valoir cette distinction enviée ! Et puisque j'ai interverti l'arrangement ordinaire, en plaçant ces remarques à la fin de l'ouvrage auquel elles se rapportent, je risquerai une seconde violation des formes, en terminant le tout par une dédicace :

CE VOLUME
ÉTANT RESPECTUEUSEMENT DÉDIÉ
A
NOTRE ADDISON ÉCOSSAIS,
HENRY MACKENZIE,
PAR
UN ADMIRATEUR IGNORÉ
DE
SON GÉNIE.

NOTES
DE
WAVERLEY.

(A) Page 6.

La déposition de Jacques II, le dernier Stuart qui ait régné en Angleterre, et sa fuite sur le continent; l'accession de Guillaume d'Orange au trône que le faible frère de Charles II n'avait pas su défendre; l'opposition impuissante que la nouvelle dynastie rencontra longtemps en Angleterre parmi les partisans de la dynastie déchue, désignés sous le nom de *Jacobites* ou partisans de Jacques; enfin la tentative aventureuse et inutile du petit-fils de Jacques II, Charles-Édouard, pour recouvrer la couronne de ses pères : tel est le fond politique sur lequel repose le plan de *Waverley*. Ce fond, à la vérité, n'est qu'un objet secondaire dans les vues de l'auteur, et lui sert seulement de cadre pour l'admirable peinture qu'il a tracée des mœurs, des usages, des opinions et des habitudes domestiques de l'Écosse au milieu du dix-huitième siècle; mais les lecteurs français n'en pourront pas moins voir ici avec intérêt un aperçu suivi des grands faits auxquels il est si fréquemment fait allusion dans le cours du roman. Nous emprunterons les traits principaux de cet aperçu à l'esquisse rapide, mais vivante et colorée, qu'a tracée du règne et de l'époque des *Quatre Stuarts* un des plus grands écrivains dont se glorifie la littérature française; un homme, chose rare, aussi honorable par son caractère qu'éminent par son génie; un homme qui n'a su être ni courtisan ni ingrat; qui n'a pu apprendre à délaisser le malheur, non plus qu'il n'avait appris à flatter la puissance; un homme, enfin, qui fait revivre, dans ce siècle d'indifférence et d'égoïsme, le noble type de cette fidélité et de cette loyauté chevaleresques que nous montrent, au siècle des Stuarts, les braves et loyaux *cavaliers* que Walter Scott a tirés avec tant de bonheur de l'oubli des tombeaux : tout le monde a nommé M. de Châteaubriand.

L'Angleterre, harassée d'une longue série d'agitations, tendit enfin les bras, après avoir pendant vingt-un ans porté le titre de République, au fils exilé du roi qu'elle avait fait périr. Charles Ier était monté sur l'échafaud de Whitehall le 29 janvier 1649; son fils, Charles II, à qui Monk aplanit le chemin du trône, remit le pied sur le sol anglais le 26 mai 1660. Après vingt-cinq ans d'un règne partagé entre les réactions et la débauche, Charles II mourut, laissant à son frère Jacques un trône à demi ébranlé. « S'il était possible, dit M. de Châteaubriand, de supposer que la corruption de mœurs répandue par Charles II en Angleterre fût un calcul de sa politique, il faudrait ranger ce prince au nombre des plus abominables monarques; mais il est probable qu'il ne suivit que le penchant de ses inclinations et la légèreté de son caractère. Assez souvent les hommes se font un plan de vertu, rarement un système de vice : la faiblesse emprunte un appui pour marcher ferme ; elle n'a pas besoin de secours pour l'aider à tomber. Entre son père décapité et son frère qui devait perdre la couronne, Charles ne se sentit jamais bien assuré au pouvoir. Il voulut du moins achever dans les plaisirs une vie commencée dans les souffrances.......

« Quelques souvenirs, quelques ambitions privées, quelques rêveries particulières à des esprits faux qui s'imaginaient pouvoir faire revivre le passé, fermentèrent dans un coin, sous la protection de Jacques, alors duc d'York et catholique de religion. Ces ambitions, ces rêveries, ces souvenirs pris mal à propos pour une opinion possible ou applicable, donnèrent à la nation la crainte d'un règne opposé au culte établi et à la liberté des peuples..... L'Église épiscopale se mêlait de toutes les transactions : proscrite durant les derniers troubles par des fanatiques, l'intérêt et la vengeance l'avaient rendue à son tour fanatique. Infecté de cet esprit de réaction, le parlement voulait l'uniformité du culte, et persécutait également catholiques et presbytériens, bien qu'un bon nombre des membres de ce parlement n'eût aucune croyance. Sous le règne de Charles Ier, la politique n'avait été que l'instrument de la religion ; sous le règne de Charles II, la religion ne fut que l'instrument de la politique...

« L'inquiétude croissante du règne futur, les prétentions de Marie, fille du duc d'York et femme du prince d'Orange, la profonde et froide ambition de ce gendre de Jacques, autour duquel les mécontents de tous les partis commençaient à se rallier, empoisonnèrent les derniers jours d'une cour frivole. Charles mourut subitement, le 16 février 1685, d'une apoplexie, suite assez commune de la débauche dans le passage de l'âge mur à la vieillesse. Les plaisirs de ce prince lui rendirent un dernier service ; ils l'enlevèrent à une nouvelle révolution, ou plutôt au dernier acte de la révolution, puisque les Stuarts n'avaient pas voulu jouer eux-mêmes ce dernier acte, et prendre à leur profit ce que Guillaume sut recueillir.

« Ce fils de Charles Ier fut un de ces hommes légers, spirituels, insouciants, égoïstes, sans attachement de cœur, sans conviction d'esprit, qui se placent quelquefois entre deux périodes historiques pour finir l'une et commencer l'autre, pour amortir les ressentiments, sans être assez forts pour étouffer les principes ; un de ces princes dont le règne sert comme de passage ou de transition aux grands changements d'institutions, de mœurs et d'idées chez les peuples; un de ces princes tout exprès créés pour remplir les espaces vides qui, dans l'ordre politique, séparent souvent la cause de l'effet.

« Jacques II, homme dur et faible, entêté et fanatique, n'avait pas, lorsqu'il prit en main les rênes des trois royaumes, la moindre idée de la révolution accomplie dans les esprits; il était resté en arrière de ses contemporains de plus d'un siècle. Il voulut tenter en faveur de l'Église romaine ce que son père n'avait pas pu même exécuter pour l'épiscopat : il se croyait le maître d'opérer un changement dans la religion de l'état aussi facilement qu'Henri VIII ; mais le peuple anglais n'était plus le peuple des Tudors, et quand Jacques eût distribué à ses sujets tous les biens du clergé anglican, il n'aurait pas fait un seul catholique. Son plus grand tort fut de jurer, en parvenant à la couronne, ce qu'il n'avait pas l'intention de tenir : la foi gardée n'a pas toujours sauvé les empires; la foi mentie les a souvent perdus.

« Jacques, naturellement cruel, trouva un bourreau : Jeffries avait commencé ses œuvres vers la fin du règne de Charles II, dans le procès où Russel et Sidney perdirent la vie. Cet homme, qui, à la suite de l'invasion de Monmouth, fit exécuter dans l'ouest de l'Angleterre plus de deux cent cinquante personnes, ne manquait pas d'un certain esprit de justice : une vertu qu'on n'aperçoit pas dans un homme de bien se fait remarquer quand elle est placée au milieu des vices.

« Emporté par son zèle religieux, le monarque n'écoutait que les conseils de son confesseur, le jésuite Peters, qu'il avait entrepris de faire cardinal. Missionnaire dans sa propre cour, Jacques avait converti son ministre Sunderland, qui n'était pas plus fidèle à son nouveau dieu qu'il ne l'était à son roi. Le nonce du pape fit une entrée publique à Windsor, en habits pontificaux : ces choses, qui, dans l'esprit tolérant ou indifférent de ce siècle, seraient fort innocentes aujourd'hui, étaient alors criminelles aux yeux d'un peuple instruit à regarder la communion romaine comme ennemie des libertés publiques.

« Le roi, ne pouvant parvenir directement à son but, voulut l'atteindre par une voie oblique; il se fit le protecteur des *quakers,* et demanda la liberté de conscience pour tous ses sujets : Cromwell avait aussi recherché cette liberté, mais pour se défendre, et non pour attaquer, comme Jacques. Le roi intrigua sans succès, afin d'obtenir une majorité sur ce point dans le parlement. Ayant échoué, il publia de sa propre autorité une déclaration de liberté de conscience. Sept évêques refusèrent de la lire dans leurs églises : conduits à la Tour, puis acquittés par un jugement, leur captivité et leur élargissement devinrent un triomphe populaire. Jacques avait formé un camp qu'il exerçait à quelques milles de Londres; il ne trouva pas les soldats plus disposés à admettre la liberté de conscience que les évêques.

« Ainsi ce fut par un acte juste et généreux en principe que Jacques acheva de mécontenter la nation. On trouve aisément la double raison de cette sorte d'iniquité des faits : d'un côté, il y avait fanatisme protestant; de l'autre, on sentait que la tolérance royale n'était pas sincère, et qu'elle ne demandait une liberté particulière que pour détruire la liberté générale.

« Il est difficile de s'expliquer la conduite du roi. Sous le règne même de son frère, il avait vu proposer un bill d'incapacité à la possession de la couronne (l'acte de *Test*), incapacité fondée sur la profession de toute religion qui ne serait pas la religion de l'État : ces dispositions hostiles pouvaient sans doute avoir irrité secrètement Jacques le catholique; mais aussi comment ne comprit-il pas que pour conserver la couronne chez un pareil peuple, il ne le fallait pas frapper à l'endroit sensible? Loin de là, au lieu de se modérer en parvenant au souverain pouvoir, Jacques abonda dans les mesures propres à le perdre.

« La Hollande était depuis longtemps le foyer des intrigues des divers partis anglais : les émissaires de ces partis s'y rassemblaient sous la protection de Marie, fille aînée de Jacques, femme du prince d'Orange, homme qui n'inspire aucune admiration, et qui pourtant a fait des choses admirables. Souvent averti par Louis XIV, Jacques ne voulait rien croire : il lui fallut pourtant se rendre à l'évidence ; une dépêche du marquis d'Abbeville, ambassadeur de la Grande-Bretagne à La Haye, déroula à ses yeux tout le plan d'invasion. Abbeville tenait ses renseignements du grand-pensionnaire Fagel ; le comte d'Avaux avait su beaucoup plus tôt toute l'affaire. Une flotte était équipée au Texel ; elle devait agir contre l'Angleterre, où le prince d'Orange se disait appelé par la noblesse et le clergé.

« Louis XIV, dont la politique avait été désastreuse et misérable jusqu'au dénoûment, retrouva sa grandeur à la catastrophe ; il fit des offres magnanimes, et les aurait tenues, mais il commit en même temps une faute irréparable : au lieu d'attaquer les Pays-Bas, ce qui eût arrêté le prince d'Orange, il porta la guerre ailleurs. La flotte mit à la voile ; Guillaume débarqua avec treize mille hommes à Broxholme, dans Torbay.

« A son grand étonnement, il n'y trouva personne : il attendit dix jours en vain. Que fit Jacques pendant ces dix jours ? Rien. Il avait une armée de vingt mille hommes, qui se fût battue d'abord, et il ne prit aucune résolution. Sunderland, son ministre, le vendait ; le prince Georges de Danemark, son gendre, et Anne, sa fille favorite, l'abandonnaient de même que sa fille Marie et son autre gendre Guillaume. La solitude commençait à croître autour du monarque qui s'était isolé de l'opinion nationale : il demanda des conseils au comte de Bedford, père de lord Russel, décapité sous le règne précédent à la poursuite de Jacques. « J'avais un fils, répondit le vieillard, qui aurait pu vous secourir. »

« Le prince d'Orange avançait lentement vers Londres, où la seule présence de Jacques combattait l'usurpateur. Peu à peu la défection se mit dans l'armée anglaise. Le *Lilli-Ballero*, espèce d'hymne révolutionnaire, fut chanté parmi les déserteurs : « Qu'on leur donne des passe-ports en mon nom, dit Jacques, pour « aller trouver le prince d'Orange ; je leur épargnerai la honte de me trahir. »

« Cependant le roi prenait la plus fatale des résolutions, celle de quitter Londres. Il fit partir d'abord la reine et son jeune fils, qu'accompagnait Lauzun, favori de la fortune, comme ses suppliants en étaient le jouet. Jacques lui-même s'embarqua sur la Tamise, y jeta le sceau de l'État ou plutôt sa couronne, que le flot ne lui rapporta jamais. Arrêté par hasard à Feversham, il revint à Londres, où le peuple le salua des plus vives acclamations : cette inconstance populaire pensa renverser l'œuvre de la patiente et coupable ambition du prince d'Orange. Ce duc d'York, si brave dans sa jeunesse sous les drapeaux de Turenne et de Condé, si vaillant et si habile amiral sur les flottes de son frère Charles II, ce duc d'York ne retrouvait plus comme roi son ancien courage ; il ne s'agissait cependant pour lui que de rester et de regarder en face son gendre et sa fille. Guillaume lui fit ordonner de se retirer au château de Ham : le monarque, au lieu de s'indigner contre cet ordre, sollicita humblement la permission de se rendre à Rochester. Le prince d'Orange devina aisément que son beau-père, en se rapprochant de la mer, avait l'intention de s'échapper du royaume ; or c'était tout ce que désirait l'usurpateur. Il s'empressa d'accorder la permission. Jacques gagna furtivement le rivage, monta sur un vaisseau qui l'attendait et que personne ne voulait prendre.

« L'austère catholique qui sacrifiait un royaume à sa foi était suivi de son fils naturel, le duc de Berwick, qu'il avait eu d'Arabelle Churchill, sœur du duc de Marlborough. Marlborough devait sa fortune à Jacques ; il déserta son bienfaiteur et son maître infortuné pour se donner à un coupable heureux. Berwick et Marl-

NOTE A.

borough, l'un bâtard et l'autre traître, devaient devenir deux capitaines célèbres : Marlborough ébranla l'empire de Louis XIV ; Berwick assura l'Espagne au petit-fils de ce grand roi, et ne put rendre l'Angleterre à son père, Jacques II. Berwick eut la gloire de mourir d'un coup de canon à Philisbourg pour la France (12 juin 1734), et d'avoir mérité les éloges de Montesquieu.

« Jacques aborda les champs de l'éternel exil le 2 janvier 1689 (nouveau style), mois funeste. Il débarqua à Ambleteuse, en Picardie. Il n'avait fallu que quatre ans au dernier fils de Charles Ier pour perdre un royaume.

« Une assemblée nationale convoquée à Westminster, sous le nom de *Convention*, déclara, le 23 février 1689, que Jacques, second du nom, en quittant l'Angleterre, avait abdiqué ; que son fils, le prince de Galles, était un enfant supposé (impudent mensonge); que Marie, fille de Jacques, princesse d'Orange, était de droit l'héritière d'un trône délaissé : l'usurpation s'établit sur une fiction de légitimité.

« Le prince d'Orange et sa femme Marie acceptèrent la succession royale non vacante à des conditions qui devinrent la constitution écrite de la Grande-Bretagne : tel fut le dernier acte et le dénoûment de la révolution de 1640 ; ainsi furent posées, après des siècles de discordes, les limites qui séparent aujourd'hui en Angleterre le juste pouvoir de la couronne des libertés légales du peuple.

« Au reste, ni Jacques ni les Anglais n'eurent aucune dignité dans cet événement mémorable : ils laissèrent tout faire à Guillaume avec une faible armée de treize mille hommes, où l'on comptait douze ou quatorze cents soldats et officiers français protestants; ceux-ci, chassés de France par la révocation de l'édit de Nantes, allèrent détrôner en Angleterre un prince catholique, allié de Louis XIV : ainsi s'enchaînent les choses humaines. Ce fut une garde hollandaise qui fit la police à Londres et qui releva les postes de Whitehall. Les historiens de la Grande-Bretagne appellent la révolution de 1688 la *glorieuse* révolution ; ils se devraient contenter de l'appeler la révolution *utile* ; les faits en laissent le profit, mais en refusent la gloire à l'Angleterre. Le plus léger degré de fermeté dans le roi Jacques aurait suffi pour arrêter le prince Guillaume ; presque personne dans le premier moment ne se déclara en sa faveur.

« Au surplus, cette révolution, qui aurait pu être retardée, n'en était pas moins inévitable, parce qu'elle était opérée dans l'esprit de la nation. Si Jacques parut frappé de vertige au moment décisif ; si pendant son règne on ne le vit occupé qu'à se créer une place de sûreté en Angleterre, ou un moyen de fuite en France ; s'il se laissa trahir de toutes parts ; s'il ne profita ni des avis ni des offres de Louis XIV, c'est qu'il avait la conscience que ses destins étaient accomplis. La liberté méconnue sous Jacques Ier, ensanglantée sous Charles Ier, déshonorée sous Charles II, attaquée sous Jacques II, avait pourtant été conservée dans les formes constitutionnelles, et ces formes la transmirent à la nation qui continua de féconder le sol natal après l'expulsion des Stuarts.....

« Mais que devint le roi Jacques ? Le lendemain, jour que le roi d'Angleterre
« arrivait, le roi l'alla attendre à Saint-Germain dans l'appartement de la reine.
« Sa Majesté y fut une demi-heure ou trois quarts d'heure avant qu'il arrivât :
« comme il était dans la garenne, on le vint dire à Sa Majesté, et puis on vint
« avertir quand il arriva dans le château. Pour lors Sa Majesté quitta la reine
« d'Angleterre, et alla à la porte de la salle des gardes au-devant de lui. Les
« deux rois s'embrassèrent fort tendrement, et avec cette différence que celui

« d'Angleterre, y conservant l'humilité d'une personne malheureuse, se baissa
« presque aux genoux du roi. Après cette première embrassade, au milieu de la
« salle des gardes, ils se reprirent encore d'amitié, et puis, en se tenant la main
« serrée, le roi le conduisit à la reine qui était dans son lit. Le roi d'Angleterre
« n'embrassa point sa femme, apparemment par respect.

« Quand la conversation eut duré un quart d'heure, le roi mena le roi d'An-
« gleterre à l'appartement du prince de Galles. La figure du roi d'Angleterre n'a-
« vait pas imposé aux courtisans : ses discours firent encore moins d'effet que sa fi-
« gure. Il conta au roi dans la chambre du prince de Galles, où il y avait quelques
« courtisans, le plus gros des choses qui lui étaient arrivées, et il les conta si
« mal, que les courtisans ne voulurent point se souvenir qu'il était Anglais, que
« par conséquent il parlait fort mal français, outre qu'il bégayait un peu ; qu'il
« était fatigué, et qu'il n'eût pas été extraordinaire qu'un malheur aussi considé-
« rable que celui où il était diminuât une éloquence beaucoup plus parfaite que la
« sienne. »

« Louis XIV donna une flotte au roi Jacques, et l'envoya en Irlande. Il perdit
la bataille de la Boyne (juin 1690) et revint à Saint-Germain. Un parti assez nombreux voulait le rappeler au trône ; il négociait et brouillait tout par ses prétentions.

« Jacques vit du cap de la Hogue la destruction de la seconde flotte qui le devait porter une seconde fois dans les trois royaumes. « Ma mauvaise étoile, écri-
« vait-il à Louis XIV, a fait sentir son influence sur les armes de Votre Majesté,
« toujours victorieuse jusqu'à ce qu'elles aient combattu pour moi ; je vous sup-
« plie donc de ne plus prendre intérêt à un prince aussi malheureux. »

« Louis XIV sentit la valeur de ces paroles, et son intérêt redoubla pour son
auguste client : il arma encore en 1696 au soutien du parti jacobite. Jacques se
refusa à tout complot d'assassinat sur Guillaume ; il ne voulut point non plus
monter au trône de Pologne, que son hôte royal se chargeait de lui faire obtenir.
A l'époque du traité de Ryswick, Louis XIV, qui allait être forcé de reconnaître
Guillaume pour roi d'Angleterre, proposa à Guillaume de reconnaître à son tour
le jeune fils de Jacques pour héritier de lui Guillaume. Le prince d'Orange, qui
n'avait point d'enfants, y consentait ; Jacques s'y refusa. « Je me résigne à l'u-
« surpation du prince d'Orange, dit-il, mais mon fils ne peut tenir la couronne
« que de moi ; l'usurpation ne saurait lui donner un titre légitime. » Il y a dans tout
cela de la grandeur, et une sorte de politique négative magnanime. Jacques détrôné et n'étant plus qu'un simple chrétien cessait d'être un homme vulgaire.
N'être frappé que des dévotions de ce prince avec les jésuites, c'est prendre la
moquerie pour l'histoire.

« Jacques eut la consolation et la douleur de voir quelquefois dans sa retraite
les sujets fidèles à sa mauvaise fortune. « Ils se formèrent en une compagnie de
« soldats au service de France, dit Dalrymple ; ils furent passés en revue par le
« roi (Jacques) à Saint-Germain-en-Laye. Le roi salua le corps par une inclination
« et le chapeau bas : il revint, s'inclina de nouveau et fondit en larmes. Ils se
« mirent à genoux, baissèrent la tête contre terre ; puis se relevant tous à la fois,
« ils lui firent le salut militaire... Ils étaient toujours les premiers dans une ba-
« taille et les derniers dans la retraite. Ils manquèrent souvent des choses les
« plus nécessaires à la vie ; cependant on ne les entendit jamais se plaindre, si
« ce n'est des souffrances de celui qu'ils regardaient comme leur souverain. »

NOTE A.

« Il y a un fait assez peu connu : Marie Stuart avait désiré que la compagnie écossaise au service de France fût commandée par un des fils des rois d'Écosse : on trouve en effet que Charles Ier et Jacques II furent tour à tour capitaines de cette compagnie. Les *jacobites*, qui prirent plusieurs fois les armes ou pour Jacques ou pour le Prétendant son fils, marquèrent d'un caractère touchant une vieille société expirante. Guillaume avait chassé Jacques de l'Angleterre au refrain d'une chanson révolutionnaire : on croit que le fameux *God save the king*, dont l'air est d'origine française, est un hymne religieux entonné par les jacobites en marchant au combat. La loyauté, la légitimité et la religion catholique de la vieille Angleterre ont légué une chanson à la liberté, à l'usurpation et à la communion protestante de l'Angleterre nouvelle.

« Jacques mourut en paix à Saint-Germain le 16 septembre 1701.

« Le prince de Galles, son fils, qui porta quelque temps le nom de Jacques III, et qui quitta ce monde le 2 janvier 1766 (toujours ce mois de janvier), eut deux fils : Charles-Édouard, le Prétendant, et Henri-Benoît, cardinal d'York. Le prince Édouard avait du héros, mais il n'était plus dans ce siècle des Richard Cœur-de-Lion où un seul chevalier conquérait un royaume. Le Prétendant aborda en Écosse au mois d'août 1745 : un lambeau de taffetas apporté de France lui servit de drapeau ; il rassembla sous ce drapeau dix mille montagnards, s'empara d'Édimbourg, passa sur le ventre de quatre mille Anglais à Preston, et s'avança jusqu'à quatorze lieues de Londres. S'il eût pris la résolution d'y marcher, on ne peut dire ce qui serait arrivé.

« Obligé de faire un mouvement rétrograde devant le duc de Cumberland, le Prétendant gagna néanmoins la bataille de Falkirk, mais il essuya une défaite complète à Culloden. Errant dans les bois, couvert de haillons, exténué de fatigue, mourant de faim, le souverain de droit de trois royaumes vit se renouveler en lui les aventures de son oncle, Charles second : mais il n'y eut point de restauration pour Édouard, et il ne laissa à ses amis que des échafauds.

« Revenu en France, il en fut chassé par le traité d'Aix-la-Chapelle (1748). Arrêté au spectacle, conduit à Vincennes presque enchaîné, il se retira d'abord à Bouillon, ensuite à Rome : Louis XIV ne régnait plus. Le pape Grégoire-le-Grand renvoyait comme missionnaires dans l'île des Bretons de jeunes esclaves bretons baptisés ; douze siècles après, la Grande-Bretagne renvoyait à son tour aux souverains pontifes des rois bretons confesseurs de la foi.

« L'illustre banni s'attacha à une princesse dont Alfiéri a continué la généreuse renommée. Édouard éprouva ce qu'éprouvent les grands dans l'adversité : on l'abandonna. Il avait pour lui son bon droit ; mais le malheur prescrit contre la légitimité.

« Édouard ne pardonna jamais au gouvernement français sa lâcheté. Vers la fin de sa vie il s'abandonna à la passion du vin, passion ignoble, mais avec laquelle du moins il rendait aux hommes oubli pour oubli. Il mourut à Florence le 31 janvier 1788 (toujours ce mois de janvier), un peu plus d'un an avant le commencement de la révolution française. »   (L. V.[1])

---

[1] Nous avons distingué par nos initiales le petit nombre de notes qui n'appartiennent pas à Walter Scott. (L. V.)

(B) Page 30.

TITE-LIVE.

L'attachement pour cet auteur classique fut, dit-on, réellement témoigné, de la manière relatée au texte, par un infortuné Jacobite, à cette déplorable époque. Il s'était évadé d'une prison où il attendait un jugement prochain et une condamnation assurée; il fut repris rôdant autour des murs où il avait été enfermé, et ne put donner d'autre raison de cette imprudence, que l'espoir de retrouver son *Tite-Live* bien-aimé. Il est triste d'ajouter qu'une telle simplicité ne suffit pas pour le disculper du crime de rebellion, et qu'il fut condamné et exécuté.

(C) Page 33.

NICHOLAS AMHURST.

Nicholas Amhurst, écrivain politique célèbre, qui rédigea pendant plusieurs années une feuille appelée le *Craftsman* (*l'Artisan*), sous le pseudonyme de Caleb d'Anvers. Il était dévoué au parti tory, et seconda avec beaucoup de talent les attaques de Pulteney contre Richard Walpole. Il mourut en 1742, négligé par ses hauts patrons, et dans la position la plus misérable.

« Amhurst survécut à la chute de Walpole, et devait s'attendre à recevoir la récompense de ses peines. Si l'on peut excuser Bolingbroke, qui n'avait sauvé du naufrage que des débris de sa fortune, il est impossible de justifier Pulteney, qui aurait facilement pu faire à cet écrivain un revenu considérable. Toute sa générosité envers Amhurst, à ce que j'ai entendu dire, se borna à l'envoi d'une barrique de claret (vin de Bordeaux)! Il mourut, à ce qu'on croit, de chagrin, et fut enterré aux frais de son honnête imprimeur, Richard Franklin (Lord Chesterfield's *Characters reviewed*, p. 42.)

(D) Page 35.

LE COLONEL GARDINER.

Je viens de donner dans le texte le nom entier de ce brave et excellent homme; je vais maintenant copier le récit de sa remarquable conversion, tel que l'a écrit le docteur Doddrige.

« Cet événement mémorable, dit le pieux écrivain, arriva vers le milieu de juillet 1719. C'était, si je ne me trompe, un dimanche; le major avait passé la soirée en joyeuse compagnie, et il avait un malheureux rendez-vous avec une femme mariée qu'il devait rejoindre à minuit précis. La compagnie se retira sur les onze heures; pour lui, ne croyant pas devoir devancer le moment convenu, il entra dans sa chambre pour tuer le temps à l'aide de quelque lecture amusante ou de toute autre manière. Le hasard voulut qu'il tombât sur un livre de dévotion que sa bonne mère ou sa tante avait, à son insu, glissé dans son porte-manteau. C'était, si je me rappelle bien le titre, *le Soldat chrétien, ou le Ciel emporté d'assaut*, ouvrage de M. Thomas Watson. Supposant, d'après le titre du livre, qu'il y trouverait quelques phrases de sa profession *spiritualisée*, de manière à lui prêter à rire, il se mit à le parcourir, sans faire grande attention à ce qu'il lisait. Mais, tandis qu'il tenait ce livre, son esprit fut frappé (Dieu seul peut-être sait comment) d'une impression subite qui fut suivie d'une série de conséquences aussi heureuses qu'importantes. Il crut voir une clarté extraordinaire se refléter sur le livre qu'il lisait, et pensa d'abord que c'était le résultat de quelque accident arrivé à la chandelle ; mais levant les yeux, quel fut son étonnement d'apercevoir devant lui, et comme suspendue dans l'air, une image visible de Notre-Seigneur Jésus-Christ sur la croix, entouré d'une auréole rayonnante. Il lui sembla ensuite qu'une voix ou quelque chose de semblable à une voix lui dit ou à peu près, car il n'était pas sûr des mots : « Pécheur, n'ai-je donc tant souffert pour toi que pour être ainsi récompensé ? » Épouvanté d'un phénomène si surprenant, il tomba presque sans vie enfoncé dans le fauteuil où il était assis, et y resta sans connaissance pendant un temps dont il ne put déterminer la durée.

« Quant à cette vision, dit l'ingénieux docteur Hibbert, l'apparition de notre Sauveur sur la croix et les paroles solennelles rapportées ne peuvent être considérées que comme des réminiscences qui avaient probablement leur origine dans quelque pressante exhortation au repentir que le colonel pouvait avoir eu occasion de lire ou d'entendre. Comment ces idées devinrent aussi saisissantes que des impressions réelles, c'est ce que nous ne saurions expliquer. Cette vision eut certainement une des plus importantes conséquences, relativement à la foi chrétienne, la conversion d'un pécheur. Aucun autre récit depuis n'a peut-être plus contribué à confirmer l'opinion superstitieuse que ces sortes d'apparitions ne peuvent avoir lieu sans la volonté de Dieu. — Le docteur Hibbert ajoute en note : — Peu de temps avant cette vision, le colonel Gardiner avait fait une chute de cheval assez grave ; peut-être son cerveau avait-il lors de cet accident reçu quelque atteinte capable de le prédisposer à cette illusion spirituelle ? (Hibbert, *Philosophy of apparitions*. Édimbourg, 1824, p. 190.)

(E) Page 37.

AUBERGES ÉCOSSAISES.

Dans la jeunesse de l'auteur, il y avait encore de vieux aubergistes en Écosse qui comptaient sur la politesse d'une invitation à partager le repas du voyageur ou à boire leur part de la liqueur quelconque qu'il demandait. En retour, l'hôte était toujours bien approvisionné des nouvelles du pays, et sans doute, par-dessus le marché, d'une humeur tant soit peu facétieuse. On voyait communément chez les *Bonifaces* Écossais tous les soins et tous les travaux les plus pénibles de la maison retomber sur la pauvre ménagère. Il y avait autrefois à Édimbourg un gentilhomme de bonne famille qui avait consenti, pour se faire une existence, à devenir le maître nominal d'un café, l'un des premiers établissements de ce genre ouverts dans la capitale de l'Écosse. Suivant l'usage, la maison était entièrement conduite par la soigneuse et active mistress B..., tandis que son mari s'amusait à la chasse, sans se casser la tête des affaires. Un jour que le feu avait pris au café, on rencontra le mari montant *High-street* chargé de son fusil et de ses instruments de pêche, et quelqu'un lui ayant demandé des nouvelles de sa femme, il répondit tranquillement « que la pauvre femme était occupée à sauver une partie de la vaisselle et quelques mauvais livres. » C'étaient ceux qui lui servaient à l'administration de la maison.

Il y avait beaucoup de vieux gentilshommes, dans le jeune temps de l'auteur, qui comptaient encore au nombre des plaisirs d'un voyage, celui « de causer avec mon hôte, » lequel souvent ressemblait, par son humeur joviale, à l'hôte de la Jarretière dans les *Joyeuses Commères de Windsor*, ou à Blague de Georges dans le *Malin Diable d'Edmonton*. Quelquefois la femme venait aussi prendre part à la conversation. Dans tous les cas, ne pas leur payer le tribut d'attention de rigueur, c'était les désobliger, et parfois s'exposer à quelque raillerie amère, comme dans l'occasion suivante :

Une joyeuse dame, qui — il n'y a pas soixante ans — tenait le principal caravansérail de Greenlaw, dans le comté de Berwick, eut l'honneur de recevoir sous son toit un digne ecclésiastique avec ses trois fils, ecclésiastiques comme lui, ayant tous charge d'âmes. Aucun d'eux, soit dit en passant, n'avait la réputation d'être fort en chaire. Après le dîner, le digne père, dans l'orgueil de son cœur, demanda à mistress Buchan si elle avait jamais eu pareille compagnie dans sa maison. — Voici, dit-il, moi qui suis ministre en fonctions de l'Église d'Écosse, et voici mes trois fils, tous trois aussi ministres en fonctions de la même Église ; — avouez, mère Buchan, que vous n'avez encore jamais eu pareille compagnie chez vous ? — La question n'avait été précédée d'aucune invitation à s'asseoir et à prendre un verre de vin ou quelque autre chose, de sorte que mistress B... répondit sèchement : — Ma foi, monsieur, je ne saurais dire au juste si j'ai jamais eu pareille compagnie chez moi ; une fois pourtant, en l'année 1745, j'ai reçu ici un joueur de cornemuse highlandais et ses trois fils, aussi joueurs de cornemuse highlandais, *et du diable s'ils pouvaient jouer un air à eux tous.*

(F) Page 56.

COUP DE L'ÉTRIER.

L'auteur peut dire ici que, dans sa jeunesse, la mode de ces libations se retrouvait encore parfois en Écosse. La compagnie, après avoir pris congé de son hôte, allait souvent finir la soirée au clachan ou village, — dans les *entrailles* d'une taverne. — L'amphitryon les reconduisait toujours pour boire le *coup de l'étrier*, qui dégénérait, la plupart du temps, en une longue et copieuse orgie.

Le *poculum potatorium* du vaillant baron, son bienheureux Ours, a son type dans le beau et vieux château de Glammis, si riche en souvenirs des anciens temps. C'est une coupe d'argent massif, dorée, ayant la forme d'un lion, et contenant environ une pinte anglaise de vin. Elle était ainsi faite par allusion au nom de famille des Strathmore, qui est *lion* ; quand on la montrait à quelqu'un, il était indispensable de la vider à la santé de comte. L'auteur doit peut-être rougir de rappeler qu'il eut l'honneur d'avaler le contenu du lion : c'est le souvenir de ce fait qui lui a suggéré l'histoire de l'ours de Bradwardine. Dans la famille des

Scott de Thirlestane (non pas Thirlestane dans la forêt, mais la maison du même nom dans le comté de Roxburgh), on a longtemps conservé une coupe de cette espèce en forme de botte. Chaque hôte était obligé de la vider avant de partir. Si l'hôte s'appelait Scott, l'obligation était d'autant plus impérieuse.

Quand le maître d'une auberge offrait à ses hôtes *deoch an doruis,* c'est-à-dire le *coup de la porte* ou *de l'étrier,* cette consommation ne figurait pas dans le compte. Un savant bailli de Forfar prononça un jour sur ce point un sage jugement.

A..., cabaretière à Forfar, avait brassé « son picotin de drèche, » et avait mis la liqueur à sa porte pour refroidir; la vache de B..., voisin de A..., passa là par hasard, et voyant le délicieux breuvage, se mit en devoir de le goûter, et finit par l'avaler tout entier. Lorsque la femme A... vint pour chercher sa bière, elle trouva le chaudron vide; et à l'air chancelant et égaré qui trahissait l'intempérance de la bête, elle devina aisément de quelle manière avait disparu sa *chaudronnée.* Son premier mouvement fut de prendre un bâton et de se venger sur les côtes de Crummie[1]. Les beuglements de la vache attirèrent B..., son maître; celui-ci fit des obervations à sa voisine irritée, qui lui répondit par une demande en indemnité de l'ale que Crummie avait avalée. B... refusa de payer et fut cité devant T..., bailli ou magistrat en exercice. Celui-ci écouta patiemment le cas; puis il demanda à la plaignante A... si la vache avait bu couchée ou debout. La plaignante répondit qu'elle n'avait pas vu commettre le délit, mais qu'elle supposait que la vache avait bu étant sur ses jambes; ajoutant que si elle avait été là, elle lui aurait appris à en faire un autre usage. Le bailli, sur cet aveu, prononça solennellement que la vache avait bu le *deoch an doruis,* — le coup de l'étrier, pour lequel on ne pouvait rien demander sans violer l'antique hospitalité écossaise.

(G) Page 98.

ROB-ROY.

Une aventure presque semblable à celle-ci est réellement arrivée au dernier M. Abercromby de Tullybody, grand-père du lord Abercromby actuel, et père du célèbre sir Ralph. Quand ce gentilhomme, qui mourut dans un âge très-avancé, vint s'établir pour la première fois dans le comté de Stirling, son bétail fut souvent pillé par le célèbre Rob-Roy ou quelques hommes de sa bande. A la fin il fut obligé, après avoir obtenu un sauf-conduit personnel, de rendre au cateran une visite pareille à celle que Waverley rend à Bean Lean dans le roman. Rob le reçut avec beaucoup de courtoisie et fit toutes sortes d'excuses de cet accident, qui devait être, disait-il, le résultat de quelque méprise. On servit à M. Abercromby, pour le régaler, des tranches de deux de ses propres vaches qui étaient encore pendues par les pieds dans la caverne. Il se retira sain et sauf, après avoir consenti à payer à l'avenir, à titre de black-mail, une petite somme moyennant laquelle Rob-Roy s'engagea, non-seulement à respecter ses troupeaux dorénavant, mais encore à lui restituer les pièces qui pourraient lui être volées par d'autres bandits. M. Abercromby rapporta que Rob-Roy affectait de le considérer comme un partisan de la cause jacobite et comme un ennemi de l'Union. Ni l'une ni l'autre de ces deux suppositions n'était vraie; mais le laird pensa qu'il était tout

[1] Nom familier de la vache en Écosse. (L. V.)

à fait inutile de détromper son hôte des Highlands, au risque de faire naître une discussion politique dans une pareille situation. J'ai entendu cette anecdote il y a plusieurs années (à peu près en 1792) de la bouche même du vénérable gentilhomme qu'elle concernait.

(H) Page 105.

LE BON GIBET DE CRIEFF.

Les vieillards de la dernière génération se rappellent encore avoir vu ce fameux gibet dressé à l'extrémité occidentale de la ville de Crieff, dans le comté de Perth. Pourquoi l'appelait-on le *bon* gibet, c'est ce que nous ne saurions apprendre au lecteur d'une manière certaine; mais on raconte que les Highlanders, lorsqu'ils passaient en cet endroit qui avait été fatal à tant de leurs compatriotes, avaient l'habitude d'ôter leur bonnet, en disant : « Dieu le bénisse, et que le Diable vous emporte ! » Il est donc possible qu'on l'ait appelé *bon*, parce que c'était une espèce de patrie hospitalière pour les suppliciés, qui venaient, en quelque sorte, y accomplir leur destinée naturelle.

(I) Page 108.

CATERANS.

L'histoire du fiancé enlevé par les Caterans le jour de ses noces est prise d'un récit que fit à l'auteur le laird de Mac-Nab, il y a plusieurs années. Enlever et rançonner les habitants des basses terres, était une habitude commune parmi les farouches Highlanders, comme c'est encore aujourd'hui, dit-on, celle des *Banditti* du sud de l'Italie. Dans l'aventure dont il est question, une bande de Caterans enleva le fiancé et le cacha dans une caverne du mont Schihallion. Pendant qu'on traitait du prix de sa rançon, le jeune homme fut attaqué de la petite vérole. Grâce à l'air frais de sa retraite ou à l'absence de tout secours médical, ce que Mac-Nab n'assurait pas, le prisonnier se rétablit, sa rançon fut payée, et il fut rendu à ses amis et à sa fiancée. Il demeura toujours persuadé que les voleurs highlandais lui avaient sauvé la vie par la manière dont ils avaient traité sa maladie.

(J) Page 114.

POLITIQUE DES HIGHLANDS.

Cette espèce de jeu politique, attribué à Mac-Ivor, fut effectivement joué par plusieurs chefs highlandais, et en particulier par le célèbre lord Lovat, qui porta au plus haut degré l'emploi de cette sorte de finesse. Le laird de Mac *** était aussi capitaine d'une compagnie indépendante ; mais il appréciait trop les douceurs de sa solde pour risquer de la perdre en embrassant la cause jacobite. Sa belliqueuse moitié leva le clan et se mit à la tête en 1745; mais le Chef ne voulut en rien se mêler de la fabrication des rois, déclarant qu'il ne connaissait pas d'autre souverain que celui qui donnait au laird de Mac *** « une demi-guinée chaque soir et une demi-guinée chaque matin. »

NOTE L.

(K) Page 117.

DISCIPLINE HIGHLANDAISE.

Pour l'intelligence des exercices militaires dont Waverley est témoin au manoir de Glennaquoich, l'auteur fait remarquer que, non-seulement les Highlanders étaient très-habiles dans l'art de se servir du sabre et du fusil, et dans tous les jeux communs en Écosse où se déploient la force et la vigueur de l'homme, mais qu'ils avaient encore une espèce particulière de manœuvre appropriée à leur façon de se retirer et de faire la guerre. Ils avaient, par exemple, différentes manières de disposer leur plaid, une quand ils voyageaient tranquillement, une autre quand ils redoutaient quelque danger; il y avait aussi une manière de s'envelopper dedans lorsqu'ils croyaient ne pas être troublés dans leur sommeil, et une seconde qui leur permettait, à la moindre alarme, de se lever le pistolet et le dirk à la main.

Avant 1720, ou à peu près, le plaid à ceinture était généralement porté: la partie de ce manteau qui entourait la taille, et celle qui était rejetée sur l'épaule, étaient faites d'un seul et même morceau de tartan. Dans une attaque désespérée, on se débarrassait du tout, et le clan se précipitait, ne gardant plus de son costume qu'une large chemise, semblable à celle des Irlandais, arrangée avec un certain art, et le *sporran-mollach,* ou bourse de peau de chèvre.

Le maniement du pistolet et du dirk faisait aussi partie de l'exercice highlandais, que l'auteur a vu faire par des hommes qui l'avaient appris dans leur jeunesse.

(L) Page 119.

RÉPUGNANCE DES ÉCOSSAIS POUR LE PORC.

La chair de porc ou de cochon, de quelque manière qu'on la préparât, fut jusque dans ces derniers temps en horreur parmi les Écossais; ce n'est pas encore aujourd'hui leur mets favori. Le roi Jacques apporta ce préjugé en Angleterre, et l'on sait qu'il détestait le cochon presqu'autant que le tabac. Ben Johnson a rappelé cette particularité; une bohémienne, examinant sous son masque la main du roi, dit :

> D'après ces lignes-là, vous devez bien, vraiment,
> Aimer cheval ou chien, mais le porc nullement.
> *Les Bohémiennes métamorphosées.*

Le banquet que Jacques disait qu'il fallait servir au diable, se composait d'un filet de porc et d'une tête de morue salée, avec une pipe de tabac pour la digestion.

(M) Page 119.

UN DINER ÉCOSSAIS.

En réunissant à la même table des personnes de tout rang, bien que ce ne fût pas pour y faire la même chère, les chefs montagnards ne faisaient que suivre une coutume autrefois généralement observée en Écosse. Fynes Morrison, voyageur qui parcourait les basses terres sur la fin du règne d'Élisabeth, s'exprime ainsi : « Je me trouvais chez un chevalier qui avait plusieurs domestiques pour le servir ; ils apportèrent les mets la tête couverte de bonnets bleus. La table était plus d'à moitié garnie de grandes assiettes de soupe, dans chacune desquelles était un petit morceau de viande bouillie. Quand le repas fut servi, les domestiques s'assirent avec nous ; mais du côté des maîtres il y avait, au lieu de soupe, un poulet, avec des pruneaux dans le bouillon. » (*Travels*, p. 155.)

Jusqu'au milieu du siècle dernier, les fermiers, même ceux d'une condition respectable, dînaient avec leurs gens de travail. La différence des rangs était marquée par la place qu'on occupait au delà et en deçà de la salière, et quelquefois par une ligne tracée avec de la craie sur la table. Lord Lovat, qui savait bien comment nourrir la vanité et contenir les appétits des hommes de son clan, accordait à tout robuste Fraser qui avait la moindre prétention au titre de *duinhewassel* l'honneur de s'asseoir à sa table ; mais en même temps il avait soin que ses jeunes parents n'y prissent pas le goût des friandises étrangères. Sa seigneurie avait toujours en réserve quelque prétexte honorable pour que les vins étrangers et l'eau-de-vie de France, délicatesses qui auraient pu, suivant lui, corrompre les mœurs austères de ses cousins, ne circulassent pas sur sa table au delà d'une certaine limite.

(N) Page 127.

CONAN LE BOUFFON.

Dans les ballades irlandaises relatives à Fion (le Fingal de Mac-Pherson), il y a, comme dans la poésie primitive de presque toutes les nations, un cycle de héros, ayant chacun quelque attribut distinctif. Sur ces qualités, et sur les aventures de ceux qui les possèdent, on a fait plusieurs proverbes qui courent encore chez les montagnards. Entre autres personnages, on remarque Conan, espèce de Thersite à quelques égards, mais brave et audacieux jusqu'à la témérité. Il avait fait vœu de ne jamais recevoir un coup sans le rendre. Étant comme d'autres héros de l'antiquité descendu aux régions infernales, il reçut un soufflet de la divinité qui y préside, et le lui rendit immédiatement en prononçant les paroles mentionnées au texte.

On se sert quelquefois de cette autre version : — Griffe pour griffe, et que le diable emporte celui qui a les ongles les plus courts, comme Conan le dit au diable !

(O) Page 130.

CASCADE.

La description de la chute d'eau contenue dans ce chapitre est faite d'après celle de Ledeard à la ferme du même nom, du côté nord du Lochard, et près de la tête du lac, à quatre ou cinq milles d'Aberfoïl. C'est, quoique sur une petite échelle, une des plus belles cascades qu'il soit possible de voir. L'apparition de Flora avec sa harpe a été critiquée avec raison comme trop théâtrale et trop affectée pour la noble simplicité de son caractère; mais il ne faut pas oublier qu'elle avait été élevée en France, où l'on accorde beaucoup d'importance à tout ce qui produit de l'effet.

(P) Page 130.

RORY DALL LE HARPISTE.

Roderick Morison, surnommé *Dall*, parce qu'il était aveugle, vivait au temps de la reine Anne; il remplissait dans la famille des Mac-Leod de Mac-Leod le double office de harpiste et de barde. Nombre de ses chansons et de ses poëmes sont encore répété par ses compatriotes. (L. V.)

(Q) Page 221.

LANTERNE DE MAC-FARLANE.

Le clan de Mac-Farlane, qui occupait les hauteurs inaccessibles à l'ouest du lac Lomond, exerçait de grandes déprédations dans les basses terres. Comme leurs excursions avaient ordinairement lieu la nuit, la lune était proverbialement appelée leur lanterne. Leur célèbre pibroch de *Hoggil nam Bo* (c'est le nom de leur chant de ralliement) fait allusion à ces mœurs. En voici le sens :

> Malgré frimas, pluie ou tonnerres
> A travers monts et fondrières
> Nous entraînons notre butin ;
> Et quand la lune nous protége,
> Lacs glacés, montagnes de neige,
> N'arrêtent point hardi cortége
> Qu'encourage l'espoir du gain.

(R) Page 223.

CHATEAU DE DOUNE.

Cette noble ruine m'est chère par une suite de souvenirs longtemps et péniblement interrompus. Doune, qui occupe une position élevée sur les bords du Teith, a été un des châteaux les plus importants d'Écosse. Murdock, duc d'Albany, qui fonda ce superbe édifice, fut décapité sur la hauteur de Stirling, d'où il pouvait voir les tours de Doune, monument de sa grandeur déchue.

En 1745—6, comme il est dit dans le texte, une garnison fut mise, au nom du Chevalier, dans le château, qui n'était pas encore aussi délabré qu'à présent. Elle était commandée par M. Stewart de Balloch, en qualité de gouverneur pour le prince Charles; c'était un propriétaire des environs de Callander. A cette époque, le château de Doune fut réellement le théâtre d'une évasion romanesque exécutée par John Home, auteur de Douglas, et par quelques autres prisonniers pris à la bataille de Falkirk, et enfermés là par les insurgés. Le poëte, qui possédait une bonne dose de l'esprit enthousiaste et aventureux dont il a animé le jeune héros de son roman, conçut et réalisa la périlleuse entreprise de s'échapper de sa prison. Il fit partager ses sentiments à ses compagnons, et quand ils se furent assurés que toute tentative de sortir par force était impraticable, ils résolurent de se faire une corde des draps de leurs lits, et de descendre de cette façon. Quatre d'entre eux, parmi lesquels Home lui-même, atteignirent heureusement le sol, mais la corde se rompit sous le cinquième, qui était un homme d'une forte corpulence. Le sixième était Thomas Barrow, jeune et brave Anglais, ami intime de Home. Déterminé à courir la chance, quelque défavorable qu'elle parût être, Barrow s'abandonna à la corde rompue, glissa tout le long aussi loin qu'elle put le conduire, puis se laissa tomber. Ses amis, qui l'attendaient en dessous, réussirent à amortir sa chute; néanmoins, il se foula la cheville et se brisa plusieurs côtes; ses compagnons purent cependant l'emporter à l'abri du danger.

Le lendemain, les montagnards cherchèrent leurs prisonniers avec une grande activité. Un vieux gentilhomme a dit à l'auteur qu'il se rappelait avoir vu le commandant Stewart, « les éperons sanglants, tout rouge de colère, » galoper, comme un furieux, à travers la campagne, à la poursuite des fugitifs.

(S) Page 260.

PIÈCE DE CAMPAGNE DE L'ARMÉE HIGHLANDAISE.

Cette circonstance, qui est historique aussi bien que la description qui la précède, rappellera au lecteur la guerre de la Vendée, dans laquelle les royalistes, composés en grande partie de paysans insurgés, attachaient une incroyable et superstitieuse importance à la possession d'une pièce de bronze qu'ils appelaient *Marie-Jeanne*.

A une époque reculée, les montagnards avaient une peur extrême du canon, dont le bruit et l'effet leur étaient complètement inconnus. Ce fut au moyen de trois ou quatre petites pièces d'artillerie que les comtes de Huntly et d'Errol, du temps de Jacques VI, remportèrent une grande victoire, à Glenlivat, sur une armée nombreuse de montagnards, commandée par le comte d'Argyle. A la bataille du pont de Dee, le général Middleton dut à son artillerie un semblable succès, les montagnards ne sachant pas soutenir la décharge de la *Mère des Mousquets,* comme ils appelaient les grandes bouches à feu. Dans une vieille ballade sur la bataille du pont de Dee, on trouve les vers suivants :

« Les Highlandais sont excellents pour manier l'épée et le bouclier; mais ils sont moitié moins forts, placés sur un champ de bataille.

« Les Highlandais sont excellents pour la targe et la claymore; mais tout leur courage les abandonne s'il faut braver le canon rugissant.

« Car au milieu d'une nuit d'été, le canon gronde comme le tonnerre; et jamais plaid montagnard n'a couvert un homme qui ait su braver le canon. »

Mais les montagnards de 1745 étaient loin de la simplicité de leurs pères, et montrèrent tout le temps de la guerre combien ils craignaient peu l'artillerie. Cependant la multitude attachait encore quelque importance à la possession de la pièce de campagne qui a donné lieu à cette note.

(T) Page 270.

ANDERSON DE WHITBURGH.

L'ami fidèle qui indiqua le sentier par lequel les Highlanders allèrent de Tranent à Seaton était Robert Anderson de Whitburgh junior, riche gentilhomme du Lothian occidental. Lord Georges Murray l'avait interrogé sur la possibilité de traverser le terrain inculte et marécageux qui séparait les armées, et qu'il avait représenté comme impraticable. Quand il fut parti, il se souvint qu'il y avait, à l'est, un sentier tortueux conduisant par le marais dans la plaine, et par lequel les montagnards pourraient tourner en flanc la position de sir John Cope, sans être exposés au feu de l'ennemi. Ayant parlé de cette idée à M. Hepburn de Keith, ce gentilhomme en comprit aussitôt l'importance et l'engagea à aller éveiller lord Georges Murray, et à la lui communiquer. Lord Georges reçut ce renseignement avec reconnaissance, le remercia beaucoup, et fit immédiatement éveiller le prince Charles, qui dormait sur la dure ayant sous la tête un sac de cosses de pois. Le royal Aventurier fut ravi d'apprendre qu'il était possible de forcer une armée parfaitement pourvue à engager une bataille décisive avec ses troupes irrégulières. Sa joie dans cette occasion s'accorde mal avec l'accusation de lâcheté portée contre lui par le chevalier Johnstone, un de ses partisans mécontents, dont les mémoires tiennent au moins autant du roman que de l'histoire. Au rapport de Johnstone lui-même, le prince était à la tête de la seconde ligne de l'armée des montagnards pendant la bataille, dont il dit : — Elle fut gagnée avec une telle rapidité qu'à la seconde ligne où j'étais encore à côté du prince nous ne vîmes d'autres ennemis que les morts et les blessés qui jonchaient la terre, *quoique nous ne fussions pas à plus de cinquante pas de la première ligne, courant toujours aussi vite que nous pouvions pour l'atteindre.*

Dans ce passage de ses mémoires, Johnstone met le prince à moins de cinquante pas du front de bataille, poste que n'aurait pas choisi un homme qui n'aurait pas voulu prendre sa part du danger. En vérité, à moins que les chefs n'eussent consenti à la proposition qu'avait faite le jeune Aventurier de se mettre en personne à la tête de l'avant-garde, il ne semble pas qu'il ait pu s'engager plus avant dans la mêlée.

(U) Page 274.

MORT DU COLONEL GARDINER.

La mort de cet homme, aussi bon chrétien que brave guerrier, est ainsi racontée par son biographe et ami le docteur Doddrige, d'après les renseignements de témoins oculaires.

« Il passa toute la nuit sous les armes, enveloppé dans son manteau, et presque toujours abrité sous une meule d'orge qui se trouvait par hasard dans la plaine. Vers trois heures du matin, il appela ses domestiques qui veillaient là, au nombre de quatre. Il en renvoya trois, leur donnant avec bonté les avis les plus chrétiens, et de touchantes instructions relatives à l'accomplissement de leur devoir et au soin de leurs âmes. Il semblait tout à fait donner à entendre qu'il craignait que ce ne fussent bien probablement ses derniers adieux. Il y a de grandes raisons de croire qu'il employa le peu de temps qui lui restait, et qui ne pouvait être guère plus d'une heure, à ces pieux exercices de l'âme qui lui étaient depuis si longtemps habituels, et auxquels tant de circonstances concouraient alors à rappeler son esprit. L'armée fut surprise au point du jour par le bruit de l'approche des rebelles, et l'attaque eut lieu avant le lever du soleil; il faisait cependant assez clair pour qu'on pût distinguer ce qui se passait. Aussitôt que les ennemis furent à portée de fusil, ils firent un feu terrible, et l'on dit que les dragons qui composaient l'aile gauche prirent immédiatement la fuite. Au commencement de l'attaque, qui en tout dura à peine quelques minutes, le colonel fut blessé au sein gauche par une balle qui le fit brusquement sauter sur sa selle; le domestique qui tenait son cheval l'engagea à se retirer, mais il répondit que la blessure ne pénétrait pas dans les chairs, et il continua de combattre, quoiqu'aussitôt après il fut de nouveau frappé à la cuisse droite. Au même instant on le vit étendre à ses pieds plusieurs ennemis, et notamment un homme qui lui avait fait quelques jours avant une visite perfide, dans laquelle il avait protesté hautement de son dévouement au gouvernement établi.

« Les événements de cette espèce se passent en moins de temps qu'il n'en faut pour les écrire et pour les lire. Le colonel fut pendant quelques instants soutenu par ses hommes, en particulier par le digne lieutenant-colonel Whitney, qui, blessé au bras dans cette affaire, tomba noblement, quelques mois après, à la bataille de Falkirk; par le lieutenant West, homme d'une bravoure éprouvée, et par une quinzaine de dragons qui restèrent auprès de lui jusqu'au dernier moment. Mais, après un feu languissant, tout le régiment fut saisi d'une peur panique, et malgré les efforts que firent une ou deux fois pour les rallier le colonel et quelques autres braves officiers, ils finirent par s'enfuir avec précipitation. Juste au moment où le colonel Gardiner semblait s'arrêter pour délibérer sur ce que lui prescrivait le devoir dans une telle circonstance, arriva un incident qui doit, je pense, au jugement de tout homme brave et généreux, l'excuser suffisamment d'avoir exposé sa vie à de si grands hasards, quand son régiment l'avait abandonné. Il vit qu'un détachement de fantassins qu'il avait ordre de soutenir, et qui combattait alors courageusement près de lui, n'avait pas d'officier pour le commander. — Quoi! dit-il vivement, de manière à être entendu de la personne dont je tiens ce récit, ces braves gens seront taillés en pièces faute d'un chef! — Et parlant ainsi, ou à peu près, il galopa vers eux et leur cria : — Feu, mes amis, et ne craignez rien! — A peine ces mots furent-ils sortis de sa bouche, qu'un montagnard s'avança sur lui, avec une faux emmanchée au bout d'un long bâton, et lui en donna un coup si terrible sur le bras droit, que son épée lui échappa de la main; en même temps plusieurs autres ayant fondu sur lui comme il était sous les morsures horribles de cette arme cruelle, il fut renversé de son cheval. Au moment où il tomba, un autre montagnard, qui, si le témoignage de King, à Carlisle, mérite confiance (et je ne sais pourquoi on la lui refuserait, quoique le malheureux, en mourant, l'ait désavoué), était un nommé Mac-Naught, qui fut exécuté un an plus tard, lui asséna sur le derrière de la tête un coup de claymore, ou de hache du Lochaber (car celui qui m'a fourni ces documents ne put bien distinguer) : ce fut le coup mortel. Tout ce que son fidèle serviteur vit de plus alors fut que son chapeau étant tombé, il le prit de sa main gauche et l'agita comme pour lui faire signe de battre en retraite. — Prenez soin de vous-même, furent les derniers mots que cet homme lui entendit prononcer, et là-dessus il se retira [1].

On peut remarquer que cet extrait confirme la narration faite dans le texte de la résistance opposée par une partie de l'infanterie anglaise, surprise par une charge d'une nature particulière et toute nouvelle; sa résistance ne put être ni formidable, ni longue, abandonnée qu'elle était surtout par la cavalerie et par ceux qui étaient chargés du service des canons. Mais quoique l'affaire ait été bientôt décidée, j'ai toujours compris que la meilleure partie de l'infanterie s'était montrée disposée à faire son devoir.

(V) Page 274.

LE LAIRD DE BALMAWHAPPLE.

Il est presque inutile de dire que le caractère de ce laird brutal est entièrement d'imagination. Pourtant, un gentilhomme qui ressemblait à Balmawhapple, sous le rapport du courage seulement, périt à Preston de la manière décrite ici. Un gentilhomme respectable et plein d'honneur du comté de Perth, qui faisait partie de la poignée de cavaliers qui suivit la fortune de Charles-Édouard, poursuivit presque seul les dragons fugitifs jusque près des sources de Saint-Clément, où les efforts de plusieurs de leurs officiers parvinrent à en décider quelques-uns à s'arrêter un moment. S'apercevant alors qu'ils n'avaient à leurs trousses qu'un seul homme avec une couple de domestiques, ils se retournèrent sur lui et le pourfendirent avec leurs sabres. Je me rappelle que dans mon enfance je me suis assis sur sa tombe, où l'herbe poussa longtemps verte et touffue, distinguant cet endroit du reste du sol. Une femme de la famille, qui résidait alors aux sources de Saint-Clément, m'a souvent raconté cette mort tragique dont elle avait été témoin oculaire, et pour preuve, elle me montrait une des agrafes d'argent de la veste du malheureux gentilhomme.

(X) Page 285.

ANDRÉ DE FERRARA.

Le nom d'André de Ferrara est gravé sur tous les sabres écossais, qui sont renommés pour leur bonté. Quel était cet artiste, quelle fut sa destinée, à quelle époque il vécut, c'est ce que n'ont pu découvrir jusqu'ici les recherches des antiquaires; seulement on croit en général qu'André de Ferrara était un ouvrier espagnol ou italien appelé par Jacques IV ou Jacques V, pour enseigner aux Écossais la fabrication des lames d'épée. Les nations les plus barbares excellent à fabriquer des armes, et les Écossais avaient atteint un haut degré de perfection dans l'art de

---

[1] *Some remarkable passages in the life of colonel James Gardiner*, by P. Doddrige. Londres, 1747, page 187.

forger des sabres, au temps de la bataille de Pinkie. A cette époque, l'historien Patten décrivait ainsi ces armes : « Elles sont toutes remarquables par la largeur et la finesse de la lame, généralement faites pour trancher, et d'une si excellente trempe, que je n'en ai jamais vu d'aussi bonnes, et que je ne crois pas qu'on en puisse imaginer de meilleures. » (*Account of Somerset's expedition.*)

Il faut observer que les meilleures armes d'André de Ferrara et les plus authentiques portent une couronne gravée sur la lame.

(Y) Page 330.

LE PRINCE CHARLES-ÉDOUARD.

L'auteur de Waverley a été accusé d'avoir peint le jeune Aventurier sous des couleurs trop favorables; mais ayant connu des personnes qui l'avaient approché, il l'a représenté sous le point de vue auquel son caractère et ses qualités leur avaient apparu. Il faut sans doute avoir égard à l'exagération naturelle de gens qui se le rappelaient comme ce prince entreprenant et aventureux pour la cause duquel ils avaient risqué leur fortune et leur vie; mais leur témoignage doit-il s'effacer entièrement devant celui d'un seul mécontent ?

J'ai déjà mentionné les imputations dirigées par le chevalier Johnstone contre le courage du prince; mais une partie au moins du récit de ce gentilhomme est purement imaginaire. Pourrait-on supposer, par exemple, qu'à l'époque où il nous donnait la si charmante histoire de ses amours avec l'adorable Peggie, le chevalier Johnstone était marié ? (son petit-fils existe encore) croirait-on aussi que tous les détails de l'atroce vengeance que Gordon d'Abbatie tira d'un ecclésiastique presbytérien sont complètement apocryphes ? Il faut d'ailleurs reconnaître que le prince, comme plusieurs autres membres de sa famille, n'apprécia pas autant qu'il le devait les services de ses partisans. Élevé dans une haute idée de ses droits héréditaires, on a supposé qu'il considérait les efforts et les sacrifices faits pour sa cause comme l'accomplissement d'un devoir qui ne méritait point de sa part une reconnaissance extraordinaire. Le témoignage du docteur King (que sa désertion du parti jacobite rend au reste un peu suspect) vient à l'appui de cette opinion.

Le spirituel éditeur des Mémoires de Johnstone cite un propos attribué à Helvétius, et duquel il résulterait que le prince Charles-Édouard, loin de s'être embarqué volontairement pour son audacieuse expédition, aurait été, à la lettre, porté à bord pieds et poings liés, et il semble disposé à y ajouter foi. Comme c'est maintenant un fait aussi bien connu qu'aucun autre de son histoire, et tout à fait incontesté, si je ne me trompe, que Boisdal et Lochiel ne firent que céder aux sollicitations pressantes et personnelles du prince en levant l'étendard, lorsqu'eux-mêmes désiraient vivement le voir différer son entreprise jusqu'à ce qu'il eût obtenu des forces suffisantes de la France, il devient difficile de concilier cette prétendue répugnance à commencer l'expédition avec l'insistance désespérée qu'il mit à presser le soulèvement, contre l'avis et les prières de ses partisans les plus influents et les plus sages. Certainement un homme qu'on aurait porté de force à bord du vaisseau qui le conduisait à une entreprise si désespérée aurait saisi l'occasion que lui offrait la répugnance de ses partisans pour retourner en France en sûreté.

On lit dans les Mémoires de Johnstone que Charles-Édouard à Culloden abandonna le champ de bataille sans avoir fait le moindre effort pour disputer la victoire ; et pour faire connaître le pour et le contre, il faut citer aussi le témoignage plus digne de foi de lord Elcho, qui établit que lui-même exhorta vivement le prince à charger à la tête de l'aile gauche, qui était encore entière, et à réparer l'échec ou à mourir avec honneur. Son conseil ayant été rejeté, lord Elcho le quitta avec d'amers reproches, jurant qu'il ne reparaîtrait plus jamais devant lui ; et il tint parole.

D'un autre côté, l'opinion de presque tous les autres officiers semble avoir été que l'affaire était irréparablement perdue, une des ailes des montagnards étant en pleine déroute, et le reste de l'armée, inférieur en nombre, débordé de toutes parts et dans une condition tout à fait désespérée. Dans cet état de choses, les officiers irlandais qui entouraient le prince Charles vinrent l'arracher au champ de bataille. Un enseigne, qui était près du prince, attesta formellement avoir vu sir Thomas Sheridan prendre son cheval par la bride et le retourner en arrière. Les témoignages sont contradictoires ; mais l'opinion de lord Elcho, homme d'un caractère impétueux, et désespéré d'une ruine qu'il voyait imminente, ne saurait être adoptée de bonne foi au préjudice de la présomption de courage qui résulte de la nature même de l'entreprise, de l'ardeur du prince à combattre dans toutes les occasions, de sa résolution de marcher de Derby sur Londres, et de la présence d'esprit qu'il déploya au milieu des dangers de sa fuite romanesque. L'auteur est loin de réclamer pour ce malheureux prince les éloges dus aux talents brillants, mais il persiste à penser que dans le cours de son entreprise il montra un esprit capable de faire face au danger et d'aspirer à la gloire.

Que Charles-Édouard ait eu les avantages d'une figure agréable et d'un air affable, qu'il fût doué d'un maintien et de manières convenables à son rang, c'est ce que l'auteur n'a jamais entendu contester par aucun de ceux qui ont approché de sa personne ; il ne croit pas avoir exagéré ces qualités dans le portrait qu'il a essayé de tracer. Les extraits suivants, à l'appui de l'opinion générale sur les aimables dispositions du prince, sont tirés d'une narration manuscrite de son expédition romanesque, par James Maxwell de Kirkconnell, dont je dois une copie à l'amitié de J. Menzies, Esq., de Pitfoddells. L'auteur, quoique partial pour le prince, qu'il suivit fidèlement, paraît avoir été un homme sincère et de bonne foi, et bien au fait des intrigues qui divisaient les conseillers du Prétendant.

« Tout le monde était séduit par la figure du prince et par sa conduite personnelle ; il n'y avait qu'une voix sur son compte. Ceux que leur intérêt ou leur mécontentement séparèrent de sa cause ne pouvaient s'empêcher de reconnaître qu'ils lui voulaient du bien sous tous les autres rapports, et pouvaient à peine le blâmer de sa tentative. Diverses circonstances avaient contribué à donner la plus haute idée de son caractère, indépendamment de la grandeur de l'entreprise et de la conduite qu'il avait tenue jusque-là dans son exécution. Plusieurs traits de bon naturel et d'humanité firent une grande impression sur les esprits ; je n'en citerai que deux ou trois. Aussitôt après la bataille, comme le prince parcourait à cheval le terrain occupé quelques minutes avant par l'armée de Cope, un officier vint le féliciter, et lui dit en lui montrant les morts : — Monseigneur, vos ennemis sont à vos pieds. — Le prince, loin de se réjouir, exprima beaucoup de compassion pour les sujets égarés de son père, et déclara qu'il était cruellement affecté de les voir en cet état. Le lendemain, le prince était à Pinkie-House ; un habitant d'Édimbourg vint présenter au secrétaire Murray quelques observations au sujet de tentes que la ville avait reçu ordre de fournir pour un jour fixé. Murray ne se trouvait pas là ; le prince, l'ayant appris, commanda qu'on fît venir cet homme devant lui, disant que plutôt que de le faire attendre, il aimait mieux expédier lui-même l'affaire, quelle qu'elle fût ; ce qu'il fit, en accordant tout ce qui était demandé. Tant d'affabilité dans un jeune prince favorisé par la victoire lui valut les éloges de ses ennemis eux-mêmes. Mais ce qui donna de lui au peuple la plus haute idée, c'est le refus qu'il fit d'une chose qui touchait de près à ses intérêts, et de laquelle a dépendu peut-être le succès de son entreprise. On avait proposé d'envoyer un des prisonniers à Londres demander à cette cour un cartel d'échange pour les prisonniers faits ou à faire pendant la guerre, et annoncer qu'un refus serait considéré comme une résolution prise de ne point faire de quartier. Il était évident qu'un cartel serait très-utile aux affaires du prince. Ses amis auraient été plus disposés à se déclarer pour lui s'ils n'avaient eu à craindre les chances de la guerre que sur le champ de bataille ; et si la cour de Londres ne consentait pas au cartel, le prince était autorisé à traiter ses prisonniers de la même manière que l'électeur de Hanovre traiterait ceux des amis du prince qui pourraient tomber entre ses mains ; quelques exemples devaient forcer la cour de Londres à céder. Il était présumable que les officiers de l'armée anglaise attacheraient à cela beaucoup d'importance ; ils n'étaient entrés au service que sous les conditions en usage chez toutes les nations civilisées, et ils pouvaient, sans risque pour leur honneur, résigner leurs commissions si les clauses n'en étaient pas exécutées, et cela par suite de l'obstination de leur propre prince. Quoique ce projet fût très-plausible et présenté comme très-important, le prince ne voulut jamais y acquiescer, disant qu'il était indigne de lui de faire de vaines menaces qu'il ne consentirait jamais à exécuter ; que jamais il n'immolerait de sang-froid des hommes dont il avait, dans la chaleur de l'action, sauvé la vie au péril de la sienne. Ce ne furent pas là les seules preuves d'un bon naturel que donna le prince à cette époque. C'était chaque jour quelque nouveau trait de cette espèce. Ces procédés tempéraient la rigueur d'un gouvernement militaire qu'il ne fallait imputer qu'aux nécessités de l'entreprise, et qu'il s'efforçait de rendre aussi doux et aussi tolérable que possible. »

On a déjà dit que le prince exigeait parfois plus d'apparat et de cérémonial qu'il ne semblait convenable à sa position ; mais, d'un autre côté, quelque sévérité d'étiquette était aussi indispensable : sans cela, il aurait été exposé à être importuné par tout le monde. Il savait d'ailleurs supporter de bonne grâce les reparties que lui attirait, de temps en temps, cette affectation de cérémonie. On rapporte, par exemple, que Grant de Glenmoriston, ayant fait à la tête de son clan une marche forcée pour rejoindre le prince, se présenta devant lui avec un empressement tout à fait libre, et sans avoir donné un seul instant aux soins de sa toilette. Le prince le reçut avec bonté, mais non sans faire la remarque qu'une visite préalable au barbier n'aurait pas été de trop. — Ce ne sont pas des soldats sans barbe, répondit le chef offensé, qui pourront faire les affaires de Votre Altesse Royale. Le Chevalier prit en bonne part cette vive repartie.

En somme, si le prince Charles fût mort après sa fuite miraculeuse, il occuperait dans l'histoire un rang élevé. Tel qu'il fut, sa place est marquée parmi ces hommes dans la vie desquels une certaine partie brille, et fait un contraste remarquable avec toutes celles qui l'ont précédée et suivie.

(Z) Page 333.

SERMENT SUR LE DIRK.

De même que les divinités du paganisme juraient par le Styx pour contracter une obligation inviolable, les montagnards écossais attachaient ordinairement quelque cérémonie particulière au serment par lequel ils entendaient se lier. Elle consistait assez souvent à étendre la main en jurant sur la lame de leur dirk, qui, devenant ainsi comme témoin de la transaction, était invoqué pour punir un manque de foi. Mais, quelle que fût la formalité qui consacrât le serment, chacun désirait vivement garder secret le serment particulier qu'il considérait comme irrévocable. C'était un moyen tout à fait commode de n'éprouver aucun scrupule à violer sa parole, quand elle était donnée dans quelque autre forme que celle qu'il regardait comme particulièrement solennelle. Aussi était-il toujours prêt à prendre des engagements qui ne le liaient qu'aussi longtemps qu'il le voulait. Au lieu que si le serment qu'il regardait comme inviolable était une fois publiquement connu, tous ceux avec qui il pouvait avoir occasion de contracter ne voulaient plus se contenter d'aucun autre. Louis XI, roi de France, usait de la même supercherie; il avait aussi un serment particulier, le seul qu'on lui ait jamais vu respecter, et que, par conséquent, il ne voulait jamais prononcer. Le seul serment par lequel cet insidieux tyran se croyait engagé était un serment par la sainte croix de Saint-Laud d'Angers, qui contenait un morceau de la vraie croix. Louis croyait que s'il foulait aux pieds ce serment, il mourrait dans l'année. Le connétable de Saint-Pol, ayant été invité à une conférence personnelle avec Louis, refusa de se rencontrer avec le roi, à moins qu'il ne consentît à lui assurer un sauf-conduit sanctionné par ce serment. — Mais, dit Commines, le roi répondit qu'il ne s'engagerait jamais plus ainsi envers un homme, mais qu'il était prêt à faire tout autre serment que l'on pourrait requérir. Le traité fut donc rompu, après beaucoup de pourparlers sur la nature du serment que Louis devait prononcer. Telle est la différence entre les principes de la superstition et ceux de la conscience.

(ZZ) Page 333.

LE BODACH-GLAS.

L'original du *Bodach-Glas*, dont l'apparition se montrait si funeste à la famille des Mac-Ivor, semble se retrouver dans une légende de l'ancienne famille des Mac-Laine de Lochbuy, de l'île de Mull, mentionnée par sir Walter Scott dans une des notes de sa *Dame du Lac* [1]. Selon la tradition populaire, toutes les fois qu'un membre de cette famille doit mourir, l'esprit de l'un d'eux, qui fut tué dans une bataille, lui venait annoncer la catastrophe prochaine.

L'apparence extérieure que revêt cette apparition n'est pas toujours la même; mais jamais elle ne se montre autrement qu'à cheval. Son cheval et elle-même paraissent être de très-petite taille, particulièrement la tête du cavalier, circonstance qui l'a fait désigner sous le nom de *Eoghan a chinn bhigh*, c'est-à-dire *Hugh à*

[1] Chant III.

la petite tête. Quelquefois on l'entend courir sur son cheval avec une rapidité extrême autour de la maison du mourant, en faisant un grand bruit, semblable à un son retentissant de chaînes; d'autres fois on l'aperçoit présentant la tête de son cheval à la porte ou à la fenêtre de la maison, et alors, dès qu'il se voit observé, il part au galop de la manière qui vient d'être décrite, les pieds de son cheval faisant jaillir la flamme des pavés. Comme les autres esprits ses frères, celui-ci semble destiné à exécuter ses tristes promenades au milieu de l'obscurité des nuits, si propre à augmenter l'horreur d'une scène déjà par elle-même assez effrayante.

L'origine de cette légende se perd dans la nuit des temps. On rapporte que la veille d'une bataille, une devineresse lui prédit que si sa femme (qui était une fille de Mac-Dougald de Lorn) lui avait fait, le lendemain, préparer son déjeuner avant qu'il ne fût prêt à se mettre à table, il lui en adviendrait bien; mais que si, au contraire, il était obligé de demander son déjeuner, il perdrait la vie dans le combat. C'est ce qui arriva en effet. La femme fut négligente et le chevalier tué. Cet événement arriva sous le règne du roi Jacques IV.

Quoique petit de membres, l'esprit n'en avait pas moins la réputation, comme tous les autres êtres incorporels, d'être doué d'une force surnaturelle. Il n'y a pas bien des années encore, un homme de l'île de Mull, appelé John M'Charles, revenant chez lui vers la chute du jour, aperçut quelqu'un à cheval se dirigeant vers lui. Supposant que ce pouvait être quelqu'une de ses connaissances, il alla à sa rencontre pour lui parler; mais l'autre paraissait vouloir passer outre sans lui adresser la parole. Croyant remarquer quelque chose d'extraordinaire dans la personne du cavalier silencieux, John s'en approchait de plus près, quand tout à coup il se sentit saisir par le collet, et se vit traîner ainsi forcément pendant près d'un quart de mille par l'étranger, qui enfin lâcha prise après plusieurs tentatives infructueuses pour placer sa victime épouvantée en croupe derrière lui. Heureusement John était vigoureux, et il résista avec succès. Il fut néanmoins tellement brisé par la lutte, qu'il eut la plus grande peine à regagner sa maison, seulement distante d'un demi-mille. Lorsque son aventure fut connue par le récit qu'il en fit à ses voisins, on n'hésita pas à prononcer d'une voix unanime que le mystérieux cavalier ne pouvait être qu'*Eoghan a chinn bhigh.*

Quelle que soit, au reste, la source de la tradition, il est sûr qu'à une certaine époque elle fut généralement répandue dans l'île de Mull et dans les parties adjacentes. Mais, comme d'autres superstitions de même nature, celle-ci s'est graduellement effacée devant les idées plus éclairées des temps modernes, et aujourd'hui elle est confinée parmi le vulgaire. (L. V.)

(AA) Page 336.

AFFAIRE DE CLIFTON.

Le récit suivant de l'escarmouche de Clifton est extrait des mémoires manuscrits d'Evan Macpherson de Cluny, chef du clan de Macpherson, qui eut le mérite de jouer un des principaux rôles dans cette chaude affaire. Ces mémoires paraissent avoir été composés vers 1755, dix ans seulement après l'événement. Ils furent écrits en France, où ce brave chef était en exil, ce qui explique les gallicismes qui se rencontrent dans la narration.

« Lorsque le prince retourna de Derby en Écosse, mylord Georges Murray, lieutenant-général, se chargea avec joie du commandement de l'arrière-garde. Ce poste, bien qu'honorable, exposait à de grands dangers, à plusieurs difficultés et à beaucoup de fatigue ; car le prince, appréhendant que la retraite en Écosse ne lui fût coupée par le maréchal Wade, qui tenait la campagne au Nord, avec une armée de beaucoup supérieure à celle de Son Altesse Royale, tandis que le duc de Cumberland, avec toute sa cavalerie, suivait de près son arrière-garde, était obligé de forcer sa marche. Il était impossible à l'artillerie d'avancer aussi vite que l'armée du prince, au milieu de l'hiver, par un temps affreux et par les plus mauvaises routes d'Angleterre, de sorte que lord Georges Murray était souvent obligé de prolonger sa marche bien avant dans la nuit, et il était souvent inquiété par des détachements avancés de l'armée du duc de Cumberland. Vers le soir du 28 décembre 1745, le prince entra dans la ville de Penrith, province de Cumberland; mais, comme lord Georges Murray ne pouvait arriver avec l'artillerie aussi vite qu'il l'aurait désiré, il fut forcé de passer la nuit à six milles de distance de la ville, avec le régiment de Mac-Dunel de Glengarrie, qui se trouvait être ce jour-là à l'arrière-garde. Le prince, afin de faire reposer ses troupes et de donner à lord Georges le temps d'arriver, résolut de passer la journée du 29 à Penrith. Il ordonna à sa petite armée de se tenir sous les armes le lendemain, voulant la passer en revue, et connaître approximativement ce qui lui restait de monde depuis son entrée en Angleterre. Le compte ne montait plus qu'à 5,000 hommes de pied en tout, et environ 400 cavaliers, presque tous gentilshommes, qui servaient comme volontaires. Une partie de cette cavalerie formait la garde du prince, sous le commandement de lord Elcho, à présent comte de Weems, qui, ayant été proscrit, est en ce moment en France. Une autre portion composait une seconde compagnie de gardes sous les ordres de lord Balmirina, qui fut décapité à la Tour de Londres. Une troisième division obéissait au lord comte de Kilmarnock, qui fut également décapité à la Tour ; enfin, une quatrième marchait sous lord Pitsiligow, qui est aussi proscrit. Cette cavalerie, quoique peu nombreuse, étant composée de toute la noblesse, était très-brave ; elle avait un immense avantage sur l'infanterie, non-seulement en un jour de bataille, mais encore parce qu'elle servait de garde avancée dans les marches, et qu'elle faisait des patrouilles la nuit sur les différentes routes qui conduisaient aux villes où l'armée avait pris ses quartiers.

« Pendant que cette petite armée, rassemblée, le 29 décembre, sur un terrain en pente au nord de Penrith, passait la revue, M. de Cluny reçut ordre de se porter avec son clan au pont de Clifton, à un mille au sud de Penrith, après avoir défilé devant M. Pattulla, alors chargé de l'inspection des troupes, comme quartier-maître général de l'armée, et maintenant en France. Ils restèrent au pont, sous les armes, en attendant l'arrivée de lord Georges Murray et de l'artillerie, dont ils devaient protéger le passage. Lord Georges arriva au coucher du soleil, poursuivi de près par le duc de Cumberland avec tout son corps de cavalerie, fort de trois mille hommes, dont un mille à peu près, autant qu'on put en juger, avait mis pied à terre pour couper à l'artillerie le passage du pont, tandis que les autres étaient restés à cheval pour attaquer l'arrière-garde. Lord Georges Murray s'avança, et, bien qu'il trouvât M. de Cluny et sa troupe sous les armes et en bonne disposition, la circonstance lui parut extrêmement délicate. Les forces étaient tellement disproportionnées en nombre, et l'attaque semblait si dangereuse, que lord Georges refusait d'en donner l'ordre, comme c'était l'opinion de

M. de Cluny. — Je les attaquerai de tout mon cœur, dit M. de Cluny, si vous me l'ordonnez. — Je vous l'ordonne donc, dit lord Georges; et, mettant pied à terre, il saisit son épée et s'avança avec M. de Cluny à la tête du seul clan des Macpherson. Il y eut un moment où ils se firent jour à travers une épaisse haie d'épines où la cavalerie s'était établie. En franchissant cette haie, lord Murray, qui était habillé en montagnard, comme toute l'armée, perdit son bonnet et sa perruque, et il continua à combattre tête nue jusqu'à la fin de l'action. Ils firent d'abord une décharge générale de leurs armes à feu sur l'ennemi, puis l'attaquèrent avec leurs sabres et en firent un grand carnage. Le duc de Cumberland et la cavalerie furent obligés de fuir avec précipitation et en grand désordre, et il est probable que si le prince avait eu une cavalerie assez nombreuse pour profiter de cette occasion, le duc de Cumberland et tous ses hommes eussent été faits prisonniers. La nuit était si sombre qu'il ne fut pas possible de savoir le nombre des morts qui remplissaient les fossés d'alentour; mais on jugea qu'outre les blessés qui avaient pu se sauver, plus de cent personnes étaient restées sur le champ de bataille. Parmi ces derniers, on remarquait le colonel Hongwood, qui commandait la cavalerie démontée. M. de Cluny lui prit et conserve encore un sabre d'une valeur considérable. Le colonel fut relevé, et ses blessures ayant été pansées, il finit par se rétablir à la longue. M. de Cluny perdit seulement douze hommes dans l'action. Quelques-uns d'entre eux, n'étant que blessés, tombèrent au pouvoir de l'ennemi, et furent envoyés comme esclaves en Amérique, d'où plusieurs sont revenus; il y en a un qui est à présent en France, dans le régiment Royal-Écossais. Aussitôt que le prince sut que l'ennemi approchait, il envoya immédiatement le comte de Nairne, brigadier, proscrit depuis, et à présent en France, avec trois bataillons du duc d'Athol, le bataillon du duc de Perth et quelques autres troupes sous son commandement pour soutenir Cluny et ramener l'artillerie; mais l'action était finie quand le comte de Nairne arriva. Ils retournèrent tous alors à Penrith, et l'artillerie marcha en bon ordre. Le duc de Cumberland n'osa plus s'avancer à plus d'un jour de marche de l'arrière-garde du prince dans tout le cours de cette retraite, qui fut conduite avec beaucoup de prudence, bien que l'armée fût en quelque sorte entourée par l'ennemi. »

FIN DES NOTES.

APPENDICES.

N° I.

FRAGMENT D'UN ROMAN QUI DEVAIT ÊTRE INTITULÉ
THOMAS LE RIMEUR [1].

CHAPITRE PREMIER.

Le soleil allait disparaître derrière les montagnes éloignées de Liddesdale; quelques-uns des habitants terrifiés et dispersés du village de Hersildoune, qu'une bande déprédatrice d'Anglais des frontières [2] avait réduit en cendres quatre jours auparavant, étaient alors occupés à réparer leurs habitations en ruines. Une tour élevée, au centre du village, seule n'offrait pas de traces de dévastation; elle était entourée d'une enceinte de murailles, et la porte extérieure était barricadée et verrouillée. Les ronces et les broussailles qui croissaient tout autour, et dont quelques branches s'étaient même insinuées sous la porte, montraient évidemment qu'un long espace de temps devait s'être écoulé depuis qu'elle avait été ouverte. Tandis que les chaumières environnantes n'offraient plus qu'un monceau de ruines fumantes, cette masse, abandonnée et désolée comme elle semblait être, n'avait pas souffert de la violence de l'invasion; et les malheureux qui s'efforçaient de réparer leurs misérables huttes contre la nuit qui s'approchait, semblaient négliger l'abri préférable qu'elle aurait pu leur procurer sans travail.

Le jour n'avait pas encore totalement disparu, lorsqu'un chevalier, richement armé et monté sur une haquenée d'amble, s'avança à pas lents dans le village. Il avait pour suivants — une dame, d'apparence jeune et belle, qui chevauchait à son côté sur un palefroi pommelé; et son écuyer, qui portait son heaume et sa lance, et conduisait son cheval de bataille, un noble coursier richement caparaçonné. Un page et quatre hommes d'armes [3], portant des arcs, des flèches, des épées courtes, et des boucliers larges d'un empan, complétaient son équipage, lequel, bien que peu nombreux, dénotait un homme de haut rang.

[1] On ne supposera pas que ces fragments soient donnés comme ayant la moindre valeur par eux-mêmes; mais on pourra les voir avec quelque curiosité, peut-être, comme on recherche les premières eaux-fortes d'une gravure, lorsque les ouvrages terminés de l'artiste ont été reçus avec faveur. (W. S.)

[2] *English borderers.*

[3] *Yeomen.*

Il s'arrêta et s'adressa à plusieurs des habitants, que la curiosité avait arrachés à leur travail pour venir le regarder ; mais au son de sa voix, et encore plus en apercevant la *Croix de Saint-Georges* sur le bonnet de ses suivants, ils s'enfuirent en criant : Voici les Southerons[1] revenus. Le chevalier s'efforça de rassurer les fugitifs, qui se composaient principalement d'hommes âgés, de femmes et d'enfants ; mais la crainte qu'ils avaient du nom anglais accélérait leur fuite, et en peu de minutes, sauf le chevalier et sa suite, personne ne restait sur la place. Il parcourut le village, cherchant un abri pour la nuit ; et désespérant d'en trouver un, soit dans la tour inaccessible, soit dans les huttes saccagées des paysans, il dirigea sa course vers la gauche, où il avait aperçu une habitation petite, mais décente, qui semblait être la demeure d'un homme fort au-dessus du commun. Après avoir longtemps frappé, on vit paraître enfin le propriétaire à la fenêtre ; avec de grands signes d'appréhension, il demanda en anglais ce qu'on lui voulait. Le guerrier répondit qu'il était chevalier anglais et baron, et qu'il se rendait à la cour du roi d'Écosse pour affaires qui intéressaient fort les deux royaumes.

— Pardonnez mon hésitation, noble sir chevalier, dit le vieillard en enlevant les barres et les verrous qui assujettissaient sa porte ; mais nous sommes exposés ici à trop d'intrusions pour que nous puissions exercer une hospitalité confiante et illimitée. Tout ce que j'ai est à vous ; et Dieu veuille que votre mission puisse ramener la paix et les bons jours de notre vieille reine Marguerite !

— Amen ! digne franklin[2], repartit le chevalier ; — l'avez-vous connue ?

— Je suis venu dans ce pays à sa suite ; et l'administration de quelques-unes des terres de son douaire, qu'elle m'avait confiée, a été l'occasion de mon établissement ici.

— Et comment vous, qui êtes Anglais, pouvez-vous protéger ici votre vie et vos propriétés, quand un de vos compatriotes ne peut obtenir un abri pour une seule nuit, ni une goutte d'eau s'il avait soif ?

— Marry[3] ! noble sir, l'habitude, comme on dit, ferait vivre un homme dans l'antre d'un lion ; et comme je me suis établi ici dans un temps de tranquillité, et que je n'ai jamais fait de tort à personne, je suis respecté par mes voisins, et même, comme vous voyez, par nos *forayers*[4] d'Angleterre.

— Je m'en réjouis, et j'accepte votre hospitalité. — Ma chère Isabelle, notre digne hôte vous pourvoira d'un lit. Ma fille, bon franklin, est indisposée. Nous resterons chez vous jusqu'à ce que le roi d'Écosse revienne de son expédition dans le Nord ; jusque-là, nommez-moi lord Lacy de Chester.

Les gens de la suite du baron, aidés du franklin, s'occupèrent alors de loger les chevaux et de couvrir la table de quelques rafraîchissements pour lord Lacy et sa belle compagne. Quand ceux-ci y furent placés, ils y furent servis par leur hôte et sa fille, à qui l'usage ne permettait pas de manger en leur présence, et qui se retirèrent ensuite dans une chambre extérieure, où l'écuyer et le page (tous deux jeunes gens de noble naissance) partagèrent leur souper et trouvèrent ensuite des lits préparés. Les hommes d'armes, après avoir fait honneur à la

---

[1] Les hommes du Sud ; c'est ainsi que le vulgaire des Écossais désigne les Anglais. (**L. V.**)

[2] Propriétaire faisant valoir ses terres. (**L. V.**)

[3] Espèce de serment ; en quelque sorte *par Marie !* (**L. V.**)

[4] Pillards, maraudeurs, *fourrageurs*. (**L. V.**)

chère rustique du bailli de la reine Marguerite, se retirèrent à l'écurie, où chacun d'eux, près de son cheval favori, oublia en ronflant les fatigues du voyage.

Le lendemain de bonne heure, les voyageurs furent réveillés par un tonnerre de coups frappés à la porte de la maison, et accompagnés de mainte demande d'une admission immédiate, proférée du ton le plus rude. L'écuyer et le page de lord Lacy, après avoir revêtu leurs armes, se disposaient à sortir pour châtier ces insolents, quand leur vieil hôte, après avoir regardé au-dehors par une petite ouverture particulière destinée à *reconnaître* ses visiteurs, les conjura, avec de grandes marques de terreur, de demeurer tranquilles, s'ils ne voulaient pas que tout fût massacré dans la maison.

Il se rendit alors en toute hâte à l'appartement de lord Lacy, qu'il trouva vêtu d'une longue robe fourrée et du bonnet de chevalier appelé un *mortier*. Irrité de ce bruit, il s'informait de la cause qui troublait ainsi le repos de la maison.

— Noble sir, répondit le franklin, un des plus formidables et des plus sanguinaires des cavaliers de la frontière écossaise est en bas; — et, ajouta-t-il d'une voix altérée par la terreur, on ne le voit jamais si loin des montagnes qu'il n'ait quelque mauvais dessein et le pouvoir de l'accomplir; ainsi tenez-vous sur vos gardes, car...

Il n'avait pas achevé, qu'un craquement bruyant annonça que la porte était brisée, et le chevalier descendit l'escalier juste à temps pour prévenir une effusion de sang entre ses gens et les agresseurs. Ceux-ci étaient au nombre de trois; — leur chef était grand, osseux, athlétique; ses formes nerveuses et fortement musclées indiquaient, ainsi que la dureté de ses traits, que sa vie s'était écoulée dans les périls et les fatigues. L'effet de sa physionomie était encore augmenté par son costume, qui consistait en un *jack* ou jaquette d'une peau de buffle épaisse, sur laquelle étaient fixées de petites plaques de fer en losange à demi superposées, de manière à former une cotte de mailles qui obéissait à tous les mouvements du corps. Cette armure défensive couvrait un pourpoint gris d'un drap grossier. Les épaules du *borderer*[1] étaient garanties par quelques plaques d'acier à demi rouillées; il portait une épée à deux tranchants, avec une dague[2] suspendue près d'elle à sa ceinture de buffle. — Un casque garni de quelques barres de fer pour garantir la face, en guise de visière, et une lance d'une longueur effrayante et peu commune, complétaient son équipement. Les regards de l'homme étaient aussi sauvages et aussi rudes que son costume; — ses yeux noirs et perçants ne restaient jamais un moment fixés sur le même objet, mais se promenaient incessamment autour de lui, comme s'ils eussent cherché quelque péril à braver, quelque butin à saisir ou quelque insulte à venger. Ce dernier point semblait être son objet actuel; car, sans égard pour la présence du noble lord Lacy, il proférait les menaces les plus incohérentes contre le maître de la maison et ses hôtes.

— Nous verrons, — oui, Marry! nous verrons si un chien d'Anglais recevra et abritera ici les *Southerons*! Rendez grâces à l'abbé de Melrose et au bon chevalier de Coldingnow, qui m'ont si longtemps tenu loin de vos parages. Mais ces jours-là sont passés, par sainte Marie! et vous allez le voir.

Il est probable que l'enragé *borderer* n'aurait pas longtemps continué d'exhaler sa fureur en vaines menaces, si l'arrivée des quatre hommes d'armes, avec leurs

---

[1] Homme des *borders* ou frontières. (L. V.)

[2] *Dagger*, long poignard; c'est le *dirk* des Highlanders. (L. V.)

arbalètes tendues, ne l'eussent convaincu que la force n'était pas en ce moment de son côté.

Lord Lacy s'approcha alors de lui : — Tu entres de force dans la maison que j'occupe, soldat ! — retire-toi avec tes hommes. — La paix existe entre nos deux pays, sans quoi mes gens auraient déjà châtié ta présomption.

— Telle paix vous donnez, telle paix vous aurez, répondit le soldat des bruyères en dirigeant la pointe de sa lance vers le village brûlé ; puis il la redressa presque aussitôt contre Lacy. L'écuyer tira son épée, et d'un coup il abattit la tête armée d'acier de la lance.

— Arthur Fitzherbert, lui dit le baron, ce coup d'épée a reculé d'une année ta réception de chevalier. — Il ne doit jamais porter les éperons, l'écuyer dont l'impétuosité sans frein peut aller jusqu'à tirer l'épée en présence de son maître, sans en avoir reçu l'ordre. Sors, et songe à ce que j'ai dit.

L'écuyer confus quitta la chambre.

— Il serait inutile, continua lord Lacy, d'attendre d'un rustre montagnard une courtoisie que mes serviteurs eux-mêmes peuvent oublier. Cependant, avant de tirer ton fer (car l'agresseur avait porté la main à la poignée de son épée), tu feras bien de réfléchir que je suis venu avec un sauf-conduit de ton roi, et que je n'ai pas de temps à perdre en querelles avec des gens de ta sorte.

— De *mon* roi ! — de *mon* roi ! répéta le montagnard. Je ne regrette point ce tronçon pourri (ajouta-t-il en foulant avec emportement les débris de la lance tombés à terre) pour le roi de Fife et de Lothian. Mais Habby de Cessford sera bientôt ici, et nous allons voir s'il permettra à un rustre anglais d'occuper son hôtellerie.

Après avoir prononcé ces mots, accompagnés d'un sombre regard et en fronçant ses épais sourcils noirs, il tourna les talons et sortit de la maison avec ses deux suivants. — Ils reprirent leurs chevaux, qui étaient attachés à une palissade extérieure, et en un instant on les eut perdus de vue.

— Quel est ce misérable discourtois ? dit lord Lacy au franklin, qui, durant toute cette scène, avait été dans la plus violente agitation.

— Son nom, noble lord, est Adam Kerr de Moat [1] ; mais ses compagnons lui donnent communément le nom du Noir Cavalier des Cheviots. Je crains, je crains bien qu'il ne soit venu ici pour rien de bon ; — mais si le lord de Cessford est dans les environs, il n'osera se livrer à aucune violence sans provocation.

— J'ai entendu parler de ce chef, dit le baron ; — avertissez-moi quand il arrivera. Toi, Rodulph (s'adressant au plus âgé des hommes d'armes), fais bonne garde. Adelbert, ajouta-t-il en se tournant vers le page, viens m'armer. Le page s'inclina, et le baron se rendit à la chambre de lady Isabelle, pour lui expliquer la cause du tumulte.

* * * * * * * * * * *

Ce roman projeté ne fut jamais continué ; mais le dessein de l'auteur était de faire rouler sa fable sur une légende curieuse de superstition qui a cours sur la partie des frontières où il résidait alors, et où avait réellement vécu, sous le règne d'Alexandre III d'Écosse, ce personnage renommé, Thomas de Hersildoune, surnommé le Rimeur. Ce personnage, le Merlin de l'Écosse, auquel plusieurs des

---

[1] Du Fossé.

aventures que les bardes bretons attribuent au Merlin calédonien, ou le Sauvage, ont été transférées par la tradition, était, comme personne ne l'ignore, magicien aussi bien que poëte et prophète. Il est regardé comme vivant encore dans le pays des fées [1], et on attend son retour dans quelque grande convulsion de la société, dans laquelle il doit jouer un rôle éminent ; tradition commune à toutes les nations, comme le prouve la tradition des Musulmans touchant leur douzième iman.

Or, il y a de cela bien des années, vivait sur les *Borders* un tapageur et joyeux maquignon, remarquable par un caractère sans peur et sans souci, qui faisait que parmi ses voisins il était fort admiré, et aussi un peu craint. Une nuit qu'il traversait à cheval, au clair de la lune, les landes de Bowden, sur la pente occidentale des hauteurs d'Eildom, le théâtre des prophéties de Thomas le Rimeur, et souvent mentionné dans son histoire, ramenant avec lui une couple de chevaux qu'il n'avait pu placer, il fit rencontre d'un homme d'apparence vénérable, et dont le costume avait une forme singulièrement antique ; à sa grande surprise, cet homme lui demanda ce que valaient ses chevaux, et se mit à en débattre le prix avec lui. Pour Canobie Dick, car c'est ainsi que nous nommerons notre marchand des frontières, une pratique était une pratique ; il aurait vendu un cheval au diable lui-même sans se mettre en peine de ses pieds fourchus, et il aurait probablement attrapé le Vieux Nick [2] dans le marché. L'étranger paya le prix convenu ; et tout ce qui intrigua Dick dans la transaction, fut que l'or qu'il reçut était en pièces *à la licorne, au bonnet,* et autres monnaies anciennes, qui auraient été inestimables pour des amateurs d'antiquités, mais qui étaient assez embarrassantes pour la circulation moderne. C'était de l'or, pourtant, et Dick, en conséquence, s'arrangea pour obtenir de sa vieille monnaie un meilleur prix que ne valait peut-être ce qu'il avait livré à son acheteur. Sur la demande d'une aussi bonne pratique, il amena plus d'une fois des chevaux au même endroit : la seule condition de l'étranger était qu'il y viendrait toujours de nuit, et seul. Je ne sais si ce fut par simple curiosité, ou si quelque espoir de gain s'y mêla ; mais après que Dick eut vendu de cette façon plusieurs chevaux, il commença à se plaindre que des marchés conclus à sec ne portaient pas bonheur, et à insinuer que puisque son acheteur vivait sans doute dans le voisinage, il devrait bien, en honnêteté d'affaire, le régaler d'une demi-pinte.

— Vous pouvez voir ma demeure si vous voulez, dit l'étranger ; mais si le courage vous manque à ce que vous y verrez, vous vous en repentirez toute votre vie.

Dick, cependant, ne fit que rire de cet avertissement, qu'il méprisa, et ayant mis pied à terre pour attacher son cheval, il suivit l'étranger qui s'était mis à gravir un étroit sentier. Ce chemin les conduisit dans les montagnes, jusqu'à une singulière éminence placée entre les pics les plus méridionaux et ceux du centre, et qu'on nomme le Lucken Hare, ou le Vieux Lièvre, à cause de sa ressemblance avec un animal de cette espèce. Au pied de cette éminence, presque aussi fameuse pour les assemblées de sorcières que le moulin à vent voisin de Kippilaw, Dick fut quelque peu surpris de voir pénétrer son conducteur dans un des côtés de la montagne, par un passage, ou une caverne, que lui-même, quoique connaissant bien l'endroit, n'avait jamais aperçu auparavant, et dont jamais il n'avait entendu parler.

[1] *The land of fairy.*
[2] *Old Nick,* un des noms populaires du diable en Écosse. Nick est l'abréviation de Nicolas. (L. V.)

— Vous pouvez encore retourner, lui dit son guide en le regardant d'un air sinistre; mais Dick ne voulut pas montrer la plume blanche [1], et ils continuèrent d'avancer. Ils arrivèrent dans une très-longue suite d'écuries ; dans chaque stalle était un cheval noir comme le charbon, et près de chaque cheval gisait un chevalier couvert d'une armure noire et une épée nue à la main; mais tous étaient silencieux, hommes et animaux, comme s'ils eussent été taillés dans le marbre. Un grand nombre de torches répandaient une sombre clarté dans la salle, laquelle, comme celle du kalife Vatheck, était de vastes dimensions. A l'extrémité supérieure, où ils arrivèrent enfin, était une table de forme antique, sur laquelle étaient posés une épée et un cor.

— Celui qui sonnera de ce cor et tirera cette épée, dit l'étranger, qui alors se fit connaître pour le fameux Thomas de Hersildoune, sera, si le cœur ne lui faillit pas, roi de toute la Bretagne. Ainsi le dit la bouche qui ne peut mentir. Mais tout dépend du courage, et en grande partie de ce que vous prendrez d'abord, du cor ou de l'épée.

Dick se sentait très-disposé à prendre l'épée ; mais son courage fut émoussé par les terreurs surnaturelles de la salle, et il pensa que tirer en premier lieu l'épée du fourreau pourrait être regardé par les puissances de la Montagne comme une marque de défi, et qu'ils s'en pourraient offenser. Il prit le cor d'une main tremblante, et en tira un faible son, assez fort, cependant, pour amener une terrible réponse. L'immense salle fut ébranlée des roulements formidables du tonnerre ; hommes et chevaux s'animèrent; les coursiers hennirent, frappèrent du pied, rongèrent leur frein, secouèrent leur crinière ; les guerriers se relevèrent, firent résonner leurs armes et brandirent leurs épées. La terreur de Dick fut extrême à la vue de cette armée, tout à l'heure silencieuse comme le tombeau, maintenant mugissante et prête à se précipiter sur lui. Il laissa échapper le cor, et tenta, mais faiblement, de saisir le glaive enchanté : en cet instant une voix prononça distinctement ces paroles mystérieuses :

« Malheur au lâche qui n'a pas tiré l'épée avant de sonner du cor; malheur au jour où il est né ! »

En même temps, un tourbillon de vent d'une violence irrésistible balayant la longue salle, transporta le malheureux maquignon en dehors de la caverne et le précipita sur un énorme tas de pierres amoncelées, où des bergers le trouvèrent le lendemain matin, respirant à peine assez pour leur raconter sa terrible histoire, après quoi il expira.

Cette légende, avec plusieurs variantes, se retrouve en mainte partie de l'Écosse et de l'Angleterre. — Quelquefois la scène en est placée dans quelque vallée favorite des Highlands ; quelquefois dans les profondes mines de charbon du Northumberland et du Cumberland, qui s'avancent si loin sous l'Océan. On la trouve aussi dans l'ouvrage de Reginald Scott sur la sorcellerie, livre qui fut écrit dans le seizième siècle. On chercherait vainement la première origine de la tradition. Le choix entre l'épée et le cor renferme peut-être ce sens moral, que c'est une hardiesse téméraire de provoquer le danger avant d'avoir en main des armes pour lui résister.

[1] Adage proverbial, comme nous disons ne voulut pas laisser percer le bout de l'oreille, ne voulut pas laisser voir qu'il avait peur. (L. V.)

Quoique comportant de nombreux ornements poétiques, il est évident que cette légende n'eût été qu'un sujet malheureux pour une composition en prose, et qu'elle eût nécessairement dégénéré en un simple conte de fées. Le docteur Leyden a introduit avec bonheur la tradition dans ses *Scènes d'enfance :*

« Mystérieux Rimeur, condamné par les décrets du destin à visiter sans cesse l'arbre enchanté d'Eildon, où souvent le berger, à l'aube d'un jour saint, entend ton agile coursier hennir avec une sauvage impatience ; dis-nous quel est celui dont l'appel retentissant rompra le sommeil magique des siècles ; qui remplira de ses sons longtemps prolongés l'immensité des cavernes de l'Eildon, tandis que les guerriers aux noires armures s'éveilleront à ce signal ; qui, d'une main puissante, saisira le cor et le glaive, et fera retentir la marche du fier Arthur au sein de la Terre des Fées ? »

Scènes d'Enfance, partie 1re.

Dans le même meuble, avec le fragment précédent, le suivant s'est retrouvé parmi d'autres *disjecta membra*. Ce paraît être un essai de roman d'un autre genre, mais qui fut presque aussitôt abandonné que commencé. L'introduction indique que la composition en doit remonter à peu près à la fin du dix-huitième siècle.

LE LORD D'ENNERDALE.

Fragment d'une lettre de John B*** esq. de B***, à William J***, membre de la Société royale d'Édimbourg.

— Remplissez vos verres, dit le chevalier ; les dames peuvent nous attendre encore un peu. — Remplissez vos verres à la santé de l'archiduc Charles.

La compagnie fit comme elle le devait honneur au toast de leur amphitryon.

— Le succès de l'archiduc, dit le vicaire crotté, aura pour effet d'avancer nos négociations à Paris ; et si...

— Pardonnez-moi de vous interrompre, docteur, dit une figure maigre et chétive, avec un accent quelque peu étranger ; mais pourquoi rapprocheriez-vous ces événements, sinon pour en tirer l'espoir que la bravoure et les victoires de vos alliés reculeraient la nécessité d'un traité humiliant ?

— Nous commençons à sentir, monsieur l'abbé, répondit le vicaire avec quelque aigreur, que se jeter dans une guerre continentale pour la défense d'un allié qui ne veut pas se défendre lui-même, et pour la restauration d'une famille royale, d'une noblesse et d'un clergé qui n'ont rien fait pour soutenir leurs droits, c'est un fardeau trop pesant, même pour les ressources de ce pays.

— Et la guerre a-t-elle donc été, de la part de la Grande-Bretagne, un acte de générosité gratuite ? répliqua l'abbé. La crainte de cet esprit destructeur et envahissant d'innovation qui se manifestait au dehors, n'y fut-il pour rien ? Les citoyens ne tremblèrent-ils pas pour leur propriété, les prêtres pour la religion, tous les cœurs loyaux pour la constitution ? Ne crut-on pas nécessaire de détruire le bâtiment envahi par les flammes, avant que la conflagration ne se fût propagée dans tout le voisinage ?

— Si pourtant, dit le docteur, nous trouvons que les murailles résistent à tous nos efforts, je ne vois pas grande prudence à persévérer dans notre travail au milieu des ruines fumantes.

— Hé quoi, docteur ! s'écria le baronnet, dois-je rappeler à votre souvenir votre propre sermon sur le dernier jeûne général ? — Ne nous exhortiez-vous pas à espérer que le Seigneur des Armées marcherait avec nous, et que nos ennemis, qui l'ont blasphémé, seraient confondus ?

— Un bon père peut vouloir châtier même son fils bien-aimé, repartit le vicaire.

— Je crois, dit un gentleman placé presque au bout de la table, que les covenantaires donnèrent quelque raison du même genre après le démenti de leurs prophéties à la bataille de Dunbar, lorsque leurs prédicateurs furibonds eurent contraint le prudent Lesley de marcher contre les Philistins dans Gilgal.

Le vicaire jeta sur l'auteur de la remarque un regard scrutateur et peu satisfait. C'était un jeune homme de petite stature et d'apparence assez modeste. Des études précoces et sévères avaient amorti sur ses traits l'enjouement propre à son âge, et les avaient empreints d'une teinte prématurée de gravité pensive. Son œil, cependant, n'avait rien perdu de son feu, ni son geste de sa vivacité. S'il fût demeuré silencieux, il serait resté longtemps sans être remarqué; mais quand il parlait, il y avait dans ses manières quelque chose qui commandait l'attention.

— Quel est ce jeune homme ? dit le vicaire à voix basse à son voisin.

— Un Écossais appelé Maxwell, en visite chez sir Henry.

— Je l'avais pensé à son accent et à ses manières.

On peut faire remarquer ici que les Anglais du nord conservent pour leurs voisins plus de leur vieille aversion héréditaire que leurs compatriotes du sud. L'intervention de nouveaux interlocuteurs, qui tous soutenaient leur opinion avec la véhémence que donnent le vin et la politique, rendit l'invitation de passer au salon agréable à la partie la plus sobre de la compagnie.

Les convives se dispersèrent peu à peu, et enfin il ne resta plus que le vicaire et le jeune Écossais, outre le baronnet, sa dame, ses filles et moi. Il paraîtrait que l'ecclésiastique n'avait pas oublié l'observation qui l'avait rangé avec les faux prophètes de Dunbar, car il saisit la première occasion de s'adresser à M. Maxwell.

— Hem! je crois, monsieur, que vous avez dit quelque chose des guerres civiles du dernier siècle ? Il faut que vous les connaissiez bien à fond, en effet, si vous pouvez établir un parallèle entre cette époque et les mauvais jours de la nôtre; — car je suis prêt à soutenir que les temps où nous vivons sont les plus sombres qui jamais aient obscurci l'avenir de l'Angleterre.

— A Dieu ne plaise, docteur, que j'établisse une comparaison entre les temps actuels et ceux que vous mentionnez. Je sens trop bien les avantages que nous avons sur nos ancêtres. Les factions et l'ambition ont introduit la division parmi nous, mais nous sommes purs encore de sang versé dans les guerres civiles, et de toutes les calamités qui en sont la suite. Nos ennemis, monsieur, ne sont pas de notre famille; et tant que nous resterons fermes et unis, nous aurons peu à craindre, je l'espère, des attaques d'un ennemi étranger, quelque artificieuse, quelque invétérée que soit sa haine.

— M. Maxwell, dit sir Henry, qui semblait craindre de voir se ranimer une discussion politique, avez-vous trouvé quelque chose de curieux dans ces papiers poudreux ?

— Mes recherches dans ces papiers, répondit Maxwell, m'ont conduit aux réflexions que je faisais tout à l'heure, et dont la justesse sera, je crois, assez bien démontrée par une histoire que j'ai tâché d'extraire de quelques-uns de vos manuscrits de famille.

— Vous pouvez en faire tel usage qu'il vous plaira; il y a bien longtemps qu'ils n'ont été touchés, et j'ai souvent souhaité que quelqu'un aussi versé que vous dans ces vieilleries pût m'en faire connaître le contenu.

— Ceux dont je parlais ont rapport à un fragment d'histoire privée, qui sent assez le merveilleux et qui se lie entièrement à celle de votre famille. Si cela peut vous être agréable, je puis vous lire les anecdotes dans la forme moderne que j'ai tâché de leur donner, et vous pourrez juger alors de la valeur des originaux.

Il y avait dans cette offre quelque chose d'agréable à tous les assistants. L'orgueil de famille de sir Henry le disposait à prendre intérêt à tout ce qui se rapportait à ses ancêtres. Les dames s'étaient plongées tout entières dans les lectures à la mode du jour. Lady Ratcliff et ses belles demoiselles avaient gravi chaque défilé, contemplé chaque ruine couverte de l'ombre des pins, prêté l'oreille à chaque gémissement et levé toutes les trappes en compagnie de l'héroïne fameuse d'Udolphe. On les avait cependant entendues faire la remarque que le célèbre incident du voile noir ressemblait singulièrement à l'ancien apologue de la montagne en travail, de sorte qu'elles savaient incontestablement critiquer aussi bien qu'admirer. En outre, elles avaient vaillamment monté en croupe derrière le cavalier fantastique de Prague, à l'aide de ses sept traducteurs, et suivi les pas du Maure à travers la forêt de Bohême. De plus, on disait même (mais ceci est un plus grand secret que tout le reste) qu'un certain ouvrage intitulé *le Moine*, en trois jolis volumes, avait été vu par un œil indiscret dans le tiroir à droite de l'armoire indienne du cabinet de toilette de lady Ratcliff. Ainsi prédisposées aux prodiges et aux merveilles, lady Ratcliff et ses filles rapprochèrent leurs chaises autour d'un large feu pétillant, et se disposèrent à écouter l'histoire. Je m'approchai aussi du feu, en partie poussé par la rigueur de la saison, et en partie parce que je ne voulais pas que ma surdité, gagnée, vous le savez, cousin, pendant ma campagne sous le prince Charles-Édouard, pût être un obstacle à ma curiosité, qui ne pouvait manquer d'être éveillée par ce qui devait avoir rapport au destin de serviteurs de la royauté aussi dévoués que l'a toujours été, vous ne l'ignorez pas, la maison de Ratcliff. Le vicaire s'approcha également, et se renversa commodément dans son fauteuil, disposé, selon toute apparence, à témoigner son peu d'égard pour la narration et le narrateur, en s'endormant dès qu'il pourrait convenablement le faire. A côté de Maxwell (par parenthèse, je n'ai pu savoir s'il appartient de près ou de loin à la famille de Nithsdale), fut placée une petite table surmontée de deux lumières, à l'aide desquelles il lut ce qui suit :

JOURNAL DE JAN VON EULEN.

« Le 6 novembre 1645, moi, Jan von Eulen, marchand à Rotterdam, je m'embarque, avec ma fille unique, à bord du bon vaisseau *Vryheid* d'Amsterdam, afin de passer dans le malheureux royaume d'Angleterre, aujourd'hui si agité. — 7 novembre. Vent frais. — Ma fille a le mal de mer. — Moi-même hors d'état d'achever le calcul que j'avais commencé, de l'héritage laissé par Jeanne Lansache de Carlisle, sœur de ma pauvre femme défunte, héritage que mon voyage a pour objet d'aller recueillir. — 8 novembre. Vent toujours contraire et orageux. — Un horrible malheur a été sur le point d'arriver : ma chère enfant est tombée du bord au moment où le vaisseau gouvernait sous le vent. — *Memorandum.* Récompenser le jeune marin qui l'a sauvée, sur le premier argent que je pourrai toucher de l'héritage de sa tante Lansache. — 9 novembre. Calme. Après-midi, légère brise du N. N. O. J'ai parlé au capitaine de l'héritage de ma belle-sœur Jeanne Lansache : il dit qu'il en connaît la partie principale, qui ne vaudra pas plus de 1,000 liv. st.

— N. B. Il est cousin d'une famille de Peterson, qui était le nom du mari de ma belle-sœur; il y a donc lieu d'espérer que cela pourra valoir plus qu'il ne dit. — 10 novembre. Dix heures du matin. Que Dieu nous pardonne tous nos péchés! Une frégate anglaise, portant le pavillon du Parlement, paraît grand largue et nous donne la chasse.—Onze heures. Elle gagne sur nous à chaque moment, et le capitaine de notre vaisseau fait tout préparer pour une action. Encore une fois, Dieu nous protége!... »

— Ici, dit Maxwell, le journal avec lequel j'ai ouvert ma narration finit quelque peu brusquement.

— J'en suis charmée, dit lady Ratcliff.

— Ne pourriez-vous seulement nous dire comment se termina le combat, M. Maxwell? dit le jeune Frank, petit-fils de sir Henry.

Je ne sais, cousin, si je ne vous ai pas déjà mis au courant de la capacité de Frank Ratcliff. Il n'y a pas une bataille livrée entre les troupes du Prince et celles du Gouvernement, durant les années 1745 et 1746, dont il ne soit en état de donner une relation. Il est vrai que j'ai pris un soin particulier de fixer dans sa mémoire, par de fréquentes répétitions, tous les incidents de cette époque mémorable.

— Non, mon cher Frank, répondit Maxwell; je ne puis vous raconter les particularités exactes de l'engagement, mais on en voit les résultats dans la lettre suivante, adressée par Garbonete von Eulen, fille de l'auteur du journal, à une parente, en Angleterre, de qui elle implore assistance. Après quelques explications générales sur le but du voyage et sur l'engagement, elle continue ainsi:

« Le bruit du canon cessait à peine, que les sons d'un langage que je ne connaissais qu'à demi, et la confusion qui régnait à bord du bâtiment, m'apprirent que les ennemis nous avaient abordé et s'étaient emparés de notre vaisseau. Je montai sur le pont, où le premier spectacle qui frappa mes yeux fut un jeune homme, le contre-maître de notre vaisseau, qui, bien que défiguré et couvert de sang, était chargé de chaînes, et qu'on forçait de descendre dans une chaloupe. Les deux personnes qui paraissaient tenir le premier rang parmi nos ennemis étaient, d'abord, une grande et maigre figure, avec un chapeau à haute forme et un long col rabattu, et les cheveux coupés ras autour de la tête; puis un gros homme déjà âgé, mais à l'air ouvert, et portant un uniforme de marine. — Prompts! prompts! partez, mes cœurs! disait le dernier; et la chaloupe qui portait le malheureux jeune homme l'eut bientôt mené à bord de la frégate. Peut-être me blâmerez-vous de mentionner cette circonstance; mais considérez, ma chère cousine, que ce jeune homme m'a sauvé la vie, et que son sort, même quand le mien et celui de mon père étaient dans la balance, ne pouvait que m'affecter vivement.

« Au nom de celui qui est jaloux même du carnage, dit le premier... »

Cætera desunt.

II.

CONCLUSION DU ROMAN DE M. STRUTT, INTITULÉ
QUEENHOO-HALL;

PAR L'AUTEUR DE WAVERLEY.

CHAPITRE IV.

PARTIE DE CHASSE. AVENTURE. DÉLIVRANCE.

Le lendemain, dès la pointe du jour, les trompes résonnèrent dans la cour du manoir de lord Boteler, pour en réveiller les habitants, et les appeler à une chasse splendide que le baron avait voulu offrir à son voisin Fitzallen, et à son noble visiteur, Saint-Clère. Pierre Lanaret, le fauconnier, était à son poste, avec des faucons pour les chevaliers et des tiercelets pour les dames, dans le cas où ils voudraient varier leurs plaisirs par une chasse aux oiseaux. Cinq robustes veneurs, avec leurs suivants, appelés *robins halbrenés*, tous convenablement vêtus en étoffe verte de Kendal, chacun d'eux ayant sa trompe et son coutelas attachés à sa ceinture, et à la main, son bâton à deux bouts, conduisaient les terriers ou braques, qui devaient faire lever le daim. Dix couples d'excellents chiens courants, chacun desquels aurait pu, seul, mettre aux abois le daim le plus vigoureux, étaient tenus en laisse par autant de forestiers de lord Boteler. Les pages, écuyers et autres suivants de la splendeur féodale, bien costumés dans leurs plus beaux habits de chasse, à cheval ou à pied, selon leur rang, armés d'épieux, de longs arcs et d'arbalètes, formaient un fort beau cortége.

On vit alors paraître une suite nombreuse de *yeomen* [1], appelés, dans le langage du temps, *retainers* [2], lesquels recevaient chaque année un habillement à la livrée du baron, et une petite pension, pour assister à ces occasions solennelles. Ils étaient vêtus de casaques bleues, et portaient sur le bras l'écusson de la maison de Boteler, comme marque de vasselage. C'étaient les hommes les plus grands qu'eussent pu fournir les villages environnants; chacun d'eux avait sur l'épaule son bon bouclier, et une large épée bien brillante suspendue à sa ceinture de cuir. En cette occasion, ils remplissaient les fonctions de *rangers* [3], pour battre les fourrés et faire lever le gibier. Toute cette suite remplissait la vaste cour du château.

Sur la pelouse extérieure, vous eussiez vu l'assemblage bigarré des paysans rassemblés pour l'annonce de cette chasse splendide, et parmi lesquels se trouvaient la plupart de nos anciennes connaissances de Tewin, ainsi que les joyeux

---

[1] Cette expression a eu, selon les temps, des acceptions assez variées. Ici elle doit évidemment se prendre comme synonyme de paysans, vassaux. (L. V.)

[2] Littéralement hommes de la suite. (L. V.)

[3] Batteurs de la venaison.

convives de l'auberge de Hob Filcher. Gregory, le bouffon, comme on peut bien le supposer, se souciait assez peu de se montrer en public, après son échec récent; mais l'intendant Oswald, inflexible sur tout ce qui tenait à l'exhibition publique de l'état de maison de son maître, lui avait positivement enjoint de se trouver là. — Quoi! avait-il dit, la maison du brave lord Boteler, dans un jour comme celui-ci, sera-t-elle sans fou? Certes, le bon lord Saint-Clère et la belle lady sa sœur pourraient croire notre maison aussi mesquine que celle de leur rustre de parent, à Gay-Bowers, qui a envoyé le bouffon de son père à l'hôpital, a troqué les grelots du pauvre fou pour des liens de faucons, et s'est fait une coiffe de nuit de son bonnet à longues oreilles! Ainsi, coquin, que je te voie aujourd'hui faire comme il faut ton métier de fou! Que les saillies partent comme fusées et pétards, au lieu de ces lardons sans sel et sans goût que tu nous débites depuis ces derniers temps; ou, par les os! tu iras à la loge du portier, qui t'étrillera avec ton sabre de bois, jusqu'à ce que ta peau soit aussi bigarrée que ton pourpoint!

A cette injonction sévère, Gregory ne répondit rien, non plus qu'à l'offre courtoise du vieux Albert Drawslot, le gardien en chef du parc, qui lui proposa de lui souffler du vinaigre au nez, pour réveiller ses esprits, comme il avait fait le matin même de ce bienheureux jour à Bragger, le vieux lévrier, dont le flair était en défaut. Il n'eut, à la vérité, guère le temps de répondre, car les trompes, après une fanfare animée, venaient de faire silence, et Peretto, avec les deux ménestrels de sa suite, se plaçait sous les fenêtres de l'appartement de l'étranger et entonnait le *rondelay* suivant, auquel faisaient chorus les voix sonores des fauconniers et des *rangers*, qui faisaient retentir jusqu'aux créneaux du château.

> Éveillez-vous, lords et nobles dames! sur la montagne le jour commence à poindre; la joyeuse chasse est déjà rassemblée avec les faucons, les chevaux et les forts épieux. Entendez-vous l'aboiement des chiens accouplés, le sifflement des faucons, le son retentissant du cor? Entendez-vous leurs joyeux concerts qui semblent vous dire : — Éveillez-vous, lords et nobles dames?

> Éveillez-vous, lords et nobles dames! Le brouillard a disparu sur la montagne grisâtre, l'aurore éclaire les eaux du ruisseau limpide, la rosée étincelle en diamants sur chaque buisson, et les gardes ont eu soin de relever les traces du daim au milieu du sombre taillis. Nous venons maintenant chanter notre lai. Éveillez-vous, lords et nobles dames!

> Éveillez-vous, lords et nobles dames, courez à la forêt verdoyante! Nous vous montrerons où il gîte, le cerf aux pieds agiles, à la taille élevée; nous vous montrerons les marques que ses andouillers ont laissées sur le chêne : vous le verrez bientôt réduit aux abois. — Éveillez-vous, lords et nobles dames!

> Plus haut, plus haut, chantez le lai : Éveillez-vous, lords et nobles dames! Dites-leur : Joie, plaisir, jeunesse, comme vous sont agiles et rapides. Qui peut échapper au Temps, ce rude chasseur, ferme comme un lévrier, rapide comme le faucon? — Songez-y, et levez-vous avec le jour, nobles lords et nobles dames!

Au moment où le ménestrel achevait son chant, lord Boteler, sa fille et son parent, Fitzallen de Marden, ainsi que d'autres nobles hôtes, montèrent leurs palefrois, et la chasse se mit en marche dans l'ordre prescrit. Les gardes, qui le soir précédent avaient soigneusement relevé le pied d'un cerf de première taille, purent, sans perte de temps, au moyen des marques qu'ils avaient faites aux arbres, conduire la compagnie jusqu'à la lisière du taillis, où, selon le rapport de Drawslot, il avait gîté toute la nuit. Les cavaliers se disséminèrent alors le long du bois, et attendirent que le chef des gardes y entrât avec son *bandog*, limier gigantesque retenu par un lien ou *band*, d'où il avait tiré son nom [1].

Mais voici ce qui arriva. Un jeune cerf de seconde année [2], qui se trouvait dans le même bouquet que le véritable objet de leur poursuite, vint à être levé le premier, et partit très-près de l'endroit où étaient postés lady Emma et son frère. Un varlet inexpérimenté, qui se trouvait le plus rapproché d'eux, lâcha aussitôt deux énormes lévriers, qui s'élancèrent sur les traces du fugitif avec la rapidité du vent du nord. Gregory, un peu ranimé par le mouvement de la scène, partit après eux, excitant les chiens par un bruyant *tayaut* [3], qui lui valut les malédictions cordiales des chasseurs et même du baron, qui se laissait aller à l'entraînement de la chasse avec toute l'ardeur juvénile de ses vingt ans. — Puisse le diable botté et éperonné chevaucher sur le cou de cet infernal braillard, avec une faux à sa ceinture ! s'écria Albert Drawslot ; je lui avais dit ici même que toutes les marques étaient celles d'un cerf de première tête, et le voilà qui lance les chiens sur une tête veloutée ! Par saint Hubert ! si je ne lui casse pas la tête avec mon arbalète, que je ne lance jamais un chien de ma vie ! Mais à celui-ci, mylord et mes maîtres ! La noble bête est encore ici, et, grâces aux saints, les chiens ne nous manquent pas.

Le couvert étant alors battu dans toutes les directions par les hommes de la suite, le cerf fut contraint de l'abandonner, et de chercher sa sûreté dans la vélocité de sa course. Trois lévriers furent lâchés sur lui ; mais il les dépista, après une course d'un ou deux milles, en entrant dans une vaste fougeraie, couverte de bruyères, qui longeait le pied d'une colline. Les cavaliers arrivèrent bientôt, et faisant lâcher un nombre suffisant de terriers, ils les envoyèrent avec les veneurs dans le taillis, afin de déloger la bête de son fort. Ce résultat atteint fournit une nouvelle chasse acharnée de plusieurs milles, dans une direction presque circulaire, durant laquelle le pauvre animal mit toutes les ruses en usage pour se délivrer de ses persécuteurs. Il croisait et traversait les sentiers couverts de poussière qui devaient le moins retenir l'odeur de sa piste ; il se couchait sur le sol, retirant ses pieds sous lui, et appliquant le museau sur la terre, pour ne pas être vendu aux chiens par son souffle et ses traces. Quand tout devint inutile, quand il se sentit pressé par les chiens, que ses forces défaillirent, que sa bouche se couvrit d'écume, que les larmes coulèrent de ses yeux, il se retourna, désespéré, vers la meute, qui alors se tint en arrêt, poussant d'affreux hurlements et attendant ses auxiliaires bipèdes. Le hasard fit que lady Éléonore, prenant à cet exercice plus de plaisir que Mathilde, et étant pour son palefroi une charge plus légère que lord Boteler, fut la première qui arriva en cet endroit : saisissant une arbalète des mains d'un des suivants, elle décocha un trait au cerf. L'animal furieux se sentant blessé s'élança avec rage vers celle qui avait envoyé la flèche, et lady Éléonore eût pu avoir lieu de se repentir de sa hardiesse, si le jeune Fitzallen, qui, durant tout le jour s'était tenu près d'elle, n'eût en cet instant lancé rapidement son cheval au galop, et, avant que le cerf eût pu détourner son attaque sur un autre adversaire, ne l'eût dépêché d'un revers de son couteau de chasse.

Albert Drawslot, qui était accouru plein de terreurs pour la vie de la jeune

---

[1] Aujourd'hui le terme *bandog* désigne communément un dogue ou un mâtin. (L. V.)

[2] *Hart.*

[3] *Tailliers-hors*, ou, en langage moderne, *tally-ho!* (W. S.)

dame, se répandit en éloges bruyants sur la force et la bravoure de Fitzallen. — Par Notre-Dame! cria-t-il en ôtant son bonnet, et en essuyant du bout de sa manche sa face brûlée du soleil, bien frappé, et à temps! — Mais maintenant, enfants, bonnets bas et sonnez la mort!

Les suivants de la chasse sonnèrent alors une triple mort et poussèrent un hourra général, qui, mêlé aux aboiements de la meute, retentit au loin sous le ciel. Le chef des gardes présenta alors son couteau à lord Boteler, pour porter au cerf le coup d'honneur; mais le baron pressa courtoisement Fitzallen d'accomplir la cérémonie. Lady Mathilde était alors arrivée avec la plupart des gens de la suite; et, la chasse étant terminée, on fut étonné de ne voir paraître ni Saint-Clère ni sa sœur. Lord Boteler ordonna aux cors de sonner de nouveau la fanfare de mort, dans l'espoir de rappeler les traînards; et s'adressant à Fitzallen : — J'aurais cru, lui dit-il, que Saint-Clère, si distingué en guerre, eût été plus en avant dans la chasse.

— Je crois, dit Peter Lanaret, connaître la raison de l'absence du noble lord; car lorsque ce bénêt de Gregory a lancé les chiens sur le jeune cerf, et qu'il s'est mis, comme un novice qu'il est, à galoper après eux, j'ai vu le palefroi de lady Emma partir rapidement après ce varlet, qui mériterait d'être réformé pour avoir pris ainsi les devants, et je pense que son noble frère l'aura suivie, dans la crainte qu'il ne lui arrivât mal.—Mais, par la croix! voilà Gregory qui va répondre lui-même.

En cet instant, en effet, Gregory entra dans le cercle qui s'était formé autour du daim, hors d'haleine et le visage couvert de sang. Pendant quelques moments il ne put que proférer les cris inarticulés de Oh! — hélas! — et autres exclamations de terreur et de détresse, désignant en même temps du doigt un bouquet de bois, à quelque distance du lieu où le cerf avait succombé.

— Sur mon honneur, dit le baron, je voudrais savoir qui a osé arranger ainsi le pauvre diable! Je jure qu'il paierait cher son outrecuidance, serait-il le premier (sauf un seul) de toute l'Angleterre.

Gregory, qui avait enfin recouvré un peu de souffle, se mit à crier : Au secours, si vous êtes des hommes! sauvez lady Emma et son frère, qu'on assassine dans le bois de Brockenhurst.

Ces cris mirent tout le monde en mouvement. Lord Boteler ordonna à la hâte à un petit parti de ses gens de rester pour la défense des dames, tandis que lui-même, avec Fitzallen et le reste, irait en toute diligence jusqu'au petit bois, guidé par Gregory, qui, à cet effet, monta en croupe derrière Fabian. Poussant par un étroit sentier, le premier objet qui frappa leur vue fut un homme de petite stature étendu à terre, maintenu là et presque étranglé par deux chiens qu'on reconnut aussitôt pour être ceux qui avaient accompagné Gregory. Un peu plus loin, dans un espace découvert, gisaient trois corps d'hommes tués ou blessés; non loin d'eux était lady Emma, étendue sans mouvement, que son frère et un jeune forestier penchés vers elle s'efforçaient de rappeler à la vie. Ils y réussirent bientôt, en employant les moyens ordinaires; tandis que lord Boteler, étonné d'une telle scène, demandait avec anxiété à Saint-Clère ce que tout cela signifiait, et s'il y avait à craindre quelque nouveau danger?

— Non, quant à présent, j'espère, répondit le jeune guerrier, qu'on s'aperçut en ce moment avoir été légèrement blessé; mais, je vous en prie, noble baron, faites fouiller les bois. Nous avons été assaillis par quatre de ces lâches assassins, et je n'en vois que trois étendus sur la poussière.

Les gens du baron amenèrent en ce moment l'homme qu'ils avaient arraché à la dent des chiens ; et Henry, avec autant d'étonnement que de honte et de dégoût, reconnut en lui son parent, Gaston Saint-Clère. Il fit à voix basse part de sa découverte à lord Boteler, qui ordonna de conduire le prisonnier à Queenhoo-Hall et de l'y garder étroitement ; en même temps il s'informa avec intérêt de la blessure du jeune Saint-Clère.

— Une égratignure, une misère ! répondit Henry ; j'ai moins hâte de m'en occuper que de vous présenter quelqu'un sans l'aide duquel le médecin serait venu trop tard. — Où est-il ? où est mon brave libérateur ?

— Le voici, très-noble lord, dit Gregory, se laissant glisser de son palefroi et s'avançant vers Saint-Clère ; le voici prêt à recevoir la récompense dont votre bonté voudra le gratifier.

— Vraiment, ami Gregory, tu ne seras pas oublié, reprit le jeune guerrier, car tu as vitement couru et bravement crié au secours, sans quoi, en toute vérité, je crois que nous n'eussions point eu d'assistance. — Mais le brave forestier qui est venu à mon secours quand ces trois rufians m'avaient presque terrassé, où est-il ?

On le chercha des yeux ; mais quoique tout le monde l'eût aperçu en arrivant au taillis, on ne le vit plus. Tout ce qu'on put conjecturer, ce fut qu'il s'était éloigné durant la confusion occasionnée par l'arrestation de Gaston.

— Ne cherchez pas après lui, dit lady Emma, qui avait alors en partie recouvré ses sens : il ne sera pas vu d'œil mortel, si ce n'est quand lui-même le voudra.

Le baron, persuadé par cette réponse que la terreur avait temporairement troublé ses idées, se garda de la questionner davantage ; et comme Mathilde et Éléonore, à qui un exprès avait été dépêché pour leur apprendre le résultat de cette étrange aventure, arrivèrent en cet instant, elles placèrent entre elles lady Emma, et tous en corps reprirent la direction du château.

Mais la distance était considérable, et avant de l'avoir parcourue, ils eurent une autre alerte. Les piqueurs qui devançaient la troupe firent halte et annoncèrent à lord Boteler qu'ils apercevaient un corps d'hommes armés s'avançant vers eux. Les suivants du baron étaient nombreux, mais armés pour la chasse et non pour le combat ; et ce fut avec grand plaisir qu'il reconnut sur le pennon des hommes d'armes qui s'approchaient, au lieu de l'écusson de Gaston, comme il y avait quelque raison de le craindre, le cimier ami de Fitzosborne de Diggswell, ce même jeune lord qui avait assisté aux fêtes du May avec Fitzallen de Marden. Le chevalier s'avança couvert de son armure, et, sans lever sa visière, informa lord Boteler qu'ayant appris le lâche attentat commis sur une partie d'entre eux par de vils assassins, il avait fait monter à cheval un petit corps de ses gens armés, afin de les escorter jusqu'à Queenhoo-Hall. Ayant alors reçu et accepté l'invitation de les y accompagner, tout le monde se remit en marche, en toute confiance et sécurité, et ils arrivèrent sains et saufs au manoir, sans aucun autre incident.

CHAPITRE V.

INVESTIGATION SUR L'AVENTURE DE LA CHASSE. DÉCOUVERTE. COURAGE DE GREGORY. SORT DE GASTON SAINT-CLÈRE. CONCLUSION.

Dès qu'ils furent arrivés à la noble demeure de lord Boteler, lady Emma demanda la permission de se retirer à son appartement pour remettre ses esprits après la terreur qu'elle avait éprouvée. Henry Saint-Clère, en peu de mots, expliqua alors l'aventure à son curieux auditoire. — Je n'eus pas plutôt vu le palefroi de ma sœur, dit-il, en dépit de ses efforts pour le retenir, entrer avec ardeur dans la chasse entamée par l'honorable Gregory, que je piquai des deux pour la suivre et ne pas la laisser sans assistance. La chasse fut si longue, que lorsque les chiens eurent forcé le jeune cerf, nous étions trop éloignés pour entendre vos cors. Après avoir donné la curée aux chiens et les avoir accouplés, je les laissai à conduire au fou, et nous partîmes pour nous mettre en quête de notre compagnie, que la chasse paraissait avoir entraînée dans une autre direction. Enfin, comme nous traversions le taillis où vous nous avez trouvés, un trait d'arbalète vint siffler à mon oreille; je tirai mon épée et me précipitai dans le fourré. Mais je fus aussitôt assailli par deux brigands, tandis que deux autres couraient à ma sœur et à Gregory. Le pauvre diable prit la fuite, criant au secours et poursuivi par mon perfide parent, maintenant votre prisonnier; et les desseins du dernier sur ma pauvre Emma (desseins meurtriers, sans doute) furent prévenus par la soudaine apparition d'un brave forestier, lequel, après une courte lutte, étendit le mécréant à ses pieds et accourut à mon aide. J'étais déjà légèrement blessé, et prêt à succomber sous l'inégalité du nombre. Le combat dura encore quelque temps, car les scélérats étaient bien armés, robustes et résolus; mais enfin nous étions lui et moi venus à bout de notre antagoniste, quand vos gens, mylord Boteler, arrivèrent à mon secours. Ainsi finit mon histoire; mais, sur mon épée de chevalier, je donnerais une rançon de comte pour être à même de remercier le brave forestier, grâce auquel je suis là pour vous la dire.

— Ne craignez rien, dit lord Boteler; il se trouvera, s'il est dans ce comté ou dans les quatre comtés attenants. — Et maintenant, s'il plaît à lord Fitzosborne de dépouiller l'armure qu'il a si obligeamment revêtue pour l'amour de nous, nous allons tous nous préparer pour le banquet.

Quand approcha l'heure du dîner, lady Mathilde et sa cousine se rendirent à la chambre de la belle Darcy; elles la trouvèrent calme, mais pensive. Elle les entretint des malheurs de sa vie, et fit entendre qu'ayant retrouvé son frère, et lui voyant rechercher la société d'une personne qui le dédommagerait amplement d'être privé de celle de sa sœur, elle avait songé à consacrer le reste de ses jours au Ciel, par l'intervention miraculeuse duquel ils avaient été si souvent préservés.

Quelque chose dans ce discours colora d'une vive rougeur les joues de Mathilde, et sa cousine s'éleva hautement contre la résolution d'Emma. — Ah! ma chère lady Éléonore, répliqua celle-ci, j'ai été aujourd'hui témoin de ce que je ne puis regarder que comme une apparition surnaturelle; et à quelle autre fin pourrait-ce être, sinon de m'appeler aux autels? Ce paysan qui me conduisit à Baddow à travers le parc de Danbury, le même qui se montra à moi en différents temps et sous diverses formes, durant ce voyage si plein d'événements; — ce jeune homme, dont les traits sont empreints dans ma mémoire, c'est encore lui qui, sous l'apparence d'un garde-chasse, nous a aujourd'hui secourus dans la forêt. Je ne puis m'y tromper; et en rapprochant ces apparitions merveilleuses de celle du spectre que j'ai vu à Gay-Bowers, je ne puis me refuser à la conviction que le Ciel a permis à mon ange gardien de prendre une forme humaine pour me protéger et me secourir.

Les deux jolies cousines, après avoir échangé un regard où se peignait la crainte que son esprit ne divaguât, lui répondirent en termes affectueux, et parvinrent à la décider à les accompagner à la salle du banquet. La première personne qu'elles y rencontrèrent fut le baron Fitzosborne de Diggswell, qui s'était débarrassé de son armure : en l'apercevant, lady Emma changea de couleur, et elle tomba privée de sentiment dans les bras de Mathilde, en s'écriant : — C'est lui !

— Elle n'est pas encore remise des terreurs de cette journée, dit Éléonore ; nous avons mal fait de l'obliger à descendre.

— Et moi, dit Fitzosborne, j'ai agi follement, en offrant à sa vue une personne dont la présence ne peut que lui rappeler les moments les plus alarmants de sa vie.

Tandis que les dames transportaient Emma hors de la salle, lord Boteler et Saint-Clère demandèrent à Fitzosborne l'explication des paroles qu'il avait prononcées.

— Je vous promets, nobles lords, répondit le baron de Diggswell, de satisfaire à ce que vous me demandez, quand j'aurai l'assurance que mon imprudence n'aura pas eu de suites fâcheuses pour lady Emma Darcy.

En ce moment, lady Mathilde, qui revenait vers eux, leur dit qu'en reprenant ses sens sa belle amie leur avait affirmé, d'un ton calme et positif, que déjà précédemment elle avait vu Fitzosborne dans le moment le plus critique de sa vie.

— Je crains, ajouta-t-elle, que son esprit troublé ne rapporte tout ce qui frappe ses yeux aux événements terribles dont elle a été témoin.

— Non, dit Fitzosborne ; si le noble Saint-Clère peut me pardonner l'intérêt que, sans y être autorisé, et dans les plus pures et les plus honorables intentions, j'ai pris au destin de sa sœur, il me sera aisé d'expliquer cette impression mystérieuse.

Il leur raconta alors qu'étant descendu un jour à l'hôtellerie appelée *le Griffon*, près de Baddow, pendant un voyage qu'il faisait dans ce pays, il y avait rencontré la vieille nourrice de lady Emma Darcy, qu'on venait d'expulser de Gay-Bowers, et qui, dans l'excès de sa douleur et de son indignation, proclamait hautement et publiquement les souffrances de lady Emma ; d'après la description qu'elle faisait de la beauté de l'enfant qu'elle avait nourrie, non moins que par esprit chevaleresque, Fitzosborne se sentit intéressé à son destin. Cet intérêt devint encore bien plus vif, lorsqu'au moyen d'un petit présent au vieux Gaunt Reve [1], il fut parvenu à apercevoir lady Emma, dans une de ses promenades au-

---

[1] *Gaunt* signifie maigre, décharné ; *reve* est un vieux mot saxon qui veut dire intendant, dans l'anglais moderne *steward*. (L. V.)

tour du château de Gay-Bowers. Le vieux rustre refusa de lui donner accès au château ; mais quelques mots qu'il laissa échapper semblèrent donner à entendre que la dame était en danger, et qu'il eût voulu l'en voir partie. Son maître, dit-il, avait appris qu'elle avait un frère vivant, et cette circonstance lui enlevant toute possibilité d'obtenir les domaines de lady Emma par achat, il... en un mot, Gaunt manifestait le désir de la voir s'éloigner en sûreté. — « Si, avait-il ajouté, il arrivait mal ici à la jeune dame, cela ne vaudrait rien pour personne de nous. J'ai essayé, par un innocent stratagème, de la faire sortir du château par peur, en introduisant une forme humaine par une trappe, et en lui donnant, comme par une voix sortie du tombeau, l'avis de quitter ce lieu ; mais la jeune étourdie est volontaire, et court au-devant de son destin. » Voyant que Gaunt, quoiqu'intéressé et bavard, était trop fidèle à son indigne maître pour agir directement contre les ordres qu'il en avait reçus, Fitzosborne s'adressa à la vieille Ursule, qu'il trouva plus traitable. Il apprit par elle l'horrible plan de Gaston pour se débarrasser de sa parente, et il résolut de la sauver. Mais sentant toute la délicatesse de la position d'Emma, il recommanda à Ursule de lui cacher l'intérêt qu'il prenait à son malheur, voulant veiller sur elle sous un déguisement, jusqu'à ce qu'il la vît en lieu de sûreté : de là, ses apparitions devant elle sous divers costumes durant son voyage, pendant lequel il ne la perdit jamais de vue, ayant toujours quatre vigoureux *yeomen* à portée d'entendre sa trompe, si leur assistance devenait nécessaire. Lorsqu'elle fut en sûreté à la loge, l'intention de Fitzosborne avait été d'obtenir de ses sœurs qu'elles vinssent la visiter et la prissent sous leur protection ; mais à son arrivée à Diggswell elles en étaient parties pour aller près d'une parente âgée dangereusement malade, et qui habitait un comté éloigné. Elles n'en revinrent que la veille des fêtes du May, et les autres événements se succédèrent avec trop de rapidité pour permettre à Fitzosborne de leur ménager une entrevue avec lady Emma Darcy. Le jour de la chasse, il avait voulu conserver son déguisement romanesque et suivre lady Emma comme forestier, en partie pour jouir du plaisir d'être près d'elle, en partie aussi pour s'assurer si, comme c'était le bruit du pays, elle montrait quelque intérêt à son ami et camarade Fitzallen de Marden. On peut aisément croire qu'il ne déclara pas ce dernier motif à la compagnie. Après l'escarmouche avec les assassins, il avait attendu l'arrivée du baron et des chasseurs ; et alors, se défiant encore des intentions ultérieures de Gaston, il s'était rendu en toute hâte à Diggswell, pour y faire prendre les armes à la petite troupe qui les avait escortés jusqu'à Queenhoo-Hall.

Après avoir achevé son récit, Fitzosborne reçut les remerciements de toute la compagnie, et en particulier ceux de Saint-Clère, qui appréciait pleinement tout ce que la conduite du chevalier envers sa sœur avait eu de respectueusement délicat. On prit soin d'informer la dame des obligations qu'elle lui avait, et on laisse à penser à l'intelligent lecteur si les railleries même de lady Éléonore lui purent faire regretter que le Ciel n'eût employé pour sa sûreté que des moyens naturels, et que l'ange gardien se trouvât converti en un beau chevalier, aussi amoureux que brave.

La joie de la noble réunion de la grande salle s'étendit jusqu'à l'office, où Gregory le bouffon raconta les faits d'armes accomplis par lui dans l'alerte de la matinée, de manière à faire honte à Bevis et à Guy de Warwick eux-mêmes. Il avait, selon son récit, été particulièrement choisi comme objet d'attaque par le gigantesque baron, qui avait abandonné à des mains moins nobles la destruction de Saint-Clère et de Fitzosborne.

— Mais certes, ajoutait-il, l'infâme païen a rencontré son homme; car chaque fois qu'il me portait un coup de son épée, je le parais avec ma marotte, et, à sa troisième botte, le saisissant corps à corps, je l'ai terrassé, et lui ai fait crier merci à un homme sans armes!

— Allons donc, l'ami! s'écria Drawslot; tu oublies tes meilleurs auxiliaires, les bons lévriers *Help* et *Holdfast* [1]. Je te garantis que lorsque le baron à la bosse t'avait saisi par ton capuchon, qu'il a presque mis en deux, tu te serais trouvé dans une vilaine passe s'ils ne se fussent souvenus d'un vieil ami et ne fussent accourus à ton secours. Parbleu, l'ami, je les ai trouvés moi-même attachés après lui, et il a fallu plus d'un coup et plus d'un cri pour leur faire lâcher prise. Ils le tenaient à pleine gueule, car j'ai arraché un morceau de drap de leurs mâchoires. Je te garantis que quand ils l'ont eu jeté à bas, tu t'es mis à courir comme un chevreuil effaré.

— Et, quant au gigantesque païen de Gregory, dit Fabian, il est là couché dans la chambre de garde; c'est toute la taille, la forme et la couleur d'une araignée sur une haie d'ifs.

— C'est faux! s'écria Gregory; Colbrand le Danois était un nain à côté de lui.

— C'est aussi vrai, riposta Fabian, qu'il est vrai que le *tasker* [2] doit épouser mardi la gentille Marguerite. Gregory, tes malices n'ont servi qu'à les amener entre une paire de draps [3].

— Je ne me soucie pas plus d'une pareille coquette que de tes mensonges, répliqua le bouffon. Marry! tu serais heureux, nabot que tu es, d'atteindre à la ceinture du baron prisonnier.

— Par la messe! dit Peter Lanaret, il faut que je le voie, ce gros baron. Et, sortant de l'office, il se rendit à la chambre de garde où Gaston Saint-Clère était déposé. — Je crois qu'il dort, lui dit un homme d'armes placé en sentinelle à la porte épaisse et garnie de larges clous qui fermait la chambre; après avoir tempêté, frappé du pied et proféré les plus horribles imprécations, il s'est depuis un moment tenu parfaitement tranquille. Le fauconnier tira alors doucement une planche à coulisse d'un pied en carré, recouvrant une ouverture de même grandeur pratiquée au haut de la porte et fortement grillée, au moyen de laquelle, sans ouvrir la porte, le gardien pouvait surveiller son prisonnier. Il aperçut de là le misérable Gaston suspendu par le cou à sa propre ceinture, qu'il avait passée dans un anneau de fer fixé à un des murs de sa prison, et qu'il avait atteint au moyen de la table sur laquelle sa nourriture avait été placée. Dans les angoisses de sa honte et de sa méchanceté déjouée, il s'était ainsi débarrassé de sa misérable existence. On le trouva encore chaud, mais tout à fait sans vie. Un procès-verbal de son genre de mort fut dressé et certifié. Il fut enterré le soir même dans la chapelle du château, par respect pour sa haute naissance; et le chapelain de Fitzallen de

---

[1] *Help*, secours; *holdfast*, tient-serré.

[2] Homme à la tâche, journalier. (L. V.)

[3] Il y a, dans la grossière plaisanterie du garde-chasse, un jeu de mots tout à fait intraduisible. « *Gregory*, dit-il dans le texte, *thy sheet hath brought them between a pair of blankets.*» C'est-à-dire, « ton *sheet* (vieux mot qui signifie mensonge, tour qu'on veut jouer à quelqu'un) les a amenés entre une paire de couvertures.» L'équivoque roule ici sur ce mot *sheet*, qui, dans l'acception ordinaire, signifie drap de lit. (L. V,)

Marden, qui officia en cette occasion, prêcha, le dimanche suivant, sur le texte *Radix malorum est cupiditas* [1], un excellent sermon que nous avons transcrit ici :

* * * * * * * * * * * *

En cet endroit, le manuscrit sur lequel nous avons laborieusement transcrit, et même fréquemment en quelque sorte traduit cette histoire, pour l'édification du lecteur, devient tellement altéré et indéchiffrable, qu'à l'exception de quelques conjonctions, particules, exclamations, etc., nous n'en pouvons plus guère tirer rien d'intelligible, si ce n'est que l'avarice y est définie « une soif du cœur pour les choses terrestres. » Un peu plus loin, il semble y avoir une joyeuse relation des noces de Marguerite avec Ralph le Tasker, d'une course à la *quintaine*, et des autres divertissements rustiques auxquels on se livra à cette occasion. Il y a aussi des fragments d'un sermon facétieux prêché ce jour-là par Gregory ; comme, par exemple :

« Mes chers maudits coquins, il y avait une fois un roi, et il épousa une jeune vieille reine, et elle eut un enfant ; et cet enfant fut envoyé à Salomon le Sage, en le priant qu'il lui voulût bien donner la même bénédiction qu'il avait reçue de la sorcière d'Endor quand elle le mordit au talon. Il en est parlé par le digne docteur Radigundus Potator ; pourquoi ne dirait-on pas une messe pour toutes les semelles de souliers rôties [2] servies le samedi dans le plat du roi ? Car la vérité est que saint Pierre posa au père Adam, pendant qu'ils allaient ensemble à Camelot, une grande, importante et difficile question : — Adam, Adam ! pourquoi as-tu mangé la pomme sans la peler [3] ? »

Il y a encore beaucoup d'autres excellentes facéties du même goût, et cet étalage d'esprit de Gregory non-seulement jeta toute la compagnie dans les convulsions d'un fou rire, mais fit une telle impression sur Rose, la fille de Potter, que tout le monde se dit que ce serait la faute du bouffon lui-même si Jack restait longtemps sans sa Jacqueline. Bien d'autres choses agréables, touchant la mise au lit

[1] La racine du mal est la cupidité.

[2] La note suivante pourrait nous dispenser de faire remarquer qu'il y a là dans le texte, *all the roasted shoe souls*, littéralement « toutes les âmes de souliers rôties, » un calembour portant sur l'identité de prononciation de *soul*, âme, et de *sole*, semelle. (L. V.)

[3] Cette tirade amphigourique est littéralement extraite, en l'abrégeant, d'un discours facétieux prononcé par un fou en titre, et qui se trouve dans un ancien manuscrit de la bibliothèque des Avocats (d'Édimbourg), le même d'après lequel feu l'ingénieux M. Weber (a) publia le curieux roman comique de *la Chasse au Lièvre*. On l'a placé ici comme répondant au plan de M. Strutt, de faire de son roman une *illustration* des anciens usages. Un semblable sermon burlesque est prononcé par le fou dans la satire des *Trois domaines*, de sir David Lindsay. Le non-sens et l'extravagance vulgaire de cette composition expliquent le fondement des éloges que fait sir Andrew Aguecheek des exploits du bouffon, dans *la Soirée des Rois* de Shakspeare, lequel bouffon, réservant ses meilleures plaisanteries pour sir Toby, a sans doute assez du jargon de cette espèce pour captiver la sotte admiration de son confrère le chevalier, qui s'écrie : « Vraiment, tu étais hier au soir de très-joyeuse humeur, quand tu parlais de Pigrogremitus, et des vapeurs qui traversent les équinoxes de Quenbus ; c'était très-drôle, sur ma foi ! » Il est amusant de voir des commentateurs chercher à découvrir quelque sens dans le jargon professionnel de passages tels que celui-ci. (W. S.)

(a) Il sera question de ce M. Weber dans notre *Histoire littéraire de sir Walter Scott*. (L. V.)

de la mariée, — ses jarretières qu'on détache, — l'espèce de jeu de gribouillette qui en résulte, — le jet du bas, etc., sont en outre omises, par suite de leur obscurité.

La chanson ci-après, qu'a depuis empruntée le respectable auteur de la fameuse *Histoire de frère Lard*[1], n'a pas été déchiffrée sans peine. Elle semble avoir été chantée lors de la conduite de la mariée à la maison conjugale.

CHANSON DE NOCES
Sur l'air « Je fus jadis ménétrier. »

N'avez-vous pas entendu parler d'un joyeux lendemain de noces, après avoir conduit une épousée à sa nouvelle demeure? En route pour Tewin, en route, amis, partons!

Le quintain fut placé et les guirlandes faites; — quel dommage que les vieux usages s'oublient! — Et malheur à qui n'avait qu'une rosse pour monture, car son équipage en route ne lui faisait pas honneur.

Nous rencontrâmes une troupe de violons; nous les fîmes monter à cheval en tête de la bande, et ils nous jouèrent les airs favoris de Bullen et des feux d'Upsey. Et en route pour Tewin, en route, amis, partons!

Il n'y eut jamais un garçon dans toute la paroisse qui en un pareil jour eût voulu aller à la charrue; mais sur son meilleur cheval il emmène sa belle. Et en route pour Tewin, en route, amis, partons!

Le sommelier était alerte, l'ale était en perce; dans la salle les filles répandaient la joie. On me mit en main une coupe enivrante; de la table à mes lèvres le chemin n'est pas long.

Le forgeron du village en prit tant et tant, qu'il croyait voir la terre enflée. Et j'oserais pourtant jurer sur l'Évangile que de forgerons comme le nôtre il n'y en a guère.

Un posset[2] fut fait, et les femmes en burent, et tout en buvant, elles disaient : Je n'en veux plus. Plus d'un baiser fut donné sur les lèvres des filles; — mais je n'en dirai pas plus, et je m'arrête là.

Mais ce que nos belles lectrices regretteront le plus, ce sera la perte de trois déclarations d'amour. — La première est celle de Saint-Clère à Mathilde : avec la réponse de la dame, elle n'occupe pas moins de quinze pages d'écriture serrée du manuscrit. Celle de Fitzosborne à Emma n'est pas beaucoup plus courte; mais les amours de Fitzallen et d'Éléonore, étant d'une nature moins romanesque, sont renfermés en trois pages. Les trois nobles couples furent mariés le même jour à Queenhoo-Hall, le vingtième dimanche après Pâques. Là se trouve une relation prolixe des fêtes nuptiales, où nous pouvons saisir les noms de quelques plats, tels que le pétrel, la grue, l'esturgeon, le cygne, etc., avec une profusion d'oiseaux sauvages et de venaison. Nous voyons encore qu'une chanson analogue à la circonstance fut chantée par Peretto, et que l'évêque qui bénit les couches nuptiales où furent reçus les heureux couples ne fut pas chiche de son eau sainte, un demi-gallon[3] en ayant été accordé à chaque lit. Nous regrettons de ne pouvoir donner au lecteur ces curiosités dans tous leurs détails; mais nous espérons mettre le manuscrit à la disposition d'antiquaires plus savants, dès qu'il aura été relié et mis sous verre par l'ingénieux artiste qui a rendu le même service au Shakspeare manuscrit de M. Ireland. Or, donc, ami lecteur (ne pouvant renoncer au style auquel notre plume s'est habituée), nous prenons de toi congé cordial.

[1] *Fryar Bacon.*
[2] Boisson composée de vin, de lait, d'œufs, de sucre et de cannelle. (L. V.)
[3] Le gallon contient quatre litres. (L. V.)

III.

ANECDOTE D'ÉCOLE,

Sur laquelle M. Th. Scott se proposait de baser un roman.

Il est bien connu dans le Sud qu'il y a peu ou point de boxes dans les écoles écossaises. Il y a une cinquantaine d'années, cependant, un genre de combat beaucoup plus dangereux, par partis ou factions, était toléré dans les rues d'Édimbourg, à la honte de la police, et au grand danger des parties contendantes. Chaque bande se composait généralement d'enfants appartenant à un même quartier, ceux d'un *square* ou district particulier combattant contre ceux d'un district adjacent. Il arrivait souvent de là que les enfants appartenant aux classes élevées se trouvaient opposés à ceux de classes inférieures, chacun prenant leur côté selon la résidence de leurs amis. Autant que je puis m'en souvenir, cependant, il ne se mêlait à ces combats nul sentiment d'aristocratie ou de démocratie, non plus que de haine ni d'animosité d'aucune sorte contre le parti opposé. Ce n'était qu'un jeu un peu rude, et voilà tout. Les rencontres étaient pourtant soutenues avec vigueur, à coups de pierres, à coups de bâtons et même à coups de poings, quand un des partis osait charger, et que l'autre ne lâchait pas pied. Nécessairement, il arrivait quelque malheur de temps à autre, des enfants, disait-on, ayant été tués dans ces *bickers,* comme on les désignait, et de sérieux accidents eurent certainement lieu, comme beaucoup de contemporains peuvent l'attester.

Le père de l'auteur, demeurant dans *George-square,* dans la partie sud d'Édimbourg, les enfants appartenant à cette famille, avec d'autres du *square*, furent organisés en une sorte de compagnie, à laquelle une dame de distinction donna un beau drapeau. Or, cette compagnie, cette espèce de régiment, se trouvait naturellement aux prises, chaque semaine, avec les enfants de *Crosscauseway,* de *Bristo-street,* de *Potter-row,* — des faubourgs voisins, en un mot. Ceux-ci appartenaient, pour la plupart, aux classes populaires, hardis lurons, au reste, qui auraient visé un cheveu à coups de pierre, et de près non moins rudes antagonistes. L'escarmouche durait parfois tout un après-midi, jusqu'à ce que l'un des deux partis fût victorieux. Si les nôtres avaient le dessus, nous pourchassions l'ennemi jusque dans ses quartiers, d'où nous étions habituellement repoussés par le renfort des garçons plus grands, qui venaient à leur aide. Si, au contraire, et c'était souvent le cas, nous étions poursuivis dans les limites de notre *square*, nous étions soutenus à notre tour par nos frères aînés, les domestiques de nos familles, et autres auxiliaires analogues.

Il résultait de nos fréquentes rencontres, que, sans connaître les noms de nos ennemis, nous étions très-familiers avec leur extérieur, et que nous avions des surnoms pour les plus remarquables d'entre eux. Un jeune garçon plein de feu et d'activité pouvait être considéré comme le chef principal de la cohorte faubourienne. Il avait, je suppose, treize ou quatorze ans; il était bien pris, grand de taille, avec des yeux bleus et de longs cheveux blonds, le vrai portrait d'un jeune Goth. Il était toujours le premier à l'attaque et le dernier à la retraite, à la fois l'Achille et l'Ajax de Crosscauseway. Il nous était trop formidable pour ne pas avoir eu son surnom, et, comme ceux des chevaliers de l'ancien temps, ce surnom avait été tiré de la partie la plus remarquable de son habillement, à savoir, d'une paire de vieilles culottes vertes; car, semblable à Pentapolin, au rapport de Don Quichotte, Culotte-Verte, comme nous l'appelions, venait toujours au combat jambes, bras et pieds nus.

Il arriva une fois qu'au plus fort du combat, ce champion plébéien dirigea contre nous une charge si subite, si rapide et si furieuse, que tout fuyait devant lui. Il était de plusieurs pas en avant de ses camarades, et déjà il touchait de la main l'étendard patricien, lorsqu'un des nôtres, que quelque ami malavisé avait muni d'un couteau de chasse ou *hanger,* poussé par un zèle pour l'honneur du corps, digne du major Esturgeon lui-même, en porta sur la tête du pauvre Culotte-Verte un coup assez violent pour le renverser. A la vue d'un événement si peu ordinaire dans nos rencontres, les deux partis se débandèrent dans toutes les directions, laissant le pauvre Culotte-Verte, ses beaux cheveux tout souillés de sang, aux soins du watchman, qui eut soin (le digne homme) de ne pas savoir qui avait fait le coup. Le couteau ensanglanté fut jeté dans un des fossés de la prairie, et nous jurâmes tous solennellement de garder le secret; mais les remords et la terreur du coupable étaient inexprimables, et il était agité par les plus terribles appréhensions. Le héros blessé en fut quitte pour quelques jours d'hôpital, la blessure s'étant trouvée légère. De quelques questions qu'on le pressât, rien ne put le décider à indiquer celui de qui il avait reçu le coup, quoiqu'il dût le parfaitement connaître. Quand il fut guéri et sorti de l'infirmerie, l'auteur et ses alliés ouvrirent une communication avec lui, par l'intermédiaire d'un marchand de pain d'épice qui avait les deux partis pour pratiques, pour lui faire offrir une petite collecte à titre d'expiation. La somme ferait rire si je la désignais; mais je suis bien sûr que jamais autant d'argent n'était entré dans les poches du fameux Culotte-Verte. Il refusa l'offre, disant qu'il ne voulait pas vendre son sang; mais en même temps il repoussa l'idée qu'il pût se porter dénonciateur, ce qui, disait-il, eût été *clam,* c'est-à-dire bas et indigne. Après beaucoup d'instances, il accepta une livre de tabac, pour l'usage d'une vieille femme, — une tante, une grand'mère, ou quelque chose comme cela, — avec laquelle il vivait. Nous ne devînmes pas amis, car les *bikers* offraient plus de charmes aux deux partis qu'aucun amusement plus pacifique; mais, du moins, nous les continuâmes sous la mutuelle assurance d'une haute estime réciproque.

Tel était le héros que M. Thomas Scott se proposait de conduire au Canada, et de mêler à une suite d'aventures avec les natifs et les colons de ce pays. Peut-être la générosité d'un enfant n'aura-t-elle pas aux yeux des autres l'importance qu'elle eut aux yeux de ceux qu'elle mettait à l'abri d'une réprimande et d'une punition sévères; du moins parut-elle indiquer, à ceux qui en avaient été l'objet, une noblesse de sentiments dont peu d'esprits eussent été capables. Quelque obscurément qu'ait vécu et que puisse être mort celui qui montra une disposition si magnanime, je ne puis m'empêcher de croire que si la fortune l'eût placé dans des circonstances réclamant de la bravoure ou de la générosité, l'homme eût tenu les promesses de l'enfant. Longtemps après, quand l'histoire fut racontée à mon père, il nous reprocha sévèrement de ne pas lui avoir dit alors la vérité, afin qu'il pût chercher à être utile au jeune homme, à son entrée dans la vie. Mais nos alarmes sur les conséquences d'une blessure faite avec une arme tranchante étaient trop vives, à l'époque de l'événement, pour nous permettre une telle générosité.

Peut-être n'aurais-je pas dû consigner ici ce souvenir d'enfance ; mais outre la forte impression qu'il fit alors sur mon esprit, j'y trouve encore un sujet de souvenirs tristes et solennels. De tous les membres de la petite troupe qui prenaient part à ces jeux ou à ces combats, à peine en puis-je retrouver un qui vive encore. Les uns sont sortis des rangs de cette petite guerre pour aller mourir au service de leur pays; beaucoup sont passés sur des terres éloignées, pour n'en plus revenir; les autres se sont dispersés dans les sentiers de la vie , « et mes yeux affaiblis les cherchent en vain. » De cinq frères, tous robustes et pleins d'avenir, à un degré bien supérieur à celui dont l'enfance fut affligée d'une infirmité physique, et dont plus tard la santé parut longtemps précaire, je suis cependant le seul survivant. Le plus aimé d'entre eux et celui qui méritait le mieux de l'être, celui qui avait destiné cet incident à servir de fondement à une composition littéraire, a succombé au loin à une mort prématurée, sur une terre étrangère. C'est ainsi que des choses insignifiantes acquièrent une importance qu'elles n'ont pas en elles-mêmes, lorsqu'elles se lient au souvenir de ceux que nous avons aimés et perdus.

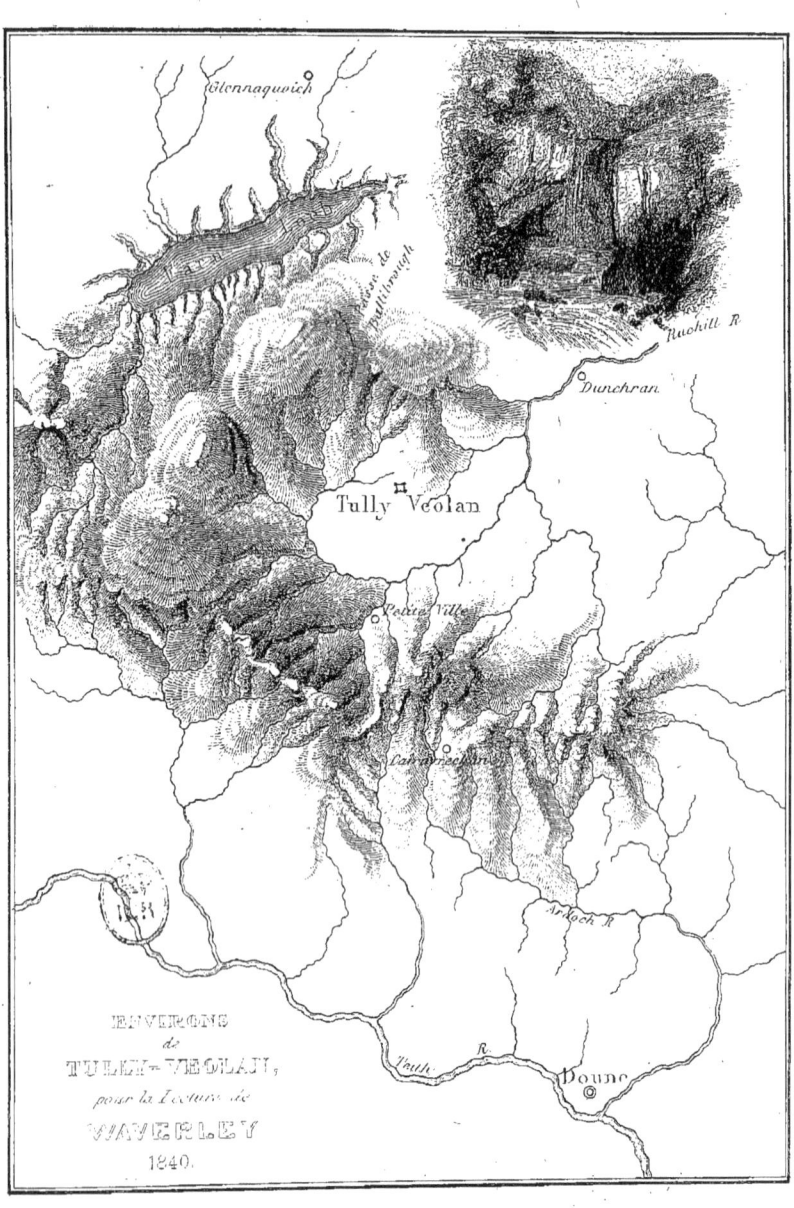

Ouvrages publiés en 1838 par petites Livraisons

A 50 CENTIMES,

PAR MM. POURRAT FRÈRES.

WALTER SCOTT (OEuvres complètes de), traduction nouvelle par L. Vivien, avec plus de 100 gravures sur acier. 320 livraisons sur raisin vélin, à 50 centimes.

    L'ouvrage aura 24 volumes, et coûtera   160 fr.
    Sans les gravures   80 fr.

LA BIBLE (l'Ancien et le Nouveau Testament complet), traduction nouvelle de M. de Genoude, sur jésus, avec 350 gravures dans le texte, et douze gravures sur acier. — 48 livraisons à 50 centimes. — L'ouvrage complet formera 3 vol., et coûtera   24 fr. »

LES MILLE ET UNE NUITS, et Contes de Caylus et de l'abbé Blanchet; nouvelle *édition sur raisin vélin*, ornée de 25 gravures. Elle paraîtra en 52 livraisons à 50 cent., ou 4 vol.   26 fr. »

COMPLÉMENT DE BUFFON, par Lesson, membre de l'Institut. Nouvelle édition, sur jésus, à deux colonnes, avec 120 planches sur acier. Elle paraîtra en 64 livraisons à 50 cent. Elle formera 2 vol., et coûtera avec les gravures noires,   32 fr. »
    — avec les gravures coloriées.   44 fr. 80 c.

VOYAGE AUTOUR DU MONDE, entrepris par ordre du Gouvernement, par P. Lesson, membre correspondant de l'Institut. Édition sur raisin vélin, ornée de 46 gravures sur acier, paraissant en 40 livraisons à 50 cent., ou 2 volumes et gravures. 20 fr. »

DICTIONNAIRE FRANÇAIS, par Delanneau. 1 vol. in-32. Prix broché.   1 fr.

DICTIONNAIRE LATIN-FRANÇAIS. 1 vol. in-32. Prix br. 1 fr.

DICTIONNAIRE FRANÇAIS-LATIN. 1 vol. in-32. Prix br. 1 fr.

www.ingramcontent.com/pod-product-compliance
Lightning Source LLC
Chambersburg PA
CBHW071607230426
43669CB00012B/1855